中国农发
成员企业
CNADC
巨明
GIMIG
巨明机械 丰收中国
HMT系列四行—八行玉米机
花生机
二行/三行四驱玉米机
新四行HMT688玉米机
新三行358玉米机
40-280马力拖拉机
茎穗兼收青贮机
打瓜机、葵花机
小麦、玉米、大豆、高粱多功能一体机
中国农装巨明集团
五岳有泰山 农机有巨明
地址：山东省淄博市桓台开发区 全国统一客服热线：400-0533-608 0533-8403888/8010723 传真：0533-8010723 网址：www.sdjuming.com

美诺 MENOBLE
技术创造价值　品质成就完美
中国青饲料收获专家
www.menoble.com
330马力
9265A
9265A自走式青贮饲料收获机
畜牧机械
马铃薯全程机械化装备
植保机械
免耕播种机械
中机美诺科技股份有限公司
MENOBLE CO.,LTD
客户热线：400-650-5252
E-mail:sale@maen.com.cn
买农机，选美诺！

图书在版编目（CIP）数据

中国农机市场发展报告．2018—2019／中国农业机械流通协会编．—北京：中国财富出版社，2020.7
ISBN 978－7－5047－6470－6

Ⅰ．①中…　Ⅱ．①中…　Ⅲ．①农机市场—研究报告—中国—2018—2019　Ⅳ．①F323.7

中国版本图书馆 CIP 数据核字（2019）第 290684 号

策划编辑　王　靖　　**责任编辑**　邢有涛　张宁静
责任印制　梁　凡　　**责任校对**　张营营　　**责任发行**　敬　东

出版发行　中国财富出版社
社　　址　北京市丰台区南四环西路 188 号 5 区 20 楼　　**邮政编码**　100070
电　　话　010－52227588 转 2098（发行部）　　010－52227588 转 321（总编室）
010－52227588 转 100（读者服务部）　　010－52227588 转 305（质检部）
网　　址　http://www.cfpress.com.cn
经　　销　新华书店
印　　刷　天津市仁浩印刷有限公司
书　　号　ISBN 978－7－5047－6470－6/F·3173
开　　本　889mm×1194mm　1/16　　**版　　次**　2020 年 8 月第 1 版
印　　张　21.75　**彩　页**　4　　**印　　次**　2020 年 8 月第 1 次印刷
字　　数　604 千字　　**定　　价**　350.00 元

中国农机市场发展报告

（2018—2019）

中国农业机械流通协会　编

中国财富出版社

《中国农机市场发展报告》
（2018—2019）

编　委　会

徐正华　苏州久富农业机械有限公司董事长、总经理

徐祥谦　山东金大丰机械有限公司董事长、总经理

崔　刚　中机美诺科技股份有限公司总经理

崔守波　山东巨明集团董事长、总经理

Alistair McLelland　爱科全球副总裁兼中国区董事总经理

《中国农机市场发展报告》（2018—2019）

专 业 团 队

（以姓氏笔画为序）

马海涛	吉林众志新能源科技有限公司
王鹏程	石家庄美迪机械有限公司
许予永	第一拖拉机股份有限公司
陈岐山	黑龙江省农业机械流通协会
邵　群	河北亿农农业机械销售有限公司
邵仁恩	中内协单缸、多缸小柴两个分会
郑振华	山东国丰机械有限公司
贾晶霞	中机美诺科技股份有限公司
徐海港	山东时风（集团）有限责任公司
寇海峰	中国一拖集团有限公司
游　海	一拖（洛阳）柴油机有限公司
谢尚臻	安徽辰宇机械科技有限公司
赫志飞	中机美诺科技股份有限公司
裴丽琴	勇猛机械股份有限公司

《中国农机市场发展报告》
(2018—2019)
编辑出版工作人员

主　　编　张华光

执行主编　张文博

编　　辑　李贵元　陈婞莹

地　　址　北京市西城区月坛南街26号（邮编100825）

编 辑 部　电话（010）68596528　68530027　传真（010）68596528

发 行 部　电话（010）52227568

邮　　箱　camdaxxzxb@163.com

序

2019年，农机市场意欲何往？

2018年已经远去，但其带给农机市场的阵痛远未结束，行业弥漫在悲观的情绪中。尤其是拖拉机行业利润三位数下滑、谷物联合收割机市场大幅度跌出预期、插秧机市场断崖式滑坡、烘干机市场“跳水”……，让众多企业猝不及防，销售业绩一落千丈。在行业一片唱衰声中，农机市场步入2019年。

2019年的农机市场将往何处去？哪些市场会延续跌势？哪些市场会触底反弹？哪些市场会逆势上行？笔者择其一二，预估走势。

大中拖市场：跌势难改，降幅收窄

过去一年，农机行业变化最大的莫过于大中拖市场。整体市场大幅度滑坡，利润以300%的降幅触底。企业分化严重，主流外资品牌和国产小品牌小幅增长，国产大品牌经营业绩普遍大幅度滑坡。

2019年，从大中拖市场面临的环境分析，基本环境没有根本性的变化，虽然利好因素较多，但内生性需求动力不足将成为左右市场的基本因素。

从利好因素分析，五大因素或将成为支撑2019年市场的基本力量，但这种支撑只能延缓市场的跌势，并不能改变其基本走势。第一，连续两年的大幅度滑坡，市场形成“洼地”，由此决定了市场降幅或将收窄；第二，庞大的拥有量或将成为更新的强大动力，市场或将迎来更新高峰期；第三，从市场需求结构分析，随着土地流转的加速和大型机具市场的拉动，160马力拖拉机市场在大拖市场中的占比会进一步加大，对2019年大中拖市场或将产生积极影响；第四，国四标准实施临近，企业促销拉动市场；第五，合作社、家庭农场、农机大户等拖拉机新型主体的崛起将推动拖拉机需求的大型化，也会加速市场更新进程。

与利好因素并存的是强烈的利空因素，依然成为压制市场增长的强大力量。从粮价波动引发的投资性需求降低、农机经营性收益边际递减导致的投资信心不足，到市场饱和形成的刚性需求下降以及无序竞争导致的价格战等，都形成大中拖市场强大的上行压力。

基于以上分析，我们预判，2019年的大中拖市场或将进入调整期，下行走势不会改变，但降幅会收窄。预计2019年全年销量在32万台左右，同比下降8%上下。

联合收割机市场：需求结构调整，可望回暖

联合收割机市场在经历了2018年的小幅下滑后，2019年可望小幅攀升。

近年，我国联合收割机市场加速进入结构性调整期，一方面，以小麦、水稻、玉米为主的三大粮食作物联合收割机市场连续下滑，在需求总量中占比持续降低；另一方面，经济类作物收割机销量逐年增长，占比逐年攀升，2018年占比接近50%，对整个市场产生重要影响。

2019年，联合收割机市场面临着较为有利的环境。第一，轮式、履带式谷物联合收割机在经历了2018年大幅滑坡后，2019年降幅或收窄，对向下拉力会减弱；第二，玉米收割机市场在经历了2018年华丽转身后，2019年或将上演增长的“连续剧”；第三，青饲料、经济类作物收割机市场或将持续发力，成为驱动市场增长的重要动力；第四，土地流转，规模化经营推动市场需求大型化，为市场需求开辟新领域；第五，更新需求为市场提供强大支撑；第六，农机补贴政策对联合收割机市场依然会起到较大的支撑作用。

但市场增长幅度不会大，原因有四：其一，占需求总量40%的谷物联合收割机市场小幅下滑，市场失去强大支撑；其二，粮价下行，购买力下降，更新周期延长；其三，投资边际效益递减，投资信心不足；其四，需求大型化，挤压增量。

基于以上判断，我们预计，2019年联合收割机市场或将回暖，呈现小幅攀升的特征。

青饲料收割机市场：环境利好，需求稳健攀升

青饲料收割机市场是一个具有战略意义的市场，面临着良好的发展机遇：第一，环境利好，我国青饲料收割机市场迎来发展机遇期。国内畜牧养殖行业市场规模超万亿元，但目前牛、羊养殖行业前十大企业市场占比不到5%，和欧美前十大企业50%的市场占有率相比，未来行业空间很大。我国是世界第二草地资源大国，拥有各类天然草地3.9亿公顷，约占国土总面积的40%，是可耕地面积的4倍。但目前我国草地资源远未达到合理、高效的利用与开发。国内天然牧草需求一直处于紧张状态，规模化牧场与牧区抢草的势头越来越明显。与畜牧业发达的国家相比，我国单位面积畜牧产品生产水平只相当于新西兰的1/80、美国的1/20、澳大利亚的1/10，具有很大的发展潜力。由此决定了大力发展畜牧业是我国未来农业政策的重点工程，是未来青饲料收割机市场的有力支撑。

第二，粮改饲、农机补贴等政策将成为驱动市场发展的强劲动力。2015年、2016年连续两年的中央一号文件明确提出发展草食畜牧业，2017年继续提出“稳粮、优经、扩饲”的要求，为畜牧机械产业提升提供了良好的政策环境。

第三，青饲料产业发展前景广阔，基础扎实。国内农业种植结构由二元结构向“粮食作物+经济作物+饲料作物”的三元结构转变的速度会加快，由于库存较大以及出于追求经济利益的考虑，后期农作物种植结构中粮食作物所占比例会逐渐降低，经济作物、饲料作物占比会逐渐增加。《全国种植业结构调整规划（2016—2020年）》指出，到2020年，青贮玉米面积达到2500万亩，苜蓿面积达到3500万亩，为青饲料收割机市场的发展奠定了坚实的基础。

第四，随着生活水平的提升，国民对牛羊肉、奶制品的需求量进一步提高。

第五，青饲料收获水平偏低，发展空间大。青饲料收割机保有量低，市场刚刚起步，刚性需求强劲。打捆机、青饲料收割机、搂草机等保有量不足美国的1%。

虽然利好因素较多，但不可否认利空因素的对冲。从产业链分析，青饲料收割机上游青饲料产业的现状对当前的市场将产生重要影响，突出表现在以下4个方面。

（1）传统的农村畜禽散养生产方式制约了青贮产业化发展。在中国，畜禽饲养主要还是在广大的农村，一家一户在庭院饲养一两头牛、几只羊、几头猪的传统方式还占着主导地位。因此农户多是在庭院内建青贮池，青贮能力低、数量少，加之农户在“三秋”季节没有更多的时间进行秸秆青贮，舍不得投入、科技含量低、技术性差，致使饲喂过程中青贮饲料腐化变质，损耗增大，造成成本高、效益低的青贮现状，不利于青贮饲料的产业化形成。

（2）青贮饲料产业化导向不明确。畜牧业的产业化发展必然带动上下游产业链条的产业化发展。现阶段各地的青贮饲料政策对象以散、小养殖农户为主，以补贴、发放（或带补贴）机械器具为主要方式，养殖农户的青贮量以满足自养牛羊为准，其实质是自给自足型的生产。相反，大多数大、中型养殖场的青贮工作则得不到政策扶持，也只能贮存自己生产所需的青贮饲料，无法扩大青贮量，形成产品，走上市场。

（3）广大养殖户和经营者对青贮饲料的价值认识不足。在西方畜牧业发达的国家，作物秸秆青贮的转化率已经达到90%，这是因为他们已经充分认识到了青贮饲料的各种价值，而且通过生产实践已经获得了充盈的经济效益。中国的广大养殖户还迷恋于加工饲料的价值，反而对自然的饲料价值不屑一顾，其实是舍本逐末。作为畜牧业市场的经营者，还没有认识到青贮饲料的市场价值，没有看到田地里遍地皆是，尚未发现废弃的农作物秸秆蕴藏的巨大商机。

（4）青贮饲料的新技术应用不广泛。现阶段的青贮饲料工作还是沿用传统的青贮方式，由于青贮量不大，生产商不愿意投入资金来增加新的技术，饲料品质得不到进一步的提高，生产商也就体会不到新技术制作饲料带来的养殖效益。

从青饲料收割机市场微观环境看，也存在一些利空因素，突出表现在以下几点。

首先，粮价下行，种粮积极性受挫，对拖拉机需求产生较大影响。2019年，粮价低位运行直接导致两个结果：购买力下降，价格敏感度提高。拖拉机市场呈现多年未有的“奇观”：中拖跌幅小于大拖，小牌跌幅小于知名大牌。

其次，更新周期延长。因收入下降，对当今青饲料收割机市场的主要驱动力的更新需求形成直接打击，更新周期延长。

最后，黄贮市场快速发展以及近年青饲料收割机农机市场不断冲高形成的“高地”，对2019年的市场增幅将产生一定的影响。

基于以上分析，我们判断青饲料收割机市场近年不会出现爆发式增长的局面，或将保持稳健发展的特点。预计2019年销量将达到5000台上下，同比增长10%以上。

插秧机市场：市场盘整，波澜不惊

回溯几十年的发展历程，我国插秧机市场自2004年在农机补贴驱动下才进入发展的快车道，但多以手扶式插秧机为主，作业效率较低，直接影响我国水稻的机械种植水平，而南方以及分布较为零星的水稻种植区域依然延续着古老的人工插秧模式。随着近年我国农村土地流转、劳动力转移、规模化经营、人工成本高企等因素的快速发展，提高水稻机械种植水平成为水稻主产区政府的工作重点，插秧机市场也随之上升为战略性市场，迎来发展的春天。

我国插秧机市场在经历了2015年以来的三年增长后，2018年其增长的脚步戛然而止。2019年，插秧机市场或将触底反弹，但反弹力度有限，更倾向于恢复性增长，预计2019年全年销量在7万余台，同比增幅在6%～10%。

从插秧机市场产品需求分析，或将呈现以下几个趋势。

第一，小型化。譬如2行插秧机，主要满足南方丘陵山区的小地块的需求。我国水稻种植区域既有大面积的北方，也有小地块的南方。近年，我国北方和苏皖区域市场发展较快，而“两湖”“两广”和云、贵、川、赣等水稻主产区水稻机插水平很低，其中一个重要原因就是没有适合的机械，这就决定了未来市场增长点很大一部分来自这些区域，对应的适应丘陵山区的小型插秧机或将成为插秧机市场的重要支撑和新的增长点。

第二，大型化、高速化。土地流转将彻底颠覆农村传统的种植模式，农村组织结构也将出现巨大变化，伴随农村新型群体组织的崛起，规模化、集约化种植将成为我国农村未来发展的必然归宿，受此影响，插秧机市场需求的大型、高速时代也将到来。这种状况尤其在东北、黄淮海地区开始出现。

第三，智能化。未来将出现无人驾驶插秧机，随着劳动力成本的不断攀升，机械插秧也存在减员增效的问题，而解决这个问题的一个很重要途径就是研发推出无人驾驶插秧机，可以达到节省劳动力的目的。

第四，舒适化。插秧机产品的舒适化程度将成为未来插秧机市场的重要卖点，随着消费者年轻化、专业化，他们追求舒适的愿望也会变得越发强烈，未来企业之间的竞争将聚焦于产品的舒适化。

第五，从产品发展方向看，钵毯结合的插秧机较为适合当今的市场需求，它综合了钵苗和毯苗两者的优点，兼顾了效率和性价比，受到用户欢迎。有些企业研发推出钵苗插秧机，其产品优势十分突出，但作业效率低，加之设备比较复杂、价格昂贵等缺点也十分突出，市场推广举步维艰。

烘干机市场：触底反弹，稳中有进

烘干机市场经历了2018年断崖式下滑，已经触底。2019年或将呈现触底反弹，稳中有进的发展特点。预计全年销量1.1万台，同比增幅在10%左右。

从利好因素分析，第一，烘干率低，尤其是玉米、小麦烘干率更低，市场刚性需求强劲；第二，补贴政策驱动，2019年农机补贴政策依然会成为市场基本支撑；第三，新市场的拉动，譬如水稻主产区的“两湖”区域，烘干率依然偏低，市场或将呈现增长；第四，2018年市场大幅度下滑，形成“洼地”；第五，服务中心建立、粮食运营商崛起。2017年10月国家粮食和物资储备局发布《粮食产后服务中心服务要点（试行）》，国家粮食和物资储备局联合国家财政部下拨300亿元人民币支持粮食产后服务中心建设，国家财政补贴60%支持现代化粮食烘干中心的建设。同时近年粮食运营商的崛起，对市场起到了强大的支撑作用。

从利空因素分析，第一，市场发展不均衡，玉米、小麦以及经济作物的烘干机市场未启动；第二，市场恶性价格竞争，产品品质下降，影响市场需求；第三，粮食加工和流通行业资金紧张，用户保守发展，购买意愿自然下降；第四，粮价下行，购买力下降。

植保机市场：刚性需求下降，市场稳中有升

植保机市场是一个具有战略意义的市场，面临着良好的发展机遇：第一，政策利好。环境趋紧，农机补贴等政策将成为驱动市场发展的强劲动力。第二，刚性需求强大。我国植保机市场正处于更新高峰期，发展空间大。2017 年机动喷雾机保有量高达 62 万台，国内有超过 9500 万台背负式喷雾器。随着农村劳动力急剧下降和土地流转加速，市场将加速淘汰这些背负式喷雾器。第三，高端植保机市场刚刚起步，刚性需求强劲。第四，植保机市场自 2015 年开始启动，近年虽然增幅趋缓，但内生驱动力依然强劲。第五，家庭农场、农业合作社、农机大户等的崛起以及专业农业服务业的快速发展，为植保机市场提供了强大的发展后劲。

同时，2019 年也面临着诸多利空因素。第一，粮价下行，购买力下降；第二，近年市场高速增长，形成需求“高地”；第三，基于利好、利空两方面因素，预计近年市场进入盘整期，稳健增长或将成为主旋律。预计 2019 年全年销量在 7 万多台，同比增长 10% 上下。

采棉机市场：反弹未终结，增幅趋缓

2018 年农机市场最大亮点莫过于采棉机的销量骤然暴增。统计显示，截至 11 月底，全国累计销售各种型号的采棉机 800 余台，其中，新疆市场销量达到 790 余台，同比大幅度攀升 80% 以上，出现市场供不应求、一机难求的局面。

2019 年，采棉机市场依然面临着良好的发展环境。第一，我国棉花机采水平很低，刚性需求强劲。统计显示，新疆是全国棉花种植面积最大的地区，全国棉花播种面积 5000 余万亩中，新疆占 70%。2016 年，采棉机保有量仅为 3600 台，机采率不过 26%，理论需求量为 8000 余台，刚性需求强劲。第二，近年来，棉花价格低迷，形成市场需求“洼地”。第三，更新进入高峰期。市场调查显示，新疆存量部分，采棉机老化，很多为进口的二手机，更新成为驱动市场增长的重要动力。第四，采棉机市场与棉花的价格、产量、质量、库存以及国外进口棉花的数量息息相关。当前鲜货市场中棉花每斤 9.5 元左右，大多数地区每吨价格在 1.6 万 ~ 1.65 万元波动。较之往年出现良好增长，采棉机用户预期良好，推动了市场增长。第五，也是最关键的原因，投资回报率高。市场调查显示，采棉机市场需求的 95% 以上均为投资性需求，用户一年即可收回投资成本，高回报率成为刺激市场的主要驱动力。以上利好因素在 2019 年并没有消失。

基于此，我们预计 2019 年采棉机市场需求量或将在 900 台左右，同比增长 10% 上下。

畜牧机械市场：进入机遇期，稳健增长

我国畜牧机械市场在各种因素共同作用下，进入发展机遇期。

环境。天然草原、人工种草和农作物秸秆等饲草料资源丰富，据测算，可利用资源至少可满足 5000 万吨牛奶、800 万吨牛肉和 500 万吨羊肉的生产需求，为草食畜牧业发展提供了广阔的发展空间。

现状。我国的牧草产业并不发达，甚至可以说严重落后，草种、草产品添加剂、机械等关键技术和装备对外依存度高，国外公司在我国的市场占有率在90%以上。弥补巨大的差距，寻找进口技术和设备的替代品都是发展的空间。

我国每年进口蛋白饲料原料8000多万吨，苜蓿干草146万吨，燕麦22万吨。全国20多亿头（只）食草畜禽每年缺乏优质饲草2亿吨以上，缺口巨大。正因为如此，2018年以来，畜牧机械特别是饲料收割机械可以用“井喷式”发展来形容。

在养殖生产成本和生产效率上，我国草食畜牧业与发达国家还存在一定差距。与发达国家相比，我国泌乳牛年单产水平要低2～3吨，肉牛和肉羊屠宰胴体重分别低约100公斤和10公斤，牛奶、牛肉、羊肉生产成本均高于国际平均水平一倍以上，严重影响了我国草食畜产品的竞争力。

空间。市场“井喷式”发展。我国牧草收割机械化总体水平还相当低，割草机、搂草机保有量仅为美国的1%，打捆机保有量仅为美国的0.1%。

趋势。国内农业种植结构由二元结构向“粮食作物、经济作物、饲料作物”的三元结构转变的速度会加快，由于库存较大以及出于追求经济利益的考虑，后期农作物种植结构中粮食作物所占比例会逐渐降低，经济类作物、饲料作物所占比例会逐渐增加。

政策。近年，国家加大对畜牧机械产业的扶持力度，相继出台了一些政策，为畜牧机械市场注入了活力，畜牧机械市场在政策红利驱动下，或将进入快速发展的轨道。

◆《全国种植业结构调整规划（2016—2020年）》指出，到2020年，青贮玉米、苜蓿面积分别达到2500万亩、3500万亩。《农业部关于促进草食畜牧业加快发展的指导意见》对青贮玉米要求：青贮玉米收获面积达到3500万亩以上。

◆ 国家相继出台了牛羊良种补贴、基础母牛扩群增量补贴、南方现代草食畜牧业发展规划、牛羊大县奖励、奶牛政策性保险等扶持政策，持续加大牛羊标准化规模养殖场建设、良种工程、秸秆养畜等工程项目投资力度，推动了草食畜牧业发展方式加快转变。

◆ 2015年中央一号文件明确提出要加快发展草牧业，支持青贮玉米和苜蓿等饲草料种植，开展粮改饲和种养结合模式试点，促进“粮食作物、经济作物、饲料作物”三元种植结构协调发展。

◆ 2016年中央一号文件进一步提出要优化畜禽养殖结构，发展草食畜牧业，为“十三五”草食畜牧业发展夯实了政策基础。

综合以上各种利好因素，我们预计2019年，畜牧机械市场或将沿着增长通道呈现稳健增长的走势。

中国物流与采购联合会副会长

中国农业机械流通协会党委书记、会长

2018年9月

目　录

第一部分　综述篇

第二部分　专题篇

第三部分　企业篇

第四部分　数据篇

第一部分

综　述　篇

顺势而为，破局存量主导下的农机市场

伴随着国家乡村振兴战略的深入推进，国内农机行业正经历着前所未有的巨大变化。从政策环境到经营模式，从农机工业到农机市场，从渠道到终端……都在发生着颠覆性的革新。在此背景下，如何推动农机装备产业向高质量发展转型，推动农业机械化向全程全面高质高效升级，为实现农业农村现代化提供有力支撑，这一切都成为当今农机行业的重要课题。

一、农机行业进入了农业机械化引领农业生产方式的新时期

2018 年 12 月，国务院发布的《关于加快推进农业机械化和农机装备产业转型升级的指导意见》明确指出，我国农业生产已从主要依靠人力畜力转向主要依靠机械动力，进入了机械化为主导的新阶段，并充分肯定了改革开放四十年农业机械化发展取得的历史性伟大成就，同时指明农业机械化进入了引领农业生产方式的新时期。可以肯定地讲，我国农机行业已经进入农机化发展的中期阶段，突出表现为以下几个方面特征。

一是农机工业水平稳步发展。2018 年国家统计局数据显示，全国规模以上农机企业 2066 家，主营业务收入 2438.74 亿元，能够生产 14 大类 50 个小类 4000 多种产品，出口交货值 290.08 亿元，我国成为世界农机生产大国。

二是农机装备水平逐年提高。全国农机总动力近 10 亿千瓦，种植业亩均动力 0.41 千瓦，超过美、日、韩等国。农机拥有量 1.9 亿台套、原值近万亿元。

三是农机作业服务水平快速增长。全国农机户及服务组织 4249 万个，其中农机合作社 7 万个。乡村农机从业人员超过 5000 万人。机耕、机播、机收、机械植保和机电灌溉作业面积合计超过 63 亿亩，农机化服务总收入 5400 亿元，我国成为农机使用大国。

四是农业机械化水平进入关键阶段。2018 年，全国农作物耕种收综合机械化率 69.1%，其中主要粮食作物耕种收综合机械化率超过 80%。农业生产方式由千百年来的以人力畜力为主转向以机械化作业为主。按照农业机械化发展“十三五”规划，2020 年我国农业综合机械化水平完全能够超越 70% 的既定目标。目前我国农机化发展正处于中级阶段的最后一个阶段即第三个阶段，这也代表我国农机化发展进入关键时期。

五是农业科技成为主要驱动力量。据统计，近 10 年间，我国农业科技进步贡献率从 47% 提高到 57%，其中小麦、玉米、稻谷、棉花单产提高幅度分别为 26%、11%、10%、31%。水果、蔬菜和畜禽产品生产效率的提高幅度更明显。

六是农业装备日益现代化。众所周知，无人机、物联网、智能操控等引领性的先进技术不断兴起，

大大提高了劳动效率，降低了劳动强度，并且更好地满足了农时要求。

七是生产集约化程度显著提升。随着我国工业化、信息化、城镇化和农业现代化深入推进，农村劳动力大量转移，新型农业经营主体不断涌现，土地流转和规模经营发展已成为必然趋势，2018 年土地流转率已经达到 35% 以上。

八是新时期农业机械化的广度、深度正发生深刻变化。随着农村劳动力加快转移、农业生产人工成本不断攀升、农民劳动观念深刻变化，农业生产各领域加快推进“机器换人”稳生产、提效率、降成本、增效益的进程，农业生产方式加速向机械化生产转变，农业机械化的需求结构深刻变化。

与此同时，我们都不可否认的是，农机行业正面临着巨大挑战。

首先，新时期农业机械化发展还不平衡不充分，还不能适应乡村振兴和农民的需要。其主要表现为两方面：一方面，“三高三低”，从作物上看，小麦、水稻、玉米三大主粮的综合机械化水平较高，棉、油、糖、果、菜、茶等经济作物的综合机械化水平较低；从产业上看，种植业机械化水平较高，而畜牧业、渔业、农产品初加工、设施农业机械化水平较低；从区域上看，北方平原地区的机械化水平较高，南方丘陵山区的机械化水平较低。另一方面，“三多三少”，机具上，小马力、中低端机具较多，大马力、高品质机具较少；技术上，单项应用的农机技术较多，集成配套的农机化技术较少；主体上，小规模自用型农机户较多，规模化、专业化农机服务组织较少。

其次，当前农业机械化发展中的主要矛盾在于供给侧的能力、质量和效率不能适应需求结构的变化。当前农业机械化和农机装备产业发展不平衡不充分的问题比较突出，特别是农机科技创新能力不强、市场结构性矛盾突出、农机农艺结合不够紧密、农机作业基础设施建设滞后等问题亟待解决。

（1）农机科技创新能力不强。其表现为基础研究薄弱，原创性科技成果少，关键技术自给率较低，还有很多短板和薄弱环节亟待突破；企业技术创新能力弱，主体地位没有真正确立，产学研推用结合不够紧密，研发和成果转化效率不高；科技信用体系与权益保护机制作用发挥不够，科技人员的积极性、创造性还没有得到充分发挥；农机产品“重设计制造，轻试验检测”，质量标准体系不配套、工程化验证缺乏等。

（2）市场结构性矛盾突出。其表现为农机产能过剩与缺门断档并存，中高端产品不多，机具适应性、可靠性有待提高。在一些领域部分环节还存在“无机可用”“无好机用”的问题。与部分创新产品、高质量产品畅销形成鲜明对照，传统、大宗、低端产品出现不同程度的“难卖”现象，市场出现不同程度下滑，一些产品产能过剩的矛盾尖锐，农机工业增速下降。

（3）农机农艺结合不够紧密。一些产业品种、栽培、装备不配套，种养方式、产后加工与机械化生产不协调，制约了农机研发、推广应用和作业效率的提升。另外，集成配套的机械化生产体系和系统解决方案还不多。

（4）农机作业基础设施建设滞后。许多地方特别是丘陵山区，田块比较细碎，机耕道路缺乏，加上种植经营分散，导致农机“下田难”“作业难”。

以上困局必须改变，我们判断：中国“三农”正处于大变革的前夜，将面临新一轮的政策调整。土地流转将加速；政策对农业的扶持力度将加大，扶持内容将多元化；农村新型主体将占据主导地位；农业服务模式将发生重大变化。

二、转型升级，寻找农机市场的下一个“风口”

农机行业伴随着10年黄金期的结束，迎来转折点。毋庸置疑，这将是前所未有的大变革、大转型、大重组的关键期。

（一）市场下沉，成为近年农机市场常态

进入2018年以来，农机工业依然呈现低迷之势。统计显示，截至6月底，1733家农机制造企业累计实现主营业务收入、利润总额分别为1177.27亿元和45.93亿元，同比分别下滑0.4%和0.76%。传统农机市场依然下行，如拖拉机、三大粮食作物收割机、插秧机、播种机市场均呈下降之势；小众农机市场依然上行，如青饲料收割机、植保机、经济类作物收割机市场出现较好的增长。由此，我们可以得出这样的结论：农机市场低速发展成为新常态。

（二）市场转型，需求碎片化、大型化、高端化

当前，农机市场需求从三大粮食作物的耕种收环节向植保、秸秆处理、烘干等全程延伸；从粮食作物加速向棉油糖等经济作物扩展，快速向养殖业、加工业拓展，农机行业正处于急剧转型升级时期。

首先，农机市场需求悄然转型。我国农机市场正处于急剧转型期，一方面，传统农机市场情况不容乐观，拖拉机、玉米收割机市场连续四年出现大幅度滑坡，轮式自走谷物联合收割机2017年、2018年连续两年出现断崖式下滑后，近年被行业普遍看好的水稻插秧机、粮食烘干机市场也出现“跳水”现象。另一方面，与之对应的小众市场逐渐崭露头角，一些市场已经启动，成为热点市场。比如，畜牧机械市场迎来战略机遇期，市场稳步增长。统计显示，2018年畜牧机械工业累计主营业务收入157.6亿元，同比增长12.46%，其增幅在农机行业的11个子行业中位居第二。在整个农机行业利润出现大幅度滑坡的情况下，畜牧机械制造业呈现稳定发展的态势。而与畜牧业密切相关的饲料加工设备制造业，实现利润1.88亿元，同比大幅度攀升97.14%，独占同比增幅鳌头。再比如，采棉机市场销量飙升。2018年全国累计销售各种型号的采棉机800余台，其中，新疆市场销量达到790余台，同比大幅度攀升80%以上。市场出现供不应求、一机难求的局面。此外，喷雾机、打捆机、青饲料收割机和甘蔗收割机市场连续多年出现良好增长，果园、渔业机械市场近年也风生水起，发展势头良好。由于这些市场目前需求量较小，小众市场特点突出，现整个市场需求呈现碎片化的特点。

其次，农机区域市场急剧变化。北方平原和旱作区等农业机械化水平较高的地方，正在加快提档升级，向全程化、大型化、智能化转变；南方水田地区、丘陵山区等发展相对滞后的地方，亟须农业机械化程度全面、快速上升，且对特色优势产业机械化需求迫切。

最后，农机需求大型化、智能化、高端化正成为当今农机市场的一股浪潮。无人驾驶的拖拉机、收割机逐渐进入人们视野，各种机械大型化趋势越来越强，先进技术支撑的农机受到越来越多的用户青睐。

（三）农机市场进入“空窗期”

目前，我国农机传统市场陷入低速常态化发展泥潭，虽然新兴市场崛起，小众市场快速增长，但

现阶段占比小，难以填补传统市场留下的巨大亏空。从 2018 年农机市场 11 个子行业的增幅中可见一斑。而其他农林牧渔业机械、畜牧机械制造同比增幅高达 17.09% 和 12.46%，但占比仅为 5.81% 和 6.46%。我们判断农机市场正处于“空窗期”。这要求我们必须实现传统农机经营模式的变革，这也是我们实施突围战略的重要依据。

（四）新型消费群体崛起，农村消费逐步进入到“全要素购买时代”

近年来，我国新型经营主体加快发展，农业机械化与规模经营加快融合。由产中向产前、产中、产后全程配套。新型经营主体更加注重获取高质量的全程机械化解决方案，更加注重延伸机械化的价值链，更加注重高效率的作业服务和组织管理，“农机＋农艺＋农事”“互联网＋农机”等作业服务迅速发展。以此判断，未来几年农机消费群体将发生两大变化：第一，群体消费逐渐成为主流。随着土地流转的加速、流转面积的不断扩大，以及农业、农机合作社，家庭农场，农机大户，粮食运营商等组织的快速崛起，农机消费群体将出现颠覆性变化。在被调查的 500 余家渠道商中，仅有 18.5% 的经销商选择了个体购买，选择群体购买的占 81.5%。第二，消费行为随农业和农机经营收入的变化而变化，突出表现在价格敏感度方面。如在收益下降、粮价下行的情势下，价格依然是竞争的重要手段。

从农村消费模式变化的维度分析，其正在逐步进入全要素购买时代。农民不仅要购买良种、化肥、农药、除草剂等生产资料，而且要购买农机耕种、收割、灌溉、植保等各种产前、产中和产后服务，原来大部分靠自己解决的“劳动消耗”过程，已经转变为商品化或半商品化农业生产过程。

消费模式的变化提示我们：第一，一站式购物服务成为潮流；第二，服务多样化需求迫切；第三，社会化服务成为农村的发展趋势；第四，农业机械化和现代化对社会化服务的要求不仅变得更为现实，也变得更为重要；第五，全面、全程机械化推动农机需求升级。终端的变化，客观上要求我们重新审视消费对象，关注他们的消费特点、消费模式，从而改变经营策略。

三、找准存量市场下的破局之道

（一）找准市场的“痛点”发力

面对农业生产和农民的强劲需求，重点解决“供不足需、供不适需”矛盾，需要培育新动能，去除“痛点”，释放农机市场发展空间、潜力、活力。那么，今后几年农机市场的“痛点”在哪里？我们判断，农机市场需求将聚焦以下品类，中国农业机械流通协会近年也是围绕这些市场开展了一系列活动。

第一，畜牧机械（搂草机、割草机、打捆机、青贮机、青饲料收割机等）市场。畜牧机械市场呈现稳步发展的良好态势，市场发展机遇期特点较为突出，市场需求结构进一步向大型高端化发展。

第二，经济作物收割机械市场。经济作物收获始终是农机发展的难点、痛点和热点，也是农机市场的短板，该类市场正处于市场的上升期。其中包括：①根茎（花生、甜菜、葱、姜、蒜、马铃薯等）收割机械市场；②甘蔗、棉花收割机械市场；③蔬菜种植与收割机械市场；④果实类收割机械（葡萄、辣椒、番茄收割机，果实捡拾机等）市场。中国农业机械流通协会近年在山东、广西、内蒙古等区域，大力推进经济作物的种植与收获活动，譬如 2017 年在山东章丘举办的葱姜蒜种植、收获地头展以及高峰论坛，与中国农业机械化协会一起在广西南宁举办的甘蔗全程机械化展览等活动，对推动经济作物市场的发展起到了较好的作用。

第三，其他蓝海市场。包括植保机械（喷杆植保机械、植保飞机等）市场、秸秆处理设备市场、干燥设备（用于干燥粮食、果类、蔬菜类等）市场、水产机械（水产养殖和水产捕捞机械等）市场、设施农业（温室大棚、食用菌生产设备等）市场、农业废弃物利用处理设备（生物质能和废弃物处理设备等）市场、灌溉设备（喷灌、滴灌、水肥一体化等）市场、修剪机械（茶树修剪机、果树修剪机、割灌机、枝条切碎机等）市场。

农机企业只有打破常规，聚集热点市场，实现转型，才能实现低迷市场形势下的破局，走出困境。

（二）聚焦“短板”，发挥创新优势

我们要透过市场低迷的表象，深刻把握市场的变化。真正做到准确识变、科学应变、主动求变。

首先，我们要明确市场低迷的原因。当今市场低迷主要反映在拖拉机、粮食作物收割机等传统市场。而小众市场正处于上升期，市场发展方向并不明确，进而产生了经销商找不到适合用户需求的产品、生产商不知道提供什么产品的奇怪现象，这就要求我们必须找准市场“风口”，重新规划企业发展战略。

其次，创新是引领企业走出困境的必由之路。我国农机企业仿制能力有余、创新不足，直接导致大众产品过剩、小众产品供应不足。这就要求：一是生产企业必须拉伸产品链，提升产品价值链。二是找准发力点，站在当下市场的“风口”上。三是提升产品品质，打造强势品牌；没有高品质支撑的品牌是苍白的，毕竟觉醒的用户知道他们需要的是产品的使用价值。四是完成产品技术升级，打造高端智能化产品。农机行业需要华为这样集高端技术、创新、自主于一体的企业。中国的农机产品与发达国家的产品技术差距至少有20年，我们农机企业必须自强自立、奋力向上，才能为中国农机行业做出更大贡献。

最后，流通行业的商业与盈利模式创新是拯救流通企业的最后一根稻草。纵观国外发达国家农业机械化发展历程，在农业机械化进入中级发展阶段后期，伴随着农机市场步入了平稳减速发展阶段，农机经销企业业务定位的重构与转型升级、企业间的兼并重组，是农机流通业成长发展的一条主线。同时，过去那种单一靠销售主机获取利润的时代已经终结，多元化经营、多模式发展成为我们必须思考的重大问题。

（三）多管齐下，重点突破

如何破局？是目前行业关注的焦点。古人云：兵无常势，水无常形，能因敌变化而取胜者，谓之神。在当前严峻的市场形势下，我们必须多管齐下，方能收到事半功倍之功效。我们在此抛砖引玉，提几点具体建议。

（1）深耕。农机行业面临的最大问题是如何解决产业深耕，我们判断未来只有两种类型的企业能够生存：一是走专门、专心、专注“三专”路线的专业化公司，他们靠独一无二的产品，在某个细分市场占据一席之地；二是大集团（完成转型升级的），他们依靠强大的规模优势，立足市场。

（2）“两条腿走路”。在做好国内市场的同时，加大出口市场的拓展，形成“东方不亮西方亮，黑了南方有北方”的产业格局。这样的公司，无论市场风云如何变幻，都能“稳坐钓鱼台”。

（3）多元化（这点主要是针对经销商）。我国农机流通行业的顽疾即散、乱、弱、小、差，这种情况如果在农机市场黄金期，大家都能生存，并且都能赚钱。但在当今农机市场低迷的形势下，需求萎缩，市场整合成为一种必然，企业只有树立大农机概念，从一元的靠农机主机销售向配件销售、农机维修、农机服务、租赁、二手农机销售等综合业务转变，甚至向农资、工程机械、农用企业、农业特色产品转变。

（4）抱团取暖。前面我们已经就当今的农机市场形势进行了详尽的阐述，其中我们面临的“三农”环境已经发生颠覆性变化，这就要求我们的经营方略应时而变，走联合之路。譬如与农机服务集团、农机合作社、农机大户、农机零部件商、物流公司等各种公司和新型主体结成牢固联盟，抱团取暖。

（5）灵活的营销策略。现今的农机市场，正处于急剧变化的过程中，市场需求、购买模式、终端客户的构成等都发生了很大变化。一方面，因粮价波动，购买力下降，导致价格的敏感度上升；另一方面，因土地规模化经营导致大型高端产品需求增长。这就要求企业必须因时施策、灵活经营，方能适应不同区域、不同客户的需求，在竞争中立于不败之地。

严峻的农机市场形势提醒我们，必须以“变”应“变”，以灵活的营销策略应对当今变幻莫测的市场。

2018—2019 年农机市场发展环境

一、宏观经济环境

（一）国际经济形势

2018 年是国际金融危机全面爆发 10 周年，也是世界经济格局大发展、大变革、大调整的一个重要转折点。总体看，当前世界经济呈现动能趋缓、分化明显、下行风险上升、规则调整加快的特点，2019 年面临的不确定、不稳定因素增多，预计仍将维持弱增长态势。近期，国际货币基金组织预测 2018 年、2019 年两年世界经济增速均为 3.7%，与 2017 年持平，较 4 月预测值均下调 0.2 个百分点。

1. 主要发达经济体经济维持相对强劲的增长

前三季度美国实际 GDP（国内生产总值）分别增长 2.2%、4.2% 和 3.5%，其中第二季度和第三季度增速明显超过去年同期的 3.0% 和 2.8%；10 月美国失业率保持在 3.7%，为 49 年来最低；产能利用率较 2017 年进一步提高，9 月为 78.1%，逐步接近 1967 年以来 80.26% 的历史平均水平。欧元区经济保持稳步增长，前三季度实际 GDP 同比增速分别为 2.4%、2.2% 和 1.7%，德国、法国经济继续发挥龙头和引擎作用，希腊经济经历长期衰退后复苏步伐有所加快；9 月欧元区失业率保持在 8.1%，处于 2008 年 9 月以来最低水平。日本经济第一季度环比折年率萎缩 0.9%，第二季度实现 3% 的反弹，7 月以来制造业 PMI（采购经理指数）一直处于荣枯线以上，显示经济仍处于扩张状态。

2. 新兴经济体普遍企“稳”，内忧外困局面得到改善

在外部需求总体向好和内部改革持续推进共同作用下，2017 年以来多数新兴经济体内生增长动力趋于增强，逐步摆脱持续多年的低迷状态。俄罗斯、巴西、南非经济显著回暖，第二季度 GDP 同比分别增长 2.5%、0.3%、1.1%，较第一季度分别上升 2 个、0.65 个、0.1 个百分点，均超出市场预期。受“废钞令”和 GST（商品和服务税）税改冲击，近来印度经济增长动能有所减弱，第二季度 GDP 同比增长 5.7%，较第一季度回落 0.4 个百分点，但考虑到国际大宗商品价格疲软和莫迪政府推进改革强劲势头，预计 2018—2019 年印度经济将重回扩张轨道。

3. 世界经济动能出现放缓迹象

一方面，在新一轮科技革命和产业变革尚未实现重大突破的情形下，主要发达经济体的经济增速已经达到甚至超过其潜在增长率，当前的相对强劲增长伴随通胀率的明显上升，恐怕难以为继。另一方面，受保护主义抬头等因素影响，国际贸易和跨境投资作为世界经济增长的重要动能，2018 年表现不佳。国际货币基金组织预计，2018 年全球货物贸易量增长 3.9%，远低于 2017 年 5.1% 的增速。荷兰国际集团报告甚至预测，2018 年全球货物贸易增速将降至 2.6%，再次低于全球经济增速。联合国贸发会议报告显示，主要受美国税改推动其跨国公司利润回流影响，2018 年上半年全球直接投资同比下降 41%。

4. 全球债务水平继续上升

2018 年全球政府债务仍处于较高水平。发达经济体政府总债务与 GDP 之比从 2017 年的 104.5% 轻微下降至 2018 年的 103.8%，政府净债务与 GDP 之比从 2017 年的 75.1% 下降至 2018 年的 74.4%。新兴市场与中等收入经济体总债务与 GDP 之比从 2017 年的 48.7% 上升到 2018 年的 50.7%。低收入发展中国家的政府总债务与 GDP 之比从 2017 年的 42.8% 上升到 2018 年的 44.1%。

美国政府总债务与 GDP 之比继续提升，2017 年为 105.2%，2018 年约为 106.1%。日本政府债务状况继续恶化，政府总债务与 GDP 之比从 2017 年的 237.6% 上升到了 2018 年的 238.2%。欧元区政府总债务与 GDP 之比于 2014 年达到最高点 91.7%，此后一直回落，2018 年继续回落至 84.4%。欧元区大部分国家的政府债务水平有所回落，但仍有个别重债国的政府债务水平在继续上升。希腊政府债务与 GDP 之比在 2018 年达到 188.1%，比 2017 年增加 6.3 个百分点。英国和法国的政府债务状况没有明显好转。英国政府债务与 GDP 之比从 2017 年的 87.5% 轻微下降到 2018 年的 87.4%，法国从 2017 年的 96.8% 下降到 2018 年的 96.7%。欧元区仍然存在主权债务风险。

新兴市场的中等收入经济体中政府总债务与 GDP 之比超过 60% 国际警戒线且比例继续上升的有安哥拉（80.5%）、阿根廷（62.7%）、巴西（88.4%）、巴基斯坦（72.5%）和乌拉圭（68.1%）。低收入国家政府总债务与 GDP 之比超过 60% 且继续上升的国家包括老挝（66.7%）、莫桑比克（112.9%）、苏丹（167.5%）和赞比亚（70.9%）。这九个国家的政府债务水平都是在快速上升，隐藏的债务风险比较大。

各国居民和企业债务也不断累积，导致全球非金融部门债务总额与 GDP 之比不断攀升。根据国际清算银行的估计，2016—2017 年，全球非金融部门的债务总额与 GDP 之比从 234.4% 上升到了 244.5%，2018 年第一季度进一步上升到了 246.1%。发达经济体非金融部门的债务总额与 GDP 之比从 2016 年的 264.4% 上升到了 2017 年的 276.0%，2018 年第一季度又上升到了 276.2%。新兴市场经济体非金融部门的债务总额与 GDP 之比从 2016 年的 183.3% 上升到了 2017 年的 193.8%，2018 年第一季度又上升到了 198.2%。全球债务总水平的持续攀升，正在威胁全球经济稳定。

5. 金融市场出现动荡

2018 年国际金融市场呈现两大主要特征：一是全球股市震荡；二是美元持续升值和其他货币不同程度的贬值。

截至 2018 年 12 月 21 日，以摩根士丹利资本国际公司编制的明晟指数（MSCI 指数）来衡量，全球股指从 2018 年年初以来下跌 13.3%，其中新兴市场股市指数下跌 17.4%，发达市场股市指数下跌 12.8%。在 23 个新兴市场国家指数中，只有卡塔尔股指有明显上升，另有 3 个国家的股指有轻微上升，其余 7 个国家的股指跌幅在 10% 以内，12 个国家的股指跌幅在 10% 以上。土耳其股指跌幅最大，达 41.8%。在 23 个发达市场的国家指数中，只有以色列出现了明显的上涨。美国股指高位震荡，没有明显上涨，也没有明显回落。另外 21 个国家的股指均出现一定程度的下跌。7 个国家的股指跌幅在 10% 以内，14 个国家的股指跌幅在 10% 以上。其中比利时股指跌幅最大，达 19.4%。全球股票价格震荡与世界经济中隐含的风险有密切关联。

2018 年美联储已经四次加息，欧洲中央银行和日本银行仍然维持负利率环境，美元明显升值。2018 年 11 月相对于上年年底，名义美元指数升值 7.0%，实际美元指数升值 6.5%。美元升值导致世界其他主要货币相对于美元均有不同程度的贬值。从 2018 年年初到 12 月 14 日，欧元兑美元汇率贬值了 5.8%，日元贬值了 0.6%。新兴经济体货币出现了更大幅度的贬值，其中人民币兑美元贬值了 5.0%，巴西雷亚尔贬值 15.0%，印度卢比贬值 11.3%，南非兰特贬值 13.9%，俄罗斯卢布贬值 13.0%。另外，土耳其里拉和阿根廷比索分别贬值 28.9% 和 50.8%。

（二）国内经济形势

1. 2018 年国内经济形势基本稳定

2018 年全年国内生产总值 900309 亿元，按可比价格计算，比上年增长 6.6%，实现了 6.5% 左右的预期发展目标。在错综复杂的国际国内环境下，我国经济运行实现了总体平稳、稳中有进，经济社会发展的主要预期目标得到较好实现。

（1）经济基本维持在合理区间。2018 年，中国国内生产总值同比增长 6.6%，比上年同期小幅回落 0.2 个百分点。规模以上工业增加值增长 6.4%。物价走势温和适中，全年居民消费价格上涨 2.1%，受蔬菜、石油价格和医疗价格上涨的影响，涨幅比上年同期扩大 0.6 个百分点。生产领域价格总体平稳，全国工业品生产价格上涨 3.5%，涨幅比上年同期回落 2.8 个百分点，工业价格和居民消费价格剪刀差收窄。就业规模持续扩大，全国城镇就业总量达到 4.34 亿人，新增就业 1361 万人，超额完成全年目标。农民工总量达到 28836 万人，比 2017 年同期增加 184 万人。全国城镇调查失业率稳中有降，维持在 5% 左右。国际收支基本平衡，中美贸易摩擦对出口和外资的影响还没有显现。

（2）经济结构持续优化。第三产业比重不断提高，对经济增长的拉动作用不断增强。三次产业增加值占 GDP 的比重分别为 7.1%、40.7% 和 52.2%，第二产业和第三产业比重分别提高 0.2 个百分点和 0.3 个百分点。消费对经济增长的拉动作用进一步增强，需求结构不断改善。虽然基建投资明显回落，但制造业、房地产、民间投资稳定，不含汽车类商品的零售总额增速逐季度提高，服务消费需求旺盛，最终消费支出对 GDP 增长的贡献率为 76.2%，比 2017 年同期提高 18.6 个百分点。居民收入增长与经济增长同步，城乡居民收入差距缩小，前三季度全国居民人均可支配收入同比实际增长 6.5%，与经济增长基本同步。城乡居民人均收入倍差 2.69，比上年同期缩小 0.02。

（3）新增长动能有所提升。高技术产业、装备制造业、战略性新兴产业增加值增长速度明显高于整个规模以上工业。新能源汽车、光纤、智能电视等新产品产量保持较快增长。服务业中的战略性新兴服务业、高技术服务业营业收入快于全部规模以上服务业。与居民消费升级相关的养老、医疗、旅游休闲、文化娱乐等服务行业供给水平提高。咨询、物流、信息、商务服务业快速发展，信息传输、软件和信息技术服务业势头较好。

（4）经济效益和质量有所提高。截至 2018 年 11 月末，全国工业实现利润同比增长 11.8%，大大高于企业销售收入增速。杠杆率降低，规模以上工业企业资产负债率为 56.8%，同比下降 0.4 个百分点，特别是国有企业资产负债率下降明显，宏观杠杆率连续 9 个季度保持基本稳定。节能降耗扎实推进，能源消费结构继续优化，2018 年全国能源消费总量同比增长 3.4%，天然气、水电、核电、风电等清洁能源消费占能源消费总量的比重比 2017 年同期提高 1.3 个百分点，单位 GDP 能耗同比下降 3.1%。

2. 经济运行面临较大下行压力

在经济平稳运行的同时，中国出现了民营企业运营困难增加、基建投资回落过快、房地产泡沫加大等问题。中美发生贸易摩擦后，中国对外贸易、利用外资、科技合作等受到影响，科技创新能力薄弱、产业链和供应链脆弱等深层次问题开始暴露。这些问题相互叠加、相互影响，导致金融风险不断积累显现，经济下行压力加大。

（1）中国城镇居民的消费需求持续低迷。从城镇居民总体的消费支出看，虽然表面上2018年前三季度城镇居民人均消费支出名义增速达到6.5%，比2017年同期提高了0.3个百分点，但这主要是由于居住消费和日常生活用品与服务等被动型消费支出增速的加快。这部分刚性消费难以由消费者自身主动掌握，较快的增速其实意味着居民的生活成本在上升，并非意味着居民消费意愿的增强。

剔除被动型消费支出之后可以发现，2018年前三季度城镇居民人均消费支出增速只有5.2%，比2017年同期下降了0.3个百分点，该增速也处于2013年国家统计局实施居民消费支出新统计口径以来的最低点。

商品消费方面，剔除餐饮收入的社会消费品零售总额增速更能准确反映商品消费的增速变化。2018年1—10月社会消费品零售总额增速（剔除餐饮收入）仅为9.2%，比2017年同期下滑了1个百分点，触及2000年以来的同期最低点。

服务消费方面，主要是指教育、医疗、文化、娱乐等体验式消费。目前中国对于服务消费规模的统计还较为缺乏，一般基于国家统计局每季度公布的居民消费支出的各分项数据进行测算。

参考刘哲希和陈彦斌提出的测算方法，2018年城镇居民的服务消费没有延续过去几年的快速增长势头，前三季度的增速仅为7%，与2017年同期相比下滑了0.7个百分点，相较于2012—2016年服务消费的平均增速更是下滑了4.1个百分点。

（2）固定资产投资增速持续下滑。2018年1—10月增速仅为5.7%，比2017年同期下降了1.6个百分点。如果进一步剔除价格因素，2018年1—10月固定资产投资的实际增速仅为0.1%，基本处于零增长的状态。2018年1—10月土地购置费的增速高达63.4%，如果剔除土地购置费的影响，1—10月固定资产投资的名义增速将下降至3.6%，大幅低于5.7%的水平。

对于2018年以来制造业民间投资的增长加快也不宜过于乐观。2018年1—10月制造业的民间投资增长9.7%，相比于2017年同期提高5.7个百分点。但本轮制造业民间投资增长的加快主要是与钢铁、建材和有色等传统高耗能行业投资的迅猛增加有关。如果剔除高耗能行业的影响，制造业民间投资增速将会从9.7%下降至6.9%。再剔除价格因素的影响后，制造业的民间投资增速相较于2017年其实并没有很大的改观。

长期以来制约民间投资的市场准入限制、税负感偏重以及融资难融资贵等问题不仅没有发生切实改善，一些问题反而在2018年更为突出。比如，2018年民企的融资成本出现了明显上升，表现为工业私营企业利息支出的快速增长。

我们运用增量资本产出比来衡量投资效率。1978年需要3.3元拉动1元GDP，逐步攀升到2006年需要6.6元才能拉动1元GDP，也就是需要更高的投资才能拉动同样的GDP，这说明投资转化为GDP的效率是逐渐下降的。

（3）中美贸易摩擦不确定性较大。中美经贸摩擦涉及双边贸易、知识产权保护、补贴、市场准入、国有企业等多个问题。从双边贸易看，加征关税对中国经济影响并不大。从数量经济模型估计，短期内由于出口产品不可替代，中国对美国出口的短期价格弹性为0.7%，也就是说出口价格提高10%，对美国出口下降7%；由于出口合同往往提前3~6个月签订，因此，短期出口出现回落有3~6个月的滞后期。中期内，由于商品可以部分替代，中国的出口价格弹性会提高到1.5%，即出口价格提高10%，对美国出口下降15%。关税调整对中国出口的影响要持续两年左右。美国对中国500亿美元商品征收25%的关税和2000亿美元商品征收10%的关税，影响中国对美国出口减少约500亿美元，中国GDP减少0.4个百分点左右，考虑出口的乘数效应，对经济的影响会更大一些。如果美国对所有出口商品加征25%的关税，对美国出口就会减少2000亿美元，中国GDP直接减少1.6个百分点左右。对美国500亿美元进口商品加征关税，中国CPI（居民消费价格指数）上涨0.3%左右。但从长期看，贸易摩擦、知识产权保护、市场准入、补贴等问题，会影响双边贸易、投资、技术转移、人员交流，进而影响中国科技创新能力和产业链、供应链安全。我们估计，2018年，通过对外贸易、利用外资、科技交流等的技术外溢效应对中国经济增长的贡献每年在0.8个百分点左右，中美经贸摩擦对我国科技进步和产业链、价值链提升的影响不可低估。

二、微观环境

（1）2018年农机行业整体下滑，洗牌加速。农机行业在经历了2005—2015年高速发展的黄金十年后，进入低速发展状态，2018年更是农机行业继续深度下滑、主流农机企业利润大幅度下滑、国内龙头企业近乎全面亏损的一年，整体市场呈现淡季更淡，旺季不旺的格局。

据国家统计局发布的最新数据显示，截至10月，我国农机全行业主营业务收入2311亿元，增幅只有0.76%。从2018年2月起，行业的增速迅速跌到上年同期的一半以下。总体来说，2018年中国农机产业下行压力明显，但子行业间压力表现各有不同，产品结构调整进一步加大。2018年，整个农机行业没有像往年一样低开高走，或是因为政策和市场机遇而波动，全年保持低位运行。

根据统计数据，2018年1—10月，农机行业规模以上企业利润增长-17.21%，一直处于负增长状态，而且下滑幅度很大。其中骨干企业利润暴跌，利润增长率为-43.15%。业内人士普遍认为，农机行业进入了新常态低位运行模式。2017—2018年，规模以上农机生产企业由2396家减少到2225家，主营业务收入由3010亿元降低到1800亿元水平，企业利润总额由94亿元降低至84亿元，与此同时销售费用、主营业务成本、财务费用等均出现不同程度的增长，截至9月规模以上企业中有324家出现亏损，亏损面达到16.63%，较2017年进一步增大，农机行业困境重重，进入快速洗牌阶段。

中国农业机械工业协会发布的中国农机工业景气指数研究报告显示，无论与去年同期还是与上半年情况相比，从行业整体形势到企业自身经营情况都更加恶劣，对未来6个月的预期也更加悲观。59%的受访者认为行业整体经济形势不好（2017年同期是52%，2018年上半年是43%），市场不景气；39%的受访者认为未来6个月的经济形势会更差。76%的受访者预测我国2018年农机工业主营业务收入减少，在预测主营业务减少的受访者中，有74%预测减少幅度高于5%。据统计，AM指数为42，行业处于不景气区间。同时，AM指数下行，不景气程度加深。经营情况较好的子行业是零部件、收获后处理及初加工机械、田间管理机械，较差的三个子行业是排灌机械、拖拉机和种植施肥机械。

据中国工业协会统计，2018年骨干企业的增速压力更大，出现了较大的负增长。主要是因为骨干企业大多是拖拉机和收割机生产企业，而这两大类产品也是近几年下滑比较明显的领域，因此给骨干企业造成了较大的压力。同时，骨干企业也在进行积极地调整，会不同程度地影响行业的发展速度。业内的多数企业，尤其是大企业，都采取了比较谨慎的经营策略和经营思路，比如主动去过剩产能、淘汰部分产品等；还有很多企业采取非常谨慎的销售策略，如放弃零首付、低首付等经营方式。

2018 年，行业总体结构仍在进一步调整中，产品结构调整力度仍需加大。虽然农机行业整体继续维持"寒冬"，但部分子行业表现可圈可点，"逆势而为"呈现上行趋势，有些产品市场出现反弹。

拖拉机行业继续下滑，大中拖集中度持续降低。据中国农业机械工业协会统计，2018 年 1—10 月，我国大中拖产量 153920 台，同比下降 22.66%；小四轮产量 33977 台，同比下降 76.24%；手扶拖拉机产量 63712 台，同比下降 15.51%。从市场结构分析，功率段增幅呈现"两头大"的情况，大拖产量下滑 27%，中拖产量下滑 10%，手扶产量下降 5% ~10%，而这其中又主要是对外销量比较大。同时，从出口贸易来看，大中拖出口一改以往向好的趋势，2018 年仅出口 19562 台，同比下降 4.12%。拖拉机出口目前主要集中在 44.1 千瓦（60 马力）以下产品，占总出口量的 62%；73.5 千瓦（100 马力）以上拖拉机出口 3427 台，其中外资企业出口 2704 台，占 78.90%。

轮式收割机行业继续下滑，市场以更新为主。2018 年 1—10 月轮式收割机产量 13432 台，同比下降 58.02%。从喂入量和产品结构上看，6 ~7 千克/秒纵轴流及逐稿器产品产量同比增长 245.90%；8 千克/秒横轴流产品市场占比达 65.6%；而 7 千克/秒纵轴流产品基本退出市场。目前，轮式收割机市场进入产品更新换代阶段，新用户购机少。一方面小麦机市场保有量较高，另一方面用户在发生变化，个体用户减少，合作社用户增加，且多以产品升级为目的。

履带机产量继续下滑，集中度和喂入量再提高。履带式水稻收割机在经过连续几年的增长后，2018 年开始下滑，产量同比下降 18.59%，但喂入量仍在继续升级。

玉米收割机回升乏力，但有快速增长之势。据统计，2018 年 1—10 月，玉米收割机产量 2.5 万台，同比增长 33.67%，预计 2018 年包括山区在内的玉米收割机将有望达到 3.3 万 ~3.5 万台的销售量，同比增长不大。目前玉米收割机骨干企业依然以消化库存为主，企业数量进一步减少，产品仍以 4 行机为主。2018 年国内玉米价格对玉米收割机市场产量有较大的负面影响。

插秧机行业遭遇腰斩。2018 年 1—10 月，插秧机产量 4.8 万台，同比下降 43.03%，产销率达到 108.15%，说明仍在消化上一年的库存。从产品类型上看，无论是手扶式还是乘坐式，均呈现大幅下降的趋势。

烘干机行业急转直下，主要市场不振。烘干机行业可以说是 2018 年各子行业中最让人意想不到的，据统计，骨干企业产销全部下滑，行业产量同比下滑 46.41%。2017 年，在水稻生产区，如江苏、安徽和湖南等地，烘干机高速增长，而 2018 年水稻生产主产区都出现下滑，江苏市场销售同比下降 82%。

（2）多种因素导致利润持续下滑。2018 年 1—10 月，农机行业规模以上企业利润增长 -17.21%，一直处于负增长状态，而且下滑幅度很大。其中骨干企业利润暴跌，利润增长率为 -43.15%。这个现象值得行业高度关注。

导致企业利润下滑的因素有多种。

一是原材料成本的大幅上升，特别是钢材等原材料的涨价。国家统计局 9 月数据显示，生产资料价格同比上涨 4.6%，建筑材料及非金属类价格同比上涨 10.0%，燃料动力类价格上涨 9.2%，黑色金属材料类价格上涨 5.1%。

二是国三产品全面投放市场，提高企业成本。国三产品的制造成本提高，原材料和配置涨价，但由于市场疲软，多数农机产品的价格不变，有些还存在降价销售。在这样的情况下，一方面原材料涨价，另一方面销售降价，企业的利润下降是必然的。

三是环保成本增加。环保压力造成很多企业的铸件、锻件采购成本上涨；另外，由于环保的要求，一些企业的生产线无法正常运行，维护成本较高。

四是企业资金成本增加，社保资金税务征收新政及工资增加（9.33%～30%）都在不同程度上增加了企业成本。国家统计局数据，规模企业的财务成本上升6.21%，利息支出增加2.89%；中国农业机械工业协会统计的大企业财务费用增长42.60%，其中利息增长69.04%。这种状况造成资金占有量大、资金回笼出现问题。

钢材涨价、环保压力是机械行业普遍存在的共性问题，但可以看出，农机工业的利润是最差的，其中最大的问题是经营规模的下降。农机多数是微利经营产品，规模化经营靠量来获得利润，企业产量锐减必然影响企业盈利状况。同时由于企业产能过剩，也推高了财务成本。

2018 年农机市场十大关键词

2018 年是农机市场极为艰难的一年，整个农机市场进入深度转型期。转型之急、快和幅度之大，都是前所未有的，让许多生产和流通企业措手不及，经历了转型期带来的阵痛。2019 年，转型的脚步不会停下来，但各个子市场小幅调整是大概率事件。在没有重大政策转向和意外事件冲击的情况下，总体市场转向降温通道，不会出现剧烈的波动。但不可否认的是在特殊时期，依然会有特殊的事情发生。一些市场或扭转颓势，小幅攀升；一些市场或继续沿下行通道运行，但降幅或收窄；一些企业或演绎市场逆袭好戏；一些企业或退出市场。

我们试图从 2018 年出现频率较高的词汇中找回 2018 年的记忆，同时前瞻已经开始的 2019 年乃至今后一个较长时期内农机市场的走向。

新低

【关键度指数】★★★★★

【上榜理由】农机市场创新低，笼罩全年市场。

2018 年是农机市场近 20 年来最为艰难的一年，市场进入深度调整期。

农机主营业务增幅创下新低，利润出现负增长。统计显示，2018 年累计农机工业实现主营业务收入 2438.74 亿元，同比增长 1.62%；在全国机械行业 14 个子行业中，增幅位列第 12 位，较平均增幅低 4.43 个百分点，创近 20 年来同比增幅排名最低。利润增幅更为惨淡，累计实现利润总额 92.93 亿元，同比下降 18.26%，较平均低 20.44 个百分点。排名第 14 位，是 20 年来最低位次，成为机械行业 14 个子行业中增幅最低的行业。

工业企业亏损严重，亏损额大幅度增长。统计显示，2066 家规模以上农机工业企业 307 家出现亏损，较 2017 年同期减少 7 家；亏损面 14.86%，较 2017 年同期缩小 0.34 个百分点；亏损额高达 39.22 亿元，同比大幅度攀升 93.51%。在 11 个子行业中，8 个子行业亏损额超过两位数，3 个子行业亏损额超过三位数；其中有 3 个子行业减亏。

跳水

【关键度指数】★★★★

【上榜理由】传统市场遭遇滑铁卢，农机市场需求进入拐点。

2018 年，我国农机市场经历了近年少有的寒冬，多数传统市场“跳水”。

2018年成为拖拉机市场近20年跌势最大的一年，行业几近崩盘。从各项经济指标看，在11个农机子行业中，拖拉机行业的表现可谓乏善可陈。2018年，拖拉机制造业经历了20年未有的大幅滑坡。160家拖拉机规模以上企业累计实现主营业务收入434.71亿元，同比下跌3.52%。在农机的11个子行业中，排名倒数第一。实现利润-12.86亿元，同比狂跌355.65%，增幅排名倒数第一。

令人诧异的是不仅拖拉机市场出现下滑，谷物联合收割机市场亦出现下滑。市场调查显示，2018年，累计销售各种联合收割机24.62万台，同比下降9.95%。其中轮式谷物联合收割机销售2.28万台，同比下滑32.34%；履带式谷物联合收割机销售6.79万台，同比下滑22.4%，占比分别下挫3.07个百分点和4.43个百分点。

大型化、碎片化、高端智能化

【关键度指数】★★★★★

【上榜理由】需求转型，市场进入深度调整期。

近年，我国农机市场大型化趋势从来没有停止过，2018年拖拉机、收割机、烘干机、插秧机等市场继续其大型化之旅。首先看大中拖市场，在整个市场大幅度滑坡的情势下，160~180马力、180~200马力、200马力以上大拖市场同比分别大幅度攀升84.62%、368.42%和95.83%。联合收割机市场需求结构进一步向大型化方向发展，且聚焦一个机型。

这种状况在三大粮食作物收割机行业均有突出表现。8千克/秒≤喂入量<9千克/秒的轮式谷物联合收割机销售1.7万台，占比高达74.56%，较2017年同期猛增54.38个百分点；履带式谷物联合收割机5千克/秒≤喂入量<6千克/秒占比高达73.49%，较2017年上扬4个百分点；4行玉米收割机累计销量2.28万台，占比50.67%，虽然占比较2017年有所滑坡，但其依然占据全部销量的半壁江山。大型化趋势主要源于以下因素：第一，土地规模化；第二，投资性需求；第三，农机补贴推动。

与大型化同时推进的是市场需求的碎片化，随着传统大众市场的式微、小众市场的崛起，市场需求改变了过去规模化需求，而呈现出碎片化的特点。诸如经济类作物的收割机、畜牧机械、渔业机械、果林机械等市场开始发力，但市场尚处于导入期，市场规模较小。

高端智能化是2018年农机市场呈现出的又一突出特征。随着导航系统在农机领域的应用，越来越多的产品开始其智能化旅程。高端智能农机在智能耕整、智能播施、智能灌溉、智能植保、智能收获等环节都实现了突破，并开始实际应用在农业生产中，在精准作业等方面大显身手。无人驾驶的拖拉机、收割机、插秧机亮相，植保飞机在许多区域市场崭露头角。我们预计，农机高端智能化浪潮将席卷整个农机市场，成为农机发展的必然趋势，因为只有提升农机智能化水平，才能解决农业劳动的舒适性、体面性，才能更有效地吸引新生劳动力从事农业劳动。

反弹

【关键度指数】★★★

【上榜理由】沉睡三年终苏醒，玉米收割机市场进入复苏轨道。

玉米收割机市场在经历了连续三年断崖式下跌后已经见底，触底反弹成为2018年市场的主题，全年累计销售各种玉米收割机4.5万台，同比增长13.64%。

从自走式玉米收割机需求机型分析，各个机型表现差异较大，除3行机销量出现大幅度滑坡外，其他机型均呈现不同程度的增长。其中2行及以下机型、5行及以上机型销量出现大幅度增长。3行机型下滑的主要原因来自两个方面，一是需求大型化和小型化直接分解了部分需求；二是基数大，形成需求量“高地”，直接拉低市场增幅。

我们预计2019年玉米收割机市场在经历了2018年两位数增长后，还将持续此走势。从增幅判断，既不会出现2014年之前的大幅度攀升，也不会出现2015—2017年的断崖式下降。预计全年销量5万台左右，同比增长10%以上。

黑马

【关键度指数】★★★

【上榜理由】小众市场的代表，市场的亮点。

2018年农机市场最大亮点莫过于采棉机市场的骤然爆发，成为沉闷农机市场里的一道亮丽风景。市场调查显示，全国累计销售各种型号的采棉机800余台，其中，新疆市场销量达到790余台，同比大幅度攀升80%以上。市场出现供不应求、一机难求的局面。

采棉机市场的爆发有其深刻的原因。第一，刚性需求强劲。第二，降低采棉成本，提高棉花产量。第三，提高作业效率，减轻用工劳动强度。第四，能合理安排拾花后对土地表面的处理和冬灌翻耕工作。第五，采棉机市场与棉花的价格、产量、质量、库存以及国外进口棉花的数量息息相关。第六，高投资回报率推动跨区作业快速发展，助力采棉机市场进入发展黄金期。第七，企业的推动。第八，更新进入高峰期。第九，政策拉动。第十，植棉面积下降，价格稳定。第十一，棉价上涨，刺激棉花种植积极性。

整体上看，未来几年国内棉花种植面积将趋于稳定，新疆北疆昌吉地区退耕还林，南疆喀什地区由于水资源短缺，当地棉花种植难度增加。国内2018年比2017年棉花种植面积虽有增加，却没有出现增产。

战略机遇

【关键度指数】★★★★

【上榜理由】华丽转身，代表了农机市场未来发展趋势和希望。

经过多年的发展，畜牧业从家庭副业逐步成长为农业农村经济的支柱产业，且已经形成了比较充足的生产能力和比较完善的质量安全保障体系，“不够吃”和“不安全”的问题基本解决，目前已经站在新的历史起点上。正是畜牧业的快速发展，带动了畜牧机械市场的突飞猛进，成为过去一年农机市场的宠儿。

畜牧机械市场迎来战略机遇期，工业快速发展，市场稳步增长。统计显示，2018 年，畜牧机械工业累计主营业务收入 157.6 亿元，同比增长 12.46%，其增幅在农机行业 11 个子行业中位居第二。

国内市场增势良好，出口市场也呈现快速增长的态势。统计显示，2018 年全年实现出口交货值 17.12 亿元，同比增长 17.43%；在农机行业 11 个子行业中，占比 6.11%，较 2017 年同期攀升 1.03 个百分点。

与畜牧工业制造稳定发展遥相呼应的畜牧机械市场也呈现稳步发展的良好态势，市场发展机遇期特点较为突出，市场需求结构进一步向大型高端化发展。市场调查显示，2018 年累计销售各种畜牧机械 6.87 万台，同比增长 8.62%。

稳步推进

【关键度指数】★★

【上榜理由】连续多年稳步增长，成为农机市场的一道亮丽风景。

2018 年青饲料收割机市场延续了近年的基本态势，稳步推进。市场调查显示，累计销售各种型号青饲料收割机 4.5 万台左右，同比增幅在 10% 上下。

青饲料收割机市场是一个具有战略意义的市场，2019 年面临着良好的发展机遇。第一，政策利好。粮改饲、农机补贴等政策将成为驱动市场发展的强劲动力。第二，青饲料收割水平偏低，发展空间大；保有量低，市场刚刚起步，刚性需求强劲。我国青饲料收割机保有量不足美国的 1%。第三，随着生活水平的提升，饮食结构的调整，国民对牛羊肉、奶制品的需求量进一步提高，刺激畜牧产业的发展，驱动青饲料市场的繁荣。第四，种植结构调整。随着玉米产量过剩以及价格的波动，一些玉米种植区域开始调整种植结构，选择玉米作为青饲料。

基于此，我们预计 2019 年市场或将持续其增势，全年销量在 5 万台左右，同比增幅有望突破 10%。在需求机型上，大型高端仍然会成为市场的基本发展趋势。

暗流涌动

【关键度指数】★★★★★

【上榜理由】千亿级规模市场一旦苏醒，将震动整个农机行业。

近年，与秸秆相关的打捆机、秸秆还田机市场呈现稳步增长、暗流涌动的发展态势。市场调查显示，2018 年累计销售打捆机 1.4 万台，同比增长 8%；销售秸秆还田机 7.5 万台，同比增幅在 10% 上下。二者的稳步攀升与各级政府推动的秸秆再利用政策密切相关。

秸秆处理产业是个大产业，秸秆处理的市场规模可能高达上千亿元。秸秆处理产业作为一个战略性产业，在畜牧、造纸、农业、能源等各个行业均具有十分重要的作用。秸秆理论资源量为 8.84 亿吨，可收集资源量约为 7.36 亿吨，合理利用这些生物质能每年可以替代煤炭 4 亿吨左右。

秸秆机械市场从暗流涌动进入黄金发展机遇期，这个判断从2018年安徽秸秆综合利用产业博览会的盛况即可得到验证。此次博览会共有96个项目集中签约，签约总金额275亿元。单个项目签约金额1亿元以上的有78个、5亿元以上的有14个、10亿元以上的有5个。现场签约能源化和工业原料化项目60个，占项目总数的62.5%，累计签约金额187亿元，占项目总金额的68%。

异军突起

【关键度指数】★★

【上榜理由】传统市场也有例外，这个市场搭上保护性耕种顺风车。

2018年的播种机市场出现较大幅度滑坡，从中国农业机械流通AMI的月度走势即可看出，在经历了3月、4月、5月较为景气的状态之后，下半年基本处于深度不景气状态。但东北区域的玉米免耕播种机却上演了大幅度攀升好戏，康达、德邦大为、迪克等品牌实现市场逆袭，同比大幅度攀升。

2018年东北地区玉米免耕播种机大幅增长主要源于：第一，补贴政策拉动，地方政府推动保护性耕作，大力扶持免耕播种机，如黑龙江省在国家补贴30%的基础上，政府再补贴30%。第二，市场刚性需求。前些年，因为免耕播种机没有补贴，导致市场需求低迷，市场需求势能高企，这两年正是能量的释放。第三，更新需求。市场进入更新高峰期。第四，产品拉动，近年一批成熟的免耕播种机问世。

预计2019年的播种机市场在经历了近年的低迷后会回温。东北市场依然会剑走偏锋，在政策拉动下呈现较好的增长，但在经历“两连增”后增幅或将收窄。

社会化服务

【关键度指数】★★★★★

【上榜理由】一个服务方式诞生能撬动一个行业，改变一个行业，引领一个行业。

社会化服务以市场化方式将现代生产要素有效导入农业，适用先进的品种、技术、装备等，对传统农业进行改造、提高和升级，实现农户生产与现代生产要素的有机结合，成为转变农业发展方式、提升资源要素配置效率的重要途径。

我国农业适度规模经营有两种路径：一是通过土地流转扩大土地经营规模。二是农户通过接受服务组织提供的专业化、规模化服务实现农业规模经营，是发展适度规模经营的新路径。发展农业生产性服务业，有助于丰富农业规模经营形式，让广大家庭经营农户充分参与和分享规模经营收益。

农业分工分业的不断深化是现代农业发展的必然趋势，美国为农业提供服务（如农机作业、产品加工、运输、保险、市场信息等服务）的人数占整个劳动人口的10%以上。农业内部的分工分业将是现代农业发展的基本规律。

2018年农村土地流转新政策：中共中央办公厅、国务院办公厅印发了《关于引导农村土地经营权有序流转发展农业适度规模经营的意见》。

第一，鼓励地方扩大对家庭农场、专业大户、农民合作社、龙头企业、农业社会化服务组织的扶持资金规模。支持符合条件的新型农业经营主体优先承担涉农项目，新增农业补贴向新型农业经营主体倾斜。加快建立财政项目资金直接投向符合条件的合作社、财政补助形成的资产转交合作社持有和管护的管理制度。

第二，各级政府扶持政策的重点，已经逐步从原来的补主体、补装备、补技术向补服务转变。一方面我国农业生产性服务的技术装备和服务能力已经达到一定的规模；另一方面是为了扶持引导小农户广泛接受农业生产性服务，并通过财政补贴降低生产成本。

第三，大力培育各类经营性服务组织，推动农业生产性服务业的加快发展。积极发展良种种苗繁育、统防统治、测土配方施肥、粪污集中处理等农业生产性服务业，大力发展农产品电子商务等现代流通服务业，支持建设粮食烘干、农机停放和仓储物流等方面的配套基础设施。

2018—2019 年农机流通行业的回顾与展望

农机经销商是生产企业与用户之间的纽带和桥梁，虽然近几年去经销商化的呼声很高，但农机行业因其特殊性和阶段性，农机经销商的角色无人能替代。随着补贴政策的优化、厂家渠道政策的调整、用户需求和消费特点的变化，农机流通行业本身正在发生剧烈的改变。2018—2019 年，正是行业深度调整阶段，农机流通行业更是面临着调整和更大的不确定性。

一、农机流通行业现状

由于行业的不成熟性、经营主体的复杂性和行业数据资料的缺乏，研究行业的人很难全方位地展示行业的现状，所以本文重点关注经销商，通过分析和总结个体流通企业的变动和变化，以点到面地反映行业的情况。

1. 行业发展环境

（1）农机补贴政策变化对农机流通行业的影响。

国家从 2004 年开始实施农机购置补贴政策以来，虽然边际效益递减明显，但是农机补贴政策的影响力仍无可替代，补贴政策仍然发挥着比市场更重要的作用，整体看国家农机购置补贴政策更加务实和高效，并且每年仍在不断地调整和优化，对经销商的影响主要表现在以下几个方面。

一是去经销商化趋势不改。补贴政策的制定者认为，在购机补贴操作过程中，经销企业参与的环节越多，造成的风险点和漏洞越多，所以从 2010 年之后，补贴政策的去经销商的趋势一直很明显。当前购机补贴是用户先购机后补贴，在补贴流程简化的情况下，用户可以自己完成补贴申报环节，尤其重复购机的老用户对经销商的依赖更小。另外，各级主管部门对违规操作的经销商的打击力度更大，2018 年有很多经销商受到严惩。

二是全价购机模式仍不能真正落实，经销商赊销现象普遍。从差额购机转向全价购机政策的初衷是解决经销商的垫资难题，但由于用户已经形成了购买习惯，再加上竞争导向，事实上这一政策到目前还没有得到有效实施。在具体的销售过程中，经销商仍需要被迫为用户垫资，出于竞争的需要，很多经销商还需为用户垫补贴款，所以导致经销商的赊销情况很普遍，经销商的资金压力大，有一些经销商的退出就是因为资金链的断裂。

三是补贴资金结算速度慢，对经销商的资金占用问题不能及时有效解决。农机补贴政策是农业政策里执行时间最长、效果最好的政策之一，但补贴资金的结算速度一直很慢，对于有垫资销售行为的经销商和用户影响很大，虽然农业机械化管理司对补贴资金的结算时间节点有要求，并且每年都在强调和督促，但历史数据显示，近几年补贴资金的结算速度并没有提高，频率也没有增加。

2015 年的数据显示，中原冬麦区结算周期需 6 ~ 18 个月，也就是说上半年购机，最快到 11 月、12 月补贴才能结算到用户手里，部分下半年购机者，等到来年 6 月或 9 月拿到补贴；东北地区是 9 ~ 10 个月的结算周期，也就是年初购机，年底见钱；两湖地区是 8 ~ 10 个月结算周期；相对而言，江浙地区情况要好点，结算周期短，结算频率高。

2018 年 10 月统计的数据显示，甘肃省截至 9 月 29 日结算进度占当年中央补贴资金的 35. 2%，占使用资金的 58. 16%；山东省截至 9 月 28 日，结算进度为 13. 02%；安徽省截至 8 月 31 日，已结算资金 5871. 50 万元，结算进度 3. 97%；辽宁省截至 8 月 29 日，结算资金 19. 91 万元，结算进度仅为 0. 02%。

2019 年 9 月的数据显示，截至 9 月 13 日，结算进度超过 50% 的只有 3 个省份，13 个省份的结算进度为 0。

补贴资金结算慢，经销商资金占用严重，财务成本高企。据测算，农机行业企业融资成本年利息是 6% ~8%，有些企业甚至高过 12%，而那些借小额贷款的就更高了。资金成本的增加必然引起盈利能力的下降，而盈利能力下降必然导致企业在用户培训、服务、营销费用等上面缩水。直接受影响的是用户，而最终受损失的是全行业。

（2）农机流通行业上下游之间的关系变化。

整体看，生产企业仍在深入推进“渠道下沉，网络密植”的深度分销的渠道战略，经销商的经营地盘还在缩小，实力仍在被削弱，县级市场已经成为厂家的渠道重心，以前授予省级代理和地级代理、市级代理的政策现在全部下放给县级经销商，以前的二级晋升变成一级，很多地区已经没有省级代理的经销商，在大的市级、县级市场，厂家还会多头授权。

从结果看，农机流通渠道变得越来越碎片化，经销商的话语权越来越小，而上游生产企业对市场的把控能力更强。

（3）农机经销商与用户的力度对比变化。

目前国内农机行业已经进入了存量市场阶段，据农机 360 网的数据统计，2012 年通过农机购置补贴系统购买农机的用户数量为 320 多万，2018 年只有 126. 33 万，六年间减少了近 200 万，预计 2019 年全年购买农机的用户不会超过 120 万。

从补贴数据以及现实营销中发现，目前购机户绝大多数是老用户，鲜有新的从业者进入农机行业，说明农机市场已是个成熟的市场。用户也是成熟的老用户，并且主要以跨区作业组织、合作社、农业托管公司等为主，这是典型的成熟用户和组织化用户，也属于专业型用户。他们会重复购买、批量消费，但是消费更加理性，并且对价格更加敏感，对服务要求更高，在具体的交易过程中，分散的经销商面对组织化的用户时话语权在变弱，谈判能力在下降。

（4）农机流通企业之间的关系变化。

在需求减少和多头授权的影响下，经销商之间的竞争逐渐白热化。

在增长的市场里，农机经销商之间争夺的是市场份额和用户的数量，体现在市场占有率的高低上。但在当前的存量市场，“蛋糕”既定，经销商之间的价格战更加激烈，互相检举、揭发的现象很普遍。

总之，对于农机经销商，当前经营环境并不乐观，补贴政策仍在去经销商化，上游企业设法将行业和企业的压力转嫁给经销商，用户越来越强势，经销商之间关系越来越紧张。

2. 经销商数量变化

前文说到2012年通过农机购置补贴系统实现购机的用户有320万，是历史高点，之后数量一路下降，到2018年只有126万多。同样通过农机购置补贴系统的数据可以看出来（如图1所示），受用户增加的直接刺激，在2013年补贴系统里有销售的经销商数量超过了10000家，并在接下来的3年里持续增长，在2016年达到15906家，但接下来也进入了下行通道，2017年只有13182家，预计接下来的几年用户数量和经销商的数量将出现同比例的下降，用户数量会保持在100万左右，经销商数量会下降到10000家以内，行业洗牌不可避免。

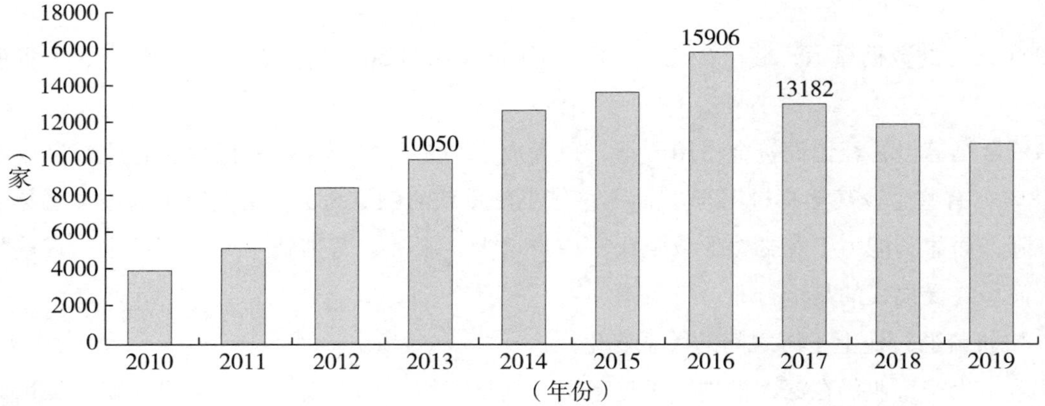

图1　国内农机经销商数量变化

农机流通行业另一个重要的数据变化就是经销商的经营规模的变化。平均经营规模的升降代表着行业的荣枯，同时也代表着企业竞争实力的变化和经营质量的变化。正常的情况下，经营规模增大代表着企业竞争实力增强，如果在同等条件下，经营规模增长比率高于竞争对手，代表着经销商的市场占有率增加和行业地位提高。从企业内部来讲，经营规模的扩大可以平摊更多的经营成本，让企业保持良性的发展，相反经营规模的萎缩对企业来讲将是极为不利的，一方面高增长带来的管理粗放、成本高企等问题会暴露出来，另一方面缩小的经营规模无法承担巨大的成本开支，企业会出现亏损。

如图2所示，2012年经销商平均经营规模达到723万元，这也是农机行业发展最快的时期，紧接着生产企业推动的渠道下沉和网络密植让经销商数量快速增长，同时农机需求开始饱和，新进用户减少，所以从2013年开始，行业的平均经营规模开始下降，到2016年下降到430万元。

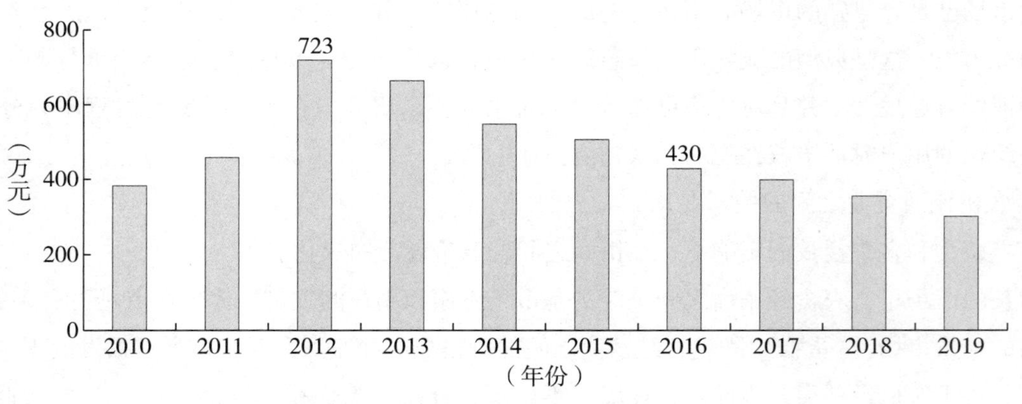

图2　国内农机经销商平均经营规模变化

据笔者的经验，经销商在北方地区人均销售额大于250万元才能实现盈利，在南方地区人均销售额大于150万元才能盈亏平衡。一般情况下。一个经销商的员工会有4～5人，按现有的经营规模算，如果算上夫妻店老板和老板娘的工资，大多数经销商是亏损经营的，所以也会导致大量的经销商退出市场。

3. 经销商经营效益分析

农机经销商的经营效益取决于收入和成本两方面，毛利润 = 收入 - 成本，要想盈利，就需要尽量增加收入，同时降低成本。

如前文所述，从大的方面看，农机经销商的平均营业额在快速下降，并且是行业的普遍下降，行业的调整期是不可逆的，如果行业集中度仍这么低，农机经销商的收入规模就仍会继续下降，直到行业调整期结束，行业洗牌完成。

另外，毛利润取决于毛利空间。从实际情况看，迫于竞争压力，农机生产企业不断地压缩经销商的毛利空间。当前传统拖拉机产品毛利，大品牌为5%～8%，二线三线品牌为10%～20%，很明显经营大品牌的企业处于微利边缘。

从成本端看，近几年经营成本不断增长，排在前两位的是人力成本和租房成本，人力成本包括社保、工资和食宿的成本，大经销商还能养活2～3个员工，小经销商干脆自己做销售，服务人员养不起，也请不到，干脆就不做服务了。

从实际情况和笔者公司内部成本核算看，农机流通企业在没有规模优势的情况下，经营成本增加幅度大，而经营规模和利润都在下降，所以整体效益在下降。

4. 经销商面临的困难和问题

在了解到同行的情况下，当前国内农机经销商面临着以下一些困难和问题。

（1）业务种类单一，经营规模下降。经营规模下降在前文有详细描述，业务种类单一将在下文阐述，且业务种类单一会导致利润来源单一。

从实际情况看，国内绝大部分经销商主业是大田类机械，且以粮食类作物所需求的机器为主，同时品类方面也主要以拖拉机、联合收割机和插秧机、旋耕机为主，很多大型经销商80%以上的收入来源于拖拉机和联合收割机，犁、深松机等传统的农机个数都很少，是典型的“重动力轻属具”“重头轻尾”的业务结构。

（2）赊销严重，企业经营风险大。各种农机市场赊销的习惯和风气有差异，但整体看全行业都面临着赊销的难题，只是程度不同，有些地区只赊销补贴款，有些地区还会赊销自筹款。在习惯的影响下，农机行业推广分期付款、互联网金融、融资租赁等工具困难重重，据统计全行业一年通过信用工具实现的销售连150亿元都不到，很多金融机构和公司退出了农机行业。

（3）经营地盘缩小，代理权不稳定。在经销压力下，上游生产企业将频繁地调整经销商的品牌代理权和经营的地盘，这是未来一个不确定也不稳定的因素。

5. 经销商的创新与创造

虽然在调整期，农机经销商困难重重，但是行业内仍出现了大量的创新实践和创造。

（1）从渠道商变成项目商。国内有大量的农机经销商，积极推进经营结构调整，引入瓜果蔬菜、花卉苗木、畜牧养殖等品类和产品业务，同时培育自己项目销售的能力。另外，有一些经销商项目销售比例已经超过了渠道销售，特色农机的营业额也超过了传统农机，成功地实现了从坐商到行商，从渠道商到项目商的转变。

（2）成立经销商联盟。经销商面对生产企业处于明显的弱势，究其原因是农机经销商过于分散和弱小，在重庆、成都、江苏、浙江等地，已经出现了中小型经销商联盟组织，联合起来向生产企业争取价格、区域、商业政策等优惠条件，并且在势力范围内实现产品、渠道、人员、服务等共享。

（3）成立合作社，从事土地托管。有一些经销商正在向上下游延伸，如有一些经销商成立了农机合作社、农业合作社，有一些经销商还从事数千亩、上万亩的土地托管。另外，近几年国内有很多经销商成立了自己的飞防组织，参与地方上的统防统治，将自己从一个经销商变成一个服务商。

（4）引入金融工具、开展农机保险。只有围绕着主业开展新业务，农机经销商才能实现多点盈利，近两年农机经销商通过引入金融工具来有效地降低赊销和应收账款。北方和部分其他地区的经销商重视融资租赁工具，在新疆和黑龙江，超过 50 万元的农机基本上都是通过融资租赁的方式销售的；在南方地区经销商通过农行、农商行和地方商业银行推广惠农贷，通过与互联网金融公司联合推广小额贷款，另外还有经销商推广农机保险业务，具体有政策性保险和商业保险。

（5）产销一体化。有些经销商采取参股的形式进入生产环节，根据市场需求变化订制农机产品，但通常是微耕机、田园管理机、特色农机等中小型农机，也有的经销商自己建立生产或组装工厂，打造产销一体化业务。

（6）农资跨界联销体。还有一些经销商和农药、化肥、农膜、种子等农资经销商合作，形成联销体，共同开发市场。比如浙江、河北、河南、安徽、云南都出现了农机经销商和植保飞防农化产品经销商联合促销的案例，也有销售撒肥机的农机经销商代销有机肥、生物质肥的现象。

随着合作社、农业投资公司的增多，农资的销售渠道也将由各自为政走向融合。未来，农机经销商店里销售农药和化肥将不再是什么新闻，而买一定量的农药送植保无人机也会成为平常的促销手段。

（7）营销工具、模式的创新和应用。新的营销工具在快速普及，佳木斯万邦等公司通过微信、抖音、快手等互联网工具宣传企业和推广产品，取得了很好的效果；宁夏、内蒙古等地的经销商推出了买农机送作业面积的促销活动，具体操作是买 180 马力及以上的拖拉机，经销商提供至少 2000 亩的作业量，在用户作业完成后用作业费用来抵扣购机款。

二、农机流通行业展望

农机行业处于深度变化与调整期，今后几年农机流通行业也将面临更大的困难和不确定性，笔者认为国内农机流通行业将有以下发展趋势。

（1）竞争更加激烈，大量的经销商将退出市场。这一次的洗牌主要是存量资源的整合，也就是很少有新经销商进入，主要是老经销商的退出和存量资源的再分配。分地域看，北方地区经销商退出的速度更快，退出的数量也将更多，主要原因是北方农机化程度较高，市场进入饱和期。另外，北方种植结构单一，需求也单一，一旦玉米、小麦等主要粮食作物机器饱和，经销商就如同猝然断奶的羊羔一样，因为没有可替代的食粮而夭折。而且北方地区大经销商有实力洗牌；南方地区由于作物种植多，种植结构复杂，而难以洗牌。

（2）渠道将继续下沉，乡镇网络将成为新的竞争焦点。当前县级渠道已经成为生产企业争夺的焦点，竞争也很激烈。同时县级渠道的寄生性的问题开始显现，预计后期一方面是原来有实力的大型经销商会得到更多的资源，再次满血复活；另一方面渠道将再次下沉，这次将直接下沉到最接地气的乡镇网络。另外，随着信息化技术和手段的发展，生产企业直管乡镇网络将更为轻松。

（3）经销商出现分化，专业化和多元化将成为两种主要模式。如果以2016年为节点将国内农机发展情况做个切割的话，2004—2016年是政策性市场，经销商跟着补贴政策的指挥棒走。但进入2018年之后，随着传统农机需求不振和特色农机的悄然兴起，许多经销商开始跳出补贴、布局自身业务，从宏观来看，经销商向多元化和专业化两个方面发展。

面对传统农机销量下滑，大型经销商不是引进利润更高的品牌就是引进利润更高的产品，所以经销品种和品牌更丰富，多元化发展趋势更明显。

而小型经销商在市场不景气时，上游大品牌企业看不上，经营太多产品又容易造成资金、人员、管理能力跟不上，所以2018年明显的变化就是小经销商变得更专业。有的经销商聚焦在作物，成为特种作物农机专家，如山东、河南市场有经销商只销售葱姜蒜全程化的农机，而且提供作业指导；云南烟草、三七、香蕉、葡萄种植区的一些经销商只销售这些特种作物需要的农机。

规模产生效益，专业创造价值。农机经销商的分化将持续进行，未来国内农机市场，要么是实力超群的大经销商，要么就是有独门绝技的专业化经销商，此外无中间路线可走。

（4）经销商服务化转型速度加快。随着竞争的加剧，农机经销商将加快向下游延伸，从经销商变成服务商的路径最短，也最容易实现，所以后期将出现大量的经销商转型为土地托管公司、农机合作社、植保服务大队，同时这些经销商也将成为用户，就是自己既销售农机也使用农机。

三、对农机经销商的经营建议

作为农机经销商的一员，笔者根据本公司近几年经营实践，特提供几条经营方面的建议。

（1）优化经营结构，同时守住大品牌代理权。经销商要争取做到在巩固传统农机的情况下，积极发展瓜果蔬菜、花卉苗木、畜牧养殖等品类和产品业务，同时平衡好渠道销售和项目销售的比例，比如6∶4或7∶3，让传统农机提供现金流，用高新特色农机来挣钱；另外，在行业的下行期，更要保住大品牌的代理权，在销量不佳的情况下，大品牌会更加频繁地调整渠道和地盘，在不失去自己地盘的情况下，争取更多的代理区域。

（2）围绕着主业和最擅长的业务进行多元化。在传统农机市场萎缩的情况下，农机经销商的单一经营不足以养活门店，多元化是必需的选择，但不能盲目多元化。正确的做法是围绕着主业和最擅长的业务做同心多元化而非做非相关多元化，比如销售拖拉机的可以增加果园拖拉机、运输型拖拉机和农机具的销售比例，销售水稻机的可以增加烘干机和植保无人机。

（3）通过引入金融工具减少应收账款。要通过同款不同价，使用金融工具付款和赊销不同价等引导用户使用并熟悉金融工具，通过金融工具转嫁经营风险或减轻用户的资金压力，随着用户需求升级时代到来，金融工具将成为农机销售的标配工具。

（4）培育后市场生存的能力，培育二手农机等新业务。在存量市场，要挖掘存量资源，在后期的市场，新机器的销售不是取决于新需求，而是取决于老机器的妥善处理和对二手农机的有效管理，从欧洲、美国和日本成熟农机市场看，进入成熟期后二手市场的商业价值将远远超过新机销售，销量比例通常是7∶3或6∶4，也就是大头在二手市场。在国内目前这个阶段，重点是做好以旧换新和二手农机的再次流通业务，尤其是农机经销商，必须培育二手农机业务。

（5）向上游争取资源，向下游提供价值。行业上升期向市场要资源，行业下行期向厂家要资源，因为“瘦死的骆驼比马大”，厂家手头掌握着大量的资源，经销商要配合厂家的行动，同时采取一切必要的手段向厂家挤资源。

对下游的用户，要比竞争对手提供更多的价值。在产品上，只要品质有保证，最终会打败虚高的价格。经销商当好用户的顾问，帮助用户设计购机方案，引导用户理性购机，成为用户生活和生产的指导者和顾问，提供超额价值，让用户更有黏性。

（6）谨慎进货，快速消库存，以积极的行动迎接国四到来。2019 年农机经销商面临的一个重大事件就是国三升国四，在产品切换的过程中，既有机会也有风险，机会是可能会有一波国三产品的销售高峰，但风险是有可能会造成大量的国三机库存积压，而这种积压将是致命的。上游企业会不断出台“钓鱼”式的销售政策，威逼利诱经销商进货或买断库存，经销商需要根据当地的需求和销售能力量力而行，千万不要成为“背锅侠”。

（吉峰三农科技服务股份有限公司　柳琪）

第二部分

专　题　篇

2018 年黑龙江省农机市场回顾与 2019 年展望

一、2018 年黑龙江农机市场回顾

（一）2018 年黑龙江农机市场发展环境分析

1. 影响 2018 年黑龙江农机市场的有利因素

（1）农业供给质量实现新提升。深化农业供给侧结构性改革，实现农产品供给数量稳固、质量提升、有效多元。2018 年黑龙江粮食总产 1501.4 亿斤，实现“十五连丰”，连续 8 年位居全国首位，是国家粮食安全的“压舱石”。种植结构坚持“稳粮、优经、扩饲”原则，玉米种植面积恢复性增长到 9476.7 万亩，大豆种植面积在政策引导下稳定在 5351.6 万亩，水稻因休耕试点种植面积略降到 5674 万亩。品质结构突出“优质、特色、绿色”导向，严格执行适区适种、专品种、绿色生产，优质水稻和大豆面积近 9000 万亩，鲜食玉米、蔬菜等高值高效作物面积扩大到 2000 万亩，绿色有机食品种植面积达到 8046 万亩。

（2）农业现代化建设取得新进步。落实“藏粮于地、藏粮于技”战略，突出重点领域和关键环节，强化现代农业要素支撑。全面完成粮食生产功能区和重要农产品保护区划定任务，松嫩、三江“两大平原”现代农业综合配套改革试验区面积 1.67 亿亩。加强耕地质量建设，新建高标准农田 100 万亩，深松整地面积 4414 万亩，秸秆还田面积超过 9000 万亩。建设现代农业产业技术协同创新体系 15 个，建设现代农业科技园 370 个，农业科技进步贡献率达 67.1%，高于全国 8.8 个百分点。重点装备大马力拖拉机、秸秆还田离田机械，新增 200 马力以上拖拉机 2531 台，耕种收综合机械化率达到 97%，高于全国 30 个百分点。

（3）“三产”融合发展取得新突破。扎实推进“粮头食尾”“农头工尾”的实施，使农产品加工业呈现企业数量增加、效益提升、链条延伸的良好局面。全省“规上”农产品加工企业发展到 1731 家，实现产值 2333.7 亿元。推进优质农产品“走出去”战略实施，出口基地达到 450 万亩，出口贸易额达到 9 亿美元。积极开展产业融合示范发展，全省拥有双城等 8 个国家级产业融合先导区、渤海镇等 10 个全国农业产业示范强镇。全省休闲农业和乡村旅游经营主体数量、营业收入分别达到 6000 个和 85 亿元。

（4）生态农业建设又有新成效。实施黑土地保护行动，落实耕地轮作休耕试点任务 1490 万亩。在 24 个县（市、区）开展黑土地保护利用试点，试点面积达 510.2 万亩。在 3 个县开展耕地地力恢复试点 1200 亩，在 10 个县（市）建立 20 万亩减肥增效示范区。省级整合各类资金近 30 亿元，支持“两

市两县”秸秆“五化”利用，在29个县（市、区、场）开展秸秆综合利用试点和全省秸秆离田。全省秸秆综合利用率达到65%以上的目标。加强农业面源污染治理，全省测土配方施肥面积达到1.8亿亩，有机肥施用量达到1600万吨，绿色防控措施覆盖率达到40%，农业“三减”高标准示范面积达到3500万亩。

（5）落实补贴资金16.5亿元，补贴农机具9万台套。2018年黑龙江省农村秸秆还田离田机械实现跨越式增长，新增打（压）捆机8301台，同比增长2.26倍；补贴购置搂草机2484台，同比增长1.5倍；新增免耕播种机5117台，同比增长1.15倍。农机合作社等农机作业服务组织已在大型拖拉机、喷药机、联合收割机上配备了应用北斗卫星导航系统和GPS定位导航系统的双模智能终端19881个，对动力机械的位置和深松、秸秆还田作业轨迹、深度、面积和质量进行监测，避免了人为干预，提高了农业机械发展的信息化、智能化水平。

（6）乡村全面振兴开启新征程。全面启动实施乡村振兴战略，发挥农业农村部门的牵头抓总职能作用，统筹推进产业发展、乡村治理、环境整治、乡风文明等工作的实施。新建秸秆固化压块站525处，安装户用生物质炉具4.07万台，打造“菜园革命”示范村107个。

（7）农业农村改革走出新路子。深入推进“两大平原”现代农业综合配套改革，不断激发现代农业发展活力。加快培育和规范新型农业经营主体，农户家庭农场发展到1.95万个，农民专业合作社达9.7万个。

（8）农民收入水平迈上新台阶。全省农村常住居民人均可支配收入达到13808元，增幅达到9%，为近四年来增幅最大的一年。全省转移农村劳动力580万人，实现劳务收入900亿元，拉动农村常住居民人均工资性收入实现近6000元。

（9）农机物联网应用全国领先。近两年来大力推动“互联网+农机”应用，依托高校研发安装在大型农机上的智能终端，开发建设了省农机管理指挥调度中心平台。该平台和智能终端已构成完善的农机管理指挥调度系统，已对全省各市县的1359个农机合作社、51752台各类机具、1100个各类农机服务网点、80万农机驾驶人员进行服务管理。每年监测全省农机作业面积6000万亩以上，协助发放农机作业补贴近10亿元，实现了农机具定点定位、图片采集、作业信息和数据的收集、作业质量的监测。农机管理平台和智能终端的推广应用，大幅提高了黑龙江省农机生产精准化、信息化、数字化水平。

（10）对俄农业开发合作取得成效。一是境外园区规模化生产已形成。2018年全省10万亩以上境外农业园区达到20个。境外开发种植面积达到900万亩，比上年增加30万亩。二是投资领域已由单一粮食种植向生猪、肉牛和禽类养殖，粮食、饲料加工，仓储、物流运输及全产业链延伸。境外农业经营主体发展至120家，开发土地规模超4.5万亩的企业有45家。境外粮食加工企业发展到12家，规模养殖企业发展到6家。三是合作区域不断扩展。其种植业由俄罗斯滨海边区、哈巴罗夫斯克州、犹太自治州、阿穆尔州发展到俄罗斯境内7个州的29个区，最远延伸到克拉斯诺亚尔斯克和莫斯科东南部的奔萨州地区。

2. 影响2018年农机市场的不利因素

（1）市场“空窗期”的特点十分突出。传统市场转型、升级以及伴随着增幅的趋缓，进入拐点；虽然一些新兴市场在崛起，但多为小众市场，且尚处于孕育期。

（2）水稻价格下行，“旱改水”戛然而止，玉米价格触底，粮价疲软致使农户购买力紧缩，直接影响市场的更新周期，尤其对水田机械冲击极强。

（3）规模以上农产品加工缺乏大型企业带动，规模效应不明显。大部分农产品“原字号”或初级产品外销，严重影响了农副产品加工机械的市场份额。

（4）农机工业装备制造市场低迷。2018 年，新型农机装备制造产业受农机市场下行压力大和农民购买力减弱的影响，新型农机装备制造产业利润连年持续下滑。2017 年全省新型农机装备制造规模以上企业主营业务收入 74.7 亿元，仅为 2013 年历史最高 122.8 亿元的 60.8%（2018 年数据黑龙江省统计局未提供）。

（5）大众化农机产能严重过剩，刚性需求走弱，部分农机增速放缓。市场需求不旺，市场份额减少。2018 年黑龙江全口径农机产品销售同比下降 27.5%，其中主流产品拖拉机类下降了 30.2%。

（6）垦区与黑龙江地方在享受政策方面不同步，如深松和秸秆还田未能享受作业补贴，基层农机管理部门组织推广时困难较多。

（二）2018 年黑龙江农机市场基本特征

1. 全省农机装备结构日臻优化，垦区发展高端环节

2018 年年底，全省农机总动力达 6082 万千瓦，耕种收综合机械化率达到 97%，位居全国首位。100 马力以上拖拉机保有量达 4 万台以上，农民购买大型拖拉机、打包机的积极性空前高涨。在推进农机装备结构优化工作中，近些年重点补贴农业生产薄弱环节，优先支持购置大马力拖拉机及深松整地、秸秆还田、水稻侧深施肥等机械装备，提高深松整地水平，建设土壤水库，增强抗旱涝能力；优先发展水稻侧深施肥插秧机，在降低水稻种植劳动强度的同时，降低水田化肥施用量，提高水稻品质；提高农作物秸秆还田机械补贴，促进农作物秸秆综合利用能力的提高。

2018 年，垦区实现农机更新投入 18 亿元，更新各类农业机械 2.7 万台套，农机总动力突破 1000 万千瓦，主要农作物综合机械化水平保持在 99% 以上。推广应用农机新技术十余项，重点推广应用具有北斗终端、激光平地、水稻侧深施肥、振捣提浆、钵育摆栽、宽窄行插秧、水稻旱平垄作双侧双深高效栽培等新型机具 5139 台套。农机基础建设投入 5500 万元，新建、扩建机务区 28 个，新增停放场面积 8.4 万平方米、库棚 0.6 万平方米。共出动农机跨区作业机具 1600 台套，完成跨区作业面积 260 万亩，实现农机作业收入 7800 万元。垦区农用飞机保有量达到了 103 架，2018 年航化作业面积 2087 万亩。北大荒通航公司开发了“数字龙江航空植保平台”，成为国内第一个专业的“天空地一体化”农业航空领域应用系统。垦区八五三农场等 6 个农场进入全国基本实现主要农作物生产全程机械化示范县行列。北大荒集团与中国一重集团签订了农机社会化服务战略合作框架协议。

2. 大型农机合作社及垦区引领消费潮流，高、新、大产品一直走红

黑龙江省从 2008 年开始，在实施“粮食产能建设现代农机装备项目”中组建大型现代农机合作社。截至 2018 年年底，全省共建成农机合作社 1481 个，财政补助农机装备 77.05 亿元，农民自筹 47.07 亿元，配备大型先进农机装备 6.29 万台套，入社农户 5.1 万户。现有农机合作社省级规范社 242 个，创建国家级示范社 36 个，数量排在全国第一。这一新型经营主体成为黑龙江特色、全国亮点，得到了国家各部委领导和专家的充分肯定。

在全省农机合作社建设和垦区组建现代农机装备作业区中，重点配备大马力拖拉机、深松整地和玉米收割机，兼顾水田、马铃薯收割机和保护性耕作机具，机具配备充分考虑作物轮作的通用性。玉米合作社配备大型先进拖拉机、收割机、植保机械、深松整地机械、气吸式播种机、秸秆打捆机，灭茬机等；水田合作社配备大中马力拖拉机、水稻联合收割机、插秧机、搅浆整地机、平地机、水田犁、筑埂机等；马铃薯合作社配备大中型拖拉机、耕整地机械、马铃薯播种机、中耕机、喷药机、打秧机、挖掘机、收割机和运输车等；保护性耕作合作社配备适合保护性耕作技术要求的农机具。

黑龙江省农机消费潮流的特点，一是反映出现代农机化发展的大趋势，如拖拉机以及与之配套的农具，从中小型向大中型，尤其是向100马力以上的大型拖拉机及大型农机具发展，2018年新增200马力以上的拖拉机1515台。二是水稻侧深施肥栽植机械，玉米收获和秸秆粉碎还田、秸秆打包机械，提升防控作业能力的高秆作物喷雾机械，系列节能型的秸秆切碎玉米收割台，智能化寒地玉米籽粒联合收割机械，以及黏重土壤马铃薯联合收割机等新型农机装备，均为农机合作社关注的商品。三是随着农业结构调整、土地流转、土地连片种植以及大型农机合作社所需，农机装备向复式免耕作业机具发展，向精准农业机械发展，向大型机械智能化方向发展，如GPS卫星定位、自动导航、作业监测和“天空地一体化”农业航空领域应用系统的应用。

截至2018年年底，全省农村拖拉机保有量已达150.7万台，同比增长0.6%。其中大中型拖拉机98.9万台，同比增长3.1%。大中型拖拉机占拖拉机保有总量的65.6%，同比增长1.6个百分点，大型拖拉机保有量多年稳居全国第1位。机动水稻插秧机21.8万台，同比增长8.1%。大型收割机械12万台，同比增长7.2%。水稻插秧机、玉米联合收割机、节水灌溉设备、节能环保型水田拖拉机、大中型动力机械配套机具、保护性耕作机具、高效植保机械等新产品不断走出市场武装了农民。截至2018年年底，全省农村农机总动力达到5036.2万千瓦，同比增长4.3%，全省耕种收综合机械化程度达到97.01%，同比提高0.85个百分点。水稻机械种植水平达到98%，同比增长1.2个百分点；玉米机收水平达到93.5%，同比增长1.7个百分点。

3. 2018年黑龙江农机市场需求与竞争分析

大型拖拉机国产部分以一拖东方红、久保田、东风为主打品牌，占2/3；进口大拖则多为迪尔、凯斯、道依茨、爱科、福格森。中拖35～70马力畅销，依次为迪尔·奔野、一拖东方红、雷沃、东风、乐星，占市场2/3；小四轮拖拉机以时风、五征为主，占市场60%以上。

播种机械进口型以马斯奇奥、格兰、马克、满胜为当红品牌，国产型中的康达、德邦大为、众荣和勃农较为知名；水稻栽植机械以久保田和沃得两大品牌领先，紧随其后的是洋马、井关。整地机械领先品牌为雷肯、贝松、格兰。植保机械凯斯效率最高。进口打捆机全省销量350台左右，伊诺罗斯、科罗尼、麦克海尔占全部销量的3/4。稻麦联合收割机以凯斯、克拉斯、迪尔佳联、沃得、久保田为主。玉米收割机械以勇猛、迪马、牧神为主。

低速货车销售热点为福田、五征、金杯、唐骏，约占全省总销量的70%；农用三轮车以时风为亮点，该品牌2018年销量虽较前几年下滑，但仍占市场的50%。

农用工程机械还是山东产品的天下，其中的犀牛挖掘机，莱工、鲁工、鲁宁的装载机在品牌竞争中胜出。

4. 农机市场发展趋势

受种植结构调整的影响，农机经营者收回成本的时间较前两年拉长，创收空间被压缩，70%左右的经营者收回成本的时间为3年以上。农机经营者基本不再增加；仅有两成左右的消费者选择“继续投资农机”，这表示黑龙江农机市场消费较前几年下降。原因是市场基本饱和，仅为更新需要；我省个体农户机械拥有量在全国较高，村里八九成的农户现有机械可满足使用，说明从一般性产品上看，我国农机市场开始步入缓慢或停滞增长期，但家庭农场、农机大户、合作经营组织仍有较大的发展空间，所以农机市场大马力机械期待值依然较高。市场需求层次性鲜明，大中型拖拉机、玉米籽粒收割机和青贮收割机、水稻插秧机和水稻收割机的需求市场容量逐步细化，秸秆收储机械大幅增长。

5. 2018 年黑龙江农机市场价格走势分析

2018 年世界经济不稳定不确定因素增多，动荡与不确定将延续；国内经济下行压力加大、需求不足、产能过剩矛盾进一步凸显，投资增幅和消费双双下跌。2018 年以来我国生产企业原材料、能源、物流价格呈现波动回升趋势。主要原材料价格涨跌互现，生产人工成本不断提高，以及受国三柴油机切换、企业产品升级和不断推出新产品等因素影响，农机产品价格在前两年总体下行的情况下，除了一些滞销产品仍以价格走低进行竞争之外，大部分处于上升走势。

2018 年，在黑龙江省销售的拖拉机类价格普遍上涨，其中大、中轮拖上涨 20% 左右，小四轮上涨约 10%。整个农具类价格平均上涨约 10%。但因全省水稻价格下行，“旱改水”戛然而止，直接影响水稻机械市场的更新周期，对 2018 年产生极强冲击。水稻插秧机价格下降 10% ~15%，水稻收割机价格下降约 30%。农副产品加工机械从单机到成套设备变化不大，而轻卡载重车经过环保要求提质令行情走高之后，没有大的变化。农用工程机械价格上涨 5% 左右。

6. 2018 年黑龙江农机市场产品技术发展趋势分析

随着农业结构调整、土地流转、土地连片种植以及大型农机合作社所需，黑龙江农业机械逐步向复式免耕作业机具发展，向精准农业机械发展，向大型机械智能化方向发展。2018 年，全省农村农机合作社等农机作业服务组织已在大型拖拉机、喷药机、联合收割机上配备了应用北斗和 GPS 定位导航系统的双模智能终端 19881 个，对动力机械的位置，深松、秸秆还田作业轨迹、深度、面积和质量进行监测，避免了人为干预，提高了农业机械发展的信息化、智能化水平。据农机调度指挥平台统计，全省高标准机械深松完成 349. 448 万亩，玉米秸秆粉碎还田完成 1092 万亩，是 2017 年 311 万亩的 3. 5 倍。

另外在向精准农业发展中，一些小型农具也配备电子装置，如电子精量播种机、智能喷雾机、植保无人机等。

垦区农用飞机保有量达到了 103 架，2018 年航化作业面积 2087 万亩。北大荒通航公司开发了“数字龙江航空植保平台”，成为国内第一个专业的“天空地一体化”农业航空领域应用系统，可实时查看无人机作业数据，弥补了无人机植保安全漏洞，投入使用第一年平台入驻植保机达到 1458 架。

以上种种，均有力推进了“智慧农业”和“蓝天计划”的发展。

二、2019 年黑龙江农机市场展望

1. 拖拉机领域：大、中、小马力的需求档次拉开

大马力拖拉机需求或将稳中再升，中小马力拖拉机需求或将进一步萎缩。经过“黄金十年”的洗礼，中小马力拖拉机已经成为行业“红海”市场。再加上土地流转加快，农田逐步集中连片，中小拖的油价、人工等作业成本比大拖要贵很多。所以，除了山地丘陵地区的中小拖会有部分的报废更新，大部分地区的中小拖将以二手农机的方式出售或是被直接淘汰。2019 年，黑龙江中拖销量小幅下降。

中拖品牌仍会以迪尔、福田、东风、乐星为主。小四轮拖拉机已经完成了家庭承包改革时期的历史使命功成隐退，2019 年全省销量约为 2000 台。

2. 耕种机械领域：积极推动新技术和先进适用机具的使用

2018 年农机化技术促进玉米秸秆还田模式，“一翻两免”模式，大豆、玉米、水稻、马铃薯等生产机械作业标准化技术模式，重点解决秸秆还田耕种、水稻侧深施肥、大豆轮作作业、马铃薯大垄精耕、高效植保等技术问题。耕种机械领域接下来发展方向为加强蔬菜等作物生产农机新技术、新机具的示范推广，逐步补短板、强弱项。

（1）耕整地机械智能化必将得到重视。探索水田秸秆还田补助方式，通过作业需求拉动配置先进农业机械，计划完成深松面积 3600 万亩。搭建农机信息共享平台，深松整地机械逐年给予资金补贴，实现高标准农机化作业 100% 远程自动检测，这是培育地力、保护耕地和促进农田增产的长期保障。随着耕地轮作、保护性耕作的探索，其免耕、少耕技术的应用趋势在近几年可能就会显现出来。随着深松机购置补贴、深松作业补贴和秸秆还田面积增加，通过作业市场极大拉动了深松机的保有量。黑龙江省 2019 年整地机械市场销量会在 1 万台上下，其品牌还将以雷肯、格兰、贝松为主。

（2）播种机械与耕整地机械组成的复合农具将逐步流行。近年来，政府注重对耕地的保护，大规模对耕地进行深松。随着土地流转的进程加快，复式组合农机具必将在松嫩、三江两大平原农作物产区普及开来。现在市场流行的复式免耕机械以迪尔、绥化运科和勃农为主，而大型播种机械则由马斯奇奥、伊诺罗斯、满胜、格兰等品牌垄断。

（3）2019 年一号文件提出“实施大豆计划”，作为国家重要的优质大豆生产和供给基地、国家划定的大豆生产保护区的黑龙江省，2019 年为深入推进种植结构调整，促进米豆合理轮作，大豆生产者每亩补贴 300 元，玉米生产者每亩补贴 100 元；同时落实耕地轮作试点面积 1350 万亩，每亩补贴 150 元；省农科院组织 150 位大豆领域专家，举行了 458 场大规模大豆生产关键技术的培训。在这些政策的牵动下，全省大豆种植面积由 2015 年的 3532 万亩增加到 5351 万亩，增加了 1819 万亩。故而，今春免耕大豆精密播种机等系列播种机市场火热。

2019 年大中型配套农具仍会持续增长，而小型配套农具则会以 2% 左右的速度递减。

3. 收割机械领域：或成竞争和洗牌最激烈的战场

大型收割机在黑龙江连续 5 年销售超万台后，2015 年增量下降到 0. 8 万台，2016 年回涨到 0. 9 万台，2017 年小幅上升接近万台，2018 年则上升到 1. 18 万台。

2019 年玉米收割机市场可能会继续上扬。黑龙江在农作物种植结构调整中，2016—2017 年两年来已调减玉米种植面积 3402 万亩，造成 4 行以上机型的玉米收割机断崖式下跌。但 2017 年玉米市场价格在连续两年下降的趋势下止跌回升增长 25%，又引入玉米深加工企业投资布局，新形成玉米加工能力 200 亿斤。2018 年。高淀粉、高赖氨酸加工型专用玉米突破 9000 万亩，所以预测玉米收割机市场还会有所上涨，其籽粒收割机更会有新的市场需求。玉米收割机除勇猛、迪尔品牌较为常见外，牧神、雷沃谷神、天人、迪马等品牌仍是竞争的焦点。另外，青贮饲料收割机、牧草收割机及捆绑机械将继续见好。

小麦机市场经过长期快速发展，产品保有量几近饱和，而其更新换代又受限于国家“报废补贴”政策尚未铺开，因此其进程较缓慢。但去年种植面积意向有所增加，小麦机仍有较大的需求空间，凯斯、迪尔、克拉斯、雷沃谷神、常发佳联、奇瑞谷王等品牌备受欢迎。2018 年因水稻降价和种植面积减少等因素，水稻收割机市场下滑30%。2019年竞争仍将集中在产品质量和售后服务两个领域，这是水稻收割机市场的主线。2018年全省水稻机收程度已达99.1%，今后的销量肯定会持续减低。小型履带式水稻收割机市场由久保田、洋马、井关、沃得垄断。

2019年黑龙江大豆意向种植面积比上年增加1819万亩，在“大豆振兴计划”的拉动下，大豆收割机械将会有所上升。

4. 秸秆打捆机国产品牌销售量大

2018年秋季黑龙江秸秆还田面积超过9000万亩。其中，全量翻埋还田1092万亩。离田面积超过8200万亩；完成秸秆青黄贮处理超过1046.4万吨。全省秸秆收储站点达到5467个，已收储秸秆超1006万吨；全省秸秆固化压块站现已完工579个。在“蓝天计划”政策约束和补贴的拉动下，2018年打捆机成为十大热销产品之一，仅绥化地区就接收900多台。国产秸秆机械仍以沃得、蒙拓、蒙力、蒙王品牌销售为主。进口的如伊诺罗斯、科罗尼、麦克海尔、威猛、库恩和马斯奇奥等品牌尽管质量可靠、工作效率高，但因价格因素一般农民仍难以接受，销售市场受到限制。打捆机的市场将有很好的发展前景。同时，高端的进口机和多功能机械，如牧草和秸秆的全能收割、青贮和黄贮效果都好的机器也会有良好的发展。

5. 无人植保机市场或将蓬勃发展

在近些年推行的“一喷三防”工作中，已进行无人植保机作业补助试点，故2019年仍为推广的焦点。农田集中连片后，无人植保机作业会比传统喷药机械成本低、效率高、效果好，并有利于组织跨区作业服务队进行作业。2018年无人植保机市场已经由少数的背包客转化到种粮大户和农机合作社，且作业服务市场需求大增。2019年无人机经过培育期，真实的市场需求已经被触发，预计销量将有成倍的增长。

6. 设施农业装备在黑龙江悄然兴起

蔬菜产业带动效益增加。大宗蔬菜、鲜食玉米、食用菌、西甜瓜、马铃薯总播种面积1157万亩，总产值突破562亿元。其中，大宗蔬菜播种面积535万亩；鲜食玉米175万亩，占全国鲜食玉米总面积近1/10，总产量145万吨，实现销售产值27亿元，成为发展最快的特色蔬菜作物。

蔬菜种植带动全省农民人均收入达到1228元，同时拉动设施基础建设、包装、运输、劳务等相关产业实现效益171.3亿元，为农民创造就业岗位25万个。

当前，进口品牌中如日本的久保田、井关生产的蔬菜、烟草移栽机，意大利马斯奇奥生产的蔬菜系列播种机，美国雷纳多的半自动化系列蔬菜移栽机，英国史丹希的5组15行蔬菜播种机；以及国产的山东玛利亚大蒜专业机械等已落户黑龙江。河北雷肯公司是鲜食玉米收割机的领跑者，推出白瓜子收割机。陕西宝鸡鼎铎生产的油电混合移栽机因没有尾气排放、环保节能，成为设施农业首选的产品。

7. 低速汽车和三轮车基本退到底线

农用运输车当初作为城乡发展个体经济的主要运输工具，在黑龙江的消费市场现已连年呈下降态势，其主要原因一是农村及农路基本建设工程锐减，二是农民汽车下乡的优惠政策早已风光不再，三是个体运输户的车型向大型化发展。但由于轻卡的不断改进变形，三轮车向多缸提升马力段，因此2018—2019年亦会维持一个比较稳定的消费局面。轻卡货运汽车的年销售量不会超过1万台，三轮车则会逐渐退出市场，年销量仅为两三千台。

8. 农副产品加工机械类会有烘干、仓储设施新亮点

鉴于当前农业生产仍偏重于提高粮食产能，对原粮的深加工潜力尚未深度发掘，黑龙江农副产品加工机械销量已从6年前的年销2万台下降到2018年的5000台左右。但从2013年开始，黑龙江省计划在烘干机项目上有大的作为，对现代农机合作社，逐年给予政策扶持和资金补贴，到2020年全省规划在现代农机合作社规范社建设粮食烘干设施1000套，粮食仓储设施3000套，规划总投资136亿元。这是提高和保证粮食品质的重要环节和手段，也是保障国家粮食生产安全的需要。低温循环式粮食烘干机在市场常见的有三久、奇瑞、辰宇、左竹、三五、金子、雷沃、牧羊等。连续式粮食烘干机质量稳定、口碑好的有铁岭圣添、金鑫、凯瑞、金峰、圣凯、天盛等。

（黑龙江省农业机械流通协会　陈岐山）

2018 年辣椒除柄机械市场回顾与 2019 年展望

在小众农机品类快速发展的时代，五花八门的产品会在大家不经意间突然冒出来，冲击着人们的认知神经，创新让奇迹频现，让各种奇思妙想变成现实。比如，在经济作物机械领域，研发和制造辣椒机械化除柄加工所使用的辣椒除柄机，想必很多人也是鲜有听闻。

实际上，辣椒作为全球经济作物中重要的品类之一，其种植面积、产量、加工量等指标都处于经济作物的前几位，但是机械化作业程度并不高，所以，辣椒加工机械的研发与创新值得业内关注，我们不妨对这一产业的机械化发展情况做一个总结和展望。

一、辣椒种植及加工产业现状

通常来讲，大家对于辣椒的认知一般都停留在调味料上，像风靡全国的川菜、湘菜还有各式各样的如火锅、麻辣烫之类的食品，辣椒绝对是其中必不可少的“主角”，就连风靡全球的“老干妈”酱也离不开辣椒这一主要原料。据统计，全球辣椒种植面积 5550 万亩，每年辣椒产量约 6000 万吨，是世界上仅次于豆类、番茄的第三大蔬菜作物，中国以及印度、墨西哥、土耳其、西班牙、玻利维亚、南非等都是辣椒主产国。

我国是世界第一辣椒生产国和主要消费国，也是辣椒出口最多的国家之一。据统计，2018 年我国辣椒种植面积约 3209 万亩，在常见经济作物品类中仅次于 3500 万亩的苹果，属于经济作物中的重要品类。我国辣椒年度总产量超过 3000 万吨，产业产值年逾 700 亿元，稳稳坐上中国最大蔬菜产业宝座。我国的辣椒产地主要分布在河南、新疆、甘肃、内蒙古、山东、河北、云南等地，传统产地有“三都”（益都、望都、成都）、“二庆”（宝庆、重庆），同时云南丘北、甘肃民勤、河南唐河、新疆焉耆、河北鸡泽、内蒙古开鲁也是知名产地。

按惯例，根据外形特征把辣椒分为灯笼椒、长辣椒、簇生椒、圆锥椒和樱桃椒五大类。其中灯笼椒也是大家俗称的甜椒或菜椒，一般辣度很小，也有个别小型灯笼椒辣度很大，其加工量却不大；樱桃椒则属于观赏类辣椒，这两类辣椒一般不需要除柄加工处理。实际上，以行业内称谓习惯，结合辣椒果实形状及用途，需要除柄处理的辣椒为朝天椒、圆锥椒和线椒。据资料统计，从辣椒用途分析，全球辣椒产量的 40% 左右需要除柄处理，市场空间巨大。而按照产业现状，辣椒收获后都是带柄的，而在辣椒深加工过程中，如制作辣椒酱、辣椒面、剁椒等都需要去除辣椒柄；同时，按照辣椒进出口标准要求，要求干辣椒柄部残留在 2 毫米之内，传统方式都是靠人工剪切，耗时费力、效率低下，且对操作者职业危害明显。机械化辣椒除柄属世界性课题，专业设备需求尤为迫切。

二、辣椒机械化除柄现状及前景

辣椒除柄机械属于农机行业内比较小众的产品。2015 年 6 月中央电视台科教频道《我爱发明》栏目详细报道了一个名叫李志敏的农民发明家独创发明“璐璐”牌辣椒除柄机的事迹。不仅介绍了产品的先进性、可靠性，而且用现场人工作业和机器作业对比的方式，展现出机械设备的自动化和高效率。单纯从外观来看，栏目中报道的辣椒除柄机并不算特别新颖，甚至有些呆板，但是其“内芯”却特别强大，整机专利技术应用达 6 项，核心结构都是高端不锈钢材质，设计结构巧妙，性能可靠，加工能力可达 350 千克/时，6 个人操作机器的工作效率能够抵得上原来 100 个人的工作效率，且辣椒除柄率超过 96%。如今青岛璐璐农业装备股份有限公司已经成长为国内甚至全球知名的除柄机制造企业，其产品不仅畅销内蒙古、黑龙江、吉林、辽宁、湖南、湖北、河南、山东、河北等国内各地，并且出口印度、马来西亚、墨西哥等国家。更值得关注的是，2018 年 10 月“璐璐”牌辣椒除柄机被印度政府列为购置补贴产品，并且明文规定，只要购买“璐璐”牌辣椒除柄机，政府给予 40% 的补贴（见图 1），这是印度首次对国外农机具产品进行政府补贴，可谓中国农机制造的骄傲事件之一。

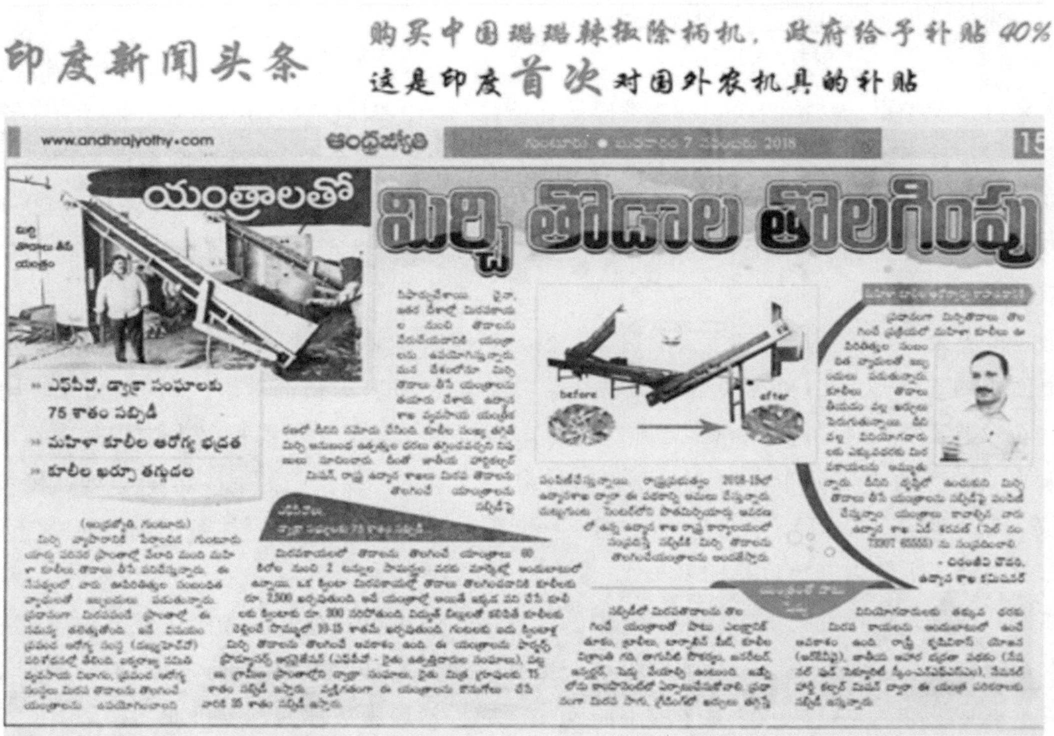

图 1　印度首次对国外农机具给予补贴

从目前国内辣椒除柄机制造现状来看，能够叫得上名的产品品牌超过 10 家，产品型号众多，根据加工对象干湿程度不一，分为鲜食辣椒加工和干辣椒加工两大类。产品价值也多种多样，便宜的几千元，贵的十几万元。据统计，市场上较为常见的产品有青岛璐璐农业装备股份有限公司生产的“璐璐”牌辣椒除柄机、广西南宁市伟德小五金加工厂生产的“切德快”辣椒除柄机、浙江宁波的“亿鸿”辣椒去把机等。据了解，目前印度也有 2 ~3 家该类产品制造企业。

以加工效率来看，鲜食辣椒除柄机械多以小型产品为主，由于鲜食辣椒含水率在 80% 左右，极易损伤，所以机械运转速度和吞吐量必须控制在合适的范围。目前国内该类机械单小时加工效率在几十千克到上百千克；干辣椒含水率多为 20% 左右，其更容易实现规模化机械加工。目前，国内该类型除柄机加工效率为 350 ~600 千克/时，适用于个体加工户和规模企业。

从目前辣椒除柄机的产品结构分析，有拨叉、滚筒等多种形式。其中，滚筒式产品加工效率最高，其基本工作原理是利用机械上料将需要加工的干辣椒输送到滚筒内，通过电机带动滚筒高速旋转，令滚筒内的辣椒在离心力的作用下不停翻转，使带柄较重的一端贴在带有分布均匀、大小一致圆孔的滚筒壁上，辣椒柄卡入圆孔中，随滚筒旋转过程中，被安装在滚筒外侧的剪切装置切掉，从而顺利实现除柄。

由于辣椒属于人们生活中的常用食材，其机械化加工需求遍及全球。按照前文分析，全球辣椒以年产量 6000 万吨计算，40% 以上需要除柄加工，则年加工需求量超过 2400 万吨，以每台套辣椒除柄机加工量 1 ~3 吨/天计算，年市场需求约为 5 万 ~10 万台套，市场空间巨大。粗略统计，2018 年国内辣椒除柄机销量在 2800 台套上下，按照市场需求和产品成长程度两个维度分析，市场成长性良好，预计 2019 年会稳步增长，销量在 3500 台套上下。

三、三点启示

国内农机产业进入深度调整发展阶段，整体市场发展趋缓，传统产业出现严重下滑，农机企业日子不好过，甚至生存艰难。我们常说，要进行细分市场经营，满足市场和用户的个性化需求，而实际上，很多企业经营者做得远远不够。通过辣椒除柄机从发明到推广这一案例，我们可以感受到农机市场细分经营的巨大能量，也获得了以下三点深刻启示。

（一）产品始终是一切经营活动的基础

这一点是不争的事实，在当下的农机市场环境下，所有的竞争已经回归到“产品”这一基础载体上。回顾过往，我们不难发现，农机行业的“黄金十年”是营销大行其道的十年，“渠道为王”“价格为王”“促销为王”……堪称“全民大营销”。与此同时，我们也必须清晰地认识到，不管是哪个时期，也不管采取哪种营销手段，最终经得住市场和用户考验，能够决胜市场的根本策略仍是“产品为王”！可以肯定地讲，时至今日，农机市场竞争是产品竞争，农机企业被淘汰根本症结是其生产的产品被淘汰，任何一个企业的兴衰都和产品息息相关。

农机企业做细分市场经营，首先要考虑提供适合特定区域农艺和作业条件的产品，不管产品大小如何、价值多少，一定要把它做到最优，要确保产品的适用性、可靠性、作业效率等硬指标过硬，“一下地就坏”的产品永远是失败的产品，即使服务再及时，也难以长久存活。近年来，国家在制造领域大力倡导全民“工匠”精神，这不是停留在大家嘴边的口号，对于国内农机制造企业来说，从一枚小小的螺钉、一根销轴，到结构复杂的发动机总成、变速箱总成，都需要各制造单元用心对待，做到精益求精，倾注心血打造精品。

（二）技术突破贵在坚守与创新

在中国做农机，必须得有情怀，这种情怀是对农业、农民和土地的深厚感情，有了这份深深的情怀，才能够有那份责任心和坚守精神。时下，困扰国内农机制造升级的难点不少，其中，工业设计、技术研发、制造工艺是三个难点。尤其是技术研发环节，不论是传统的动力机械、收割机械还是小众的打捆机械、畜牧机械，高端产品几乎都被全球一线品牌所垄断，就连一个方捆打捆机上的D型打结器也依赖国外品牌，国内制造工艺和材料处理上欠缺不少。由此可见，国内顶尖制造不仅仅缺少高科技的“芯片”，还在很多领域技不如人、受制于人。因此，在技术研发上，不管是国家专属机构还是自主经营的企业，都必须付出大力气进行自主研发突破，“买的终究是人家的，自己有才能够心里踏实”。

作为企业经营者，不管规模如何，在技术研究上不能一直靠抄袭和模仿过日子，要切实结合农艺要求，进行差异化技术优势升级，虽然付出成本大，但这是长远发展的必由之路。与此同时，行业的相关主管部门必须切实加大对研发专利和专属核心技术的保护工作，不能流于形式，否则，新技术一进入市场就被抄袭、复制，这对于研发者的利益是莫大的损害，是不公平的。

（三）满足市场和用户需求才是发展之道

伴随市场充分竞争程度深入，产品差异化需求愈加强烈，新兴小众农业品类不断涌现，很多隐藏在鲜为人知角落里的新品机械化加工需求愈加迫切，有需求就有市场，值得农机人深入走访和发掘。

与此同时，在传统农机品类上都存在不同的个性化需求，比如旋耕机，这种适合河南、河北、山东等平原区域的产品，拿到内蒙古就会出现“水土不服”，故障率大大增加，这就需要进行针对性开发和改进；再比如近年来一直热议的打捆机产品，这种机械在国外就是打牧草捆的，而在国内要进行多种对象作业，比如玉米秸秆、芦苇、稻草等，这就需要在整体结构的强度以及性能上进行改进……不管是什么产品，制造企业说好不叫好，用户说好才是真的好。从这个意义上讲，农机企业做细分经营，只有满足市场和用户的真正需求才能挣到钱，也必然是企业长足发展之道。

辣椒除柄机仍然处于发展积累和上升阶段，产品成熟度、性能先进性、智能化都有待进一步升级，从更长远的角度思考，辣椒脱帽才是除柄的高级阶段，也是产品出口的最高档次，而目前全世界该类产品尚属空白，值得行业内人员进行创新研究并在相关领域实现科技突破。

当今世界，唯一不变的是一切都在变，创新永无止境。农机这一必不可少的机械产业，必然会伴随着社会、农业、农村的进步而不断进步，守正出奇、坚守本真、产品升级必将在今后的市场竞争中愈加显示出关键优势。放眼全球，农机行业的前景广阔无限，直面眼下，每一个农机经营者都有责任秉承坚守与创新理念，在新技术、新工艺、新制造等环节进行突破，跟跑全球顶尖农机水平并实现超越！

（青岛璐璐农业装备股份有限公司　李勇）

2018 年插秧机市场回顾与 2019 年展望

2018 年是我国插秧机市场较为艰难的一年，因为其在经历了连续三年的高位运行后，掉头下行，出现大幅度滑坡。这是市场的拐点，还是市场需求的周期性变化？2019 年插秧机市场将往何处去？插秧机市场未来发展趋势如何？区域市场将发生怎样的变化？市场竞争格局将发生什么变化？这些都是值得我们关注与探讨的问题。

一、2018 年插秧机市场回顾

（一）市场大幅下降，独轮式日渐式微

2018 年，我国插秧机市场经历了前所未有的下滑。市场调查显示，全年累计销售 7. 49 万台，同比下降 19. 87%。其中，手扶式插秧机和乘坐式插秧机分别累计销售 5. 34 万台和 1. 58 万台，同比分别下降 21. 35% 和 40. 82%；占比分别为 69. 80% 和 20. 65%，较 2017 年同期分别增长 -6. 99、-4. 02 个百分点。独轮式插秧机累计销售 0. 73 万台，同比下跌 45. 93%，占比 9. 55%，较 2017 年同期下挫 2. 95 个百分点。2018 年插秧机市场需求结构如图 1 所示。

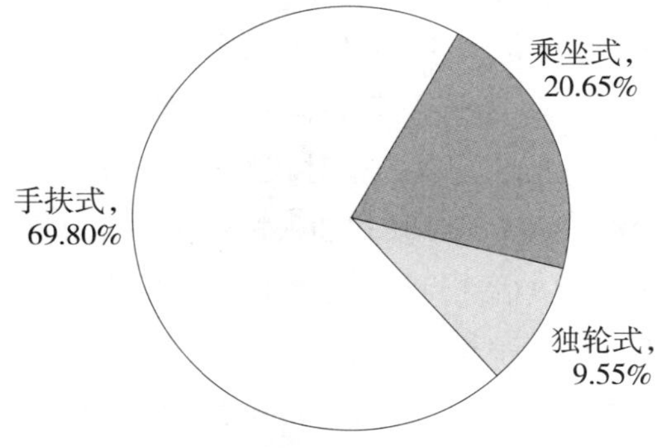

图 1　2018 年插秧机市场需求结构

插秧机市场大幅度滑坡，是多重利空因素共同作用的结果。第一，水稻价格下行，购买力下降；第二，作业收益减少，投资信心不足；第三，收入下降，导致更新周期延长；第四，热点区域趋于饱和，刚性需求下降，新兴区域尚未崛起，形成市场的阶段性“空窗期”；第五，连续三年的高位运行，市场需求进入周期性调整。

（二）主流品牌占比高企，集中度进一步提高

2018 年插秧机市场的竞争更加激烈，突出表现为销量大幅度下滑，市场集中度下降。市场调查显示，销量前 8 大品牌累计销售各种型号插秧机 4.94 万台，同比下滑 33.51%；占比 65%，较 2017 年同期下挫 3.73 个百分点。

从 8 大主流品牌表现看，除江苏沃得同比大幅度攀升 22.95% 外，其他品牌均呈现不同程度的下跌。久保田依然保持霸主地位，但同比下降 48%，占比也下挫 8.12 个百分点。久富紧随其后，跌势在 25% 以上，占比与去年基本持平。洋马、井关、江苏隆庆、天长万寿、江苏永涛也出现不同程度的下滑。相关数据如图 2 所示。

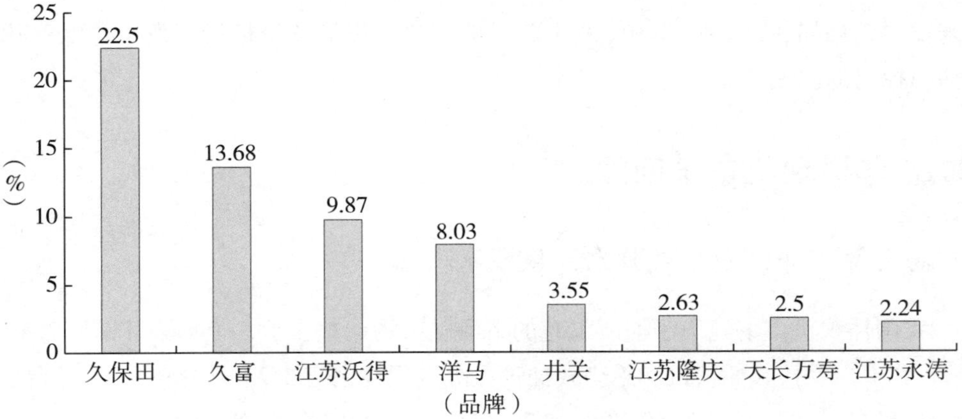

图 2　2018 年插秧机市场主流品牌占比

（1）手扶式插秧机市场：竞争激烈，集中度下降。

2018 年的手扶式插秧机市场的竞争特点较为突出，主要表现在：第一，集中度下降。手扶式插秧机市场主要控制在六大品牌手中，累计销售 4.26 万台，同比大幅度下滑 22.97%，占比 79.77%，较 2017 年同期下挫 1.67 个百分点；第二，品牌表现反差巨大，久保田、久富作为销量前两名且占半壁江山的大品牌，同比均出现下滑，而其他品牌情况相对较好；第三，价格敏感度上升，随着粮价下行，购买力下降，消费者更加关注价格。2018 年手扶式插秧机主流品牌市场占比变化对照如图 3 所示。

（2）高速乘坐式插秧机市场：竞争格局稳定，集中度大幅度攀升。

2018 年的高速乘坐式插秧机市场竞争格局稳定，三大特点十分突出：第一，集中度大幅度增长，市场调查显示，久保田、洋马、井关、江苏沃得四大品牌累计销售 1.5 万台，同比下降 21.88%；占比高达 94.93%，较 2017 年同期上扬 23.03 个百分点。第二，主流品牌销售表现冰火同炉，久保田、洋马、江苏沃得同比分别大幅度下降 26.67%、22.03% 和 25%。第三，主流品牌占比呈现不同程度的增长，久保田占比高达 48.73%，较 2017 年同期提高了 9.41 个百分点；洋马占比 29.11%，较去年同期上扬 7.02 个百分点。相关数据如图 4 所示。

随着独轮式插秧机市场需求日渐式微，延吉、吉林鑫华裕、潍坊福尔沃、潍坊同方等几大独轮式插秧机企业正加速企业和产品转型，市场竞争并未提上日程。

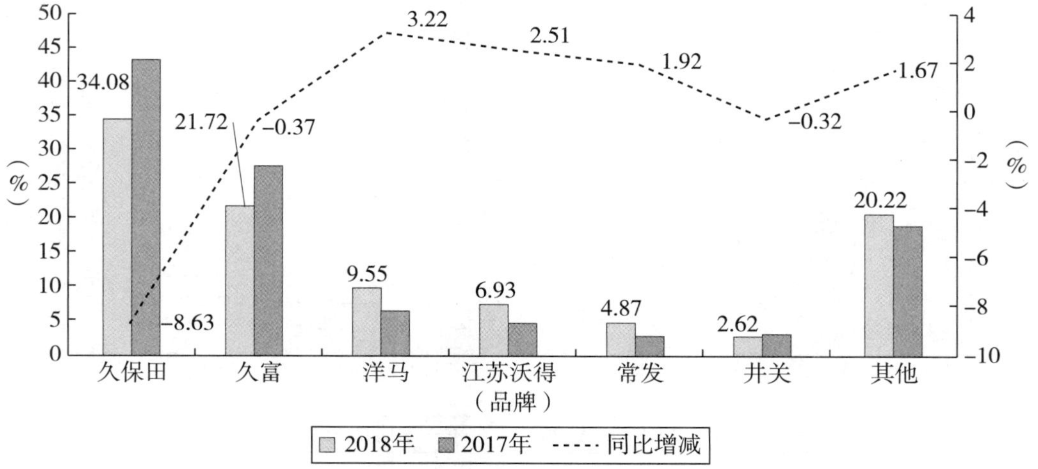

图 3 2017—2018 年手扶式插秧机主流品牌市场占有率变化对照

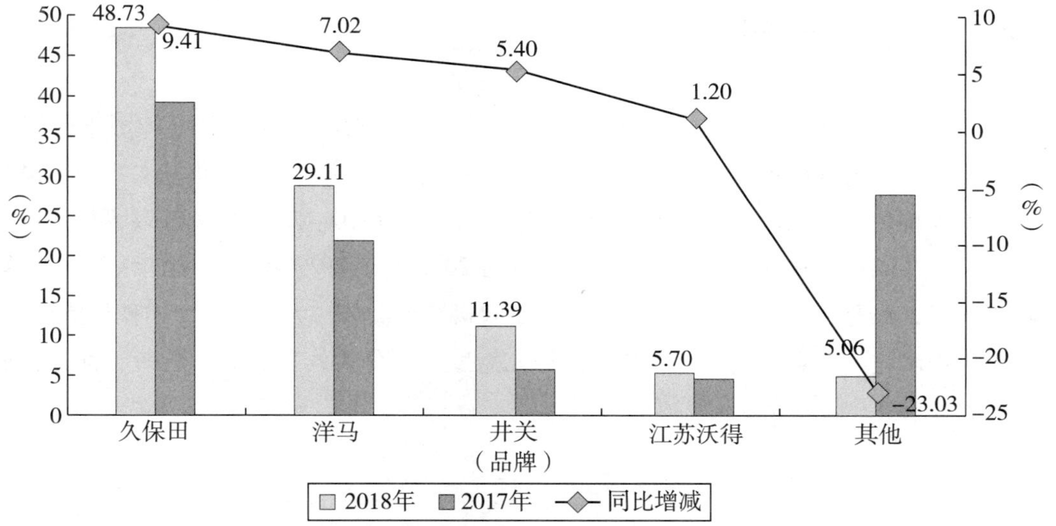

图 4 2017—2018 年高速乘坐式插秧机主流品牌市场占有率对照

（三）区域市场冰火同炉，集中度大幅度攀升

2018 年，插秧机区域市场呈现出鲜明的特点。第一，区域集中度大幅度攀升。市场调查显示，销量前 10 的区域，累计销售各种插秧机 7. 27 万台，同比我国机器播种水平发展区域小幅增长 3. 55%；占比 95. 03%，较 2017 年同期大幅度提高 30. 09 个百分点。第二，区域市场聚集黑龙江、吉林两大市场，占比高达 54. 77%，较 2017 年同期猛增 15. 47 个百分点。尤其在黑龙江市场，销量达到 2. 91 万台，同比大幅度增长 23. 79%；占比 38. 04%，较 2017 年增长 16. 29 个百分点。第三，其他区域市场大幅度下跌，累计销售 0. 38 万台，同比下降 89. 97%，占比也大幅度下降。相关数据如图 5 所示。

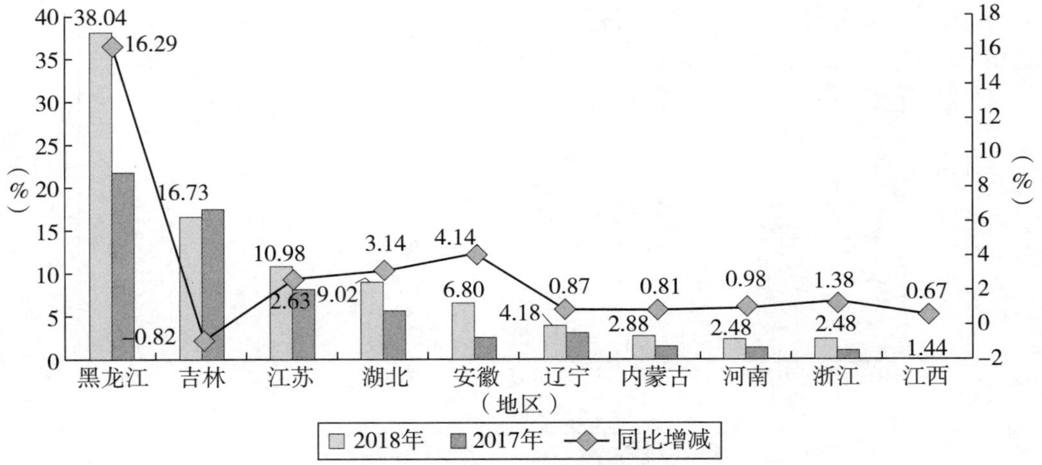

图5　2017—2018 年插秧机区域市场销售对照

二、2019 年上半年插秧机市场综述

2019 年上半年，传统农机市场持续低迷。拖拉机市场、谷物联合收割机市场销售业绩大幅度滑坡，利润大幅度缩水，再度震动整个行业。如果说三大粮食作物因耕作、收获基本实现机械化，市场饱和，刚性需求大幅度下降，而导致市场下滑，是一个不错的理由。那么，又怎么解释插秧机在我国水稻机插水平偏低、刚性需求强劲的形势下，也出现自 2018 年至 2019 年的“两连跌”呢？这种下滑，是市场周期性下滑，还是需求发生重大变化所致？是农机市场低迷的大环境下，插秧机难以独善其身，还是插秧机市场需求进入拐点？这两年插秧机市场究竟发生了什么？我们如何看待当前插秧机市场跌跌不休的现状？

（一）市场遭遇滑铁卢，月度走势震荡下行

2019 年上半年对插秧机市场注定是一个不平凡而难忘的发展阶段，因为市场再度出现大幅度滑坡，降幅虽然较 2018 年同期有所收窄，但绝对需求量创下三年新低。插秧机市场遭遇滑铁卢，市场主流生产企业全线进入深度调整期成为不争的事实。市场调查显示，截至 6 月底，累计销售各种插秧机 6.31 万台，同比下滑 15.77%。

从近三年插秧机市场上半年销售走势分析，在 2017 年销售 9.34 万台，大幅度攀升 17.34%之后，市场戛然而止。2018 年进入下滑通道，累计销售 7.49 万台，大幅度下滑 19.81%。2019 年上半年为止，市场并未停止下滑的脚步，大有探底之势，市场出现“两连跌”。相关数据如图 6 所示。

从中国农机流通协会 2019 年 7 月初发布的 6 月农机市场景气指数（AMI）看（见图 7），其中的插秧机月度景气指数走势也印证了插秧机市场这一变化特征。从月度走势曲线看，2019 年 1—6 月市场高开低走，1 月、2 月高于去年同期，其他月份景气指数基本在去年同期的下方运行，提示我们 2019 年上半年插秧机市场月度走势偏弱。

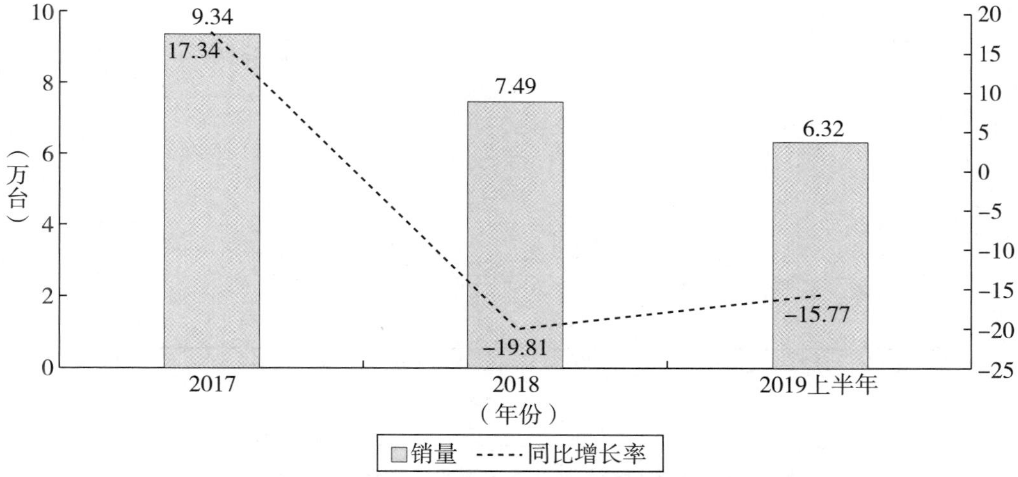

图 6　2017—2019 年上半年插秧机销售情况对比

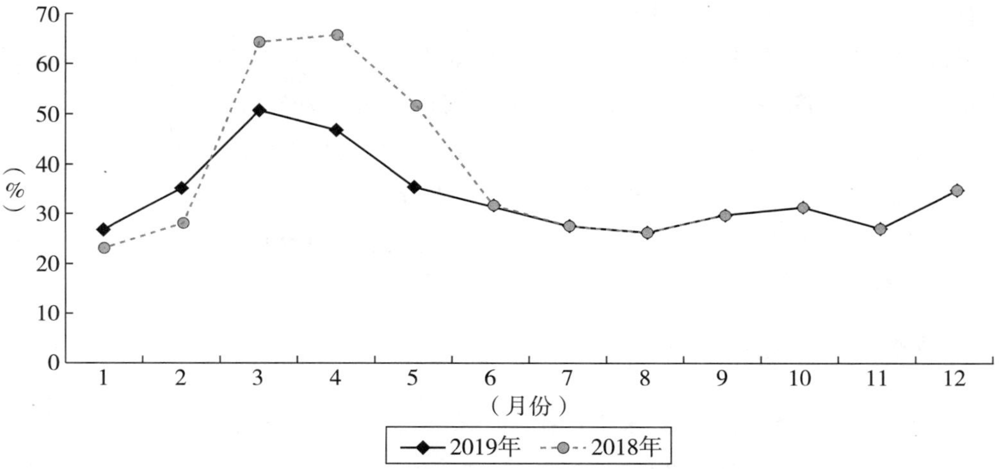

图 7　2018—2019 年 AMI 插秧机月度景气指数

（二）需求结构优化，大型化趋势渐强

2019 年上半年插秧机市场需求结构延续了多年的走势，虽然手扶式插秧机需求数量占比依然以七成以上的份额占据绝对优势，但占比小幅下挫的走势并未改变。另外，无论手扶式插秧机还是乘坐式插秧机，需求大型化趋势越发突出。

（1）市场此消彼长，需求结构不断优化。乘坐式插秧机与手扶式插秧机近 6 年的占比走势诠释了这种变化（见图 8）。手扶式插秧机占比由 2013 年的 80. 18% 下降至 2018 年的 72. 78%；与之相反，乘坐式插秧机由占比 2013 年的 19. 82% 上升至 2018 年的 27. 22%，这一变化进一步诠释了插秧机市场需求结构不断优化的突出特征。

（2）手扶式插秧机下滑幅度较大，大型化趋势增强。市场调查显示，截至 6 月底，累计销售各种手扶式插秧机 4. 78 万台，同比下滑 16. 09%；占比 75. 59%，较 2018 年同期小幅下挫 0. 3 个百分点。从销售机型分析，4 行和 6 行机分别销售 1. 43 万台和 3. 35 万台，同比分别下降 29. 46% 和 8. 73%；占

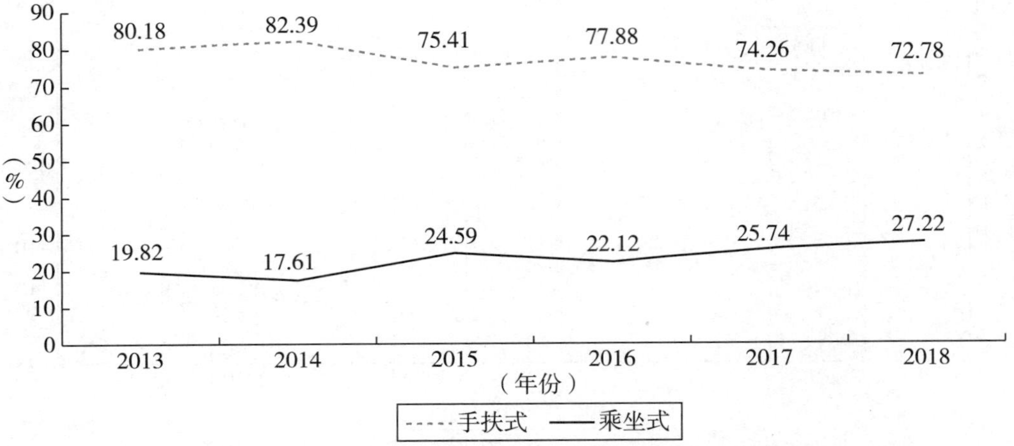

图 8　2013—2018 年插秧机手扶式与乘坐式市场占有率变化走势

比分别为 29. 92% 和 70. 08% 。4 行机下降幅度大，占比下挫 5. 66 个百分点；相反，6 行机下降幅度较小，占比增长，市场需求大型化趋势渐强。

（3）高速乘坐式插秧机占比小幅攀升，市场需求聚焦 6 行机型。市场调查显示，截至 6 月底，累计销售 15420 台，同比下降 14. 76% ；占比 24. 44% ，较 2018 年同期攀升 0. 3 个百分点，需求结构进一步优化。从销售机型看，与手扶式插秧机一样，也彰显大型化趋势，但需求聚焦 6 行机。2019 年上半年，6 行和 8 行机分别销售 13025 台和 2395 台，同比分别下降 15. 15% 和 12. 59% ；占比分别为 84. 47% 和 15. 53% ，6 行机占比攀升 0. 39 个百分点，成为高速插秧机的主流机型。从市场占比及降幅两个维度的变化诠释了市场大型化趋势。

（三）利空掣肘，市场下行非偶然

经过多年的快速发展，我国水稻综合机械化水平有了较大提高，但耕、种、收三个环节机械化发展并不平衡。统计显示，2018 年，水稻耕、种、收机械化水平达到了 81. 91% ，其中机耕水平高达 98% ，机收水平也冲到了 91. 52% 高位，二者基本实现机械化。与之对应的耕作机械和收割机市场因需求饱和，刚需下降，导致市场下滑是可以理解的。但我国的机械种植率仅为 50. 86% ，插秧机保有量不过 85. 65 万台（其中，乘坐式仅有 27. 4 万台），机插率 45. 11% 。刚性需求依然强劲，市场成长空间较大。继去年断崖式下跌后，2019 年上半年又呈“跳水”之势，经历了“两连跌”。这两年的插秧机市场究竟怎么了？

（1）2019 年水稻价格下跌，直接打压市场。任何农机市场的变化均与对应的粮食价格变化息息相关，都可以从粮价的变化中找到答案，插秧机市场与稻谷的价格紧密相连。

稻谷价格自 2018 年至 2019 年每况愈下，每年稻谷的产量居高不下，而需求量却迟迟没有明显增加，库存量一年比一年高，进口量也保持高位。这对插秧机市场绝不是一个好消息。

从 2019 年稻谷的价格看，截至 4 月 16 日，全国稻米均价为 4025 元/吨，环比下滑 25. 38 元/吨，同比下滑 304. 16 元/吨。其中，东北的水稻价格在 2018 年下降 0. 2 元/斤的基础上，再度下跌 0. 1 元/斤。谷贱伤农，水稻价格下行，影响农民收入，冲击购买力，对市场产生很大影响。2019 年插秧机市场的遭遇与 3 年前的玉米收割机市场有惊人的相似之处。当年正是玉米价格的“跳水”时期，导致玉米收割机市场断崖式下跌，之后进入“冬眠期”，“沉睡”3 年之久。

（2）种植面积下降成为市场连年下沉不可忽视的原因。水稻价格低迷，种植成本高，收益下降，直接影响其种植面积。根据国家统计局数据，2018 年全国早稻播种面积为 4791 千公顷，比 2017 年减少 35 千公顷，下降 6.8%。最近几年，国内稻谷市场供需持续呈现供大于求的局面，在农业供给侧结构性调整的背景下，国家通过降低 2018 年稻谷最低收购价、减少补贴、增加休耕轮作面积等方式引导市场进行种植调整，以减少稻谷市场的供给压力。水稻种植面积缩减，势必影响插秧机市场容量，对市场需求产生一定影响。

（3）需求大型化，减少市场需求量。近年，家庭农场、农业（农机）合作社以及农机服务组织的崛起，加快了市场需求向大型化趋势发展的脚步。存量市场更新多为大型机械，因其作业效率提高，对需求量形成压制，成为市场总量下降的一个重要因素。

（4）跨区作业收益下降，对投资性需求形成较大压力。作为以更新需求为重要驱动力的插秧机市场，随着更新周期延长，市场出现下滑也是必然的。

（5）市场发展不平衡，出现热点市场饱和，新兴市场尚停留在市场导入的空窗期，对当下插秧机市场下降也产生较大影响。我国水稻种植面积巨大，机插水平偏低，确保了市场有足够的发展动能。但因水稻区域机播水平发展不平衡，当热点市场饱和遇冷后，新的热点并未及时跟上，形成插秧机市场的空窗期。统计显示，东北三省、苏、冀、鲁、豫机播水平已经达到 80% 以上，基本实现种植机械化；鄂、皖、浙等省的机播水平还停留在 40% ~50%；川、赣、湘、闵水稻机播水平还在 25% ~35% 徘徊；粤、秦仅为 18.65% 和 10.48%；云、贵、琼更低，分别只有 6.6%、5.06% 和 1.78%。过去几年，我国插秧机主流市场分布在东北三省、江苏等市场，随着东北三省和江苏市场的饱和以及需求结构的变化，市场需求每况愈下。而其他市场，除“两湖”间歇式发力外，其他区域市场并未启动，形成了目前市场需求的区域“空窗”，进而造成插秧机市场的“两连跌”。

（四）主力市场全线飘绿，区域集中度小幅攀升

我国插秧机市场销售主要集中在东北三省和苏、皖、鄂六大市场，2019 年上半年，六大插秧机主力市场演绎集体“跳水”大剧，集中度小幅攀升。市场调查显示，截至 6 月末，累计销售各种插秧机 5.3 万台，同比下滑 15.47%，同比 83.99%，较 2018 年同期小幅上扬 0.28 个百分点。

从主力市场各个区域市场的占比变化分析，黑、吉、辽、苏四大区域市场降幅达到两位数，占比出现“2 上 2 下”变化。市场调查显示，前 6 个月，四大市场分别销售 2.29 万台、0.96 万台、0.26 万台和 0.69 万台，同比分别下降 15.5%、24.41%、18.75% 和 13.75%；市场占比分别为 36.29%、15.21%、4.12%、10.94%，较 2018 年同期分别增长 0.11%、－1.74%、－0.15% 和 0.25%。安徽、湖北出现下降，但降幅较小，占比小幅攀升。相关数据如图 9 所示。

从插秧机区域市场发展趋势分析，我国水稻机插水平大致呈现北高南低的特征。在北方基本实现水稻种植机械化的形势下，南方广大稻区依然以人工插秧为主，成为插秧机市场的空白区域，也决定了这些区域市场的成长特点。我们判断，在刚性需求和农机补贴政策双引擎助推下，插秧机市场南移或成区域市场发展的一大趋势。

（五）集中度提高，主流品牌冰火同炉

近年，插秧机市场成为农机行业竞争最为激烈的市场之一，黑天鹅事件不断出现。前有久富的异

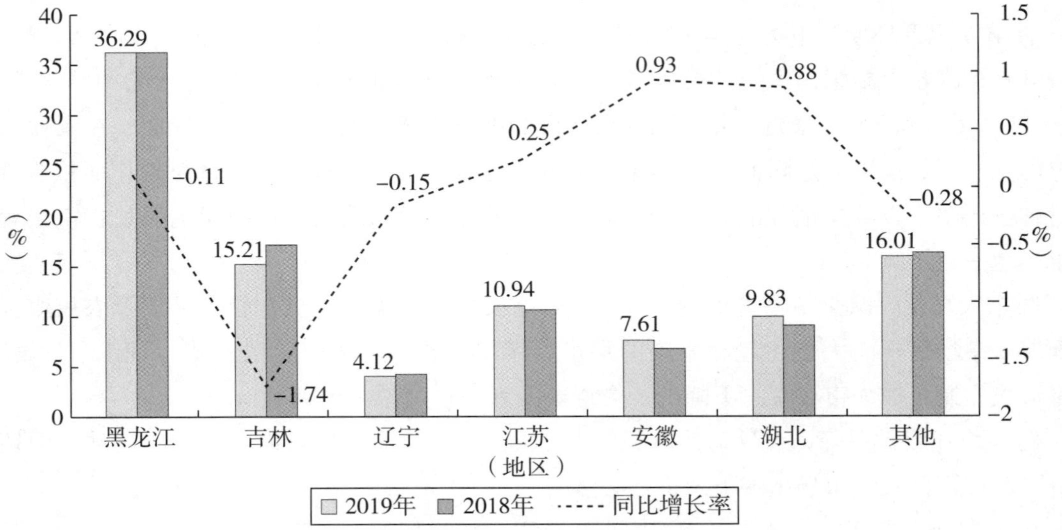

图 9　2018 年和 2019 年上半年插秧机区域占比

军突出，成为过去两年杀入手扶式插秧机的一匹黑马，市场销量连续多年稳居前三；后有沃得华丽转身，自 2018 年至 2019 年发展迅猛，成为搅动插秧机市场的又一匹黑马。

集中度小幅增长，主流品牌苦守阵营。2019 年上半年，虽然多数主流品牌同比销量出现不同程度的下降，但占比却出现增长。市场调查显示，销量前 6 的品牌累计销售各种插秧机 4. 25 万台，同比下降 9. 7%，低于平均降幅 6. 05 个百分点；占比 67. 35%，较 2018 年同期攀升 4. 52 个百分点；其他品牌大幅度下滑，累计销售 2. 06 万台，同比降幅高达 26. 02%，高于平均降幅 11. 27 个百分点。

表现迥异，主流品牌冰火两重天。2019 年上半年，在销量前 6 的品牌中，出现“4 下 2 上”的迥异表现。其中，久保田、久富、洋马、富尔代 4 大品牌出现不同程度的下降，除久保田依靠灵活的价格策略，守住较小降幅 10. 17%，且占比上扬 1. 57 个百分点外，其他三大品牌的降幅均在 20% 以上，占比出现不同程度的小幅下滑。任何惨淡的市场总有例外，2019 年上半年的插秧机市场也再现了这种“例外”的市场规则。江苏沃得、常发两大品牌同比增幅不仅未下降，反而逆势增长，把惨淡市场演绎得有声有色。市场调查显示，截至 6 月底，两大品牌分别累计销售 0. 83 万台和 0. 3 万台，同比分别增长 20. 29% 和 25. 96%；占比也分别上扬 3. 94 个百分点和 1. 5 个百分点。相关数据如图 10 所示。

2019 年上半年，插秧机市场低迷，竞争更加激烈，特点异常鲜明。

特点一：手扶式插秧机市场一线品牌浮出水面，格局趋于稳定。在手扶式插秧机市场激烈的市场竞争形势中，久保田、久富、江苏沃得脱颖而出。三大品牌上半年分别销售 0. 99 万台、0. 71 万台和 0. 66 万台，占比高达 49. 48%，近半壁江山，且较 2018 年同期上扬 4. 09 个百分点。三驾马车的竞争格局日趋稳定，成为手扶式插秧机名副其实的一线品牌。

特点二：高速乘坐式插秧机市场破局，竞争形势变化莫测。近年，高速乘坐式插秧机市场竞争可谓暗流涌动、飘忽不定、变幻莫测，演绎出某些传统强势品牌退出一线品牌竞争、某些品牌新锐杀入一线品牌的竞争大戏，2019 年上半年再现破局形势。

星月神、江苏沃得复制了前两年久富冲击手扶式插秧机时所表现出的黑马本色，出人意料地冲进高速插秧机前 4 行列，打破三大日资品牌长期垄断高速插秧机市场的竞争局面，形成新格局。市场调

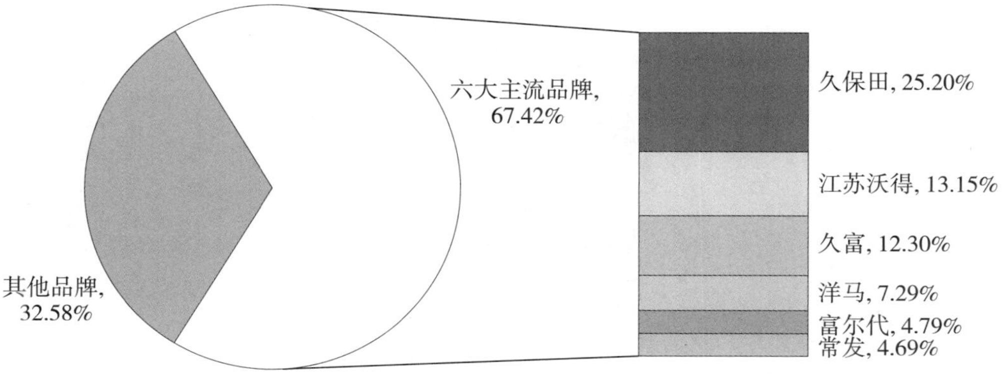

图 10　2019 年上半年插秧机市场占比

查显示，截至 6 月底，久保田、洋马、星月神和江苏沃得四大品牌分别销售 0. 6 万台、0. 3 万台、0. 27 万台和 0. 17 万台，四大品牌销量合计占比高达 86. 9%，较 2018 年同期上扬 11. 83 个百分点，远远甩开其他竞争对手，在高速插秧机市场形成稳定的一线品牌。其中，星月神表现抢眼，专攻高速插秧机，并取得夺人眼球的业绩。在整个高速插秧机市场下滑的大环境下，却逆势大幅度攀升 58. 82%，销量也闯进前三，其表现可圈可点。

高速乘坐式插秧机激烈的市场竞争并未结束，也不会停歇，未来的市场竞争会更加激烈，鹿死谁手尚未可知。与手扶式插秧机市场不同的是，高速乘坐式插秧机不仅利润高，更重要的是代表了未来市场发展方向，成为众多企业竞争的战略高地。譬如久富厉兵秣马，陈兵黑龙江、江苏两大高速插秧机主力市场，深耕产品品质，发挥钵毯两用插秧机的优势，深得用户信赖，竞争后劲十足。

特点三：久保田领先优势尚在，江苏沃得营销组合发力。在整个插秧机市场大幅度下滑的形势下，领头羊久保田也难逃下滑厄运，其手扶式、高速乘坐式插秧机数量分别下滑了 8. 33%、13. 04%，插秧机总量下滑了 10. 17%，但分别低于平均降幅 7. 76 个百分点、1. 72 个百分点和 5. 6 个百分点，其竞争力依然十分强劲，且手扶式插秧机和乘坐式插秧机以 20. 79% 和 19% 份额位居榜首。江苏沃得 2019 年上半年风头正盛，插秧机销售同比大幅度攀升 20. 29%，其中手扶式插秧机和乘坐式插秧机分别增长 20% 和 21. 43%，“顶风”而上，创造了插秧机市场神话，成为名副其实的黑马。

特点四：品牌、价格、服务一个都不能少。在整个插秧机市场低迷、增速换挡、农民购买力下降、投资收益缩水的竞争环境下，品牌、价格、服务成为决定胜负的重要因素。久保田、久富、洋马得以保持强大的竞争力是因为有品质支撑的品牌力量和服务；而江苏沃得、星月神崛起有其不可忽视的产品品质提升因素，而依靠灵活的营销策略和强大的价格优势抢占市场高地也是不容忽视的成功之道。

特点五：产业集群形成，江苏成为插秧机产业基地。插秧机行业经过多年的激烈竞争，产业集群已经形成。市场调查显示，2018 年我国规模以上插秧机生产企业 75 家，主要分布在江苏、山东、浙江、湖北 4 个区域，这些区域星罗棋布着 63 家大大小小的插秧机生产企业，占全国插秧机生产企业总数的 84%。按数量分析，苏、鲁、浙、鄂插秧机生产企业家数为 33 家、15 家、9 家和 6 家，占全国总数的比例分别为 44%、20%、12%、8%，江苏插秧机企业占比接近半壁江山。从销量分析，2018 年这四大区域集群累计插秧机企业销售各种插秧机 6. 65 万台，占销量总数的 86. 98%。其中江苏、山东、浙江、湖北分别占比 76. 43%、4. 12%、4. 41% 和 2. 02%，江苏占比七成以上。相关数据如图 11 所示。

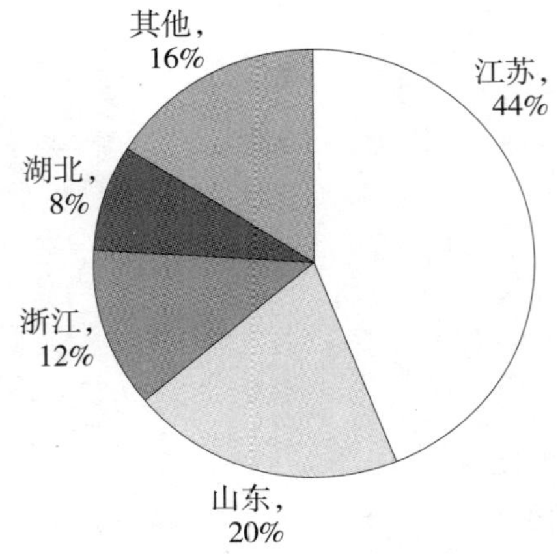

图 11　2018 年全国插秧机生产企业数量区域集群

三、2019 年插秧机市场分析和预测

（一）利空突袭，下滑或成定局

2018 年插秧机市场经历了 10 余年未有的大幅度下滑，2019 年支撑市场增长的因素依然不充分，相反，利空因素却表现得十分强烈。

首先，补贴政策驱动种植机构调整。2019 年是我国深入推进种植结构调整关键年，应扩大东北、黄淮海和西南地区大豆种植面积，加大补贴力度。以黑龙江为例，2019 年大豆种植补贴达到 3900 元/公顷、连片 200 亩（合 13.3 公顷）以上专项补贴 2250 元/公顷，基本接近农民除去租地成本外的种植成本。而水稻种植面积继续萎缩，对插秧机市场产生较大影响。

其次，投资边际效益递减。随着插秧机保有量的不断增加，跨区作业价格竞争愈发激烈，作业收益呈边际递减趋势，压制投资信心。

再次，区域市场进入调整期，原来支撑插秧机市场的黑、苏、皖市场基本实现机械化，刚性需求下降，市场趋于饱和。新市场启动有限，难以形成市场的强大支撑。

最后，从插秧机市场周期性变化分析，2007—2018 年的 12 年间，插秧机市场增幅出现四个周期性变化（见图 12）。第一个周期（2007—2010 年），市场上升期。这四年，市场先抑后扬，2010 年增幅高达 43.71%，创下增长峰值。第二个周期（2011—2014 年），这四年，市场进入下沉期。2011 年始，市场增幅开始下降，2014 年同比降幅高达 27.91%，接近谷底。第三个周期（2015—2017 年），这三年，市场进入复苏期，直至 2017 年，销量突破 10 万台，创下第二个增幅高峰。第四个周期（2018 年至今），2018 年跌入谷底，也开启了第四周期，2019 年预计同比增长率仍为负，这也成为 2019 年插秧机市场不会出现增长的一个理由。

（二）2019 年插秧机市场预测

（1）市场需求预测。基于以上分析，我们预判：2019 年全年插秧机销量在 6 万余台，同比下降 15% 以上。

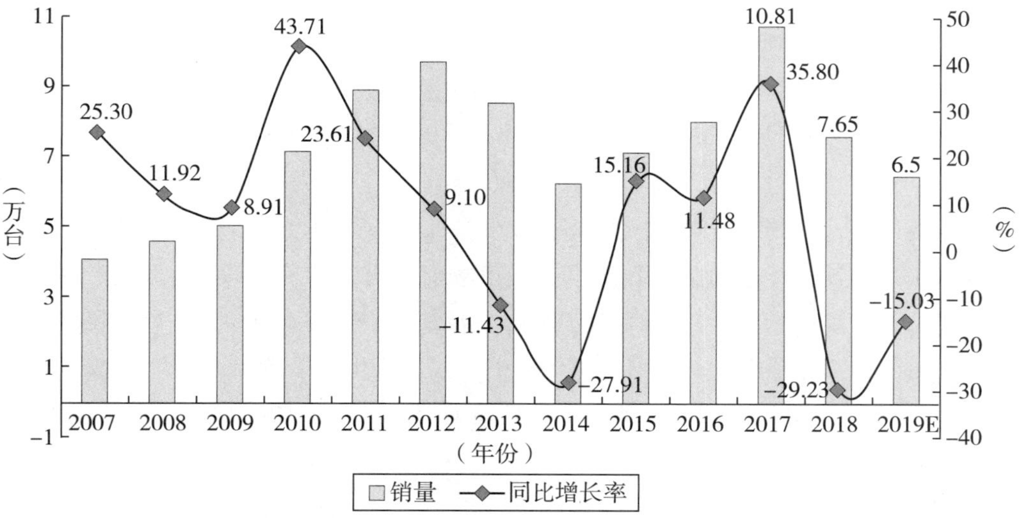

图 12　2007—2018 年插秧机市场走势与 2019 年预测

（2）需求结构或将加速调整。插秧机市场基本面下滑并不影响内部品类的增长。如果说手扶式、独轮式插秧机市场下滑基于市场利空因素强烈冲击，但并不能改变市场需求结构的调整。近年，随着土地流转的加速推进，土地集中速度在加快，在广大农村形成一大批农业种植专业户、农业合作社、农机合作社、家庭农场等新型群体组织，土地规模化经营已成为一股势不可当的浪潮，深刻地影响着农机市场的需求。作为高效、高速的乘坐式插秧机市场迎合了农村这场伟大变革，顺势崛起。预计 2019 年乘坐式插秧机依然会延续往年的走势，稳健增长。

（3）需求区域或将变频。2018 年，黑、吉、辽市场大幅度攀升，形成市场“高地”，随着利好因素的降低，市场需求将下降。与之相反，苏、皖以及“两湖”、“两广”、云、贵、川、赣等市场或将呈现小幅攀升，成为稳定市场，是避免大幅度滑坡的重要力量。作为主力市场的江苏市场大幅度滑坡，以及二手机市场增长，对 2019 年农机市场产生较大影响。

（三）六大趋势，定调未来插秧机市场

毋庸置疑，当今的插秧机市场正笼罩在下滑的迷雾中。但低迷的插秧机市场形势并不能掩盖其暗流涌动的发展趋势。

趋势一，低位运行或成近年市场常态。其一，插秧机市场面临的“三农”环境，即粮价波动、农民收入下降、购买力不足、种粮积极性不高等利空因素未发生根本性改变的形势，势必会影响插秧机市场投资信心；其二，插秧机区域市场发展不平衡，一方面传统热点市场需求进入结构性调整期，另一方面机插率偏低的区域多为丘陵山区为主的地区，受政策扶持力度小、育秧技术不过关、购买力低、适应性产品少等因素的影响，插秧机推广面临较大困难，市场推进速度缓慢，市场贡献率不高。这些因素都将成为制约插秧机市场增长的关键因素，也决定了近年插秧机市场低位运行或成为常态。

趋势二，未来驱动插秧机市场的两大引擎不会改变。一是手扶式插秧机依然是驱动插秧机市场不可取代的引擎，其主流地位短期内不会变。必须认清我国插秧机市场正处于成长期，目前的低迷只是因各种现实环境影响下的曲折发展而已，刚性需求决定了市场的成长空间依然巨大。至于新的植播技

术对插秧机市场的蚕食也仅存在于学术论证阶段。由此决定了在机插水平低的广大区域，手扶式插秧机必然是市场发展初期甚至起步阶段的最佳产品。二是高速乘坐式插秧机占比增长的趋势不会变。随着土地流转，规模化集约化经营的推进，尤其是农服组织新服务模式的逐渐成熟，在基本实现水稻种植机械化的东北三省以及苏、皖等区域，市场动力以更新为主，更新主要形式就是乘坐式高端产品取代手扶式插秧机。

趋势三，市场低迷，市场或迎洗牌潮。未来的插秧机市场竞争会更加激烈，洗牌将成为市场重要竞争特点。我国水稻插秧机行业面临的现实：一是市场需求进入“空窗期”、低端产能严重过剩、结构性矛盾十分突出；二是市场容量从高峰期的 10 万余台跌至当下的 6 万余台，并且随着大型化趋势的推进，扩容几无可能；三是虽然经过激烈的市场竞争，插秧机生产企业由高峰期的数百家下降至 2018 年的 70 余家（指规模以上生产企业），但产能依然远远超出当今市场的承载。受上述多重因素挤压，一批缺乏核心技术，且产品品质、服务没有特色的品牌纷纷被淘汰。

趋势四，适应丘陵山区作业的小型插秧机或将迎来春天。我国水稻种植区域遍布全国各地，在东北三省以及苏、皖等主要水稻种植区域已经达到较高的机插水平的情况下，丘陵山区以及小地块水稻种植区域的机插水平依然很低，成为插秧机市场的“盲区”，市场成长空间大。解决区域发展不平衡的矛盾首先要解决适销对路的产品，因此一些结构紧凑、动力消耗小、作业质量好、安全可靠、操作灵活、造价低廉、油耗较小的小型插秧机将进入发展的快车道。

趋势五，技术进步将推进插秧机市场升级。随着农机科技进步与不断突破，农机高效、智能、低排放、可以自主导航，以及采用液压机械式无级变速器、作业监控、控制操作系统等技术，在不远的将来将成为插秧机市场的标配。适应多种复杂条件下的自动驾驶、自动导航系统将成为插秧机技术发展的方向。随着这些先进技术的应用，插秧机的作业效率、质量和舒适度将获得极大提升。

趋势六，品质 + 技术 + 营销，成为未来插秧机市场竞争的三大利器。其一，在寒冬之下归根结底拼的是品质，因为高品质直达客户内心和核心价值；其二，先进技术是企业的核心竞争力，没有独特先进技术支撑的品牌在未来市场竞争中是不可能站稳脚跟的，过去那种依靠模仿复制混日子的时代一去不复返了；其三，市场营销是不可忽视的关键因素，尤其在产品品质鸿沟逐渐被抹平、科学技术日新月异、产品迭代加速的环境下，市场竞争日趋白热化，营销发挥的舞台变得更大，譬如价格策略、营销组合等更加重要。适合市场和企业实际的营销技术和方式对企业的攻城略地会发挥杠杆作用，企业不可忽视。

最后，笔者用一段话收尾：我们正处于一个最好的市场，因为它能给强者更大的表演舞台；我们正处于一个最坏的市场，因为它让弱者脱去面具，退出竞争舞台，回到自己观众的座席。

（苏州久富农业机械有限公司　高林华）

2018 年采棉机市场回顾与 2019 年展望

2018 年，农机市场迷雾叠嶂，许多变化令业内人士一头雾水。风光无限多年的拖拉机市场越发焦头烂额，而低调的采棉机市场却风生水起；谷物联合收割机市场、烘干机市场、插秧机市场“跳水”“雪崩”，而玉米免耕播种机供不应求……2018 年中国的农机市场真可谓饱经风霜，淋漓尽致地演绎出“一边是海水，一边是火焰”的传奇。而采棉机市场——这个不为众人关注的小众市场，2018 年却成了农机市场的“明星”，怎不令人深思！风头正盛的采棉机市场，2019 年将往何处去？

一、高歌猛进，需求大幅攀升

2018 年农机市场最大亮点莫过于采棉机市场的骤然爆发，成为沉闷农机市场里的一道亮丽风景。市场调查显示，全国累计销售各种型号的采棉机 850 余台（见图 1），其中，新疆市场销量达到 790 余台，同比大幅度攀升 80% 以上。市场出现供不应求，一机难求的局面。

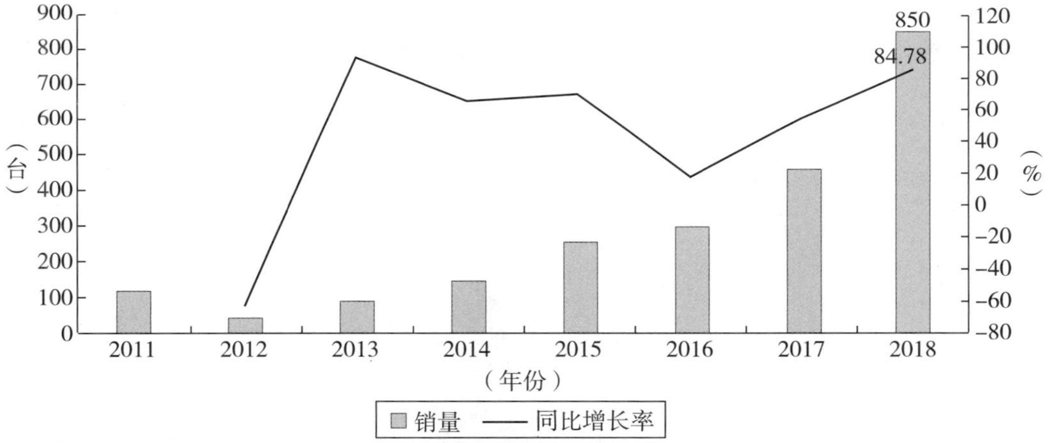

图 1　2011—2018 年采棉机市场销售走势

回顾近年采棉机市场销售走势不难看出，在 2013 年市场需求大幅度攀升后，采棉机市场一直保持两位数的较高增长幅度，年度销量也水涨船高，直到 2018 年出现爆发式增长。

小型占主流，大型快速发展。2018 年采棉机市场大小两端市场发力，从市场需求量分析，3 行机仍是市场主流。以新疆市场为例（见图 2），3 行采棉机销售 350 余台，占比 56. 45%，5 行采棉机销售不足 100 台，占比仅 15. 32%；6 行采棉机市场需求出现大幅度攀升，同比增幅在 80% 以上，销售量也接近 180 台，占比 28. 23%。6 行大型采棉机市场的迅猛发展主要源自补贴政策拉动。近年来，国家和各级政府对采棉机推广工作重视力度不断加大，大型采棉机单台补贴从 20 万元上调至 40 万元，再到 60 万，有些专项扶持项目甚至补贴达到 120 万元，加上融资租赁财政贴息项目，都对采棉市场的启动注入充沛的动力。

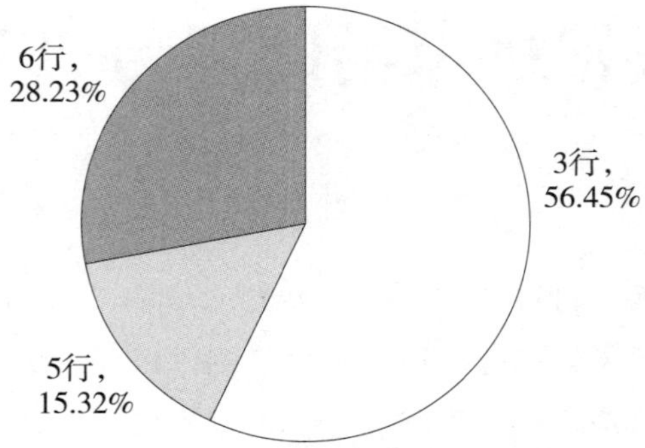

图 2　2018 年新疆采棉机市场需求结构

二、政策引爆，多重利好支撑市场

我国采棉机市场聚焦新疆，这主要是由棉花种植区域决定的。2018 年，新疆棉花种植面积比 2017 年增加 273. 9 千公顷，增长 12. 4%，占全国棉花种植面积的 74. 32%。全国（除新疆外）30 个省（自治区、直辖市）受种植效益和种植结构调整等因素的影响，延续多年来生产萎缩的态势，棉花种植面积比 2017 年减少 116. 2 千公顷（174. 3 万亩），下降 11. 9%。其中，长江流域棉区种植面积比 2017 年减少 107. 0 千公顷（160. 5 万亩），下降 22. 4%，更强化了新疆棉花种植的地位，也决定了我国棉花采摘机市场主要在新疆。2018 年中国棉花主流种植区域面积占比如图 3 所示。

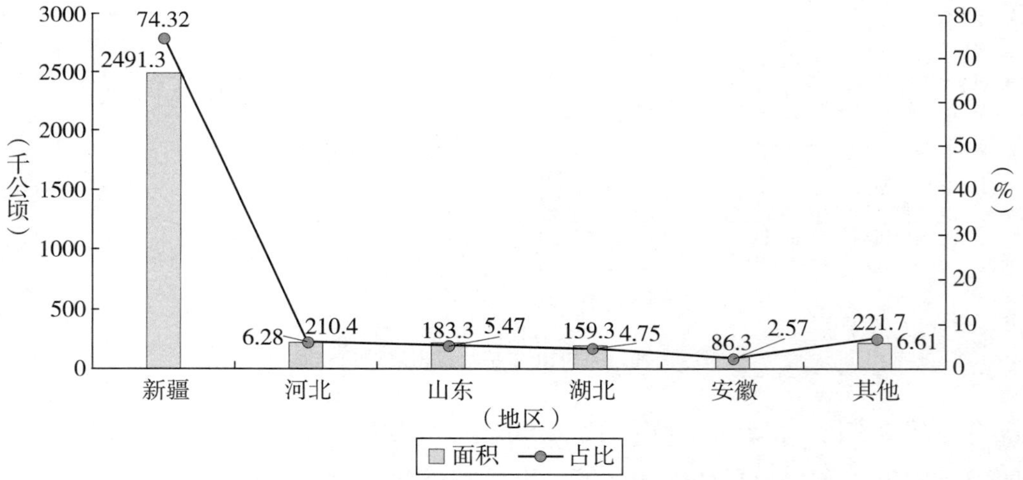

图 3　2018 年全国棉花主流种植区域面积占比

2018 年，新疆采棉机市场骤然爆发，既有机采率偏低的内生性需求因素，也有棉花收割机环境变化的因素；既有企业因素，也有经销商推动因素，但其引爆点更多来自补贴政策。

第一，刚性需求强劲。我国棉花机采水平很低，统计显示，2017 年我国采棉机保有量仅 4100 台，集中分布在新疆（2200 台）、宁夏（1300 台）、湖南（600 台）三个区域。以新疆为例，2017 年采棉机保有量仅 2200 台，机采率不过 26%，其他棉花种植区域机采率更低，理论需求量 8000 余台，采棉机需求缺口之大可见一斑。

第二，降低采棉成本，提高棉花产量。近年，购买采棉机的用户多数是农机作业专业大户，随着人工劳动力成本的不断攀升，棉农更愿意用机械采棉。在市场调研中，我们了解到在新疆人工采棉成本为 1～1.5 元/斤，500～750 元/亩；机采棉作业费 200 元/亩左右，刨去机采棉收购价格每斤低 0.2 元，每亩最高可节省采棉成本 45 元。而且机采棉种植规格为 76 厘米等行距，在增加种植密度的同时，改善了通风透光条件，避免造成捂桃、烂桃现象，可提高棉花产量 10% 以上。

第三，提高作业效率，减轻用工劳动强度。市场调查中，发现机采棉的作业效率优势非常突出，一台 5 行采棉机日工效 150 亩以上，6 行采棉机日工效 200 亩，至少相当于 750～1000 人的工作量，省去了工人吃住等环节的麻烦，改善了劳动环境，降低了劳动强度，提高了科技含量，特别是不受劳务工人数量和工作能力的影响，使得植棉有保证。

第四，能合理安排拾花后对土地表面的处理和冬灌翻耕工作。人工拾花开始早、结束晚，很难提早进行下一阶段的耕耙地工作，采棉结束时往往地已上冻，不得不终止冬翻等作业。机具的大量损毁和加速磨损给农机用户造成了严重损失。采用机采棉则不然，只要开始机采，棉田承包户只需忙碌一天，就可安排进行清田和冬翻冬灌工作。机采结束，冬翻工作就基本结束。大量的工人就可有时间、有精力尽早进入庭院经济等活动，创造更多的价值。

第五，2018 年我国各棉花主产区的棉花价格同比 2017 年有所上涨。2018 年，我国继续实行棉花目标价格政策，比如新疆棉花目标价格平均为 18600 元/吨。这一政策将继续执行到 2019 年。采棉机市场与棉花的价格、产量、质量、库存以及国外进口棉花的数量息息相关。当前鲜货市场中棉花一斤 9.5 元左右，大多数地区一吨价格在 1.6 万～1.65 万元波动。较之往年出现良好增长，采棉机用户预期良好，推动了市场增长。

第六，高投资回报率推动跨区作业快速发展，助力采棉机市场进入发展黄金期。市场调查发现，一台 300 万元的采棉机，每年能赚 50 余万元，6 年左右的时间即可收回成本。按此推算，一台 100 多万元的采棉机，2 年左右的时间即可收回成本。近年，机采棉收费呈增长势头，2018 年 193 元/亩，比 2017 年增加 48 元/亩。高回报率吸引众多投资者，加之农机合作社、合作联社等组织投资，逐渐形成机采棉专业服务组织，强有力地拉动市场的增长。第一师阿拉尔市南疆农机合作联合社理事长姚景介绍，2018 年农机作业量增加了 60%～70%，跨区域工作量超过百万亩，在第一师范围内作业 120 万亩，近 300 台机器累计作业量超过 220 万亩，联合社实现产值 3 个多亿。农机工人平均收入也水涨船高，平均上涨 15%～20%。

第七，企业的推动。企业在采棉机发展过程中也起到了十分重要的作用，突出表现在：一方面，国产中小型采棉机逐渐成熟，因价格适中，解决了外资名牌价格高、无力消费的问题，满足了低端用户的需求；另一方面，一些大型企业为解决用户购买力不足的问题，与金融机构联合，为用户融资提供解决方案，缓解了用户购机资金不足的困难，对市场也起到了较大的推动作用。

第八，更新进入高峰期。市场调查显示，新疆存量部分，采棉机老化，很多为进口的二手机，市场进入更新高峰期。2018 年二手机市场交易活跃，仅新疆区域市场就销售二手采棉机 200 余台，成为采棉机市场的重要驱动力之一。

第九，植棉面积下降，价格稳定。2018 年国家将棉花目标价格由“一年一定”改为“三年一定”，进一步稳定了棉农的信心，提高了农民种植棉花的积极性。2018 年植棉面积迎来历史年度新低，据统计局数据显示，植棉面积已降至 4238.78 万亩，同比下降 12.50%。新疆地区虽然比 2017 年略有增加，但仍然不能弥补其他地区植棉面积的下降缺失。主要原因：一是其他地区由于棉农种植成本增加，农户种植收益下降，导致 2019 年种植面积逐渐缩减；二是外出劳动力人口较多，在外务工收益远大于种植棉花。

三、集中度高企，外资品牌控制高端

我国采棉机市场 90% 以上的销售集中在新疆，因此，新疆采棉机市场的竞争特点基本上就反映了全国采棉机市场竞争全貌。2018 年采棉机市场竞争发生在市场需求大幅度攀升的背景下，主流品牌均呈现出不同程度的攀升，但因其核心竞争力的差异，市场控制力呈现较大的不同。从市场销售量看，国产品牌与外资品牌差别并不大，销量前两名的迪尔和钵释然占比分别为 35.80%、31.76%（见图 4）；如果从销售额看，其差异堪比“鸿沟”了。迪尔销售额占 56.24%，占一半还多，而钵释然占比仅为 17.17%（见图 5）。具体看，2018 年采棉机市场竞争呈现以下三个特点。

首先，大型高端市场基本为外资品牌控制，形成迪尔一枝独秀。5 行以上机型主要由迪尔、钵释然、凯斯三个品牌销售，其中迪尔销售额高达 9.37 亿元，占比高达 56.24%。销售机型分别为 6 行的 CP690、7660 和 5 行的 9970 大型采棉机，单台价格高达 530 万元、366 万元和 210 万元。钵释然成为 6 行机型中唯一一家国产品牌，但仅销售 5 台，实现销售额 2.86 亿元，占比 17.17%。

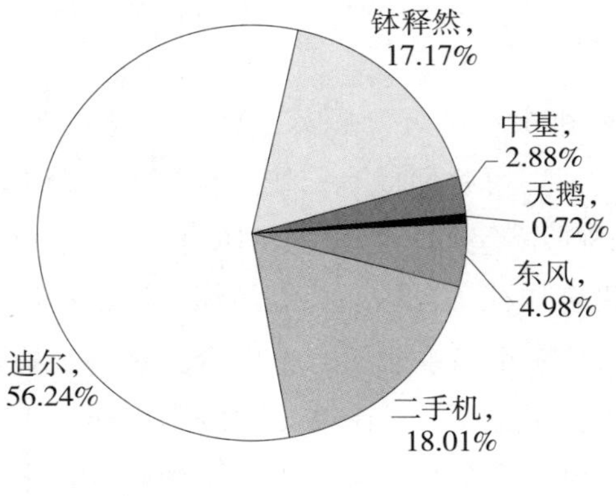

图 4　2018 年采棉机主流品牌销售数量占比

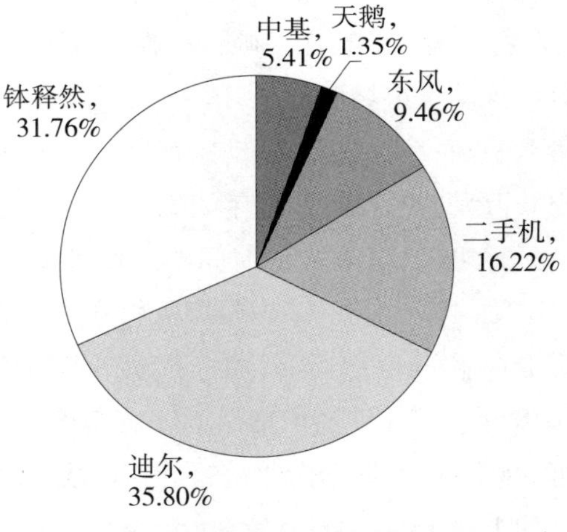

图 5　2018 年采棉机主流品牌销售额占比

其次，中低端市场主要在国产品牌之间竞争，主销机型为 3 行机。在 2018 年销售的 350 台 3 行机中，钵释然一家就销售 230 台，占比 65.71%。东风、中基、天鹅占比分别为 20%、11.43% 和 2.86%。

最后，市场竞争聚焦作业效率和品牌。据市场调查，迪尔 7660 型箱式采棉机作业效率高，品质稳定，可享有 60 万元的国家补贴，受经营户和植棉户追捧，市场上一度出现供不应求的局面。另一外资主力机型虽也是箱式采棉机，也享受 60 万元的农机补贴，但机型自身缺乏改进，作业效果相对差，不适应市场需求，补贴反而造成了过度干预市场的结果，市场竞争力大打折扣。

四、增幅下调，市场或走稳定路线

2019 年采棉机市场面临着良好的发展环境。第一，棉价上涨，刺激种棉户棉花种植积极性。2019 年的棉花种植面积预计会在 2018 年的基础上继续增加，毕竟有市场需求，有市场价格，棉农们肯定会抓住这个机会，2019 年中国棉花意向种植面积预计为 4264. 2 万亩，同比增加 25. 8 万亩，增幅 0. 6%。整体上看，未来几年棉花种植面积将趋于稳定，新疆北疆昌吉地区退耕还林，南疆喀什地区由于水资源短缺，当地棉花种植难有增加。2018 年比 2017 年种植面积虽有增加，但产量没有出现增产。2005—2018 年新疆棉花种植面积及同比增长率如图 6 所示。

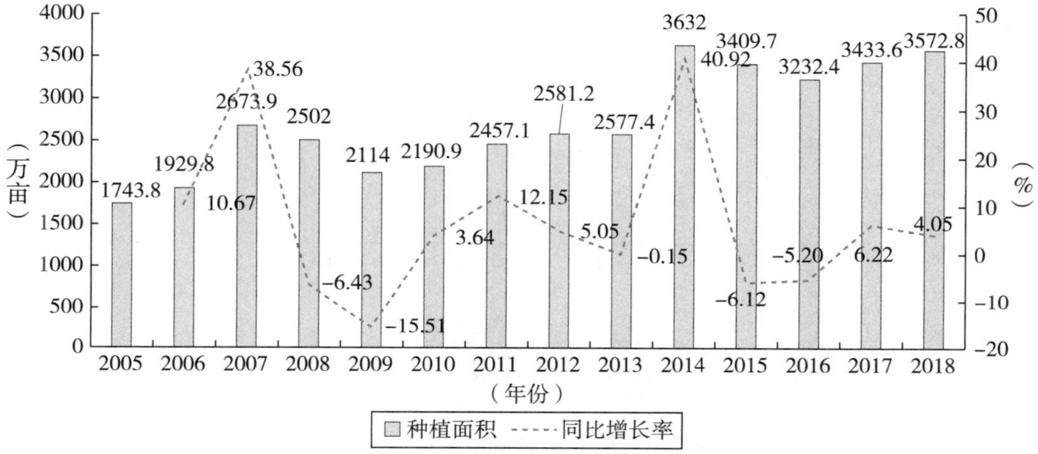

图 6 2005—2018 年新疆棉花种植面积及同比增长率

第二，农业合作社、农业合作联社、农机专业服务组织崛起，成为采棉机市场的主要需求群体。持续上涨的劳动力成本预计在 2019 年不会改变，将继续成为推动棉农对采棉机服务需求的动力，而较高的投资回报率将驱动更多的专业合作组织投资采棉机。这些都为 2019 年采棉机市场保持稳定向上的发展提供强大的支撑。

第三，我国棉花机采率偏低，保有量缺口依然较大，刚性需求成为推动市场增长的主要动力。

第四，更新需求。采棉机二手市场日趋活跃，采棉机更新市场进入高峰期，也将成为拉动市场的一个重要因素。

第五，农业专项补贴、农机补贴等各项政策将成为采棉机市场的重要引擎。

第六，2018 年市场需求尤其是名牌产品需求未得到满足，为 2019 年预留了市场需求空间，成为市场增长的潜在动力。

第七，跨区作业将继续拉动市场增长。

在充分看到市场利好因素的同时，我们还必须看到利空因素的存在。其一，2018 年市场的高位运行，形成市场需求“高地”。其二，热点区域市场呈现饱和迹象，市场需求刚性下降。其三，人工、水电、化肥、种子、农药等价格持稳导致植棉成本暂时稳定，但机采成本将持续上升。其四，进口棉增产有限背景下，WTO 配额、滑准税配额等国内进口政策将持续放松；目前国储棉约有 270 万吨库存，如不收储，调节市场能力将非常有限。其五，受水资源、退耕还林政策影响，2019 年国内新疆棉花种植面积和产量将面临增产瓶颈。其六，2019 年 9 月国储棉继续抛储对新棉价格形成价格压制，但棉花仍是国内农作物种植收益比较大的一种。其七，国内外宏观经济疲软、贸易摩擦等将对进出口行业订单产生较大影响，终端需求疲软将是常态，消费量准确数据将不断求真去伪。

基于以上分析，我们预计 2019 年采棉机市场不可能像 2018 年那样持续爆发式增长的势头，但利好因素强烈，稳定增长或成为大概率的事。我们预计全国采棉机市场销量在 950 台左右，同比增幅在 10% 以上（见图 7）。

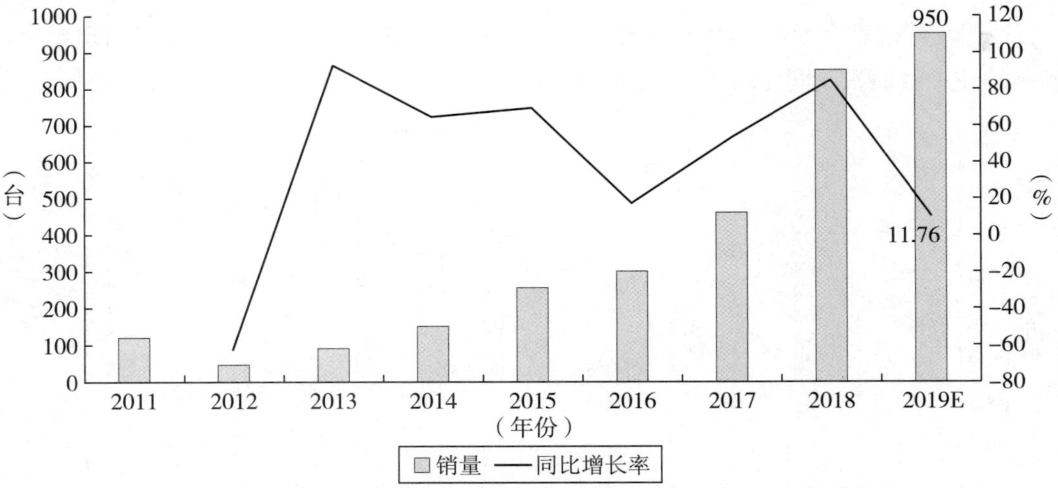

图 7 2011—2018 年采棉机市场销售走势及 2019 年预测

2019 年，采棉机市场竞争还将沿着两条路线推进，从高端市场看，外资品牌控制的局面不会改变，但国产品牌的冲击也不会停止。从低端市场看，竞争主要在国产品牌之间展开，随着市场的启动，还将有“新面孔”面世。无论市场如何变化，产品品质依然是品牌的核心竞争力，尤其在低端市场。但在消费者购买力下降的情况下，价格有时将起到关键作用，价格战在没有强势品牌出现的低端市场更容易被激活。

（新疆天农农机股份有限公司　杜中国）

2018 年畜牧机械市场回顾与 2019 年展望

近年来，我国农机市场正处于转型升级的空窗期，传统农机市场陷入低速常态化发展泥潭。虽然新兴市场崛起，小众市场快速增长，但现阶段占比小，难以填补传统市场留下的巨大空缺。以刚刚过去的 2018 年的主营业务收入为例，当年实现主营业务收入 2438. 74 亿元，同比小幅增长 1. 62%，这是近 10 年的最小增幅，在农机约 11 个子行业中，同比增幅两位数的只有其他农林牧渔业机械和畜牧机械制造业，分别增长 17. 09% 和 12. 46%，但两者的占比之和仅为 12. 27%。而占比较大的收割机、拖拉机市场同比要么持平，要么大幅度下滑，我们预计传统农机市场（拖拉机、收割机市场）的低速运行将成为未来农机市场的常态，新兴市场的崛起也将成为市场发展的必然。在众多的新兴市场中，畜牧机械市场 2018 年亮点频现，成为新兴市场中的一匹黑马，也成为众多业内人士紧盯不放的市场之一。

一、内销、出口同发力，生产、市场共增长

畜牧机械市场迎来战略机遇期，工业快速发展，市场稳步增长。统计显示（见图 1），2018 年畜牧机械制造业累计主营业务收入 157. 60 亿元，同比增长 12. 46%，其增幅在农机行业 11 个子行业中，位居第二，实现利润 7. 07 亿元，同比小幅下滑 2. 75%，高于农机行业平均利润 15. 5 个百分点。在整个农机行业利润大幅度滑坡的情况下，畜牧机械制造业呈现稳定发展的态势。从近年畜牧生产专用设备制造业主营业务走势不难看出，在经历了 2013 年大幅度攀升后，连续出现三年的低增幅发展，2017 年、2018 年再度发力，连续两年呈现两位数增幅。

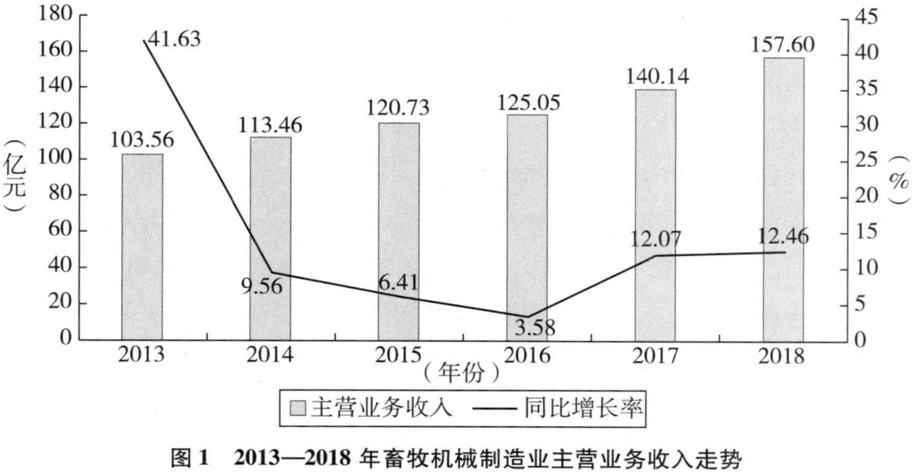

图 1　2013—2018 年畜牧机械制造业主营业务收入走势

与畜牧业密切相关的饲料加工设备制造业，2018 年实现利润 1.88 亿元，同比大幅度攀升 97.14%，同比增幅独占鳌头。

国内市场增势良好，出口市场也呈现快速增长的态势。统计显示，2018 年全年实现出口交货值 17.12 亿元，同比增长 17.43%；在农机行业 11 个子行业中，占比 6.11%，较 2017 年同期攀升 1.03 个百分点。

与畜牧制造业稳定发展遥相呼应的畜牧机械市场也呈现稳步发展的良好态势，市场发展机遇期特点较为突出，需求结构进一步向大型高端化发展。市场调查显示，2018 年累计销售各种畜牧机械 6.87 万台，同比增长 8.62%。

畜牧机械市场稳步增长主要源于：第一，刚性需求大。我国畜牧机械市场潜力巨大，机械化水平很低，很多养殖户还停留在人工养殖阶段。第二，政策拉动。近年国家推广"粮改饲"鼓励政策，大力发展畜牧产业，为市场注入蓬勃动力。第三，更新需求。2012 年以来，畜牧机械市场进入换代快车道，需求大型化导致市场需求结构性调整，市场需求量持续滑坡，这个过程到 2018 年已经基本完成，市场走在新的起点上。第四，畜牧业的快速发展。偏远区域开始发展特色农业，畜牧产业成为重要选项。第五，畜牧机械产品的支撑。近年，国产畜牧机械的生产逐渐成熟，解决了进口机械贵、国产机械品质差影响市场需求增长和扩容的窘境。第六，环保趋严，绿色发展。治理污染成为近年中央和地方政府政策的重点，为畜牧机械市场发展提供了强大动力。

二、市场锁定 10 大区域，集中度小幅上扬

2018 年，畜牧机械区域市场呈现出纷繁复杂的特点，表现出主流区域稳步快速增长，集中度小幅攀升的特征。市场调查显示，销量前 10 的主流区域市场累计销售 5.97 万台，同比增长 15.2%，占比 86.93%，较 2017 年同期上扬 4.96 个百分点。

主流区域市场个性特征鲜明，10 大主流区域市场中有 7 大市场出现不同程度的增长。从增长幅度分析，呈现以下几个层次。

销量超万台的区域市场有四川、贵州，表现值得关注。一是需求量占前两名，且均超万台；二是市场变化各有特点。先看四川市场，其销量直线蹿升，独占鳌头，领衔各大市场。市场调查显示，2018 年全年累计销售各种畜牧产品 11396 台，同比大幅度增长 106.23%；占比也上升至 16.58%，较 2017 年同期上扬 7.85 个百分点。再看贵州市场，2018 年销售 10944 台，同比下滑 9.8%；占比 15.92%，较 2017 年同期下挫 3.25 个百分点，由 2017 年的第一掉到 2018 年的第二（见图 2）。市场虽然出现滑坡，但在畜牧机械区域市场还是屈指可数的。

销量在 6000 ~ 8000 台的区域市场有云南、宁夏和甘肃三个，且同比增幅分别达到了 35.46%、36.26% 和 48.54%；占比分别为 12.81%、10.25% 和 9.33%，较 2017 年同期分别上扬 2.54 个、2.08 个和 2.51 个百分点，分别排在 3 ~ 5 名，构成畜牧区域市场的稳健流派。

与之不同的是湖北、陕西两大市场，二者成为前 10 大区域市场中下降幅度最大的市场，市场销量分别排在第 6 名和第 7 名。两大市场分别销售 4901 台、3279 台，同比分别下降 36.75% 和 35.74%；占比分别为 7.13% 和 4.77%，较 2017 年同期分别下挫 5.12 个和 3.29 个百分点。

河南、山西、内蒙古 3 大市场销量为 1800 ~ 3000 台，排在 8 ~ 10 名，同比分别增长 12.61%、

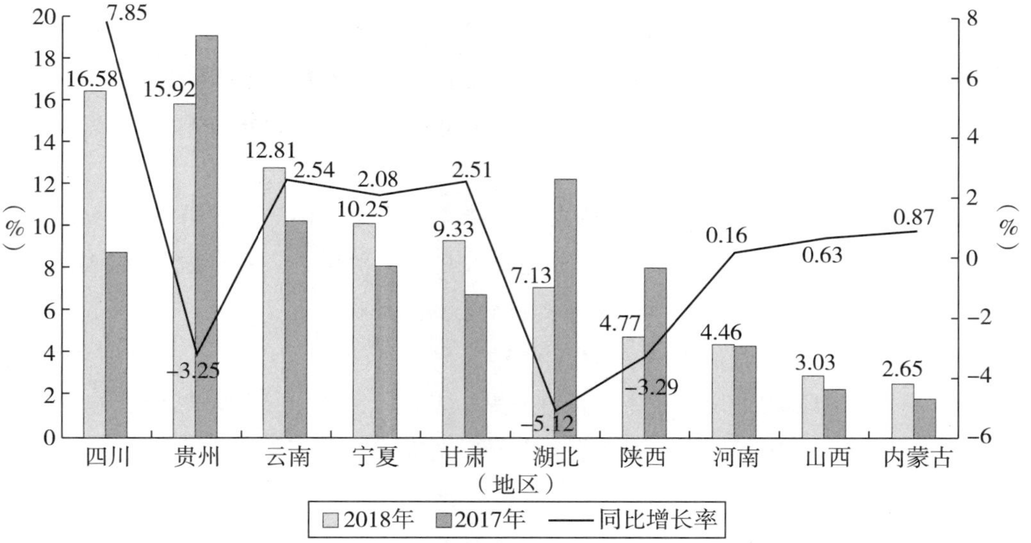

图 2　2017—2018 年畜牧机械区域市场销售占比对照

37.06% 和 61.44%；占比分别为 4.46%、3.03% 和 2.65%，较 2017 年同期分别增长 0.16%、0.63% 和 0.87%。

三、环境利好，畜牧机械市场迎来发展机遇期

我国畜牧业正面临着发展速度快与机械化水平、规模化水平低之间的矛盾。近年，畜牧业虽然进入快速发展的轨道，但与发达国家相比差距依然巨大。从 2017 年畜牧业产值在农业中的占比看，美国为 48%、法国为 70%、德国为 74%、丹麦为 90%，而我国畜牧业总产值超 3.2 万亿元，占农业总产值比例不足 30%。造成这种局面的原因有很多，其中畜牧业机械化水平低是重要原因之一，同时也意味着，未来随着畜牧业的发展，畜牧机械市场也将迎来黄金发展期。相关分析如下。

首先，待利用资源多，市场规模大。第一，待利用资源多。我国是世界第二草地资源大国，拥有天然草地 3.9 亿公顷，超过国土总面积的 40%，是可耕地面积的 4 倍。天然草原、人工种草和农作物秸秆等饲草料资源丰富。据测算，可利用资源至少可满足 5000 万吨牛奶、800 万吨牛肉和 500 万吨羊肉的生产需求。但目前我国草地资源远未达到合理、高效的利用与开发，国内天然牧草需求一直处于紧张状态，规模化牧场与牧区抢草的势头越来越明显。第二，落后的发展现状。与畜牧业发达国家相比，我国单位面积畜牧产品生产水平只相当于新西兰的 1/80、美国的 1/20、澳大利亚的 1/10。第三，居高不下的养殖成本。在养殖生产成本和生产效率上，我国草食畜牧业与发达国家还存在一定差距。与发达国家相比，我国泌乳牛年单产水平要低 2～3 吨，肉牛和肉羊屠宰胴体重分别低约 100 千克和 10 千克，牛奶、牛肉、羊肉生产成本均高于国际平均水平一倍以上，严重影响了我国草食畜牧产品的竞争力。由此可以看出我国畜牧机械市场具有很大的发展潜力。

其次，畜牧业机械化水平偏低，需求空间巨大。第一，牧草收割机械化总体水平较低。有统计显示，我国割草机、搂草机保有量仅为美国的 1%，打捆机保有量仅为美国的 0.1%。第二，饲养机械主要依赖进口。我国的规模化奶牛场主要设施分为饲喂机械和挤奶机械，其中，饲喂机械中的 TMR 搅拌

车、自动饲喂车、传送带饲喂系统、犊牛饲喂小车等国产机械占35%，65%依赖进口；在挤奶机械中，挤奶机器人100%靠进口，其他挤奶设备30%国产，70%依赖进口。第三，环境控制机械和粪污处理机械国产水平也很低。环境控制机械中进口的超过半数；而粪污处理机械的进口产品也超过了80%，规模牛场清粪方式一般以拖拉机铲车为主，像刮粪板、吸粪车及水冲清粪系统等所占比例还很小，发展空间很大。

再次，政策环境利好。国内农业种植结构由二元结构向三元结构（粮食作物+经济作物+饲料作物）转变的速度会加快，由于库存较大以及出于追求经济利益的考虑，后期农作物种植结构中粮食作物所占比例会逐渐降低，经济类作物、饲料作物占比会逐渐增加。

《全国种植业结构调整规划（2016—2020年）》提出，到2020年青贮玉米、苜蓿面积分别达到2500万亩、3500万亩。国家相继出台了牛羊良种补贴、基础母牛扩群增量补贴、南方发展现代草食畜牧业、牛羊养殖大县奖励、奶牛政策性保险等扶持政策，持续加大牛羊标准化规模养殖场建设、良种工程、秸秆养畜等工程项目投资力度，推动了草食畜牧业发展方式加快转变。

近四年，中央一号文件都把发展畜牧业作为重要内容提出，由此可看出中央对畜牧业发展的关注。2015年，提出加快发展草牧业，支持青贮玉米和苜蓿等饲草料种植，开展“粮改饲”和种养结合模式试点，促进“粮食作物+经济作物+饲料作物”三元种植结构协调发展。2016年，中央一号文件进一步提出优化畜禽养殖结构，发展草食畜牧业，为“十三五”草食畜牧业发展夯实了政策基础。2017年，提出发展规模高效养殖业。全面振兴奶业，重点支持适度规模的家庭牧场，引导扩大生鲜乳消费，严格执行复原乳标识制度，培育国产优质品牌。2018年，提出改善小农户生产设施条件，提升小农户抗风险能力。加快研发经济作物、养殖业、丘陵山区农林机械，发展高端农机装备制造。2019年，再度提出实施奶业振兴行动，加强优质奶源基地建设，升级改造中小奶牛养殖场。合理调整粮经饲结构，发展青贮玉米、苜蓿等优质饲草料生产。

最后，农机补贴直接拉动。2019年畜牧机械补贴大类包括饲料（草）加工机械设备：饲料（草）粉碎机、饲料混合机、铡草机、颗粒饲料压制机、秸秆膨化机、压块机；畜牧产品采集加工机械设备：挤奶机、贮奶（冷藏）罐、剪羊毛机；饲养机械：乳化机、粪污固液分离机和送料机。近年农机补贴政策不断向畜牧机械倾斜，譬如一般机械单台补贴额不超过5万元，挤奶机不超过12万元，高性能青饲料收割机不超过15万元。

从畜牧机械市场发展环境分析，确定无疑，畜牧机械市场是朝阳市场，面临着良好的发展机遇和前景，政策继续成为市场的强大驱动力，种植结构的调整、饮食结构的不断变化以及供给侧结构性改革等因素都将成为推动畜牧机械市场稳定增长的重要因素。

四、市场进入拐点，或稳步增长

2019年，畜牧机械市场面临较为复杂的环境。从利好因素看，主要有以下几个方面：其一，惠农政策尤其是农机补贴政策，依然会成为推动市场增长的重要驱动力。其二，畜牧业的快速发展，尤其“粮改饲”政策下青饲料产业的快速发展，对青饲料收割机、打捆机市场都会起到较大的拉动作用。其三，畜牧场崛起。近年，我国大型畜牧场快速发展，为了提高效率，降低成本，纷纷更新先进设备，成为拉动市场需求的动力。其四，投资性需求。在以三大粮食作物为中心的农机投资收益减少的情况下，畜牧机械投资成为农机投资的新热点。其五，从畜牧机械市场发展规律分析，回溯2009年以来的走势，自2011年开始连续6年的波动，至2017年进入增长的轨道，可以看作市场需求结构调整的完成，即大型机械取代小型低端产品，直接导致需求数量的下降，而后进入以大型设备为主的新阶段。

不可否认的是，2019年的利空因素有很多，消费者因粮价下行、收入下降导致的购买力不足、投资收益减少，牛羊肉、奶制品的价格波动对畜牧业的影响等，都将对2019年的市场产生不小的影响。

综合两方面的因素，我们判断：2019年畜牧市场或将呈现稳步增长的态势，全年需求量在7.5万台左右，同比增长10%上下（见图3）。

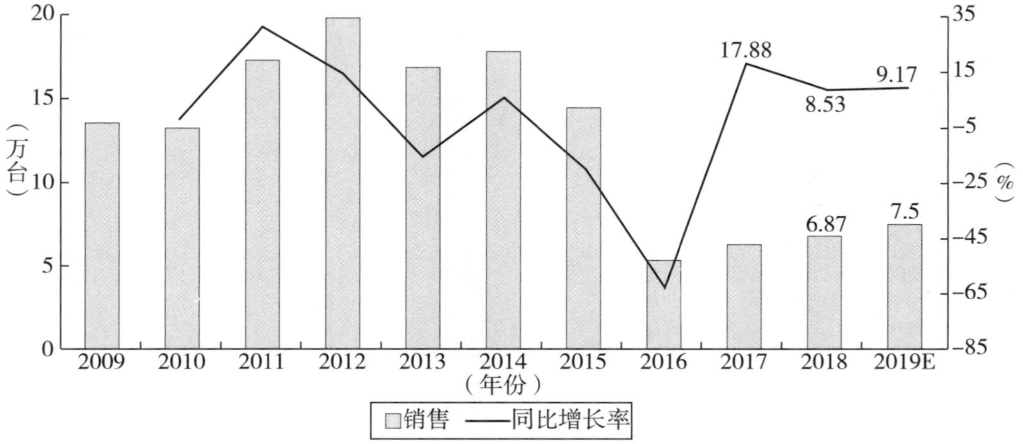

图3　2009—2018年畜牧机械市场销售走势与2019年预测

从畜牧产品市场的需求结构分析，饲料加工机械市场依然占据绝大部分份额，统计显示，2017年保有量634.61万台，同比小幅增长1.83%，占比高达83.12%，同期减少0.73个百分点。饲养机械设备呈现良好的增长势头，2017年保有量61.36万台，同比增长10.16%，占比增长0.54个百分点。其中，畜禽粪污处理机械包括粪污固液分离机、粪污水处理设备等增势强劲，这与国家补贴政策的扶持密不可分。我们判断畜禽粪污处理机械将迎来发展机遇。从政策红利扶持看，该类机械是农机补贴重点扶持类。农业农村部办公厅、财政部办公厅在《2018—2020年农机购置补贴实施指导意见》中，明确把畜禽粪污资源化利用设备，包括清粪机、粪污固液分离机作为通用补贴产品，纳入支持农业绿色发展的机具，要求作为优先保证补贴的产品。同时在目前30多个省、直辖市、自治区已经发布的《2018—2020年农机购置补贴机具补贴额一览表》中，大部分地方都把清粪机、粪污固液分离机作为通用产品给予补贴。从未来几年的发展趋势看，2018年生态环境部、农业农村部联合印发了《农业农村污染治理攻坚战行动计划》，加强畜禽粪污资源化利用，到2020年全国畜禽粪污综合利用率达到75%以上，有规模养殖场粪污处理实施装备配套率达到95%以上。同时，在农业全面现代化大背景下实现畜牧业机械化已势不可当，加之一系列政策的扶持，市场对畜禽粪污处理机具形成了长期的利好需求。这一小众产品行业未来或将催生每年数十亿元市场需求。与此同时，在行业发展过程中避免企业蜂拥而入导致的发展增速过快、产品同质化问题的出现，加强行业标准规范，以及增强科技创新能力也是不可忽视的问题。

以云、贵、川为中心的西南区域市场近年发展迅猛，从2017年各个省畜牧机械保有量看，云、川、渝、黔分别达到了146.64万台、78.36万台、62.65万台和52.76万台，占比分别为19.21%、

10.26%、8.21%和6.91%，分列前四名。这四个省畜牧机械保有量之和占全国四成以上。而内蒙古、宁夏、新疆、西藏、青海等主要畜牧产业区域，保有量偏低，近年市场销量也较少，这就意味着未来这些市场成长空间巨大，有较大的发展潜力。以内蒙古为例（见图4），2018年销售畜牧机械1821台，同比大幅度攀升61.44%，市场自2013年开始至2016年的连续4年销量下降，2017年开始回暖，同比连续2年大幅度增长，进入发展的快车道，预计2019年还将保持良好的增势。

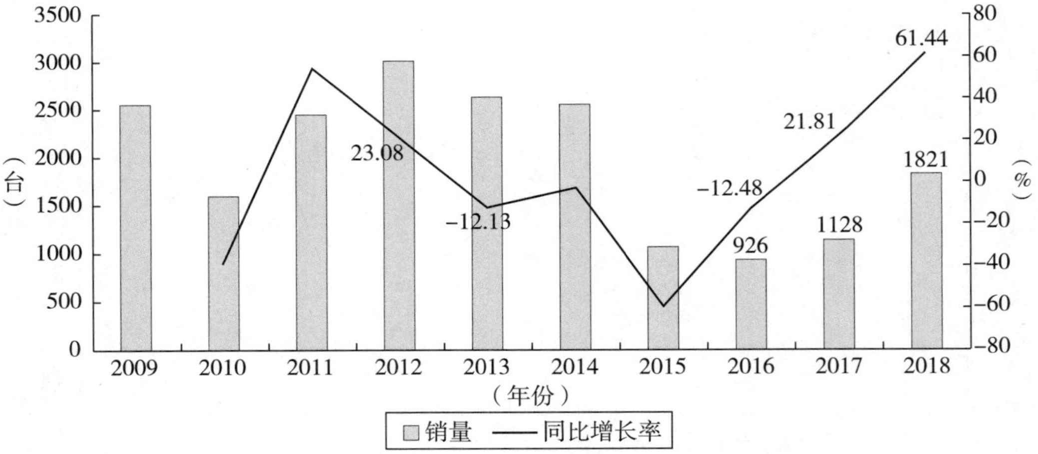

图4 2009—2018年内蒙古畜牧机械销售走势

从畜牧机械市场发展趋势分析，近几年依然以多元化发展为主要特点，这与我国畜牧业发展阶段息息相关。我国畜牧业2018年才进入发展的快车道，畜牧场规模差异大，大型现代牧场与小型牧场并存的局面将持续较长一段时期，因其牧场规模的差异导致畜牧产品需求的较大差异，也决定了大型高端设备与小型低端产品共生共存的局面将在一个较长时期内存在。从畜牧产品的饲料收割机市场分析，大型化趋势表现得更加强烈，作为独立的牧草产业，有较大群体属于农机专业户和合作社，其投资性需求明显，作业效率决定其收入。

从市场竞争分析，2019年依然会成为农机市场转型升级较为艰难的一年，粮价难有起色，消费者购买力下降不会改变，这决定了畜牧机械市场的竞争依然会十分激烈。第一，市场低谷期，价格敏感度较高，价格竞争依然成为多数品牌抢夺市场份额的撒手锏；第二，价格战产生的一个最大后果是品牌优势被削弱，小品牌以其低价获利；第三，产品品质在大型畜牧场依然是竞争的焦点；第四，市场整合的步伐将加快，还将有一些小企业退出市场；第五，众多品牌将围绕渠道展开激烈的争夺。

2019年的市场可能是近10年最差的一个市场，因为将有很大一部分企业因为缺乏核心竞争力而黯然退市；2019年的市场也可能是近10年最好的一个市场，因为随着激烈的市场竞争以及弱小企业的退市，市场环境趋于优化，这为优秀企业的成长奠定了良好的基础。记得一篇文章这样说过：你的优秀不在于你在红地毯上能“秀”出多少精彩，而在于你有多少精彩的作品。农机市场的竞争也是这样，支撑企业发展的不是你怎么作秀，而是你有什么优质产品。

（山东凯诺农业发展有限公司　马海涛）

2018 年轮式自走谷物联合收割机市场回顾与 2019 年展望

市场饱和，刚性需求下降；作业收益边际递减，直接导致投资回报率下降，投资积极性受挫；粮价低迷，购买力下降，更新周期延长；履带式全喂入自走谷物联合收割机抢滩成为压在轮式自走谷物联合收割机市场上的“大山”，直接导致轮式谷物联合收割机市场“跌跌不休”，在连续两年大幅度下滑后，2019 年前 4 个月的市场依然难有起色。

一、2018 年轮式自走谷物联合收割机市场回顾

（一）市场需求低位运行，大幅度下滑

2018 年，轮式自走谷物联合收割机市场延续了 2017 年的走势，出现大幅度下滑。市场调查显示，2018 年累计销售各种轮式自走谷物联合收割机 2.28 万台，同比下滑 32.34%（见图 1）。市场仿佛回到 2007 年，当年销售 2.20 万台，同比大幅度滑坡 51.97%，创下历史最低。

回溯 2005 年至 2018 年来轮式自走谷物联合收割机市场的走势，不难发现，市场不容乐观，市场容量由 2009 年最高年份的 6 万余台，跌至 2018 年的 2 万余台。尤其是近两年，连续出现大幅度滑坡，在 2017 年下滑 29.79% 之后，2018 年下滑幅度再创新高。

从市场周期变化看，市场先后经历了导入、成长、成熟和衰退四个阶段：第一阶段，2005 年之前市场处于导入期，市场表现为需求量较小，竞争激烈，产品逐渐成熟。第二阶段，2005—2007 年市场处于成长期。市场呈现“增两年降一年”，即 2005—2006 年连续两年增长，2007 年大幅度下降。第三阶段，2008—2015 年，市场成熟期。周期变化调整为“增两年降两年”，2008—2009 年增长，2010—2011 年下降，2012—2013 年增长，2014—2015 年再度下降。第四阶段，2016 年之后，市场进入衰退期，并且降幅放大。市场变化周期的调整，反映出自 2005 年至 2018 年，轮式自走谷物联合收割机市场销售同比呈现持续走低的发展趋势。

轮式自走谷物联合收割机市场需求走势反映了市场深层次需求正在悄然发生变化，既有近期的偶然因素，也有市场积累的深层次原因。

从近期偶然因素分析，首先，2018 年部分小麦主产区的小麦出现因遭受大幅降温导致不抽穗或穗内少籽的情况。同时，国内小麦价格持续下跌，特别是 2018 年 1 月、4 月两次拍卖底价的下调，更是加快了小麦价格的下跌速度，加上国家下调了 2018 年小麦最低收购价格，对农民收入产生了重大影响，使农民收入减少，购买力下降。农民不得不收紧钱袋子，拉长了轮式自走谷物联合收割机的更新

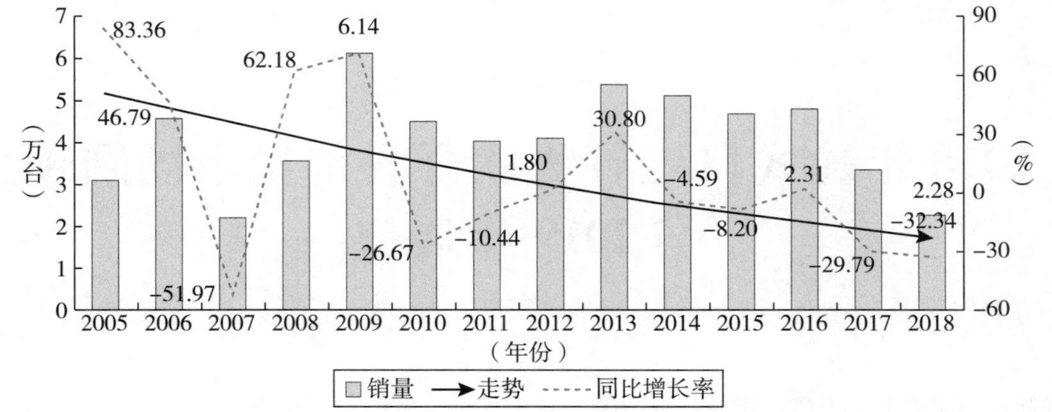

图 1　2005—2018 年轮式自走谷物联合收割机走势

周期，由 3 ~4 年延长至 4 ~5 年，对当年市场的下滑起到推波助澜的作用。

其次，2018 年小麦播种面积 24000 千公顷（见图 2），成为 2015 年以来播种面积最低的一年，势必导致市场需求下降，对轮式自走谷物联合收割机销量下滑也产生重要影响。

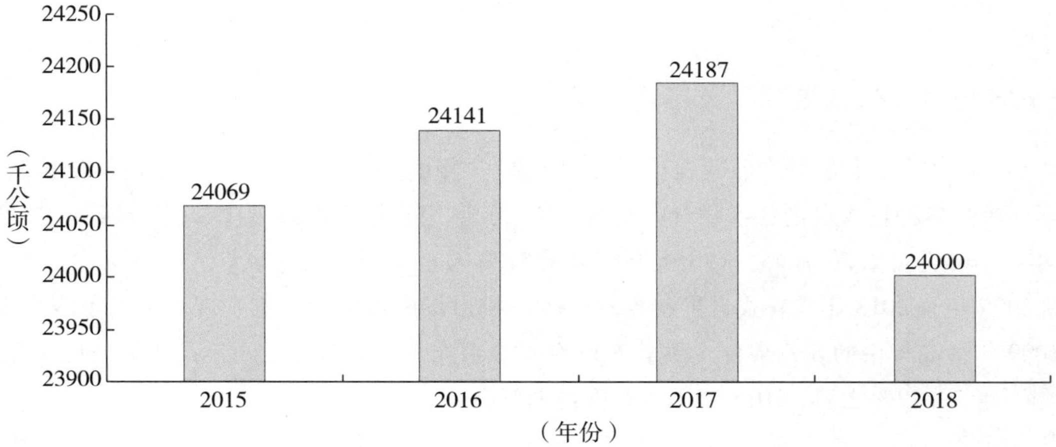

图 2　小麦播种面积

从深层次原因分析，主要表现在以下几个方面。

第一，市场饱和，刚性需求不足。轮式自走谷物联合收割机市场是我国三大粮食作物收割机最为成熟的市场，小麦的耕、种、收环节早已实现机械化，需求饱和，刚性需求不足，成为市场下行的主要原因。统计显示，早于 2012 年我国谷物联合收割机保有量就超过百万台，达到 104. 55 万台，2017 年进一步上升到 148. 49 万台。小麦的机收水平也早于 2011 年即达到 91. 05%，2017 年更是高达 96% 以上。

第二，跨区作业收益递减，压制投资信心。随着轮式自走谷物联合收割机保有量的不断膨胀，跨区作业的竞争更加激烈，直接导致跨区作业收益递减，压制投资信心，是影响市场需求的一个重要原因。

第三，市场需求大型化。谷物联合收割机市场需求大型化趋势逐渐增强，大型机械保有量占比提高，导致市场需求数量减少。

第四，履带式自走谷物联合收割机市场的挤压与蚕食。近年，履带式自走谷物联合收割机以其良好的适应性、通过性以及性价比优势，大举进军小麦区，挤压了轮式自走谷物联合收割机市场的增长空间。当然，这种现象是现阶段的特殊现象，随着土地流转推进，小麦的规模化种植将成为势不可挡的趋势，成为轮式自走谷物联合收割机绝地反击的最好机会，因为大型轮式自走谷物联合收割机的高效率是履带式自走谷物联合收割机无法企及的。

第五，市场“透支”严重。过去10年，在农机补贴的促动下，市场快速增长，对市场形成严重“透支”。

（二）需求结构调整，大型化趋势渐强

轮式自走谷物联合收割机的购买动机主要是投资性需求，凭借高作业效率，快速收回成本并获取最大利润是资本的本质属性，由此决定了市场需求必将沿着大型轨道发展。随着近年农村土地流转的推进，农业规模化、集约化经营成为众多区域的主要作业模式。加之农业和农机合作社的兴起，尤其是农业服务组织的崛起，对轮式自走谷物联合收割机大型化趋势均起到重要的推动作用。

2018年，轮式自走谷物联合收割机市场需求继续向大喂入量方向延伸，并呈现出新的特点。其一，需求机型此消彼长，高度聚焦8千克/秒≤喂入量<9千克/秒机型。市场调查显示，2018年该机型累计销售1.7万台，同比狂增150%；占比高达74.56%，较2017年同期上扬54.38个百分点。7千克/秒≤喂入量<8千克/秒机型累计销售0.24万台，同比狂跌89.33%，占比10.53%，较去年同期下挫56.24个百分点（见表1）。其二，小喂入量机型下滑幅度低于平均降幅。喂入量<7千克/秒机型，累计销售0.26万台，同比下降18.75%，占比11.40%，较去年同期上扬1.90个百分点。小型市场下滑幅度小，主要是因为：第一，在消费者购买力下降的形势下，退而求其次，购买小型机械；第二，投资信心受挫，以较低的投入应付投资收入下降的严峻形势；第三，跨区作业半径缩小，作业量下降，也是小型机械市场下滑较小的一个因素。其三，大型机械平稳推进，喂入量大于等于9千克/秒机型下滑33.33%，略高于平均降幅。

表1　**2018年轮式自走谷物联合收割机需求结构一览表**　单位：万台

序号	品类	销量		同比增长率（%）	占比（%）		增减（%）
		2018年	2017年		2018年	2017年	
1	喂入量<7千克/秒	0.26	0.32	-18.75	11.40	9.50	1.90
2	7千克/秒≤喂入量<8千克/秒	0.24	2.25	-89.33	10.53	66.77	-56.24
3	8千克/秒≤喂入量<9千克/秒	1.70	0.68	150.00	74.56	20.18	54.38
4	9千克/秒≤喂入量	0.08	0.12	-33.33	3.51	3.56	-0.05
合计		2.28	3.37	-32.34	100.00	100.00	0.00

（三）市场高度集中，竞争格局趋稳

轮式自走谷物联合收割机市场集中度颇高。市场控制在两大主流品牌之手，竞争格局相对稳定。

市场调查显示，销量前6的主流品牌累计销售1.85万台，同比下降33.93%，占比81.14%，较

2017 年同期小幅下挫 1.95 个百分点。其中，雷沃重工、中联重机两大品牌占比高达 64.04%，但较 2017 年同期下挫了 2.14 个百分点。

雷沃重工作为轮式自走谷物收割机市场的第一品牌，销售 0.96 万台，同比下降 32.87%，占比 42.11%，下挫0.33 个百分点；中联重机销售0.5 万台，同比大幅度下滑37.5%，占比21.93%，下挫 1.81 个百分点。其他品牌因占比较小，市场贡献率低，对市场影响较小。

三大因素对 2018 年的轮式自走谷物联合收割机市场的竞争产生决定性影响。第一，品牌。该市场是高度成熟的市场，突出表现为产品的同质性极高，产品成熟，品质稳定，所以，在主流品牌竞争中，品牌影响力发挥着重要作用。雷沃重工正是依靠强大的品牌影响力，占领着市场的半壁江山。第二，价格。粮价下行，购买力下降，在投资收益递减的形势下，价格竞争成为小品牌争夺市场的利器。第三，喂入量。近年，主流企业依靠多年积累的品牌优势，在喂入量上展开激烈竞争，引导整个市场需求逐年向大喂入量方向快速发展。

（四）主流区域“8 降 2 升”，区域市场集中度小幅增长

轮式自走谷物联合收割机主流区域市场主要集中在黄淮海小麦种植区域，市场调查显示，2018 年前 10 大区域累计销售各种型号的轮式自走谷物联合收割机 1.61 万台，同比下滑 31.78%，占比 70.61%，较去年同期上扬 0.58 个百分点（见表 2）。

表 2　2018 年轮式自走谷物联合收割机区域销量一览表　　单位：万台

序号	区域	销量		同比增长率（%）	占比（%）		增减（%）
		2018 年	2017 年		2018 年	2017 年	
1	山东	0.46	0.69	-33.33	20.18	20.47	-0.29
2	河南	0.41	0.61	-32.79	17.98	18.10	-0.12
3	河北	0.33	0.39	-15.38	14.47	11.57	2.90
4	安徽	0.16	0.29	-44.83	7.00	8.61	-1.61
5	陕西	0.09	0.17	-47.06	3.95	5.04	-1.09
6	山西	0.05	0.04	25.00	2.19	1.19	1.00
7	内蒙古	0.03	0.06	-50.00	1.32	1.78	-0.46
8	湖北	0.03	0.06	-50.00	1.32	1.78	-0.46
9	甘肃	0.03	0.02	50.00	1.32	0.59	0.73
10	天津	0.02	0.03	-33.33	0.88	0.89	0.01
小计		1.61	2.36	-31.78	70.61	70.03	0.58
其他		0.67	1.01	-33.66	29.39	29.97	-0.58
合计		2.28	3.37	-32.34	100.00	100.00	0.00

在前 10 大需求区域中，除山西、甘肃市场分别增长 25%、50% 外，其他区域呈现不同程度的滑坡。

二、2019 年第一季度市场分析

轮式自走谷物联合收割机市场是典型的存量市场，市场需求驱动力主要来自更新，集中表现为需求结构的调整。

（一）市场探底，跌跌不休

轮式自走谷物联合收割机市场经历了2018 年断崖式下滑后，2019 年市场依然难有起色，下滑幅度有所收窄。市场调查显示，截至2019 年4 月底，累计销售各种机型1. 06 万台，同比下降10. 13%。

（二）大喂入量机型大幅度下滑，需求机型聚焦8 千克/秒~9 千克/秒

2019 年第一季度，轮式自走谷物联合收割机市场高度聚焦8 千克/秒≤喂入量<9 千克/秒机型。市场调查显示，该机型累计销售9570 台，同比小幅下滑0. 9%，低于平均增幅9. 23 个百分点；占比高达89. 89%，较2018 年同期上扬8. 37 个百分点。主要占据了7 千克/秒≤喂入量<8 千克/秒机型市场份额，该机型累计销售173 台，同比狂跌83. 15%；占比1. 62%，较2018 年同期下挫7. 04 个百分点（见图3）。

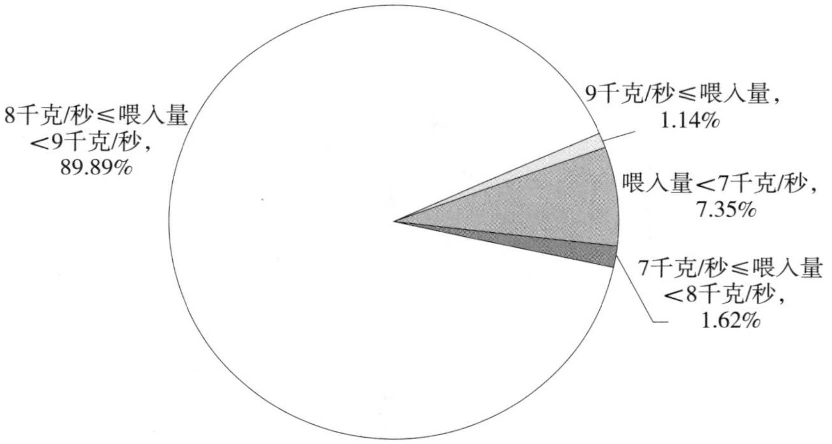

图3　轮式谷物联合收割机市场需求结构

另外，小喂入量机型下滑幅度低于平均降幅。喂入量7 千克/秒以下机型，累计销售782 台，同比下降9. 18%，低于平均降幅0. 95 个百分点，占比7. 35%，较2018 年同期上扬0. 08 个百分点。

而且，大型机械大幅度下滑，喂入量大于等于9 千克/秒机型累计销售121 台，同比下滑59. 8%，占比1. 14%，较去年同期下挫1. 4 个百分点。当今的收割机市场需求多数为投资性需求，讲究投资回报率和回报时间，所以近年大喂入量收割机市场快速崛起，备受投资者青睐。近年大型机械市场大幅度缩水，出现较大幅度下滑，透出三个重要信息：第一，大型机械喂入量上延的脚步放缓，这与投资回报率下降紧密关联；第二，大喂入量市场作为主导的时机还未成熟，这与土地流转增幅放缓密不可分；第三，从性价比和经济性分析，在投资收益下降的情况下，一些投资者更乐意购买喂入量适中且回报率高、收回成本快的机型。

（三）全线下滑，下滑幅度差异巨大

轮式自走谷物联合收割机市场集中度颇高，竞争格局相对稳定。市场调查显示，截至 2019 年 4 月底，销量前 6 的主流品牌累计销售 9356 台，同比下降 8.78%，占比 87.88%，较 2018 年同期小幅上扬 1.3 个百分点。市场控制在两大主流品牌之手，雷沃重工、中联重机两大品牌占比高达 68.42%，但较 2018 年同期下挫了 3.21 个百分点。

雷沃重工作为轮式自走谷物联合收割机市场的第一品牌，销售 5062 台，同比下降 7.17%，占比 47.55%，上扬 1.52 个百分点；中联重机销售 2222 台，同比大幅度下滑 26.72%，占比 20.87%，下挫 4.72 个百分点。科乐收、中国一拖大幅度增长，同比分别增长 73.44% 和 41.96%。山东巨明增长 1.31%，占比也呈现不同程度的攀升。

三、2019 年轮式自走谷物联合收割机市场预测及发展趋势

2019 年 5 月成为轮式自走谷物联合收割机的收官月份，但利空因素依然存在，全年市场下跌成为定局。第一，从小麦价格看，2019 年生产的小麦（三等）最低收购价为每 50 公斤 112 元，比 2018 年下调 3 元，小麦最低收购价连续两年下调，对农民收入产生一定的影响；第二，刚性需求尽失，多年来，小麦收割机市场已饱和，更新成为市场的唯一引擎，近年农民收入下降，导致更新周期延长；第三，投资信心不足，随着跨区作业收益递减，潜在用户投资农机信心受挫，压制了市场需求；第四，履带式谷物联合收割机将持续蚕食其市场，市场需求空间愈发“拥挤”；第五，经过近年市场需求的持续大型化，存量市场结构发生重大变化，大型机械以其高效率减少了市场量的需求。

基于以上分析，我们预计 2019 年全年市场需求量有望在 2 万台左右，同比下降 10% 上下（见图 4）。

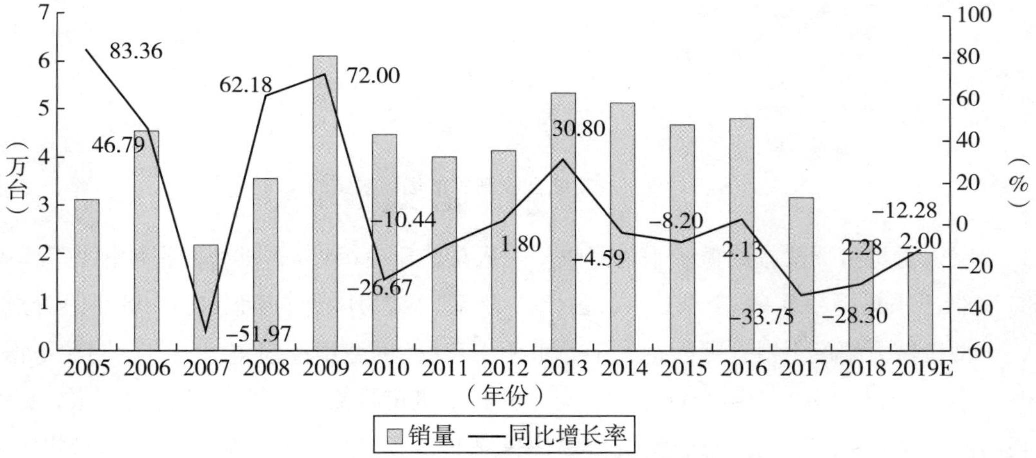

图 4　2005—2018 年轮式自走谷物联合收割机销售走势与 2019 年预测

轮式自走谷物联合收割机市场经历三连跌，市场信心受挫，悲观情绪弥漫整个行业，甚至有人感觉这个行业面临消亡的危机，对此，笔者对该市场趋势有四个判断。

趋势一，存量市场，动力主要来自更新。根据产品周期理论，轮式自走谷物联合收割机市场经过

20 多年的发展，经历了导入、成长、成熟三个阶段，目前正处于衰退期。存量下市场需求动力主要来自更新，但在大型化趋势以及履带式谷物联合收割机不断蚕食的形势下，市场需求量必然会呈现下滑趋势。因其保有量较大，加之市场连续多年的大幅度滑坡，市场已经触底，市场稳中小跌或成为常态。

趋势二，市场式微，履带式自走谷物联合收割机会否成为替代品？近年，轮式自走谷物联合收割机市场下滑的原因固然与市场饱和、刚性需求下降有关，但履带式自走谷物联合收割机抢滩市场，无疑加速了轮式自走谷物联合收割机式微的步伐，令市场雪上加霜。履带式自走谷物联合收割机何以抢占轮式机市场？主要由履带式自走谷物联合收割机对潮湿、泥泞地块的适应性决定的，这是轮式机无法比拟的。事实上，也正是轮式机无法在地湿情况下作业的原因，为履带机创造了进入小麦区创造机会，开启了履带机抢滩轮式机的新时代。这能否成为轮式机的替代品？答案是否定的。首先，因为轮式机具有作业效率高的优势，加之转场方便，对以跨区作业为主的市场有着无法取代的优势。其次，从欧美发达国家和地区谷物收割机发展路线看，绝大多数使用的是大型轮式机。我们预计，随着土地集中度的提高，在规模化经营的形势下，轮式机依然会找回其优势。但针对现阶段市场需求特点，轮式机自救的方式就是产品的改进与提升，尤其多功能方面要实现突破。

趋势三，市场竞争格局稳定，“二马”争市的局面将延续。从竞争形势分析，今后轮式自走谷物联合收割机竞争焦点在雷沃重工和中联重机之间。随着中联重机的崛起，改变了轮式自走谷物联合收割机市场一股独大的局面，开启了“二马”争市的时代，二者占比近 70%，但二者依然存在较大差距，雷沃谷神作为雷沃重工旗下第一品牌，虽然从占比 70% 的神坛上有所跌落，但依旧可以占据半壁江山。其他品牌从占比分析，如果没有颠覆市场的产品诞生，很难改变被边缘化的命运。从近年市场竞争特点看，首先，领导品牌引导定位产品喂入量，利用其占比优势，推动市场需求向大喂入量延伸；其次，品牌影响力依然是市场竞争的利器，一流品牌正是依靠其强大的品牌影响力控制着绝大多数市场份额；最后，小品牌开始借力当前市场环境，通过低廉价格争取市场份额，但这种努力只能在特殊时期奏效，随着市场回归理性，品牌竞争依然是主导。

趋势四，横轴流占主导，纵轴流是方向。从产品需求方向看，当前横轴流依然占据市场主导地位，以今年前四个月销量最大的 8 千克/秒≤喂入量 <9 千克/秒机型为例，横轴流销售量将近 7920 台，纵轴流销售量的 7.5 倍。据专业人士分析，纵轴流代表市场发展方向，是横轴流的升级版，但因其结构复杂，产品成本高，以及当前消费者能力弱，投资积极性下降不合拍，对市场快速扩容形成压制。从未来产品成长性分析，随着消费升级，纵轴流必将成为市场的主导。

（道依茨法尔机械有限公司　张立强）

2018 年履带式自走谷物联合收割机市场回顾与 2019 年展望

履带式谷物联合收割机（本文中如无特殊说明指履带式自走谷物联合收割机）市场近年呈现快速增长势头，2015 年、2016 年连续两年的大幅度增长，使市场需求量一度冲高至 10 万台以上。然而 2017 年戛然而止，出现大幅度下跌。2018 年，市场跌幅进一步扩大。

一、2018 年履带式自走谷物联合收割机市场回顾

（一）市场遭遇滑铁卢，需求结构调整

履带式谷物联合收割机市场需求及需求结构发生较大变化，其突出表现为市场需求“跳水”。市场大幅度下滑。履带式全喂入谷物联合收割机销量大幅度下滑，市场调查显示，累计销售各种机型 6.79 万台，同比下降 22.40%（见图 1），占比 93.67%，较 2017 年同期提高 1.44 个百分点；半喂入收割机累计销售 2694 台，同比下降 4.03%，占比 6.33%。

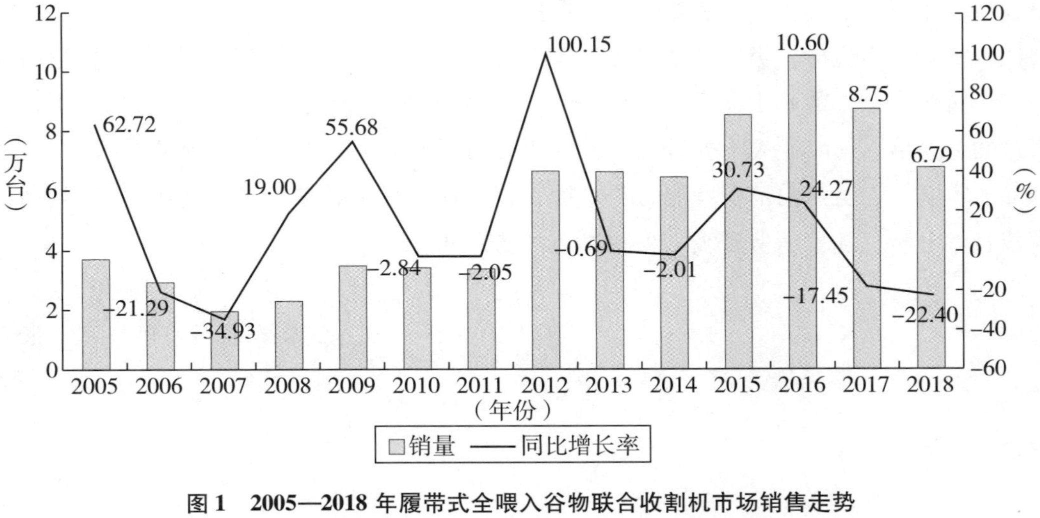

图 1　2005—2018 年履带式全喂入谷物联合收割机市场销售走势

回顾近年履带式全喂入谷物联合收割机市场走势，不难发现市场正出现重大变化。从 2005 年至今的 14 年间，履带式全喂入谷物联合收割机市场销售走势在 2012 年达到峰值。2008—2016 年，市场出现增幅大、降幅小的特征，说明市场正处于高峰期。但 2017—2018 年，这种情况发生改变，连续两年的降幅均超过两位数，接近 2006—2007 年的降幅。这种变化预示着市场由快速成长期进入成熟期，拉

开了降幅增大、增幅放缓的序幕。

需求大型化趋势更强，需求聚焦于某个机型的特点更加突出。从履带式全喂入谷物联合收割机需求结构看，除3千克/秒≤喂入量<4千克/秒和喂入量≥6千克/秒两种机型的同比出现大幅度攀升外，其他各个机型均呈现不同程度的下滑，其中喂入量<3千克/秒机型大幅度下滑。

市场需求聚焦5千克/秒≤喂入量<6千克/秒大喂入量机型，占比高达73.49%，较2017年同期增长4个百分点（见表1）。

表1　　2018年履带式全喂入谷物联合收割机市场销量一览表　　单位：万台

序号	品类	销量		同比增长率（%）	占比（%）		增减（%）
		2018年	2017年		2018年	2017年	
1	喂入量<3千克/秒	0.25	1.21	-79.34	3.68	13.83	-10.15
2	3千克/秒≤喂入量<4千克/秒	0.82	0.63	30.16	12.08	7.20	4.88
3	5千克/秒≤喂入量<6千克/秒	4.99	6.08	-17.93	73.49	69.49	4.00
4	喂入量 ≥ 6千克/秒	0.30	0.15	100.00	4.42	1.71	2.71
5	半喂入	0.43	0.68	-36.76	6.33	7.77	-1.44
合计		6.79	8.75	-22.40	100.00	100.00	0.00

（二）市场下滑是多重原因共同作用的结果

第一，水稻种植面积缩小，部分区域改两季种植为一季种植，打击市场投资信心。在东北区域，随着稻谷价格的下跌和玉米价格的复苏以及国家鼓励大豆种植并给以政策补贴，原来一些“旱改水”的玉米种植户重新改回种植玉米、大豆。2018年水稻种植面积的缩小，对履带式谷物联合收割机市场产生了一定的影响。

第二，谷贱伤农，水稻价格下行，影响农民种粮收入，冲击购买力。随着稻谷价格走低，农民种植收入减少，购买力下降，直接延长了市场更新周期。

第三，市场已经饱和，刚性需求严重不足。统计显示，2018年我国水稻耕种收综合机械化率为81.91%，机收水平高达91.52%，谷物联合收割机152.9万台，市场基本实现机械化，目前市场的动力基本来自更新需求。

第四，市场需求大型化趋势逐年增强，直接导致市场需求量减少。近年，随着土地流转规模的不断扩大以及农机大户、农业合作社、家庭农场、农服组织等的快速发展，不仅改变了终端用户的结构，而且投资性需求成为主要的市场需求模式，市场需求结构发生了重大变化，市场需求大型化成为需求主流，减少了市场需求量。

第五，投资边际效益递减。随着履带式谷物联合收割机保有量的不断增加，跨区作业竞争越来越激烈，直接影响收益，压制市场投资信心，对市场需求也产生较大影响。

第六，市场经过前几年的高位运行和大幅度攀升，进入周期性低谷。

（三）市场竞争格局稳定，集中度小幅增长

履带式全喂入谷物联合收割机市场虽然品牌林立，但市场集中度巨高。主流市场主要集中在6大品牌手中。2018年市场竞争呈现以下几个特点。

第一，6大主流品牌集体“跳水”。受整体市场大幅度滑坡的影响，6大品牌全线下滑，从降幅分析，除江苏沃得小幅下滑2.07%外，其他品牌跌幅均在20%以上（见表2）。

表2　2018年履带式全喂入谷物联合收割机主流品牌销量一览表　单位：万台

序号	品牌名称	销量		同比增长率（%）	占比（%）		增减（%）
		2018年	2017年		2018年	2017年	
1	江苏沃得	3.31	3.38	-2.07	48.75	38.63	10.12
2	久保田	0.98	1.57	-37.58	14.43	17.94	-3.51
3	雷沃重工	0.85	1.16	-26.72	12.52	13.26	-0.74
4	中联重机	0.64	1.07	-40.19	9.43	12.23	-2.80
5	星光	0.43	0.62	-30.65	6.33	7.09	-0.76
6	洋马	0.23	0.38	-39.47	3.39	4.34	-0.95
小计		6.44	8.18	-21.27	94.85	93.49	1.36
其他		0.35	0.57	-38.60	5.15	6.51	-1.36
合计		6.79	8.75	-22.40	100.00	100.00	0.00

第二，市场集中度提高。市场调查显示，6大品牌累计销售各种履带式全喂入谷物联合收割机6.44万台，同比下滑21.27%，占比94.85%，较2017年同期上扬1.36个百分点。

第三，竞争聚焦价格和品牌。2018年履带式全喂入谷物联合收割机市场受粮价下行、购买力下降、投资信心受挫大环境影响，价格敏感度大幅度提高，价格竞争变得更加激烈。同时，大品牌影响力依然具有决定性作用，从销量即可看到这一点。

（四）主流区域降多增少，区域集中度提高

履带式谷物联合收割机区域市场主要集中在苏皖、两湖、东北等区域，市场调查显示，2018年的履带式谷物联合收割机市场主要集中在10大区域，市场调查显示，前10大区域累计销售各种机型5.67万台，同比下降17.35%，占比83.63%，较2017年同期上扬5.41个百分点（见表3）。

从各个区域市场分析，呈现“7下3上”的特点。其中黑龙江、河南、福建市场出现不同程度的攀升，其他市场出现不同程度的下滑，其中，江苏、江西、湖南、吉林降幅超过两位数。

表 3　　2018 年履带式谷物联合收割机销售一览表　　单位：万台

序号	区域	销量		同比增长率（%）	占比（%）		增减（%）
		2018 年	2017 年		2018 年	2017 年	
1	江苏	1. 02	1. 66	-38. 55	15. 04	18. 93	-3. 89
2	安徽	1. 01	1. 03	-1. 94	14. 90	11. 74	3. 16
3	黑龙江	1. 00	0. 90	11. 11	14. 75	10. 26	4. 49
4	湖北	0. 68	0. 75	-9. 33	10. 03	8. 55	1. 48
5	江西	0. 62	0. 83	-25. 30	9. 14	9. 46	-0. 32
6	湖南	0. 56	0. 80	-30. 00	8. 26	9. 12	-0. 86
7	河南	0. 32	0. 29	10. 34	4. 72	3. 31	1. 41
8	吉林	0. 21	0. 36	-41. 67	3. 10	4. 10	-1. 00
9	四川	0. 13	0. 14	-7. 14	1. 92	1. 60	0. 32
10	福建	0. 12	0. 10	20. 00	1. 77	1. 14	0. 63
小计		5. 67	6. 86	-17. 35	83. 63	78. 22	5. 41
其他		1. 11	1. 91	-41. 88	16. 37	21. 78	-5. 41
合计		6. 78	8. 77	-22. 69	100. 00	100. 00	0. 00

二、2019 年 1—5 月履带式谷物联合收割机市场分析

（一）破周期规律，市场再下沉

履带式谷物联合收割机经历了 2018 年大幅度下滑后，2019 年市场并未出现转机，但降幅收窄。市场调查显示，截至 5 月底，累计销售各种履带式谷物联合收割机 18804 台，同比下降 9. 31%。

市场持续下跌是多重因素综合作用的结果。

首先，2019 年水稻价格下跌，直接打压市场。任何农机市场的升降均与对应的粮食价格息息相关，都可以从粮价的变动中找到答案，履带式谷物联合收割机与水稻的价格紧密相连。截至 4 月 16 日，全国稻米均价为 4025. 00 元/吨，环比下滑 25. 38 元/吨，同比下滑 304. 16 元/吨。其中，东北的水稻价格在 2018 年下降 0. 2 元/斤的基础上，2019 年再度下跌 0. 1 元/斤。2019 年国内稻谷市场的遭遇与 3 年前玉米的遭遇有惊人的相似之处。当年正是玉米价格的“跳水”，导致玉米收割机市场断崖式下跌，之后“沉睡”四年之久。稻谷价格自 2018 年至 2019 年每况愈下，每年的产量居高不下，而需求量却迟迟没有大幅增长，库存量一年比一年高，进口量也保持高位。这对履带式谷物联合收割机绝不是一个好消息。

其次，履带式谷物联合收割机市场饱和，刚性需求严重下降。市场需求多来自更新，随着用户收入的下降，更新周期拉长，引发市场在低谷中徘徊。

再次，家庭农场、农业（农机）合作社以及农机服务组织崛起，加速市场需求大型化趋势的脚步，存量市场更新多为大型机械，作业效率提高，但需求量下降，也是市场总量下降的一个重要因素。

最后，跨区作业收益下降，对投资性需求形成较大压力。作为以更新需求为主要驱动力的市场，随着更新周期延长，市场出现下滑成为必然。

以上种种利空因素决定了2019年市场下滑已经成为定局，且下滑幅度不会小。

（二）需求大型化，聚焦一个机型

传统农机大型化是整个农机行业的普遍特点，履带式谷物联合收割机市场也不例外，2019年前5个月，市场需求结构发生较大变化，喂入量进一步向大型化方向发展。

从机型分析，各个喂入量的机型表现可谓“一半是海水，一半是火焰”。市场调查显示，2019年前5个月，履带式谷物联合收割机市场需求聚焦喂入量5千克/秒≤喂入量<6千克/秒，累计销售11827台，同比小幅下滑8.55%，占比62.90%，较2018年同期上扬0.52个百分点。3千克/秒≤喂入量<4千克/秒销售1482台，同比大幅度下滑68.46%，占比7.88%，较2018年同期大幅下挫14.78个百分点。正是主力机型的大幅度滑坡，拉低整个市场的走势。

与之相反，喂入量<3千克/秒、4千克/秒≤喂入量<5千克/秒、喂入量≥6千克/秒分别销售2050台、1482台、1694台，同比分别大幅度攀升128.03%、44.66%、96.34%，占比10.90%、9.01%、7.98%，较2018年同期分别攀升6.57个、3.36个、4.29个百分点。虽然这些机型出现不同程度的增长，但因占比较小，难以改变整个市场下滑走势。

从2019年前5个月履带式自走谷物联合收割机各个喂入量销售表现不难看出其新的特点：第一，两端市场发力，喂入量<3千克/秒、喂入量≥6千克/秒同比大幅度增长，折射出2019年市场形势新特点。一方面，随着稻谷粮价持续下行，消费者购买力削弱，直接推动小机型市场增长；另一方面，合作社、家庭农场、农业服务组织的崛起，对大型玉米收割机市场产生较大拉动效果。第二，从市场占比看，2019年的市场聚焦于5千克/秒≤喂入量<6千克/秒，该机型虽然同比小幅下滑，但占比高达6成以上，机型销售的集中度很高。出现这种情况不是偶然的，一是反映了市场需求大型化趋势，二是主流品牌的拉动现象更明显。在6大主流品牌中，领头羊江苏沃得累计销售该机型近7600余台，同比大幅度攀升32%以上，占比高达64.14%，较2018年同期大幅度上扬19.74个百分点，从而稳住了该机型下滑的脚步，也造就了该机型销售的霸主地位（见图2）。

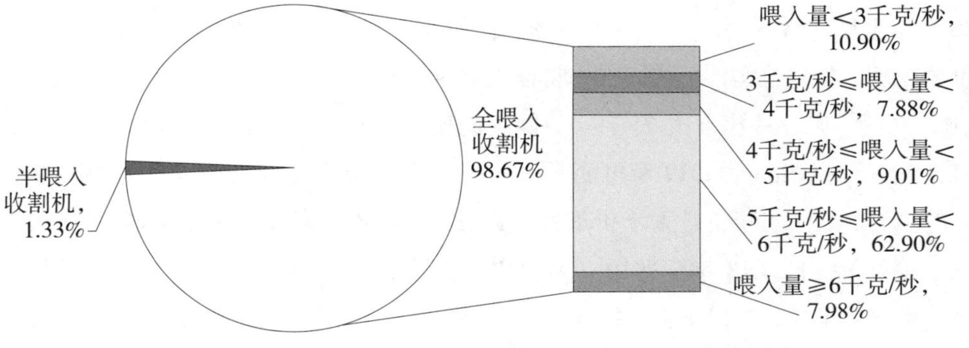

图2　2019年1—5月履带式谷物联合收割机销售产品结构

履带式谷物联合收割机市场需求大型化是多重因素共同作用的结果。一是终端用户进一步分化。尤其是农机作业服务组织的快速崛起，对市场需求产生了重要影响。统计显示，2018年我国农机作业服务组织达到18.7万个，其中农机合作社7万个，全国农机社会化服务面积超过42亿亩。农机服务组织的购买均属于投资性需求，他们把作业效率作为选择的第一因素，极大地推动了大型收割机市场快速发展。二是大型收割机单台补贴额度大，对大型收割机市场需求也产生了较大的影响。三是随着土地流转推进，流转规模越来越大，推动农业规模化经营，与之密切相关的大型履带式谷物联合收割机也迎来了发展机遇。

（三）集中度小幅滑坡，主流品牌冰火同炉

履带式谷物联合收割机市场竞争格局较为稳定，市场竞争主要在6大品牌之间展开，竞争焦点主要围绕产品的价格、渠道、产品品牌、产品品质展开。因为该产品经过多年的持续改进，早已进入成熟期，品质差距越来越小。近两年，因为消费者收入持续减少，价格的敏感度不断上升，价格竞争“上位”，成为主要的竞争方式。江苏沃得依靠铺货和低价，近年呈现快速增长的势头，并超过久保田，独占鳌头。

履带式全喂入谷物联合收割机市场集中度小幅下滑。市场调查显示，截至2019年5月底，前6大品牌累计销售18077台，同比下滑9.59%，占比96.13%，较2018年同期下挫0.29个百分点。

从6大主流品牌的市场表现看，“2升4降”。其中，中联重机、洋马和久保田分别销售0.11万台、0.07万台和0.36万台，同比分别下滑60.5%、40.4%和25.8%，雷沃重工小幅度下滑。与之相反，江苏沃得、星光大幅度增长，两大品牌分别销售0.76万台和0.23万台，同比增幅高达31.29%和53.1%，占比攀升12.47和5.03个百分点（见图3）。尤其江苏沃得的表现较为抢眼，占比高达40%以上，呈一尘绝骑之势。由此我们得出以下的结论。

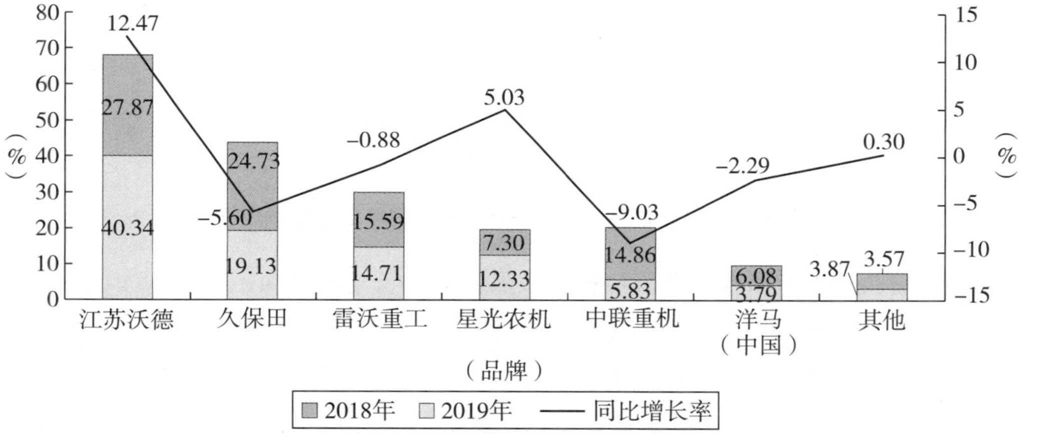

图3　2018年全年和2019年1—5月履带式谷物联合收割机市场主流品牌市场占比

第一，市场集中度进一步下滑，意味着品牌对终端的影响力有所削弱；第二，竞争格局较稳定，市场竞争主要在6大主流品牌之间展开，尤其前4大品牌，其占比出现焦灼状态，呈现此起彼落的特点；第三，价格成为竞争的利器。

（四）利空因素强烈，市场下沉成定局

2019年的履带式谷物联合收割机市场面临着诸多利空因素。首先，稻谷价格持续低迷，影响农民

种植积极性，一些区域再度出现“水改旱”现象。市场调查显示，在东北区域，一些农民将水田改为旱田种植玉米或大豆，尤其是国家对种植大豆的补贴较高，刺激大豆种植面积扩容；玉米价格近年呈稳中有升的势头，尤其畜牧机械市场的快速发展，玉米需求量有所增长，吸引那些“旱改水”的种植户又回归种植玉米。其次，市场饱和，刚性需求下降。我国水稻主产区多数已经实现水稻收割机械化，市场驱动力主要来自更新，而近年农民收入下降，投资积极性降低，直接导致更新延长，对市场无疑雪上加霜。最后，需求大型化以及农机服务组织的崛起，进一步压缩了市场需求数量。

从利好因素分析，以下几点值得注意。第一，履带式谷物联合收割机市场一机多用，不断拓展使用范围。目前已经能收获油菜、小麦、荞麦、高粱、青稞、谷子、大豆等，改换割台之后还能收玉米，在一定程度上缓解了下滑的压力。第二，从近年市场的发展规律分析，在经历了连续两年的大幅度下滑后，2019 年本应进入增长轨道，但受稻谷价格、农民收入下降等因素的影响，出现市场下滑。从市场变化规律分析，即使下滑，降幅也不会太大。第三，过去两年，下滑幅度较大，形成市场洼地。

综合以上两方面的因素，我们判断：虽然履带式联合收割机市场 2019 年依然难有作为，增长无望，但下滑幅度或收窄。预计 2019 年全年销量 6 万台左右（见图 4），同比下降 10% 上下。

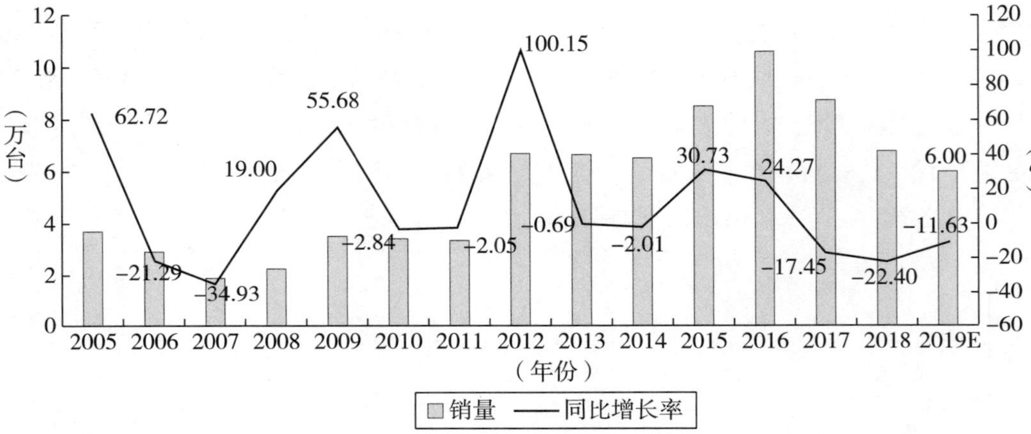

图 4　2005—2018 年履带式谷物联合收割机销售走势与 2019 年预测

艰难的市场形势决定了市场竞争会变得更加激烈，但市场竞争格局不会出现大的变化，依然在 6 大品牌之间展开。履带式自走谷物联合收割机市场的竞争将聚焦三点：第一，品牌因素，江苏沃得、久保田、雷沃重工等大品牌依然占据较大优势；第二，价格因素将变得更为重要，尤其在农民囊中羞涩的形势下，低价更能为用户接受；第三，质量与品质依然是竞争中不可或缺的关键因素。

在严峻的市场形势下，企业更要关注以下几点：第一，关注小机型和大机型，两端机型的销售；第二，大力推进一机多用，拓展产品使用范围；第三，注意开源节流，压低管理费用，尤其是销售费用；第四，要出精品，推动实施精品工程。市场无论怎么变，只有靠精品，才能走得更长远。

［洋马农机（中国）有限公司　马恒］

2018 年喷雾机市场回顾与 2019 年展望

随着土地流转速度加快和机械化植保作业水平的不断提高，落后的人工背负式或担架式喷雾机的作业效率及用药安全性已经无法满足农业生产需要，农民对高性能喷雾机的需求越来越迫切。自走式高地隙喷杆喷雾机具有作业效率高、安全性好、适应性强和可靠性高等优点，是目前国内比较先进的高性能植保机具之一。

一、市场需求稳步发展，需求结构加速调整

喷雾机市场无论在国外还是国内，都是一个发展潜力巨大的市场，其市场规模不容小觑。有统计数据显示，2017 年全球农业喷雾机消费价值为 1943. 90 百万美元，预计到 2023 年达到 2278. 82 百万美元，从 2017 年到 2023 年的复合年增长率为 2. 68% 。近年，我国喷雾机市场也呈现出稳步发展的态势，虽然 2018 年受农机行业大环境影响，许多传统农机诸如拖拉机、收割机、插秧机、烘干机市场出现大幅度滑坡，但喷雾机市场依然表现出企稳的发展态势，在农机市场中的市值占比达 10% ~15% 。

2018 年，喷雾机市场受农机市场大环境影响，进入盘整期，市场需求小幅下降。市场调查显示，全年累计销售各种喷雾机 5. 6 万余台，同比小幅下挫 0. 38% 。

市场需求结构发生重大调整，低端企稳、高端大幅度增长，喷杆式下滑的特点十分突出。

第一，风送式喷雾机市场大幅度攀升，市场向高端发展。市场调查显示，2018 年全年累计销售各种型号的风送式喷雾机 1. 31 万台，同比大幅度增长 68. 34% ，占比 23. 38% ，较 2017 年同期攀升 9. 54 个百分点。其增长的主要动力来自三个方面：其一，风送式喷雾机多用于果园作业，随着特色农业尤其是果园农业的发展，市场需求也随着快速增长；其二，喷雾机用户投资性需求增加，风送式自走喷雾机以其高效的作业动力，深受农机投资用户欢迎；其三，风送式自走喷雾机价格适中，适用范围较广、投资收益快。

第二，小型担负式喷雾器、机动担负式喷雾器稳中小幅下降。现阶段的喷雾机市场中，人力、机动小型喷雾机械如担架式喷雾器，仍然是占很大份额的喷雾机械，2018 年延续了这种发展趋势。市场调查显示，2018 年全年累计销售各种小型动力喷雾机 2. 72 万台，同比小幅下滑 0. 93% ，占比 48. 37% ，较 2017 年同期下挫 0. 27 个百分点（见图 1）。此类机械的稳步发展是现阶段喷雾机市场的重要特征。其主要源于以下几个因素：一是现阶段喷雾机市场需求主体用户依然以单个散户为主；二是近年粮价下行，农户购买力下降，该类机械以其低廉的价格和实用的功能受用户欢迎；三是喷雾机市场的更新有个循序渐进的过程，由于我国人工手动喷雾机市场拥有量庞大，所以，其更新从小型动力喷雾器开始。

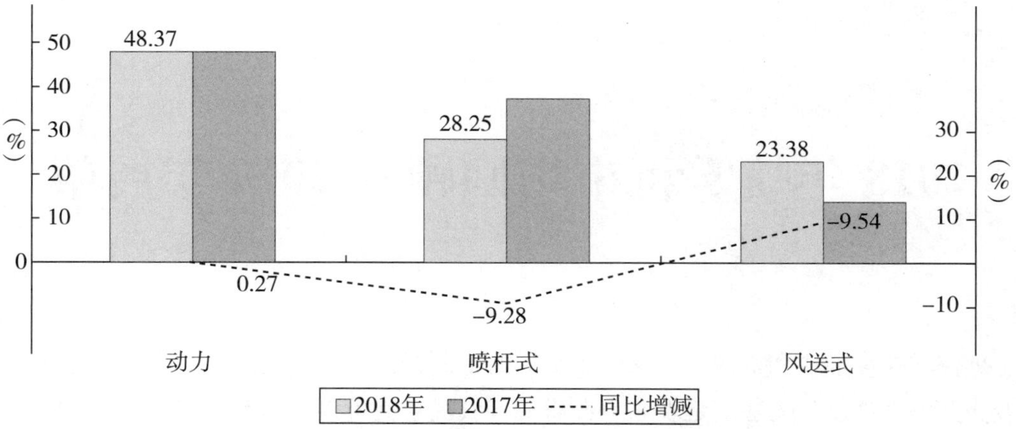

图 1　2018 年机动喷雾机市场需求结构变化

第三，喷杆式喷雾机表现欠佳，出现大幅度滑坡。2018 年，喷雾机市场最大的变化是喷杆式喷雾机市场走到了拐点上。市场调查显示，2018 年全年累计销售各种型号的喷杆式喷雾机 1.59 万台，同比大幅度下滑 25.01%，占比 28.25%，较 2017 年同期下挫 9.28 个百分点。

自走式喷杆喷雾机具有机动性和便利性好、作业功率高等优势，与拖拉机配套机具比较，离地空隙较高，移动便利、喷幅宽、喷洒均匀、功率高，是一种大田作物植保机械，能满足棉花、大豆、油菜和玉米等作物成长中后期的病虫害防治需求，在过去几年得到快速发展，但 2018 年增长的脚步戛然而止。原因：其一，生产该类机械的多是小企业，其产品结构简略、技能功能落后，容易导致农药喷洒效率低、农药浪费、残留超支、环境污染等。其二，该类机型属于过渡性机型，其很大一部分市场需求由近年高端产品如风送式喷雾机和低端的机动喷雾机替代。其三，使用功能的局限制约了市场的进一步发展，该机型只能适用大田作物前期封闭和部分经济作物种植，如土豆、甜菜等。其四，该类机型（稍微好点的国内产品或国外产品）价格高于动力机型，但使用功能不及风送式，决定了其市场发展前景不容乐观。

二、区域市场冰火同炉，集中度小幅增长

2018 年机动喷雾机区域市场主要集中在 10 大区域，集中度较高，这种趋势比 2017 年表现得更加突出，并且各主流区域冰火同炉，差异巨大。

第一，区域集中度提高。市场调查显示，销量前 10 大区域累计销售 46778 台，同比小幅增长 4.92%，占比 83.30%，较 2017 年同期大幅攀升 4.20 个百分点。

第二，主流区域表现差异巨大，出现“5 升 5 降”。前 10 大主流区域市场表现迥异，可用“一半是海水，一半是火焰”来形容这种变化。福建、云南、河南、河北、湖北区域市场红红火火，呈现增长态势。市场调查显示，2017 年这五大区域分别销售 10510 台、5788 台、5680 台、4888 台和 2136 台，同比分别增长 68.29%、154.87%、201.49%、57.02% 和 19.2%，占比分别为 18.72%、10.31%、10.12%、8.70% 和 3.80%（见图 2），较 2017 年同期分别增长 7.64%、6.28%、6.77%、3.18% 和 0.62%。与之相反，另一半则演绎“水漫金山”下滑景象。江苏、山东、重庆、新疆、浙江

市场出现不同程度的下跌，尤其重庆、新疆和浙江，跌幅分别达到了 77.24%、40.83% 和 70.86%，占比也分别下挫 14.23 个、2.46 个和 3.15 个百分点。

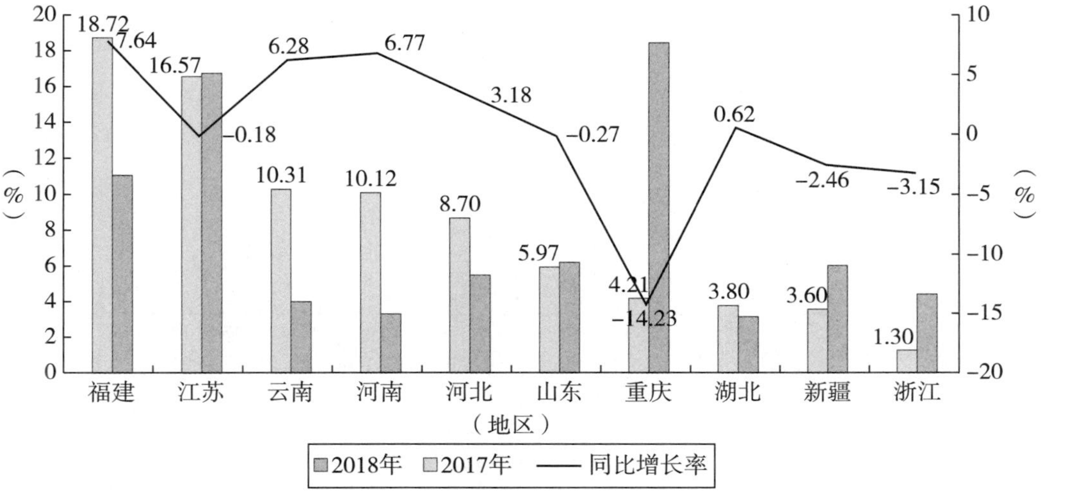

图 2　2017—2018 年喷雾机主流区域市场销售占比及增减

第三，销量较大的区域主要集中在福建、江苏、云南等水稻种植区域，这三大区域占比高达 45.6%，由此可以看出，喷雾机市场南移趋势较为突出。

三、竞争格局未形成，集中度分散

机动喷雾机市场丰厚的利润引来众多分食者，也就形成了现阶段喷雾机市场竞争乱象。尽管喷雾机的市场竞争激烈，但很多企业可以从喷雾机的制造和营销中获得可观的利润，这也是越来越多的企业进入这个市场的原因。行业调查显示，过去几年，喷雾机行业的利润率达到了 15% 左右，这对平均利润率只有 6% 的农机行业来说无疑具有巨大的诱惑力。虽然经过近年激烈的市场竞争，利润率有所下降，但相对于农机行业其他子行业，其利润率高的优势依然十分突出。近年，虽然许多小企业在激烈竞争中退市，但依然有 200 余家企业活跃在市场上，演绎“你方唱罢我登场”大戏。由此决定了我国机动喷雾机市场正处于由导入期进入成长期的过渡阶段，强势品牌尚未出现，竞争格局尚处于形成中，“小国三千，诸侯八百”的竞争形势是现阶段机动喷雾机市场的真实写照。

2018 年，机动喷雾机市场的竞争更加激烈，市场集中度呈现下降的趋势。市场调查显示，2017 年年销量千台以上的品牌有 13 家，累计销售 3.05 万台，占比 54.12%。到了 2018 年，许多品牌退出千台行列，难觅踪影。2018 年，年销量千台以上的品牌仅剩下 9 家，累计销售 2.65 万台，占比 47.18%。较 2017 年减少了 4 家，占比也下挫了 6.95 个百分点，市场集中度进一步下降。

从销量前三的品牌表现分析，三门博洛尼机械有限公司在众多品牌中脱颖而出，拔得头筹。2018 年累计销售 6368 台，占比 11.34%（见图 3）。这家公司 2017 年尚不在年销千台之列，2018 年成为闯入机动喷雾机市场的一匹黑马。台州市超德农业机械有限公司紧随其后，发挥较为稳定，累计销售 5137 台，同比增长 40.62%，占比 9.15%。台州保田机电有限公司表现最为抢眼，虽位居千台“俱乐部”的第三名，销售 4681 台，占比 8.34%，但同比增幅高达 279.34%，成为“跑”得最快的品牌。

富士特有限公司销售波动巨大，2018 年仅销售 1803 台，同比下降 66.32%，成为“前三名的品牌”中 2018 年最失意的品牌。

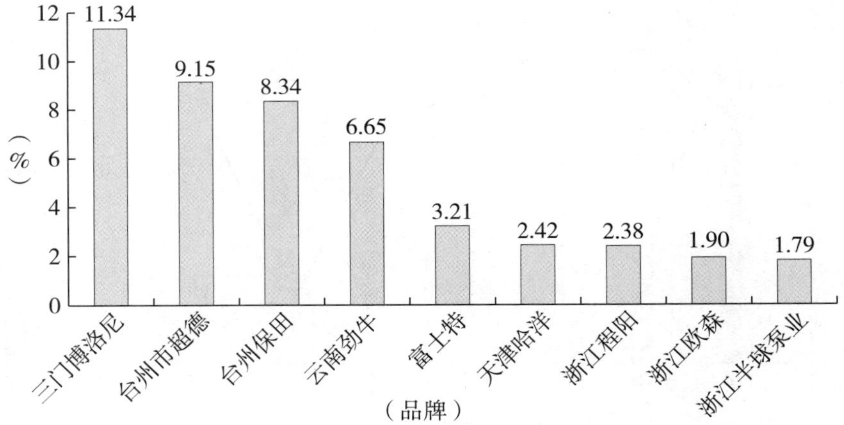

图 3　2018 年销售千台以上品牌占比

2018 年机动喷雾机市场的竞争主要围绕价格、品质、品牌展开，在决定市场占有率的上述三大关键因素中，价格因素在现阶段的喷雾机市场变得尤为重要。这也可以解释诸如华盛、三禾永佳、丰茂等虽然占据了品质、品牌等巨大优势，但其销量却不及一些小品牌的原因。这也是一些小品牌，趁势以低价冲击市场，快速扩张的原因。虽然价格竞争是市场最低层级的竞争，且以牺牲利润为代价。但在市场的特殊时期，譬如在市场导入期或成长期，在购买力不足、价格敏感度高等情势下，其就成为市场最强大的“撒手锏”。抢占市场和获取高额利润始终是一对不可调和的矛盾，企业只有掌控市场不同发展时期的特点，方能驾驭市场，掌控市场。

四、市场处于机遇期，利好利空错根盘节

动力植保机市场是一个具有战略意义的市场，其具有良好的发展现状，更重要的是它的普遍性与广泛性。它和拖拉机、播种机、收割机等产品一样，是所有农作物耕、种、管、收四大作业环节中不可或缺的，这也决定其市场容量巨大。从发展现状分析 2019 年市场走势，机动喷雾机市场正处于发展的战略机遇期。

2019 年，机动喷雾机市场支撑力依然强大。

第一，刚性需求强大，更新基数巨大。机动喷雾机市场自 2015 年开始启动，近年虽然增幅趋缓，但内生驱动力依然强劲。我国机动喷雾机市场正处于更新高峰期，发展空间大。2017 年，机动喷雾机保有量高达 62 万台，国内有超过 9500 万台背负式喷雾器尚待更新。随着农村劳动力急剧下降和土地流转加速，市场将加速淘汰这些背负式喷雾器，这将成为机动喷雾机市场未来几年最好的发展机遇。

第二，家庭农场、农业合作社、农机大户等群体组织的崛起以及专业农业服务业的快速发展，成为推动机动喷雾机市场更新的强大动力，为机动喷雾机市场稳步快速发展提供强有力支撑。另外，农业服务的快速发展，专业服务组织的崛起，投资性需求的快速发展，对推动机动喷雾机市场的更新起到了推波助澜的作用。

第三，政策利好。随着环保形势趋紧，以及国家大力倡导绿色农业，高端的机动喷雾机市场将获得更多的政策红利，尤其农机补贴政策，为机动喷雾机市场的发展提供了良好的政策环境。

第四，机动喷雾机市场刚刚起步，保有量很小，在机动喷雾机市场中占比低，由此决定了未来几年，其发展空间巨大。

第五，规模化、集约化经营以及种植成本降低是未来农业发展的必然趋势，为机动喷雾机市场发展提供了重要的支撑。

第六，北方等一些区域兴起的无人机动喷雾机市场，近年呈现不温不火的发展局面，其认知度偏低，成为机动喷雾机发展的契机。

任何一个新兴市场的崛起都不会一帆风顺，机动喷雾机市场亦然。2019 年，机动喷雾机市场虽然面临着诸多利好因素，但其利空因素也不容小觑。一是粮价波动，购买力下降；二是近年市场高速增长，形成需求“高地”；三是热点区域市场刚性需求下降，新兴市场尚处于培育期；四是土地流转趋缓，社会化服务尚处于发展初期等。这些因素决定了机动喷雾机市场发展道路上的曲折与反复，也成了我们界定 2019 年农机市场发展态势的基本依据。

五、市场稳中小进，特点越发鲜明

2019 年，机动喷雾机市场盘整过渡的特点将会十分突出，市场需求继续盘整，区域特点越发鲜明，竞争本质没有根本性改变，需求趋势更加强烈。

（1）盘整未终结，市场或小幅攀升。基于以上分析，我们预计机动喷雾机市场的盘整期未结束，2019 年或将延续 2018 年的基本发展态势，继续其盘整。但 2019 年的盘整或呈现稳中小进的发展特点，即由 2018 年的小幅下降变成小幅攀升。预计 2019 年全年销量或在 6 万台左右，同比增长 7% 上下（见图 4）。

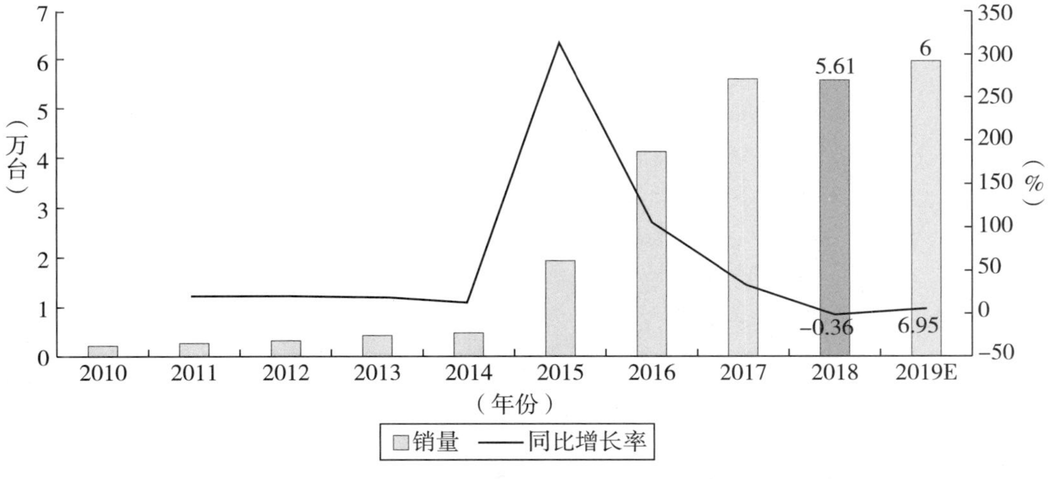

图 4　2010—2018 年机动喷雾机市场销售走势与 2019 年预测

（2）竞争聚焦价格，产品品质是关键。2019 年，机动喷雾机市场的竞争仍将突出价格因素，粮价低迷、购买力下降、投资收益减少等因素都决定了市场的价格敏感度仍将居高不下，由此决定了市场竞争依然会聚焦在价格上，但产品品质也是关键因素之一，并且决定着企业现在与未来的核心竞争力。

（3）小型唱主角，大型高端成趋势。从需求结构分析，2019 年机动喷雾机市场或将呈现三个特点，第一，小型机动喷雾机的主流趋势不会改变，但占比仍然会小幅下降；第二，具有过渡性特点的喷杆机市场，其销量依然会呈现下滑的态势，占比也会相应降低；第三，机动喷雾机成为趋势。随着我国农业生产经营模式由分散式向种粮大户、家庭农场、农村合作社逐步转型，为满足农作物病虫草害统防统治的需要，施药装备也将越向大型化发展。市场调查发现，大型自走式喷杆喷雾机具有机动性和方便性好、作业效率高等优点，不受地块限制，对作物无损伤，适应于水稻、小麦、玉米等多种农作物作业。通过提高雾化效果、雾滴大小、穿透性能和分布均匀度等药械的技术性能，可大幅度提高农药利用率。据测算，自走式喷杆喷雾机农药利用率在 50% 左右，高于手动喷雾器20% ~40% 、背负式机动喷雾机 30% ~50% ，单台单人作业效率是手动喷雾机的 85 倍、机动喷雾机的 15 倍。另外，自走式喷杆喷雾机不仅可以用来打药，还可以延伸用于播种、撒肥等，适用范围广、作业时间长，更适合开展社会化服务，因此市场前景看好。2018 年中国国际农机展也证明了这种判断，展会上多家农机企业展出的机动喷雾机都堪称“庞然大物”，十分吸引人眼球。山东华盛农业药械有限责任公司展出的几款自走式喷杆喷雾机喷幅均在 12 米以上。东风井关展出的水旱两用自走式喷杆喷雾机喷幅可达 12 米，同时，还可以通过更换零部件为作物施肥，达到一机两用的效果。

（4）南方市场崛起，黄淮海市场方兴未艾。从近年机动喷雾机区域市场发育情况分析，南方区域市场已经崛起，尤其是水稻种植区域；北方的黄淮海区域市场方兴未艾，发展迅猛，表现出充足的发展后劲。2019 年，区域市场依然会延续此趋势，南方市场是机动喷雾机的主打市场，北方市场呈现良好的增长势头。如果有变数，也只是各个区域市场的起伏而已。

机动喷雾机市场可能出现盘整，但风口本色不会变。其庞大的更新市场以及利好的政策红利，都在诉说一个主题：市场处于机遇期，未来值得期待。

（山东优尼亚农业机械有限公司　崔成鹏）

2018 年青饲料收割机市场回顾与 2019 年展望

2018 年展会虽已结束，但其透出的市场信息之光依然吸引着我们行业的眼球，这或许就是业内人士津津乐道的市场风向标的重要功能吧！

纵观整个国际农机展会，可谓精彩纷呈。若要说谁是曝光度突然增高的，既不是昔日行业老大拖拉机，也不是风光无限的粮食作物收割机；既不是近年热度不减的水稻插秧机，更不是奉若神明的航空植保机，而是异军突起的青饲料收割机。看看这些参展品牌，可谓都是行业翘楚，石家庄美迪携两款明星产品参展，中机美诺 9265A 自走式饲料收获机引来关注，“玉米收获专家”勇猛机械带两款青饲料收割机亮相，星光农机也拿来了 4QZ－10 青饲料机参展。外资品牌更是加速中国布局，世界农机巨头科乐收在本次展会上展出了其在青贮收获行业领先的 JAGUAR870 自走式青贮收获机，科罗尼公司的青饲料收割机在展会上备受瞩目。为何国内外农机巨头围猎这块市场？这与 2018 年青饲料收割机市场的逆市上扬，以及未来市场发展的广阔前景密不可分。

一、多点支撑，市场稳健上行

进入 2018 年以来，我国青饲料收割机市场受多点利好因素支撑，实现逆袭，呈现出稳健向上的发展态势。市场调查显示，2018 年市场销量在 0.45 万台左右，同比增长 9.76%。

这是继 2017 年增长之后的两连增，青饲料收割机市场稳健增长是多重利好因素相互交织形成的结果，突出表现为以下几个方面。

第一，刚性需求强劲。我国青饲料收获水平偏低，保有量低，市场刚刚起步，市场刚性需求强劲；有资料显示，与畜牧机械相关的打捆机、青饲料收割机、搂草机等保有量不足美国的 1%。

第二，环保压力为市场发展带来机遇。在环保压力下，政策加快了低效率散养户退出速度，规模企业快速扩张。通过与其他国家和地区发展历程比较，国内畜牧养殖业现状类似欧美 20 世纪 90 年代初期水平，即将由规模化启动阶段进入规模化加速阶段，在这个过程中将产生对饲草类中大型、高效率产品的爆发式需求。

第三，发展畜牧业是国策。由于畜牧业不发达，饮食结构以粮食为主，每年进口大量粮食。海关统计显示：其一，2017 年我国粮食累计进口 1.3 亿吨，同比增长 13.9%；其二，随着生活水平的提升，国民对牛羊肉、奶制品的需求量进一步提高。两者都决定了我国畜牧业将迎来快速发展机遇期，对青饲料市场将产生重大影响。

第四，发展环境利好。《全国种植业结构调整规划（2016—2020 年）》明确提出：根据以养带种、以种促养的要求，因地制宜发展青贮玉米，提供优质饲料来源，就地过腹转化增值。到 2020 年，青贮玉米面积达到2500万亩，苜蓿面积达到3500万亩，实现多元发展。

第五，农机补贴等政策将成为驱动市场发展的强劲动力。2018年青饲料收割机补贴额度全线上升，上升额度平均在一万元以上。

二、区位优势差异大，市场需求此起彼伏

近两年随着国内“粮食作物、经济作物、饲料作物”三元结构中牧草种植面积的增加和畜牧养殖规模化发展。农业部（现农业农村部）发布的《全国草食畜牧业发展规划（2016—2020年）》产业布局重点分析，2016年起的五年的主要任务是采取“龙头企业+合作社+养殖大户或家庭农（牧）场”的经营模式和种养结合、农民循环的养殖模式。这决定了我国青饲料种植特点和优势区域，也决定了我国青饲料收割机市场的分布特点。

玉米青贮产业优势区主要位于“镰刀湾”地区，包括东北冷凉区、北方农牧交错区、西北风沙干旱区、太行山沿线区及西南石漠化区，是玉米结构调整的重点区域，由于积温不能满足玉米籽粒发育的要求，故保持无穗或者弱穗全株状态青贮。玉米秸秆黄贮产业优势区域集中在山东、河南、陕西、新疆、吉林等地。这些地区适合使用配备大圆盘不对行割台的青贮机，也是玉米青饲料收割机械的主要销售区域。

苜蓿青贮产业主要位于安徽和辽宁，其他省份如甘肃、河北、陕西、黑龙江等苜蓿主产区有一定比例的苜蓿调制为青贮饲料。苜蓿青贮产业既依托于养殖企业的堆贮、窖贮，亦有草捆大小不同的裹包青贮。苜蓿青贮一般为割晒后利用打捆机进行打捆裹包，也可以利用青贮机配备直切割台进行直接收割。

燕麦青贮目前主要集中生产于河北西北部和南方的安徽、江苏、上海等地区。小黑麦、黑麦、小麦等麦类饲草的青贮，主要生产于江苏、河南等地区。高粱属牧草在河北、山东、甘肃等地均有栽培，主要调制为青贮饲料。黑麦草青贮产业主要集中在江苏、四川等省份。麦类青贮主要利用青贮机配备矮秆割台进行收割。

青饲料收割机产品使用者主要为乳制品企业、奶牛场、青储作物种植大户、为奶牛场提供收获服务的个人和农机合作社。

从2018年青饲料收割机区域市场表现看，区域集中度小幅下挫。市场调查显示，销量前6大区域累计销售2579台，同比增长7.73%，占比57.18%，较上年同期下挫1.08个百分点（见表1）。

内蒙古作为销量最大的区域，2018年累计销售1061台，同比大幅度下滑23.00%，其他主流区域市场呈现不同程度的大幅度攀升，其中新疆市场同比大幅度攀升133.33%，占比上扬3.78个百分点。

表1　　2018年青饲料收割机市场区域销量一览表　　单位：万台

序号	区域	销量		同比增长率（%）	占比（%）		增减（%）
		2018年	2017年		2018年	2017年	
1	内蒙古	1061	1378	-23.00	23.53	33.54	-10.01
2	河北	385	328	17.38	8.54	7.98	0.56

续 表

序号	区域	销量		同比增长率（%）	占比（%）		增减（%）
		2018 年	2017 年		2018 年	2017 年	
3	吉林	363	277	31.05	8.05	6.74	1.31
4	新疆	322	138	133.33	7.14	3.36	3.78
5	辽宁	241	186	29.57	5.34	4.53	0.81
6	河南	207	87	137.93	4.59	2.12	2.47
小计		2579	2394	7.73	57.18	58.26	-1.08
其他		1931	1715	12.59	42.82	41.74	1.08
合计		4510	4109	9.76	100.00	100.00	0.00

三、需求向两端延伸，发展趋势剑指大型高端

从市场需求结构分析，我国青饲料收割机市场或将呈现两个突出特点。一是受购买力下降影响，小机型和二手机或将出现较大幅度攀升。众所周知，自 2015 年起，我国粮食价格持续下降，许多主要粮食产区纷纷拉开“谷贱伤农”序幕，消费者购买力受到较大影响，由此决定了青饲料收割机市场的两个特点——需求机型多元化。首先，大型畜牧场、家庭农场的需求将继续向大型高端发展。其次，小型畜牧场和种植专业户的需求则以小型机械为主。再次，二手青饲料机械市场或将进入快速发展通道，以缓解购买力下降与需求形成的矛盾冲突，尤其大型高端二手畜牧机械市场或将快速升温。最后，从未来市场的发展趋势分析，大型青饲料收割机销量或将稳健增长。随着土地流转的加速，大型畜牧场、农机大户、家庭农场、农业和农机合作组织迅速崛起，大型高端青饲料收割机成为其首选，由此拉动大型青饲料机械市场的增长。

四、市场竞争激烈，格局尚未形成

第一，集中度低，同质化严重，价格战此起彼伏。因青饲料收割机市场一则是小众市场，二则市场启动较晚，市场集中度较低，至今未产生领军企业。从结构形式看，同质化严重，功能相差无几，主要是相互仿制的结果。在功能差异化的情况下，价格就成为竞争的主要手段。国内产品质量与国外产品存在较大差异，但是价格优势突出。随着市场走向成熟，消费者理性化购买将成为青饲料收割机市场的基本发展趋势，专业化、精品化、高品质、多功能的选择标准将取代价格，成为决定企业生存与发展的关键要素，也是企业的必然选择。

第二，竞争激烈，玉米青饲料收割机成为主力。从国内青饲料收割机品牌分析，既有专业的青饲料收割机生产企业，譬如美迪、中机美诺、牦牛等，也有诸如勇猛、牧神、中联、巨明、国丰、博远等玉米青饲料收割机生产企业。2018 年多数企业同比或持平或呈现不同程度的增长。国产机器销售量最大的是美迪，市场份额约占国产机器的 50%。从国外品牌分析，主要有克拉斯、约翰迪尔、纽荷

兰、科罗尼等。销售量最大的是克拉斯，市场份额约占进口机器的50%以上。

第三，高端产品依然为国外大牌垄断。在国际金融危机的影响下，欧美的发达国家市场持续萎缩，大量的国外青贮饲料收割机制造企业进军中国市场，如德国著名的克拉斯（科乐收）公司、美国约翰迪尔公司、德国科罗尼公司等。

近年，竞争突出表现为：技术＋品质。高端大型市场的竞争主要在外资企业、进口产品之间展开。另一个层次在低端小型产品市场的竞争主要在国内企业展开，我国玉米收割机生产企业纷纷推出青饲料收割机，产能严重过剩，在这场淘汰赛中，将有一大批企业出局。

未来几年，青饲料收割机市场的竞争突出表现为：技术引领市场，品质决定成败。具体分为两个层次，高端大型青饲料收割机市场的竞争主要在我国大型企业与外资企业、进口产品之间展开，外资企业凭借产品、技术优势，或将取得较大份额。

五、市场处于发展机遇期，利空因素明显

青饲料收割机市场是一个具有战略意义的市场，面临着良好的发展机遇。但不可否认利空因素的对冲。从产业链分析，青饲料收割机的上游青饲料产业现状对当前的市场将产生重要影响，突出表现在以下几个方面。

（1）传统的农村畜禽散养生产方式制约了青贮产业化发展。在中国，畜禽饲养量主要还在广大的农村，一家饲养一两头牛、几只羊、几头猪的传统饲养方式还占着主导生产地位。因此农户多是在庭院内建青贮池，青贮能力低、数量少，加之农户在“三秋”大忙季节没有更多的时间进行秸秆青贮，舍不得投入，科技含量低、技术性差、效果不佳，致使饲喂过程中腐化变质，损耗大，反而造成成本高、效益低的青贮现状，不利于青贮饲料的产业化形成。

（2）青贮饲料产业化导向不明确。畜牧业的产业化发展必然带动上下游产业链条的产业化发展。现阶段各地的青贮饲料政策对象均以散、小养殖农户为主，以补贴、发放（或带补贴）机械农具为主要方式，养殖农户的青贮量以满足自养牛羊为准。其实质是自给自足型的生产。相反，大多数大、中型养殖场的青贮工作则得不到政策扶持，也只能贮存满足自己生产的青贮饲料，无法扩大青贮量，形成产品，走上市场。

（3）广大养殖户和经营者对青贮饲料的价值认识不足。在西方畜牧业发达国家，作物秸秆青贮的转化率已经达到90%，这是因为他们已经充分认识到了青贮饲料廉价、充足、广泛、营养、方便的各种价值，而且通过生产实践已经获得了充盈的经济效益。中国的广大养殖户还迷恋于加工饲料的价值，反而对自然的饲料价值不屑一顾，其实是舍本逐末。作为畜牧业市场的经营者，还没有认识到青贮饲料的市场价值，没有看到田地里遍地皆是的农作物秸秆蕴藏的巨大商机。

（4）青贮饲料的新技术应用不广泛。现阶段的青贮饲料工作，还是沿用传统的青贮方式，由于青贮量不大，不愿意再投入资金来增加新的技术改造和应用，饲料品质得不到进一步的提高，体会不到新技术制作饲料带来的养殖效益。粮价下行，消费者购买力被大大削弱，直接导致更新周期延长。市场内生动力变弱，在刚性与更新需求双动力中，更新动力或将削弱。

从青饲料收割机市场微观环境看，也存在一些利空因素，突出表现在：首先，粮价下行，种粮积极性受挫，对拖拉机需求产生较大影响。2018 年，粮价低位运行直接导致了购买力下降，价格敏感度

提高。以致2018年的拖拉机市场呈现多年未有的“奇观”：中拖跌幅小于大拖，小牌跌幅小于知名大牌。其次，更新周期延长。因收入下降，对当今青饲料收割机市场的主要驱动力——更新需求形成直接打击，更新周期延长。最后，黄贮市场快速发展以及近年青饲料收割机市场不断冲高形成的“高地”，对2019年的市场增幅将产生一定的影响。

基于以上分析，我们判断青饲料收割机市场近年不会出现爆发式增长的局面，或将保持稳健发展的特点。预计2019年销量将达到5000台上下，同比增长10%以上（见图1）。

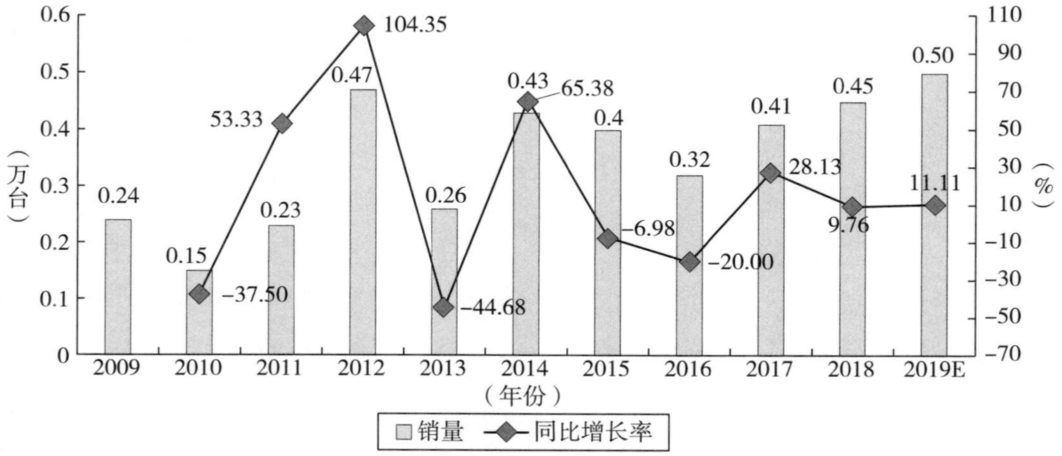

图1　2009—2018年青饲料收割机市场走势与2019年预测

六、技术引领市场，品质决定成败

我国青饲料收割机市场正处于由导入期到成长期的关键阶段，此阶段的市场呈现出的突出特点是技术不断创新，产品品质逐渐成熟。从2018年青饲料收割机行业发展看，技术发展趋势主要有以下特点。

（1）集中润滑。由于青饲料收割机中有许多高速部件，每天需要大量时间进行打油润滑保养，集中润滑器的设置能够降低维护人员的工作强度，延长机械使用寿命，也可有效防止由于漏打油而造成的机器损坏。但是由于整个系统比较精密，一个部位出现问题都可能导致整个系统无法工作，因此集中润滑系统还需要继续进行研究。

（2）青饲料添加剂喷洒系统。为了更好地制作青饲料，用户会在收割青饲料的同时加入一些青饲料添加剂，通常的做法是在青贮窖内进行，一层一层进行喷洒。这种方法不仅浪费，均匀性也不好。国外机型设置有青贮添加剂喷洒系统，在喂入装置及抛送部位增加喷头，收割的过程中进行青饲料添加剂的喷洒，这样对青饲料添加剂进行了合理的利用并且喷洒均匀，入窖后青贮效果很好。

（3）裹包青贮。裹包青贮密封性好，提高了乳酸菌厌氧发酵环境的质量和饲料营养价值，粗蛋白含量高，粗纤维含量低，消化率高，适口性好，采食率高。同时霉变损失、流液损失和饲喂损失均大大减少，仅有5%左右，而传统的青贮损失可达20%～30%。由于压实密封性好，不受季节、日晒、降雨和地下水位影响，可在露天堆放1～2年；包装适当，体积小，易于运输和商品化，改变了青饲料只能在当地销售的局面。

（4）当前关键技术在进口机器上已经运用成熟，国产青饲料收割机厂家有待开发方面主要有玉米籽粒破碎器、金属探测器、磨刀器、电器和液压控制系统。

从市场需求分析，产品需求呈现出以下特征：国内青饲料产品的发展趋势良好，产品结构上牵引式和自走式针对不同区域都在扩大发展，主要种植区域大多是280～500马力的中大型青饲料收割机。随着奶牛场的发展对青饲料要求越来越高，对当前的青饲料收割机也提出了更高要求，尤其是国产青饲料收割机，在关键技术可靠性上迫切需要突破。

（石家庄美迪机械有限公司　王鹏程）

2018 年拖拉机市场回顾与 2019 年展望

一、2018 年拖拉机市场回顾

（一）两项经济指标增速垫底，拖拉机行业驶入谷底

2018 年，拖拉机制造业经历了 20 年未有的大幅滑坡，两项关键经济指标垫底，整个行业陷入谷底。统计显示，160 家规模以上拖拉机企业累计实现主营业务收入 434.71 亿元，同比下跌 3.52%。实现利润 -12.86 亿元，同比狂跌 355.67%，增幅排名倒数第一（见表 1）。

表 1　　2018 年拖拉机工业企业主要经济指标一览表　　单位：亿元

序号	名称	指标		同比增长率（%）
		2018 年	2017 年	
1	主营业务收入	434.71	450.56	-3.52
2	主营业务成本	401.87	406.66	-1.18
3	销售费用（营业）	9.07	9.30	-2.47
4	管理费用	29.75	28.08	5.95
5	财务费用	5.28	3.55	48.73
6	利息支出	4.57	4.83	-5.38
7	利润总额	-12.86	5.03	-355.67
8	资产合计	460.57	492.79	-6.54
9	负债合计	298.06	311.40	-4.28
10	应收账款	63.79	77.85	-18.06
11	产成品	21.44	21.47	-0.14
12	流动资产合计	263.86	283.70	-6.99

企业亏损严重，160 家规模以上拖拉机企业中有 41 家出现亏损，虽然较 2017 年同期减少了 1 家，但亏损面在农机行业的 11 个子行业中最高，达到了 25.63%，较 2017 年同期减少 0.62 个百分点，略有好转，但亏损额高达 21.08 亿元，同比提高了 283.42%，创历史之最。

从拖拉机市场销售情况分析，呈现出的突出特点则是旺季不旺，淡季更淡，大、中、小拖拉机销售量全线下滑。市场调查显示，2018 年，我国累计销售各种型号拖拉机 65.1 万台，同比下降 48.72%。其中，大、中、小拖拉机分别销售 6.9 万台、23.7 万台和 34.5 万台，同比分别下降 23.84%、16.22%和61.50%。

市场销售结构进一步优化，大中拖占比大幅度攀升，小拖占比持续萎缩。市场调查显示，2018 年大中拖、小拖占比分别为47%和53%，大中拖占比较 2017 年同期提升 17.58 个百分点。在大中拖占比中，大拖占比 10.60%，中拖占比 36.40%，大拖占比较 2017 年同期提升 3.46 个百分点（见表2）。

表 2　　2018 年拖拉机销售对照一览表　　单位：万台

品类	销量		同比增长率（%）	占比（%）		增减（%）
	2018 年	2017 年		2018 年	2017 年	
大拖	6.9	9.06	-23.84	10.60	7.14	3.46
中拖	23.7	28.29	-16.22	36.40	22.28	14.12
大中拖	30.6	37.35	-18.07	47.00	29.42	17.58
小拖	34.5	89.60	-61.50	53.00	70.58	-17.58
合计	65.1	126.95	-48.72	100.00	100.00	0.00

2018 年拖拉机市场下滑是多重利空因素综合作用的结果。

第一，刚性需求下降，更新驱动乏力。我国多年前就已经实现耕作机械化，市场经过 2004—2013 年黄金 10 年的快速发展，已经饱和。近年，市场需求更多表现为需求结构调整，由增量需求转变为存量的结构性调整，需求动力主要来自更新拉动。

第二，粮价波动大，种粮积极性受挫，对拖拉机市场需求产生较大影响。2018 年，粮价低位运行直接导致两个结果：①购买力下降；②更新周期延长。而这两个结果对以更新需求为主要引擎的拖拉机市场都产生了深刻影响。

第三，补贴拉动力下降。主要表现在两个方面：①近年，拖拉机单台补贴额度持续下调，加之一些区域的农机补贴迟缓，拖拉机市场缺乏强力支撑；②不少区域因刚性需求乏力，尽管拖拉机补贴实行普惠制，但依然难以撬动市场。

第四，投资信心受挫。拖拉机保有量居高不下，跨区作业收益减少，打击投资信心，对潜在消费者形成较大影响。

第五，拖拉机市场大型化趋势趋强，作业效率提高，客观限制了数量的增长。

（二）大中型拖拉机市场分析

1. 马力上延，中拖市场占据主流

（1）中型拖拉机。

从我国大中型拖拉机市场马力段需求构成分析，25～100 马力段拖拉机（中拖）依然占据市场主流。市场调查显示，2018 年累计销售各种中拖 23.70 万台，同比下降 16.22%；在大中拖中，占比 77.45%，较 2017 年同期上扬 1.71 个百分点（见表3）。

表3　　2018年25～100马力中拖累计销量

马力段（马力）		25～30	30～40	40～50	50～60	60～70	70～80	80～90	90～100	合计
销量（万台）	2018年	2.35	2.94	4.21	5.36	2.47	2.80	1.74	1.83	23.70
	2017年	2.58	3.69	6.88	5.25	2.43	3.01	2.03	2.42	28.29
同比增长率（%）		-8.91	-20.33	-38.81	2.10	1.65	-6.98	-14.29	-24.38	-16.22
占比（%）	2018年	9.92	12.41	17.76	22.62	10.42	11.81	7.34	7.72	100.00
	2017年	9.12	13.04	24.32	18.56	8.59	10.64	7.18	8.55	100.00
增减（%）		0.80	-0.63	-6.56	4.06	1.83	1.17	0.16	-0.83	0.00

从中拖的各个马力段表现看，除50～70马力段同比出现增长，其他均呈现不同程度的下滑。由此不难看出，25～50马力段的同比增长率为负，70～100马力段亦为负，形成两端下降、中间增长的局面。

（2）大型拖拉机。

2018年100马力以上大拖占比出现下滑，市场调查显示，我国累计销售100马力以上大型拖拉机6.90万台，同比下降23.84%，在大中拖中，占比22.55%，较2017年同期下挫1.71个百分点（见表4）。

表4　　2018年100马力以上大拖累计销量

马力段（马力）		100～110	110～120	120～130	130～140	140～150	150～160	160～180	180～200	200以上	合计
销量（万台）	2018年	1.30	0.65	0.95	0.72	0.57	0.63	0.72	0.89	0.47	6.90
	2017年	1.78	1.03	1.31	1.69	1.07	1.36	0.39	0.19	0.24	9.06
同比增长率（%）		-26.97	-36.89	-27.48	-57.40	-46.73	-53.68	84.62	368.42	95.83	-23.84
占比（%）	2018年	18.84	9.42	13.77	10.43	8.26	9.13	10.43	12.90	6.81	100.00
	2017年	19.65	11.37	14.46	18.65	11.81	15.01	4.30	2.10	2.65	100.00
增减（%）		-0.81	-1.95	-0.69	-8.22	-3.55	-5.88	6.13	10.80	4.16	0.00

从100马力以上大拖市场分析，马力段上延的倾向更为强烈。100～160马力段出现不同程度的下滑；相反，160马力以上机型飙升。

大拖市场出现较大幅度滑坡，主要因为：第一，作业收益下降，压制投资积极性；第二，随着土地流转增速趋缓，规模化经营步伐放缓，对大拖市场产生一定影响；第三，前几年，大拖市场快速发展，主流需求区域市场大拖保有量快速增长，刚性需求下降。

2. 大中型拖拉机市场竞争分析

在整个市场低迷的形势下，2018年大中拖市场竞争更加激烈，价格竞争和品牌竞争交织，主流品牌优势难以发挥。

首先，集中度下降。市场调查显示，销量前10的主流品牌累计销售各种型号大中拖15.39万台，同比下降20.87%，占比50.3%，较2017年同期下挫1.78个百分点。这种竞争形势的出现是多重因素共同作用的结果。

其次，外资品牌发力，受市场低迷影响较小。以迪尔、爱科为代表的外资品牌克服了多年形成的价格劣势，通过降价取得了一定的竞争优势，加之其强大的品牌影响，市场销售量出现不同程度的增长。迪尔和爱科分别销售 1.53 万台、0.48 万台，同比分别增长 4.75% 和 3.6%，占比也呈现不同程度的提升。

最后，小品牌受市场下滑影响较小。市场调查中发现，许多小品牌抗市场风险的能力较强，在整体市场下滑的大环境下，不仅没有下滑，反而逆势增长。出现这种现象主要有以下原因：第一，在总体市场下滑的环境下，小品牌依靠价格优势，冲击主流品牌；外资品牌依靠降价和品牌影响力，形成竞争优势。号称“三驾马车”的中国一拖、雷沃重工、常州东风下降幅度均达到两位数。第二，“大马拉小车”成为较为普遍的怪现象，小品牌采用此方式，变相降低价格，形成大拖市场的价格优势，对主流品牌形成价格压制。第三，大中拖产品技术优势不突出，动力换挡并未成为市场需求主流，导致大品牌的技术优势不能充分发挥。第四，小品牌近年通过产品改进，其品质有较大提升，与主流品牌在品质上的差距越来越小。第五，购买力下降，价格敏感度上升，低价优势越发突出。

3. 大中拖区域市场分析

市场调查显示，大中拖区域市场，主要集中在东北三省和内蒙古、河南、山东、河北、新疆等区域。区域集中度有所提高。销量前 10 位的主流区域市场累计销售各种大中型拖拉机 19.51 万台，同比下滑 10.30%，占比 63.76%，较 2017 年同期上扬 5.53 个百分点（见表 5）。

在 10 大主流区域市场中，有 8 个区域市场同比呈现不同程度的下滑，黑龙江、吉林区域市场呈现不同程度的攀升。

黑龙江和吉林市场大幅度增长有两个主要原因：一是连续多年的滑坡，形成需求“洼地”和能量的积蓄；二是补贴推动，尤其是对大型拖拉机的补贴。黑龙江政府加大环境治理，与秸秆处理相关的打捆机市场得到快速发展，拉动大型拖拉机市场走高。

表 5　　2018 年大中拖区域销售一览表　　单位：万台

序号	区域	销量		同比增长率（%）	占比（%）		增减（%）
		2018 年	2017 年		2018 年	2017 年	
1	黑龙江	2.76	1.26	119.05	9.02	3.37	5.65
2	内蒙古	2.71	3.41	-20.53	8.86	9.13	-0.27
3	河南	2.69	3.25	-17.23	8.79	8.70	0.09
4	吉林	2.56	2.51	1.99	8.37	6.72	1.65
5	山东	2.40	3.30	-27.27	7.84	8.84	-1.00
6	河北	1.87	2.01	-6.97	6.11	5.38	0.73
7	新疆	1.27	1.60	-20.63	4.15	4.28	-0.13
8	辽宁	1.16	1.38	-15.94	3.79	3.69	0.10
9	安徽	1.07	2.00	-46.50	3.50	5.35	-1.85
10	湖北	1.02	1.03	-0.97	3.33	2.76	0.57

续 表

序号	区域	销量		同比增长率（%）	占比（%）		增减（%）
		2018 年	2017 年		2018 年	2017 年	
小计		19.51	21.75	-10.30	63.76	58.23	5.53
其他		11.09	15.60	-28.91	36.24	41.77	-5.53
合计		30.60	37.35	-18.07	100.00	100.00	0.00

二、2019 年上半年市场分析

1. 拖拉机市场需求分析

大中拖市场止跌回稳，利润大幅度滑坡。2019 年 1—6 月，拖拉机行业的主要经济指标依然表现不佳，主营业务收入和利润分别为 202.51 亿元和 -0.24 亿元，同比分别下降 4.21% 和 128.3%。

2019 年上半年，拖拉机市场大幅下滑。市场调查显示，前 6 个月，累计销售各种拖拉机 27.25 万台，同比下滑 15.06%。其中，销售大中拖 15.22 万台（见图 1），小拖 12.03 万台，同比分别增长 2.84% 和 -30.38%，占比 55.85% 和 44.15%，大中拖占比较 2018 年同期上扬 9.27 个百分点。

半年同比呈现止跌回稳的特点。从近 3 年大中拖半年销售业绩看，2019 年上半年的大中拖市场呈现止跌回稳迹象，结束了连续两年的大幅度下滑。进入市场底部后，呈现盘整迹象。我们必须看到，这种增长是基于“两连跌”基础之上的，市场销量虽然暂时超过去年同期，但绝对销量较 2017 年依然有较大差距。

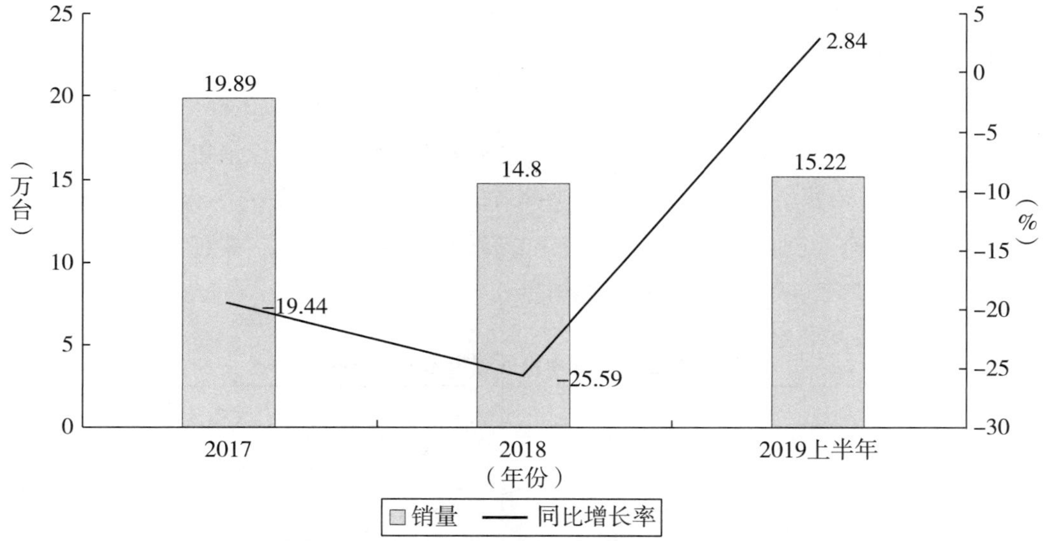

图 1　2017—2019 年上半年大中拖半年销售对照

怎样看待 2019 年上半年整体市场下滑，大中拖攀升？首先，整体市场下滑，主要缘于小拖市场的大幅度滑坡；其次，大中拖增幅回升是基于去年大幅度滑坡形成的“洼地”之上的，反弹力度十分微弱；最后，回溯 2013—2018 年，大中拖市场一季度销售走势不难发现，近年的季度同比除 2017 年出现增长外（见图2），其他年份均呈不同程度的滑坡。2018 年出现断崖式下跌，季度销量也首度跌破 10 万台关口，进入 7 万台的需求区域。由此，我们判断，第一季度市场说明 2019 年整体市场下滑，大中拖市场进入盘整，或将成为 2019 年拖拉机市场的主要特点。

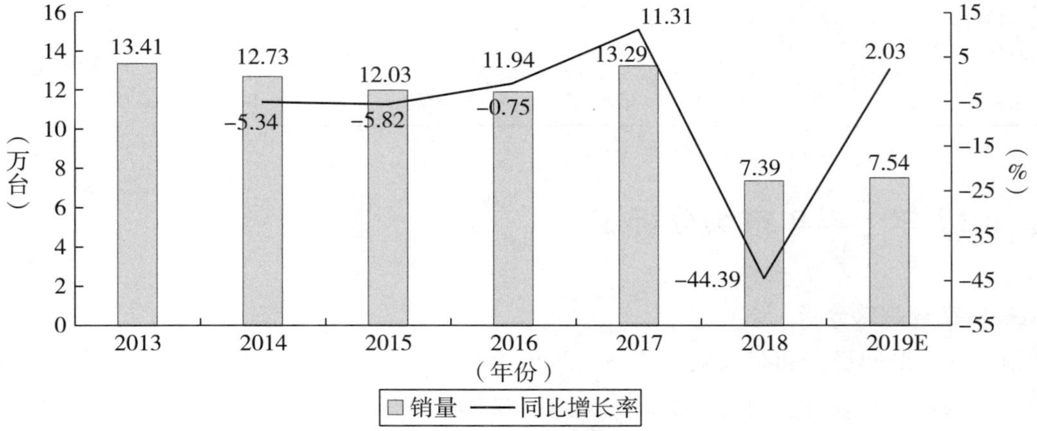

图 2　2013—2018 年大中型拖拉机销量对照及 2019 年预测

伴随着市场的低迷，企业业绩出现大幅度滑坡，呈现出以下特点：第一，主营业务收入增幅趋缓；第二，企业亏损严重；第三，利润近年出现狂跌，跌幅令人吃惊，自 2016 年至 2018 年，连续三年，跌幅逐年扩大，直至 2018 年，进入谷底，高达 355. 67%。

种种迹象共同指向：拖拉机市场刚性需求基本丧失，市场进入存量时代。

存量时代下拖拉机市场呈现出的突出特点：第一，销量下降，增幅趋缓甚至负增长；第二，竞争激烈，市场进入“淘汰赛”，进入加速洗牌期，“围城” 变 “围困”；第三，终端颠覆性变化，群体成为新型购买主体；第四，需求结构调整，大型高端渐成市场主流；第五，区域差异增大；第六，使用功能、范围扩展，由单纯的耕作向复式作业、田间管理、园艺作业等各个方面拓展。

2. 区域市场分析

2019 年上半年，大中拖区域市场主要集中在内蒙古等六大区域，累计销售 4. 90 万台，同比大幅度攀升 20. 69%，占比 32. 19%，较 2018 年同期上扬 4. 76 个百分点（见表 6）。六大区域市场呈现不同程度的大幅度增长，增幅都达到两位数，其中山东市场增幅高达 40. 00%，其他区域市场小幅下滑。值得注意的是，区域市场增长是基于 2018 年同期断崖式下滑之上的。

表 6　　2019 年上半年大中拖区域市场销售一览表

序号	区域	销量（万台）		同比增长率（%）	占比（%）		增减（%）
		2019 年	2018 年		2019 年	2018 年	
1	内蒙古	2. 24	1. 87	19. 79	14. 72	12. 64	2. 08
2	新疆	0. 89	0. 72	23. 61	5. 85	4. 86	0. 99
3	湖北	0. 53	0. 44	20. 45	3. 48	2. 97	0. 51
4	江西	0. 52	0. 44	18. 18	3. 42	2. 97	0. 45

续 表

序号	区域	销量（万台）		同比增长率（%）	占比（%）		增减（%）
		2019 年	2018 年		2019 年	2018 年	
5	甘肃	0.44	0.39	12.82	2.89	2.64	0.25
6	山东	0.28	0.20	40.00	1.84	1.35	0.49
小计		4.90	4.06	20.69	32.19	27.43	4.76
其他		10.32	10.74	-3.91	67.81	72.57	-4.76
合计		15.22	14.80	2.84	100.00	100.00	0.00

3. 大中型拖拉机市场竞争分析

低迷的市场，形成更加激烈的市场竞争（见图3）。其竞争特征主要有以下几点。

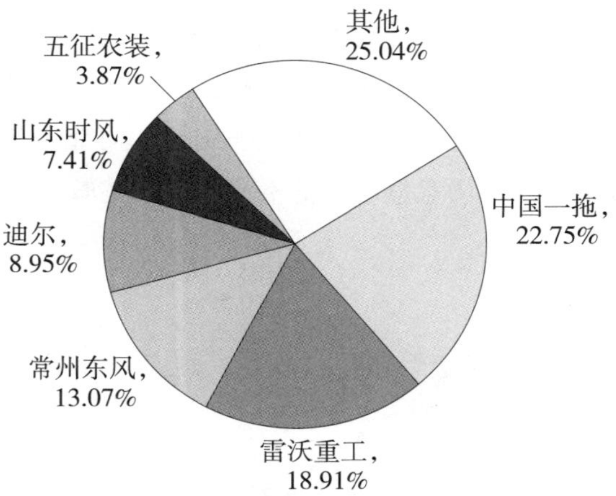

图3　2019 年上半年拖拉机市场竞争

第一，大中拖市场竞争越发激烈，6 大主流品牌中除迪尔、山东时风小幅下滑，其他品牌呈现不同程度的攀升。这种攀升是基于去年大幅度下滑之上的，并不能说明大中拖市场的好转。在占比上，中国一拖、山东时风呈现不同程度的下跌，其他品牌出现不同程度的增长。

第二，品牌的影响力依然十分突出。虽然小品牌依靠价格优势对一线品牌形成强势冲击，但对迪尔、凯斯世界级的品牌冲击力十分有限。从近年这两大品牌的市场表现即可看出，在绝大多数品牌大幅度滑坡的情况下，它们却能逆势增长。

第三，同质化竞争特征突出。许多中小型企业均由中国一拖、雷沃重工的营销、技术、生产等骨干构建而成，其产品均仿制于原企业，技术、供应链、渠道、终端甚至装配工人也高度雷同，因其管理、营销、生产等成本低，价格优势十分突出，成为近年崛起的一线品牌的强大竞争者，这种现象在潍坊、洛阳、宁波表现得更为突出。

第四，粮食价格下降成为近年主要形式，直接导致行业利润大幅度下滑。近年，粮食库存高企、进口快速增长、出口稳步提高，直接导致国内粮价下行，谷贱伤农，农民收入下降，价格敏感度再度提高。此变化极大削弱了用户的品牌忠诚度，二、三线品牌对一线品牌形成强势冲击，出现一线品牌销售大幅度下降，二、三线品牌增长的现象。

第五，集中度下降，洗牌加速。市场调查显示，骨干企业市场占有率连续三年出现下滑，拖拉机市场似乎又回到10年前的“诸侯八百、小国三千”局面。市场低迷、需求转型、终端巨变，成为滋生乱局的根源。激烈的竞争，导致利润跌破企业所能承受的底线，2018年，拖拉机行业利润同比下降350%以上。同时，也预示着变局的来临，其结果必将加速行业洗牌。我们预计，未来3～5年，将有50%以上的企业退出市场。

第六，高端外资品牌，诸如迪尔、凯斯控制大马力拖拉机市场，80%的拖拉机企业争夺中低端市场，而小品牌依靠低成本、低价格，占尽竞争优势，近年尽管市场低迷，但一些小品牌的市场拓展却风生水起，与传统大品牌分庭抗礼。

第七，区域竞争将成为焦点，随着传统热点区域的降温，一些新的区域将成为竞争的主要区域。

第八，服务组织作为新型拖拉机需求主体，与农业、农机合作社以及家庭农场一起，深刻影响了当今的拖拉机市场竞争，其加速需求进一步大型化、高端化，成为优化拖拉机产业的重要力量。

第九，拖拉机产业集群形成，基于完成产业链之上的价值链优势凸显。目前我国规模拖拉机生产企业170余家，产能在1万～30万不等，分布在全国18个省（自治区、直辖市）。其中山东形成最大的拖拉机生产企业集群，共有84家企业，占拖拉机数量的半壁江山（见图4）。而其中53家集中在潍坊，占山东集群的63.10%。其次是河南、江苏、浙江、湖南、河北。产业集群的最大优势是产业链的低成本运作，形成价格优势。而在市场竞争中，价格竞争历来是撒手锏。

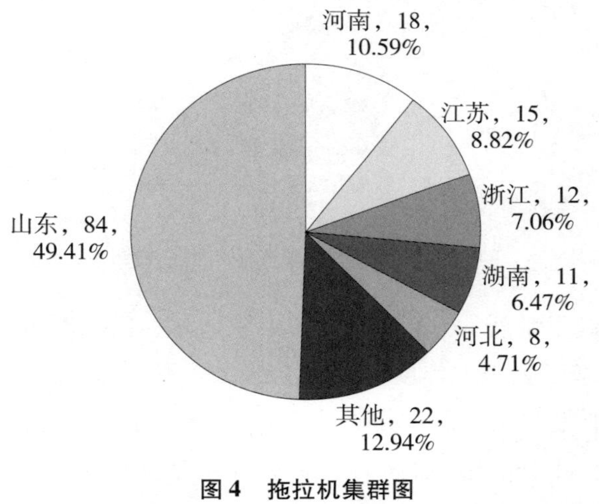

图4　拖拉机集群图

三、2019年大中拖市场预测

（一）2019年大中拖市场环境分析

2019年，拖拉机市场变化主要缘于多重因素综合作用，其中，粮价低迷而引发的投资性需求降低、农机经营性收益边际递减导致的投资信心不足以及购买力下降，成为制约市场的主要因素。而市场持续低迷形成的“洼地”、农机补贴政策、深松补贴政策等利好因素又决定了拖拉机市场不可能继续大幅度滑坡。

从宏观环境分析，主要表现在以下几个方面。

其一，自 2018 年起粮价持续波动，据黑龙江市场调查，2019 年的水稻价格在 2018 年下降 0.2 元/斤的基础上又下降了 0.1 元/斤，对农民收入造成一定影响。反映到农机市场上，购买力下降，投资信心受挫。

其二，农机投资收益边际递减，压制投资信心。随着保有量的不断增加，拖拉机作业收益呈递减趋势，对农机投资产生较大影响。一方面，从农机化经营总收入看，从 14 年来农机化经营总收入走势也可以看出，年度增幅趋缓趋势十分强烈，2016 年、2017 年连续两年同比出现下滑（见图 5）。

图 5　2004—2017 年农机化经营总收入走势

另一方面，从更新周期看，拖拉机、播种机和收割机等传统农机市场驱动力主要来自更新，而消费者收入与农机大户投资收益的下降，直接拉长了更新周期。这对以更新需求为主要驱动力的拖拉机市场无疑会产生很大压制作用。

其三，农机购置总投入增幅持续下行。从中央财政农机购置总投入分析，自 2014 年至 2017 年，连续 4 年同比增幅出现负增长，2017 年跌幅更是达到了两位数。（见图 6）。

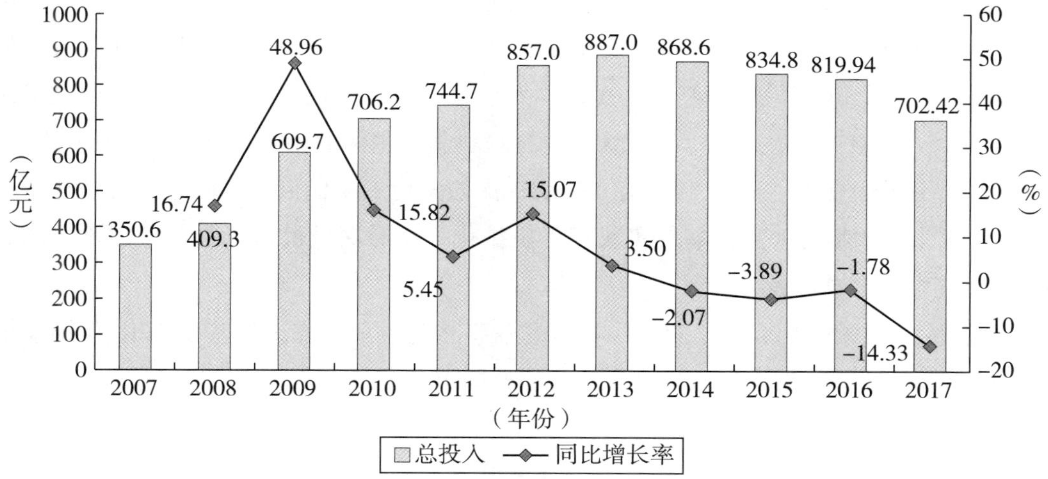

图 6　2007—2017 年中央财政农机购置总投入走势

其四，生态环境治理也带来影响。2017—2018 年，“环保风暴”席卷全国，直接影响到一大批企业的发展和从业人员的收入变化。以京津冀地区为例，2016—2017 年北京市共清理整治约 1 万家“散乱污”企业；2017 年河北省共排查“散乱污”企业 10. 8 万余家，其中关停取缔了 6. 8 万家；2017—2018 年天津市共整治“散乱污”企业约 2. 2 万家。大规模地关停企业，势必会对拖拉机消费形势产生负面影响。尤其是拖拉机生产成本上升，导致价格攀升，一方面企业利润大幅度滑坡；另一方面因价格上升，对市场销售也形成压制。

其五，市场饱和，刚性需求下降。粮食耕种收环节机械化综合水平已经达到 67% 以上，尤其耕、播水平基本实现机械化，这就决定了市场刚性需求较弱。拖拉机保有量巨大，使用率很低。统计显示，拖拉机总量 2304. 35 万台，其中大中拖 670. 11 万台（见表 7）。平均每台拖拉机每年作业面积仅 73 亩（2017 年播种面积 168329 万亩）。2018 年我国综合机械化水平高达 68% 以上，机耕水平更是达到了 87%，已经实现耕作机械化，这就决定了市场刚性需求基本丧失，拖拉机市场早已由增量市场转变为存量市场。

表 7　　2017 年拖拉机拥有量一览表　　单位：万台

总量	大中型 14. 7 千瓦及以上					小型
	合计	14. 7 ~ 18. 4	18. 4 ~ 36. 8	36. 8 ~ 58. 8	>58. 8	
2304. 35	670. 11	239. 66	218. 33	113. 15	98. 97	1634. 24

其六，拖拉机市场在农机补贴的拉动下，市场出现严重“透支”。保有量激增，市场早已饱和，存量市场形势下，需求结构调整成为主要的市场需求形式。

强烈的利空因素决定了 2019 年的拖拉机市场走势不会出现逆转，但利好因素决定了也不会延续其大幅度下滑的走势。

从利好因素分析，主要有以下几点：第一，连续 3 年的大幅度滑坡，市场形成“洼地”，根据市场周期性发展特点，2019 年降幅或将收窄。第二，庞大的拥有量或将成为更新的强大动力，明年或将迎来更新高峰期。第三，从市场需求结构分析，随着土地流转的加速和大型机具市场的拉动，市场或将迎来更新期，160 马力以上的大型拖拉机在大拖市场中的占比会进一步加大，对 2019 年大中拖市场或将产生积极影响。第四，市场秩序向好，尤其是“大马拉小车”的现象在政府强大的治理措施下，将得到控制。第五，合作社、家庭农场、农机大户等拖拉机新型主体的崛起将推动拖拉机需求的大型化，也会加速市场更新进程。第六，2019 年政府支持农机深松整地 1. 4 亿亩，争取全程机械化示范县达到 400 个，小麦、玉米、水稻三大主粮基本实现全程机械化。这对深松机市场是利好因素，同时也会对大拖市场产业一定的拉动作用。

基于以上分析，我国预判 2019 年的大中拖市场盘整将是主要特点，但基于 2018 年同期市场大幅度滑坡形成的“洼地”，多数月份同比或呈现小幅攀升的走势。

（二）大中拖市场预测

1. 市场需求或小幅攀升

虽然市场经历了三连跌，形成需求“洼地”，在基本失去刚性需求的情况下，更新成为市场主要驱动力，但因以上各种因素的影响，更新周期延长已经成为消费者目前的重要选择。预计2019年的大中拖市场或将进入调整期，下行走势不会改变，但降幅会收窄。预计全年销量在28万台左右，同比下降8%上下（见图7）。

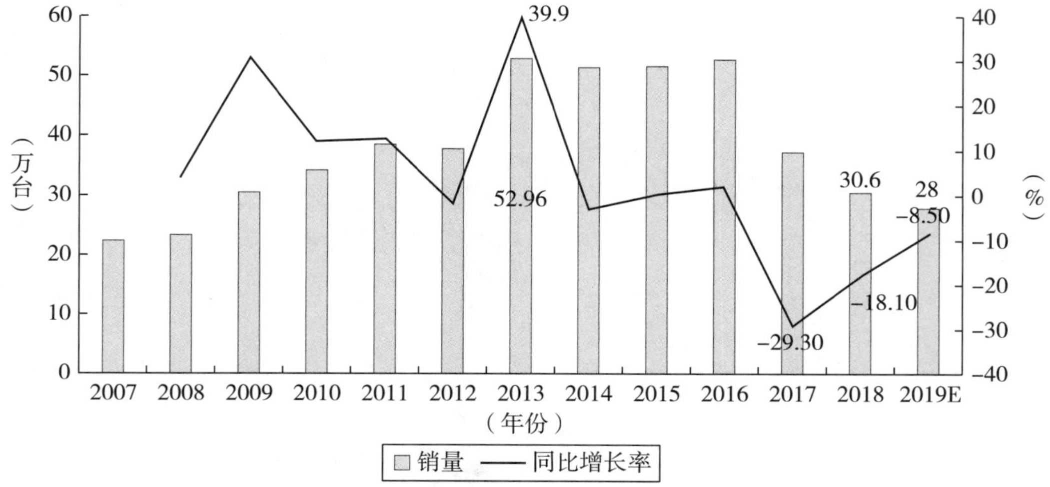

图7 2007—2018年大中拖市场销售走势与2019年预测

2. 大中拖区域市场预测

我国大中拖市场主要集中在东北地区（3个）：黑龙江、吉林、辽宁；华北地区（3个）：河北、山西、内蒙古；华中地区（3个）：河南、湖北、湖南；华东地区（3个）：山东、江苏、安徽；西北地区（4个）：陕西、甘肃、宁夏、新疆。

2018年在五大区域16个省，累计需求量23.59万台，占比77.08%（见图8）。从主流区域集中度走势看，呈逐年提高之势，由2014年的58.93%增至2018年的77.08%，5年时间提升了18.15个百分点。基于此，预计2019年主流区域销量或将在23万台以上，同比小幅下滑，占比有望突破80%。

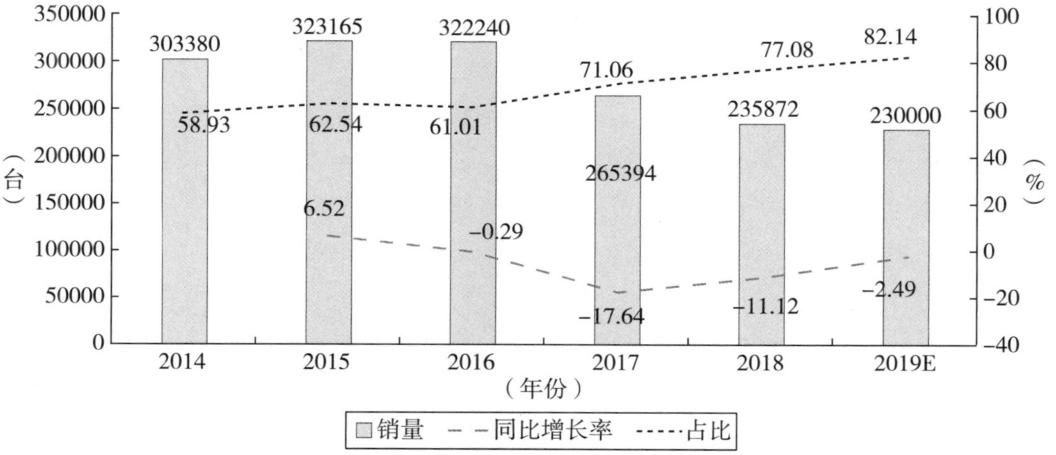

图8 2014—2018年大中拖主流市场需求变化与2019年预测

3. 市场竞争预测

2019年拖拉机市场的竞争将更加激烈，其竞争特点与拖拉机市场环境密切相关，突出表现为产能过剩、购买力下降、消费者存在投资性需求。

总之，2019 年拖拉机市场面临着更为复杂多变的环境，低迷状态依然难以改变，深度转型将继续。

（中国一拖集团有限公司　寇海峰）

2018 年玉米联合收割机市场回顾与 2019 年展望

市场转型带来的“空窗期”效应正全面而深刻地影响着2019 年的农机市场，农机企业正经历多年未遇的阵痛期。拖拉机市场进入“冰河期”，谷物联合收割机市场大幅度滑坡，插秧机市场狂跌，烘干机市场增长的脚步戛然而止。与之相反，玉米联合收割机市场逆势增长、华丽转身，全年实现大逆转，一扫三年来笼罩在玉米联合收割机市场上空的雾霾，走出跌跌不休的困局。

一、2018 年玉米联合收割机市场回顾

（1）触底反弹，市场大幅度攀升。玉米收割机市场在经历了连续三年断崖式下跌后见底，触底反弹将成为市场的主题。市场调查显示，2018 年全年累计销售各种玉米收割机 4.5 万台，同比增长 13.64%（见表 1）。

表 1　2018 年玉米收割机市场需求结构一览表

序号	品类	销量（万台）		同比增长率（%）	占比（%）		增减（%）
		2018 年	2017 年		2018 年	2017 年	
1	行数 ≤ 2	1.02	0.76	34.21	22.67	19.19	3.48
2	行数 = 3	0.75	0.94	-20.21	16.67	23.74	-7.07
3	行数 = 4	2.28	2.01	13.43	50.67	50.76	-0.09
4	行数 ≥ 5	0.45	0.25	80.00	10.00	6.31	3.69
合计		4.50	3.96	13.64	100.00	100.00	0.00

从自走式玉米收割机需求机型分析，各个机型表现差异较大，除 3 行机出现大幅度滑坡外，其他机型均呈现不同程度的增长。其中 2 行及以下机型、5 行及以上机型出现大幅度增长。

3 行机下滑的主要原因有两个方面，一是需求大型化和小型化直接分解了部分需求；二是基数大，形成需求“高地”，直接拉低市场增幅。

玉米收割机市场的增长有其深刻的原因。

第一，玉米价格走出低迷，市场信心大增。据市场反应，自 2018 年至 2019 年，水稻价格下行，玉米价格上行，一些过去“旱改水”的用户重新改种玉米，玉米种植面积在经历了三年的缩减后，2019 年呈现复苏迹象。此变化，极大提振了玉米收割机用户的投资信心。

第二，玉米收割机市场经历“三连跌”，并且都是断崖式下跌，市场已经见底，形成“洼地”，市

场需求势能高企，2019 年能量释放，推动市场走强成为必然。

第三，刚性需求、更新需求“双动力”拉动。一是玉米收割机市场是三大粮食作物机，目前玉米机收水平较低，市场刚性需求尚在；二是市场连续多年下行，更新能量得到大幅度提升，推动更新需求增长。

第四，玉米收割机市场还有第二个春天，因为我们当今的玉米收割机主要是摘穗式收获，籽粒收获市场尚处于萌芽状态，未来玉米收割机市场必然是籽粒收割机占据主流的市场。随着玉米新种子、烘干等技术的成熟，市场更新的主力机型必然是籽粒收割机，将带来玉米收割机市场的第二场“革命”。

（2）集中度攀升，主流品牌全线飘红。玉米收割机市场一直是竞争较为激烈的市场，但经历了前几年市场的持续低迷，许多企业或退出或转型，市场竞争正悄然发生变化。但从竞争态势看，2018 年的玉米收割机市场集中度进一步攀升，市场调查显示，前 10 大品牌累计销售各种玉米收割机 2.58 万台，同比增长 27.09%，高于平均增幅 13.45 个百分点，占比 57.33%，较上年同期上扬 6.07 个百分点（见表 2）。

表 2　　2018 年玉米收割机主要品牌销售一览表　　单位：万台

序号	品牌名称	销量		同比增长率（%）	占比（%）		增减（%）
		2018 年	2017 年		2018 年	2017 年	
1	雷沃重工	0.55	0.49	12.24	12.22	12.37	-0.15
2	山东巨明	0.48	0.37	29.73	10.67	9.34	1.33
3	英虎	0.29	0.17	70.59	6.44	4.29	2.15
4	金大丰	0.28	0.24	16.67	6.22	6.06	0.16
5	勇猛	0.24	0.235	2.13	5.33	5.93	-0.60
6	山东时风	0.18	0.25	-28.00	4.00	6.31	-2.31
7	科乐收	0.17	0.08	112.50	3.78	2.02	1.76
8	山东大启	0.14	0.10	40.00	3.11	2.53	0.58
9	洛阳福格森	0.13	0.06	116.67	2.89	1.52	1.37
10	新研	0.12	0.03	300.00	2.67	0.76	1.91
小计		2.58	2.03	27.09	57.33	51.13	6.20
其他		1.92	1.93	-0.52	42.67	48.87	-6.20
合计		4.50	3.96	13.64	100.00	100.00	0.00

销量前 10 大品牌除山东时风大幅度下滑外，其他一线品牌全线飘红，呈现不同程度的攀升，其中科乐收、福格森、新研增幅高达三位数。

竞争特点突出表现为：第一，大品牌的光环有所褪色，近年，曾经辉煌的几大玉米收割机品牌受冲击较大，2019 年市场均呈现拓展不足、保守有余的特点，一些品牌因库存不足，以致断货；第二，以英虎为代表的黑马的出现正改变着竞争规则，一些模仿品牌也得到了快速发展，由此再次证明了产品依然处于竞争的核心地位；第三，市场的竞争主要围绕产品质量和效率展开，品质高、效率高、故障率低、服务优成为玉米收割机市场竞争的四大法宝；第四，市场价格竞争依然扮演撒手锏的角色，一些小品牌依靠价格优势冲击市场成为竞争的一大特点；第五，产品创新正成为众多主流品牌寻求突破的重要手段。

（3）区域集中度下降，黄淮海区域大幅度滑坡。2018 年，玉米收割机区域市场呈现出的突出特点是集中度下降，主流趋势大幅度下滑。市场调查显示，2018 年玉米收割机主流区域主要集中在吉林、山东等在内的 10 大区域，累计销售各种机型 3.51 万台，同比下滑 5.14%；占比 78.17%，较 2017 年同期下挫 15.26 个百分点（见表 3）。主流区域市场表现差异巨大，冰火同炉。其中，山东、河北、河南、安徽以及辽宁区域市场出现大幅度下滑，其他主流市场均呈大幅增长态势。

表 3　2018 年玉米联合收割机销售一览表　　单位：万台

序号	区域	销量		同比增长率（%）	占比（%）		增减（%）
		2018 年	2017 年		2018 年	2017 年	
1	吉林	0.79	0.50	58.00	17.59	12.63	4.96
2	山东	0.71	0.99	-28.28	15.81	25.00	-9.19
3	河北	0.65	0.84	-22.62	14.48	21.21	-6.73
4	河南	0.50	0.59	-15.25	11.14	14.90	-3.76
5	山西	0.27	0.19	42.11	6.01	4.80	1.21
6	内蒙古	0.21	0.15	40.00	4.68	3.79	0.89
7	黑龙江	0.15	0.05	200.00	3.34	1.26	2.08
8	辽宁	0.11	0.25	-56.00	2.45	6.31	-3.86
9	安徽	0.08	0.12	-33.33	1.78	3.03	-1.25
10	天津	0.04	0.02	100.00	0.89	0.51	0.38
小计		3.51	3.70	-5.14	78.17	93.43	-15.26
其他		0.98	0.26	276.92	21.83	6.57	15.26
合计		4.49	3.96	13.38	100.00	100.00	0.00

二、2019 年上半年玉米收割机市场分析

2019 年上半年，我国农机市场依然延续了近年低迷的发展态势，与多数传统农机市场不同的是，正值淡季的玉米收割机市场却逆势飘红。

（一）需求稳中有进，反弹未终结

2019 年上半年，正值玉米收割机市场淡季，市场需求却呈现出稳中有进、小幅攀升的特点。市场调查显示，截至 6 月底，累计销售各种型号的玉米收割机 7871 台，同比增长 8.93%（见图 1）。

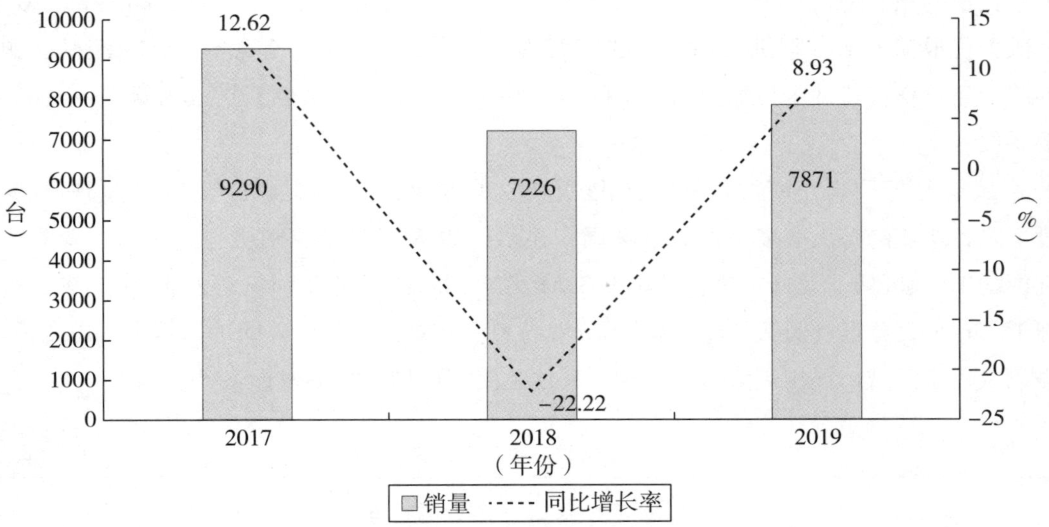

图 1　2017—2019 年上半年玉米收割机销售对照

从近三年玉米收割机市场上半年走势看，呈现“V”字形特点。在 2017 年出现 12. 62% 的增长后，2018 年同比出现 22. 22% 的大幅度下滑，2019 年再度出现 8. 93% 增长。2019 年上半年玉米收割机市场需求虽未达到 2017 年的高度，但凸显反弹未终结迹象。

2019 年上半年玉米收割机市场淡季发力是多重原因共同作用的结果。

一是刚性需求决定了玉米收割机市场具有较好的成长空间。玉米种植面积近年因种植结构调整等因素，虽然连年下降，但在小麦、水稻、玉米三大粮食作物中，种植面积依然占据首位，由此可以看出玉米收割机市场容量大。但反观玉米收割的机收水平、玉米收割机保有量，无论与玉米的机耕、机播水平比，还是与谷物的机收水平比，都还存在较大差距。统计显示，2018 年我国玉米收割机耕种收综合机械化水平达到 87. 05%，其中，机耕率高达 94. 19%，机播率 88. 73%，两者已基本实现机械化，而机收率不过 75. 85%，在三项关键指标中，机械化水平偏低。我们再看玉米收割机保有量，2018 年只有 53. 01 万台，其中自走式联合收割机 43. 08 万台，较稻麦联合收割机 152. 9 万台的保有量差距明显。由此可以看出玉米收割机市场上升空间依然值得期待。

二是玉米收割机市场经历了多年的下降，形成市场“洼地”，多年积蓄的能量得到释放，2018 年呈现恢复性增长，2019 年上半年的表现，再次与我们对 2019 年玉米收割机市场的基本判断相吻合：市场仍处于恢复增长的通道中，市场反弹未终结。

三是区域市场拉动。2018 年玉米收割机市场的主流区域黄淮海市场全线陷落，这些主流区域在农机补贴、市场更新等多重利好因素拉动下，迎来发展契机。同时，许多企业开始关注西南丘陵区域玉米收割机市场，新市场将为 2019 年乃至未来一个时期内玉米收割机市场注入澎湃动力。

四是畜牧机械市场拉动。近年，我国畜牧机械市场在刚性需求、利好政策等因素的推动下，呈现快速增长的态势，其中青饲料收割机增势良好。作物茎穗兼收的玉米收割机市场受益良多，2019 年上半年呈现快速增长势头，为玉米收割机市场提供了有力支撑。

五是新产品的驱动也是 2019 年上半年市场增长不可忽略的重要因素之一。酝酿多年的籽粒机市场产品臻于成熟，玉米收割机的研发也取得了长足的进步，这些新产品或将从不同侧面为 2019 年的玉米收割机市场提供新的增长点，带来良好的发展机遇。

（二）聚焦4行机，大型化趋势渐强

2019年上半年玉米收割机市场再次诠释了需求大型化的特点。市场调查显示，5行及以上机型市场需求虽只有613台，但同比增幅却高达41.9%，占比较上年同期上扬1.81个百分点。从需求量分析，4行机依然占据主导，市场销售4683台，同比大幅度攀升26.77%，占比59.50%，较上年同期增长8.38个百分点。2行及以下机型累计销售1151台，同比小幅度下滑6.65%，占比14.62%，较上年同期下挫2.44个百分点。3行机销售1424台，同比大幅度下滑23.73%，占比18.09%，较上年同期下挫7.75个百分点（见图2）。

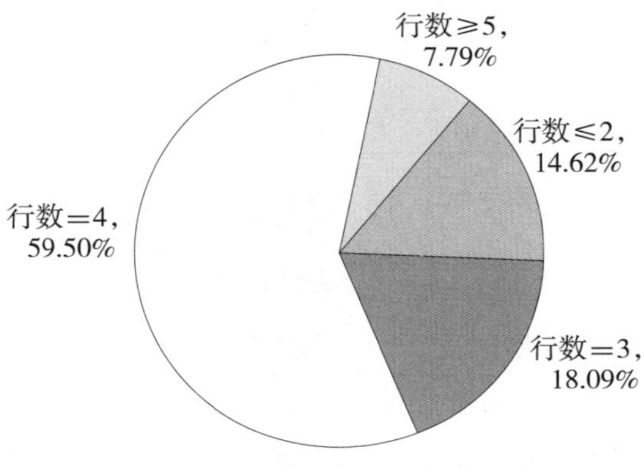

图2 2019年玉米收割机市场销售结构

玉米收割机市场需求大型化是近年呈现出的新趋势，主要缘于以下几个因素：首先，玉米收割机作为投资性需求，大型机械因作业效率高而受到投资者青睐；其次，2018年我国土地流转率已经达到35%以上。随着土地流转的加速，规模化、集约化种植正逐渐成为农村的主要种植方式，客观上推动了市场需求大型化快速发展；再次，农机、农业合作社，家庭农场，种植专业户，尤其是农机服务组织的迅猛发展，为市场大型化发展注入充足的动力。统计显示，2018年全国农机户及服务组织共计4249万个，其中农机合作社有7万个。乡村农机从业人员超过5000万人。我国机耕、机播、机收、机械植保和机电灌溉作业面积合计超过63亿亩，农机化服务总收入5400亿元，成为农机使用大国。

（三）集中度攀高，英虎、巨明“二马争肥”

玉米收割机市场竞争格局正悄然生变，突出表现为市场集中度进一步提高，两大品牌率先发力。市场调查显示，截至2019年6月底，销量前6的品牌累计销售各种玉米收割机5564台，同比大幅度攀升31.85%，市场占比高达70.69%，较2018年同期攀升12.29个百分点。与之相反，其他品牌同比大幅度下滑23.25%。

从前6的品牌表现看，除洛阳福格森和金大丰同比出现滑坡外，其他品牌均呈现不同程度的增长。尤其英虎、山东巨明两大品牌占比四成以上，凸显“二马争肥”的竞争格局。市场调查显示，截至6月底，两大品牌分别销售1845台和1761台，同比大幅度攀升47.01%和29.11%，占比分别达到了23.44%和22.37%，较2018年同期增长6.07个百分点和3.5个百分点（见图3）。雷沃重工、新研同比也出现飙升，增幅分别达到55.85%和1233.33%；但销量较小，占比分别为6.77%和3.05%，对上

半年市场整体竞争格局影响较小。

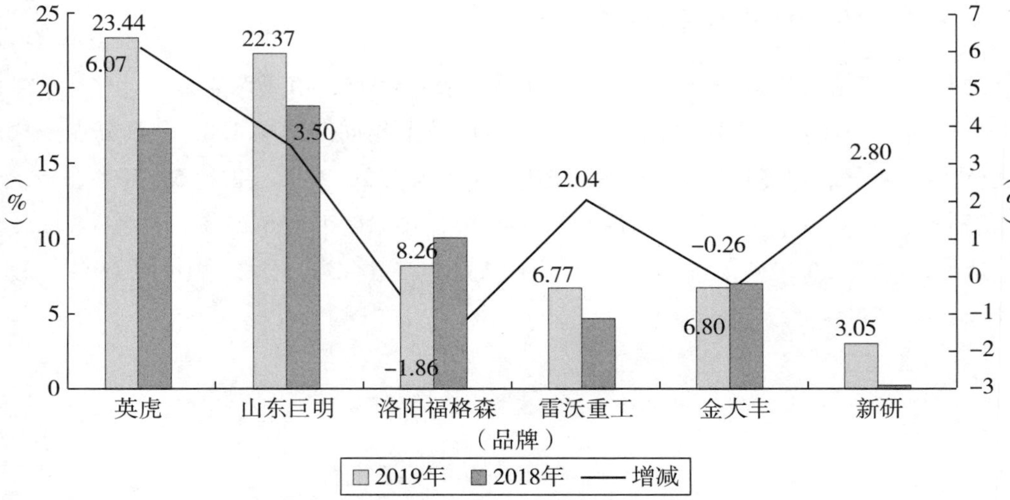

图 3　2018 年及 2019 年上半年玉米收割机市场主流品牌销售态势

玉米收割机市场在经历了 2015—2017 年连续三年的断崖式下滑后，竞争格局发生了较大变化。一些品牌黯然退市，另一些品牌悄然崛起，成为行业里的黑马，譬如英虎。其一，从 2019 年上半年玉米收割机市场竞争特点分析，产品依然是市场竞争的核心，英虎近年正是靠强大的产品力，赢得市场上位，实现 2017 年、2018 年、2019 年的市场销售的“三连跳”。其二，价格依然是不可忽视的竞争利器。市场低迷、消费者购买力下降、投资信心不足等因素都成为价格战的沃土，一些品牌正是依靠低价，确保市场较大的占有份额。其三，产品与技术创新在市场竞争中变得越来越重要，市场竞争形势正由过去在中低端展开向高端加速过渡，谁率先掌握先进技术和适应市场需求的产品，谁就能在这次激烈的竞争中脱颖而出。

三、2019 年玉米收割机市场预测

（一）市场环境分析

2019 年的玉米收割机市场变数陡增，市场环境更加复杂多样。从宏观因素分析，利好因素与利空因素交织，利好因素主要包括以下几个方面。

第一，由于近年玉米种植面积大幅调减，玉米产量下降，2018 年国内玉米产需出现自 2009 年以来首次缺口，国内玉米价格自 2017 年第四季度开始回升。2019 年，国内玉米种植面积预计小幅回升，下游饲料、深加工消费增速向好，国内玉米产需预计将出现缺口。

第二，玉米价格稳中有升。2019 年，国内玉米种植面积受下游饲料需求增加、库存减少、深加工消费增速向好、贸易战导致进口减少等因素影响，国内玉米产需预计仍将出现缺口。2019 年全球玉米产需缺口预计较 2018 年扩大，国内外基本面或将共同支撑玉米价格维持强势。2019 年上半年玉米价格稳中有升，对玉米收割机市场产生积极影响。

第三，从全球玉米需求分析，2019 年度全球玉米产量预计达到 10.56 亿吨，同比增长 1.87%；受

高油价引发燃料乙醇消费增加以及饲用消费增长的带动，2019 年全球玉米消费量预计达到 10.92 亿吨，同比增长 2.10%。整体来看，预计 2019 年度全球玉米产需缺口由 2018 年的 2368 万吨扩大至 3570 万吨，玉米价格强势局面有望持续。

第四，玉米作为我国第一大粮食种植作物，每年产量约 2.3 亿吨，其中饲用占 41%，食用仅占 4%。近年，我国畜牧业进入快速发展期，随着饲料需求快速增长，对玉米需求增加，将拉动茎穗兼收玉米收割机市场的快速发展。

从利空因素分析，一方面，种植结构调整，东北三省玉米种植面积缩减。东北三省为了调整农业结构，推进农业供给侧结构性改革，特意提高了大豆的轮种补贴金额、降低了玉米的轮种补贴金额，这种因素直接导致了大豆种植面积激增、玉米种植面积大幅度减少。春耕期间，有大量的农民受到大豆生产者补贴金额标准明显高于玉米补贴的影响，决定改种大豆，在一些地区玉米和大豆的种植面积比例由往年的 9∶1 变为了 7∶3。种植面积缩减，无论从哪个角度分析，对玉米收割机市场的走势都不是好消息。另一方面，收入下降，投资信心受到压制。近年粮价波动下行，对农民收入产生较大影响。传导到玉米收割机市场，主要包括购买力不足、更新周期延长、投资信心受挫等，这些利空因素将在一定程度上影响市场需求。

从微观因素分析，主要包括：第一，刚性需求依然是市场的第一引擎，前文已经做了分析。第二，2019 年的玉米收割机市场依然处于反弹的上升通道中，虽然玉米收割机经历了上年的小幅增长，但增幅并不大，难以消化连续 3 年断崖式下滑所积累的能量。由此我们判断 2019 年玉米收割机市场反弹未终结，上半年市场走势也证明了这种判断。第三，更新拉动。作为驱动市场的另一动力——更新，2019 年或将发力。第四，补贴拉动。2019 年上半年，农机补贴进展缓慢，下半年农机补贴金额充足，为旺季销售提供了坚实的补贴基础。

基于以上分析，我们判断，2019 年玉米收割机市场全年销售或在 5 万台左右，同比增幅在 10% 上下浮动。

（二）市场预测

（1）需求量预测。基于各种环境分析，我们预计 2019 年玉米收割机市场在经历了 2018 年两位数增长后，还将持续此走势。从增幅判断，既不会出现 2014 年之前的大幅度攀升，也不会出现 2015—2017 年的断崖式下降。预计全年销量在 5 万台左右，同比增长 10% 以上。（见图 4）

（2）需求结构预测。第一，从 2019 年上半年市场需求结构看，4 行机是市场需求主流，下半年或将继续沿着这个方向发展，大型化趋势不会停下脚步。第二，市场向两端延伸的趋势不会变，一方面 4 行机、5 行机占比会提高，另一方面 2 行的小机型在山地丘陵和小地块占有一席之地，或将延续其增势。第三，从主流区域需求结构看，在东北区域，大型化、籽粒收获或将成为拉动市场增长的新引擎，4 行机及以上机型或出现较快增长；在黄淮海区域，需求或将呈现多元化特点，大型与小型、籽粒与摘穗并举。第四，籽粒机市场暗流涌动，2019 年因多种因素制约，籽粒机市场还难以爆发，市场将延续摘穗式机型。市场虽然不会出现波翻浪涌的局面，但市场需求增长是大概率的事。

（3）竞争前瞻。从市场竞争分析，玉米收割机市场受 3 年断崖式下滑的影响，原来的竞争格局走向式微，新的竞争格局正在形成之中，2019 年或将成为市场竞争的关键之年，新势力与传统强势品牌的碰撞会更加激烈，弱小品牌将进一步演绎退市风潮。整个市场的竞争核心依然是市场产品品质和品牌影响力，市场洗牌在所难免（见图4）。

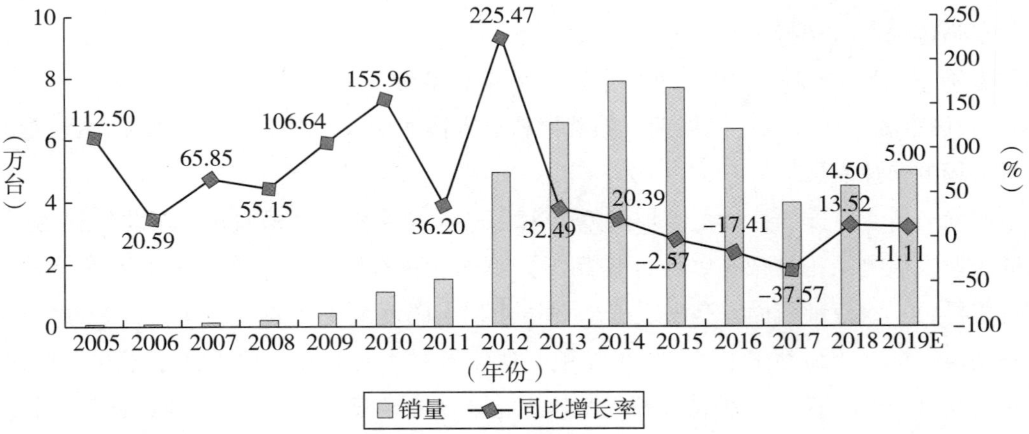

图4　2005—2018年玉米收割机市场销售走势与2019年预测

（4）需求区域预测。从需求区域分析，黄淮海区域市场2018年大幅度下滑，已经形成市场“洼地”，2019年市场需求或将出现增长。东北三省及内蒙古区域，2018年增势较好，加之受种植结构调整影响，2019年市场需求或出现一定的滑坡。

四、聚焦市场盲区，关注六大发展趋势

玉米收割机市场走到拐点上，从市场发展趋势可见一斑。

趋势一，市场需求稳健低位运行或将成为新常态。玉米收割机市场顺势经历了市场导入、市场成长和市场成熟三个发展阶段，以背负式机械为主要特点的市场导入阶段，在2011年戛然而止，2012年进入以自走式联合收割机为主导的第二阶段——市场成长阶段，2012—2014年成为玉米收割机市场黄金发展期，市场需求旺盛，增势强劲，机收水平快速提升。之后2015—2017年，市场经历了连续3年的断崖式下跌。突出表现为需求大幅度下降，东北三省、内蒙古、黄淮海地区等传统主流市场趋于饱和。2018—2019年，市场进入第四阶段——恢复性增长阶段，这个阶段的突出特点表现为需求动力由刚性需求转为更新需求，市场缓慢复苏，低位运行或成为未来几年市场的新常态。

趋势二，大型、高端化将成为市场需求的发展方向。在市场低位运行的新常态下，随着土地流转、规模化集约化经营的推进，尤其是农服组织新服务模式的逐渐成熟，大型、高端机型在东北三省、内蒙古、黄淮海地区等传统区域将成为市场需求的主流机型。

趋势三，籽粒收割机是玉米收割机市场未来发展的希望。我国玉米收获事实上仍停留于摘穗收割的中间环节，尚需脱粒才能最终完成。像小麦、水稻一样，直接进行籽粒收获是玉米收割机市场未来发展的更高阶段。但受当前客观环境尤其是粮价波动、投资信心受挫等影响，籽粒机市场发展放缓。2018年，23家企业累计销售1300余台籽粒收割机，意味籽粒收割机市场暗流涌动。我们坚信，随着大环境的变化，籽粒机市场必然在不远的将来迎来发展的春天。

趋势四，市场竞争会更加激烈，洗牌将成为市场重要竞争特点。我国玉米收割机行业面临的最大现实是：市场需求进入“空窗期”、低端产能严重过剩、结构性矛盾十分突出。近年，虽然经过激烈

的市场竞争，玉米生产企业由高峰期的数百家下降到去年的87家（规模以上生产企业），但产能依然严重过剩。由此决定了市场竞争会更加激烈，洗牌成为未来几年的主要竞争特点。

趋势五，适应丘陵山区作业的小型玉米收割机或将得到长足发展。我国玉米种植区域遍布全国各地，在东北三省、内蒙古、黄淮海地区等主要玉米种植区域已经达到较高机收水平的情况下，丘陵山区以及小地块玉米种植区域的机收水平依然很低，成为玉米收割机市场的“盲区”，市场成长空间大。解决区域发展不平衡的矛盾首先要解决适销对路的产品，由此决定了结构紧凑、动力消耗小、作业质量好、安全可靠、操作灵活、造价低廉、油耗较小的小型玉米收割机将进入发展的快车道。

趋势六，技术进步将推进玉米收割机市场升级。随着农机科技的进步与不断突破，具有高效、智能、低排放、自主导航等特点，使用液压机械式无级变速器、作业监控系统、控制操作系统等技术，在不远的将来将成为玉米收割机的标配。适应多种复杂条件下的自动驾驶、自动导航系统将成为玉米收割机技术发展的方向。随着这些先进技术的应用，玉米收割机的作业效率、质量和舒适度将获得极大提升。

（勇猛机械股份有限公司　裴丽琴）

2018 年多缸柴油机市场回顾与 2019 年展望

一、多缸柴油机总体产销形势

2018 年经济社会发展的主要预期目标完成较好，三大攻坚战开局良好，供给侧结构性改革深入推进，改革开放力度加大，人民生活持续改善。尽管外部环境复杂严峻，经济面临下行压力，但是中国经济大船仍将把稳航向，克服艰难，持续前行。中国国民经济的运行依然保持在合理区间，总体平稳、稳中有进态势持续显现。2018 年 GDP 增速 6.6%，实现预期发展目标。固定资产投资累计增速创新高，其中房地产开发投资累计增速连续 11 个月超过 9%。2018 年全年全国规模以上工业增加值比上年实际增长 6.2%，增速缓中趋稳。按经济类型看，国有控股企业增加值增长 6.2%，集体企业下降 1.2%，股份制企业增长 6.6%，外商及港澳台投资企业增长 4.8%。按三大门类看，采矿业增加值增长 2.3%，制造业增长 6.5%，电力、热力、燃气及水力生产和供应业增长 9.9%。高技术制造业、战略性新兴产业和装备制造业增加值分别比上年增长 11.7%、8.9% 和 8.1%，增速分别比规模以上工业快 5.5 个、2.7 个和 1.9 个百分点。新兴工业产品产量快速增长，铁路客车、微波终端机、新能源汽车、生物基化学纤维、智能电视、锂离子电池和集成电路分别增长 183.0%、104.5%、40.1%、23.5%、18.7%、12.9% 和 9.7%。

从国内环境看，生态环境部发布了《非道路移动机械污染防治技术政策》，非道路柴油机械国四排放标准将于 2020 年 12 月 1 日开始实施，非道路用多缸柴油机技术升级加快，非道路用多缸柴油市场受到一定冲击；从国际环境看，贸易摩擦不断升级，区域保护日趋严重，在种种不利因素的综合作用下，2018 年全年多缸柴油机产销分别累计完成 299.4536 万台和 301.5356 万台，与上年同期比较，产销量分别减少 16.14% 和 15.66%。

从 2018 年全年的多缸柴油机生产量来看：潍柴（含扬柴）、玉柴、云内、全柴、一汽、北汽、江铃、东风、中国重汽、一拖（含扬动）、华源，名列多缸柴油机累计生产前 11 位，产量分别为 481853 台、448231 台、375652 台、274658 台、277094 台、231236 台、258947 台、178279 台、168257 台、81336 台、48773 台。2018 年前 11 家企业共生产 2824316 台，占柴油机累计生产总量的 94.32%，而同期 2017 年前 11 家企业共生产 3128703 台，占柴油机累计生产总量的 87.62%。数据显示由于行业下滑，各家都在控制存货，同时品牌集中度日渐凸显，行业集中度进一步提升。行业产量下降 16.14%，各企业排名变化比较大，前 11 家企业，除了 2 家出现略微增长外，其余 9 家全部出现下滑，其中有 8 家下滑幅度超过 10%。

潍柴和云内产量出现略微增长，分别增长 1.55% 和 5.72%，潍柴虽然增幅不是最大，但基数较大，潍柴连续三年增长，2016 年增长 52.32%，2017 年增长 41.92%，占据行业第一的位置（排名从 2014 年的行业第 2 位跌至 2015 年行业第 6 位，2016 年、2017 年位居行业第 2 位）；云内在行业普遍下滑的形势下，实现增长 5.72%，增幅行业第一，排名仍是行业第 3 位。玉柴连续多年增长，2016 年增长 9.96%、2017 年增长 62.29%，2018 年下滑 7.45%，排名降至行业第 2 位（玉柴从 2014 年的行业第 1 位跌至 2015 年行业第 3 位，2016 年继续下跌至行业第 4 位，2017 年大幅增长回到行业第 1 位，2018 年下降至行业第 2 位）；北汽下滑最大，下滑达到 29.45%，2016 年行业排名第 7 位，2017 年行业排名第 4 位，2018 年下降到行业排名第 6 位；全柴出现较大下滑，下滑 12.78%，下滑幅度低于行业平均水平，排名从 2017 年的第 5 位，上升至行业第 4 位；一汽、江铃、东风、中国重汽下滑均在 10% 以上，分别为 11.88%、11.47%、11.82%、11.17%，排名分别为行业第 5 位、第 7 位、第 8 位和第 9 位；一拖和华源两家下滑较大，分别下降 24.98% 和 24.88%，产品的排放技术成为影响因素，一拖由于对配套农机产品依赖较高，受农机行业持续下滑的影响，下滑幅度较大（见图 1 和表 1）。

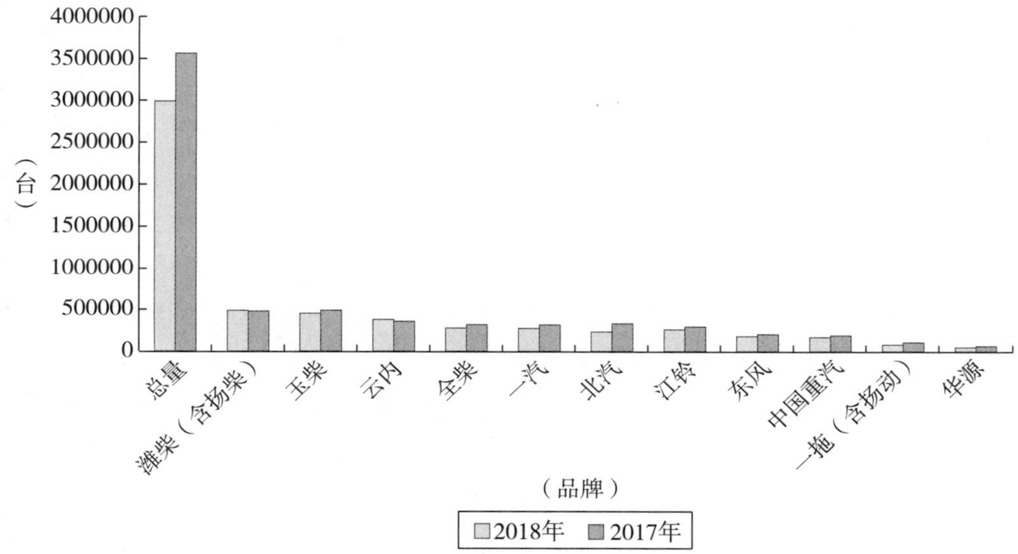

图 1　多缸柴油机累计生产情况

表 1　2017—2018 年多缸柴油机行业生产量前 11 名企业产量　　单位：台

品牌	2018 年	2017 年	同比增长率（%）
前 11 家总产量	2824316	3128703	-9.73
潍柴（含扬柴）	481853	474487	1.55
玉柴	448231	484327	-7.45
云内	375652	355335	5.72
全柴	274658	314913	-12.78
一汽	277094	314454	-11.88
北汽	231236	327740	-29.45
江铃	258947	292500	-11.47

续 表

品牌	2018 年	2017 年	同比增长率（%）
东风	178279	202185	-11.82
中国重汽	168257	189421	-11.17
一拖（含扬动）	81336	108416	-24.98
华源	48773	64925	-24.88

2018 年，全国规模以上工业企业实现利润总额 66351.4 亿元，比上年增长 10.3%。从近五年看，2014 年，规模以上工业企业利润增长 3.3%，2015 年下降 2.3%，2016 年增长 8.5%，2017 年增长 21%。2018 年，规模以上工业企业利润在上年实现快速增长的基础上，继续保持较快增长，规模以上工业企业中，国有控股企业实现利润总额 18583.1 亿元，比上年增长 12.6%；集体企业实现利润总额 102.2 亿元，下降 1%；股份制企业实现利润总额 46975.1 亿元，增长 14.4%；外商及港澳台投资企业实现利润总额 16775.5 亿元，增长 1.9%；私营企业实现利润总额 17137 亿元，增长 11.9%。2018 年，供给侧结构性改革继续深入推进，工业领域重点改革任务取得明显成效，杠杆率持续下降。2018 年年末，规模以上工业企业资产负债率为 56.5%，比上年降低 0.5 个百分点。其中，国有控股企业资产负债率为 58.7%，比上年降低 1.6 个百分点。企业成本继续降低。2018 年，规模以上工业企业每百元主营业务收入中的成本和费用合计为 92.58 元，比上年降低 0.18 元；其中，每百元主营业务收入中的成本为 83.88 元，降低 0.2 元。受国内制造业大环境的影响，多缸柴油机行业销量整体出现下滑，实现销量 2870720 台，同比下降 15.66%，低于产量降幅 0.48 个百分点，由此可见多缸柴油机市场存量增加。

从 2018 年全年的多缸柴油机销售量来看：潍柴（含扬柴）、玉柴、云内、一汽、全柴、北汽、江铃、东风、中国重汽、一拖（含扬动）、华源，名列多缸柴油机累计生产前 11 位，销量分别为 498577 台、452419 台、382356 台、273142 台、271178 台、268674 台、240215 台、184356 台、167632 台、82418 台、49773 台。上述 11 家企业共销售 2870720 台，占柴油机累计销售总量的 87.58%，而同期 2017 年产量排名前 11 家企业共销售 3131207 台，占柴油机累计生产总量的 87.67%，数据显示受行业整体下滑的影响，品牌优势逐步凸显，行业集中度进一步提升（见图 2 和表 2）。

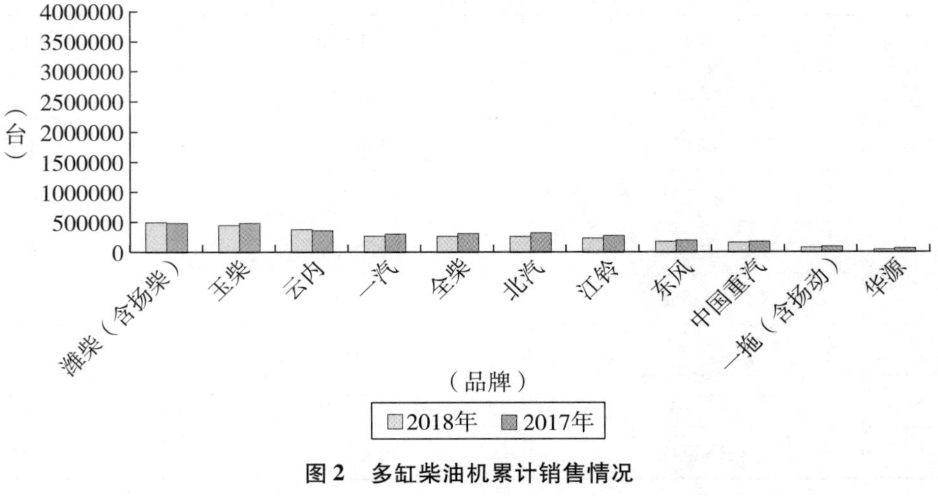

图 2　多缸柴油机累计销售情况

表 2 2017—2018 年多缸柴油机行业生产量前 11 名企业销量及行业总量 单位：台

品牌	2018 年	2017 年	同比增长率（%）
行业总销量	3105356	3575201	-15.66
潍柴（含扬柴）	498577	488160	2.13
玉柴	452419	487619	-7.22
云内	382356	363280	5.25
一汽	273142	308640	-11.50
全柴	271178	315266	-13.98
北汽	268674	329691	-18.51
江铃	240215	281951	-14.80
东风	184356	203004	-9.19
中国重汽	167632	181905	-7.85
一拖（含扬动）	82418	100312	-17.84
华源	49773	71379	-30.27

行业虽然整体下滑较大，但销量排名前三位的企业没有变化，潍柴在 2016 年增幅 37.71%、2017 年继续增长 54.54%、2018 年增长 2.13%，销量继续保持行业第一，这几年排名从 2014 年的行业第 2 位，跌至 2015 年的行业第 6 位，2016 年上升至行业第 3 位，2017 年继续上升至行业第 1 位；玉柴虽然下滑了 7.22%，但下滑低于行业平均水平，继续保持行业第 2 位，这几年从 2014 年行业第 1 位，2015 年跌至行业第 3 位，2016 年继续下跌至行业第 4 位，2017 年大幅上升至行业第 2 位；云内实现小幅增长 5.25%，增长幅度却是行业第一，排名仍居行业第 3 位，2015 年排名行业第 7，2016 年升至行业第 1 位，2017 年下降到行业第 3 位；全柴销量下滑 13.98%，排名继续保持行业第 5 位，这几年销量总体处于下滑状态，2014 年下滑达 33.52%，当年排名跌至行业第 4 位，2015 年在行业整体下滑比较大的情况下，略微下滑 2.89%，排名上升至行业第 1 位，2016 年销量微幅增长 2.76%，排名跌至行业第 2 位，2017 年在行业整体增长的大环境下，下滑 0.22%，排名跌至行业第 5 位；北汽下滑 18.51%，超过行业平均水平，排名跌至行业第 6 位，2014 年增长 29.51%，排在第 7 位，2015 年继续增长 22.53%，排名升至第 5 位，2016 年虽然增长 11%，但排名跌至第 7 位，2017 年上升至行业第 4 位，达到近几年的最好水平；江铃销量下滑 14.8%，排名仍然保持第 7 位；东风下滑 9.19%，仍然保持第 8 位；中国重汽下滑 7.85%，排名仍然保持第 9 位；受农业机械行业持续下滑的影响，一拖销量下滑比较大，下滑 17.84%，排名行业第 10 位；华源受众多因素影响，销量下滑最大，达到 30.27%，排名第 11 位。

2019 年中国经济将会有质的提升，不过也会付出相对量的代价。任何一年都将是充满挑战的一年，对于一个拥有 14 亿人口的大国来说不是一件轻松的事情。多缸柴油机市场也面临挑战，预计 2019 年全年多缸柴油机产销分别累计完成 260 万台和 270 万台。

二、配套农机用多缸柴油机宏观环境

2018 年农机全行业主营业务收入 2601. 32 亿元，同比增长 1. 67%；规模以上企业利润大幅下降 15. 76%，一直处于负增长状态；在出口方面，出口交货值下降 2. 17%。2018 年农机行业整体疲软，但细分领域差距明显，冷热不均。传统产品尤其是拖拉机和收割机行业下滑明显，新兴产品逆势上扬；即使是传统产品，各细分品类、细分市场也表现不一。这也从侧面反映出行业整体处于调整期，产品结构调整力度不断加大。

据中国农机工业协会统计，2018 年我国骨干企业拖拉机产量持续下滑。其中大中型拖拉机产量 17. 98 万台，同比下降 20. 79%，大中拖行业集中度持续降低，一大批中小企业进入大拖生产领域。据统计，生产 200 及以上马力拖拉机的企业就有六七十家，这一方面说明大拖的社会化配套体系不断完善和成熟；另一方面也与购置补贴分档有关，功率不断上延，甚至“大马拉小车”现象盛行。众多小企业的进入，在整体市场容量有限的情况下，自然摊薄了行业集中度。

近几年，我国轮式小麦收割机产销量不断下滑，基于市场保有量大，目前销售主要以更新为主，但产品结构不断优化提升，向大功率、多功能、智能化发展趋势明显。2018 年，我国生产轮式小麦收割机 19719 台，同比下降 33. 48%。生产履带水稻收割机累计 65628 台，同比下降 16. 92%。生产玉米收割机 35277 台，同比增长 55. 73%，成为众多传统子行业中大的增长点。生产青饲料收割机 4228 台，同比增长 11. 26%。

2018 年，虽然农机行业整体低位运行，但部分子行业的表现可圈可点，主要体现在农机薄弱环节的机具增长明显。甘蔗收割机快速增长，马铃薯机械、果园机械、残膜回收机等市场也不错，采棉机更是一机难求。2018 年，采棉机市场呈现井喷之势，新疆采棉机全年新增 650 台左右。生产企业包括外资企业迪尔、凯斯，还有以现代农装、钵施然为代表的本土企业。值得欣喜的是，国产采棉机在经历了多年的研发试验、改进完善后，终于实现了产业化生产应用，在市场上占有一席之地，打破了外资品牌的长期垄断。另外，零部件领域近几年一直保持稳健的增长态势。这主要得益于外资企业加大本地采购力度、零部件出口能力增强、大企业产品质量整合升级，以及后市场销售追求品牌化等因素的拉动。新兴市场的增长，一方面说明企业跟随种植业结构的调整而调整农机产品结构布局，另一方面说明企业研发、生产重点开始转向农业机械化薄弱环节。

2019 年的中央一号文件，是决胜全面小康攻坚冲刺阶段的一号文件，是脱贫攻坚和乡村振兴交会推进时期的一号文件，是改革开放 40 年新时代农村改革再出发的一号文件，具有很强的指导性、针对性、前瞻性。2019 年“三农”工作的五项硬任务将助力 2020 年全面建成小康社会，聚焦农村土地制度改革，守住底线，不搞私有化。处理好农民和土地的关系仍然是深化农村改革的主线，文件包括土地承包关系、土地制度三项改革和创新经营方式三大重要方面。一是保持土地承包关系稳定并长久不变，要扎实完成承包地确权登记颁证，妥善处理好、化解好遗留问题，将土地承包经营权证书发到农户手中，这叫颁铁证、吃定心丸。同时，研究出台第二轮土地承包到期以后再延长 30 年的配套政策。二是要继续深化农村土地制度三项改革，即土地征收、集体经营性建设用地入市和宅基地制度改革。改革试点已经实行了 4 年，要总结好试点经验，巩固扩大改革成果。农村有很多“空心村”、闲置宅基地和农房，要探索一些盘活利用的路径。组织开展农村宅基地和农房的调查，摸清全国宅基地基本情况，力争2020年基本完成宅基地使用权的确权登记颁证工作。三是创新经营方式，要完善承包地“三权分置”的法律法规和政策体系，突出抓好培育家庭农场和农民合作社这两类新型农业经营主体，同时落实扶持小农户发展政策，培育各类社会化服务组织，提高农业的经营效率和水平。农村土地制度改革是大事，必须稳步推进。一号文件也强调，改革要守住底线，就是要坚持农村土地集体所有、不搞私有化，坚持农地农用、防止非农化，坚持保障农民土地权益，不得以退出承包地和宅基地作为进城落户的条件。

2019年是全面建成小康社会的决胜期，“三农”领域有不少必须完成的硬任务。党中央认为，在经济下行压力加大、外部环境发生深刻变化的复杂形势下，做好“三农”工作具有特殊重要性。必须坚持把解决好“三农”问题作为全党工作重中之重不动摇，进一步统一思想、坚定信心、落实工作，巩固发展农业农村好形势，发挥“三农”压舱石作用，为有效应对各种风险挑战赢得主动，为确保经济持续健康发展和社会大局稳定、如期实现第一个百年奋斗目标奠定基础。

（一）2018年政策环境回顾

2018年是新一轮农机购置补贴政策实施的启动年，实施中央财政农机购置补贴资金174亿元，同比2016年的186亿元，下降12亿元，扶持163万农户购置机具191万台套。与2017年相比，2018年各省补贴范围均有所扩大，重点新增了支持农业绿色发展的机具，比如河南、湖南、四川、山东等生猪大省将清粪机、粪污固液分离机等畜禽粪污资源化利用机具纳入补贴范围。而在资金规模保持稳定的基础上，所有省份都明确，只要购置补贴范围内符合资质条件的机具均予补贴兑付，取消了申请补贴指标等门槛，稳定了农民购机预期。农业农村部和财政部将新产品补贴试点范围由10个省扩大到全国。2017年，16个省（自治区、直辖市）及计划单列市提出了35个次的新产品试点品目，涉及农业废弃物利用处理、畜牧养殖等方面的创新产品，补贴资金规模约1.8亿元，有效促进了农机产品技术创新和研发、生产、应用，满足乡村振兴战略对机械化的新需求。此外，2018年各级农业、财政部门推出了一系列便民利企举措：一是组织开发了全国农机鉴定管理服务信息化平台，实现了向社会公开所有获得农机推广鉴定证书的农机产品信息，有效支持补贴机具资质采信工作。二是明确将进口国外农机产品纳入补贴范围，农、财两部首次采信农机产品认证制度，国家认监委会同农业农村部联合印发了《农机自愿性产品认证实施规则通用要求》，积极推进相关举措加快落地。三是实现了全国农机鉴定管理服务信息化平台与补贴机具投档系统的互联互通，35个省（自治区、直辖市）及计划单列市实现了电子化投档。四是多数地方在行政审批大厅或农机大市场设立了“一站式”服务窗口，26个省（自治区、直辖市）及计划单列市使用手机App等办理补贴申领和机具核验，江苏等省还开展了集中进村验机和受理补贴申领等上门服务，农民购机报补基本上实现“最多跑一次”（见表3和图3）。

表3　2009—2018年中央财政投入农机购置补贴资金及2019年预测

年份	补贴资金（亿元）	同比增长率（%）
2009	130	225.00
2010	155	19.23
2011	175	12.90

续　表

年份	补贴资金（亿元）	同比增长率（%）
2012	215	22.86
2013	217.5	1.16
2014	237.5	9.20
2015	236.4	-0.46
2016	237.37	0.41
2017	186	-21.64
2018	186.89	0.48
2019E	181. 35	-2.96

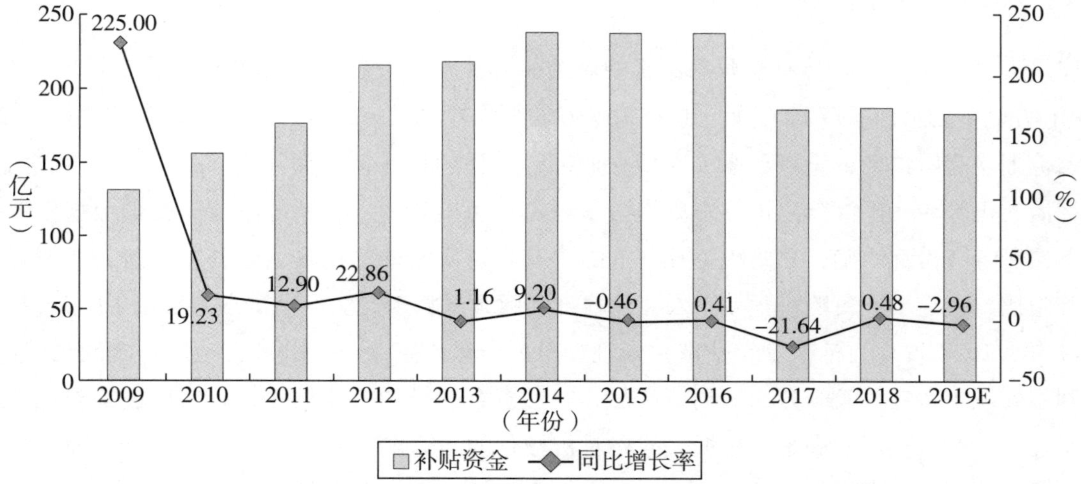

图 3　2009—2018 年中央财政投入农机购置补贴资金及 2019 年预测

2019 年农机购置补贴政策继续实施，预计补贴资金总额保持稳定。农业农村部农机化管理司表示：稳定实施农机购置补贴政策要更加注重有效性，即着眼于农业各产业对于农机装备的新需求，包括农村生态方面对于农机的新需求，来优化补贴机具种类的范围，加大对短板机具、高端机具、智能装备，当然也包括粮食等主要农产品生产所需机具补贴力度，促进装备提档升级，让政策发挥最大效益（见表 4）。

表 4　　2011—2018 年第一批与第二批补贴额度占比对比及 2019 年预测

项目		全年	第一批资金	第二批资金
2011 年	补贴额度（亿元）	175.00	115.90	59.10
	占全年额度比例（%）	—	66.23	33.77
2012 年	补贴额度（亿元）	215.00	136.90	78.10
	占全年额度比例（%）	—	63.67	36.33

续 表

项目		全年	第一批资金	第二批资金
2013 年	补贴额度（亿元）	217.50	200.00	17.50
	占全年额度比例（%）	—	91.95	8.05
2014 年	补贴额度（亿元）	236.50	170.00	66.50
	占全年额度比例（%）	—	71.88	28.12
2015 年	补贴额度（亿元）	236.40	209.00	27.40
	占全年额度比例（%）	—	88.41	11.59
2016 年	补贴额度（亿元）	237.37	209.29	28.08
	占全年额度比例（%）	—	88.17	11.83
2017 年	补贴额度（亿元）	186.00	186.00	0
	占全年额度比例（%）	—	100.00	—
2018 年	补贴额度（亿元）	186.89	186.89	0
	占全年额度比例（%）	—	100.00	—
2019 年	补贴额度（亿元）	181.35	—	—
	占全年额度比例（%）	—	—	—

2019 年的农机购置补贴资金，相比 2018 年略有减少。预计后期国家对个别省份会有针对性地追加补贴资金，总量和 2018 年持平。同比补贴资金下降的省（自治区、直辖市）包括：山东、青岛、河北、北京、江苏、江西、广西、甘肃、宁夏、山西、陕西、内蒙古、黑龙江和辽宁，对于这些地区的农机销售，可能造成较大的不利影响（见表 5）。

表 5　2019 年与 2018 年国家农机购置补贴分配金额对比　单位：元

序号	地区	2019 年	2018 年	同比增长率（%）
1	山东	150000	168910	-11.20
2	青岛	10000	12000	-16.67
3	河南	174530	174530	0.00
4	河北	105000	123110	-14.71
5	天津	9000	7740	16.28
6	北京	0	10500	-100.00
7	江苏	123000	133760	-8.04
8	上海	3540	3540	0.00
9	浙江	22500	22500	0.00
10	宁波	8928	8928	0.00

续　表

序号	地区	2019 年	2018 年	同比增长率（%）
11	安徽	134940	134940	0.00
12	湖北	79200	70920	11.68
13	湖南	72000	63890	12.69
14	江西	55000	59490	−7.55
15	福建	11530	11530	0.00
16	厦门	310	310	0.00
17	广东	8100	8100	0.00
18	广东农垦	170	170	0.00
19	海南	2940	2940	0.00
20	广西	4800	34720	−86.18
21	云南	40000	33770	18.45
22	贵州	3000	3000	0.00
23	四川	24000	11720	104.78
24	重庆	10000	8110	23.30
25	甘肃	24000	40260	−40.39
26	宁夏	11700	16560	−29.35
27	青海	9290	6540	42.05
28	西藏	14500	10970	32.18
29	山西	32000	39400	−18.78
30	陕西	35000	43180	−18.94
31	内蒙古	120000	138790	−13.54
32	黑龙江	162300	170710	−4.93
33	黑龙江农垦	50000	50000	0.00
34	吉林	130000	123060	5.64
35	辽宁	82000	89330	−8.21
36	大连	1500	840	78.57
37	新疆	78760	20160	290.67
38	新疆兵团	10000	10000	0.00
合计		1813538	1868928	−2.96

（二）2019 年政策环境分析

2019 年是全面建成小康社会的决胜期，“三农”领域有不少必须完成的硬任务。一是打赢脱贫攻坚战是全面建成小康社会最大的硬任务，中央一号文件把它摆在突出位置，要加大“三区三州”等深度贫困地区脱贫攻坚力度，做好脱贫攻坚与乡村振兴的衔接。二是抓好粮食生产。要稳定扶持粮食生产的政策举措，确保粮食播种面积稳定在 16.5 亿亩，粮食产量保持稳定，严守 18 亿亩耕地红线。三是增加农民收入。到 2020 年，农民人均收入比 2010 年翻一番，这是全面建成小康社会的硬指标。四是改善农村人居环境。抓好农村人居环境整治三年行动，重点抓好垃圾污水治理、厕所革命和村容村貌提升。五是补齐农村基础设施和公共服务短板。中央一号文件提出要实施村庄基础设施建设工程，加强农村饮水、道路、用电、住房、物流、信息网络等基础设施建设。中央一号文件对推进新一轮农村改革作出要求，专门用了一个章节部署全面深化农村改革的相关政策措施，包括巩固和完善农村基本经营制度、深化农村土地制度改革、深入推进农村集体产权制度改革、完善农业支持保护制度等。坚持把农业和农村作为财政优先保障领域和金融优先服务领域，加大公共财政倾斜力度，提高土地出让收入用于农业农村投入的比例，确保农业农村投入力度不断增强、总量不断增加。保持土地承包关系稳定并长久不变，扎实完成承包地确权登记颁证工作，妥善处理好、化解好遗留问题。这项工作已经基本完成，2019 年要做好收尾工作。同时，研究出台第二轮土地承包到期以后再延长 30 年的配套政策，确保政策衔接。农村土地征收、集体经营性建设用地入市和宅基地制度改革是正在继续深化的农村土地制度三项改革。试点比较成熟的，如农村土地征收和集体经营性建设用地入市，将会在修改相关法律基础上，完善配套制度、全面推开，加快建立城乡统一的建设用地市场。坚持农村土地集体所有、不搞私有化，坚持农地农用、防止非农化，坚持保障农民土地权益、不得以退出承包地和宅基地作为进城落户的条件。

总之，农机行业是一个受补贴政策影响较大的行业，农机生产企业要及时关注政策变化，顺势而为，按照政策导向目标，及时调整产品规划和发展思路，才能做到有的放矢。在现阶段脱离政策，只顾闷头干事业，已然行不通。但也绝不能在补贴额上做文章，一味想钻政策空子，搞小动作投机取巧，最后结局往往是“竹篮打水一场空”。要紧跟时代步伐，紧紧围绕政策导向，紧密结合企业实际，把精力和关注点放在提升产品质量和满足市场需求，保持战略定力，充分练好内功，切实做好产品，提升服务水平上。

三、配套自走式小麦收割机用多缸柴油机 2018 年回顾与 2019 年预测

配套自走式小麦收割机用多缸柴油机的销量与小麦收割机行业息息相关，小麦收割机产品经过多年的发展，整体行业已相对成熟，市场需求处于饱和状态，小麦收割机市场已经成为完全的存量市场，市场竞争也变为寡头竞争，用户对产品的价格敏感度源自投资回报率的压力。2018 年，小麦收割机的行业销量主要集中在 8 千克/秒喂入量的机型，市场集中度非常高，销量占行业总销量的 81.40%，销量同比大幅增长 186.49%。喂入量越大单台补贴金额越高，喂入量和功率上延的趋势非常明显（见表 6 和图 4）。

表 6　**2017—2018 年配套自走式小麦收割机用多缸柴油机各功率段销量对比**　单位：台

喂入量	2018 年	2017 年	同比增长率（%）
2～5 千克/秒	356	673	-47.10
6 千克/秒	1041	950	9.58
7 千克/秒	1832	24096	-92.40
8 千克/秒	16052	5603	186.49
9 千克/秒	273	238	14.71
10 千克/秒	2	0	—
11 千克/秒及以上	163	145	12.41
合计	19719	31705	-37.80

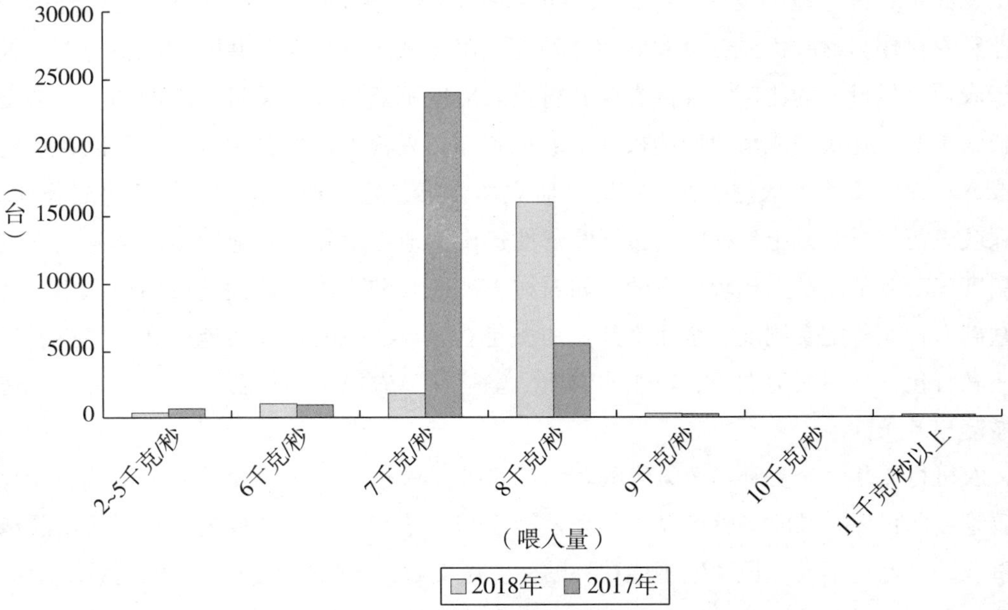

图 4　2017—2018 年配套自走式小麦收割机用多缸柴油机各功率段销量对比

2018 年小麦机国家补贴方面下降明显，《2018—2020 年农业机械购置补贴实施指导意见》取消喂入量 8 千克/秒以上小麦机的分档，喂入量 7 千克/秒小麦机单台补贴额由 2017 年的 54000 元调减至 44900 元，7 千克/秒以上补贴额调整一致，呈下降趋势。受社会保有量较大、作业半径缩小、全喂入水稻收割机抢占市场，加之小麦收获期较短，跨区数量减少，跨区用户更新需求逐渐萎缩等因素影响，用户回本周期延长，整体市场需求低速运行，2014—2018 年连续五年下滑，2018 年行业销量 19720 台，同比下滑 37.33%，需求主要集中在东北、西北及冬麦区部分区域。自 2014 年以来，小麦机市场全面进入需求结构调整阶段。一是性能稳定、产品可靠、操纵舒适的大型化趋势明显，中原区域喂入量以 8 千克/秒为主，东北区域 10 千克/秒产品的需求比重明显增长；二是纵轴流技术逐步完善，部分厂家已开始市场布局；三是作业功能要求一机多用，拉长作业时间，提高收益，以大豆、小麦、杂粮收割需求为主。除了产品性能和价格，服务成为影响用户购机的又一重要因素（见表 7 和图 5）。

表 7　**2017—2018 年配套自走式小麦收割机用多缸柴油机主要企业销量对比**　单位：台

公司名称	2018 年	2017 年	同比增长率（%）
雷沃重工	9487	13058	-27.35
中联重机	5286	8506	-37.86
中国一拖	1100	1470	-25.17
山东巨明	900	2000	-55.00
科乐收	697	2000	-65.15
郑州中联	600	1500	-60.00
久保田	550	919	-40.15
迪尔佳联	500	815	-38.65
山东五征	400	709	-43.58
江苏常发	200	450	-55.56
爱科	0	20	-100.00
洛阳福格森	0	10	-100.00
九方泰禾	0	10	-100.00
合计	19720	31467	-37.33

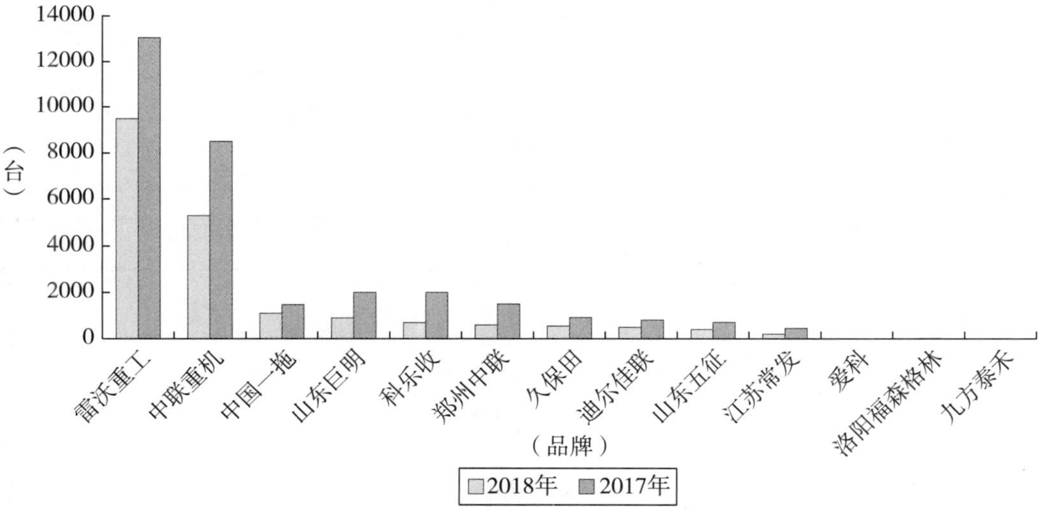

图 5　2017—2018 年配套自走式小麦收割机用多缸柴油机主要企业销量对比

目前我国农业机械化程度最高的粮食作物是小麦，2018 年在 5—6 月小麦收割季节，全国有 63 万台以上小麦联合收割机投入使用，2017 年机械化程度已达 94% 以上，日机收小麦面积达 400 万亩以上，大大缩短了夏收小麦农忙时间。当前除了一些特殊地形的农户采用传统方式外，全国基本上已经实现小麦收割机械化作业。因此，小麦收割机在我国是最早进入需求饱和期的一款农业机械。根据行业数据，小麦收割机已经历了 3 个发展阶段，2009 年前小麦收割机红极一时，需求旺盛，但技术存在一定的问题；2010—2013 年是需求全面升级，并大量投入市场阶段；2014 年以来开始进入饱和状态，补贴逐步减少，纵轴流技术逐渐成熟，小麦收割机需求市场基本处于饱和。虽然小麦收割机已经处于饱和状态，这两年也出现了当地人和外地人争夺小麦作业市场的情况，但目前小麦收割机的质量却参差不齐，很多都是老旧款式，由于收割过程中会遗漏很多小麦，很多老款收割机根本不受农民待见，以至于宁可等新式收割机过来，也不愿用老旧该淘汰的收割机。所以说，目前小麦收割机市场虽然已经饱和，但在市面上存在质量参差不齐的情况，产品更新换代需求仍然强烈。

综合以上分析，预计2019年配套自走式小麦收割机用多缸柴油机销量会有较小幅度下滑，幅度不到10%，总量在1.7万台左右（见表8和图6）。

表8　　2006—2018年配套自走式小麦收割机用多缸柴油机销量及2019年预测

年份	销量（台）	同比增长率（%）
2006	41135	10.84
2007	21050	-48.83
2008	38201	81.48
2009	62039	62.40
2010	41182	-33.62
2011	40302	-2.14
2012	32806	-18.60
2013	48623	48.21
2014	44035	-9.44
2015	43522	-1.16
2016	38113	-12.43
2017	31467	-17.44
2018	19361	-38.47
2019E	17748	-8.33

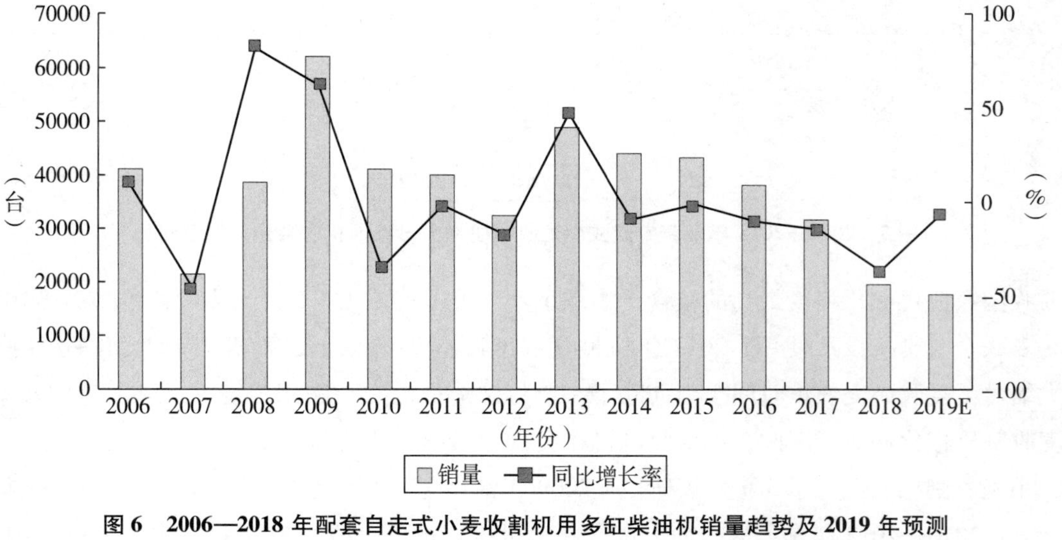

图6　2006—2018年配套自走式小麦收割机用多缸柴油机销量趋势及2019年预测

四、配套水稻机用多缸柴油机 2018 年回顾与 2019 年预测

在配套水稻机用多缸柴油机领域，经过 2014—2016 年连续三年高速增长后，市场需求基本饱和，市场需求主要以存量更新为主，加上水稻收购保护价进入调整阶段，种植户收益下降，种植面积调减等因素影响，用户投资意愿降低，对水稻机市场形成利空。自 2017 年开始下滑，2018 年降幅进一步增加，配套水稻机用多缸柴油机行业销量 65628 台，同比下滑 16.92%，基本上各品牌呈现下滑趋势（见表 9 和图 7）。

表 9　2017—2018 年配套水稻机用多缸柴油机主要企业销量　单位：台

公司名称	2018 年	2017 年	同比增长率（%）
江苏沃得	28154	34200	-17.68
久保田	12404	12984	-4.47
雷沃重工	8860	10768	-17.72
中联重机	7022	9162	-23.36
星光	5185	5550	-6.58
洋马	2559	4481	-42.89
浙江四方	700	907	-22.82
东风	444	403	10.17
农华智慧	200	412	-51.46
大同	50	20	150.00
井关	20	0	—
爱科	20	0	—
合计	65628	78996	-16.92

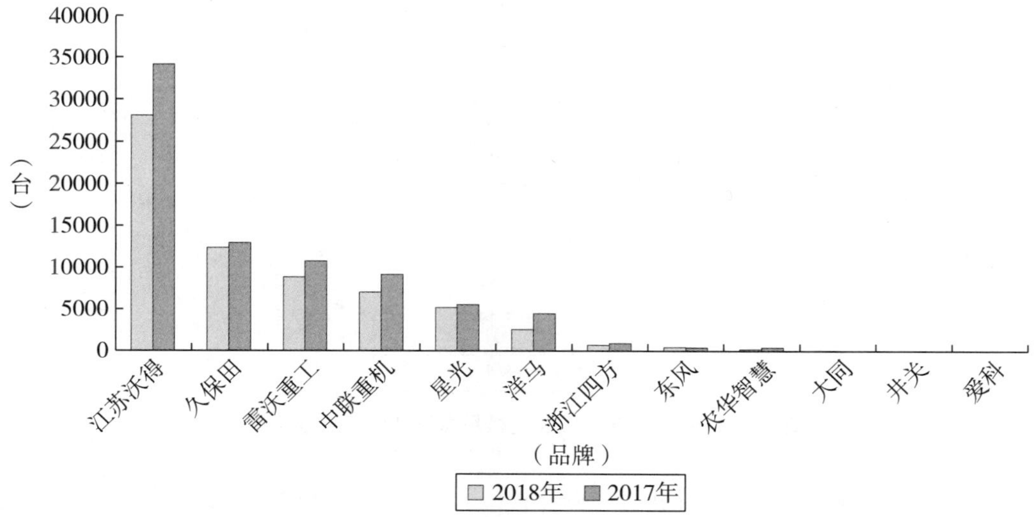

图 7　2017—2018 年配套水稻机用多缸柴油机主要企业销量趋势

2018 年配套喂入量 2 千克/秒以下水稻收割机下滑幅度最大，达到 81.70%；配套喂入量 2 ~ 3 千克/秒水稻收割机在 2017 年下降 59.69% 的基础上，继续大幅下滑 74.74%；配套 3 ~ 4 千克/秒水稻收割机在 2017 年增长幅度达到 116.15% 的基础上，继续增长 62.81%；而配套 5 ~ 6 千克/秒水稻收割机在 2017 年增长 22957 台的基础上，出现下滑，下滑 13.40%，但仍然占据水稻机行业的主要销量，占行业销量的 72.73%；配套 4 ~ 5 千克/秒水稻收割机也出现较大下滑，下滑 42.26%。配套水稻机用柴油机销售 65628 台，产销率为 96.8%，水稻机企业产品库存不大（见表 10 和图 8）。

表 10　2017—2018 年配套水稻收割机用多缸柴油机分功率销量情况　单位：台

配套水稻收割机用柴油机	2018 年	2017 年	同比增长率（%）
喂入量 ＜ 2 千克/秒	166	907	-81.70
2 千克/秒≤喂入量＜3 千克/秒	2059	8150	-74.74
3 千克/秒≤喂入量＜4 千克/秒	6929	4256	62.81
4 千克/秒≤喂入量＜5 千克/秒	4681	8107	-42.26
5 千克/秒≤喂入量＜6 千克/秒	47733	55120	-13.40
6 千克/秒≤喂入量	1906	17	11111.76
半喂入收割机	2154	2439	-11.69
合计	65628	78996	-16.92

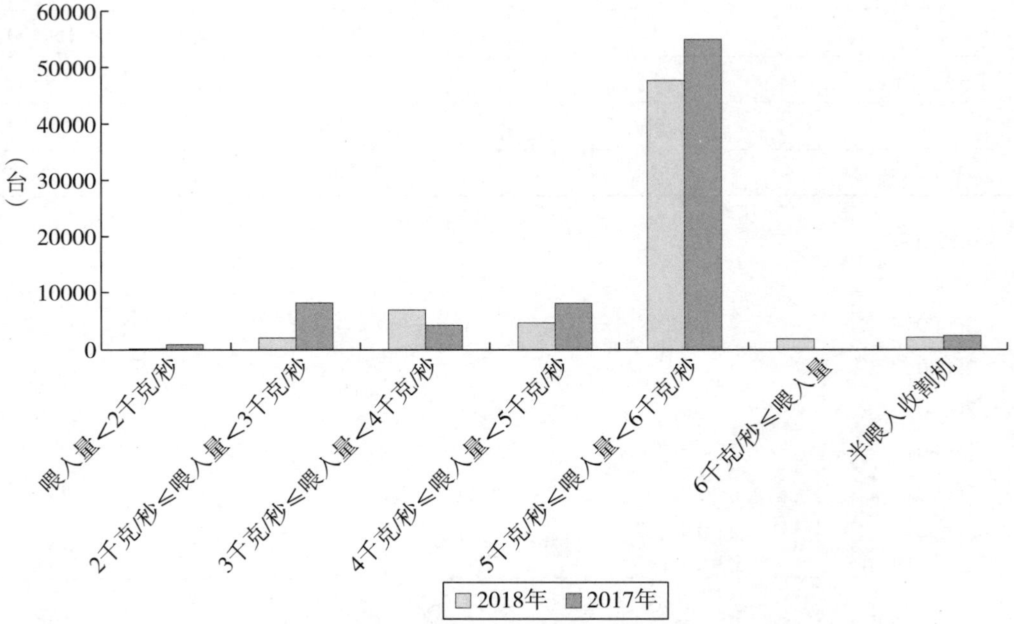

图 8　2017—2018 年配套水稻收割机用多缸柴油机分功率销量情况

从 2018 年配套水稻收割机用柴油机的功率分布来看，功率仍然集中在 5 ~ 6 千克/秒水稻收割机，但 6 千克/秒喂入量的销量出现大幅提升，水稻机的喂入量和功率上延的趋势已经比较明显，产品进一步向大型化发展，产销量在万台级的企业只剩下江苏沃得和久保田，行业前五家（江苏沃得、久保田、雷沃重工、中联重机、星光）销量占行业总销量的93.9%，集中度进一步提高。这是继小麦收割机之后，产业集中度快速提升的第二种产品。配套水稻机用柴油机和配套小麦机用柴油机相同，大喂入量机具增长较快，脱离滚筒长度进一步加长，为满足用户对产品操作舒适性、便捷性的作业需求，一杆操作、电控拨禾轮升降、高位卸粮已成为主流需求，对泥泞田块适应性、通过性要求提高。

综合以上情况，预计2019年配套水稻机用多缸柴油机市场需求总量在5.5万台左右，较2018年下降16%左右（见表11和图9）。

表11　2005—2018年配套水稻机用多缸柴油机销量及2019年预测　单位：台

年份	销量	同比增长率（%）
2005	44200	60.14
2006	39100	-11.54
2007	37200	-4.86
2008	35300	-5.11
2009	47200	33.71
2010	41000	-13.14
2011	38413	-6.31
2012	60442	57.35
2013	67496	11.67
2014	65747	-2.59
2015	79735	21.28
2016	94689	18.75
2017	78996	-16.57
2018	65628	-16.92
2019E	55000	-16.19

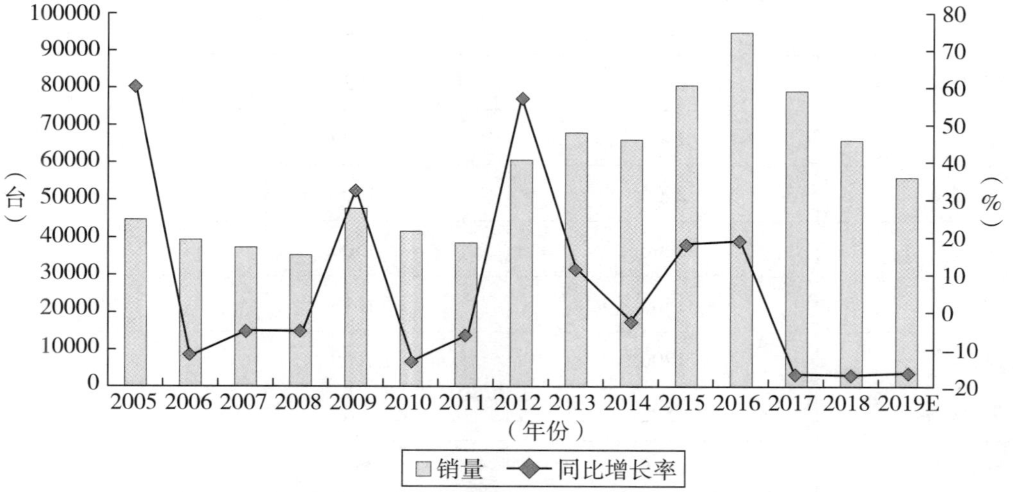

图9　2005—2018年配套水稻机用多缸柴油机销量趋势及2019年预测

五、配套自走式玉米收割机用多缸柴油机回顾与预测

2018 年，在农机市场一片萧条的情况下，沉寂已久的玉米收割机市场出现回暖。玉米收割机市场销量自 2015 年呈现“三连跌”。经过近三年大幅调整，行业去库存压力基本缓解。同时，玉米收购价触底反弹，玉米种植面积调减脚步放缓，乙醇燃料项目应用，加之玉米收割的机收水平整体不高，在存量更新和青贮、籽粒直收等新增需求影响下，2018 年玉米收割机行业销量 35277 台，同比增长 55.73%（见图 10 和表 12）。

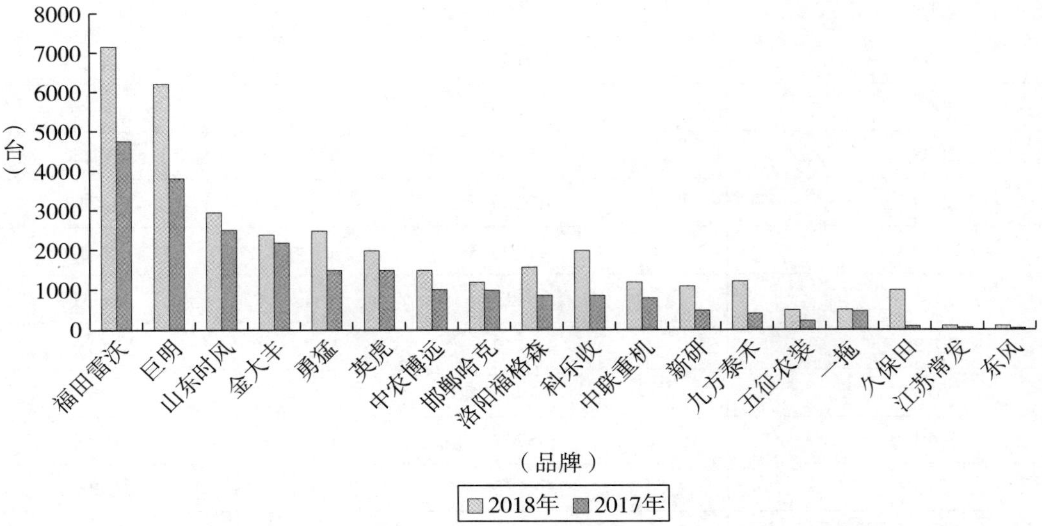

图 10　2017—2018 年配套自走式玉米收割机用多缸柴油机主要企业销量趋势

表 12　2017—2018 年配套自走式玉米收割机用多缸柴油机主要企业销量　　单位：台

公司名称	2018 年	2017 年	同比增长率（%）
雷沃重工	7178	4769	50. 51
巨明	6232	3825	62. 93
山东时风	2963	2524	17. 39
金大丰	2400	2200	9. 09
勇猛	2500	1500	66. 67
英虎	2000	1500	33. 33
中农博远	1500	1018	47. 35
邯郸哈克	1200	1000	20. 00
洛阳福格森	1576	870	81. 15
科乐收	2000	866	130. 95

续 表

公司名称	2018 年	2017 年	同比增长率（%）
中联重机	1200	805	49.07
新研	1100	491	124.03
九方泰禾	1223	410	198.29
五征农装	500	228	119.30
一拖	505	470	7.45
久保田	1000	92	986.96
江苏常发	100	50	100.00
东风	100	35	185.71
合计	35277	22653	55.73

2018 年，玉米收割机的行业销量主要集中在 4 行机，4 行机的销量占行业总销量的 52.89%，占据了玉米收割机的半壁江山。5 行及以上机型的销量同比大幅增长，主要得益于国家补贴政策的刺激，行数越多，单台补贴金额越高（见表 13 和图 11）。

表 13　2017—2018 年配套自走式玉米收割机用多缸柴油机功率分布对比　单位：台

配套功率	2018 年销量	2018 年占比（%）	2017 年销量	2017 年占比（%）
2 行	7633	21.64	3896	17.20
3 行	5358	15.19	2879	12.71
4 行	18660	52.89	14791	65.29
5 行	2575	7.30	922	4.07
6 行	173	0.49	55	0.24
7 行	13	0.04	10	0.04
8 行及以上	866	2.45	100	0.44
合计	35278	100.00	22653	100.00

2018 年是种植结构调整、镰刀弯地区改种、去库存的关键年，伴随着国内玉米种植面积连续两年大幅下调，下游深加工对库存的消化速度也有所提升，玉米价格或将进入一个长期爬坡上涨的通道。除了玉米收购价可能持续上调之外，玉米收割机市场还有着多重利好：一是玉米收割机械化程度尚不足。《中国统计年鉴 2018》显示，在对种植面积数据修正后，2018 年我国玉米播种面积比 2017 年公布的 3545 万公顷调高了 695 万公顷，调增至 4240 万公顷（6.345 亿亩）。而根据农业农村部相关统计，2018 年我国玉米收割机械化率为 69%，也就是说，全国 6.345 亿亩的玉米种植面积，还有 1.97 亿亩没有完成收割机械化。2018 年玉米收割机械化率虽有望突破 70%，但相比水稻和小麦作物的收割机械化率仍偏低，未来几年玉米收割机械化脚步或将进一步加快，对玉米收割机市场利好。二是补贴资金

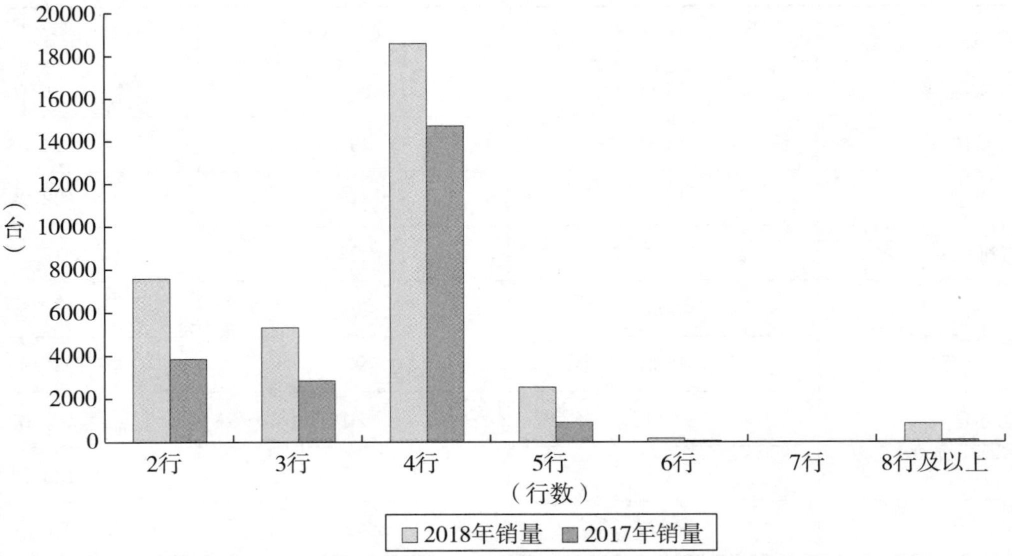

图 11　2017—2018 年配套自走式玉米收割机用多缸柴油机功率分布对比

拉动。《2018—2020 年全国通用类农业机械中央财政资金最高补贴额一览表（公示稿）》，对 5 行以上自走式玉米籽粒联合收割机调高至 8. 74 万元，而对 2 行和小 3 行玉米收割机也增加了补贴额度。可以看出，补贴政策向玉米收割机的细分品类倾斜，适用于北方春播玉米的大型玉米籽粒机和适合南方丘陵地区的小型玉米收割机更受青睐。其中国内 5 行机的占比不足 10%，这为玉米收割机大型化提供了良好的升级通道，另外南方丘陵地区之前多以背负式玉米收割机为主，自走式 2 行及小 3 行玉米收割机未来仍有上升空间。三是存量更新。玉米收割机更新周期一般以 5 年为界限，2013—2014 年进入市场的 10 余万台玉米收割机将进入产品集中更新期，当时的玉米收割机已经不能满足当前的作业需求，机手和用户迫切需要更换作业效率更高、故障率更低的新型玉米收割机。

总之，2019 年玉米收割机市场销量或将进一步回暖，但玉米收割机粗放的红利时代已经过去，市场进入了相对稳定的成熟期，穗茎兼收、摘穗等用途的细分市场更受用户关注。面对着回暖的市场，企业的竞争将更加激烈，新一轮的洗牌也会很快来临。在这个空档期内，企业需要在玉米收割机的作业效率和回收期等方面多下文章，以追求利润率、产品可靠性和品牌口碑之间的平衡。2019 年恰逢国三升国四的关键年份，柴油机排放的升级必然会导致整体成本上升；另外，农业供给侧结构性改革将继续推进，部分地区粮改饲尚未完成，调减玉米面积或轮作其他作物等政策或将进一步实施。

综上所述，2019 年市场总量需求预计 3. 8 万台，行业整体开始回暖，销量会小幅增长，增幅在 7% 左右（见表 14 和图 12）。

表 14　2007—2018 年配套自走式玉米收割机用多缸柴油机销量及 2019 年预测　单位：台

年份	销量	同比增长率（%）
2007	3000	15. 30
2008	3500	16. 67

续 表

年份	销量	同比增长率（%）
2009	4700	34. 29
2010	12000	155. 32
2011	26200	118. 33
2012	49000	87. 02
2013	58000	18. 37
2014	67169	15. 81
2015	65848	-1. 97
2016	41404	-37. 12
2017	22653	-45. 29
2018	35277	55. 73
2019E	38000	7. 72

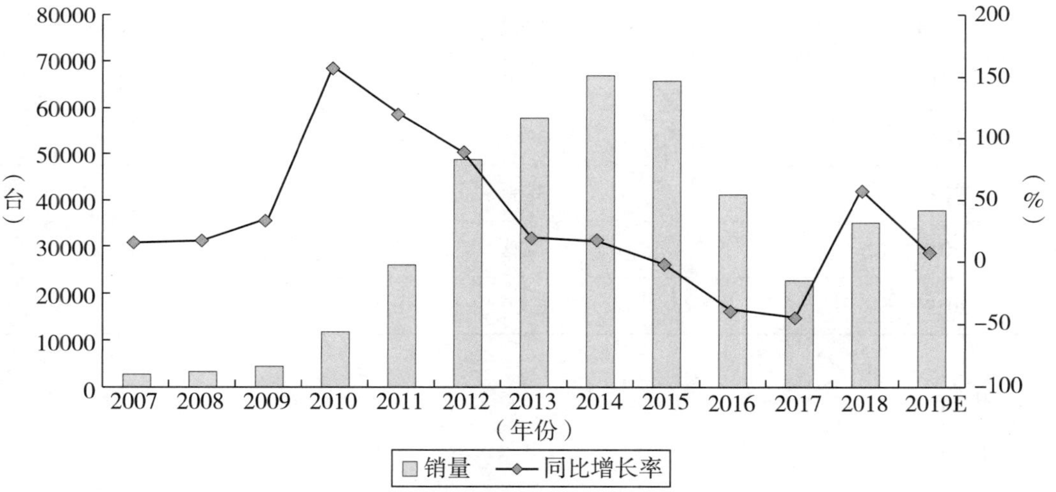

图 12　2007—2018 年配套自走式玉米收割机用多缸柴油机销量趋势及 2019 年预测

六、配套青贮饲料收割机用多缸柴油机回顾与预测

2018 年配套青贮饲料收割机用多缸柴油机销量 4228 台，比 2017 年上涨 11. 26%，连续八年上涨。青贮饲料收割机行业刚性需求强劲，市场保有量低，收益较好。环保压力为市场发展带来机遇，在环保压力下，加速了低效率散养户的退出，规模企业快速扩张。通过与欧美地区国家发展历程比较，国内畜牧养殖业类似欧美 20 世纪 90 年代初期水平，即由规模化启动阶段进入规模化加速阶段，在这个

过程中将产生对饲草类中大型、高效率收获产品的增长需求。

我国畜牧业不发达，饮食结构以粮食为主，每年进口大量粮食。海关统计显示：2017 年我国粮食累计进口 1.3 亿吨，同比增长 13.9%。随着生活水平的提升，人民群众对牛羊肉、奶制品的需求量进一步提高。这二者决定了我国畜牧业将迎来快速发展机遇期，对青饲料市场将产生促进作用。

《全国种植业结构调整规划（2016—2020 年）》中要求，根据以养带种、以种促养的要求，因地制宜发展青贮玉米，提供优质饲料来源，就地过腹转化增值。到 2020 年，青贮玉米面积达到 2500 万亩，苜蓿面积达到 3500 万亩，多元发展。从补贴政策来看，2018 年青饲料收割机补贴额度全线上升，上升额度平均在 10000 元以上，其中 260 厘米以上割幅的圆盘式青饲料收割机补贴额度高达 129600 元，比 2017 年上涨了 19600 元。在以上因素的影响下，青贮饲料收割机需求仍将持续增温。

综合以上因素，预计 2019 年的销量在 2018 年的基础上进一步增长 41.91%，行业预计销量在 6000 台左右（见表 15 和图 13）。

表 15　2011—2018 年配套青贮饲料收割机用多缸柴油机销量及 2019 年预测　单位：台

年份	销量	同比增长率（%）
2011	300	10.05
2012	800	166.67
2013	1200	50.00
2014	1800	50.00
2015	2000	11.11
2016	3261	63.05
2017	3800	16.53
2018	4228	11.26
2019E	6000	41.91

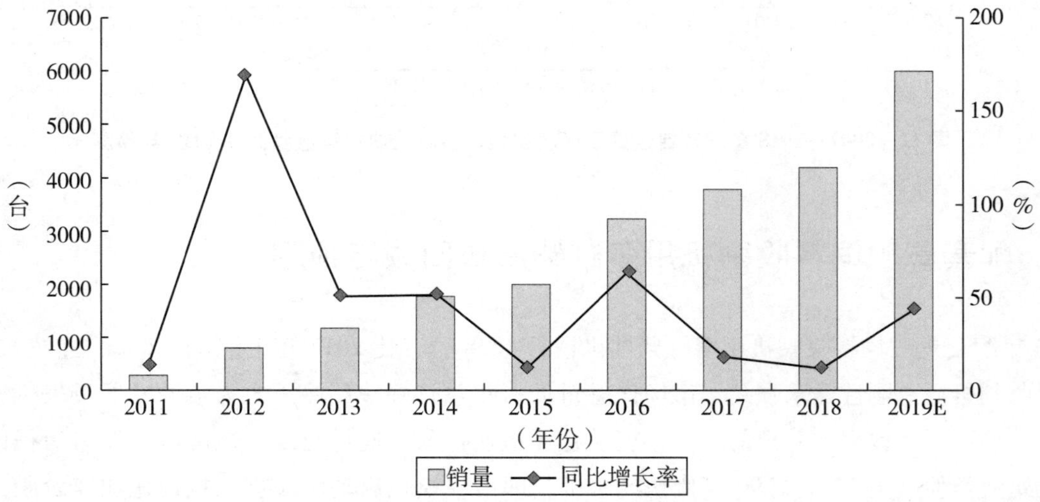

图 13　2011—2018 年配套青贮饲料收割机用多缸柴油机销量趋势及 2019 年预测

2018 年农机购置补贴有关数据显示，青饲料收割机销量超过 300 台的地区共有 6 个，分别是内蒙古、吉林、河北、辽宁、山东和新疆，前六地区合计销量占比 70.89%。内蒙古以超过 1100 台的销量占据地区销量第一名；吉林以 500 多台的销量居于第二名；第三位的河北地区，年度销量也超过了 400 台，市场份额占比 9.72%（见表 16）。

表 16　　2018 年配套青贮饲料收割机用多缸柴油机各地区销量　　单位：台

地区	销量	占比（%）
内蒙古	1103	26.09
吉林	507	11.99
河北	411	9.72
辽宁	345	8.16
山东	320	7.57
新疆	311	7.36
黑龙江	276	6.53
河南	218	5.16
甘肃	212	5.01
山西	125	2.96
陕西	101	2.39
宁夏	84	1.99
云南	55	1.30
湖北	54	1.28
广西	34	0.80
安徽	26	0.61
天津	16	0.38
青海	13	0.31
贵州	6	0.14
四川	4	0.09
海南	3	0.07
重庆	2	0.05
广东	1	0.02
辽宁	1	0.02
合计	4228	100.00

七、配套甘蔗收割机用多缸柴油机回顾与预测

中国是食糖消费大国，我国食糖总产量仅次于巴西和印度，其中蔗糖是我国食糖的主要来源，占食糖总量的92%以上。甘蔗作为重要的糖料作物和经济作物，主产区主要集中在广西、云南等西南部边境地区，是当地农民脱贫致富的支柱产业。尽管我国食糖总产位居世界第三，但多年来我国甘蔗进口量一直很高，由于基础设施落后、机械化程度低、品种单一、经营分散、人工成本较高等因素，中国甘蔗产业整体处于较低迷的状态。因此，提高甘蔗生产机械化水平对于提高当地农民收入、提高我国糖业竞争力都具有十分重要的意义。

配套甘蔗收割机用多缸柴油机市场，市场前景广阔，行业处于上升期。从全球情况来看，甘蔗种植面积在3亿亩左右，巴西最大，其次是印度，中国位居第三，种植面积较大的还有古巴、泰国、墨西哥、澳大利亚、美国、印度尼西亚和南非等。澳大利亚、美国早已实现了甘蔗收割机械化，古巴、巴西等国家的甘蔗收割机械化水平也相当高。从中国自身情况来看，中国甘蔗种植面积2200万亩左右，甘蔗种植区域主要为广西、云南、广东、海南等地。主要以山地丘陵为主，特点是平整地块少，山地坡地多，小地块多，连片地块少。大部分地区基本实现了机种，但是基本上还是以人工收割为主，平均机械收割的比例不足10%。2017年数据显示，人工成本约为1029元/亩，人工砍收甘蔗费用已经占到了甘蔗生产成本的40%以上。

从国内甘蔗机械化收益情况来看，一般甘蔗的亩产量在6吨左右，糖厂一般按照每吨500元的价格进行收购，每亩的总收入约为3000元。每亩投入费用：甘蔗种子500元左右，耕整地200元左右，种植200元左右，化肥及施肥550元左右，除草50元左右，收割100元左右，运输500元左右，总投入约为2100元。在甘蔗种植收获全程机械化情况下，每亩净收益约为900元。机械化相比较人工，首先省时，其次机收费用（100元/亩）要比人工费用（1029元/亩）低很多。越来越多的甘蔗种植户渴望甘蔗种植收获的全程机械化。

国内甘蔗收割机的发展，从20世纪70年代开始，当时广西农机研究院等科研单位开启了我国甘蔗收割机械的研发工作。主要有两种形式：切段式和整杆式。整杆式机型，代表机型有广西农机研究院研制的以中型轮式拖拉机为底盘的KALTOR－80型甘蔗联合收割机。广东农机研究所的4GZ－35型侧挂式甘蔗收割机，华南农业大学的侧挂式甘蔗收割机和自走底盘式甘蔗收割机，仙游县农机厂配套手扶拖拉机的4GZ－12型甘蔗收割机，南宁市百乐机电公司配套耕整机的甘蔗收割机等。2007年左右，国内开始切段式机型的研发，代表企业有柳州汉森公司，其产品技术路线和凯斯接近；广东科利亚公司的产品技术路线接近日本文明农机株式会社的机器。洛阳辰汉公司也较早地涉足甘蔗收割机的研制，初期进行了3年整杆式机型的探索，后又转为切段式机型的研发。其技术路线和上述两种模式有一定差异，采用了轮式行走、自带收集料斗、自卸料的技术模式，其特点是动力适中，重心较低，轻便灵活，适合中、小地块的甘蔗种植的收割。最近几年，又有多家企业加入甘蔗收割机的研发生产队伍，如中联重机、广西柳工农机等（见表17）。

表 17　　配套甘蔗收割机用多缸柴油机生产企业产品情况

序号	企业	甘蔗机型号	甘蔗机类型	动力机	功率（千瓦）
1	凯斯	A4000	切段式	菲亚特	125
		A8000	切段式	凯斯	260
2	约翰迪尔	CH570	切段式	约翰迪尔	149
		CH530	切段式	约翰迪尔	239
3	洛阳辰汉	4GQ－130	切段式	东方红	103
4	湖北国拓重工	4GL－1－Z199A	整杆式	玉柴	199
5	中联重机	4GQV－1A	切段式	康明斯	148
		4GQW－1	切段式	玉柴	129
		4GQW－1A	切段式	玉柴	129
6	高安南特东腾	DT4GL－1	整杆式	东方红	95.6
7	广西福域智能农机	4GQ－130A	切段式	玉柴	92
8	广西柳工农机	4GQ－350	切段式	康明斯	261
		4GQ－1C	切段式	康明斯	140
		4GQ－1B	切段式	康明斯	268
9	广西农机研究院	4GQ－180	切段式	玉柴	132
		4GZQ－260	切段式	玉柴	191
10	雷州雷宝机械	4GQ－1	切段式	玉柴	162
11	广西松元智能农机	MCH－15	切段式	五十铃	58.5

甘蔗收割机的普及率较低，价格居高不下，目前甘蔗收割机的购买方还是以糖厂、投资商、合作社联盟为代表的组织机构。例如约翰迪尔 CH530 和 CH570 甘蔗收获机，销售价格分别为 195 万元和 320 万元。近几年来，为了加快甘蔗收割机的推广，农业农村部和广西政府联合对甘蔗收割机实行购机补贴，补贴力度很大。配套动力越高补贴越高，配套动力在 120 千瓦及以上的切段式甘蔗收割机，中央补贴资金 40 万元，地方补贴资金 25 万元，总计 65 万元（见表 18）。

广西政府在中央政府的支持下，开展土地整治推进行动。引导土地流转连片，针对山地丘陵不适合机械作业的现状，开展土地平整，清理田间电线杆和石块等障碍，建立 500 万亩“双高”基地，改造适于机械作业的连片平地。

表 18　　广西壮族自治区 2018—2020 年甘蔗收割机购置补贴额

序号	分档名称	基本配置和参数	中央补贴额（元）	自治区补贴额（元）	补贴总计（元）
1	50～60 千瓦整杆式	50 千瓦≤功率<60 千瓦	75000	75000	150000
2	60～90 千瓦整杆式	60 千瓦≤功率<90 千瓦	114000	114000	228000

续 表

序号	分档名称	基本配置和参数	中央补贴额（元）	自治区补贴额（元）	补贴总计（元）
3	55～70 千瓦切段式	55 千瓦≤功率＜70 千瓦	60000	60000	120000
4	70～90 千瓦切段式	70 千瓦≤功率＜90 千瓦，生产率＜2 亩/时	100000	100000	200000
5	90～120 千瓦切段式	90 千瓦≤功率＜120 千瓦，2 亩/时≤生产率＜2.5 亩/时	252000	250000	502000
6	120 千瓦及以上切段式	功率≥120 千瓦，生产率≥2.5 亩/时	400000	250000	650000

目前我国甘蔗收割机保有量仍很低，市场发展空间巨大。可以预见，今后几年，甘蔗收割机市场将从起步阶段向快速发展阶段迈进。从广西、广东等甘蔗种植区域地形地貌来看，还是以小地块甘蔗种植为主，大面积连片种植为辅，这就决定了甘蔗收割机的选择以中小型为主。随着广西等地区的土地流转政策进一步落实，土地平整连片的进一步开展，目前，大面积的甘蔗连片种植已经粗具规模，这就要求甘蔗收割机具备大面积收获作业能力，迪尔、凯斯、广西柳工农机、中联重机等企业的大马力甘蔗收割机产品具有更大的增长潜力。

八、配套拖拉机用多缸柴油机回顾与预测

2018 年共生产大中型拖拉机 179820 台，同比下滑 20.75%，销售 153243 台，同比下降 21.28%，行业整体产量下滑，社会库存较大。2012—2016 年国家农机购置补贴资金在高位，市场保有量连年急剧增加，再加上 2017 年的新增量较大，导致平均单台收入越来越低，影响了 2018 年购买新机的积极性。轮式拖拉机皮实耐用，一般正常使用年限在 8 年左右。2012 年 215 亿元巨额补贴资金刺激购买的新机，到 2017 年年底，使用年限也就 6 年时间，距离报废淘汰至少还有 2 年时间。进入 2018 年还没有形成巨量报废更新的市场需求。

大马力产品持续增长，160 马力及以上的四驱轮拖，销量同比大幅增长，尤其是 180 马力增长幅度超大，功率上延的趋势非常明显。主要促进因素是单台补贴高；深松等作业拉动（深松有专项补贴）；用户认为马力越大，作业质量越好，所以更多的用户会选择大马力四驱轮拖作业。配套中轮拖行业 50～69 马力拖拉机开始成为主销产品，在行业总量下滑的大环境下，实现增长，中轮拖向个性化方向发展。原有受小拖市场持续更新、功率上延，支撑起的中拖（25～49 马力）市场大幅下滑，马力段进一步上延。但行业整体受多方面因素的影响，市场依旧低迷，导致大中拖的销售同比大幅下滑（见表 19 和图 14）。

表 19　2017—2018 年配套拖拉机用多缸柴油机生产量对比　单位：台

马力段（马力）	2018 年	2017 年	同比增长率（%）
25～29	7861	8542	-7.97
30～39	12769	15568	-17.98
40～49	25563	45984	-44.41

续 表

马力段（马力）	2018 年	2017 年	同比增长率（%）
50 ~ 59	35758	32515	9.97
60 ~ 69	11084	9043	22.57
70 ~ 79	17320	20990	-17.48
80 ~ 89	8391	10560	-20.54
90 ~ 99	12334	17830	-30.82
100 ~ 109	9057	13242	-31.60
110 ~ 119	3258	5042	-35.38
120 ~ 129	6206	9753	-36.37
130 ~ 139	4748	12693	-62.59
140 ~ 149	3880	8442	-54.04
150 ~ 159	4528	12185	-62.84
160 ~ 179	5069	2465	105.64
180 ~ 199	7644	645	1085.12
200 ~ 219	2777	593	368.30
220 ~ 239	1231	640	92.34
240 ~ 259	98	46	113.04
260 及以上	244	117	108.55
合计	179820	226895	-20.75

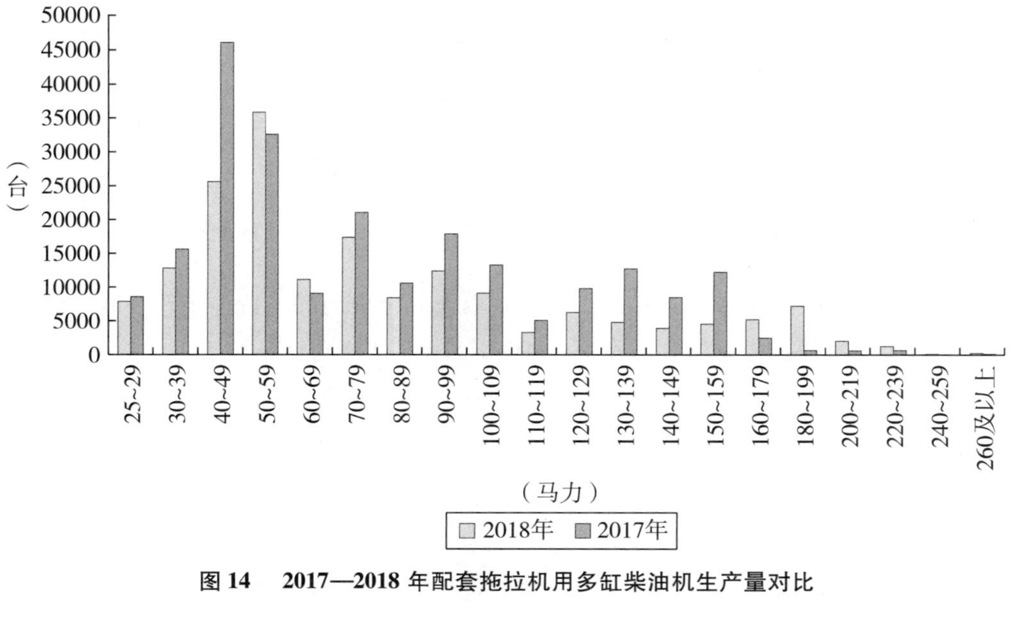

图 14　2017—2018 年配套拖拉机用多缸柴油机生产量对比

2018 年有过补贴销量数据的轮拖生产企业有 178 家，比 2017 年增加了 14%，生产企业数量在上年增长的基础上继续增加。经销商数量为 7880 家，同比增加了 6%。2016—2018 年，有过补贴销量数据的轮式拖拉机生产企业是逐年增加的，经销商数量则是先减后升。生产企业数量从 2016 年的 133 家，增加至 2018 年的 178 家，增长幅度达 34%；经销商数量从 2016 年的 7599 家，减少至 2017 年的 7435 家，又回升至 2018 年的 7880 家，三年间增加了 3.7%。从轮拖生产企业数量增加幅度来看，增长幅度逐年变小，2016 年生产企业增长幅度是 25%，2017 年增长幅度减缓至 17%，2018 年减缓至 14%（见表 20 和图 15）。

表 20　2016—2018 年多缸柴油机配套轮拖生产企业和经销商数量变化对比

序号	年份	生产企业数量（个）	经销商数量（个）
1	2016	133	7599
2	2017	156	7435
3	2018	178	7880

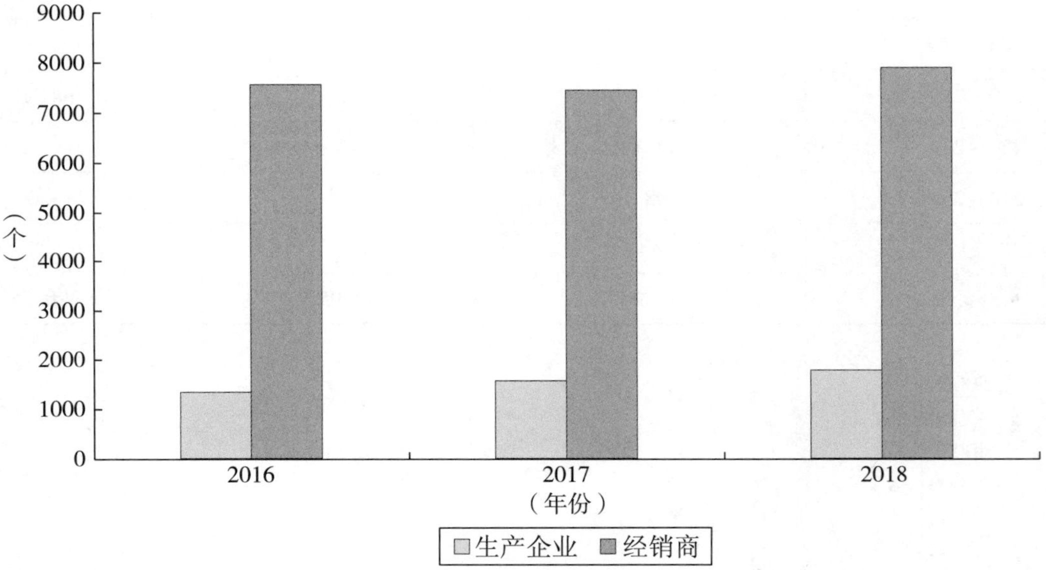

图 15　2016—2018 年多缸柴油机配套轮拖生产企业和经销商数量变化对比

目前市场对有些品牌拖拉机采用大马力小底盘，以便获得更高的单台补贴、争取更高的市场份额，脱离市场的真实需求的做法，颇有微词或意见。2019 年国家可能调整补贴政策，对于大马力轮拖的销量可能造成不利影响。农业农村部农机化管理司在国务院新闻办公室 2018 年 12 月 19 日举行的推进农业机械化和农机装备产业升级政策吹风会上表示：注重农机购置补贴的有效性，要强化绿色导向，大力支持深松整地、秸秆还田离田、畜禽粪污资源化利用等绿色高效装备的推广应用。中大轮拖的有效使用寿命在 8 年左右，市场还没有形成报废更新的巨量需求。2019 年国家将继续支持深松整地，将促进 180 马力及以上大轮拖的销售，预期销量同比会增长，但会远低于 2018 年的同比增长幅度。

综合以上因素，2019 年预测，中大拖总量在 14 万台左右，同比下滑 22. 14%。其中，70 马力以下下滑幅度进一步加大，160 及以上马力同比增长，但增长幅度将大幅缩窄（见表 21 和图 16）。

表 21　2005—2018 年配套拖拉机用多缸柴油机销量及 2019 年预测　单位：台

年份	销量	同比增长率（%）
2005	157686	61. 55
2006	200233	26. 98
2007	208659	4. 21
2008	218490	4. 71
2009	283618	29. 81
2010	318001	12. 12
2011	374274	17. 70
2012	348410	-6. 91
2013	373616	7. 23
2014	187956	-49. 69
2015	202483	7. 73
2016	282403	39. 47
2017	226895	-19. 66
2018	179821	-20. 75
2019E	140000	-22. 14

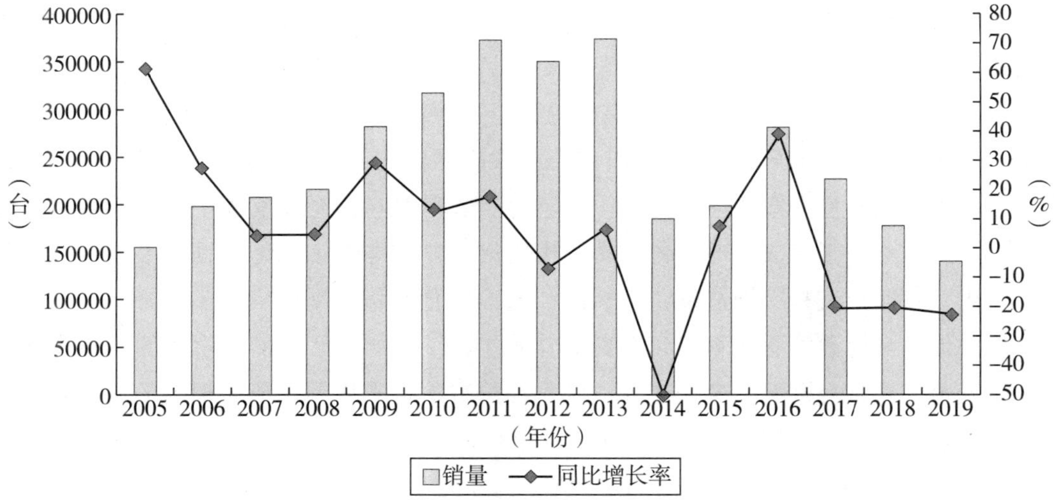

图 16　2005—2018 年配套拖拉机用多缸柴油机销量趋势及 2019 年预测

九、通过资源云团打造精准农业

党的十九大报告首次提出实施乡村振兴战略，乡村振兴除了解决环境问题，更重要的是解决粮食问题。那么如何解决中国的粮食安全问题，本章结合当下新兴的技术，从整合的角度，结合农业产业链的各种资源（农机、农艺、传感、物联、云计算、人工智能等），打造资源云团，进而实现智慧农业。资源云团建设对农业产业升级具有巨大的促进作用，将开创一种全新的农业生产模式，促进农产品产业升级、完善食品安全体系，有效把控农产品生产、流通全过程的各个环节，将原有经验值固化在信息系统中，将农业打造成类工业的模式，从根本上确保食品质量安全、粮食安全。

（一）资源云团建设目标

通过整合资源，构建资源云团，建设现代农业生态系统，促进农业产业升级，数字化、智能化、资源聚合、综合效益倍增，引领农业发展，确保国家粮食安全。利用新兴的科技和互联网平台手段，探索新的商业模式，对农业产业链升级所需要的各类资源进行优化配置和网络化共享，整合农资、农机、农艺、气象、遥感等资源信息，以农产品的大田生产为依托，通过信息平台贯通农资生产、农田生产、农产品链的各个环节，形成调度与指导系统，通过自动驾驶、作业调度，结合农艺信息，积累大数据，通过数据分析形成景气指数、农场整体解决方案，由政府牵头，以资金、资本、技术或商务为纽带，整合资源，打造“政、产、学、研、金、信、用”七位一体的资源云团。

整合资源建立资源云团的过程中，需要产业链上的机构（包括农机设备生产企业、农资生产企业、学校、研究机构）共同来打造。打造平台的过程中，需要引入金融工具来完成基础工作和盈利模式，而打通所有环节，需要通过信息化的手段，建立标准、流程，形成标准固化的农业互联网体系。

整合资源、构建平台、探索模式、构建生态，通过示范园区项目的开展和落地，充分发挥“政、产、学、研、金、信、用”七位一体的作用，构建解决方案的资源云团。“政”是指政府，政府统一牵头，开展整体顶层设计，确定实施总体目标、实施步骤、组织方式，给予专项政策和支持，整合资源发挥调控扶持和政策导向作用；“产”是指生产企业，产业链上的农机设备生产企业、农资生产企业等，提供农田生产过程中种子、农药、化肥等农资产品，以及农业机械等机械设备产品，为农业生产提供产品支撑；“学”是指学校，利用专业高校的教育资源，采用多种形式合作打造平台，转化成果；“研”是指科研院所与涉农科研机构合作，针对不同农产品农艺和优良的农产品开展应用性科技研究，为平台提供解决农产品种植方案的能力；“金”是指金融和保险，充分发挥金融、保险、信托等相关机构的作用，发挥资本对平台成果产业化的支援作用；“信”是指信息化工具和手段，发挥信息技术的桥梁纽带作用，打通全流程数据链条，将标准和流程固化在信息平台上，实现平台化、智能化、集约化、经济性，促进各要素的有效集聚和有机结合；“用”是指产品技术和模式的具体应用，通过标准化的示范农场落脚，整合资源，建立标准、流程，打造平台和体系，形成标准的模块化单元，面向各地进行推广和复制，通过使用进行迭代升级，促进可持续发展。

以“政”为引导，以“用”为导向，以“信”为纽带，将“产”“学”“研”“金”紧密结合，整合资源建立资源云团。充分发挥产业链上机构的各自优势，由农机设备生产企业、农资生产企业、高等院校及科研、金融、保险、信托等相关机构，以生态系统建设为牵引，以政府资金补贴、资金为引导，各机构之间双方或多方开展资本合作、技术合作、渠道共建、商业合作等活动，形成资源云团，打通相关环节，构建形成商业模式，通过信息化的手段，建立标准、流程，打造农业互联网体系，向外输出农业领域平台和成果，提升农业生产效率，减少损失和浪费，提升粮食安全，为中国的农业现代化、魅力乡村建设做出贡献（见图 17）。

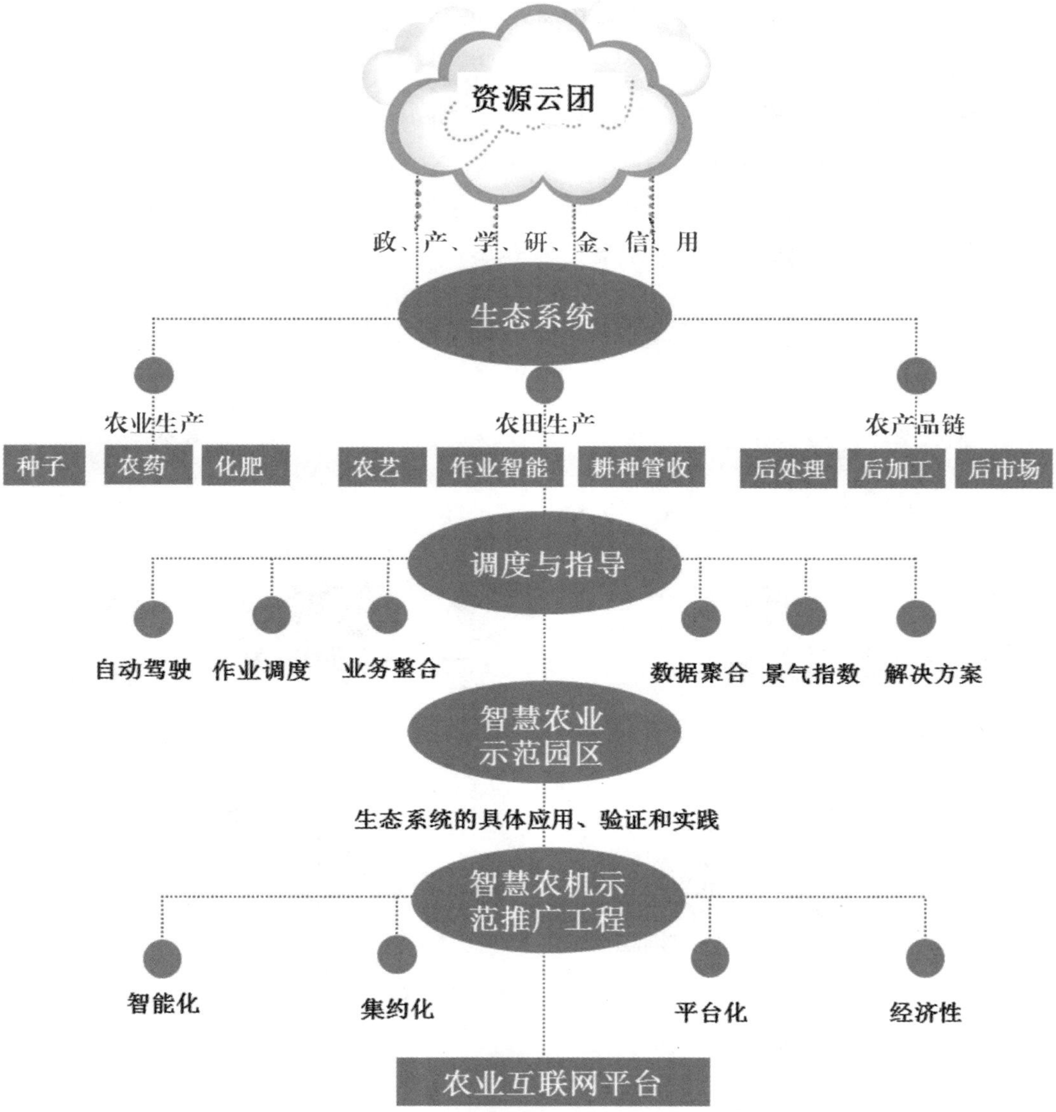

图 17 资源云团架构

（二）资源云团建设过程

资源云团建设主要是以农业生态为主线，以资源聚合为目标，以技术牵引为手段，整合包括所有涉农资源，即农业生产、农田作业、农产品处理市场化。现代农业全产业链共享资源云团是整合农业生产资源的网络生态系统，包含其所服务的农业区的气象、遥感、土地等各种基础数据资源，农作物种植所需的农艺知识，农田生产过程的农业机械，调配所有资源的大数据分析系统，农产品后市场数据信息等。

1. 农业生产

主要以信息化为平台，开展农产品的全过程管理，针对不同土壤结构和农作物特点，使用不同的种子、农药、化肥，开展作物的生长过程管理，针对土壤特性、作物特性、地域天气特性，和高校、企业开展合作，并开展大规模应用，以确保农产品的绿色、高产。同时向外输出成果，成立专业化的农业服务公司，结合土地和种植特点开展专业化的农机租赁、农资供应、农田植保等服务。

2. 农田作业

以智能化作业为手段，以信息化控制为工具，建立土壤信息数据库，将农作物生产过程的各种数据信息进行收集，通过大数据分析农产品生产过程数据，结合农艺信息，调配智能农机解决方案及智能农机装备，实现耕作、播种、植保、收割、储存的智能化、网联化，并将整套流程固化在信息系统中，形成不同农产品的标准大田生产资源系统（见图 18）。

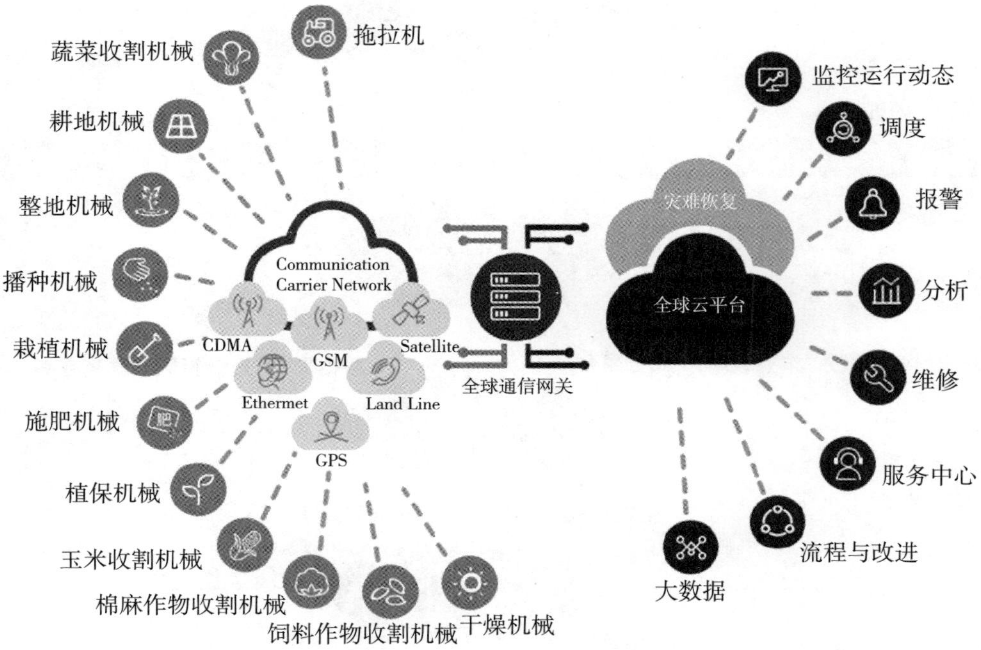

图 18 平台接入设备示意

3. 农产品处理市场化

打造高端农产品品牌，产品研发和功能定位应该以消费市场为目标，进行农产品深加工，建立农产品销售和定制品牌，根据用户需求，定制各种农产品。互联网思维主导，利用网络电商、线下渠道选取有特色优势的农产品，进行专业化的市场包装，通过线上线下结合的网络化立体营销，以有机高端形象占领快速消费品市场。

通过以上三个环节，整合政、产、学、研、金资源，建立农业领域的工业互联网平台，形成现代农业全产业链共享资源云团，打造农业生态圈。通过龙头企业带动的模式，构建聚合众多中小企业的农业产业生态系统，既可发挥中小企业灵活创新、高效务实的机制，又可弥补其能力不足、规模分散、品质不高的缺点。

4. 农业生产指导指挥与调度

农业生产指导指挥与调度主要是生态系统的数据积累和数据应用。通过整合与农机相关的业务，聚合产业链上的相关数据，将农业生产过程数据化，一方面可以实现农机的接入管理和数据统计，实现农机及机手作业大数据的实时采集、分析、制表、决策。另一方面可以为管理者提供指挥调度、景气分析、成套方案解决等支持。通过数据应用与银行、保险公司、农业互助合作社等利益相关者之间的合作，帮助农业实现跨行业、跨专业、跨业务的发展。各种农业生产的环节，在大数据的指引下，按照最合理、最经济的方式运行，不仅供需的运转效率会大大提高，而且可以更好地服务于管理者。

5. 智慧农业示范园

智慧农业示范园是对生态系统的验证、使用和推广；以土地流转较好的规模化机械作业的示范区落地和特色作物种植为切入点。选择大豆、玉米或水稻优势作物作为目标，建设一个高科技的现代农业产业示范园区，实现农业生产方面的机械化、信息化、智能化；农产品销售方面的质量可网络追溯、品牌可网络传播；最后形成大中小农业企业和个人互补聚集的现代农业产业园区的典型示范案例，并贴合各地现实情况，大范围推广复制，持续发展。

6. 智慧农机示范推广工程

智慧农机示范推广工程以农田生产过程需要的智能农机为主，选取国内具备无人驾驶的农业机械进行示范，和系统进行对接，自动进行播种、植保、收割等作业，强调平台化智能化、集约化、经济性，为生态系统建设奠定基础。

农业的根本出路在于机械化，机械化的下一步是智能化，打造“政、产、学、研、金、信、用”七位一体的农业资源云团，形成一整套农田生产智慧解决方案，解决未来智慧农业的问题。

2019 年农机行业形势依然严峻。农机企业面临农业供给侧结构性改革向纵深推进，产业转型升级步伐缓慢，技术创新能力不足，同质化竞争严重，国四排放升级时间临近等多重考验。企业应坚持在新产品、新市场中寻求技术创新；坚持在装备和工艺升级上下功夫，提高制造能力；紧抓渠道建设，控制好经营成本，零部件龙头企业能够实现逆势增长，拖拉机等大众化产品则可实现突围，进一步完善和提升产业链的整合。2019 年的中央一号文件，更是蕴藏着农机的多种发展机会，如重型农机、油菜种收机械、节水灌溉机械、畜牧机械、农业废弃物利用机械、农产品加工机械、薄弱环节适用农机和智能农机等。种种迹象表明，低位徘徊中的农机行业，已经迎来了回暖的曙光，相信在未来的 3 ~ 5 年，农机行业一定能走出低谷，站在一个新的更高质量的发展平台上，为我国农业现代化的发展作出更大的贡献。

最后以习近平总书记的话来结束：山再高，往上攀，总能登顶；路再长，走下去，定能到达。

（中国一拖集团有限公司　张长红　顾芳芳　吴丽伟　赵萍　董伟　孙战胜）

2018 年马铃薯收割机市场回顾与 2019 年展望

一、2018 年马铃薯收割机市场回顾

进入 2018 年，马铃薯收割机市场依然保持在下行通道，与之前的快速发展期形成鲜明对比，受马铃薯种植面积调减和收购价格下降等因素的影响，2018 年马铃薯收割机市场表现一般，许多马铃薯种植户转包土地，造成马铃薯收割机二手设备过剩、新设备出现销售困难等问题，种薯企业效益均受到不同程度的影响。

（一）2018 年马铃薯生产情况分析

马铃薯作为我国主要的经济作物之一，在我国居民日常消费中占有重要地位。近年来，国家十分重视马铃薯产业的发展，我国马铃薯产业发展迅速，已初步形成了北方一作区、中原和南方二作区及西南一二季混作区的种植模式，种植面积覆盖了我国大部分主要省市。表 1 为近 10 年（2009—2018 年）马铃薯种植面积和产量情况，通过图 1 和图 2 分析可得，2009 年以后，马铃薯种植面积稳定在 500 万公顷以上，2016 年达到 568.40 万公顷，总产量达到 9619.30 万吨，种植面积和总产量继续保持世界第一水平。2017 年和 2018 年种植面积略有下滑，趋势不明显。

表 1　　近 10 年（2009—2018 年）马铃薯种植面积和产量情况

年份	2009	2010	2011	2012	2013	2014	2015	2016	2017	2018
种植面积（万公顷）	508.80	520.76	542.64	553.38	561.67	564.72	557.33	568.40	562.88	558.40
产量（万吨）	7328.19	8159.42	8835.38	9280.79	9599.31	9557.04	9431.96	9619.30	9535.96	9352.34

数据来源：联合国粮农组织（FAO）资料。

自 2016 年以来，马铃薯种植户收益逐年下降，截至 2018 年年底，亏损的马铃薯种植户比例达到 70% 以上，进入 2019 年以来，许多马铃薯种植户将土地转包，放弃马铃薯的种植，一些地区有新的马铃薯种植户介入，总体来看，马铃薯种植面积略有缩减，总体稳定。

从马铃薯的种植区域分析，在马铃薯“主粮化”政策引领下，一些以前没有从事马铃薯种植的南方地区，如湖北、云南、贵州、四川等地，也逐步开始种植。南方的冬闲田成为马铃薯主粮化的发展基地，云南省以其独特的气候条件和地理条件成为马铃薯最适宜种植的地区，马铃薯在该地区实现了

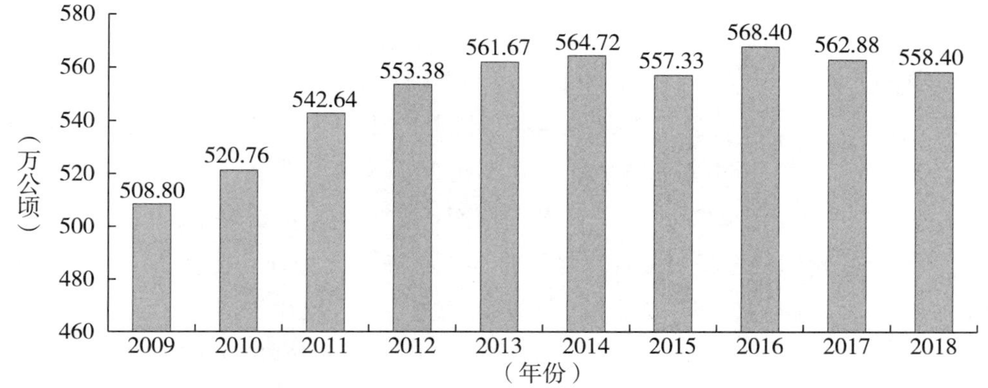

图 1　2009—2018 年中国马铃薯种植面积情况

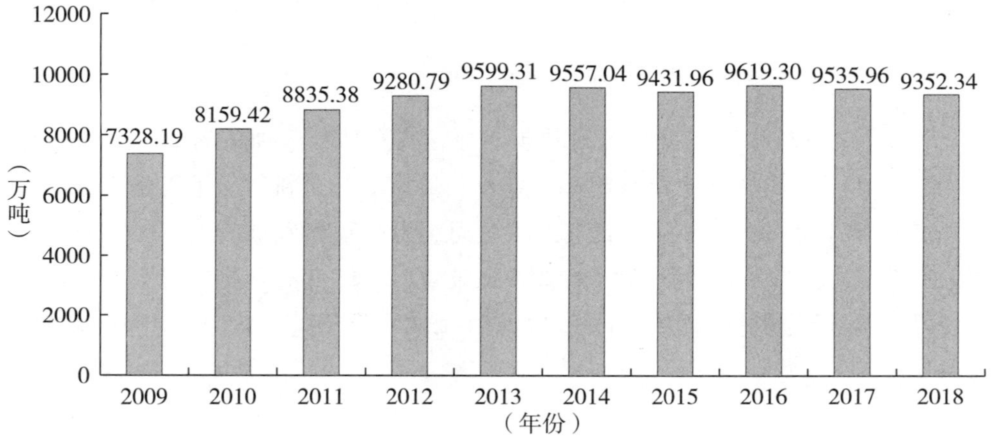

图 2　2009—2018 年中国马铃薯产量情况

全年生产、四季供应。马铃薯在云南粮食消费中的比例约为 10%，马铃薯主粮化产品在马铃薯总消费量中的比例约为 45%。马铃薯主粮化战略政策给云南马铃薯产业发展带来契机；江西也是“主粮化”政策的代表区域，江西位于亚热带湿润气候区，气候条件能够满足马铃薯秋、冬季正常生长发育过程中所需要的温度、光照和水分的需求。并且，江西每年约有 800 多万亩冬闲田和 200 万亩中稻稻田适宜种植马铃薯。因此，未来江西省的马铃薯种植面积将不断扩大。过去北方地区将马铃薯储藏起来，实现非季节供应，能够得到较好收益。现在，国内的马铃薯消费市场基本能够实现各季节各月份供应，消费者选择新鲜的马铃薯，使得北方地区的马铃薯种植收益大幅缩减、马铃薯种植面积呈下降趋势。虽然，全国总体马铃薯种植面积稳定，但是，随着我国农业供给侧结构性调整进程加快，种植区域正在逐步发生变化。2019 年，北方一作区马铃薯种植面积继续缩减，同时，在精准扶贫力度持续增加及第一、第二、第三产业融合发展背景下，西北、西南等贫困的适宜地区的马铃薯种植面积继续增加。2018 年马铃薯总产量与 2017 年基本持平，2018 年种植面积稳定在 8000 万亩以上，总产量稳定在 9000 万吨左右。目前来看，2019 年马铃薯种植面积不会出现大幅度波动，马铃薯产业发展相对平稳，这对稳定马铃薯收割机市场有促进作用。

（二）2018 年马铃薯收割机市场发展环境分析

近十几年，国家十分重视马铃薯产业的发展，马铃薯产业进入快速发展通道，2015 年，农业部（现农业农村部，下同）启动马铃薯主粮化战略，马铃薯产业的发展步入新阶段，马铃薯成为仅次于小麦、稻谷、玉米之后的又一重要粮食作物；农业部在 2016 年 2 月发布了《关于推进马铃薯产业开发的指导意见》，意见中指出：到 2020 年，马铃薯种植面积扩大到 1 亿亩以上，适宜作主食加工的品种种植比例达到 30%，主食消费占马铃薯总消费量的 30%；2016 年 4 月，农业部发布了《全国种植业结构调整规划（2016—2020 年）》，其中东北地区、黄淮海地区、长江中下游地区、华南地区、西南地区以及西北地区等均有扩种马铃薯计划，初步预计到 2020 年，薯类杂粮种植面积将达到 2.3 亿亩左右；2016 年 12 月，农业部下发了“十三五”国家重点研发计划项目“薯类高效收获技术与装备研发”，该项目计划开发高难度的自走式机型，以期不断提高我国马铃薯的收获技术装备水平，满足快速发展的马铃薯产业需求。随着马铃薯种植面积的不断扩大，马铃薯收割机市场也将有所改善。

（三）2018 年马铃薯收割机市场发展现状分析

进入 2019 年以来，在许多马铃薯种植户转包土地、放弃马铃薯种植的情况下，马铃薯收割机过剩，二手马铃薯收割机在市场上流通越来越多，导致马铃薯收割机新产品销售难度进一步加大。以最早从事马铃薯收割机销售的中机美诺科技股份有限公司作为典型案例进行分析。在 2014 年之前，马铃薯收割机的年销售量一直在百台以上，处于行业领先地位；2015 年，年销售量下滑明显，由 3 位数下滑到 2 位数；2016—2017 年较 2015 年又下降约 50%，销售量仅有 50 台左右，2018 年达到低谷，只有 40 台（见图 3）。

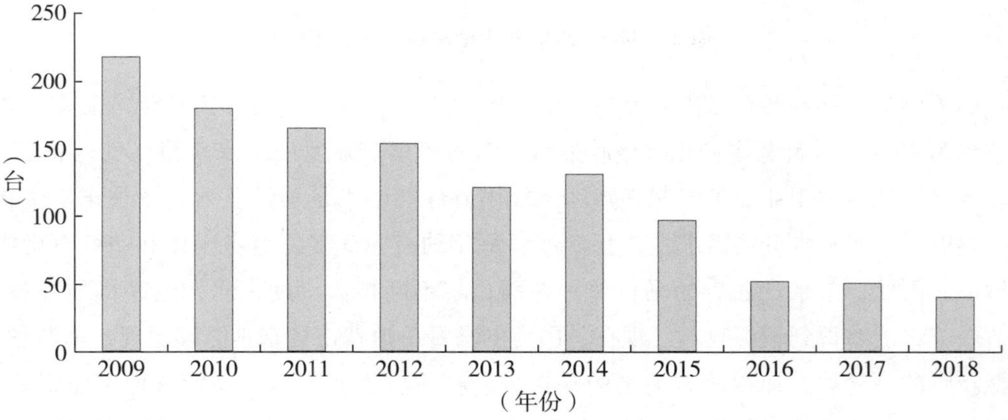

图 3　2009—2018 年马铃薯收割机销售情况

（四）2018 年马铃薯收割机市场竞争对手情况分析

2018 年，市场上主流马铃薯收割机品牌包括：格立莫、德沃、希森天成、洪珠等。每个品牌产品各有特点，其中，格立莫的马铃薯收割机产品正在进行国产化，格立莫希望能够通过国产品牌的价格和进口产品的品质进一步占领中国市场，这对中国的马铃薯收割机市场形成严重威胁；德沃目前服务质量和配件供应口碑较好，并且产品质量也在国内诸多产品中处于领先地位，因此，市场占有率较高；希森天成的配件和服务相对也比较完善，但是，产品质量有待进一步提高；洪珠主打小机型市场，产品价格较低，适用小地块作业，尤其对南方复杂地形适应性好，并且价格便宜，具有一定的市场占有率。近两年，洪珠也开始将目光转向大型设备市场，收割机主要工作部件输送链条采用整条式，与目前国内市场上的两级输送链条相比，在一定程度上降低了马铃薯的破皮率，提高了收获质量。中机美诺属于国内最早出现的马铃薯收割机品牌，国内一些生产马铃薯收割机的企业的设计思路均来源于中机美诺的产品。近两年，产品开发重心有所转移，导致中机美诺的马铃薯收割机产品市场表现不太理想。公司针对上述情况，2019 年计划成立马铃薯收割机项目组，专职从事马铃薯收割机的研发和销售，预计未来中机美诺的马铃薯收割机能够恢复昔日的品牌形象，重新占领市场。2017 年，山东五征也研发了一些马铃薯收割机产品，但是由于性能及质量问题未能在激烈的市场竞争中占有一席之地，逐步被市场淘汰。还有一些小型马铃薯收割机生产企业也由于种种原因逐步退出马铃薯收割机市场。

（五）2018 年马铃薯收割机产品、技术现状分析

2018 年，国内的马铃薯收割机技术更加先进，功能更加完善，柔性输送技术、振动筛分技术、负压除杂质技术、机电和液压一体化收获技术、智能识别和测量技术等被逐步应用到产品的开发过程，具体包括以下方面。

（1）柔性输送技术。

为了有效减少马铃薯在收获过程中的损伤，企业对于马铃薯接触部件的特性研究较多，例如，在输送链条外部包上橡胶等，这样可以降低马铃薯块茎与硬质物体的碰撞和摩擦，减少马铃薯块茎的碰撞伤和薯皮擦伤。还有部分机型采用其他保护材料，目的也是减少马铃薯块茎的损伤。

（2）振动筛分技术。

振动筛是马铃薯收割机的关键工作部件，对马铃薯收割机收获质量影响较大，振动筛的运动规律复杂，经常出现伤薯问题。目前，多家从事马铃薯收割机研究的单位和企业对振动筛进行运动学仿真分析，现有分析常用的方法是以振动筛为研究对象，利用参数化建模软件建立振动筛的三维模型，并利用运动仿真软件分析振动筛的振幅、加速度等运动特性参数，从而优化振动筛的设计。

（3）负压除杂质技术。

马铃薯联合收割机挖掘作业将马铃薯块茎、茎秧和石块等杂质一起挖起，因此，后续需要进行杂质去除。国外一些马铃薯收割机型配备鼓风机，可将碎土块、茎秧、灰尘从尾部吹走，干净的马铃薯从一侧输出；并且配备去石装置，巨大的负压鼓风筒将马铃薯直接从石头堆内吸出半米高后再回落至另一条输送带，起到最有效的分石作用，分石作业与收获作业同时进行，对收获效率没有影响。

（4）机电和液压一体化技术。

我国地形复杂，用于种植马铃薯的地块状况、土壤状况和种植的品种各异，传统收割机很难应对各种不同复杂环境条件。针对不同的作业环境，马铃薯收割机应当能够根据环境条件进行适当调节，如挖掘部件角度、分离筛运动速度、部件之间的间隙等，为了能够实现上述功能的快速调节，必须运用机电、液压一体化技术，从而提高收获效率，改善收获效果。

二、2019 年马铃薯收割机市场展望

（一）2019 年马铃薯收割机市场需求预测

进入2019 年以来，马铃薯收割机市场依然很不乐观，2018 年千亩以上的大型马铃薯种植农场由于种植成本高、管理混乱等原因，种植效益亏损；百亩以上的中小型马铃薯种植农场种植成本投入相对较低，比较容易管理，收获期短，对马铃薯市场反应比较灵活，能够有所收益。在此情况下，部分大型种植农场转包土地，部分土地被一些几百亩规模的中小型农场接手；同时，马铃薯收割机出现设备整合，这导致马铃薯收割机设备过剩，二手马铃薯收割机在市场上流通越来越多，使马铃薯收割机新产品销售难度进一步加大。

2019 年，国内知名的四大马铃薯收割机生产企业，德沃、中机美诺、希森天成和洪珠的马铃薯种植机的生产量都在 50 台左右，加上一些小企业马铃薯种植机的生产量，总计也就 300 台左右。以 1 台马铃薯种植机配备 2 台马铃薯收割机估算，2019 年马铃薯收割机的总需求量预计在 600 台左右。

虽然 2018 年农机行业面临的发展环境整体向好，但是，农机行业进入低速发展的“新常态”是事实，2019 年农机市场规模增幅会进一步放缓，整体利润水平较低的现状会延续。在此情况下，马铃薯收割机市场表现也不会有较大改变。

（二）2019 年马铃薯收割机市场竞争形势预测

任何时期任何产品都会存在一定的市场竞争，能够长期在市场中立于不败之地的关键还是产品质量和售后服务，其次是价格。2019 年，马铃薯收割机市场竞争将更加严峻。

首先，产品的竞争是品质的竞争，主要体现在工作性能、可靠性、生产率等方面。在满足作业需求的基础上，精细度高、可靠性好和性价比高的产品更能在市场上立足，如格立莫目前在走将进口产品国产化的道路，目的就是以进口的品质和国产的价格占领市场，如果格立莫马铃薯收割机国产化成功，对国内市场的冲击将会很大。从目前国内产品品质来看，德沃的产品品质市场反应较好，并且售后服务好，零配件供应比较及时，即便如此，在市场惨淡的情况下，马铃薯收割机的生产也大幅缩减。可见市场竞争形势十分严峻。

（三）2019 年马铃薯收割机产品技术发展趋势

近两三年，马铃薯收割机市场表现低迷，马铃薯收获技术没有较大突破，2018 年实现的几项技术突破，从目前市场上的成熟产品收获技术看，没有较大进展。2019 年，仍需投入较多的精力进行产品的技术开发。主要表现在以下方面。

从马铃薯的用途分析，一种是用来加工淀粉，另一种是作为食用薯进入超市或者批发市场。用途不同对收割机的工作性能要求也不尽相同，对于用来加工淀粉的马铃薯，对外观品质等要求相对较低，通常使用大型的联合收割机进行收获，这类机具作业工序较分段收割机多，因此，对于薯皮的损伤相对大一些。收获后的马铃薯有 70% ~80% 进入超市或者批发市场，直接面对的是消费者，因此，对马铃薯的外观和品质要求相对较高。这种情况下，通常使用中型的分段式马铃薯收割机，块茎被铺放到

地表，然后进行人工捡拾。根据马铃薯的用途不同，收获技术主要有联合收获和分段收获两大类，根据用途进行适当选择。联合收获技术目前仍停留在挖掘—输送—分离—升运装车流程阶段，分段收获技术主要停留在挖掘—输送—分离—铺放流程阶段。在分离技术环节，市场上多数分段收割机采用的是两级链条分离，对马铃薯薯皮的损伤较大。2018 年，洪珠开发设计了一款分段式马铃薯收割机，分离部件采用的是一级链条，可在一定程度上降低薯皮的损伤。

（1）挖掘部件一直以来是马铃薯收割机研究设计的重点，如何减少挖掘阻力来降低机器能耗一直是科研工作者关注的问题。有研究人员尝试采用将工程仿生技术应用到马铃薯收割机的挖掘部件设计中，通过采用仿生减阻共性技术，建立仿生挖掘部件设计模型，研制能够降低挖掘阻力的挖掘部件，提高整机作业性能。

（2）马铃薯在收获过程中，是将块茎连带茎蔓一起挖起，输送到分离部件，茎蔓上面还带有部分土壤，如何将土壤和茎蔓与马铃薯块茎有效分离，也是研究者需要探索的问题。通过测定茎薯连接力、拉拽方式以及角度对薯蔓的影响，研究设计不同的仿拉拽结构，通过设计新型对辊抓取强制薯蔓分离机构，提高分离部件的工作性能。

（3）在联合收获技术方面，升运装置高度控制一直以来是需要解决的难题，如何将高度控制在不损伤薯皮的范围内，是科研工作者关注的重点问题。目前，块茎下落高度自动控制系统处于试验测试阶段，有望尽快应用到马铃薯联合收割机升运装置上面。

（4）智能识别和测量控制技术。

智能识别和测量控制技术是指收割机具有智能识别测控功能，如升运装置采用传感器进行控制高度、测量收获产量、智能识别块茎与石块等。

（5）虚拟制造技术。

在生产制造方面，逐步采用微细加工技术、激光加工技术、电磁加工技术、超塑加工技术以及复合加工技术等，可以大大提高我国马铃薯收割机的制造精度和生产效率，降低制造和使用成本，提高作业效率和国际竞争力。

另外，还有采用振动和液压技术进行仿形挖掘，采用传感技术控制土壤喂入量、马铃薯传送量以及分级装载，采用气压、气流和光电技术进行碎土及分离清选，并搭载基于 PDA/GPS/GPRS/GIS 等技术的农机终端操作系统，可利用微机完成相关的监控、控制和调度等。上述先进技术有待国内的生产企业进一步研究开发。

三、结束语

马铃薯耐寒、耐旱、耐瘠薄，适应性广，粮饲兼用，营养丰富，具有较大的加工潜力和高附加值潜力，是优化种植结构的理想作物。其需求逐年增加，对马铃薯收割机械化的需求也不断增加，在国家政策的大力扶持下，国内马铃薯收割机的研发和生产发展突飞猛进。目前，全国涉及马铃薯收割机生产的厂家和科研单位有 100 家左右，分布不均，多集中在山东省；而甘肃和云南等马铃薯种植大省较少，市场管理混乱，多数公司资金不足、研发能力不强，研发过程主要是仿造国内市场上的相似产品，改进设计较少。从现有国内产品看，2018 年马铃薯收割机技术改进较少，基本是在原机型的基础上进行小幅结构调整，改善一下机具的适应性，没有实质性的技术突破。

自农业部（现农业农村部）提出“马铃薯主粮化”战略之后，2018 年年初，农业部又发布了《2018 年种植业工作要点》，文件中再次提出推进马铃薯主食开发。筛选推广优质专用品种，建立生产基地，为主食加工提供优质原料。优化产品工艺，完善主食产品配方及工艺流程，降低生产成本，逐步将马铃薯主食产品全粉配比提高到 50% 以上。加强科普知识宣传，让老百姓认识马铃薯、喜爱马铃薯。拓展主食产品市场，加快马铃薯主食产品进超市、进社区、进食堂，开辟消费渠道，壮大消费群体。

2019 年 5 月 25 日下午，农业农村部种业管理司在湖北恩施举行国家马铃薯区域性良种繁育基地建设座谈会，河北、内蒙古、黑龙江、四川、贵州、云南、甘肃、宁夏等马铃薯区域性良种繁育基地县的农业农村部门主要负责人参会，会议一再强调，马铃薯良种繁育基地是重要的战略资源。从 2019 年开始，新增“镰刀弯”地区 10 个马铃薯种薯繁育基地县，纳入新一轮制种大县奖励范围，中央财政每县每年安排 2000 万元资金，连续实施三年，每县共安排 6000 万元资金，2019 年已安排 2 亿元资金，支持马铃薯良种繁育基地建设，促进脱毒种薯及优良品种的推广应用。只有稳定了马铃薯良种繁育基地，才能保障马铃薯生产能力，从而带动马铃薯收割机市场的发展。由此可见，2019 年马铃薯收割机市场发展环境可期。

（中机美诺科技股份有限公司　贾晶霞）

2018 年青贮饲料收割机市场回顾与 2019 年展望

一、2018 年青贮饲料收割机市场回顾

（一）2018 年青贮饲料收割机市场发展环境分析

1. 2018 年农机工业处于低位运行

2018 年农机工业全行业主营业务收入 2601.32 亿元，同比增长 1.67%；规模以上企业利润大幅下降 15.76%，一直处于负增长状态。在出口方面，出口交货值下降 2.17%，出现疲软无力的现象。2018 年农机行业整体疲软，但细分领域差距明显，冷热不均。传统产品尤其是拖拉机和收割机行业下滑明显，新兴产品逆势上扬；即使是传统产品，各细分品类、细分市场也表现不一。这也从一个侧面反映出行业整体处于调整期，产品结构调整力度不断加大。

导致企业利润下滑的因素有多种。一是原材料成本的大幅上升，特别是钢材等原材料的涨价。国家统计局 9 月数据显示，生产资料价格同比上涨 4.6%，建筑材料及非金属类价格同比上涨 10.0%，燃料动力类价格上涨 9.2%，黑色金属材料类价格上涨 5.1%。二是国三产品全面投放市场，提高企业成本。国三产品的制造成本提高，原材料和配置涨价，但由于市场疲软，多数农机产品的价格不变，有些还存在降价销售。在这样的情况下，一方面涨价另一方面降价，企业的利润下降是必然的。三是环保成本增加。环保压力造成很多企业的铸件、锻件采购成本上涨；另外，由于环保的要求，一些企业的生产线无法正常运行，维护成本较高。四是企业资金成本增加，社保资金税务征收新政及工资增加（9.33% ~30%）都在不同程度上增加了企业成本。据国家统计局数据，规模企业的财务成本上升 6.21%，利息支出增加 2.89%；中国农机工业协会统计的大企业财务费用增长 42.60%，其中利息增长 69.04%。这种状况造成资金占有量大、资金回笼出现问题。钢材涨价、环保压力是机械行业普遍存在的共性问题，但可以看出，农机工业的利润是最差的，其中最大的问题是经营规模的下降。农机多数是微利经营产品，规模化经营靠量来获得利润，企业产量锐减必然影响企业盈利状况。同时由于企业产能过剩，也推高了财务成本。

2018 年，虽然农机行业整体低位运行，但部分子行业的表现可圈可点，折射出曙光，主要体现在农机薄弱环节的机具增长明显。其中青贮饲料收割机产量同比增长 8% 左右，畜牧机械同比增长 12% 左右，花生联合收割机增幅超过 50%；甘蔗收割机、采棉机快速增长，马铃薯机械、果园机械、残膜回收机等市场也不错。

2. 粮改饲政策取得良好成效

粮改饲主要是采取以养带种方式推动种植结构调整，促进青贮玉米、苜蓿、燕麦、甜高粱和豆类

等饲料作物种植，收获加工后以青贮饲草料产品形式由牛羊等草食家畜就地转化，引导试点区域牛羊养殖从玉米籽粒饲喂向全株青贮饲喂适度转变。粮改饲重点是调整玉米种植结构，引导种植全株青贮玉米，同时也因地制宜，在适合种优质牧草的地区推广牧草，将单纯的粮仓变为“粮仓＋奶罐＋肉库”，将“粮食作物、经济作物”的二元结构调整为“粮食作物、经济作物、饲料作物”的三元结构。

自2015年中央一号文件提出要开展粮改饲和种养结合模式试点，促进“粮食作物、经济作物、饲料作物”三元种植结构协调发展以来，我国推进农业供给侧结构性改革，调整粮经饲结构，不断扩大青贮玉米等优质饲草料种植面积、增加收贮量，全面提升种、收、贮、用综合能力和社会化服务水平，推动饲草料品种专用化、生产规模化、销售商品化，全面提升种植收益、草食家畜生产效率和养殖效益。粮改饲面积在2017年、2018年连续两年突破1300万亩，全国粮改饲试点范围已扩大到17个省区500多个县。在主推青贮玉米的基础上，因地制宜推广苜蓿、燕麦、甜高粱等优质饲草料品种。大力发展社会化专业收贮服务组织，提高优质饲草料商品化供应能力。积极争取大型收割机械设备购置、饲草料运输、收贮企业融资等配套政策支持，加强饲草料利用技术模式研发推广，加大宣传引导力度，营造良好政策氛围。

（二）2018年青贮饲料收割机市场发展现状分析

进入2018年以来，我国青贮饲料收割机市场受多点利好因素支撑，实现逆袭，呈现出稳健向上的发展态势。青贮饲料收割机市场稳健增长是多重利好因素相互交织形成的结果，突出表现为以下几个方面。

（1）国家政策扶植。2015年中央一号文件提出加快发展草牧业，支持青贮玉米和苜蓿等饲草料的种植，开展粮改饲和种养结合模式试点，促进“粮食作物、经济作物、饲料作物”三元种植结构协调发展。随后的2016年到2018年的中央一号文件均提到了三元种植结构协调发展的规划。这为国内青贮收割机市场的发展提供了长期稳定的需求。《全国种植业结构调整规划（2016—2020年）》明确指出：根据养殖生产的布局和规模，因地制宜发展青贮玉米等优质饲草饲料，逐步建立粮经饲三元结构。到2020年，青贮玉米面积达到2500万亩，苜蓿面积达到3500万亩。北方地区重点发展优质苜蓿、青贮玉米、饲用燕麦等饲草，南方地区重点发展黑麦草、三叶草、狼尾草、饲用油菜、饲用苎麻、饲用桑叶等。

（2）养殖业规模化发展。国内畜牧养殖行业市场规模超万亿元，但目前牛、羊养殖行业前十大企业市场占比不到5%，和欧美前十大企业50%的市场占有相比，未来行业空间很大。在环保压力下，政策将加速低效率散养户退出，规模企业快速扩张。

（3）刚性需求强劲。我国青饲料收获水平偏低，保有量低，市场刚刚起步，市场刚性需求强劲。有资料显示，与畜牧机械相关的打捆机、青饲料收割机、搂草机的保有量不足美国的1%。随着生活水平的提升，国民对牛羊肉、奶制品的需求量进一步提高，这就决定了我国畜牧业将迎来快速发展机遇期，对青贮饲料收割机市场将产生重大影响。

（三）2018年青贮饲料收割机市场需求分析

2018年青贮饲料收割机市场与前两年相比总体比较稳定。从各省农机购置补贴系统公示中发现，2018年度主要地区获得农机购置补贴的自走式青贮饲料收割机数量为1079台，比2017年下降了

10.38%，具体各地区数据如表 1 和图 1 所示。从表 1 和图 1 中可以看出，在统计的 7 个地区中，内蒙古、甘肃和山东相对 2017 年销量有所下降，其他地区均有所增长。作为自走式青贮饲料收割机需求最大的省份内蒙古，经过这几年的发展收割机的保有量趋于饱和，因此销量有所下降。除了统计的 7 个地区以外，其他新兴市场也有所发展，例如青海 2018 年共销售自走式青贮饲料收割机 17 台。

表 1　2017—2018 年 7 个地区自走式青贮饲料收割机销量　　单位：台

地区	2017 年	2018 年	同比增长率（%）
内蒙古	447	187	-58.17
河北	270	331	22.59
新疆	155	221	42.58
甘肃	100	80	-20.00
山东	133	60	-54.89
河南	56	133	137.50
宁夏	43	67	55.81
合计	1204	1079	-10.38

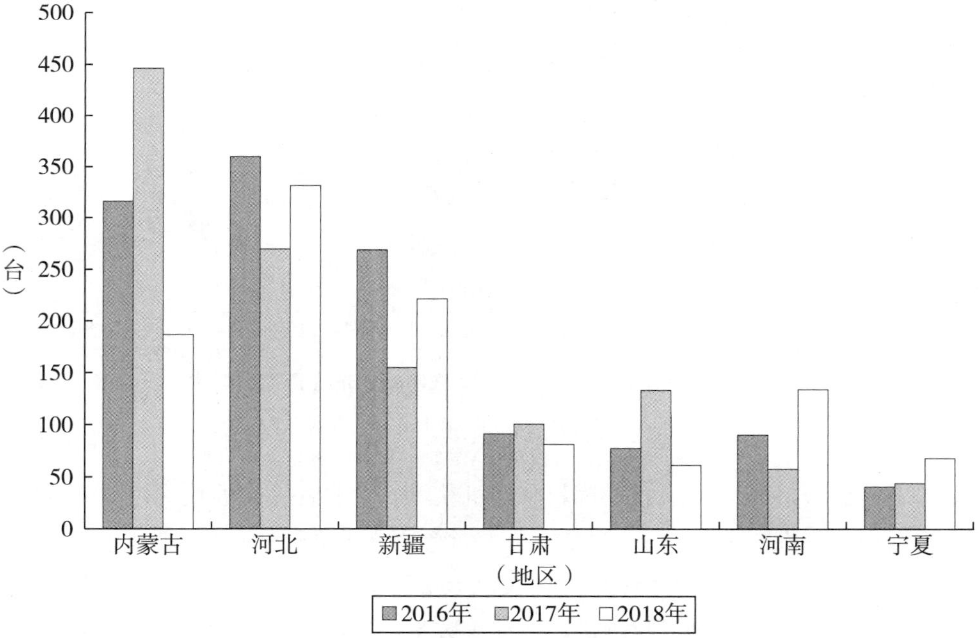

图 1　2016—2018 年 7 个地区自走式青贮饲料收割机销量

目前自走式青贮饲料收割机按照割幅可以大概分为两类：2.2 米割幅自走式青贮饲料收割机及 3 米割幅自走式青贮饲料收割机。不同地区对青贮饲料收割机的割幅要求有所不同，具体销售情况如表 2 和图 2 所示。

表2　2018年7个地区销售的3米及2.2米割幅自走式青贮饲料收割机数量　单位：台

地区	3米割幅自走式青贮饲料收割机	2.2米割幅自走式青贮饲料收割机	合计
内蒙古	165	22	187
河北	145	186	331
新疆	94	127	221
甘肃	36	44	80
山东	29	31	60
河南	112	21	133
宁夏	52	15	67
合计	633	446	1079

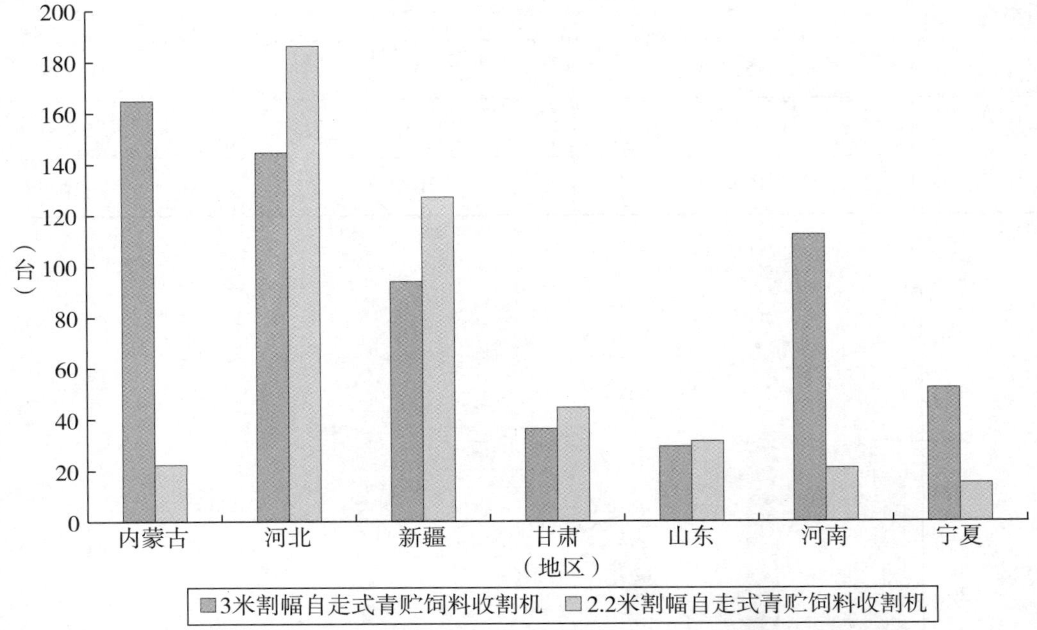

图2　2018年7个地区销售的3米及2.2米割幅自走式青贮饲料收割机数量

从需求结构来看，2018年自走式青贮饲料收割机获得农机购置补贴的数量为1079台，其中3米割幅的自走式青贮饲料收割机销售数量为633台，占整个统计数据的59%（见图3）。3米割幅自走式青贮饲料收割机累计销售数量前三的地区为内蒙古、河北和河南，分别占比26.07%、22.91%和17.69%，2.2米割幅自走式青贮饲料收割机累计销售数量前三的地区为河北、新疆和甘肃，分别占比41.70%、28.48%和9.87%。2.2米割幅自走式青贮饲料收割机与3米割幅自走式青贮饲料收割机相比机器较小，适合小地块作业，并且价格也比较便宜。但是由于发动机功率较小，一般都不配备籽粒破碎装置，饲料质量相对3米割幅带籽粒破碎装置的机器收获的饲料要差，对于饲料要求比较严格的地区不适用。

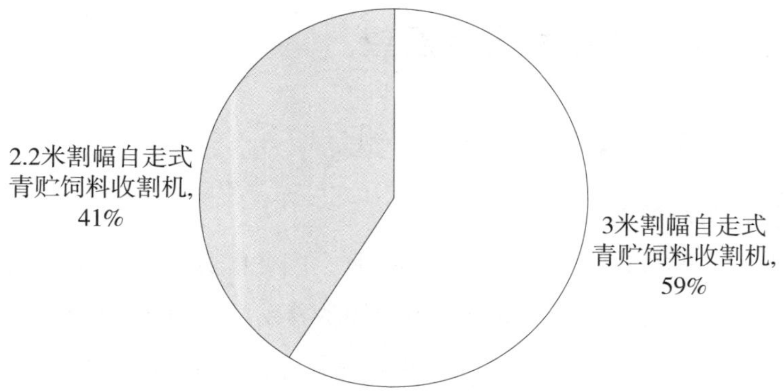

图 3 2018 年自走式青贮饲料收割机市场需求结构

（四）2018 年青贮饲料收割机市场竞争分析

青贮饲料收割机市场近年一直为行业看好，据不完全统计，我国分布在全国各地的大大小小有近 200 家生产企业。从企业成分构成分析，除青贮饲料收割机专业制造企业外，玉米收割机生产企业几乎都开发了青贮饲料收割机，直接导致青贮饲料收割机生产产能严重过剩，没有经过蓝海就直接进入红海市场。

由于青贮饲料收割机市场属于小众市场，启动较晚，所以市场集中度较低，至今未产生领军企业。从结构形式看，同质化严重，功能相差无几，主要是相互仿制的结果。在功能差异化的情况下，价格就成为竞争的主要手段。国内产品质量与国外产品存在较大差异，但是价格优势突出。在 2018 年消费者购买力普遍下降的情况下，价格就成为插向市场终端的一把尖刀，尤其在对青贮质量要求不高的地区，其优势更为突出。但随着市场走向成熟，消费者理性化购买将成为青贮饲料收割机市场的基本发展趋势，专业化、精品化、高品质、多功能将取代价格，成为决定企业生存与发展的关键要素，也是企业的必然选择。

从国内青贮饲料收割机品牌分析，既有专业的青贮饲料收割机生产企业，譬如中机美诺、美迪、牦牛等，但这样的企业并不多。多数企业是玉米收割机生产企业，譬如勇猛、牧神、中联重科、巨明、国丰、博远等企业。从 2018 年的品牌表现看，多数企业同比或持平或呈现不同程度的增长。而高端产品市场依然为国外大牌垄断。在国际金融危机的影响下，欧美发达国家市场持续萎缩，大量的国外青贮饲料收割机制造企业进军中国市场，如德国克拉斯（科乐收）公司、美国约翰迪尔公司、德国科罗尼公司等。这些大牌携技术、品质、专业之优势，控制着青贮饲料收割机的高端市场，主销区域分布在我国大型畜牧场。为了获取本土优势，一些企业与国内企业强强联合，譬如科乐收与山东金亿合作，不仅解决了渠道、终端问题，而且还享受我国政府的农机补贴政策，竞争优势更加突出。这进一步缩小了国内青贮饲料收割机生产企业成本优势，压缩了国内品牌的市场空间。由于市场对青贮饲料质量要求的不断提高，目前国内大部分自走式青贮饲料收割机都配备了籽粒破碎器，马力段也由原来的 200～260 马力提升到了 300 马力以上。在同马力段青贮饲料收割机的竞争中，收获青贮饲料质量的好坏及机器本身无故障工作时间的长短成了用户最为关注的方面。

二、2019 年青贮饲料收割机市场展望

（一）2019 年青贮饲料收割机市场需求预测

1. 国家政策助推青贮市场发展

国家近年来对饲草种植连续出台政策，2018 年 6 月，国务院办公厅印发《关于推进奶业振兴保障乳品质量安全的意见》明确提出，推进饲草料种植和奶牛养殖配套衔接，建设高产优质苜蓿示范基地，提升苜蓿草产品质量，力争到 2020 年优质苜蓿自给率达到 80%；同年 12 月，农业农村部等 9 部门联合印发《关于进一步促进奶业振兴的若干意见》，其中提出大力发展优质饲草业；2019 年中央一号文件《中共中央 国务院关于坚持农业农村优先发展做好“三农”工作的若干意见》中指出，合理调整粮经饲结构，发展青贮玉米、苜蓿等优质饲草料生产。2019 年青贮玉米种植面积将继续保持高速发展，预计青贮玉米将突破 2000 万亩大关，青贮玉米未来发展前景广阔，在国家鼓励调减玉米种植面积的大背景之下，我国推进“粮改饲”面临难得的机遇。《全国种植业结构调整规划（2016—2020 年）》提出，到 2020 年饲草料面积发展到 9500 万亩，其中青贮玉米面积要达到 2500 万亩，因此 2019 年种植面积有望再度增加。

2. 市场需求驱动青贮机销售

从需求看，青贮玉米饲喂促进了牛羊养殖增产增效。具体来说，青贮玉米可以提高饲料乳蛋白等质量指标，缩短了肉牛肉羊出栏时间，降低了饲料成本，2018 年我国肉牛繁育的饲料费用得到同比下降。目前我国奶牛存栏 1500 万头，肉牛约 9000 万头，如果全部喂青贮玉米，按照 3 亩饲喂 1 头奶牛、4 亩饲喂 1 头肉牛，需要种植 4.05 亿亩，需求潜力非常大。从供给看，在“粮改饲”种植结构变化过程中，大部分试点区域种植青贮玉米比种植籽粒玉米每亩能够增收 300 元以上，同时种植青贮玉米还可有效减少农民的耕作投入，促进农村富余劳动力转移。因此，农户种植积极性提高，未来饲料种植面积加大，机械化作业需求也会应运而生。此外“粮改饲”地区农机专业化服务组织发展已达到 2000 多家，专业收储企业达到 7%，耕种收储全程机械化作业水平大幅提高，相关畜牧机械更新换代需求也在不断上升。

（二）2019 年青贮饲料收割机市场竞争形势预测

近几年青贮饲料收割机的快速发展及良好的销售情况让越来越多的生产厂家开始进入，同时老牌的青贮饲料收割机厂家也在根据市场情况不断对现有机器进行改进。在此情况下，2019 年青贮饲料收割机的市场竞争将会非常激烈。竞争的焦点主要为切碎质量、收获效率、机器质量及价格因素，只有切碎质量好、收获效率高、机器可靠性高且价格合适的机器才能最终被用户接受。

2019 年市场竞争的另一个看点是农机排放标准由国三到国四的升级。虽然国四排放的实施时间由 2020 年 1 月 1 日推迟到了 2020 年 12 月 1 日，相当于给了农机企业一年的缓冲期，但国四的改造升级依然是各农机企业迫在眉睫的一项重要工作。农机国四排放升级是一个系统工程，不是简单更换柴油机就能实现的。国四排放发动机需引入发动机机外净化技术，即国四阶段必须应用一种后处理技术，就是使用排气后处理技术来控制排放，也就是必须使用外置颗粒捕捉器才能排放达标。使用后处理装

置带来很多新的问题，后处理装置的配置会造成柴油机温度升高等问题，收割机和拖拉机散热器散热面积相应要加大；后处理装置和尿素罐等外置装备体积较大，小型收割机和拖拉机结构是否需要调整等诸多新的问题都不是在现有产品上做简单修改就可以解决的，需要对整机进行新的设计和试验检测。因此，国四排放是农机产品的整体升级，发动机合格不意味整机就合格，别人的产品排放达标不能说明我们的产品也没有问题，每个企业都将置身排放升级之中。进入国四阶段以后，农机企业要制定影响排放的技术要点和排放控制策略，要研究农机排放控制诊断系统，要设计排放报警系统和驾驶性能限制系统，要公开排放检验、污染控制装置和排放相关技术信息，供社会公众监督和免费查询使用。生态环境部发布的《非道路移动机械用柴油机排气污染物排放限值及测量方法（中国第三、四阶段）（GB 20891—2014）修改单（征求意见稿）》意见中指出，自 2020 年 12 月 1 日起，凡不满足本标准第四阶段要求的非道路移动机械不得生产、进口、销售；不满足本标准第四阶段要求的非道路移动机械用柴油机不得生产、进口、销售和投入使用。在如此短的时间内主机厂家如何完成相应的设计、调试及试验等工作就成了各个主机厂家亟待解决的问题，而研发能力差的厂家可能就会在这次排放升级的过程中面临淘汰的风险。

（三）2019 年青贮饲料收割机产品、技术发展趋势

从目前的市场情况看，2019 年青贮饲料收割机技术发展趋势主要有以下几点。

1. 升级国四排放

由于国四排放标准 2020 年 12 月 1 日开始实行，与国四排放相关的技术都需要在主机上进行安装调试，如后处理装置和尿素罐的安装、发动机水箱和中冷散热的改进等。2019 年主机虽然还是以国三发动机为主，但主机厂家还是会利用为数不多的时间来对按国四标准升级的机器进行试制试验，确保国四标准施行后机器满足标准要求。

2. 捡拾割台

收割青贮苜蓿首先用割草机将苜蓿割断，再使用搂草机集条，晾晒小半天后使用青贮饲料收割机配捡拾割台进行收获。近几年国家大力发展苜蓿种植，大规模的种植也带来了用户对于捡拾割台的需求，同时主机配备捡拾割台也能够提高主机的利用率，延长主机作业时间，增加购买机器用户的收入。

3. 自动磨刀对刀

随着青贮产业在国内不断发展以及青贮饲料收割机保有量不断提高，用户对收获的青贮饲料质量要求也越来越高，不仅要求切段长度短、玉米籽粒表皮破碎，还要求整个收获期切段长度统一。在收获前期国内机器与国外机器收获的青贮饲料质量差别不大，但在后期主要差在籽粒的破碎率以及切段长度不统一。籽粒破碎率可以通过增加籽粒破碎器来优化，目前国内机器也都配有籽粒破碎器。而要将收获后期玉米表皮切断，需要切碎滚筒上动刀刃口锋利且动定刀的间隙足够小。目前国外先进机器上配有自动磨刀装置，并且在自动磨刀后可以自动进行动定刀间隙的调整，每天作业完成后进行磨刀调刀就能够保证切碎质量的一致性。而国产机器磨刀及调刀都需要手动进行，并且调整起来相对比较困难，用户无法保证每天进行磨刀调刀。因此，要进一步提高切碎质量，自动磨刀装置的使用必不可少。

（中机美诺科技股份有限公司）

2018 年低速汽车市场回顾与 2019 年展望

2018 年低速汽车总产销量出现了断崖式下跌，特别是三轮汽车的功能属性发生了剧烈的变化，有些市场被轻型载货汽车取代，还有些市场被低速电动车占据，三轮汽车在供给侧结构性改革的进程中不断转型升级。随着农村经济发展，道路条件改善，在“村村通公路”的情况下，道路运输功能逐渐弱化，低速汽车朝一机多用化、专用化、区域市场化等方向发展。一些低速汽车生产企业升级为载货汽车生产企业，还有的企业转向专用车生产，行业出现了不同程度的分化，产能压缩。但纵观我国两元化市场经济，三轮汽车产品虽然从总量上出现大幅下滑，但其皮实、耐用、通过性好的特性仍然凸显，低速汽车在市场和用户的双向选择中，仍肩负着乡村振兴的重任，持续发挥作用，为全面振兴农村经济贡献力量。

一、2018 年低速汽车市场回顾

（一）2018 年低速汽车市场发展环境分析

2018 年供给侧结构性改革持续推进，经济发展的质量效益不断提高，第一个百年奋斗目标催人奋进。在推进农业现代化发展的进程中，需要先进的各类农机产品，包括发挥重要作用的低速汽车。低速汽车的发展与农村经济结构的调整密切相关，通过分析其发展环境，对于解读国家相关政策和产业的发展趋势至关重要。

1. 中国宏观经济形势

2018 年我国宏观经济发展继续稳中向好，国内生产总值比 2017 年增长 6.6%，实现了增长 6.5% 左右的预期目标，各季度间变化也较为稳定。国内生产总值达到 900309 亿元，城镇新增就业 1361 万人，比上年多增 10 万人，居民消费价格比上年上涨 2.1%，出口总额首次突破 30 万亿元，比上年增长 9.7%。坚持推动高质量发展，深入推进供给侧结构性改革，扎实打好三大攻坚战，促进新动能快速成长，经济结构不断优化，改革开放步伐加快，转型升级取得新进展。2018 年全年共压减钢铁产能 3000 万吨，退出煤炭产能 1.5 亿吨左右，去杠杆、去库存进程稳步推进。生态保护和环境治理业、农业、社会领域投资分别比上年增长 43.0%、15.4% 和 11.9%，增速分别快于全部投资 37.1、9.5 和 6.0 个百分点。从整体产业结构分析，新动能快速成长，经济结构不断优化，受农村土地流转、新兴合作社及农村劳动力减少的影响，低速汽车市场发生着改变，传统产品市场需求减少，新产品竞争越来越激烈，市场拓展难度越来越大，总销量下滑，企业获得效益越来越难。低速汽车企业面对复杂的市场形势，也存在结构性改革的问题，只有真正适销对路，主动适应需求变化，从规模速度向质量效益转型，才是低速汽车企业发展的唯一出路。

2. 原材料价格高位运行

2018 年供给侧发生了巨大变化。钢材、煤炭、橡胶、己内酰胺、有色金属等大宗物资价格大幅上涨。2018 年钢材价格均价为冷板每吨 4850 元、热板每吨 4200 元，分别同比增长 300 元和 600 元；己内酰胺价格变动幅度较大，2018 年内最高 17300 元/吨，最低 13800 元/吨。受环境保护和安全生产治理的影响，原材料价格持续居高不下，低速汽车企业是钢材、橡胶等化工产品使用大户，也面临用工成本相对上升、利润率下降、需求跟进不足的考验。低速汽车行业本来就利润率较低，随着成本的上升，行业进入了微利时代，低速汽车行业面临严峻的市场考验。

3. 房地产价格居高不下，农民透支性消费，影响了对低速汽车的购买力

2018 年房价经历一轮暴涨，县城及乡镇的房价一路飙升，农民进城务工、上班，也纷纷加入了置业大军。进城买房增加了城区居住人口，拉动了城区的消费，所以这些年有积蓄的人家都纷纷迁居城里，而且有房也成了很多人结婚的必备条件。许多父母掏空家底帮子女在城市置业，帮助孩子落脚城市，期待房价上涨，坐等升值。其实农村这种透支性消费的风气，影响了农民对生产资料的购买力。

4. 农业节水和环境治理工程的实施，土地整治建设，带动了低速汽车区域市场销售

2018 年中央一号文件围绕乡村振兴，实施农村人居环境整治三年行动计划，以农村垃圾、污水治理和村容村貌提升为主攻方向，将整合各种资源、强化各种举措、稳步有序推进农村人居环境突出问题治理。大力实施区域规模化高效节水灌溉行动，集中进行了一批高效节水灌溉工程。通过持续开展农村人居环境治理和推动美丽宜居乡村建设，推进了农村生活垃圾治理专项行动，促进垃圾分类和资源化利用，选择适宜模式开展农村生活污水治理，加大农村环境集中连片综合治理和改建厕所的支持力度。垃圾清运车、自卸运输车等专用低速汽车纳入政府采购范畴。特别是美丽宜居乡村建设，需要大量的专用车辆，对结构紧凑、结实耐用的低速汽车带来难得的发展机遇，低速汽车可承担起转运、装卸、垃圾清理、污水吸排等工作。同时随着国家土地整治建设，使土地由小变大、由乱变顺、由坡变梯，田成方、地成块、渠相连、路相通，低速汽车成了丘陵山区最适宜的运载工具。

5. 粮食再获丰收，农业种植结构优化，农业生产增长加快

2018 年全国粮食总产量达到 13158 亿斤，粮食再获丰收。2018 年全国粮食作物单产 375 公斤/亩，每亩产量比上年提高 0.9 公斤，增长 0.2%。2018 年全国棉花产量 609.6 万吨，比上年增加 44.4 万吨，同比增长 7.8%。2018 年各地积极推进农业供给侧结构性改革，按照“藏粮于地、藏粮于技”的发展思路，不断优化调整种植结构，低产地块或地下水严重超采地区逐渐退出耗水量大的小麦生产，休耕轮作面积不断增加，非优势区继续减少玉米种植面积，扩大大豆种植面积。全国粮、经、饲结构调整成效显著，区域布局趋于科学合理。农业、林业和畜牧业相关产出的增加值增长加快，推动了农民对低速汽车新增需求和更新需求的增加。

6. 从农业供给侧结构性改革看，环保法规对低速汽车提出了新要求

生态环境部大气环境司持续加大道路、非道路移动机械环保监管力度，对移动源进行监管，严惩重罚，严厉打击销售和使用非标行为，持续推进环保升级。这些变化倒逼三轮汽车产业技术升级，一方面是从供给侧结构性改革角度，推进产品升级；另一方面遵从《三轮汽车及其装用的柴油机排气污染物排放限值及测量方法（中国第三阶段）》，加速推进排放升级。三轮汽车配套动力多为单缸柴油机，通过增压中冷、电喷、尾气后处理等技术的突破，使三轮汽车的整体排放水平能够达到国三以上，但无形增加了生产、购车及使用成本，其具体表现在发动机排放升级的费用在 800 ~ 1000 元，油耗增加 10% 左右，环保法规的强制实施给市场经济下发展起来的低速汽车业带来了不小的考验。

7. 内生动力进一步增强，消费对经济增长的基础作用更加显著

2018 年，最终消费支出对经济增长的贡献率为 76. 2% ，比上年提高 18. 6 个百分点；资本形成总额对经济增长的贡献率为 32. 4% ，比上年回落 1. 4 个百分点；货物和服务净出口对经济增长的贡献率为 – 8. 6% ，比上年回落 17. 2 个百分点，内需成为稳定经济增长的压舱石。

消费是拉动经济增长的主要力量。供给侧结构性改革为持续促进消费提供了政策保障，消费规模逐步扩大，消费水平进一步提高，消费结构不断改善，消费升级态势持续。在居民消费支出中，服务消费占比逐年提高，2018 年居民消费支出中服务消费占比为 49. 5% ，比 2017 年提高 0. 3 个百分点。消费对经济增长的贡献率自 2015 年以来稳步上升，连续三年保持在 50% 以上，消费对经济增长的拉动作用更加显著。

（二）2018 年低速汽车市场发展现状分析

1. 全年产销情况分析

2018 年，低速三轮汽车总产销量分别达到 626233 辆和 626076 辆，同比分别下降了 73. 73% 和 73. 5% 。由图 1 可以看出，2006 年以来低速三轮汽车总产量总体保持递增的态势，2018 年的总产量出现了断崖式下跌。

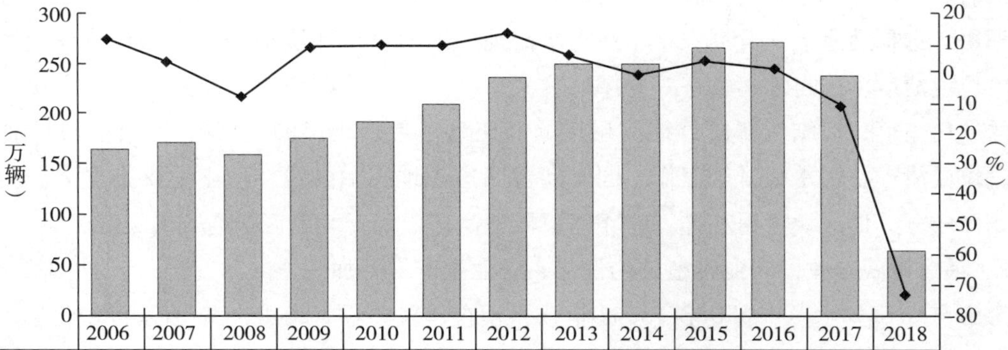

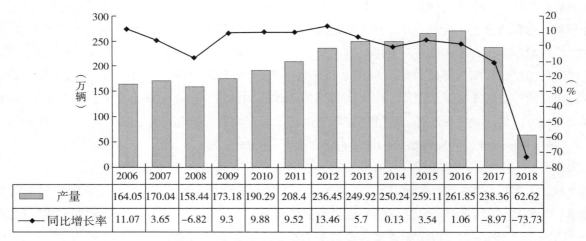

	2006	2007	2008	2009	2010	2011	2012	2013	2014	2015	2016	2017	2018
产量	164.05	170.04	158.44	173.18	190.29	208.4	236.45	249.92	250.24	259.11	261.85	238.36	62.62
同比增长率	11.07	3.65	–6.82	9.3	9.88	9.52	13.46	5.7	0.13	3.54	1.06	–8.97	–73.73

图 1　2006—2018 年低速三轮汽车产量及同比增减走势

2. 产销量月度情况分析

2018 年低速三轮汽车产销量同比保持了较低位的运行，淡旺季变化不明显，旺季销售月份为 3 月、5 月和 9 月。1 月三轮汽车产量达到了 43253 辆，同比减少了 73. 6% 。进入 2 月，三轮汽车市场消费需求出现波动，产销量分别达到了 47112 辆和 48000 辆，与上年同期相比产销量明显降低。3 月，三轮汽车产销量有所增长，创造了全年单月产量最高值。进入 5—6 月，三轮汽车市场表现出淡季的销售形势，产销量分别达到了 46531 辆和 45800 辆；8 月，三轮汽车产销量达到了 53572 辆和 54600 辆，同比上年分别减少了 76. 4% 和 76. 5% 。9 月，进入全年的销售旺季，单月产销量均在 6 万辆以上，表明该产品在区域市场更新需求和新增需求仍有很大潜力。12 月，受整体经济结构调整的影响，12 月没有出现销售冲量的现象，销量较 2017 年有较大幅度下滑，成为全年销售的较低点。2018 年 1—12 月三轮汽车月产量走势如图 2 所示。

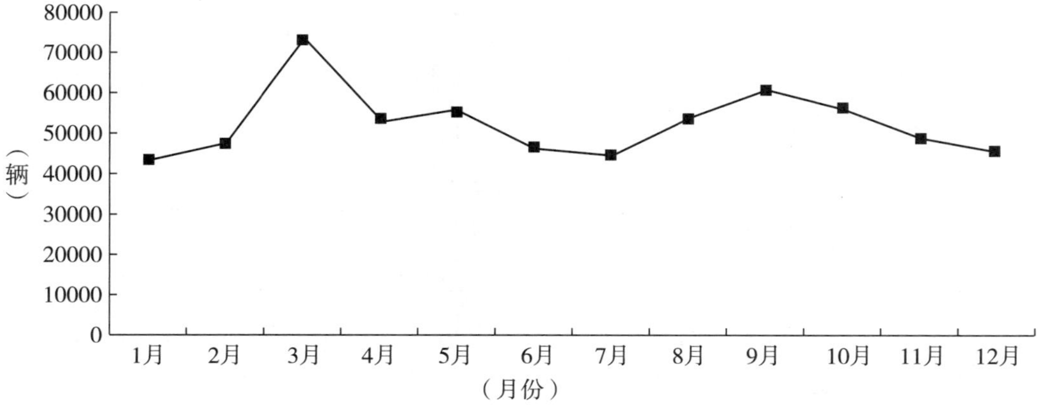

图 2　2018 年 1—12 月三轮汽车月产量走势

（三）2018 年低速汽车市场基本特征

（1）低速汽车在农村保有量大，主要厂家在全国农村都建立了比较健全的营销服务网络。经过二十多年的发展，全国低速汽车总体保有量有 3000 多万辆，有农用车或低速汽车牌照的有近 2500 万辆。而且各主要生产厂家在全国县城甚至乡镇都设有经销店或专卖店，建立了比较健全的服务网络，农民购买、维修低速汽车以及获取零部件都极为方便。因此，无论从农村的使用习惯，还是低速汽车操作、维修方面来看，低速汽车在农村市场都有着深厚的基础。

（2）低速汽车购买价格低、使用成本低。低速汽车始终定位于服务“三农”，以其皮实、耐用为基本特征，走的是一条符合中国国情和市场经济规律、能极大地满足农村市场和农民需求的发展道路。各生产制造企业立足“三农”事业，特别注重成本控制，最大限度地降低生产成本和附加利润，保持了低速汽车的相对低价位，其价格从几千元到两万元不等。而一般载货汽车，特别是国五排放以上，售价在六万到十万元。由于维修保养成本低廉、配件齐全，在当前农民整体收入水平不高的情况下，特别是西部地区和相对落后地区，低速汽车在农村市场凭借其独有的性价比优势成为农村生产活动的首选。

（3）低速汽车环境适应性强。三轮汽车的从无到有、从小到大，完全由市场经济操纵，农村路况较为复杂，弯道、坑洼路、泥土路等都很常见，这使得农民对车辆通过性要求较高、相对速度要求较低、需要用途较多。因此在简化低速汽车结构、降低生产成本的同时，还可以做到生资、粮食、水果、蔬菜的转运以及适应大棚、设施农业工作环境要求的能力，变型品种多，城乡、农村环境适应性极强。

（4）适应农村种植结构性变化，专用特征更加明显。农村由以前的粮食、经济作物种植为主，向现在的蔬菜、水果、花卉种植以及第三产业、商贸多元化转型，特殊地区还有矿山开采、物料转运、环卫、城管等经营活动。因而三轮汽车用途不断细分，生产出了适用于农村物流、工矿、环卫、果园、社区消防等的车型，不断扩大了新型农民的活动半径，改善着农村生产和生活的环境和条件。矿用工程车更加适合矿山、建筑工地等作业场合的要求，量身定做，专项开发。农村用的小车型，进一步优化在山区、丘陵地形的适用程度，使其可以适用于果园、农田作业，具有喷灌、施肥等功能配置，专用特征日趋明显。

（四）2018 年低速汽车市场需求分析

三轮汽车按额定载重量一般分为 200kg、300kg、500kg、750kg 四种；按驾驶室样式分为半封闭、简易棚、全封闭三种；按传动方式可分为轴传动、皮带 + 连体、皮带 + 链条三种；按启动方式分为手摇启动和电启动两种；按卸货方式分为自卸和非自卸两种；按操纵方式分为方向把和方向盘两种。2018 年三轮汽车各型号产销量情况如表 1 所示。

表 1　　2018 年三轮汽车各型号产销量情况

型　号		产量（辆）	产量所占比重（%）	销量（辆）	销量所占比重（%）
按额定载重量分	200kg	—	—	—	—
	300kg	46528	7. 43	37398	5. 97
	500kg	540786	86. 36	552823	88. 30
	750kg	38919	6. 21	35855	5. 73
按驾驶室样式分	半封闭	375397	59. 95	367628	58. 72
	简易棚	15411	2. 46	14737	2. 35
	全封闭	235425	37. 59	243711	38. 93
按卸货方式分	自　卸	519641	82. 98	489366	78. 16
	非自卸	106592	17. 02	136710	21. 84
按操纵方式分	方向把	72636	11. 60	81872	13. 08
	方向盘	553597	88. 40	544204	86. 92
按启动方式分	手摇启动	25687	4. 10	31778	5. 08
	电 启 动	600546	95. 90	594298	94. 92
按传动方式分	皮带 + 链条	—	—	—	—
	皮带 + 连体	611112	97. 59	612663	97. 86
	轴 传 动	15121	2. 41	13413	2. 14

三轮汽车产品结构继续沿袭以往的主要形式，以额定载重量为 500kg 的三轮车为主导，半封闭、简易棚、全封闭结构形式所占比例与 2017 年基本不变。自卸三轮汽车市场需求也进一步增长，达到了 82. 98%。方向盘和皮带 + 连体形式的三轮汽车依然是 2018 年的主导产品。

（五）2018 年低速汽车市场竞争分析

综观三轮汽车市场，优胜劣汰的激烈竞争使一些企业淘汰出局，优强企业保持优势，产业集中度不断提高。

（六）2018 年低速汽车典型区域市场分析

三轮汽车产地相对集中，山东省作为三轮汽车的生产大省，产量一直占有绝对优势，稳居龙头位置，在前五名的省份中占比达到了97.06%，较2017年降低0.35个百分点。山西省产量排名全国第二，较上年上升1.27个百分点，生产方式和发展结构发生微妙变化。其余几个省份三轮汽车的产量所占比例非常有限，排名顺序如表2所示。

表2　　三轮汽车按生产比例分布的前5个省份

省份	山东	山西	湖南	河南	甘肃
比例（%）	97.06	1.91	0.70	0.25	0.08

三轮汽车销售地区相对集中，2018年河南、山东、甘肃和山西四个省份销量之和接近三轮汽车总销量的55%。河北、辽宁和陕西地区销量约占总销量的21%，其他所有省份销量约占总销量的24%。河南、山东、甘肃是我国三轮汽车的三大销售市场，其销量居全国前列。由于西部大开发的推进，河南以17.51%的销售比例位居第1名。前10名的省份销售份额的竞争基本稳定（见表3）。

表3　　三轮汽车按销售比例分布的前10个省份及其他地区

省份	河南	山东	甘肃	山西	河北	陕西	辽宁	湖北	安徽	江苏	其他
比例（%）	17.51	15.77	11.07	10.20	9.25	6.06	5.98	5.88	3.97	3.58	10.73

（七）2018年低速汽车市场消费者特征分析

2018年，全国居民收入增长与经济增长基本同步，全国居民人均可支配收入28228元，比上年名义增长8.7%，扣除价格因素影响，实际增长6.5%；全国国内生产总值增速为6.6%，考虑人口增长因素，人均国内生产总值增速为6.1%。全国居民人均可支配收入实际增速略低于国内生产总值增速，但居民人均可支配收入实际增速仍高于人均国内生产总值增速，居民收入增长与经济增长实现基本同步。

根据国家统计局的数据显示及城乡一体化住户调查，按常住地分，2018年城镇居民人均可支配收入39251元，比上年增长7.8%；农村居民人均可支配收入14617元，比上年增长8.8%。农村居民人均可支配收入实际增速高于城镇居民1.0个百分点。城乡居民收入比由上年的2.71下降到2.69，城乡居民收入差距继续缩小（见表4）。

表4　　2012—2018年我国城镇和农村居民收入变化

地域分布	指标	2012年	2013年	2014年	2015年	2016年	2017年	2018年
城镇居民	人均可支配收入（元）	24565	26955	28844	31195	33616	36396	39251
	增长率（%）	15	7.0	6.8	8.2	7.8	6.5	7.8
农村居民	人均可支配收入（元）	7917	8896	10489	11422	12363	13432	14617
	增长率（%）	13.5	9.3	9.2	8.9	8.2	7.3	8.8

注：增长率是扣除价格因素后的数值。

从2012年到2018年我国居民可支配收入的变化情况来看，城镇居民和农村居民的收入都呈现出较快增长的态势，2018 年保持平稳的态势，我国农村居民收入的持续增长为低速汽车的发展带来了积极影响。

农村居民人均可支配收入的增长率扭转 2017 年的态势，并出现大幅上扬，据 2018 年关于农村消费水平调查报告可知，2018 年我国粮食生产量基本稳定，全年粮食总产量虽因夏粮、早稻减产有所下降，但减幅不大，仍稳定在 13000 亿斤以上，处于历史较高水平。分季节看，夏粮、早稻减产，秋粮增产；分品种看，谷物产量减少，豆类、薯类产量增加。农产品价格总体水平平稳，呈现出“先降后升”的运行特点。据统计第一季度下降 1.3%，第二季度下降 3.0%，第三季度和第四季度均上涨 0.3%。玉米的价格在年度内同比涨幅较大，上涨为 5.1%，保障了农民收入的持续增加。

从消费支出情况看，吃、住、行、教育文化成为新的前四名消费支出类，其中“居住”类约占四分之一，看来全国人民的钱袋子除了解决温饱之外，还用在了房产上面。从需求侧看，高房价掏空了老百姓的腰包，居民消费能力严重透支。这种消费的畸形导致农村和城镇对生产工具如低速汽车的投资减少，不管是新增需求还是更新需求，相对购买力不足成为 2018 年低速汽车市场新的消费特征。

（八）2018 年低速汽车市场主要生产企业运营状况分析

山东时风（集团）有限责任公司系全国最大的低速汽车生产企业，拥有三轮汽车和载货汽车生产资质。2018 年时风集团的主营业务收入、上缴税金、员工收入等指标在 2017 年高基数基础上实现新增长，实现了低速汽车行业的二十三连冠，继续保持全国同行业的排头兵地位。该公司的三轮汽车开发了双座车、小型手把车、矿用工程车、果园专用车、垃圾清运车、简易棚车、全封系列车型，满足了城乡各种需求。多缸三轮车的品种，在可靠性、舒适性上更适用于运输，其开发的 1400K1、1500K1 半封，1360J1、1260J 简易棚，风云 3 号排半，风云 Q 系列车型，实现三轮汽车优化升级。

山东五征集团有限公司实施创新驱动，加快新旧动能转换，2018 年销售三轮汽车 14.1 万辆。2018 年在厦门举行 3MX 迈昂全球上市发布会，发布 3MX 迈昂品牌主张及产品，在产品转型方面，柴三、电三、汽三并举发展，环卫车、雾炮车、无泄漏餐厨车、移动式垃圾收集站等专用车成为市场新亮点。

福田雷沃国际重工股份有限公司旗下的福田五星汽车是三轮汽车、摩托车等车型的五星汽车产业的研发、生产厂，主导产品有福田五星果园车、举升车、打药车、观光车、高尔夫球车、电动车等。福田五星汽车全年销售三轮汽车 6.15 万辆，排名全国第三。

（九）2018 年低速汽车市场价格走势分析

2018 年在供给侧结构性改革、环保政策、需求等因素主导的行情变化下，钢铁、煤炭、橡胶、己内酰胺等原材料价格高位运行。

2018 年钢材均价为冷板每吨 4850 元、热板每吨 4200 元，同比增长 300 元和 600 元。前三季度冷轧现货价格整体表现为高位窄幅波动的行情，高低价差不足 500 元/吨；进入第四季度，现货价格快速下跌，尤其 11 月跌幅达到 700 元/吨。截至 12 月 21 日，全国冷轧均价日均价格为 4724 元/吨，同比 2017 年全年增加 244 元/吨。

全国生铁价格主要呈盘整运行态势，从 Mysteel（我的钢铁）铸造生铁价格指数可以看出，全年价格最高点是在 1 月初和 9 月底，均约为 3611.2 元/吨；最低点是在 4 月中旬，为 3250.9 元/吨，即全年价格振幅为 360.3 元/吨，相比 2016 年和 2017 年 1500 元/吨、1000 元/吨的振幅来说，2018 年的生铁价格平稳。

焦炭价格与钢材价格密切关联，2018 年焦炭市场屡出政策，分别在 4 月、6 月、7 月、11 月、12 月出台了相应政策，其中 4 月和 12 月的政策均使焦炭供应量上升。通过 Mysteel 焦炭综合指数可以看出，4 月、12 月焦炭价格下跌，表明焦炭价格走势主要受政策导向影响，而生铁价格走势基本跟焦炭一致，尤其 1—4 月、6—9 月、11—12 月生铁与焦炭指数走出相同波段。截至年底，焦炭价格又回到了年初的水平，Mysteel 焦炭综合指数在 2220 元/吨，年初值为 2293 元/吨；而铸造生铁价格指数年终值在 3441.4 元/吨，年初值在 3600 元/吨，与焦炭价格走势再度吻合。

2018 年天然橡胶价格波动大，1 月中旬出现年内高点 14500 元/吨，季节性累库，价格下行；影响因素为 3 月 22 日中美贸易争端爆发，宏观层面的直接利空因素加速现价差回归。4 月起至 5 月中旬价格重心窄幅上移，5 月下旬起震荡走弱；7—9 月跌破万元关口后探底回升，最低至 9960 元/吨，创两年来新低；10—12 月延续之前的走势，从 12875 元/吨的年内相对高点一路下行。

低速汽车作为钢材、橡胶、化工等大宗物资的使用大户，受原材料价格上涨的影响，整车制造成本大幅上升，企业经营风险加剧。同时，土地、水资源、物流运输、环境保护、安全生产等相关费用大幅增长，再加上智能化装备的技术改造，电泳、喷涂技术的升级，投资大、产出萎缩，使企业生产成本压力越来越大。因此，从市场上看，低速三轮汽车整车售价与 2017 年相比，基本持平，部分车型加价 200～300 元，企业进入了微利时代。

（十）2018 年低速汽车产品、技术发展趋势分析

（1）严格公告一致性管理，三轮汽车产品开发得到进一步规范。

为全面满足农民和农村个性化需求，行业内生产企业开发了大量区域性、特色化专用型产品，部分车型和选装配置超标问题，给行业正常运行带来很大风险。行业内骨干企业在超重、超标等方面严格自律，认真清理整顿，规范车型参数和产品选装配置，扩展、变更、新增公告，使产品达标运行，通过三轮汽车公告和生产的一致性自我管理，保障了车辆的安全运行，规避了市场风险，实现了公告和开发同步。

（2）三轮汽车配置日趋完善，产品技术不断升级。

三轮汽车已融合人机工程、智能传感、CAE 有限元分析等先进技术，从安全稳定性、操控性、舒适性、耐久性、经济性、便利性全方位转型升级。研发环节以人为中心，三轮汽车不只是“好用”，还要“好看”，更要“好开”。其采用了光谱 LED 技术，具有更好的夜间视线；轿车豪华仪表台，配置四轮辐方向盘、LED 阅读灯、电动散热器、中控台、电子熄火、USB 接口及超大储物空间，设计更加人性化。同时采用循环球方向机，驾驶舒适。一键启动、倒车影像、液晶仪表与显示屏、中控锁、电动车窗、排气制动、全景天窗、自动换挡等配置选装，智能化水平不断提升。

（3）适应用户多元化需求，专用化特点日益凸显。

低速汽车生产企业可以为建设美丽乡村和现代化城镇，开发环卫清扫车、垃圾清运车、洒水车、沼气池吸污车等特色产品；为满足建筑工地抑尘绿化要求，开发雾炮车，具有洒水、水炮、喷雾、清洗功能；为满足如西南地区矿山开采的需要开发矿用自卸车，用于城镇基础设施建设开发随车起重运输车、检修车；为设施农业专门开发果园采摘车、大棚作业车、生资用品转运车。此外，还可以开发用于运输蔬菜、鲜果、水产、畜产等具有保鲜功能的多用途车辆；用于集贸市场，既能运输货物，又

能进行货架销售的翼展式车辆；承担轻质货物转运的电动三轮车辆，用于社区的火灾施救等的电动三轮消防车，充分满足了城乡、社区等市场多元化的需求。

（4）三轮汽车节能环保要求日趋加严。

按照国务院《大气污染防治行动计划》，生态环境部对三轮汽车提出制定《三轮汽车及其装用的柴油机排气污染物排放限值及测量方法（中国第三阶段）》标准并征求意见，非道路移动机械将列入重点监管范畴，三轮汽车国三标准已通过审查即将发布。各生产企业提前做好国三三轮汽车发动机匹配，申报非道路移动机械用柴油机环保认证，做好全系车型的规划，试验验证到位，争取发动机试验及整车公告检测同步，为整车排放升级做好充足的准备。

二、2019 年低速汽车市场展望

（一）2019 年低速汽车需求预测

1. 不利因素分析

（1）影响经济的积极因素越来越多，从外部环境来看，2019 年经济形势依然复杂，中美贸易摩擦升级及全球经济减速将对我国出口增长及就业产生较大压力。IMF（国际货币基金组织）、世界银行、OECD（经济合作与发展组织）等纷纷下调了世界贸易、世界投资以及世界 GDP 的增速。中美贸易摩擦升级首先会导致加征关税商品清单中的行业及企业减少就业，长此以往也必然波及产业链上下游行业及企业的就业。中美贸易摩擦升级还会对国际产业分工体系产生影响，使我国劳动密集型产业加速向外转移，可能导致较为密集的群体性失业。

（2）微观经济方面，预计将呈现“需求、价格、效益”三降的走势，不少行业面临较大的生存压力。

近几年我国经济季节性波动减小，主要是宏观调控政策的作用，但经济总是呈现周期性波动的。2016 年中期我国经济进入周期性上升期，这一上升趋势到 2017 年第四季度或 2018 年第一季度达到峰值；2018 年中后期则进入周期性下行阶段，预计周期下行至少将延续到 2019 年，甚至要到 2020 年中后期才能逐步结束。

受国内消费需求继续放慢及出口需求将出现较明显调整的影响，企业面临的需求压力将加大。需求放慢，价格将会走低，对于工业品的影响会更加明显，因为我国不少行业出口依存度较大，出口放慢将使企业销售收入下降，从而加剧市场价格竞争；需求放慢和价格走低，必然影响企业效益。

（3）房地产价格泡沫风险依然存在。

持续的金融宽松导致全球资产泡沫同步化，国际金融风险上扬，未来出现外部金融冲击的可能性加大。在央行资产负债快速扩张的情况下，欧美国家用金融杠杆抬高金融资产价格，产生估值效应来修复资产负债，杠杆率已经超过 2006 年水平，从而导致全球股市市盈率普遍超过危机前的水平，全球房价也出现了更大范围的、更为同步的全面上涨，资产泡沫空前增加。中央提出“房子是用来住的，不是用来炒的”，重新定义房子的固有属性，房地产市场日趋理性。促使房地产“超级繁荣”的主要因素是金融的高杠杆及不断放大的住房投机性需求。房地产泡沫在我国一二线城市已经比较严重，累积了较大的行业风险和金融风险。在强有力的宏观调控下，我国房地产市场目前已出现降温态势，预计2019年房地产投资和销售下行的压力将增大，房价总体将趋于下降，部分地区下降幅度会较大，这对经济增长会形成一定压力。

（4）消费方面，受换购政策的影响，国内消费市场增长难度大。

农产品价格下跌，部分产品跌幅较大。2018年主要农产品市场供给充裕，农产品价格总水平不高，2019年很难有大的提高。在当前就业形势严峻、农民增收困难的情况下，同时受未来支出和消费习惯等多重因素制约，我国消费增长难以持续保持在一个较高的水平上。

2019年1月28日，国家发展改革委、工信部等十部委出台的《进一步优化供给推动消费平稳增长促进形成强大国内市场的实施方案（2019）》中明确提出，有条件的地方可依托市场交易平台，对报废国三及以下排放标准汽车同时购买新车的车主，给予适当补助，以促进农村汽车更新换代。有条件的地方，可对报废三轮汽车并且购买3.5吨及以下货车或者1.6升及以下排量乘用车的农村居民，给予适当补贴，以带动农村汽车消费。载货汽车的换购政策无疑会对处于下滑通道的三轮汽车产生很大影响，制约三轮汽车新增和更新消费。

（5）严苛的环保法规的实施，低速汽车成本不断增加。

生态环境部要求三轮汽车用柴油机将严格执行即将实施的《三轮汽车及其装用的柴油机排气污染物排放限值及测量方法（中国第三阶段）》标准，由多个技术路线分析，配套动力需采取增压中冷、电喷、催化还原、颗粒捕集、机外净化等措施。各企业纷纷研发新机型，组织装机、送检、试验等。在满足排放法规要求的同时，三轮汽车制造成本不断增加，同时，为实现生产环保达标，如水性漆的改造、VOC废气治理、COD污水达标排放、铸造工艺的限产及应对雾霾的预警，技改环节也会使企业承受较大的成本压力。在维护保养方面，用户也增加了使用成本，一定程度上影响了农民购车积极性。

2. 有利因素分析

（1）宏观经济运行态势。

2019年，全球经济增速将温和放缓。美国GDP见顶回落但依然可观；欧元区受欧美贸易摩擦、外需回落、内部政局不稳影响，GDP增速减缓；日本经济平稳，略有下降。美国全年加息节奏放缓，预计加息两次，从“快加息＋慢缩表”转变为“慢加息＋快缩表”。财政政策受内部政局影响，进一步推进新财政扩张计划的概率显著下降，特朗普的极端反全球化举措也将得到初步制约。中美贸易摩擦休战90天，进入“短期压力缓和、长期博弈延续”格局，而且中美之间不仅是贸易战，还是经济、政治、文化、科技、网络、意识形态等领域的全方位综合实力较量。2019年我国宏观政策将保持宽松的货币政策和更加积极的财政政策，特别是通过加大减税降费力度、提高财政赤字率等方式稳步增长。

综观国内宏观经济，我国经济发展有基本面好、韧性强、潜力大等诸多有利条件，新兴服务持续旺盛，生产性服务业配合制造业转型升级，人民日益增长的美好生活需要不断拓展“幸福产业”发展空间，“互联网＋”服务、设备生命周期管理等新兴服务业加速成长。消费升级持续加快，经济稳定器功能总体不减。基本生活品类消费增长稳中有升，“互联网＋”消费保持蓬勃发展，居民在交通通信、教育文化娱乐、医疗保健等改善性、服务性消费方面的人均支出增长较快，个性化及比较注重个人体验的产品消费需求增长迅猛。价格水平温和可控，为经济平稳运行创造了有利环境。农产品总体供应充足为消费价格基本稳定创造了条件，工业品和服务领域新涨价因素不多，生产资料价格和国际大宗商品终端需求相对稳定，居民消费价格（CPI）和工业生产者出厂价格（PPI）涨跌空间非常有限。

（2）国家对“三农”事业的政策支持力度会持续加大。

2018 年 12 月 21 日，国务院公开发布《关于加快推进农业机械化和农机装备产业转型升级的指导意见》，对加快推进农业机械化和农机装备产业转型升级提出指导意见。其中提到特别要加强高标准农田建设、农村土地综合整治等方面制度、标准、规范和实施细则的制修订，进一步明确田间道路、田块长度、宽度与平整度等“宜机化”要求，重点支持丘陵山区开展农田“宜机化”改造，加快补齐丘陵山区农业机械化基础条件薄弱的短板，并针对每个关键环节指明了有效路径。由此可见，2019 年国家对“三农”事业的政策支持力度会持续加大，这无疑为农机产业发展注入“强心剂”。低速三轮汽车在节能和减排技术方面不断升级，仍占据一定的农村市场，但其发展趋势呈现多元化，将固化农用汽车新的使用属性和技术特性，其对于专用化、多功能化，特别是丘陵山区解决宜机化的问题发挥着重要的带动作用。

（3）中央持续改善农村人居环境，三轮汽车仍是新农村建设的新动能。

中央农办等 18 部委印发《农村人居环境整治村庄清洁行动方案》，指出应重点做好村庄内“三清一改”，即清理农村生活垃圾、清理村内塘沟、清理畜禽养殖粪污等农业生产废弃物，改变影响农村人居环境的不良习惯。农村环境整治工作将进一步加大力度，必将对各种型号的环卫等专用三轮汽车产生新的需求。现最适合美丽乡村建设的垃圾清运车、环卫车、粪便吸污车等车型，将会大有作为，以实现农村垃圾、污水治理和村容村貌提升。

（4）国家出台减税、降费与税改政策，大力度为企业减负。

2019 年以来，政府出台了一波又一波的减负政策：给企业减税降费、调整个人所得税，还下调了部分消费品进口关税。在这个基础上，高层频频表态 2019 年将实施更大规模的、实质性、普惠性减税降费。增值税、个税和社会保险费将是 2019 年减税降费的主力军。2019 年 3 月 5 日李克强总理在国务院政府工作报告中指出，将制造业等行业现行 16% 的税率降至 13%，将交通运输业、建筑业等行业现行 10% 的税率降至 9%，确保主要行业税负明显降低；保持 6% 一档的税率不变，但通过采取对生产、生活性服务业增加税收抵扣等配套措施，确保所有行业税负只减不增，继续向推进税率三档并两档、税制简化方向迈进。增值税实质性减税不只是税率下调，还包括增值税抵扣链条的打通，让上下游企业可以充分抵扣进项税；加大增值税留抵退税规模和行业，进一步减轻企业资金压力等。官方已经明确同步下调社会保险费率，以确保企业社保实质性负担只减不增。我国现行社保费率约为 37%，短期内实际社保费率可下降 5 个百分点，而长期来看社保费率可以维持在 20% ~25%。抓住政策红包，真正实现企业的减税减负，无疑为低速汽车企业的经营带来更大的利润空间，更有利于企业的自身发展。

（5）夯实农业生产能力基础，决战决胜脱贫攻坚，任务繁重，三轮汽车可大显身手。

2019 年中央一号文件把聚力精准施策、决战决胜脱贫攻坚放在乡村振兴的首位，瞄准制约深度贫困地区精准脱贫的重点难点问题，列出清单，逐项明确责任，对账销号。重大工程建设项目继续向深度贫困地区倾斜，特色产业扶贫、易地扶贫搬迁、生态扶贫等政策措施向深度贫困地区倾斜。完成高标准农田建设任务，巩固和提高粮食生产能力，到 2020 年确保建成 8 亿亩高标准农田。修编全国高标准农田建设总体规划，统一规划布局、建设标准、组织实施、验收考核。实施区域化整体建设，推进田水林路电综合配套，同步发展高效节水灌溉，进一步加强农田水利建设，推进大中型灌区续建配套节水改造与现代化建设。这些基础设施的建设，都为低速汽车提供广阔的发展空间，特别是三轮汽车可满足狭窄道路的运输，作业性能良好，它“不娇气”“皮实耐用”“驾驶灵便”，能够承担起大量的脱贫工作，特别是在无硬化路面的情况下，可快捷高效地完成转运任务。

（6）“一带一路”倡议的实施，有利于带动低速汽车产品出口。

2019年，“一带一路”建设也迎来了第六个年头，我国与“一带一路”沿线国家双向投资潜力进一步释放。2018年，中国企业对沿线国家非金融类直接投资达到156.4亿美元，同比增长8.9%，2019年将进一步加大。对外承包工程、建设高铁等重大基础及民生工程，拉动了工程的物料、建材、沙石料、土方等用量，低速汽车正是承担中短途运送工作、应对工地较差环境的运载工具。“一带一路”沿岸沿线有很多是发展中国家，甚至有落后国家。在今后相当长的一段历史时期里，这些国家急需摆脱贫穷状态。从出口产品看，三轮汽车、低速货车持续回暖，印度尼西亚、加纳、几内亚等国的市场增势明显。马里、科特迪瓦、秘鲁、玻利维亚、孟加拉国、菲律宾等国，对三轮汽车、低速货车及专用低速汽车需求稳定且呈上升态势，成为出口增长的稳定力量。

（7）乡村振兴战略深入实施，低速汽车产品仍大有可为。

2019年中央一号文件，确定坚持农业农村优先发展总方针，以实施乡村振兴战略为总抓手，对标全面建成小康社会“三农”工作必须完成的硬任务，如期实现第一个百年奋斗目标。我国是农业大国，为解决农民问题，国家提出乡村振兴战略，提出实现农民富裕到共同富裕，农民小康到全民小康的新要求。乡村振兴战略的实施，为低速汽车带来了难得的发展机遇，聚焦贫困地区、落后地区、出行难的地区，为农民生产生活水平改善发挥重要的装备支撑作用。对于加速中国农村城镇化、农业现代化，大有用武之地。

综合有利和不利因素，预计2019年低速三轮汽车与2018年持平或有一定增量，新增需求和更新需求稳定，特别是在新农村经济活跃的地区会有一定的增量。

（二）2019年低速汽车市场趋势预测

低速汽车朝“一机多用化、专用化、区域市场化”方向发展。三轮汽车作为一个适应中国农村发展的运输工具，经历了其本身发展的历程。随着农业机械现代化步伐的加快，农民富裕程度的提高，作为运输工具和农田作业车辆，三轮汽车的功能发生了巨大变化。田间作业和农村生资、作物转运的季节性较强，用户为提高三轮汽车产品的利用率提出了一机多用的新要求，为满足这种市场变化，各生产企业纷纷研发多功能车型。

为设施农业专门开发的果园采摘车、大棚作业车、生资用品转运车；为建设美丽乡村和现代化城镇开发的环卫清扫车、垃圾清运车、洒水车、沼气池吸污车等特色产品；为满足如西南地区矿山开采的需要，专门开发的矿用自卸车；用于城镇基础设施建设开发随车起重运输车、检修车；用于运输蔬菜、鲜果、水产、畜产等，具有保鲜功能的专用车辆；用于集贸市场，既能运输货物，又能进行货架销售的专用车；适应丘陵山区、小农户、乡村城镇居民等生产需求的低速汽车，这些类型的低速汽车具有广阔的市场前景。

同时低速三轮汽车通过新材料应用，底盘将通过轻量化设计，在保证承载强度的基础上，采用轻质结构材料，降低能源消耗，继续发挥机动灵活、运量小、利用率高和使用经济性好的特点，发展农村经济。

综合考虑国家对行业环保治理、落后产能淘汰政策影响，同时受电动车辆的市场挤压，低速汽车市场关键靠内在动力的拉动，据预测2019年市场需求总量上会较2018年持平或增加。

（三）2019 年低速汽车产品、技术发展趋势

1. 适销对路的市场法则推动产品的自主创新和转型

在当前严峻的竞争形势下，各生产企业不断挖掘潜在需求，不断优化产品结构并开发特色产品，做到适销对路。开发具有洒水、喷雾、清洗多种功能模块选装组合的清洁车为三轮汽车在运输用途之外开辟了新领域。挂桶环卫车增加了推板压缩功能，改进提升机构，性能进一步完善，成为农村垃圾收集转运的特色产品。为适应农村旱厕改造清理，对原抽渣车进行改进，简化结构降低成本，使其受到市场欢迎。针对果园、矿山开发相应类型的低速三轮汽车，实现外观升级，满足市场需求。通过这些特色、专用车型开发，三轮汽车正在实现由农用向商用的转型，将对稳定市场、扼制下滑起到较大作用。

2. 产品配置不断升级，性价比高

高端全封车型配置向轻型汽车并轨，车身全数字化设计，抗震减噪技术取得突破，全包内饰，密闭性好。选装配置豪华，包括一键启动、倒车影像、液晶仪表与显示屏、中控锁、电动车窗、排气制动、全景天窗、自动换挡等，彰显科技魅力。前悬臂和横置板簧组成的减震系统，实现了与转向系统的分离，操控性、舒适性得以大幅提升。超豪华配置，实现了三轮汽车的整体提升，满足不同用户群体的使用要求。

3. 嫁接轿车设计理念，三轮汽车整体提升

三轮汽车驾驶室乘用化，整体舒适性非常好，车身采用复合材料，能做到不生锈、防凹痕、防碰撞，具有超强的刚性，并且还搭载了矩阵 LED 大灯，具有创新性和实用性。框架式车架比以往整体钢梁车架更轻便、更结实，在减重的同时又很好地增加了车身的刚性，比传统的三轮车减重可达 35%，车身刚性增强 30%，安全系数更高。选装电动门窗、中控锁、MP5 倒车影像系统，配置超豪华，实现了三轮汽车的整体提升，满足不同用户群体的使用要求。

4. 小型电动三轮货车环保节能将呈上升态势

在传统三轮汽车的基础上，去掉发动机，加装电池、电机及控制器，驾驶方便灵活、环保节能、使用成本低，深受农民欢迎。在农村，电动三轮货车能当代步工具，赶集、干农活的时候，骑着快捷方便。电动三轮车也是运输工具，春种的时候，可以运化肥、地膜、农具等；秋收的时候，可以运送庄稼、秸秆等。在市场和农民的双向选择中，国家政策和管理允许的情况下，三轮汽车的电动化将成为未来新趋势。

（四）2019 年市场价格走势分析

2019 年我国经济将按照平稳运行中实现高质量发展的要求，正视经济运行的困难、矛盾和问题，不断激发宏观动力和微观活力，保持经济增长。从低速汽车使用的大宗物资角度分析，可初步判定未来的价格走势。

2018 年钢材市场钢铁去产能目标已基本完成，钢铁业投资增速大幅回升，在需求方面，房地产投资及新开工增速均面临下滑情况，基建补短板预期仍在，但资金和债务对基建投资增速仍将形成制约，制造业投资难以明显回升。全球主要矿山新一轮扩产周期接近尾声，铁矿石供应处于紧平衡局面，价格表现将相对稳定；焦炭面临较大的环保及去产能压力，价格表现有望偏强。随着钢厂利润收缩，预

计 2019 年国内钢材市场将呈现供强需弱格局，钢材价格和钢企盈利情况均面临重心下移。同时，原料价格表现相对坚挺的情况下，成本对钢价的支撑作用将会明显增强，钢价整体或将围绕成本上下波动，波动幅度较 2018 年进一步收窄，预计 2019 年螺纹钢、热卷期货主力合约波动区间在 3000 ~ 3800 元/吨，现货价格波动在 3300 ~ 4000 元/吨。冷轧板卷供需面并不乐观，钢厂产量不减，下游需求无明显政策刺激，供需基本将处于不平衡的状态，因此预计 2019 年冷轧板卷承压前行，对于现货价格很难突破 2018 年 5000 元/吨附近的高点，2019 年维持在 4500 ~ 4800 元/吨。

在供给侧结构性改革的大背景下，预计 2019 年指标性去产能工作可能告一段落，未来主要通过减量置换控制钢铁产能。环保限产工作将成为未来钢铁行业的常态，2019 年钢铁环保排放标准将更加精细化、明确化。供给方面，预估 2019 年全年粗钢产量增长 1.2%；原料方面，2019 年焦炭依然面临去产能压力，全球铁矿石新增 3930 万吨，但是对铁矿石的新增需求仅在 3200 万吨左右，铁矿石供需依然维持紧平衡。原材料走势分化，焦炭依然强于铁矿，废钢随成品钢下移，与生铁价差进一步缩进。预计 2019 年的焦炭产能将压缩 500 万吨，即 2019 年的焦炭市场供应将比 2018 年偏紧，价格将受到一定程度的支撑，且高炉产能预计 2019 年比 2018 年增加 1000 万吨，故基本预判焦炭价格将会高位盘整，表示这对铁价影响不会太大。

2019 年开始，国际油价表现亮眼，1 月布伦特原油价格突破 70 美元/桶，上年 7 月的最低点为 46.12 美元/桶，涨幅超过了 50%。如果油价继续上行，预计会带来美国页岩油产量的上升；依赖原油出口的国家，财政收入会再次陷入窘境，原油价格触及三年高位之后，继续走高的动能逐渐丧失。油价过度上涨之后会出现调整，但回调的幅度应该不大。

2019 年橡胶去库存仍是主要任务，天然橡胶主产国虽然计划采取减产等措施挺价，但短期内难以见到显著效果。2019 年天然橡胶供需形势继续偏空的可能性大，但有望好过 2018 年，供应端或将成为影响胶价的主要因素。沪胶已经回到历史性底部，万元关口附近可能存在较强支撑。2019 年胶价在 10000 ~ 20000 元波动的可能性大，预计 13000 元和 16000 元附近分别存在技术性压力。

经过近几年的环保大洗牌之后，钢铁在产厂家数量已比较有限，由于生铁的下游端都可以用废钢，且使用比例逐步提高至现在的 50%，铁价受废钢的影响会很大。预计 2019 年体量将达到 2.1 亿 ~ 2.2 亿吨，较 2018 年增加 1500 万吨左右。从该方面来看，市场可能会压缩生铁利润，下压生铁价格。

与低速汽车价格密切相关的钢材、橡胶等原材料涨价，而三轮汽车制造业科技进步、产品升级更新等因素消化了部分上游原材料涨价影响，整车原材料成本价格较 2018 年总体持平或上涨。综合用工成本、环保投资、限产成本、运输成本等因素，整车成本预计与 2018 年持平，售价同等配置的三轮汽车价格预计下浮 200 ~ 300 元。

［山东时风（集团）有限责任公司　徐海港］

2018 年粮食烘干设备市场回顾与 2019 年展望

2018 年，我国农作物综合机械化水平已经达到 69.1% 的形势下，我国粮食烘干水平不足 40%，玉米、小麦和经济类作物的烘干率更低，烘干环节成为我国农机化发展中的薄弱环节。近几年，在国家加快推进全程机械化的新形势下，粮食烘干设备行业进入发展的快车道，实现 8 连增，烘干水平也由 2010 年的不足 5% 攀升至现在的 40% 左右。粮食烘干设备市场成为近年整个农机行业关注的热点，不仅因为其连续多年的大幅度攀升，更重要的是其强劲的刚性需求和广阔的市场发展空间。但这种增势到 2018 年戛然而止，出现断崖式下跌。2019 年上半年，市场形势依然低迷，大有探底之势。发展正盛的粮食烘干设备市场掉头下行，是市场进入拐点还是短期发展环境所致？这一问题引发行业焦虑。

一、利空因素，市场呈探底之势

2019 年上半年，粮食烘干设备市场低迷依旧，续演 2018 年下跌戏码。综合农机流通、生产企业调查以及上半年出炉的补贴数据显示，截至 6 月底，全国累计销售各种粮食烘干设备 3715 台，同比大幅度下跌 19.76%。

兵无常势，水无常形。自 2010 年起步的粮食烘干设备市场，8 年“高烧”不退。回顾 8 年间走势，烘干设备市场可谓高潮迭起。2011 年同比增幅 53.33%，2012 年增幅再创新高达到 104.35%，2015 年增幅虽有所下降，但也达到了 80.45%。在其他年份中增幅最低的 2014 年，也达到了 11.17%。2017 年同比增长 51.58%，当年销量刷新历史，达到了 2.8 万余台。这种“高烧”状态延续至 2018 年戛然而止，市场突然变脸，当年粮食烘干设备仅销售 1.15 万台，同比狂跌 59.37%，令整个行业大跌眼镜。我们不禁要问，正处于高涨期的粮食烘干设备市场怎么了？

市场持续下跌原因是多方面的，突出表现在以下几个方面。

第一，补贴影响。粮食烘干设备的补贴主要有国家补贴和地方补贴两部分，从国家补贴看，近年补贴额度除个别省份出现小幅下调外，多数省份保持了稳定的发展特点。但地方补贴额度却发生了较大变化，其一，有些地方政府直接取消了补贴，这对粮食烘干设备市场产生较大影响；其二，截至 2019 年 6 月底，部分区域依然未确定 2019 年粮食烘干设备补贴额度，对区域市场也产生较大影响。

第二，2019 年的粮食烘干设备销售，有将近 60% 是享受国家粮食和物资储备局的产后一体化项目补贴。这种补贴是按烘干中心项目的 50% 进行补贴，额度为 100 万 ~250 万元。粮食局产后一体化项目的推广，让许多潜在客户放弃通过补贴渠道购买，排队争取项目。

第三，投资收益下降，市场信心受挫。由于环保原因，热源由过去的煤、秸秆颗粒等改为天然气或电力，提高了热源成本；拉低粮食烘干利润，直接影响粮食烘干设备的投资收益。

第四，一些烘干设备质量不过关，给客户造成损失。市场调查显示，因某些烘干设备在烘干过程中，出现设备故障率高、烘干效率低的情况，甚至会有焦煳现象，这对市场消费产生一定影响。

第五，粮价下行，种粮积极性受挫，购买力下降。目前大部分区域反馈客户购买力下降严重，消费能力不足。因粮价低位运行直接导致两个结果：其一，购买力下降；其二，更新周期延长。而这两个结果对粮食烘干设备市场下行都产生了巨大影响。

第六，建厂难度加大，市场遭遇瓶颈。随着环保趋严，一些地方政府开始控制粮食烘干设备厂数量，压缩了粮食烘干设备市场容量。地方政府处理好环境保护与粮食烘干设备基地的建设是粮食烘干设备市场健康发展的关键因素之一。

第七，收粮标准更加严格，卖粮渠道不通畅。一些地方出现卖粮难的问题，增大了烘干专业户的成本和市场风险，影响潜在烘干专业户入市。

第八，政府农机化投入中的农机购置部分呈现投入逐年递减趋势。如图 1 所示的 2007—2018 年中央财政农机购置总投入走势不难看出，2014 年成为由增长到下滑的拐点，出现 5 连跌，对粮食烘干设备市场也产生了一定的影响。

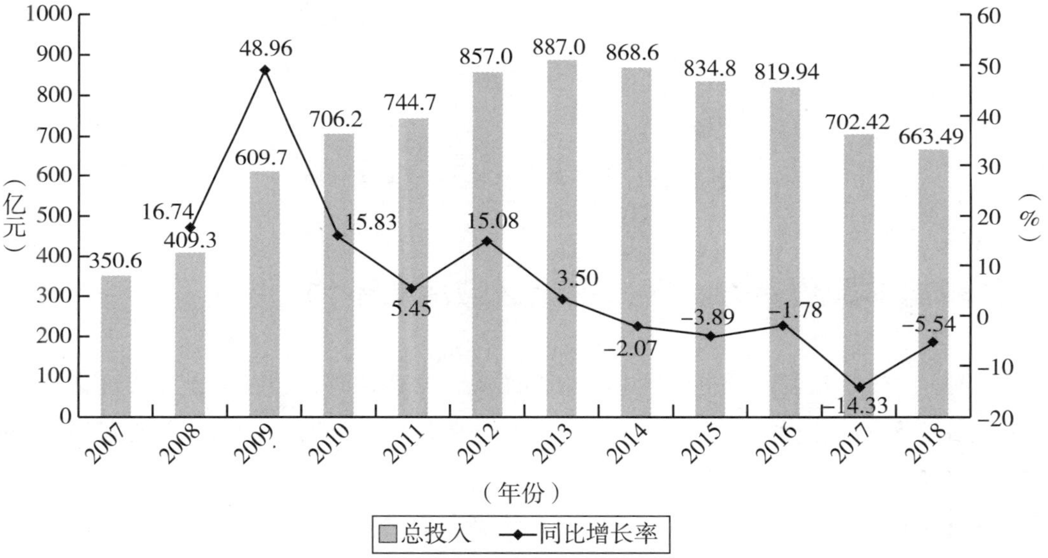

图 1　2007—2018 年中央财政农机购置总投入走势

二、两端降幅大，市场剑指大型化

近年来，烘干设备市场需求出现大型与小型烘干设备数量大幅度下降，且大型化趋势增强的特点。从粮食烘干设备市场需求结构分析，各种处理量不同的粮食烘干设备呈现此消彼长的特点。其中，处理量为 10 ~ 20 吨的烘干设备整体销量快速下降，20 吨、30 吨的烘干设备从去年开始猛增；30 吨以上目前还不是主流机型，市场保有量较少。

2019 年上半年粮食烘干设备市场延续了这种走势，呈现出以下几个特点。第一，粮食烘干设备市场销售聚焦循环式，占全部销售量的98%以上。第二，市场需求聚焦10～20吨烘干设备，接近半壁江山。截至6月底，此类烘干设备累计销售1820台，同比下降25.5%；市场占比高达48.99%，较2018年同期下降3.77个百分点。第三，20～30吨烘干设备处理量成长性好，需求大幅度增长，累计销售1223台，同比大幅度攀升14.51%；市场占比32.92%，较2018年同期大幅度上升9.85个百分点。第四，处理量处于两端的烘干设备出现不同程度的下滑。小于等于10吨的粮食烘干设备销售260台，同比大幅度下跌55.17%；市场占比7.00%，较2018年同期下降5.53%。大于等于30吨的大型粮食烘干设备销售412台，同比也出现了23.56%的滑坡；市场占比11.09%，较2018年小幅下挫0.55个百分点。整体市场趋向大型化。2019年上半年烘干机市场需求结构如图2所示。

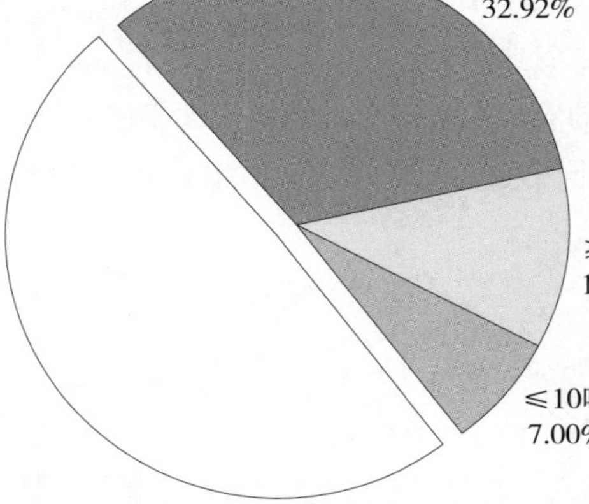

图2　2019年上半年烘干机市场需求结构

三、区域需求聚焦南方稻区，主流区域冷热不均

当前，我国粮食烘干设备市场主要集中在南方区域，尤其在南方稻区市场发展迅猛，这与稻谷特质关系密切。据专业人士分析，新收获的早稻平均水分在30%（湿基）左右，新收获的南方晚稻或北方单季稻的平均水分多在20%～24%（湿基），一般每克稻谷上都有百万个微生物，包括细菌、霉菌等。霉菌会在稻谷上迅速繁殖，致使稻谷霉变，由此决定了收获后的稻谷必须马上干燥，否则将造成重大损失，从而催生了稻区粮食烘干设备市场的快速发展。

2019年上半年，粮食烘干设备主力市场聚焦湖北、浙江、江苏、江西和安徽五大市场，累计销售各种型号的粮食烘干设备2068台，同比下降3.41%，较平均降幅低16.35个百分点。

五大主力市场此消彼长、冷热不均。湖北、江苏、江西出现不同程度的下滑，市场调查显示，三大区域分别销售619台、346台和420台，同比下降11.95%、36.75%和1.18%；占比16.66%、9.31%和11.31%，较上年同期分别增长1.48%、-2.5%和2.13%。与之相反，浙江、安徽大幅度攀升，分别销售485台、198台，同比分别增长67.24%和12.5%；占比13.06%、5.33%，较上年同期分别增长6.79%和1.53%。

四、主流品牌多降少增，集中度小幅下跌

粮食烘干设备市场竞争激烈，厂家众多。近年来，一则烘干设备市场风生水起，增势强劲，引来众多的分食者；二则因烘干设备行业门槛低，加之复制模仿成风等缘故，行业品牌数量快速膨胀，一些技术含量低、生产能力弱、服务能力差的品牌也趁机混入行业。一些企业只注重眼前利益，缺乏系统思考和长远的战略布局，与国际产品技术差距相差较大。市场竞争异常激烈，企业营销手段五花八门，市场缺乏约束机制，以致出现良莠不齐、劣币驱逐良币的怪现象。

2019 年上半年，补贴系统呈现出 104 个粮食烘干设备企业，粮食烘干设备市场销量前 8 的品牌累计销售各种型号粮食烘干设备 2795 台，同比下降 23.3%，市场占比 59.28%，较 2018 年同期下降 3.37 个百分点，集中度进一步下降。

从销量前 8 大品牌半年变现看，可谓冰火同炉。从各品牌分析，领跑粮食烘干设备市场的中联重机、安徽辰宇两大品牌，截至 2019 年 6 月底，分别销售了 617 台和 575 台，同比下跌 47.49% 和 9.87%。市场占比 13.09% 和 12.2%，较 2018 年同期分别增长 -7.11% 和 1.23%。雷沃重工、江苏沃得下滑幅度较大，达到了 38% 以上。合肥光裕、滁州奥兰格逆势增长，分别销售 280 台、211 台，同比分别增长 7.69% 和 15.3%；市场占比与 2018 年同期相比上升 1.47% 和 1.33%。2018 年与 2019 年上半年烘干机市场主流品牌占比变化对照如图 3 所示。

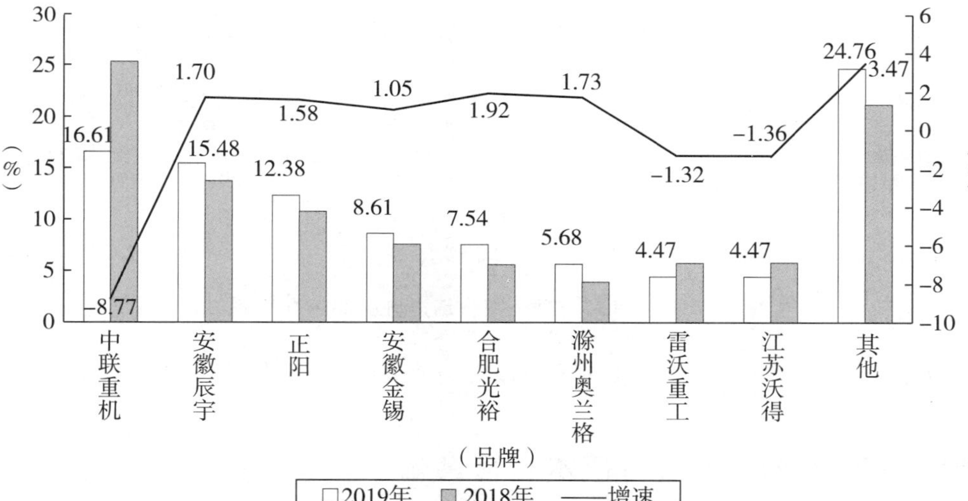

图 3　2018 年与 2019 年上半年烘干机市场主流品牌占比变化对照

2019 年上半年市场竞争呈现新的特点，可概括为以下四个方面：第一，多数品牌更加注重发展质量，一些主流品牌主动退出价格竞争，杜绝赊销、低价倾销的做法，加大了市场风险管控，由关注销量增加走向关注发展质量的新路子；第二，项目领域的竞争更加激烈。在粮食系统，一些地方政府推进产后一体化，加大粮食烘干设备的项目补贴，此类建设项目引众多品牌竞折腰；第三，新进入者和小品牌依然以低价冲击市场，抢占市场份额；第四，产品技术水平差距越来越小，用户个性化需求突出，市场需求由量的需求发展到质的需求，对烘干设备产品技术要求更高，技术、品质、服务成为市

场竞争的焦点。

五、上行压力大，全年市场不容乐观

纵观 2019 年上半年烘干设备市场面临的发展环境，利空因素笼罩整个市场。既有粮价（尤其是稻谷价格）波动下行引发的购买力下降；也有烘干设备投资收益边际递减，压制投资信心。既有因环保趋严，削弱烘干设备中心的扩容；也有热源引发的烘干成本上升，利润下降。凡此种种，多层面引发烘干设备市场的负面效应。

同时，市场也面临着诸多利好因素，主要包括：第一，一些地方推进产后一体化，对拉动需求产生了积极影响；第二，2018 年出现断崖式滑坡，形成市场需求“洼地”；第三，刚性需求强劲，市场成长空间大；第四，消费者对粮食烘干的认知度大幅度提升，粮食烘干的必要性和迫切性意识大大增长。

强烈的利空因素决定了 2019 年市场下滑或成定局，另外，由于多重利好因素的支撑，规定了 2019 年的烘干设备市场不会出现 2018 年断崖式滑坡。2010—2018 年烘干机市场走势及 2019 年预测如图 4 所示。

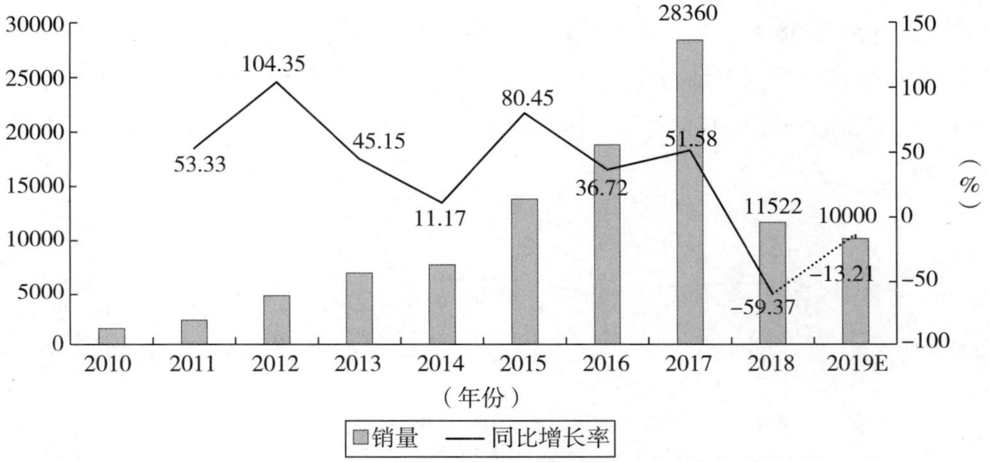

图 4　2010—2018 年烘干机市场走势及 2019 年预测

基于这些情况，预计 2019 年全年粮食烘干设备市场销售在 1 万台左右，同比下降 13% 以上。

六、刚性需求强劲，产品与技术有待突破

我国烘干设备市场虽然经过多年的发展，呈现出强大的生命力。但产业依然有待升级，产品依然有待改善，技术依然有待创新。未来几年，烘干设备行业或将呈现多元的发展趋势。

1. 刚性需求强劲，未来市场值得期待

近年来，我国粮食烘干设备市场在中央和地方政府大力推动下，得到长足发展，烘干率也有了很大提高，但与发达国家相比，依然差距明显。目前国外 98% 的粮食收获后直接烘干入库，而国内烘干水平依然较低。2018 年，粮食烘干设备保有量不过 11.97 万台，其中大型粮食烘干设备保有量更少，30 吨以上只有 1.62 万台。加之很多粮食烘干设备使用效率很低，直接影响烘干水平。初步估算，我国烘干率较高的水稻略大于 50%，小麦、玉米烘干率更低。与之对应的是因烘干水平低，每年粮食损

失惨重。据统计，全国粮食总产量为6亿吨，但是损失率高达18%，远高于国际标准的5%。主要原因是气候不好，粮食水分太高，容易发生霉变、发芽及晒场上产生损失。由此我们断定，粮食烘干设备市场刚性需求强劲，市场发展空间巨大，目前由于各种利空因素的影响，所遇到的困境只是上升中的曲折。

2. 产业格局渐趋稳定，产业集群初步形成

过去几年，受补贴政策的拉动，粮食烘干设备市场成为众多企业追逐的热点，不少区域出现“大干快上”的热闹局面。经过激烈市场竞争的优胜劣汰，一些企业逐渐退出市场，全国逐步形成包括安徽、江苏、辽宁、河南、山东在内的5个大型粮食烘干设备生产区域集群。这5大区域星罗棋布着130家粮食烘干设备规模生产企业，占全国粮食烘干设备企业的76.47%。2018年，这5大区域集群累计销售各种型号的粮食烘干设备8336台，占全部销量的72.35%。其中，安徽有46家规模生产企业，占全部数量的27.06%；累计销售5131台，占比高达44.53%。江苏和辽宁均不到30家，家数占比17.06%和16.47%；但销量占比差异巨大，江苏销售1761台占比15.28%，而辽宁仅销售574台占比不过4.98%。产业集群的形成，为我国粮食烘干设备产业的发展提供了生产基地保证。2018年烘干机产业集群分布如图5所示。

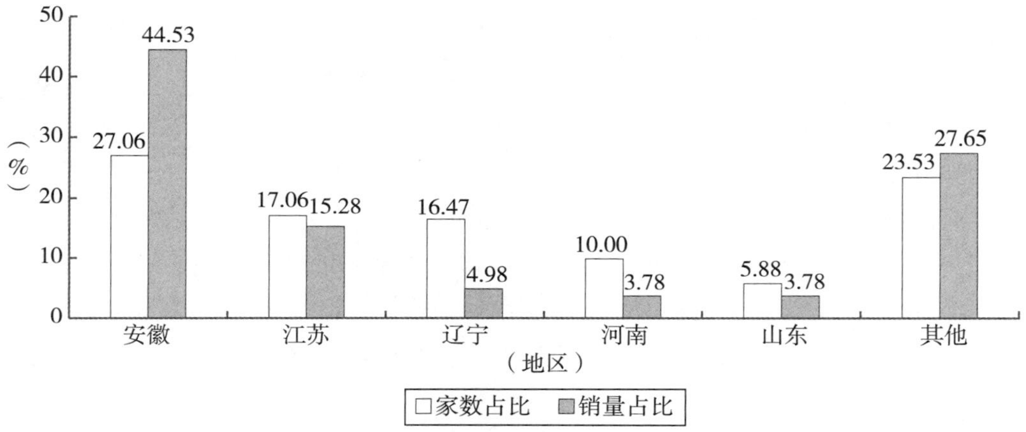

图5　2018年烘干机产业集群分布

3. 产能过剩，竞争加剧，行业或掀起洗牌浪潮

我国烘干设备市场已经基本结束“进口时代”，国产烘干设备的市场占有率达到了80%以上。但不可忽视的是我国烘干设备市场现状依然令人担忧，大部分企业不注重新技术的开发，数量虽多但整体素质不高，烘干设备市场的大多企业停留在价格竞争的低级阶段。虽然我国烘干设备企业由前几年的500余家，下降至2018年的250余家（其中，粮食烘干设备企业170多家），但“诸侯八百，小国三千”的竞争乱象依然没有发生根本性改变，竞争格局尚未形成，产能严重过剩。由此决定了未来几年，烘干设备市场将迎来洗牌浪潮。

4. 把握烘干设备市场发展方向，实现行业升级

我国的烘干设备市场近年虽呈快速成长趋势，也取得了巨大的成绩，但从技术层面分析，与国际先进的烘干技术相比还有一定的差距。

首先，中、低端技术占据市场主导地位，烘干设备的稳定性不够，成为目前我国烘干机市场发展的瓶颈之一。

其次，循环式热风粮食烘干设备和热风烘干塔的热能有效利用率低。热风的使用是一次性的，湿气直接排放到大气中，其热能不能回收，造成能源浪费。损失热量、浪费能源的同时，夹带大量粉尘杂质弥漫在空气中，造成尘埃污染，给人体健康造成危害，成为烘干设备行业改进的方向。

最后，“门槛低，标准旧”使烘干装备制造业后天营养不良。当下，在政府大力推动下，中国烘干设备行业低质低价的时代即将结束，职业化、专业化和精细化的大幕已经拉开。粮食烘干设备的能效限定值及能效等级是烘干装备下一步发展趋势的分水岭，烘干装备产品技术全面升级的阶段已经开始。未来的粮食烘干设备将全面向高效能、多燃料的烘干方向发展，有利于提高烘干后物料的生产率和烘干质量。

烘干设备制造商要紧跟市场潮流，通过研发生产新型先进的烘干设备、提升设备质量适合国内市场需求，从而赢得更多的客户关注度，这是烘干设备企业发展的必由之路。单纯的价格优势抢占市场，既不是长久之计，也不会取得稳定的业绩。烘干设备企业还需要从价格竞争中走出来，重塑产品结构、优化产品品质、关注核心技术的掌控和创新以及企业品牌影响力的扩大。

5. 技术有待突破，产品尚需创新

目前粮食烘干设备产品与技术均有待突破，水分精准测试是目前国产粮食烘干设备的技术瓶颈，热源成本高成为粮食烘干设备市场遇到的重大困难。

从技术层面看，需要重点突破水分测量、真空低温干燥、热风真空双效干燥、红外真空组合干燥、太阳能果蔬干燥、PLC 控制、多燃料系统开发、成型生物质燃料热风炉热效率提升等关键技术，优化果蔬烘干过程模型和特色农副产品烘干工艺模型，开发高效能、多燃料烘干组合、智能型粮食烘干设备，提高果蔬和特色农副产品烘干质量做到以上方面，才可以在市场竞争中胜出。

产品方面有待进一步提高，主要表现在以下几个方面。

（1）高效烘干。能胜任跨区作业的粮食烘干设备首先要保证效率，当前热循环烘干单批次 8 ~ 11 小时，质量可能有保证，但效率非常低下，对于跨区移动作业来说，低效率是致命的，只有单批次烘干时间控制在 3 小时以内才能与跨区机手的速度相匹配，简单地说收割机收得有多快，粮食烘干设备烘得有多快。

（2）快速移动。便捷性是第一个重要指标，跨区粮食烘干设备对流动的要求更高，速度快、便于运输、操作安全是必不可少的要求。工业设计要保证行走装备和加工装备浑然一体，保证结构合理的前提下尽量体积小巧、重心低、适合在农村道路和田间地头行走。

（3）采用傻瓜式控制。用户现在对农业机械的要求有以下趋势，机器本身技术含量非常高，可以智能化处理绝大多数不同物料烘干的作业过程；人工最好是只按一下启动键或几个按钮，机器自己能根据检测设定值烘干不同的物料，或者由后方控制中心的专业人员设计好，傻瓜式操作的移动式粮食烘干设备才可以降低产品进入市场的门槛。

（4）一机多能。移动粮食烘干设备想要大卖，必须想办法提高机器使用效率，一机多能是发展趋势。它可以烘干多种“颗粒”作物，比如除粮食作物外，还可以烘干油菜、芝麻、花生等经济类作物，以及辣椒、枸杞、大枣、山楂、蘑菇、木耳等特色作物。花一样的钱，干多种多样的活儿，机手能快速收回投资，这样的机器才是最受欢迎的跨区作业利器。

6. 三箭齐发，果蔬烘干设备独占鳌头

近年来，我国烘干设备市场发展呈现果蔬、粮食、茶叶三大市场三箭齐发的产业格局。从 2018 年市场销售数据分析，三大烘干设备呈现出不同发展特点。首先，果蔬烘干设备市场快速崛起。2018

年，果蔬烘干设备补贴量虽然受大环境影响，难以独善其身，也出现小幅下滑，但销量依然高达3.13万台，居三大烘干设备之首。虽同比小幅下降6.99%，但较平均降幅低了足足23.94个百分点，且占比独占鳌头，高达46.17%。其次，茶叶烘干设备市场异军突起，补贴量高达2.5万台，占比也达到了36.84%。最后，粮食烘干设备市场出现断崖式下滑，占比下降至16.99%。三大烘干设备市场从不同维度推动我国烘干水平的提升，对补齐农业机械化发展短板具有十分重要的意义。2018年烘干机市场销售占比如图6所示。

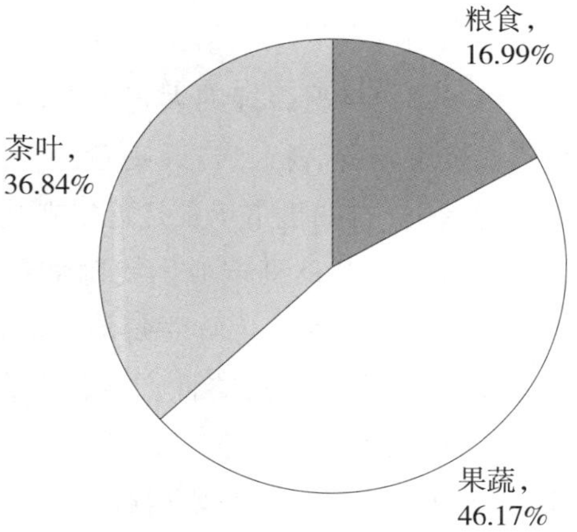

图6　2018年烘干机市场销售占比

冬天来了，春天还会远吗？毋庸置疑，当前的烘干设备市场正面临着前所未有的寒冬，但其强大的刚性需求以及多重优惠政策保驾护航，共同构筑了强大的市场需求，为未来市场的发展提供强大支撑。我们深信，一个蒸蒸日上的烘干设备市场在不远的将来，会再次出现在我们眼前。

（安徽辰宇机械科技有限公司　谢尚臻）

2018 年打捆机市场回顾与 2019 年展望

在传统农机行业业务利润下行、市场销售情况飘绿的大背景下，一些被看成农机市场“窄门”的细分小众市场却逆市飘红。近年来，农机市场发展特点告诉我们，那些率先进入“窄门”的农机企业被认为未来有更多机会“活得好，活得久”。打捆机市场正是近年来被频繁提起的一扇“窄门”。

“窄门”不窄。说到打捆机，我们就避不开秸秆产业。我国秸秆资源丰富，理论资源量为 8.84 亿吨，可收集资源量约为 7.36 亿吨。合理利用这些生物质每年可以替代煤炭 4 亿吨左右，秸秆处理的市场规模可能高达数千亿元。秸秆产业作为一个战略性产业，在畜牧、造纸、农业、能源等各个行业均具有十分重要的作用。近年来，越来越多的企业开始关注秸秆的利用，有的直接进入秸秆处理产业，推动了秸秆处理产业的快速发展。从 2018 安徽秸秆综合利用产业博览会即可窥见当今秸秆产业处理设备市场的现状。此次博览会共有 96 个项目集中签约，签约总金额达 275 亿元；单个项目签约金额亿元以上的有 78 个，其中 5 亿元以上的有 14 个、10 亿元以上的有 5 个。现场签约能源化和工业原料化项目 60 个，占项目总数的 62.5%，累计签约金额 187 亿元，占项目总金额的 68%。正是丰富的秸秆资源催生出快速发展的秸秆产业，也决定了打捆机市场“窄门”不仅不窄，而且很宽。

上帝关上一扇门，肯定要打开一扇窗。在众多传统农机市场低迷之时，打捆机市场却为我们打开一扇窗，透进希望之光，成为近两年低迷市场下的黑马。

一、2018 年打捆机市场回顾

1. 市场飙升，全线飘红

2018 年，打捆机市场在拖拉机、收获机、插秧机等传统农机市场纷纷演绎高台“跳水”的低迷形势下，异军突起，逆势飘红。市场调查显示，我国全年累计销售各种打捆机 3.13 万台，同比大幅度攀升 118.88%。

回顾 2010 年以来打捆机市场走势，不难发现，在经历了 2011 年大幅度下滑后，2012 年进入发展快车道，连续七年呈现两位数的高速增长。其中，2014 年销售数量的增幅高达 152.38%，成为近年增幅最大的年份。由此我们判断，自 2012 年起，打捆机市场结束了小销量、低增幅的导入期阶段，进入高速增长的成长期阶段。

2018 年打捆机市场销量的大幅度攀升是多重利好因素共同作用的结果，具体如下。

第一，刚性需求强劲。无论是秸秆离田率和打捆机保有量偏低，还是低速增长期漫长，都诠释了一个道理：打捆机市场成长空间大，刚性需求强劲。

第二，政策推动。对于农作物秸秆的综合利用，中央财政和全国很多的省份都出台了补贴政策；扶持对象涉及范围也很广泛，企业、合作社、家庭农场、种养大户、农民个人都能申请。中央财政每年都安排上千万元的扶持资金，普通的农户补贴1万~2万元，合作社补贴几万到几十万元不等，企业更多在几万元到上千万元。补贴政策直接催生了打捆机市场的繁荣，从各地推广情况来看，凡是补贴额高或有双重补贴的地方，打捆机的市场需求就高；反之，补贴少的地方需求相对低。

第三，区域政策拉动。随着农作物秸秆综合利用的相关国家政策密集出台，为了积极响应国家政策，更好地保护环境、加快农作物秸秆的资源化利用，各省尤其是农业大省也纷纷发布了秸秆综合利用政策。如为了支持农作物秸秆资源化利用，2018年黑龙江提出统筹10亿元左右的资金用于秸秆综合利用，并实施“亿亩秸秆还田行动”，扩大秸秆固化压块试点，助力解决秸秆处理难题，有力推动了打捆机市场的快速发展。

第四，畜牧养殖产业快速发展。随着国民生活水平的不断提高，人们对畜牧产品的需求量及质量要求持续提升。国家对畜牧业持续扶持、推动，养殖业对饲草的需求量也持续增加。秸秆的饲料化利用也是行业重点研究领域，其中秸秆收集、打捆的关键技术与装备升级也成为发展重点。

第五，环境治理推进和秸秆后处理产业发展的共同助推。数据显示，在政策的大力支持和推动下，我国农作物秸秆综合利用效果显著。目前秸秆综合利用率超过82%，秸秆利用方式多种多样，基本形成了肥料化利用为主，饲料化、燃料化稳步推进，基料化、原料化为辅的综合利用格局。全国建立完善的秸秆收储运用体系，形成布局合理、多元利用的秸秆综合利用产业化格局，基本实现全量利用。

第六，环保政策趋严的推动。打捆机市场从原来的低速增长一举进入发展的快车道，环保政策趋严功不可没。国家严禁焚烧秸秆，提倡农作物秸秆综合利用，于是就需要大量机具将各类秸秆打捆并尽快转运出去。

2. 需求结构悄然生变，大型高端趋势渐强

打捆机产品结构多元而复杂，2018年打捆机市场需求结构出现诸多变化。无论是作业方式，还是捡拾宽度；无论是成捆形状，还是捡拾结构，都出现不小的调整。

牵引式唱主角，其他作业方式占比下降。从作业方式看，打捆机市场销售主要以牵引式为主，占比上扬。市场调查显示，2018年累计销售牵引式打捆机2.92万台，同比大幅度攀升128.13%；市场占比93.29%，较之2017年同期增长3.78个百分点（见表1）。

表1　2017—2018年打捆机按作业方式分类的销售数据一览　单位：万台

作业方式	销量		同比增长率（%）	市场占比（%）		增减（%）
	2018年	2017年		2018年	2017年	
牵引式	2.92	1.28	128.13	93.29	89.51	3.78
其他方式	0.21	0.15	40.00	6.71	10.49	-3.78
合计	3.13	1.43	118.88	100.00	100.00	0.00

捡拾宽窄生变，宽度聚焦1.7米以上。伴随着土地集约化规模化进程加快，打捆机产品需求呈现出向大中型产品升级的趋势。2018年，打捆机市场主销品类集中在捡拾宽度1.7~2.2米和2.2米及以

上的机型。市场调查显示，1.7 米及以上机型累计销售 2.6 万台，同比大幅度攀升 133.59%；市场占比 84.84%，较之 2017 年同期提高 5.32 个百分点。其中，捡拾宽度在 1.7 ~ 2.2 米的机型累计销售 1.27 万台，同比大幅度攀升 71.45%；市场占比 40.44%，较之 2017 年同期下降 11.2 个百分点。2.2 米及以上机型累计销售 13906 台，同比飙升 248.68%；市场占比 44.40%，较之 2017 年同期大幅度增长 16.52 个百分点。

值得注意的是捡拾宽度小的品类不仅销量占比小，一些机型的销量也出现下滑。市场调查显示，捡拾宽度小于 1.7 米的机型，累计销售 4746 台，同比大幅度增长 62.03%；市场占比 15.16%，较之 2017 年同期下挫 5.32 个百分点。其中，捡拾宽度在 0.7 ~ 1.2 米和 1.2 ~ 1.7 米的打捆机，分别销售 1374 台和 3372 台，同比分别增长 – 24.51% 和 204.06%；市场占比分别为 4.39% 和 10.77%；较之 2017 年同期分别提高 – 8.34 个百分点和 3.02 个百分点（见图 1）。

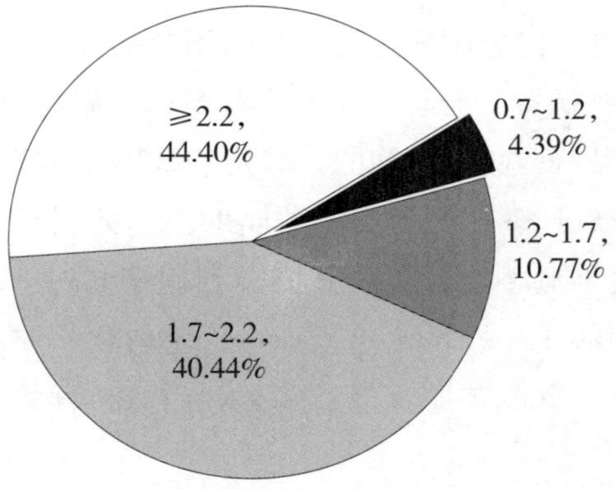

图 1　2018 年打捆机捡拾宽度市场占比

由此，我们不难得出这样的结论，打捆机市场需求结构呈现两个特点：第一，市场需求大型化趋势增强，捡拾宽度越来越宽；第二，需求聚焦捡拾宽度 1.7 米及以上的机型，市场占比 80% 以上。

圆捆机需求出现飙升，方捆机销量大幅度增长。市场调查显示，2018 年销售圆捆机 1.85 万台，同比飙升 228.28%；市场占比 58.99%，较之 2017 年同期上升 19.65 个百分点。方捆机销售 1.28 万台，同比大幅度增长 48.02%；市场占比 41.01%，较之 2017 年出现较大幅度下滑（见表 2）。

表 2　2017—2018 年打捆机按所打草捆类型分类的销售数据一览　　单位：台

草捆类型	销量		同比增长率（%）	市场占比（%）		增减（%）
	2018 年	2017 年		2018 年	2017 年	
圆捆	18469	5626	228.28	58.99	39.34	19.65
方捆	12839	8674	48.02	41.01	60.66	– 19.65
合计	31308	14300	118.94	100.00	100.00	0.00

值得注意的是，这种下滑在很大程度上受农机补贴的影响。近年，随着补贴政策的实施，打捆机市场顺势崛起，吸引了众多企业的加盟。新增的不少小型企业多以生产小型打圆捆的机械为主，并以延长捡拾宽度和低价甚至赠送的方式参与市场竞争，出现劣币驱逐良币的现象，不仅扰乱了市场，而且导致了圆捆机数量的大幅度增长。

弹齿式发展势头猛，占七成以上份额。市场调查显示，2018 年累计销售弹齿式打捆机 22501 台，同比大幅度攀升 134.79%；市场占比 71.87%，较之 2017 年同期上升 4.90 个百分点。粉碎式打捆机同比虽然也大幅度攀升 86.43%，但这种攀升是基于整体市场大幅度增长之上的水涨船高，并且低于平均增幅。占比下降反映出市场进一步向弹齿式捡拾结构过渡的基本发展趋势（见表 3）。

表 3　2017—2018 年打捆机按捡拾结构分类的销售数据一览　单位：台

捡拾结构	销量		同比增长率（%）	市场占比（%）		增减（%）
	2018 年	2017 年		2018 年	2017 年	
弹齿式	22501	9576	134.97	71.87	66.97	4.90
粉碎式	8807	4724	86.43	28.13	33.03	-4.90
合计	31308	14300	118.94	100.00	100.00	0.00

3. 生产企业数量猛增，产业集群形成

近年，随着打捆机市场的升温，打捆机生产企业数量迅猛增长。市场调查显示，全国打捆机生产企业由 2017 年的 130 家猛增至 2018 年的 176 家，一年增加了 46 家。按照区域生产企业数量分析，现已形成山东、河南、黑龙江、吉林、安徽、内蒙古、河北七大生产集群。2018 年七大生产集群囊括了 140 家生产企业，较之 2017 年同期增加了 57 家，市场占比高达 79.55%，较之 2017 年上升 15.7 个百分点。其中，山东一省就有 43 家，较之 2017 年增加 12 家，市场占比 24.43%。黑龙江、吉林生产企业数量增加速度最快，由 2017 年的 3 家和 2 家猛增到 2018 年的 21 家和 17 家。

前七大区域控制着全国打捆机市场的主要生产与销售，2018 年累计销售 20457 台，同比大幅度攀升 107.26%；市场占比 65.34%，较之 2017 年同期下挫 3.68 个百分点。在七大区域中，同比增幅达到三位数的有山东、河南、黑龙江、吉林四个区域。其中，山东区域累计销售 8374 台，同比大幅度攀升 147.02%；市场占比 26.75%，较之 2017 年同期增长 3.04 个百分点。黑龙江、吉林出现飙升，同比增幅分别达到了 439.62% 和 382.62%。安徽、内蒙古、河北也出现了不同程度的增长（见表 4）。

表 4　2017—2018 年打捆机区域生产企业销售数据一览　单位：台

序号	区域	销量		同比增长率（%）	市场占比（%）		增减（%）
		2018 年	2017 年		2018 年	2017 年	
1	山东	8374	3390	147.02	26.75	23.71	3.04
2	河南	3226	1583	103.79	10.30	11.07	-0.77
3	黑龙江	1689	313	439.62	5.39	2.19	3.20
4	吉林	2582	535	382.62	8.25	3.74	4.51
5	安徽	1723	1599	7.75	5.50	11.18	-5.68
6	内蒙古	2702	2339	15.52	8.63	16.36	-7.73
7	河北	161	111	45.05	0.51	0.78	-0.27
小计		20457	9870	107.26	65.34	69.02	-3.68
其他		10851	4430	144.94	34.66	30.98	3.68
合计		31308	14300	118.94	100.00	100.00	0.00

4. 群体单位购买占比下降，购买行为出现新特点

2018 年，终端用户构成发生了较大变化，突出表现为群体单位购买占比下降。市场调查显示，2018 年合作社、家庭农场、农业服务公司、各种开发公司等群体组织购买打捆机的单位达到 6050 家，占购买总量的 23.08%；而 2017 年仅为 3294 家，而占比却有 27.51%。由此可以看出，虽然群体组织单位购买家数增长，但占比却下降了 4.43 个百分点，此部分各区域差异较大，如黑龙江市场群体组织单位购买占比较高，而内蒙古市场就很低。

从用户购买行为看，现在打捆机销售呈现出以下三个特征：一是老用户追求品牌及产品升级。对于打捆机老用户来讲，越来越注重产品品牌和更新换代，追求高端产品的趋势明显，一般产品更新周期为 2 ~ 3 年。二是新用户追求性价比。在调查中发现，受粮食价格下降、畜牧养殖价格波动等因素影响，用户整体收益下降，打捆机新购买用户更加注重产品的性价比。调查显示，40% 的新用户有先购买入门级产品试试手的心态。三是投资性需求。主要表现为一些客户批量采购，雇用机手作业，以赚取利润。这种模式往往存在机手为了追求效率而忽视产品保养，也增加了制造企业和经销商的服务压力。

5. 主流区域大幅增长，区域集中度滑坡

2018 年，打捆机市场主流区域集中在黑龙江、安徽、河南等八大区域，从销量前八的区域市场分析，主流区域占据着七成以上的销量，但占比出现滑坡。市场调查显示，2018 年累计销售各种打捆机 23643 台，同比大幅度攀升 110.93%；市场占比 75.52%，较 2017 年同期下降 3.13%。

从前八大区域表现看，除吉林市场出现较大幅度下滑外，其他市场均呈现不同程度的增长。其中，黑龙江、河南、甘肃、江苏同比增幅均达到三位数，黑龙江市场同比增幅高达 954.95%，市场占比 25.51%，较 2017 年同期大幅度攀升 20.20 个百分点。黑龙江市场大幅度攀升很大原因来自补贴政策的大力支持（见表 5）。

表 5　2017—2018 年打捆机区域销售数据一览　单位：台

序号	区域	销量		同比增长率（%）	市场占比		增减（%）
		2018 年	2017 年		2018 年（%）	2017 年（%）	
1	黑龙江	7986	757	954.95	25.51	5.31	20.20
2	安徽	5120	3065	67.05	16.35	21.51	-5.15
3	河南	3656	1431	155.49	11.68	10.04	1.64
4	内蒙古	2878	2587	11.25	9.19	18.15	-8.96
5	吉林	1560	1923	-18.88	4.98	13.49	-8.51
6	甘肃	1043	416	150.72	3.33	2.92	0.41
7	辽宁	798	794	0.50	2.55	5.57	-3.02
8	江苏	602	236	155.08	1.92	1.66	0.27
小计		23643	11209	110.93	75.52	78.65	-3.13
其他		7665	3043	151.89	24.48	21.35	3.13
合计		31308	14252	119.67	100.00	100.00	0.00

6. 市场竞争激烈，集中度偏低

当今打捆机市场可用“诸侯八百、小国三千”来形容，竞争激烈，竞争度低，契合市场成长期的基本特点。市场调查显示，2018 年八大主流品牌累计销售各种打捆机 7572 台，同比大幅度增长 54.47%，而市场占比仅 24.19%，较 2017 年同期下挫 10.09%。

从八大主流品牌表现看，除个别品牌同比出现大幅度下滑外，其他品牌均呈现不同程度的大幅度攀升。其中，星光玉龙独占鳌头，累计销售 1652 台，同比大幅度攀升 67.55%；市场占比 5.28%，较 2017 年同期下挫 1.62 个百分点；华德紧随其后，累计销售 1322 台，同比大幅度攀升 23.09%，市场占比 4.22%，较 2017 年同期下挫 3.29 个百分点。福格森、顺邦成为 2018 年增幅最大的两大品牌，同比分别大幅度攀升 379.05%、171.75%，市场占比较 2017 年小幅增长 0.87 个和 0.53 个百分点。这种现象折射出随着众多新品牌的加入，打捆机市场竞争变得更加激烈（见图 2）。

2018 年，打捆机市场竞争呈现出的新特征表现为以下三点。

第一，市场竞争更加激烈，多数主流品牌市场占比下降，集中度进一步分散。

第二，价格竞争成为重要的竞争手段，项目争夺进入白热化。

第三，一线品牌侧重产品品质竞争，依靠产品优势和品牌影响力固守阵地，抢占市场高地；二线、三线品牌依靠低价和关系营销冲击市场，争夺市场份额。

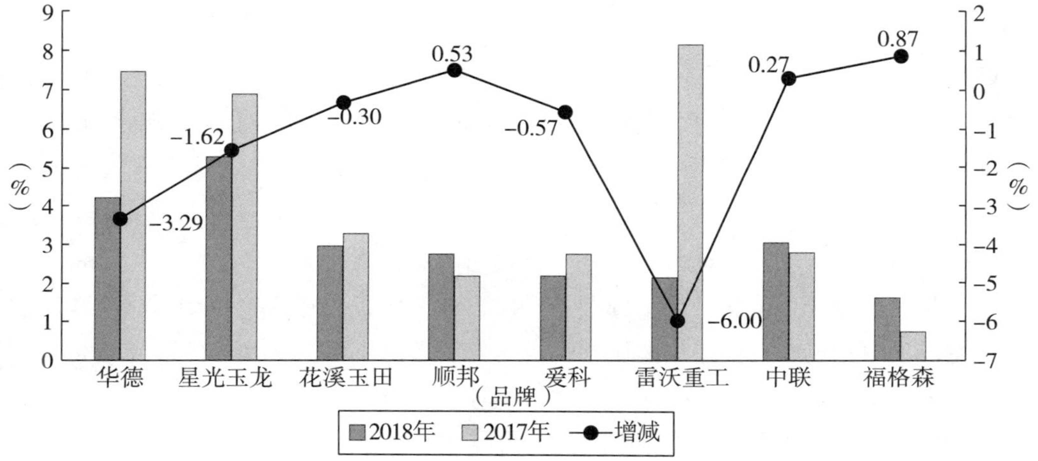

图 2 2017—2018 年打捆机市场主流品牌占比变化

二、打捆机市场 2019 年展望

1. 市场变数陡增，需求或将下行

2019 年，打捆机市场将如何发展？市场走势主要取决于打捆机市场利好因素与利空因素的较量。打捆机作为一个快速成长的市场，面临着诸多利好因素是毋庸置疑的。

第一，补贴政策支撑依然强劲。2019 年国家农机购置补贴政策已明确，秸秆收割机械被悉数纳入补贴范围，实行应补尽补的政策。大部分省份（地区）都开展了农机购置补贴公示工作，其中 17 个省份（地区）打捆机补贴上榜，部分地区更是明确规定了打捆机的地方累加补贴。

第二，刚性需求。我国的秸秆打捆离田率不到 10%，与欧美国家 100% 的水平差距悬殊，这为打捆机市场提供了广阔的发展前景。

第三，更新需求。随着打捆机需求大型化，小型机器升级换代的需求变得更加迫切。

第四，畜牧养殖业的推动。2015 年、2016 年连续两年的中央一号文件明确提出发展草食畜牧业，2017 年的中央一号文件继续提出“稳粮、优经、扩饲”的要求，为畜牧机械产业的发展提供了良好的政策环境，为打捆机市场提供良好的发展机遇。

第五，国际经济环境影响。持续一年多的中美贸易战还未出现休战的迹象，这将长期影响进口大豆和豆粕供应，需求秸秆饲料化将增加。

第六，2019 年考虑秸秆资源化利用基础配套设施投入生产，完善产业链。

第七，禁烧力度逐年加大，对打捆机市场成长也提供了强大支撑。

同时，2019 年打捆机市场的利空因素也不容小觑，主要表现在以下六个方面。

第一，粮价低迷，打击市场投资信心，间接影响打捆机市场。众所周知，当前粮食种植效益较低，这直接影响购买力和用户投资信心，间接影响打捆机市场。

第二，秸秆处理增加种植成本，影响农民购买和使用打捆机的积极性。

第三，打捆机的下游市场依然没有完全打通，价值链尚不完整。一方面，由于秸秆面积广、数量大、种类多、季节性强，加之各地水热条件差异大，当前秸秆综合利用仍然面临诸多困难。另一方面，秸秆原料密度低，用工规模高，政策不成体系，秸秆综合利用率还很低，导致秸秆打捆后没有出路，压制打捆机市场成长。

第四，2018 年政府部门加大对打捆机补贴的严查力度，同时对打捆机补贴资质重新进行科学归档，取消了一些不法企业的补贴资格。此政策一方面规范了补贴市场，确保打捆机市场的健康发展；另一方面也为打捆机市场需求进行了“消肿”，2018 年一些闯入补贴名单的小型打捆机将遭遇沉重打击，对整体市场销量也将产生重要影响。

第五，市场“虚高”。虽然 2018 年市场销售量创下历史新高，但虚高嫌疑较大。一则 2018 年我国打捆机市场出现爆发式增长，但从销售结构不难看出，大型设备销售仅 1 万余台，有 2 万多台都是小型圆捆机，一些小型打捆机企业因违法操作补贴被叫停后，对市场销量将产生一定影响。二则农机购置补贴政策固然对市场有一定的促进作用，但在市场环境下也出现了诸如为提高补贴档次，企业虚报捡拾作业宽度等问题。由此决定了在 2019 年，随着补贴政策趋严，虚高现象会消失，市场销量的水分会被挤去。

第六，市场“高地”。2018 年，打捆机市场同比增长虽然低于历史增幅最高的 2014 年（当年同比增长 152.38%），但市场需求量却出现质的变化，即突破 3 万台大关，形成打捆机市场需求“高地”。这在整个打捆机行业的产业链、价值链尚未打通，各种发展条件尚不成熟，发展环境又多变的情势下，简直是一个奇迹。但到了 2019 年这个奇迹或将因其疯狂增长形成的“高地”进入平台期。

基于以上分析，2019 年打捆机市场的竞争、需求及需求品类、区域或呈以下发展特征。

对 2019 年打捆机市场的竞争形势进行分析，市场竞争将更加激烈。2018 年打捆机市场在众多利好因素，尤其是补贴政策的有力推动下进入高峰期，也吸引了众多企业进入。产能过剩、鱼龙混杂成为当今打捆机市场最为突出的一个特点。2018 年打捆机的蓝海梦尚未醒，2019 年或将演绎红海的厮杀，这也决定了市场竞争的方式与特征变得更加复杂。淘汰赛已经开始，正像当年的拖拉机、玉米收获机、烘干机等市场一样，市场成长初期，云集众多企业。但随着市场推进、竞争加剧，打捆机市场逐渐步入成熟期，一些品牌退出竞争成为必然的选择。基于此，我们判断各品牌的表现或将冰火同炉，主流品牌将继续保持一定的增长定力，而小品牌将出现大幅度下滑。

从市场需求品类看，畜牧类打捆机、打包机市场在畜牧产业的影响下，或将继续保持增长的势头。从捡拾宽度分析，2 米以上的大型打捆机市场降幅或小于平均降幅，小于 1.7 米的打捆机市场将出现较大幅度下降。

从区域市场看，2018 年东北地区，尤其是黑龙江省，受补贴政策支撑，市场依然坚挺，将保持一个较好的发展势头。内蒙古市场作为打捆机的主流市场，受畜牧业的拉动，其发展速度不容小觑。其他市场或呈现不同程度的滑坡。

从市场需求分析，2019 年打捆机市场并不乐观，利空因素强烈，或将呈现以下的突出特点：市场继续保持高位运行，同比会呈现较大幅度滑坡。

预计 2019 年打捆机市场销量在 2 万～2.5 万台，同比下滑 20%～30%（见图 3）。

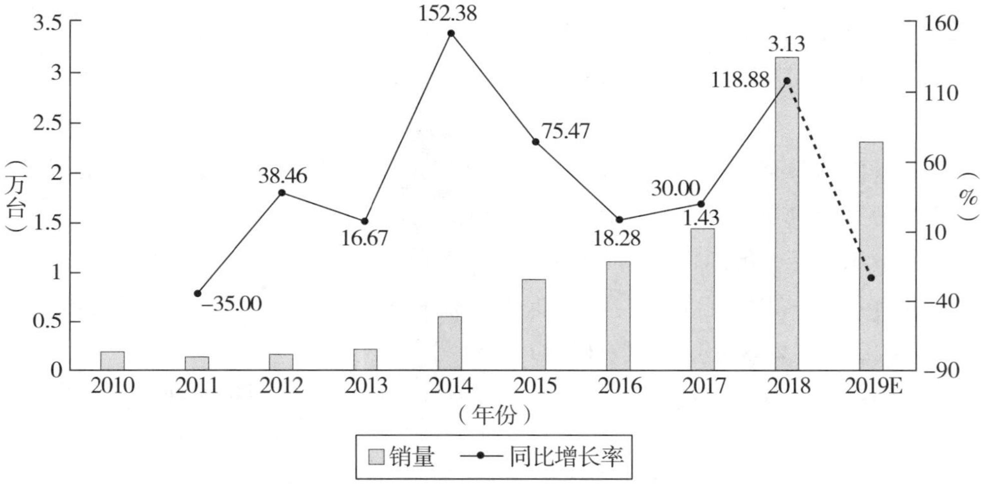

图 3　2010—2018 年打捆机市场销售走势与 2019 年预测

2. 品质有待升级，技术瓶颈有待突破

近年，国内一线品牌，诸如华德、雷沃重工、星光玉龙等，经过多年对世界先进技术锲而不舍的吸收、消化、创新，国产整机性能实现了较大提升，可靠性有了质的跨越，大圆捆打捆机在整体性能上也实现了较大突破，性价比赢得了客户信赖。在破碎机型上，国内产品占据了较大优势。但不可否认的是，技术鸿沟在短期内依然难以跨越，产品品质与技术方面与优尼亚、科罗尼、麦克海尔、威猛、库恩和马斯奇奥等进口品牌相比，依然有较大的提升空间。突出表现在以下三个方面。

其一，核心部件技术存在瓶颈，打结器的国产化竟是“卡脖子”难题。

熟悉打捆机产品的人都知道，方捆机型产品最核心的部件之一是 D 型打结器，由于其动作频繁、冲击力大、磨损受力重、部件配合紧密，在材质、整体性能、结构配合等环节要求严格。

目前，约翰迪尔、克拉斯（科乐收）、纽荷兰、世达尔等外资品牌所用的打结器为自有品牌，不对外销售，国产打捆机所用的 D 型打结器超过 90% 为德国进口产品，其中拉斯伯、罗森多夫是两个热销品牌。虽然国内多家制造企业针对打结器进行了数年研发，但是整体性能并不理想，耐用性、成结率和灵活性都与国外产品有较大差距，这暴露出国内原材料加工工艺的落后性。

其二，整机制造瓶颈，高密度大方捆打捆机短时间难以打破国外垄断。

国内打捆机制造在高端研发环节大圆捆打捆机进步较快，但是，高密度大方捆打捆机的研发却进度缓慢，这也正是技术突破的关键点之一。近年来，中低端产品国产化进程逐年加速，成为国内整体市场销售的主流，与此同时，我们不得不直面高端产品被国外垄断的现实。走进大型农场、兵团、牧草种植基地，映入我们眼帘的大型高端打捆机都是清一色的进口品牌，这类产品虽然在整体市场中销售数量占比不大，但价值不菲，利润附加值远远高于中、小型产品。进口产品作业效率高、性能稳定、可靠性强，但是整机价格高、配件贵、服务对接难度大。

其三，作业适用性存在瓶颈，大型产品轻量化设计创新待突破。

从传统意义上讲，打捆机功能只是应用于牧草打捆收获，以方便运输和贮存，功能相对单一。在我国，秸秆打捆给打捆机赋予了更加广泛的应用范围，但是，在秸秆打捆过程中，机械设备重量大、又反复进入田地，造成土地压实。如何减少机械进田造成的土壤压实，一来减少因产品重量过大带来的压实，二来在水稻秸秆打捆时可以最大限度地防陷，是值得研究的课题。

3. 发展趋势剑指大型化、高端化、智能化

随着打捆机近十几年的发展，产品技术日趋成熟，产品类型向着多元化方向发展。未来发展趋势主要表现在以下几个方面。

趋势一，打捆机市场具有广阔的发展空间，近两年的高位运行、大幅度增长只是市场高峰期的前奏，以下各种条件为打捆机未来市场发展提供强大支撑。

一是我国秸秆资源丰富，但离田率和利用率很低。

二是打捆机保有量低，2018 年我国打捆机保有量仅有 8.55 万台，超过一万台的地区仅有内蒙古（1.54 万台）、黑龙江（1.12 万台）、安徽（1.41 万台）。

三是伴随着应用范围拓展，打捆机由原来单一的牧草打捆拓展到秸秆打捆，为打捆机市场拓展了发展空间。

四是政策的持续大力扶持。各种补贴政策密集发布，为打捆机市场提供了强大的政策支持。诸如秸秆处理机械购置、秸秆“三贮一化”、秸秆综合利用能源化、秸秆粉碎还田、秸秆收储站点建设补贴以及其他秸秆再利用补贴等。同时，近年全国 21 个省、自治区、直辖市密集发布关于秸秆处理的规划，如内蒙古和新疆的“秸秆综合利用处理方案”；黑龙江统筹 10 亿资金用于秸秆处理；山东于 2021 年将建设秸秆人造板及相关无醛建材产业示范区，打造年产能 500 万立方米的发展规模，力求实现产能规模和装备智能化程度全球第一。吹响秸秆处理革命的集结号，为我国秸秆处理产业的快速发展奠定了扎实的政策基础。

五是绿色经济发展的我国长期坚持的国策，这也决定了今后的环保政策会愈发严格，对打捆机市场无疑是利好因素。

趋势二，打捆机品种、产品系列更加多样化。为了满足不同类型用户和市场需求，市场从设备体量可分为小型、中型、大型设备；从作业方式分为捡拾型、粉碎型设备；从草捆形式分为方捆机和圆捆机。包括搂草、打捆、捡捆、装车等的成系列成套设备输出会形成趋势。

趋势三，未来打捆机将向大型化、多功能、高效率、复式联合作业发展，设备通用性、适用性更强，逐步达到国外先进技术水平。当前，如何突破打捆机的技术瓶颈，是国产品牌必须正视的一个问题。诸如打结器这类核心部件还主要依赖进口，大大制约了我国打捆机制造业向高端发展。

趋势四，随着智能化技术水平提高，市场对智能化设备需求增加，未来打捆机将向控制智能化、操作自动化发展。目前已经有许多机型安装了智能化装置，例如智能控制系统、智能监测系统、自动注油系统等，大大提高了打捆机智能化水平。

趋势五，向注重节约资源、保护环境方向发展。打捆机作为秸秆离田的重要工具，未来将肩负起更加重要的环保职责。随着设备性能进一步提高，技术更加先进，作业效率提高，打捆机对降低秸秆焚烧带来的环境污染等方面将承担起更加重要的社会责任。

打捆机产业是一个朝阳产业，是一个大产业。随着各种条件的成熟尤其产业链和价值链的逐步完善，打捆机的春天一定会更加灿烂。

（第一拖拉机股份有限公司　许予永）

第三部分

企　业　篇

道依茨法尔机械有限公司

DEUTZ – FAHR Machinery Co. , Ltd is funded by SAME DEUTZ – FAHR Group in Italy.

道依茨法尔机械有限公司是由意大利赛迈道依茨法尔集团出资成立。

SAME DEUTZ – FAHR Group is one of four largest agricultural machinery manufacturers, with mainly business scope of tractors; combine harvesters and diesels. Its head quarter is established in Treviglio, Italy, which is only 30 kilometers away from the international metropolis—Milan.

赛迈道依茨法尔集团是全球前4大农机制造商之一，主营业务有拖拉机、联合收获机及柴油机。总部设在意大利的特莱维奥市，距离国际化大都市米兰仅有30千米。

SAME DEUTZ – FAHR Group has established many world famous brand, such as SAME; LAMBORGHINI; DEUTZ – FAHR; HURLIMANN; GREGOIRE, etc. It now has 7 production bases; 23 branches; 2 joint – ventures; 141 importers and above 3000 dealers, with almost 3500 employees spread all over the world and more than 70 years' history.

赛迈道依茨法尔集团已经成立了多个世界知名品牌，如赛迈、兰博基尼、道依茨法尔、赫利曼、格雷古瓦等。现在全球拥有7个生产基地，23家分支机构，2家合资公司，141家进口商以及3000多家经销商。雇员约3500名，遍布全球各地，已拥有70多年历史。

The company was established in Linshu Economic Development Zone; Linyi City, Shandong Province and registered on Nov. 2011 with a total investment of 2000 million RMB. It focuses on the research and development, manufacturing and sales of tractors and harvesting machinery by distributing products through the "DEUTZ – FAHR" and "DABHAND" brands.

道依茨法尔机械有限公司位于山东省临沂市临沭经济开发区，于2011年11月注册成立，总投资额达20亿元人民币。通过"道依茨法尔"以及"大启"两大品牌致力于拖拉机、收获机械的研发、制造与销售。

The company devoted itself in the production, sales and the after – sales of high – end agricultural machinery with the advanced technology of hydrostatic, electric hydraulic, power shift, CVT transmission, high – pressure common rail from Germany and Italy, which will promote the manufacturing level of entire industry. Our new plant adopts the advanced technology and production management and combines with powerful distribution network, providing various kinds of tractors ranging from 25 hp to 320 hp, as well as various kinds of harvesting machinery, which can meet different demands of users.

公司致力于打造高端智能农业装备产品，采用德国和意大利等国成熟的静液压、电液压、动力换挡、无级变速、发动机高压共轨技术，满足配备大型农机具的作业需求，同时带动中国农业机械制造水平的再升级。公司充分利用意大利先进制造技术及先进的生产管理理念，结合强大的销售服务网络，为全国及海外市场上的用户提供适合他们的农业解决方案。可为用户提供25～320马力的配置丰富的拖拉机产品以及各类联合收割机和农机具产品，满足用户的不同需求。

There are over 460 dealers and service channels covering all the market areas. We take "satisfy the customers" as our target, provide "3 Full" (Full course, Full time, Full Hearted) service. We have also established a sub company in Heilongjiang province to fulfil the local market demand and provide in - time service for local customers.

公司拥有460多家销售和服务渠道覆盖全部的市场区域。公司以"让用户满意"为服务宗旨，确立"三全"品牌，并承诺"全程、全时、全心"为客户服务。为满足部分市场开发需要，公司在黑龙江省设立分公司，建设生产制作基地，巩固加强当地市场，为当地用户提供及时的服务。

The company's strategy is based on giving its production capacity an international slant, on expanding its sales network on key and emerging markets, on overseeing technological know - how, internally developing core components and offering an extensive product range.

公司着眼国际市场的战略，加强产能建设，积极拓展销售渠道，抓住每个关键、新生市场的开拓机遇，重视产品技术提升，发展自己的核心部件，为用户提供丰富的产品线。

北京德邦大为科技股份有限公司

北京德邦大为科技股份有限公司（以下简称德邦大为）是专业从事现代农业生产全过程的系统集成商，主营业务是提供现代化农业生产全过程的综合解决方案，包括农业生产方案设计、农机装备供应与服务、农场建设与运营管理。

德邦大为是国家高新技术企业，通过 ISO 9001 质量管理体系认证。公司于 2016 年新三板上市，股票代码：837958。

公司总部设在北京经济技术开发区，设有农机装备、灌溉设备、烘干仓储、牧草机械、电装物联、农业工程六大业务板块；目前在黑龙江佳木斯、安徽芜湖、辽宁铁岭、意大利乌迪内、津巴布韦哈拉雷等地设有产品研发、生产制造和示范培训基地。公司的农机具产品，包括智能免耕精量播种机、翻转犁的市场份额在国内占据前两名；灌溉系列产品始终占据前三的市场份额；烘干产品技术领先，出口优势明显，技术储备在行业内具有明显优势；公司是国内为数不多拥有全系列牧草设备的厂家；公司的电子装备和农机物联网平台，实现批量上市，2018 年采集数据 10 万多亩，直接作为政府补贴数据采集依据，具有广阔的发展前景和利润空间。

德邦大为凭借丰富的技术人才资源、专业的生产制造能力、全系列农业装备产品、完善的现代营销网络和强大的资源整合优势，以“秉德兴邦，大为天下”为宗旨，秉承“诚信、质优、创新、合作”的理念，为客户提供高品质的产品、专业的技术和工程承包服务。“品质改变生活”是我们永恒的追求。德邦大为全体员工愿同各界同人、新老客户竭诚合作，共同为世界粮食安全做出更大贡献。

久保田农业机械（苏州）有限公司

久保田农业机械（苏州）有限公司（以下简称久保田）是日本株式会社久保田在中国的子公司之一，是一家集开发、制造、销售和服务于一体的综合性农机制造商，目前主要从事收割机、插秧机、拖拉机以及其他新型农业机械的研发、生产、销售和服务。公司充分利用久保田在世界范围内的技术、管理、资金等方面优势和先进的营销服务经验，不断开拓，以提供高性能、高质量、高效益的农业机械为己任，不断开发新产品，最大限度地满足不同层次用户的需求，为中国的农业机械化和农业现代化尽心尽力。

公司自 1998 年创业以来，通过实施严格的区域代理制度及“三位一体”的销售服务体制，以优先保障客户利益为宗旨开展业务运营，实现了厂家、经销商和用户的“共赢”。在各级农机管理推广部门、经销商、用户和厂家的共同努力下，久保田得到了社会各界的广泛认可，受到了用户的信赖。久保田成为国内水稻机械行业的领导品牌。在巩固久保田水田品牌的基础上，公司还根据市场需求、用户需求适时地研究、开发了多种旱田农机产品。苏州久保田坚持创业以来的“顾客第一、以人为本、社会贡献”企业理念，不断为中国农业以及中国农民作贡献，促进行业的发展，为成为“在中国农业市场上被热爱的品牌”而不懈努力、奋勇前行。

久保田农业机械（苏州）有限公司

地址：中国江苏省苏州市工业园区苏虹东路 77 号

销售热线：0512 -67163907

网址：www. kubota. com. cn/kams/

山东巨明机械有限公司

山东巨明机械有限公司是一家长期致力于农机研发、制造、销售、服务的国家重点农机装备制造企业，是央企中国农业发展集团直属控股企业。公司生产的农业机械销往全国各地并出口国外，规模、市场占有率、企业效益在全国居同行业前列。

主要产品有小麦联合收割机、玉米联合收割机、花生联合收割机、大豆杂粮联合收割机、籽粒收割机、大型饲料青贮机、拖拉机等自主创新系列产品，100 多个品种。巨明商标是中国驰名商标，巨明牌系列产品是老百姓用出来的名牌产品。

今后，巨明将积极开展与国内外科研机构以及制造商的合作，引进国内外先进技术，研制开发适于中国和世界需要的先进农机具，努力争创国家级研发中心，全力打造中国农机装备制造基地，进一步开拓国际市场，成为国际农机市场有影响力的知名品牌。

石家庄美迪机械有限公司

石家庄美迪机械有限公司位于石家庄循环化工园区，美迪机械有限公司始终秉承“精益求精，以质取胜”的理念，坚持严谨地制造更加可靠、耐用的农业机械。

美迪机械有限公司已成为国内具有影响力的青饲料专业制造企业。自主研发的9QZ系列自走式青饲料收获机上市以来已为用户带来丰硕回报并赢得了客户的良好口碑。2013年、2014年、2015年连续三年全国销量遥遥领先，被中国农机工业协会、中国农机化协会、中国农机流通协会评为第七届全国农机用户满意品牌。同时被农机360网评审为“全国农机十佳新锐品牌”和“特种收获十佳产品”。美迪被评为河北省著名商标企业。

中机美诺科技股份有限公司

中机美诺科技股份有限公司（以下简称“公司”）是中国农业机械化科学研究院下属的国家级高新技术企业，专注于大型自走式青贮饲料收割机及大马力拖拉机配套农机具的研发、生产制造与销售，注册资金5000万元人民币。公司主要产品包括马铃薯全程机械化装备、畜牧饲料收割机械、植保机械三大系列，已通过ISO 9001质量体系认证。

公司在河北省固安县建有现代化的生产制造基地。厂区占地150亩，基地按照国内领先、国际一流的标准设计和建设，拥有激光切割机、数控折弯机、焊接机器人、五轴加工中心、柔性生产线、大小件涂装生产线等先进设备。公司以“技术创造价值、品质成就完美”为宗旨，持续地进行技术投入，使“美诺”品牌产品保持了较强的制造能力和较高的制造水平。

公司成立以来，承担完成国家重点研发计划项目、国家科技攻关计划项目、国家行业公益性科研专项经费项目、农业部（现农业农村部）科技成果转化项目共计20多项，荣获国家授权专利80多项，多次参与制定和修订国家和农业行业标准；先后有20多项成果获得国家科技进步奖、机械工业科学技术奖等，部分成果处于国际领先水平。

公司在国内拥有120多家经销商和服务商，建立了高效、密集、标准的销售及服务网络。公司同时在国际市场也形成了以非洲、南美洲以及亚洲邻国为主的几条营销干线。公司始终把满足客户不断变化、不断提高的需求作为企业发展的推动力和目标。公司在国内外拥有100多家长期合作的供应商

美诺畜牧饲料收割机械

美诺马铃薯全程机械化装备

美诺植保机械

伙伴，关键部件实行以欧美公司为主的全球采购，确保为用户提供性能领先、质量可靠的优质产品。公司设有客户服务中心，中心以公司经销、服务网络为依托，全方位为新老客户提供优质、高效的服务。

品牌是我们对所有用户最高承诺的标志。

扫一扫
或搜索menoble1
关注中机美诺
微信公众账号

扫一扫
关注@中机美诺
新浪官方微博
weibo.com/menoble

中机美诺科技股份有限公司
MENOBLE CO.,LTD
Fax: 400-650-5252
Http://www.menoble.com

新疆天农农机股份有限公司

新疆天农农机股份有限公司（以下简称“天农股份公司”）是新疆天信集团的全资子公司。在54年的发展过程中历经了改制重组、二次创业、高速发展等重要阶段，已成为全疆唯一集农机生产研发、鉴定推广、展示交易、金融支持、物流配送、售后服务、技术培训、电子商务等多功能服务于一体的农机综合服务平台。

目前，天农股份公司建立专业的农机品牌旗舰店，通过自营销售、总代模式、投资控股、新零售的创新营销模式，已为数万名客户提供了专业化的服务。

天农股份公司的销售网点及服务维修网点遍及全疆14个地州（市）、30多个县、200多个乡镇，为客户提供主机销售、配件供应、维修服务、信息反馈、技术培训“五位一体”的农机营销服务，每年自营收入超过十亿元。天农股份公司在行业内率先做到“接到用户电话立即动身，用户不满意不得离开现场”，保证“12小时内服务到位，24小时排除故障”，确保用户买得放心，用得安心。天农股份公司为所有购机用户提供三包服务、技术指导、跨区信息和配件服务，打造了全天候、全方位的营销服务管理体系，确保了服务与产品同在。天农股份公司拥有一支专业的售后服务团队，为客户提供及时的售前、售中、售后服务，包括现场维修、技术指导、技术支持、技术培训，各网点均设有配件分库，配件供应充足，配件库存量可达2000多万。天农股份公司还为用户提供二手机置换业务，为购机多年的农机用户全面解决二手机的置换、评估、鉴定、收购、寄售、代销代购、租赁、拍卖、检测维修、配件供应、售后服务等问题，为百余名农机用户免去了后顾之忧。

天农股份公司于2010年在乌鲁木齐市经济技术开发区自建占地面积170亩的仓储物流中心，作为物流供应、货物分拨的综合服务平台。仓储物流中心地处全疆核心发展区域，交通便利，地域开阔，西靠乌奎、乌昌两条高速公路，北依国际机场、铁路北站，是乌鲁木齐乃至全疆最大和最重要的农机产业化工业园区。

近年来，天农股份公司先后与中国农业机械流通协会、新疆农业科学院、金蝶软件（中国）有限公司、新疆银丰现代农业装备股份有限公司开展了广泛的合作，与新疆农业大学、塔里木大学等高校签署了校企合作协议，并常年为新疆维吾尔自治区畜牧厅、全疆600多家大型农机合作社、1000多家农业合作社及农业公司等提供农机采购、租赁、配件供应、技术服务业务。天农股份公司本着立足新疆，面向全国的战略目标，2018年已成功与甘肃、宁夏等西北地区的大型农机流通企业签署全面战略合作协议，象征着天农股份公司已经向全国市场迈出了重要的一步。

天农股份公司多年来被评为全国农机流通行业百强企业，中国农业机械流通协会AAA信用企业、中国农业机械流通协会副会长单位、新疆农机流通协会会长单位。天农股份公司及下属公司连续多年被约翰迪尔（中国）投资有限公司评为“十优”“十佳”经销商企业、客户服务标杆企业，获全国服务标杆奖；被凯斯纽荷兰（中国）管理有限公司评为优秀经销商、凯斯全球精英俱乐部，获最佳配件奖；被中国一拖集团有限公司评为优秀经销商；获科乐收农业机械贸易（北京）有限责任公司颁发的最佳销售奖。

天农股份公司作为鼎立于新疆农机流通领域的行业领导者，秉承“以市场为导向，以客户为中心”的经营理念，致力于打造从土地流转到机械采收全产业链的农机现代化综合体。公司奉行专业、用心、协同、高效的核心价值观，依靠专业化的营销体系、系统化的管控体系，以农机销售＋现代农业双业务核心的产品经营模式和互联网＋金融服务模式为百万客户提供成套机械化解决方案，所打造的农机销售、互联网＋、人工智能为一体的新零售商业模式，已为百万客户创造价值。

未来天农股份公司将以“农机销售＋互联网智能化”为核心业务形成农业新零售，立足新疆，以乡村振兴和“一带一路”为契机，向农机全产业链发展模式前进，力争打造集土地流转、开发、种植、采收、机械销售、维修、展示于一体的全产业链生态园区。以冲刺百亿销售额和成为全国农机行业的龙头企业为目标，进一步细化覆盖全疆市场的农机销售及服务网络体系，下沉渠道信息网点建设。利用信息通信技术以及互联网平台，让传统农机行业与互联网进行深度融合，充分发挥互联网在社会资源配置中的优化和集成作用，用新技术、新思维来改造传统产业，实现信息收入、分析归纳、决策执行的高效闭环及农场、农机专业户、农业合作社的核心客户动态管理网络，助力自治区的农业现代化进程和农业经济发展，为推动中国农业现代化添砖加瓦。

54 年历史沉淀、数万用户的依托，天农股份将扬帆远航，为农机行业和用户提供更多的服务，为中国农业现代化发展做出更大的贡献。期待与您携手，共创未来！

山东五征集团

五征集团（以下简称“五征”）前身是成立于1961年的县级拖拉机站，1984年生产农用车，2000年改制，现已形成农用车、汽车、农业装备、环卫装备和现代农业协调发展的多元化产业格局。五征现有员工14000人，总资产130亿元，是中国机械工业重点骨干企业。先后荣获“全国五一劳动奖状”“山东省政府质量管理奖”“中国机械工业现代化管理企业”“山东省省长质量奖”等荣誉称号。

五征积极引进国内外优秀人才，建成了知名专家、博士领军的结构合理、素质优良的过千人研发团队，有“泰山学者”专家5名，博士7名，硕士180名，本科生1600多名；建立了科学的产品研发和试验检测流程，自主研发能力全面升级。建有国家认定企业技术中心、国家级试验检测中心、山东省院士工作站和博士后工作站。近三年先后承担了40余项国家科技支撑计划等重大项目，取得了550项发明专利和实用新型专利。

五征按照“中国制造2025”规划部署，高起点规划，推动核心制造能力升级。模具制造、车身冲压、焊装、涂装和总装等核心制造工艺以及车架、后桥、变速箱等关键零部件制造工艺陆续实现了自动化、智能化。

五征实施全面信息化管理，选择德国SAP信息化管理系统，选择美国HP公司进行咨询和实施，实现了企业物流、资金流、信息流有效集成，建立了完善的数据体系和信息共享机制。全面学习推行日本丰田精益管理模式，实施拉动式准时化生产。应用6σ管理技术，追求“零缺陷”，全面推行IATF 16949质量管理体系，构建现代化先进质量管理体系。

五征通过实施创新驱动战略，推动了产业和产品升级。农用车产销量连续多年稳居行业第一；载货汽车挺进行业10强；环卫装备主销品种产销量列全国首位；农业装备为中国农机行业的中流砥柱，多款产品属国内首创并可替代进口产品；现代农业立足国内发展并借助“一带一路”倡议，与国家有关部门和省农科院合作，开拓全球农牧业市场，进而拉动机械装备同步发展。

五征将瞄准国际先进品牌，利用全球优势研发和采购资源，加快实施新旧动能转换，打造具有国际竞争力的高端优势产品，提升中国制造国际竞争力，全力拓展国际业务，加速高质量发展步伐，将五征打造成为国内外知名、运行质量良好、品牌清晰、人才汇聚、管理先进的国际化产业集团。

勇猛机械股份有限公司

勇猛机械股份有限公司（以下简称“勇猛机械”）创立于2010年，坐落于天津市宝坻区九园工业园区。勇猛机械是集自主研发、制造、销售、服务于一体的玉米收割机械制造商。勇猛机械先后被认定为“国家火炬计划重点高新技术企业”“天津市科技小巨人领军企业”“天津市企业技术中心”和“天津市工程中心”。

勇猛机械长期致力于玉米收割机械的研发和生产，根据不同地域的种植模式及用户需求研发产品。逐步形成自走式玉米收割机、茎穗兼收和青饲料收割机三大系列产品。收获行数主要有4行、5行、6行、7行、8行等，割台行距覆盖300毫米、510毫米、550毫米、590毫米、600毫米和650毫米，极大地满足了各地用户的需求。

以制造自走式玉米收割机见长的勇猛机械，始终紧跟国家政策步伐，乘势而为。为解决农作物秸秆焚烧的环境问题和提高农户的收获效益，勇猛机械研发推出4YZQS－4A/B等茎穗兼收玉米收割机。为进一步响应国家“粮改饲”号召，又研发出了9QS－300青饲料收割机。

良好的产品是企业发展的基石。多年来，勇猛机械不断改进原有产品，研发新产品并关注用户需求。于2019年将全系产品升级为液压行走，以其稳定、可靠、高效助力用户金秋收获。经过多年的努力，“勇猛”品牌玉米机获得了广大用户的认可，在东北、西北、华东、中原等地区均有勇猛玉米收割机的红色身影。

在未来新形势下的农业机械化发展过程中，勇猛机械将不断拼搏、砥砺前行！

洋马农机（中国）有限公司

洋马农机（中国）有限公司由日本“洋马集团”主导设立，是集农业机械技术开发、生产制造和销售服务于一体的中日合资企业。

洋马公司创立于1998年1月，是进入中国的第一家中日农机合资企业，开创了国外半喂入收割机进入中国生产领域的先河。公司以追求顾客受益为根本，秉承为广大顾客致富和发展提供最佳途径和一流服务的创业宗旨，紧贴中国市场、积极响应顾客需求，实现了公司规模的迅速成长。如今，洋马联合收割机、插秧机已成为国内市场的领航者，同时拖拉机、蔬菜机械、水稻直播机、直行插秧机、植保机械、烘干机、油菜移栽机等相关产品也在不断发展壮大中。

美好世界，来自感谢之心，洋马公司将以优良的品质、合理的价格、良好的信誉、完善的服务，不断创造人与自然的和谐环境，为促进中国农业进一步发展、让农民更富裕而不懈奋斗。面向资源循环型社会，作为有效利用能源的企业，洋马公司将继续不懈地追求第一、唯一的商品和服务。

公司地址：江苏省无锡市新吴区黄山路8号

联系电话：0510－85216877

销售专线：0510－85216887

服务专线：4008089882

传真：0510－85215972

公司网址：http：//www. yanmar－china. com/cn

公司二维码：

第四部分

数 据 篇

2018 年主要农机产品产量汇总表

	产品名称	单位	12 月完成	12 月止累计	同期完成	同期累计	同期比（%）	同期累计比（%）
农机行业								
1	大型拖拉机	台	2958	40147	5089	51052	-45.20	-27.14
2	中型拖拉机	台	20801	203341	37363	367210	-2.55	-6.10
3	小型拖拉机	台	24637	328422	92533	996176	-33.91	-33.90
4	收获机械	台	21556	287216	67119	747589	-13.21	-13.35
5	饲料生产专用设备	台	20091	220269	39063	488035	-0.25	3.21
内燃机行业								
6	发动机	千瓦	222025022	2701285606	263189068	2674051255	-18.64	-4.28
7	其中：汽车用发动机	千瓦	190514492	2326221638	235347334	2370680372	-19.54	-4.00
工程机械行业								
8	挖掘、铲土运输机械	台	46169	471155	42264	390585	19.40	34.84
9	其中：挖掘机	台	28822	269532	23010	194606	29.08	47.86
石化行业								
10	泵	台	11259213	115241371	11689957	122427696	-0.30	3.07

2018 年农机工业企业主要经济指标一览表

单位：亿元

序号	名称	农机行业（2226 家企业）		
		2018 年	2017 年	同比增长率（%）
1	主营业务收入	2873.5	4498.91	-36.13
2	主营业务成本	2495.3	3903.84	-36.08
3	销售费用（营业）	92.4	120.66	-23.42
4	管理费用	171.9	184.28	-6.72
5	财务费用	29.1	36.23	-19.68
6	利息支出	23.8	26.8	-11.19
7	利润总额	80.1	247.5	-67.64
8	资产总计	2648.4	2970.65	-10.85
9	负债合计	1531.7	1450.24	5.62
10	应收账款	404.4	398.99	1.36
11	产成品	173.4	192.13	-9.75
12	流动资产合计	1503.9	1524.61	-1.36

2018 年农机工业出口交货值汇总表

单位：亿元

行业名称	出口交货值		
	2018 年	2017 年	同比增长率（%）
总计	290	297	-2.36
农用及园林用金属工具制造	56.99	55.81	2.11
农副食品加工专用设备制造	20.5	22.7	-9.69
饲料生产专用设备制造	2.87	2.92	-1.71
拖拉机制造	36.74	38.17	-3.75
机械化农业及园艺机具制造	139.12	148.45	-6.28
营林及木竹采伐机械制造	1.59	1.32	20.45
畜牧机械制造	17.72	15.09	17.43
渔业机械制造	2.29	2.63	-12.93
农、林、牧、渔业机械配件制造	9.66	7.47	29.32
其他农、林、牧、渔业机械制造	2.17	2.34	-7.26
水资源专用机械制造	7.57	7.12	6.32
其他未列明运输设备制造	36.37	37.6	-3.27
棉花加工机械制造	0.44	0.24	83.33

2005—2018 年五大类农业机械保有量走势

一、农业机械总动力保有量

表 1　　2005—2018 年农业机械总动力保有量一览表　　单位：万千瓦

序号	地区	2005 年	2006 年	2007 年	2008 年	2009 年	2010 年	2011 年	2012 年	2013 年	2014 年	2015 年	2016 年	2017 年	2018 年
	全国	68549.35	72635.96	76878.65	82190.41	87496.10	92780.48	97734.66	102558.96	103906.75	108056.58	111728.07	97245.59	98783.35	100371.74
1	山东	9199.33	9555.29	9917.80	10350.00	11080.66	11628.97	12098.25	12419.87	12739.83	13101.40	13353.02	9797.61	10144.05	10415.22
2	河南	7934.23	8309.14	8718.74	9429.27	9817.84	10195.89	10515.79	10872.73	11149.96	11476.81	11710.08	9854.96	10038.32	10204.46
3	河北	8485.81	8794.28	9143.01	9525.38	9861.12	10151.30	10349.19	10553.81	10762.72	10942.86	11102.81	7401.97	7580.58	7706.20
4	安徽	3963.83	4239.93	4535.30	4807.46	5108.85	5409.78	5657.08	5902.77	6140.28	6365.83	6580.99	6867.50	6312.86	6543.81
5	湖南	3189.86	3416.61	3684.41	4021.14	4352.39	4651.54	4935.59	5189.24	5433.99	5672.10	5894.06	6097.54	6254.83	6338.57
6	黑龙江	2234.04	2570.62	2785.30	3018.36	3401.27	3736.29	4097.84	4552.93	4849.28	5155.52	5442.29	5634.27	5813.76	6084.65
7	江苏	3135.33	3278.53	3392.44	3630.86	3810.57	3937.34	4106.11	4214.64	4405.62	4649.98	4825.49	4906.55	4991.41	5017.71
8	湖北	2057.36	2263.15	2551.09	2796.99	3057.24	3371.00	3571.23	3842.16	4081.05	4292.90	4468.12	4187.75	4335.09	4424.61
9	四川	2181.70	2344.87	2523.05	2687.55	2952.66	3155.13	3426.10	3694.03	3953.09	4160.12	4404.55	4267.32	4420.30	4603.88
10	内蒙古	1921.98	2053.11	2209.27	2779.44	2891.64	3033.58	3172.70	3280.56	3430.57	3632.55	3805.11	3331.09	3483.55	3663.66
11	广西	1909.65	2011.41	2127.21	2373.56	2550.93	2767.67	3033.15	3195.91	3382.98	3567.49	3803.18	3527.26	3658.33	3750.82
12	山西	2288.71	2363.09	2440.79	2509.90	2655.04	2809.17	2927.30	3056.09	3183.30	3286.2	3351.65	1744.26	1376.30	1441.09
13	云南	1666.05	1755.39	1860.38	2013.92	2159.40	2411.05	2628.39	2874.45	3070.33	3215.03	3333.04	3440.64	3534.53	2693.51
14	吉林	1471.13	1572.00	1678.33	1800.00	2001.13	2145.00	2355.04	2554.65	2730.04	2919.09	3152.54	3105.27	3284.65	3466.00
15	辽宁	1918.05	1995.30	2082.07	2042.68	2142.93	2248.66	2399.89	2526.89	2631.98	2730.22	2813.86	2168.45	2215.14	2243.72
16	广东	1898.42	1963.30	2017.14	2093.91	2190.18	2345.28	2414.82	2496.68	2564.89	2632.37	2696.79	2390.50	2410.77	2429.94
17	甘肃	1406.92	1466.34	1577.27	1686.32	1822.65	1977.55	2136.48	2279.08	2418.46	2545.71	2684.95	1903.90	2018.59	2102.80
18	陕西	1430.14	1498.28	1604.64	1709.88	1832.98	2000.00	2182.85	2350.17	2452.72	2552.13	2667.27	2171.91	2242.51	2311.79
19	贵州	1011.51	1207.19	1411.77	1537.50	1606.42	1730.31	1851.40	2106.65	2240.80	2458.4	2575.15	2041.06	2181.43	2376.65
20	浙江	2111.27	2293.00	2331.63	2343.45	2384.03	2427.46	2461.25	2489.40	2462.20	2420.13	2360.73	2136.69	2072.27	2009.33
21	江西	1781.26	2137.13	2506.34	2946.43	3358.93	3805.00	4200.03	4599.68	2014.13	2118.39	2260.82	2201.62	2309.60	2381.97
22	新疆	871.75	919.38	975.83	1056.49	1164.71	1273.58	1399.68	1543.91	1707.14	1854.2	1983.84	2062.57	2148.83	2226.67
23	福建	999.99	1027.84	1063.08	1112.47	1175.01	1206.16	1250.81	1286.80	1336.76	1368.35	1384.13	1269.09	1232.42	1228.27
24	重庆	775.96	820.01	860.31	903.15	967.41	1071.09	1140.30	1162.00	1198.88	1243.34	1299.73	1318.66	1352.60	1428.12
25	宁夏	562.17	592.19	629.77	657.89	702.55	729.12	768.73	787.28	801.98	813.02	831.26	580.54	605.38	621.88
26	西藏	231.00	245.00	258.00	349.64	358.44	378.06	427.90	464.95	517.30	570.82	619.69	635.14	523.09	545.78
27	天津	611.94	603.39	604.90	596.60	595.00	587.79	583.87	568.13	554.18	552.33	546.92	470.00	464.65	347.98
28	海南	298.70	320.64	348.01	373.06	396.07	425.24	444.33	479.66	502.10	517.31	511.59	516.57	569.80	565.82
29	新疆建设兵团	249.29	270.59	299.66	319.07	338.60	370.09	397.01	425.02	458.72	487.56	505.48	489.58	2148.83	505.12
30	青海	317.80	326.24	342.95	355.68	388.68	421.31	430.69	434.99	410.58	440.9	453.87	458.56	462.35	472.09
31	北京	337.71	325.51	300.48	267.05	271.54	276.00	265.20	241.10	207.72	195.76	186.05	144.45	133.51	125.65
32	上海	96.46	97.23	97.68	95.32	99.23	104.06	105.68	112.73	113.17	117.76	119.01	122.31	121.84	93.97

表 2　**2005—2018 年农业机械总动力保有量前十名走势分析**　单位：万千瓦

序号	地区	类别	2005 年	2006 年	2007 年	2008 年	2009 年	2010 年	2011 年	2012 年	2013 年	2014 年	2015 年	2016 年	2017 年	2018 年
	全国	保有量	68549. 35	72635. 96	76878. 65	82190. 41	87496. 10	92780. 48	97734. 66	102558. 96	103906. 75	108056. 58	111728. 07	97245. 59	98783. 35	100371. 74
		同比增长率（%）	—	6. 0	5. 8	6. 9	6. 5	6. 0	5. 3	4. 9	1. 3	4. 0	3. 4	－13. 0	1. 6	1. 6
1	山东	保有量	9199. 33	9555. 29	9917. 80	10350. 00	11080. 66	11628. 97	12098. 25	12419. 87	12739. 83	13101. 40	13353. 02	9797. 61	10144. 05	10415. 22
		同比增长率（%）	—	3. 9	3. 8	4. 4	7. 1	4. 9	4. 0	2. 7	2. 6	2. 8	1. 9	－26. 6	3. 5	2. 7
2	河南	保有量	7934. 23	8309. 14	8718. 74	9429. 27	9817. 84	10195. 89	10515. 79	10872. 73	11149. 96	11476. 81	11710. 08	9854. 96	10038. 32	10204. 46
		同比增长率（%）	—	4. 7	4. 9	8. 1	4. 1	3. 9	3. 1	3. 4	2. 5	2. 9	2. 0	－15. 8	1. 9	1. 7
3	河北	保有量	8485. 81	8794. 28	9143. 01	9525. 38	9861. 12	10151. 30	10349. 19	10553. 81	10762. 72	10942. 86	11102. 81	7401. 97	7580. 58	7706. 20
		同比增长率（%）	—	3. 6	4. 0	4. 2	3. 5	2. 9	1. 9	2. 0	2. 0	1. 7	1. 5	－33. 3	2. 4	1. 7
4	安徽	保有量	3963. 83	4239. 93	4535. 30	4807. 46	5108. 85	5409. 78	5657. 08	5902. 77	6140. 28	6365. 83	6580. 99	6867. 50	6312. 86	6543. 81
		同比增长率（%）	—	7. 0	7. 0	6. 0	6. 3	5. 9	4. 6	4. 3	4. 0	3. 7	3. 4	4. 4	－8. 1	3. 7
5	湖南	保有量	3189. 86	3416. 61	3684. 41	4021. 14	4352. 39	4651. 54	4935. 59	5189. 24	5433. 99	5672. 10	5894. 06	6097. 54	6254. 83	6338. 57
		同比增长率（%）	—	7. 1	7. 8	9. 1	8. 2	6. 9	6. 1	5. 1	4. 7	4. 4	3. 9	3. 5	2. 6	1. 3
6	黑龙江	保有量	2234. 04	2570. 62	2785. 30	3018. 36	3401. 27	3736. 29	4097. 84	4552. 93	4849. 28	5155. 52	5442. 29	5634. 27	5813. 76	6084. 65
		同比增长率（%）	—	15. 1	8. 4	8. 4	12. 7	9. 8	9. 7	11. 1	6. 5	6. 3	5. 6	3. 5	3. 2	4. 7
7	江苏	保有量	3135. 33	3278. 53	3392. 44	3630. 86	3810. 57	3937. 34	4106. 11	4214. 64	4405. 62	4649. 98	4825. 49	4906. 55	4991. 41	5017. 71
		同比增长率（%）	—	4. 6	3. 5	7. 0	4. 9	3. 3	4. 3	2. 6	4. 5	5. 5	3. 8	1. 7	1. 7	0. 5
8	湖北	保有量	2057. 36	2263. 15	2551. 09	2796. 99	3057. 24	3371. 00	3571. 23	3842. 16	4081. 05	4292. 90	4468. 12	4187. 75	4335. 09	4424. 61
		同比增长率（%）	—	10. 0	12. 7	9. 6	9. 3	10. 3	5. 9	7. 6	6. 2	5. 2	4. 1	－6. 3	3. 5	2. 1
9	四川	保有量	2181. 70	2344. 87	2523. 05	2687. 55	2952. 66	3155. 13	3426. 10	3694. 03	3953. 09	4160. 12	4404. 55	4267. 32	4420. 30	4603. 88
		同比增长率（%）	—	7. 5	7. 6	6. 5	9. 9	6. 9	8. 6	7. 8	7. 0	5. 2	5. 9	－3. 1	3. 6	4. 2
10	内蒙古	保有量	1921. 98	2053. 11	2209. 27	2779. 44	2891. 64	3033. 58	3172. 70	3280. 56	3430. 57	3632. 55	3805. 11	3331. 09	3483. 55	3663. 66
		同比增长率（%）	—	6. 8	7. 6	25. 8	4. 0	4. 9	4. 6	3. 4	4. 6	5. 9	4. 8	－12. 5	4. 6	5. 2

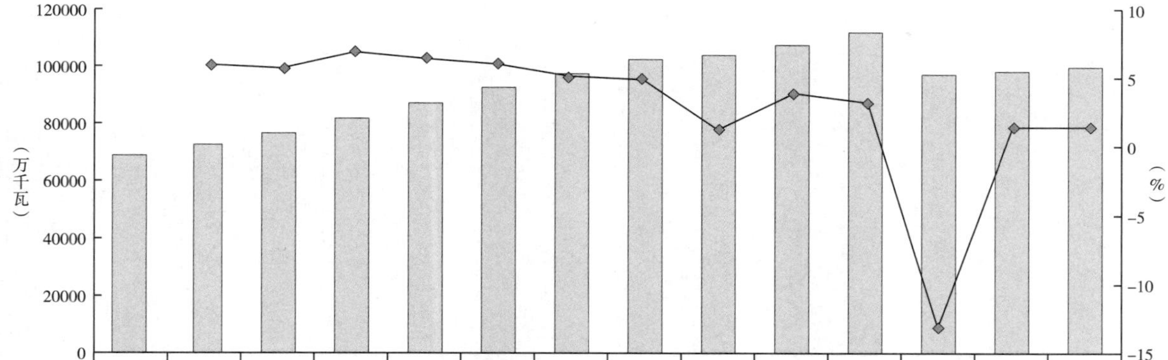

	2005年	2006年	2007年	2008年	2009年	2010年	2011年	2012年	2013年	2014年	2015年	2016年	2017年	2018年
保有量	68549.35	72635.96	76878.65	82190.41	87496.10	92780.48	97734.66	102558.96	103906.75	108056.58	111728.07	97245.59	98783.35	100371.74
同比增长率	—	6.0	5.8	6.9	6.5	6.0	5.3	4.9	1.3	4.0	3.4	−13.0	1.6	1.6

图 1　2005—2018 年全国农机总动力保有量走势

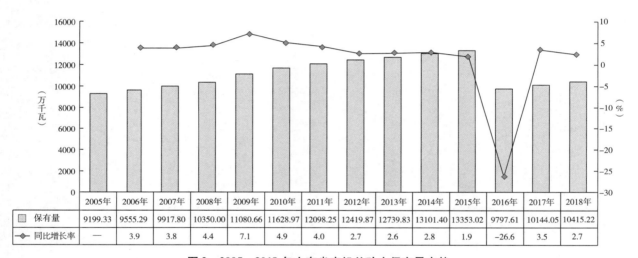

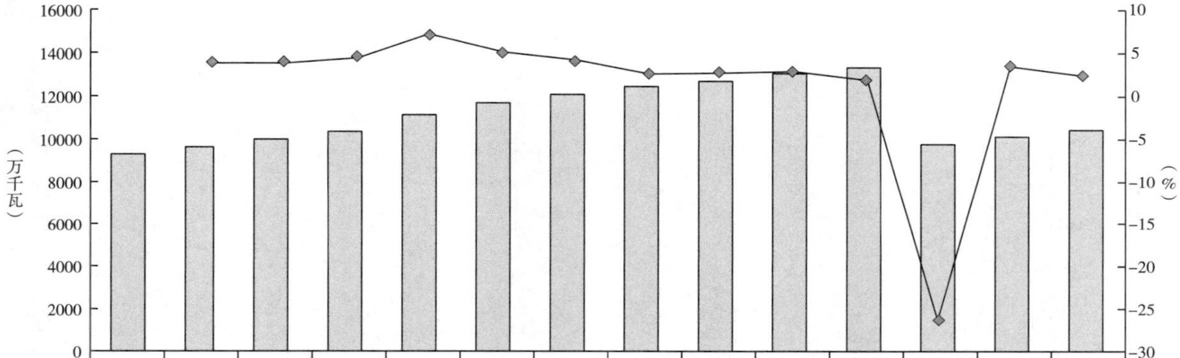

	2005年	2006年	2007年	2008年	2009年	2010年	2011年	2012年	2013年	2014年	2015年	2016年	2017年	2018年
保有量	9199.33	9555.29	9917.80	10350.00	11080.66	11628.97	12098.25	12419.87	12739.83	13101.40	13353.02	9797.61	10144.05	10415.22
同比增长率	—	3.9	3.8	4.4	7.1	4.9	4.0	2.7	2.6	2.8	1.9	−26.6	3.5	2.7

图 2　2005—2018 年山东省农机总动力保有量走势

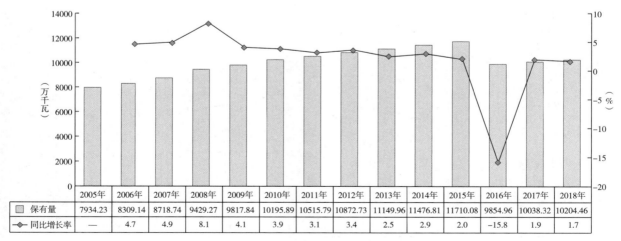

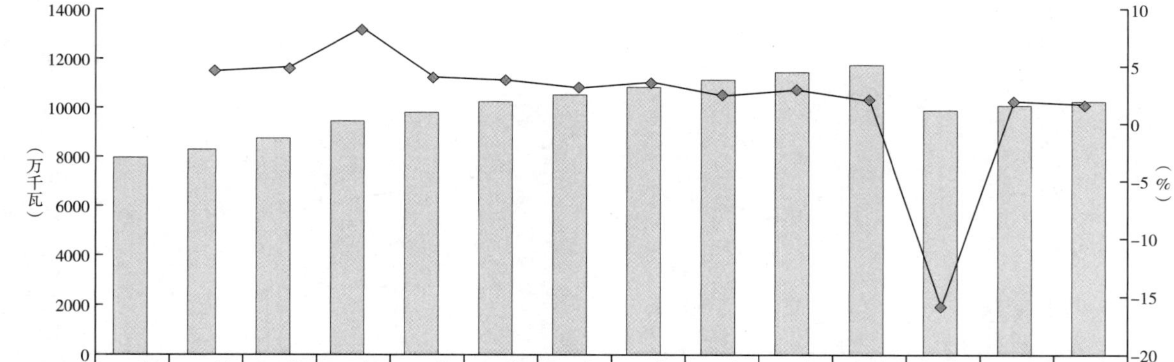

	2005年	2006年	2007年	2008年	2009年	2010年	2011年	2012年	2013年	2014年	2015年	2016年	2017年	2018年
保有量	7934.23	8309.14	8718.74	9429.27	9817.84	10195.89	10515.79	10872.73	11149.96	11476.81	11710.08	9854.96	10038.32	10204.46
同比增长率	—	4.7	4.9	8.1	4.1	3.9	3.1	3.4	2.5	2.9	2.0	−15.8	1.9	1.7

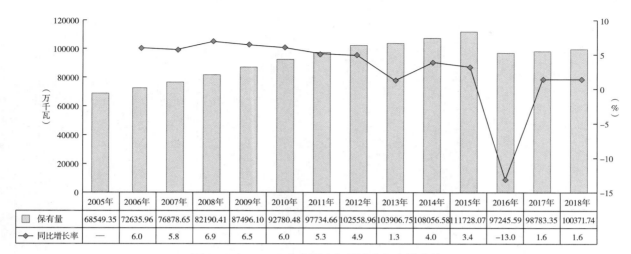

图 3　2005—2018 年河南省农机总动力保有量走势

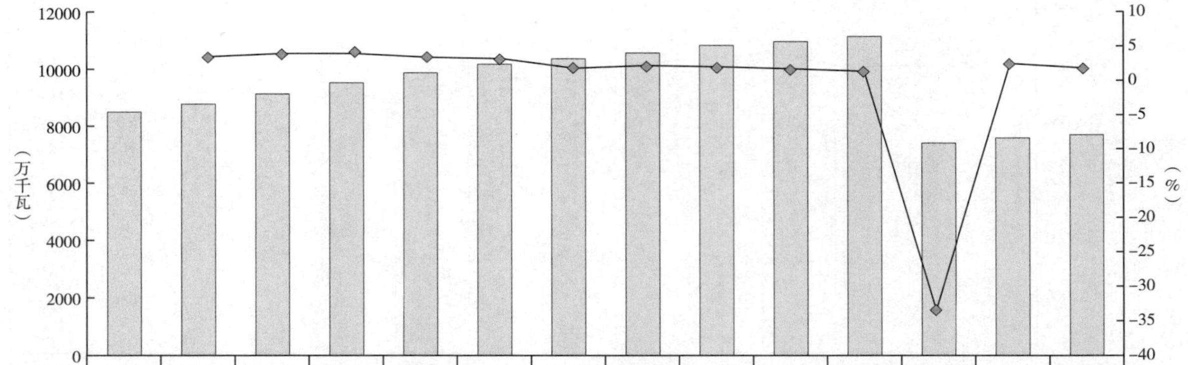

	2005年	2006年	2007年	2008年	2009年	2010年	2011年	2012年	2013年	2014年	2015年	2016年	2017年	2018年
保有量	8485.81	8794.28	9143.01	9525.38	9861.12	10151.30	10349.19	10553.81	10762.72	10942.86	11102.81	7401.97	7580.58	7706.20
同比增长率	—	3.6	4.0	4.2	3.5	2.9	1.9	2.0	2.0	1.7	1.5	-33.3	2.4	1.7

图 4　2005—2018 年河北省农机总动力保有量走势

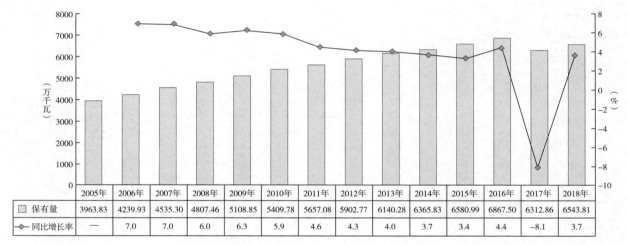

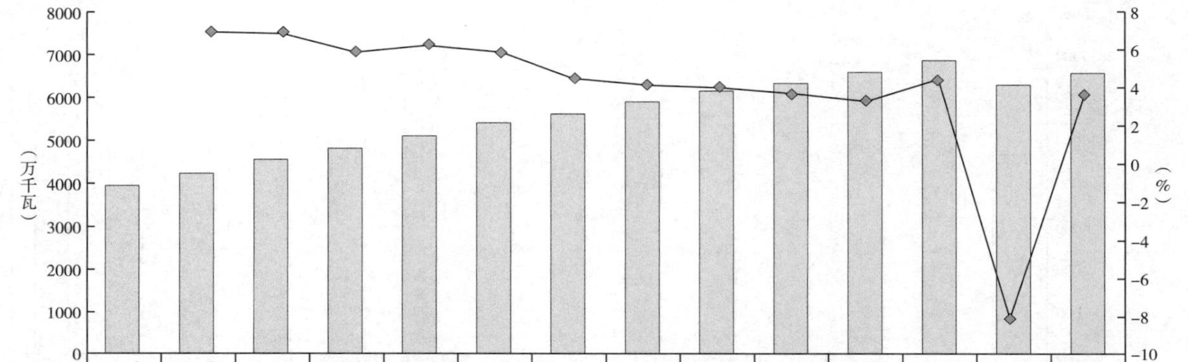

	2005年	2006年	2007年	2008年	2009年	2010年	2011年	2012年	2013年	2014年	2015年	2016年	2017年	2018年
保有量	3963.83	4239.93	4535.30	4807.46	5108.85	5409.78	5657.08	5902.77	6140.28	6365.83	6580.99	6867.50	6312.86	6543.81
同比增长率	—	7.0	7.0	6.0	6.3	5.9	4.6	4.3	4.0	3.7	3.4	4.4	-8.1	3.7

图 5　2005—2018 年安徽省农机总动力保有量走势

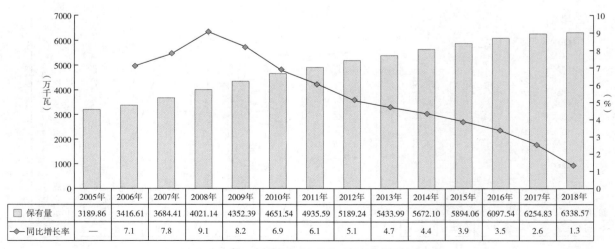

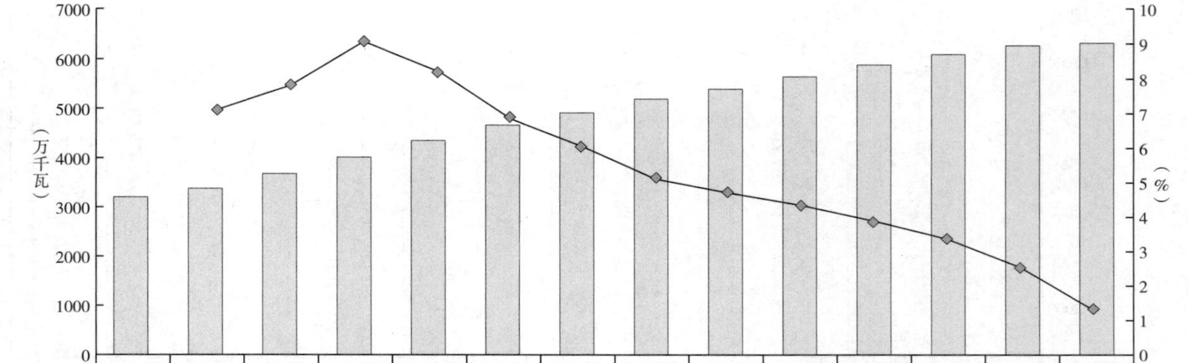

	2005年	2006年	2007年	2008年	2009年	2010年	2011年	2012年	2013年	2014年	2015年	2016年	2017年	2018年
保有量	3189.86	3416.61	3684.41	4021.14	4352.39	4651.54	4935.59	5189.24	5433.99	5672.10	5894.06	6097.54	6254.83	6338.57
同比增长率	—	7.1	7.8	9.1	8.2	6.9	6.1	5.1	4.7	4.4	3.9	3.5	2.6	1.3

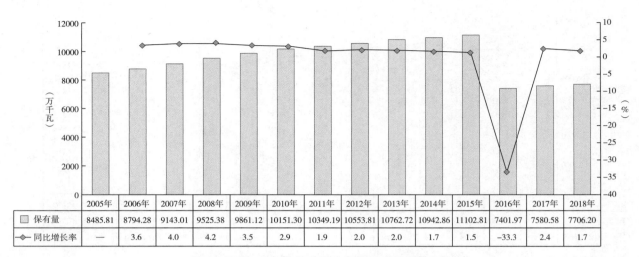

图 6　2005—2018 年湖南省农机总动力保有量走势

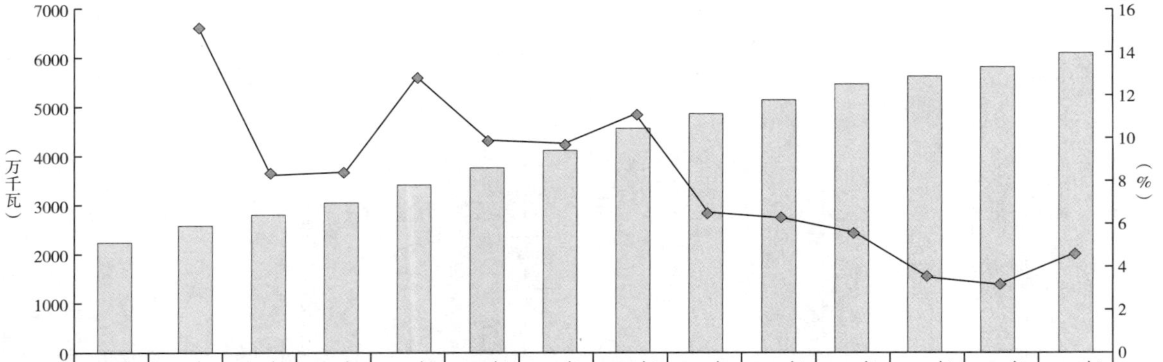

	2005年	2006年	2007年	2008年	2009年	2010年	2011年	2012年	2013年	2014年	2015年	2016年	2017年	2018年
保有量	2234.04	2570.62	2785.30	3018.36	3401.27	3736.29	4097.84	4552.93	4849.28	5155.52	5442.29	5634.27	5813.76	6084.65
同比增长率	—	15.1	8.4	8.4	12.7	9.8	9.7	11.1	6.5	6.3	5.6	3.5	3.2	4.7

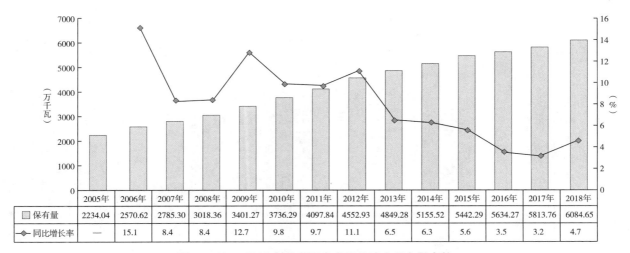

图 7　2005—2018 年黑龙江省农机总动力保有量走势

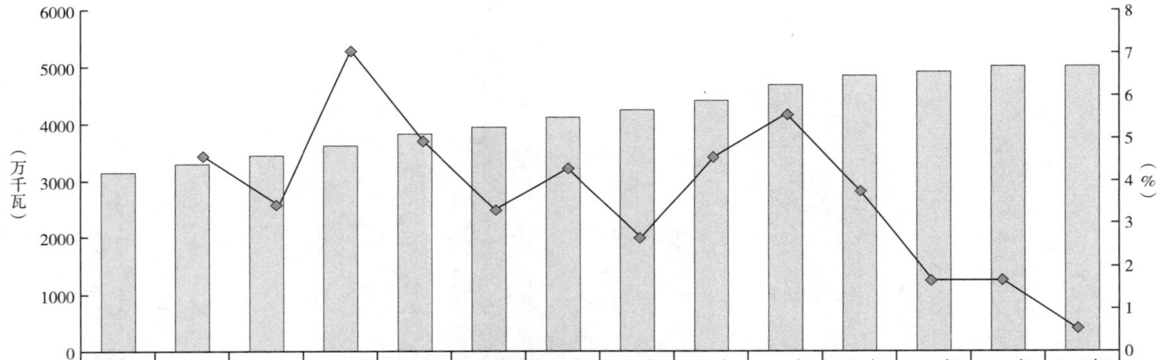

	2005年	2006年	2007年	2008年	2009年	2010年	2011年	2012年	2013年	2014年	2015年	2016年	2017年	2018年
保有量	3135.33	3278.53	3392.44	3630.86	3810.57	3937.34	4106.11	4214.64	4405.62	4649.98	4825.49	4906.55	4991.41	5017.71
同比增长率	—	4.6	3.5	7.0	4.9	3.3	4.3	2.6	4.5	5.5	3.8	1.7	1.7	0.5

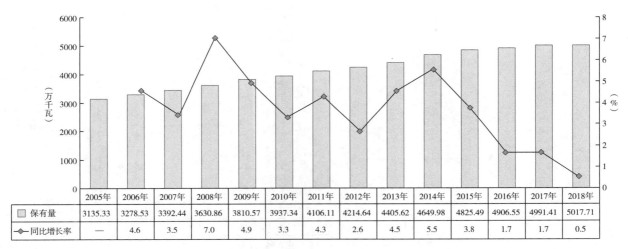

图 8　2005—2018 年江苏省农机总动力保有量走势

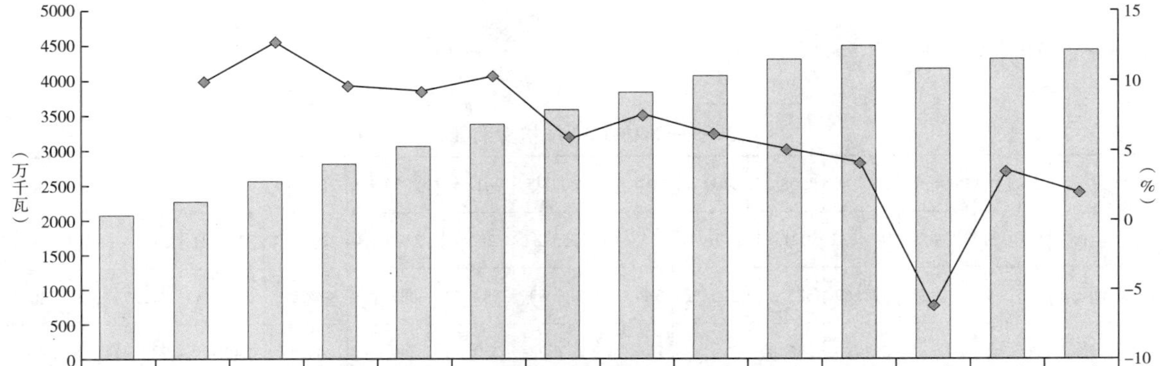

	2005年	2006年	2007年	2008年	2009年	2010年	2011年	2012年	2013年	2014年	2015年	2016年	2017年	2018年
保有量	2057.36	2263.15	2551.09	2796.99	3057.24	3371.00	3571.23	3842.16	4081.05	4292.90	4468.12	4187.75	4335.09	4424.61
同比增长率	—	10.0	12.7	9.6	9.3	10.3	5.9	7.6	6.2	5.2	4.1	-6.3	3.5	2.1

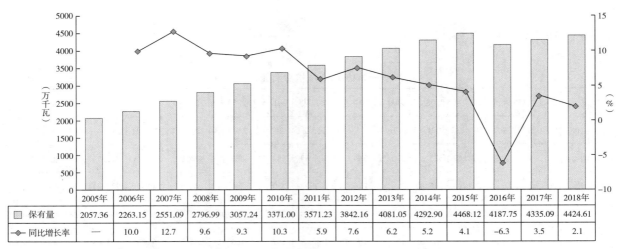

图 9　2005—2018 年湖北省农机总动力保有量走势

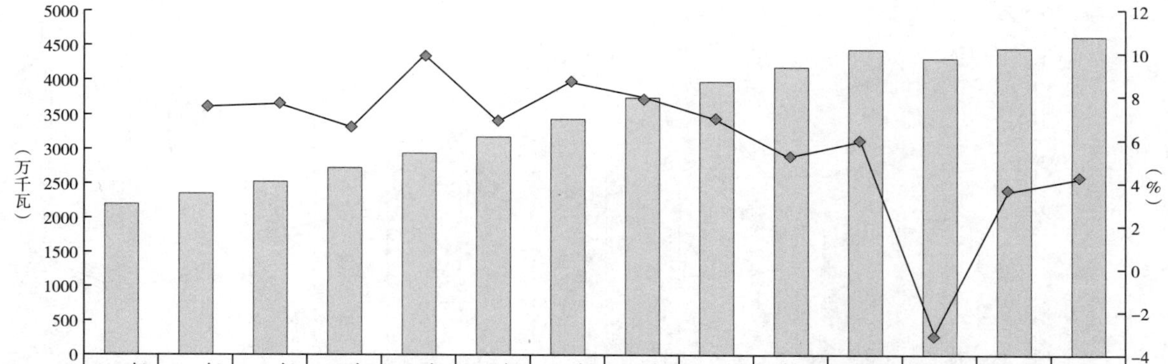

	2005年	2006年	2007年	2008年	2009年	2010年	2011年	2012年	2013年	2014年	2015年	2016年	2017年	2018年
保有量	2181.70	2344.87	2523.05	2687.55	2952.66	3155.13	3426.10	3694.03	3953.09	4160.12	4404.55	4267.32	4420.30	4603.88
同比增长率	—	7.5	7.6	6.5	9.9	6.9	8.6	7.8	7.0	5.2	5.9	−3.1	3.6	4.2

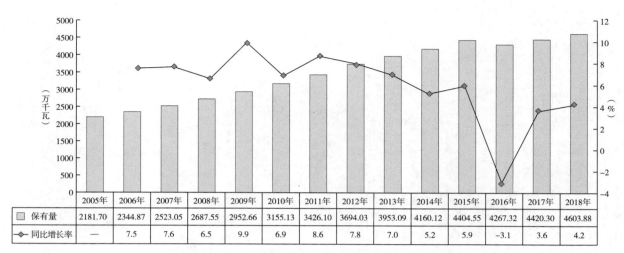

图10　2005—2018年四川省农机总动力保有量走势

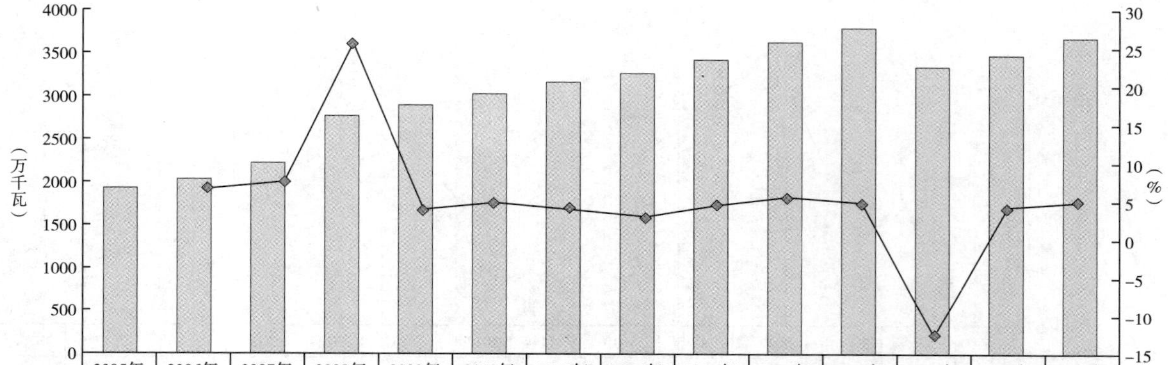

	2005年	2006年	2007年	2008年	2009年	2010年	2011年	2012年	2013年	2014年	2015年	2016年	2017年	2018年
保有量	1921.98	2053.11	2209.27	2779.44	2891.64	3033.58	3172.70	3280.56	3430.57	3632.55	3805.11	3331.09	3483.55	3663.66
同比增长率	—	6.8	7.6	25.8	4.0	4.9	4.6	3.4	4.6	5.9	4.8	−12.5	4.6	5.2

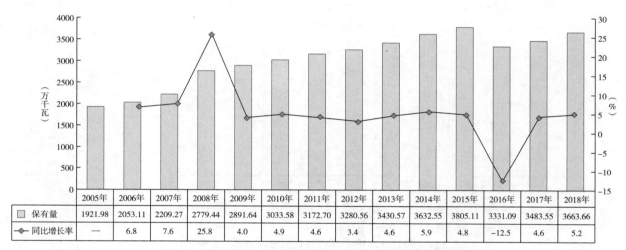

图11　2005—2018年内蒙古自治区农机总动力保有量走势

二、拖拉机保有量

表3　2005—2018年拖拉机保有量一览表　单位：万台

序号	地区	2005年	2006年	2007年	2008年	2009年	2010年	2011年	2012年	2013年	2014年	2015年	2016年	2017年	2018年
	全国	1679.37	1728.34	1834.32	2021.91	2101.42	2177.96	2255.87	2282.45	2279.28	2297.70	2310.41	2317.02	2304.34	2240.26
1	河南	309.54	322.35	338.69	383.93	390.22	386.05	386.83	387.79	387.10	384.07	379.85	372.77	363.40	353.80
2	山东	205.51	209.13	221.90	236.85	236.76	244.24	247.22	250.66	249.77	248.57	244.45	246.41	247.97	249.23
3	安徽	211.59	221.22	230.23	239.55	243.74	248.59	252.59	249.23	242.96	238.83	236.68	234.10	233.12	230.63
4	河北	154.51	156.12	159.77	163.65	164.66	167.76	168.89	167.64	165.85	164.08	163.70	161.68	160.46	149.60

续 表

序号	地区	2005 年	2006 年	2007 年	2008 年	2009 年	2010 年	2011 年	2012 年	2013 年	2014 年	2015 年	2016 年	2017 年	2018 年
5	黑龙江	96. 14	107. 79	113. 90	119. 50	129. 40	134. 74	142. 04	147. 34	151. 86	154. 56	157. 10	158. 57	160. 49	160. 89
6	湖北	56. 05	64. 19	83. 41	95. 65	102. 69	111. 81	119. 56	125. 40	129. 06	128. 83	130. 65	132. 85	134. 08	132. 66
7	吉林	62. 88	67. 57	72. 37	76. 81	84. 12	90. 56	98. 84	105. 66	111. 13	114. 16	116. 81	118. 95	120. 25	121. 74
8	内蒙古	61. 83	66. 73	70. 87	96. 27	98. 33	101. 54	102. 68	101. 86	105. 16	107. 93	110. 59	113. 41	115. 28	117. 39
9	江苏	94. 26	95. 79	94. 91	127. 61	131. 82	132. 51	134. 09	110. 30	105. 66	103. 28	98. 62	94. 04	89. 24	83. 98
10	甘肃	39. 39	40. 83	44. 28	46. 15	49. 54	53. 39	58. 36	66. 47	70. 61	74. 26	77. 36	80. 42	81. 90	82. 38
11	云南	31. 97	32. 74	35. 08	47. 08	53. 02	56. 42	59. 85	63. 89	66. 40	66. 96	68. 94	69. 58	69. 55	38. 46
12	新疆	40. 65	42. 83	45. 36	48. 24	51. 80	54. 06	56. 95	60. 06	63. 70	65. 92	67. 10	67. 41	68. 26	69. 01
13	辽宁	27. 86	28. 93	30. 77	35. 45	38. 03	41. 49	45. 68	49. 89	53. 06	55. 59	57. 16	57. 03	57. 02	57. 77
14	广西	36. 13	29. 74	30. 26	31. 41	34. 52	37. 95	42. 41	45. 62	49. 09	50. 77	52. 84	55. 42	56. 37	56. 86
15	山西	28. 72	29. 00	30. 09	31. 93	34. 72	37. 27	40. 50	43. 16	45. 46	47. 44	48. 86	49. 23	37. 23	37. 94
16	湖南	17. 75	19. 73	21. 27	24. 23	26. 00	28. 34	30. 40	31. 69	33. 41	35. 19	37. 24	39. 06	43. 13	39. 70
17	广东	35. 79	35. 66	36. 00	36. 87	37. 31	38. 96	36. 55	34. 98	35. 30	36. 14	35. 83	35. 81	35. 02	34. 49
18	江西	15. 98	20. 00	22. 48	29. 94	34. 36	40. 69	51. 68	55. 38	29. 99	32. 18	35. 16	37. 95	39. 37	37. 91
19	陕西	21. 75	21. 45	22. 20	23. 10	24. 63	26. 34	26. 88	27. 89	29. 80	30. 6	32. 93	33. 56	33. 74	31. 83
20	青海	21. 95	22. 83	24. 21	25. 00	26. 41	27. 70	28. 49	28. 73	25. 50	27. 47	27. 55	27. 57	27. 04	26. 99
21	西藏	8. 57	8. 80	9. 42	10. 26	9. 70	15. 58	17. 01	18. 79	20. 47	23. 02	25. 18	25. 63	26. 58	27. 38
22	四川	13. 76	14. 42	15. 37	16. 98	19. 61	21. 14	23. 22	24. 05	24. 08	23. 97	23. 68	23. 53	23. 10	22. 78
23	宁夏	18. 29	18. 51	18. 57	19. 08	20. 10	20. 78	21. 61	21. 96	22. 24	21. 69	21. 44	21. 30	21. 53	21. 15
24	贵州	6. 22	6. 93	7. 04	7. 17	7. 84	8. 19	9. 76	11. 23	12. 77	13. 73	14. 21	14. 54	15. 46	14. 22
25	浙江	32. 78	25. 43	25. 91	17. 20	17. 75	17. 75	17. 77	17. 34	15. 10	14. 16	13. 13	13. 12	12. 31	11. 56
26	福建	10. 02	8. 42	8. 77	9. 78	11. 10	11. 03	11. 47	11. 10	10. 75	10. 30	10. 20	10. 26	9. 64	9. 28
27	海南	4. 88	5. 20	6. 04	6. 72	7. 37	7. 95	8. 42	9. 12	9. 72	10. 79	10. 14	9. 83	9. 97	8. 75
28	新疆建设兵团	5. 66	5. 91	6. 33	6. 99	7. 12	6. 41	7. 61	7. 70	7. 72	8. 09	8. 07	7. 92	7. 86	7. 82
29	天津	4. 56	4. 58	4. 51	4. 38	4. 46	4. 42	4. 21	3. 81	2. 48	2. 04	1. 79	1. 77	1. 73	1. 69
30	重庆	0. 40	0. 49	0. 91	0. 95	0. 96	1. 01	1. 13	1. 14	1. 16	1. 17	1. 26	1. 39	1. 41	0. 68
31	上海	1. 24	1. 22	1. 15	1. 13	1. 15	1. 16	1. 13	1. 10	1. 03	1. 05	1. 05	1. 05	1. 00	1. 00
32	北京	2. 75	2. 61	2. 25	2. 04	2. 18	2. 15	2. 05	1. 47	0. 89	0. 86	0. 84	0. 86	0. 83	0. 69

表 4　　2005—2018 年拖拉机保有量前十名走势分析　　单位：万台

序号	地区	类别	2005 年	2006 年	2007 年	2008 年	2009 年	2010 年	2011 年	2012 年	2013 年	2014 年	2015 年	2016 年	2017 年	2018 年
	全国	保有量	1679.37	1728.34	1834.32	2021.91	2101.42	2177.96	2255.87	2282.45	2279.28	2297.70	2310.41	2317.02	2304.34	2240.26
		同比增长率（%）	—	2.9	6.1	10.2	3.9	3.6	3.6	1.2	−0.1	0.8	0.6	0.3	−0.5	−2.8
1	河南	保有量	309.54	322.35	338.69	383.93	390.22	386.05	386.83	387.79	387.10	384.07	379.85	372.77	363.40	353.80
		同比增长率（%）	—	4.1	5.1	13.4	1.6	−1.1	0.2	0.2	−0.2	−0.8	−1.1	−1.9	−2.5	−2.6
2	山东	保有量	205.51	209.13	221.90	236.85	236.76	244.24	247.22	250.66	249.77	248.57	244.45	246.41	247.97	249.23
		同比增长率（%）	—	1.8	6.1	6.7	0.0	3.2	1.2	1.4	−0.4	−0.5	−1.7	0.8	0.6	0.5
3	安徽	保有量	211.59	221.22	230.23	239.55	243.74	248.59	252.59	249.23	242.96	238.83	236.68	234.10	233.12	230.63
		同比增长率（%）	—	4.6	4.1	4.0	1.7	2.0	1.6	−1.3	−2.5	−1.7	−0.9	−1.1	−0.4	−1.1
4	河北	保有量	154.51	156.12	159.77	163.65	164.66	167.76	168.89	167.64	165.85	164.08	163.70	161.68	160.46	149.60
		同比增长率（%）	—	1.0	2.3	2.4	0.6	1.9	0.7	−0.7	−1.1	−1.1	−0.2	−1.2	−0.8	−6.8
5	黑龙江	保有量	96.14	107.79	113.90	119.50	129.40	134.74	142.04	147.34	151.86	154.56	157.10	158.57	160.49	160.89
		同比增长率（%）	—	12.1	5.7	4.9	8.3	4.1	5.4	3.7	3.1	1.8	1.6	0.9	1.2	0.2
6	湖北	保有量	56.05	64.19	83.41	95.65	102.69	111.81	119.56	125.40	129.06	128.83	130.65	132.85	134.08	132.66
		同比增长率（%）	—	14.5	29.9	14.7	7.4	8.9	6.9	4.9	2.9	−0.2	1.4	1.7	0.9	−1.1
7	吉林	保有量	62.88	67.57	72.37	76.81	84.12	90.56	98.84	105.66	111.13	114.16	116.81	118.95	120.25	121.74
		同比增长率（%）	—	7.5	7.1	6.1	9.5	7.7	9.1	6.9	5.2	2.7	2.3	1.8	1.1	1.2
8	内蒙古	保有量	61.83	66.73	70.87	96.27	98.33	101.54	102.68	101.86	105.16	107.93	110.59	113.41	115.28	117.39
		同比增长率（%）	—	7.9	6.2	35.8	2.1	3.3	1.1	−0.8	3.2	2.6	2.5	2.5	1.6	1.8
9	江苏	保有量	94.26	95.79	94.91	127.61	131.82	132.51	134.09	110.30	105.66	103.28	98.62	94.04	89.24	83.98
		同比增长率（%）	—	1.6	−0.9	34.5	3.3	0.5	1.2	−17.7	−4.2	−2.3	−4.5	−4.6	−5.1	−5.9
10	甘肃	保有量	39.39	40.83	44.28	46.15	49.54	53.39	58.36	66.47	70.61	74.26	77.36	80.42	81.90	82.38
		同比增长率（%）	—	3.7	8.4	4.2	7.3	7.8	9.3	13.9	6.2	5.2	4.2	4.0	1.8	0.6

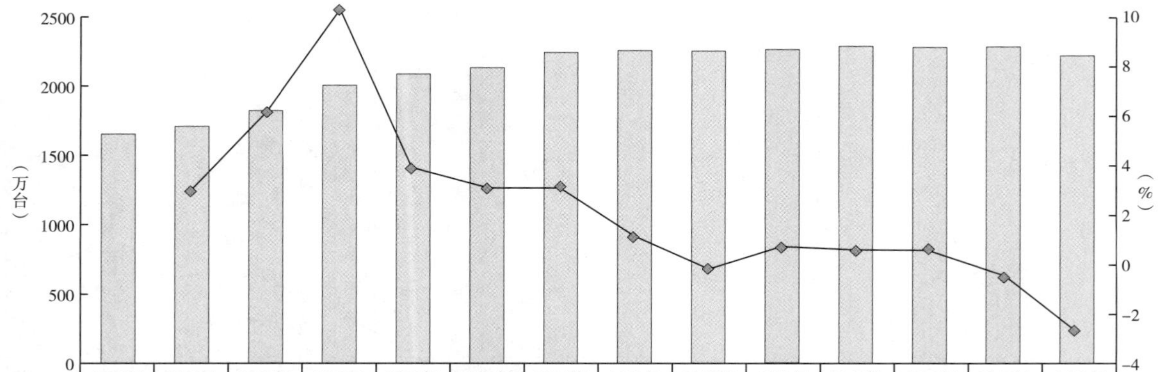

	2005年	2006年	2007年	2008年	2009年	2010年	2011年	2012年	2013年	2014年	2015年	2016年	2017年	2018年
保有量	1679.37	1728.34	1834.32	2021.91	2101.42	2177.96	2255.87	2282.45	2279.28	2297.70	2310.41	2317.02	2304.34	2240.26
同比增长率	—	2.9	6.1	10.2	3.9	3.6	3.6	1.2	−0.1	0.8	0.6	0.3	−0.5	−2.8

图 12　2005—2018 年全国拖拉机保有量走势

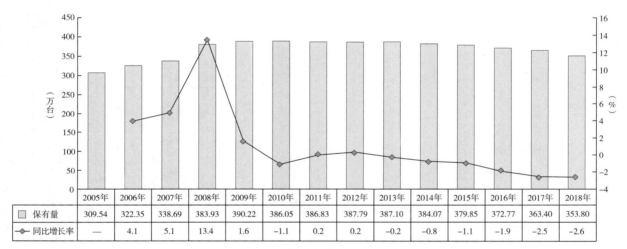

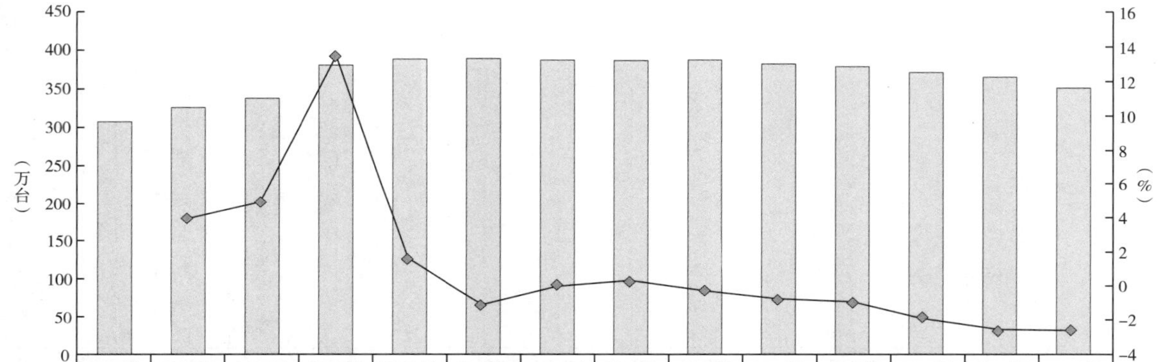

	2005年	2006年	2007年	2008年	2009年	2010年	2011年	2012年	2013年	2014年	2015年	2016年	2017年	2018年
保有量	309.54	322.35	338.69	383.93	390.22	386.05	386.83	387.79	387.10	384.07	379.85	372.77	363.40	353.80
同比增长率	—	4.1	5.1	13.4	1.6	−1.1	0.2	0.2	−0.2	−0.8	−1.1	−1.9	−2.5	−2.6

图 13　2005—2018 年河南省拖拉机保有量走势

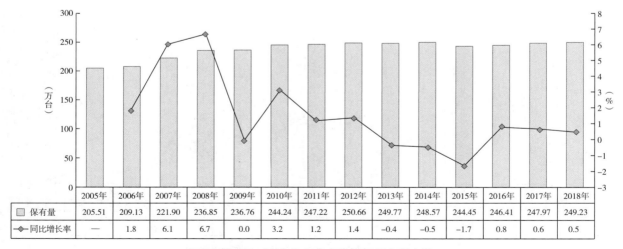

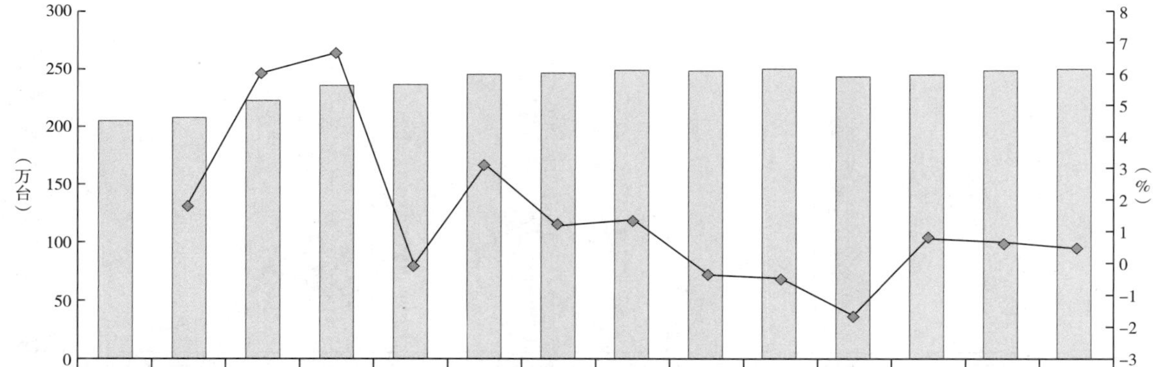

	2005年	2006年	2007年	2008年	2009年	2010年	2011年	2012年	2013年	2014年	2015年	2016年	2017年	2018年
保有量	205.51	209.13	221.90	236.85	236.76	244.24	247.22	250.66	249.77	248.57	244.45	246.41	247.97	249.23
同比增长率	—	1.8	6.1	6.7	0.0	3.2	1.2	1.4	−0.4	−0.5	−1.7	0.8	0.6	0.5

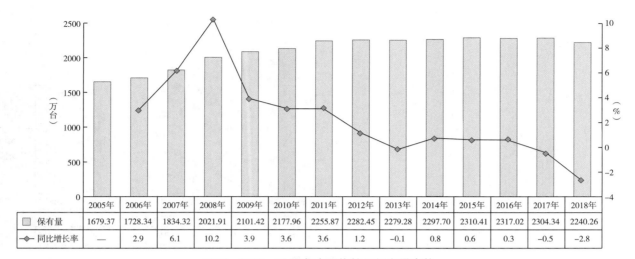

图 14　2005—2018 年山东省拖拉机保有量走势

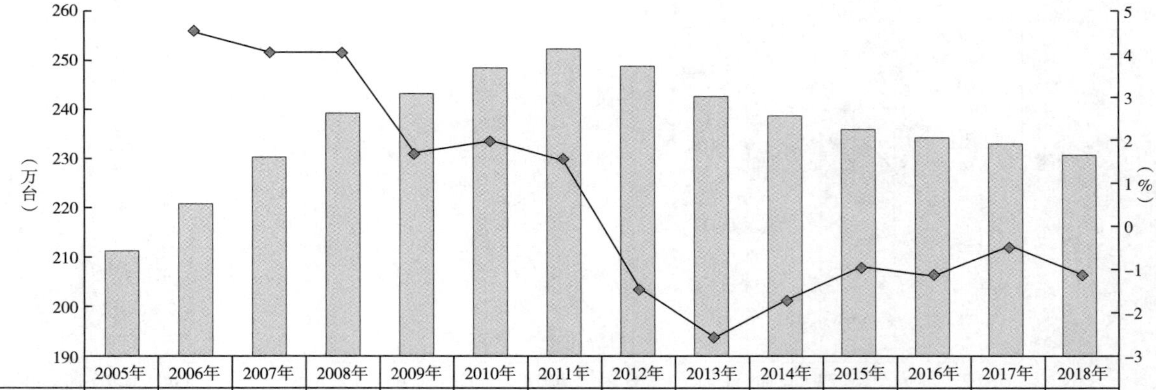

	2005年	2006年	2007年	2008年	2009年	2010年	2011年	2012年	2013年	2014年	2015年	2016年	2017年	2018年
保有量	211.59	221.22	230.23	239.55	243.74	248.59	252.59	249.23	242.96	238.83	236.68	234.10	233.12	230.63
同比增长率	—	4.6	4.1	4.0	1.7	2.0	1.6	−1.3	−2.5	−1.7	−0.9	−1.1	−0.4	−1.1

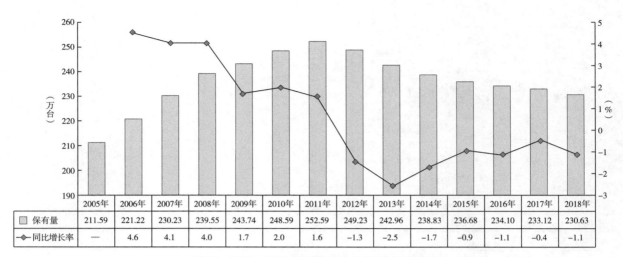

图 15　2005—2018 年安徽省拖拉机保有量走势

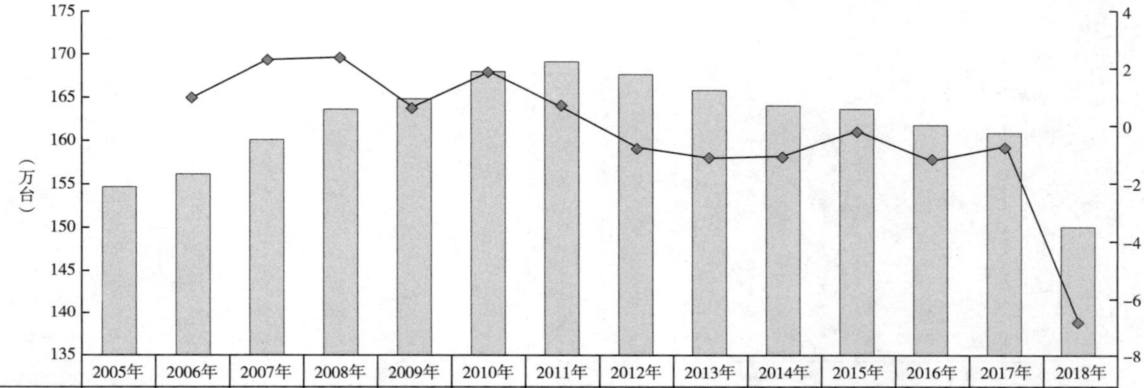

	2005年	2006年	2007年	2008年	2009年	2010年	2011年	2012年	2013年	2014年	2015年	2016年	2017年	2018年
保有量	154.51	156.12	159.77	163.65	164.66	167.76	168.89	167.64	165.85	164.08	163.70	161.68	160.46	149.60
同比增长率	—	1.0	2.3	2.4	0.6	1.9	0.7	−0.7	−1.1	−1.1	−0.2	−1.2	−0.8	−6.8

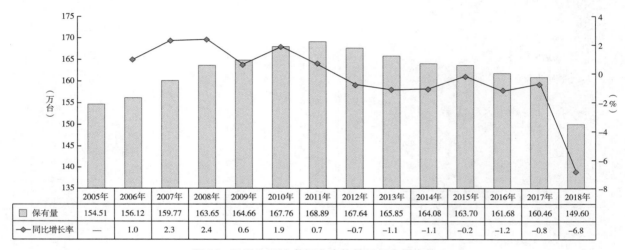

图 16　2005—2018 年河北省拖拉机保有量走势

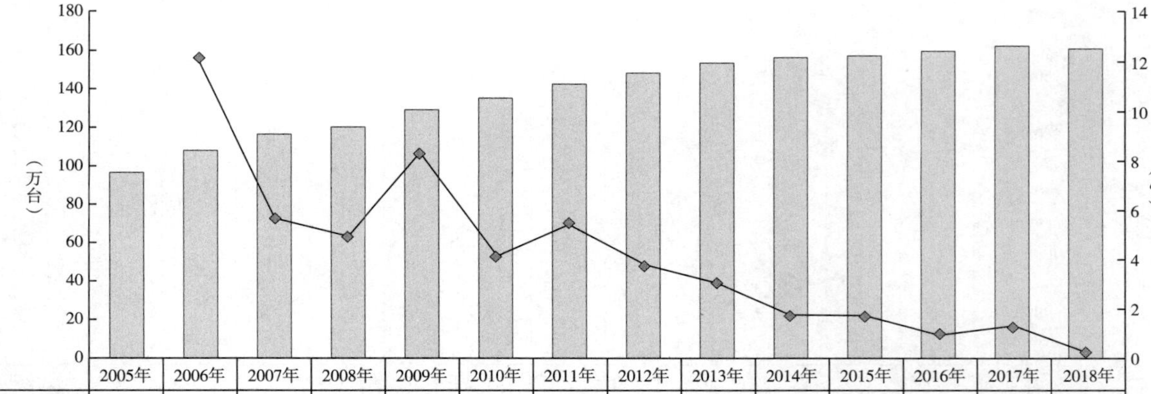

	2005年	2006年	2007年	2008年	2009年	2010年	2011年	2012年	2013年	2014年	2015年	2016年	2017年	2018年
保有量	96.14	107.79	113.90	119.50	129.40	134.74	142.04	147.34	151.86	154.56	157.10	158.57	160.49	160.89
同比增长率	—	12.1	5.7	4.9	8.3	4.1	5.4	3.7	3.1	1.8	1.6	0.9	1.2	0.2

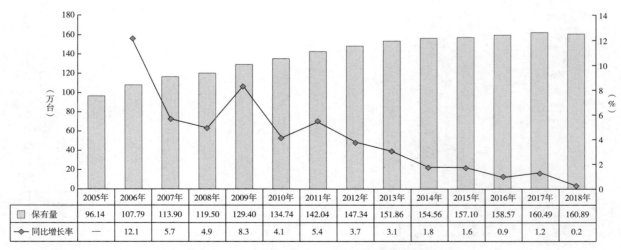

图 17　2005—2018 年黑龙江省拖拉机保有量走势

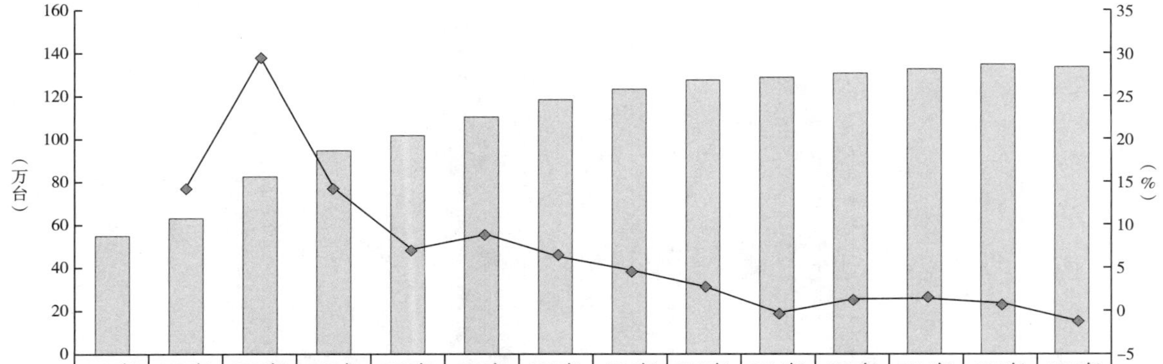

	2005年	2006年	2007年	2008年	2009年	2010年	2011年	2012年	2013年	2014年	2015年	2016年	2017年	2018年
保有量	56.05	64.19	83.41	95.65	102.69	111.81	119.56	125.40	129.06	128.83	130.65	132.85	134.08	132.66
同比增长率	—	14.5	29.9	14.7	7.4	8.9	6.9	4.9	2.9	−0.2	1.4	1.7	0.9	−1.1

图 18　2005—2018 年湖北省拖拉机保有量走势

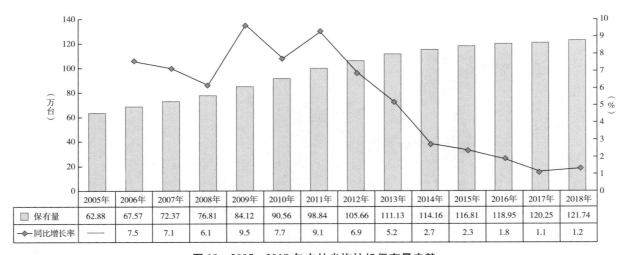

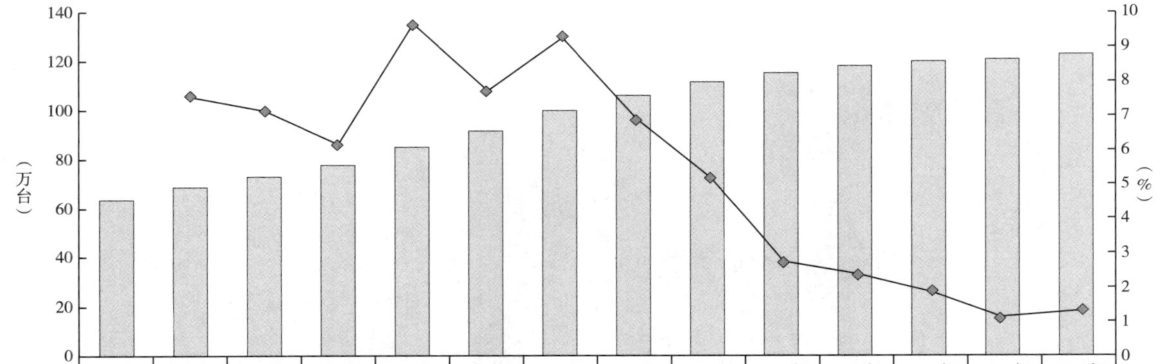

	2005年	2006年	2007年	2008年	2009年	2010年	2011年	2012年	2013年	2014年	2015年	2016年	2017年	2018年
保有量	62.88	67.57	72.37	76.81	84.12	90.56	98.84	105.66	111.13	114.16	116.81	118.95	120.25	121.74
同比增长率	——	7.5	7.1	6.1	9.5	7.7	9.1	6.9	5.2	2.7	2.3	1.8	1.1	1.2

图 19　2005—2018 年吉林省拖拉机保有量走势

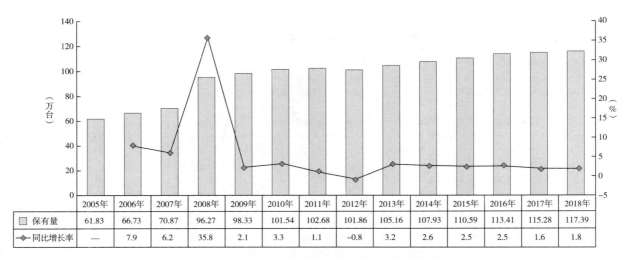

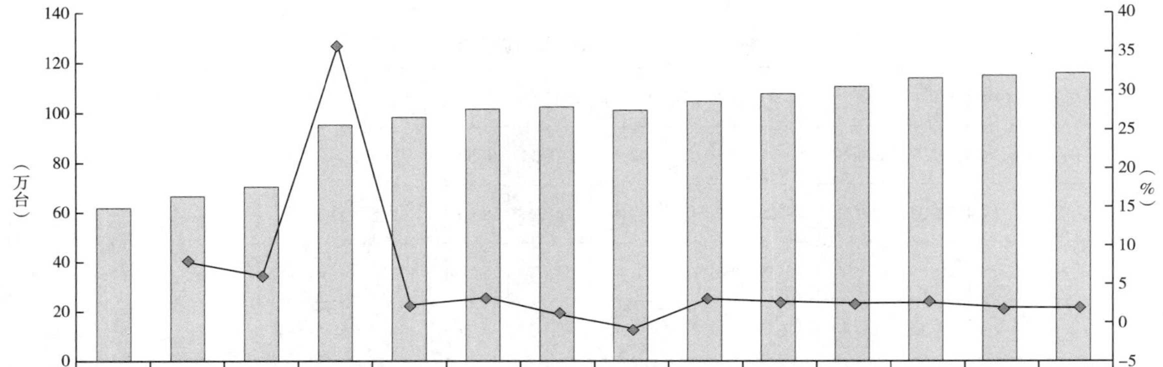

	2005年	2006年	2007年	2008年	2009年	2010年	2011年	2012年	2013年	2014年	2015年	2016年	2017年	2018年
保有量	61.83	66.73	70.87	96.27	98.33	101.54	102.68	101.86	105.16	107.93	110.59	113.41	115.28	117.39
同比增长率	—	7.9	6.2	35.8	2.1	3.3	1.1	−0.8	3.2	2.6	2.5	2.5	1.6	1.8

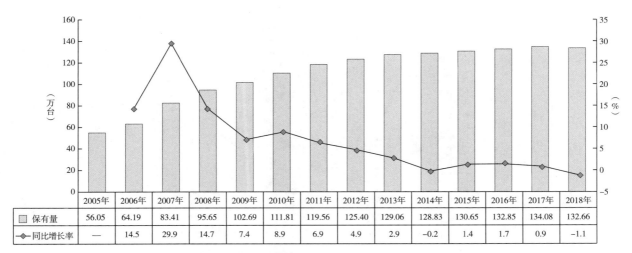

图 20　2005—2018 年内蒙古自治区拖拉机保有量走势

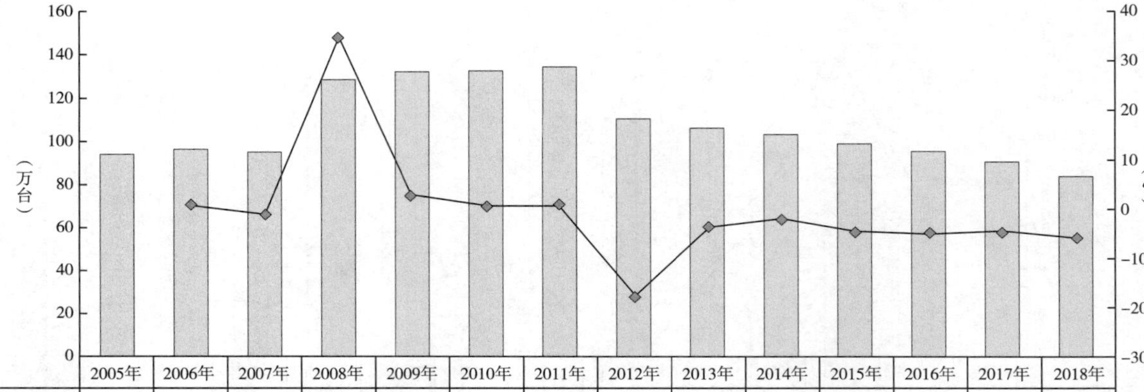

	2005年	2006年	2007年	2008年	2009年	2010年	2011年	2012年	2013年	2014年	2015年	2016年	2017年	2018年
保有量	94.26	95.79	94.91	127.61	131.82	132.51	134.09	110.30	105.66	103.28	98.62	94.04	89.24	83.98
同比增长率	—	1.6	-0.9	34.5	3.3	0.5	1.2	-17.7	-4.2	-2.3	-4.5	-4.6	-5.1	-5.9

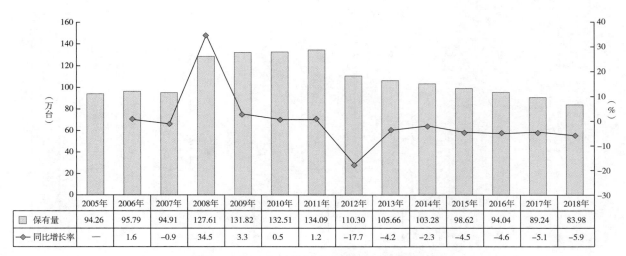

图 21　2005—2018 年江苏省拖拉机保有量走势

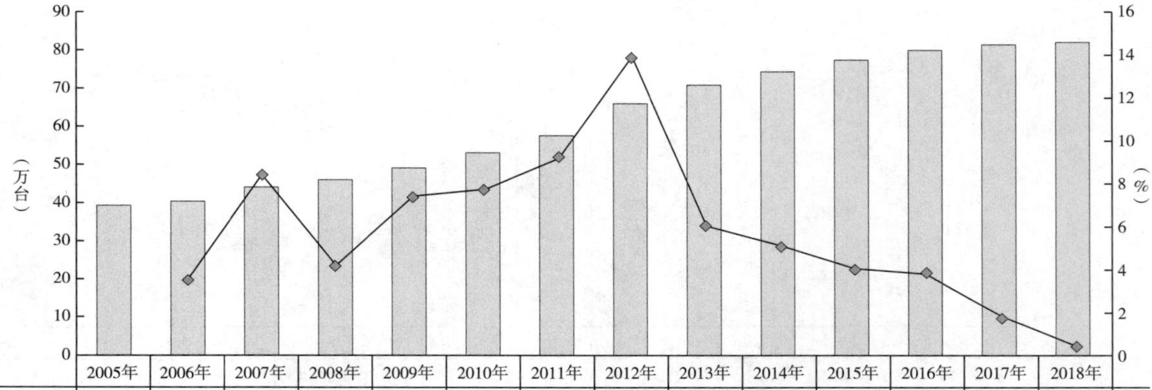

	2005年	2006年	2007年	2008年	2009年	2010年	2011年	2012年	2013年	2014年	2015年	2016年	2017年	2018年
保有量	39.39	40.83	44.28	46.15	49.54	53.39	58.36	66.47	70.61	74.26	77.36	80.42	81.90	82.38
同比增长率	—	3.7	8.4	4.2	7.3	7.8	9.3	13.9	6.2	5.2	4.2	4.0	1.8	0.6

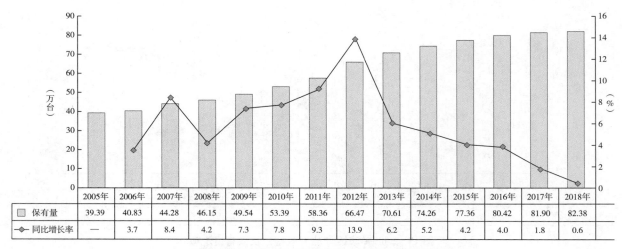

图 22　2005—2018 年甘肃省拖拉机保有量走势

表 5　　2005—2018 年大中型拖拉机保有量一览表　　单位：万台

序号	地区	2005 年	2006 年	2007 年	2008 年	2009 年	2010 年	2011 年	2012 年	2013 年	2014 年	2015 年	2016 年	2017 年	2018 年
	全国	139. 56	167. 63	204. 80	299. 52	350. 52	392. 17	440. 65	485. 24	527. 02	567. 95	607. 29	645. 35	670. 08	421. 99
1	黑龙江	21. 73	32. 31	38. 18	48. 20	58. 30	65. 47	73. 21	80. 89	87. 33	92. 16	96. 8	101. 56	106. 06	55. 17
2	内蒙古	7. 37	10. 39	17. 07	45. 19	48. 26	51. 41	54. 77	57. 94	62. 34	67. 15	72. 38	76. 74	79. 68	31. 65
3	山东	22. 78	25. 16	28. 80	36. 55	39. 93	42. 57	45. 43	47. 69	50. 07	51. 84	53. 52	57. 18	60. 40	47. 94
4	吉林	9. 08	10. 87	16. 53	20. 13	25. 12	29. 36	35. 07	39. 59	44. 04	48. 08	52. 16	56. 00	58. 43	31. 59
5	新疆	9. 23	10. 61	12. 62	14. 60	18. 45	21. 68	25. 60	29. 99	35. 06	39. 2	41. 98	43. 70	45. 19	29. 03
6	河南	11. 08	12. 77	14. 72	20. 26	24. 69	27. 44	31. 07	33. 85	35. 78	37. 81	40. 23	43. 27	45. 85	35. 35

续 表

序号	地区	2005年	2006年	2007年	2008年	2009年	2010年	2011年	2012年	2013年	2014年	2015年	2016年	2017年	2018年
7	云南	4.50	4.86	6.40	17.51	20.90	22.50	24.33	26.77	28.70	30.13	31.76	32.13	32.09	7.91
8	河北	10.02	11.08	11.59	13.62	15.52	17.26	19.34	21.37	23.43	25.46	27.43	29.87	31.47	27.30
9	辽宁	4.30	4.50	6.76	11.76	13.57	15.16	17.42	19.06	20.80	22.34	23.15	24.26	25.07	17.00
10	安徽	3.60	4.77	6.67	9.02	10.50	12.47	14.53	16.45	17.99	19.93	22.01	24.65	25.96	22.76
11	湖北	7.66	8.50	9.29	10.42	11.86	12.71	13.08	13.84	14.94	15.85	16.84	18.18	18.97	16.17
12	江苏	4.15	4.42	4.96	7.17	8.50	9.67	10.68	11.59	13.13	15.12	16.76	17.99	18.03	16.54
13	甘肃	1.83	2.38	3.12	3.83	5.82	7.32	9.29	11.62	13.04	14.43	16.03	17.52	18.87	8.88
14	四川	1.27	1.59	2.02	5.55	7.77	9.11	10.75	11.50	12.18	12.61	13.22	13.48	13.41	7.44
15	山西	3.59	4.00	4.14	5.17	6.26	7.32	8.89	9.78	10.72	11.9	13.07	13.81	13.08	9.87
16	湖南	0.88	1.97	2.45	6.75	7.53	8.48	8.90	9.73	10.66	11.63	12.88	13.57	14.10	11.27
17	陕西	3.55	3.82	4.57	5.48	7.07	8.08	8.91	9.41	9.93	10.17	11.11	11.82	12.38	9.84
18	西藏	0.67	0.00	0.68	1.21	0.25	2.55	3.65	5.14	6.64	8.88	10.77	12.23	12.91	6.74
19	新疆建设兵团	2.23	2.31	2.70	3.04	3.33	2.68	4.06	4.28	4.66	5.15	5.45	5.51	5.68	4.59
20	宁夏	1.34	1.52	1.54	1.79	2.21	2.79	3.21	3.75	4.26	4.91	5.32	5.73	6.05	3.87
21	海南	0.58	0.69	1.00	1.76	2.45	2.98	3.46	4.10	4.45	4.49	4.37	4.19	3.52	2.04
22	贵州	1.39	2.17	1.92	2.36	2.50	2.53	3.12	3.92	4.19	4.21	4.28	4.24	4.17	1.81
23	广西	1.70	1.72	1.42	1.71	1.96	2.17	2.69	3.05	3.42	3.79	4.24	4.77	5.19	5.08
24	广东	0.59	0.79	0.83	1.36	1.61	1.84	1.96	2.25	2.39	2.81	2.87	3.00	3.04	2.45
25	江西	1.28	1.12	1.20	1.31	1.52	1.66	1.80	2.05	1.02	1.42	1.96	2.75	3.19	3.84
26	青海	0.27	0.29	0.36	0.44	0.79	0.82	0.91	1.01	1.11	1.59	1.69	1.78	1.84	1.22
27	天津	1.03	1.07	1.10	1.15	1.28	1.30	1.43	1.50	1.56	1.58	1.5	1.54	1.55	1.38
28	浙江	0.45	0.51	0.60	0.58	0.74	0.84	0.96	1.07	1.17	1.2	1.26	1.40	1.44	1.32
29	上海	0.42	0.43	0.46	0.48	0.54	0.58	0.61	0.65	0.67	0.72	0.75	0.77	0.77	0.74
30	北京	0.85	0.81	0.72	0.69	0.78	0.83	0.89	0.74	0.65	0.66	0.7	0.73	0.69	0.47
31	重庆	0.01	0.06	0.23	0.26	0.28	0.33	0.36	0.37	0.38	0.38	0.41	0.50	0.52	0.20
32	福建	0.14	0.15	0.15	0.16	0.24	0.26	0.29	0.29	0.31	0.35	0.39	0.48	0.48	0.53

表 6　2005—2018 年大中型拖拉机保有量前十名走势分析

单位：万台

序号	地区	类别	2005 年	2006 年	2007 年	2008 年	2009 年	2010 年	2011 年	2012 年	2013 年	2014 年	2015 年	2016 年	2017 年	2018 年
	全国	保有量	139.56	167.63	204.80	299.52	350.52	392.17	440.65	485.24	527.02	567.95	607.29	645.35	670.08	421.99
		同比增长率（%）	—	20.1	22.2	46.3	17.0	11.9	12.4	10.1	8.6	7.8	6.9	6.3	3.8	−37.0
1	黑龙江	保有量	21.73	32.31	38.18	48.20	58.30	65.47	73.21	80.89	87.33	92.16	96.80	101.56	106.06	55.17
		同比增长率（%）	—	48.7	18.2	26.2	21.0	12.3	11.8	10.5	8.0	5.5	5.0	4.9	4.4	−48.0
2	内蒙古	保有量	7.37	10.39	17.07	45.19	48.26	51.41	54.77	57.94	62.34	67.15	72.38	76.74	79.68	31.65
		同比增长率（%）	—	41.0	64.3	164.7	6.8	6.5	6.5	5.8	7.6	7.7	7.8	6.0	3.8	−60.3
3	山东	保有量	22.78	25.16	28.80	36.55	39.93	42.57	45.43	47.69	50.07	51.84	53.52	57.18	60.40	47.94
		同比增长率（%）	—	10.4	14.5	26.9	9.2	6.6	6.7	5.0	5.0	3.5	3.2	6.8	5.6	−20.6
4	吉林	保有量	9.08	10.87	16.53	20.13	25.12	29.36	35.07	39.59	44.04	48.08	52.16	56.00	58.43	31.59
		同比增长率（%）	—	19.7	52.1	21.8	24.8	16.9	19.4	12.9	11.2	9.2	8.5	7.4	4.3	−45.9
5	新疆	保有量	9.23	10.61	12.62	14.60	18.45	21.68	25.60	29.99	35.06	39.20	41.98	43.70	45.19	29.03
		同比增长率（%）	—	15.0	18.9	15.7	26.4	17.5	18.1	17.1	16.9	11.8	7.1	4.1	3.4	−35.8
6	河南	保有量	11.08	12.77	14.72	20.26	24.69	27.44	31.07	33.85	35.78	37.81	40.23	43.27	45.85	35.35
		同比增长率（%）	—	15.3	15.3	37.6	21.9	11.1	13.2	8.9	5.7	5.7	6.4	7.6	6.0	−22.9
7	云南	保有量	4.50	4.86	6.40	17.51	20.90	22.50	24.33	26.77	28.70	30.13	31.76	32.13	32.09	7.91
		同比增长率（%）	—	8.0	31.7	173.6	19.4	7.7	8.1	10.0	7.2	5.0	5.4	1.2	−0.1	−75.4
8	河北	保有量	10.02	11.08	11.59	13.62	15.52	17.26	19.34	21.37	23.43	25.46	27.43	29.87	31.47	27.30
		同比增长率（%）	—	10.6	4.6	17.5	14.0	11.2	12.1	10.5	9.6	8.7	7.7	8.9	5.4	−13.3
9	辽宁	保有量	4.30	4.50	6.76	11.76	13.57	15.16	17.42	19.06	20.80	22.34	23.15	24.26	25.07	17.00
		同比增长率（%）	—	4.7	50.2	74.0	15.4	11.7	14.9	9.4	9.1	7.4	3.6	4.8	3.3	−32.2
10	安徽	保有量	3.60	4.77	6.67	9.02	10.50	12.47	14.53	16.45	17.99	19.93	22.01	24.65	25.96	22.76
		同比增长率（%）	—	32.5	39.8	35.2	16.4	18.8	16.5	13.2	9.4	10.8	10.4	12.0	5.3	−12.3

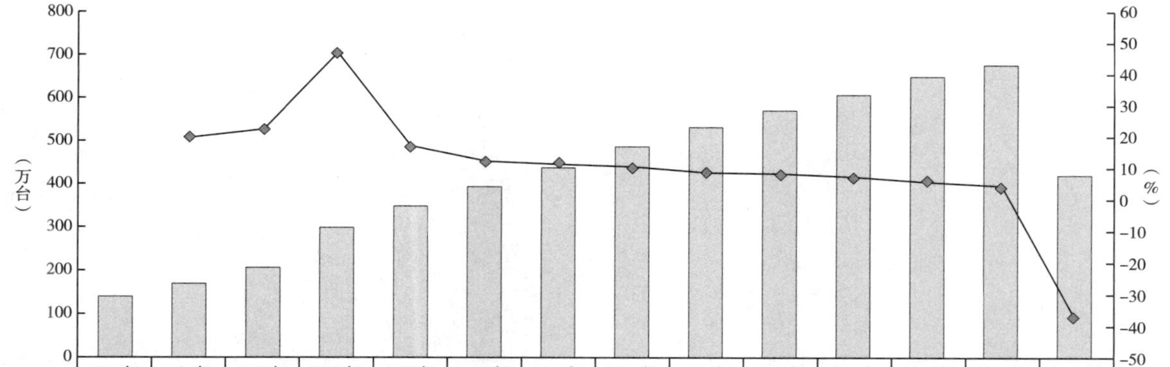

	2005年	2006年	2007年	2008年	2009年	2010年	2011年	2012年	2013年	2014年	2015年	2016年	2017年	2018年
保有量	139.56	167.63	204.80	299.52	350.52	392.17	440.65	485.24	527.02	567.95	607.29	645.35	670.08	421.99
同比增长率	—	20.1	22.2	46.3	17.0	11.9	12.4	10.1	8.6	7.8	6.9	6.3	3.8	−37.0

图 23　2005—2018 年全国大中型拖拉机保有量走势

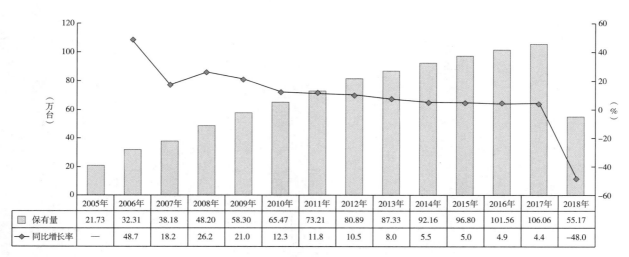

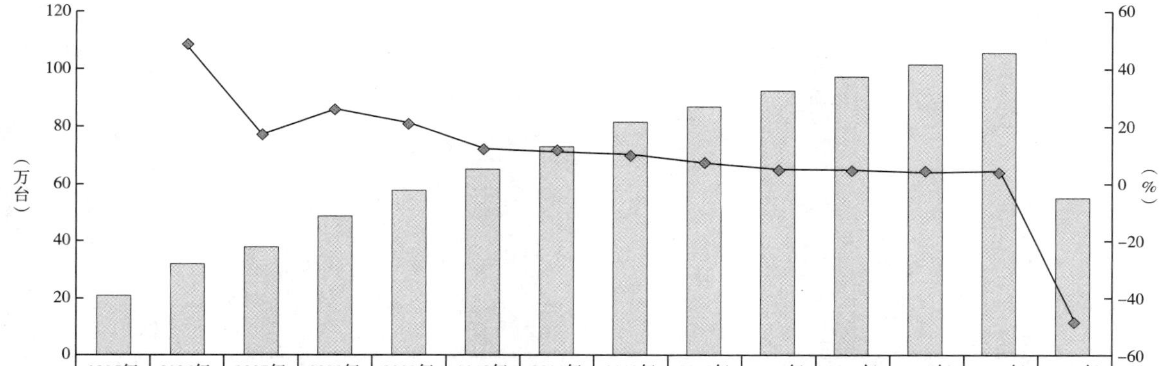

	2005年	2006年	2007年	2008年	2009年	2010年	2011年	2012年	2013年	2014年	2015年	2016年	2017年	2018年
保有量	21.73	32.31	38.18	48.20	58.30	65.47	73.21	80.89	87.33	92.16	96.80	101.56	106.06	55.17
同比增长率	—	48.7	18.2	26.2	21.0	12.3	11.8	10.5	8.0	5.5	5.0	4.9	4.4	−48.0

图 24　2005—2018 年黑龙江省大中拖保有量走势

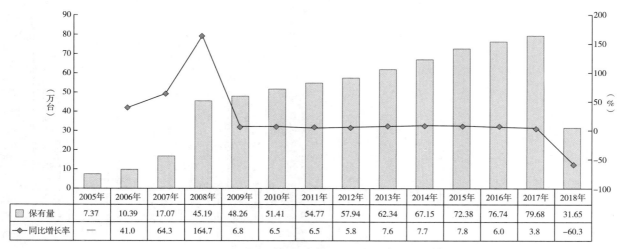

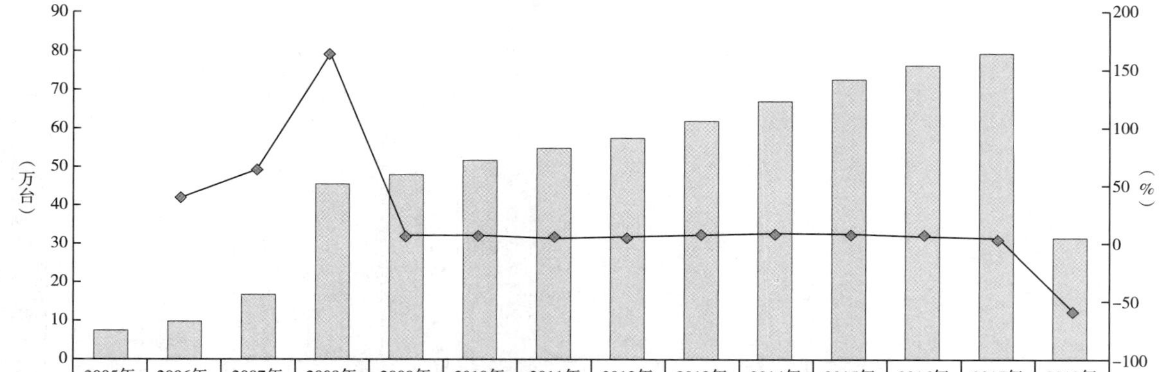

	2005年	2006年	2007年	2008年	2009年	2010年	2011年	2012年	2013年	2014年	2015年	2016年	2017年	2018年
保有量	7.37	10.39	17.07	45.19	48.26	51.41	54.77	57.94	62.34	67.15	72.38	76.74	79.68	31.65
同比增长率	—	41.0	64.3	164.7	6.8	6.5	6.5	5.8	7.6	7.7	7.8	6.0	3.8	−60.3

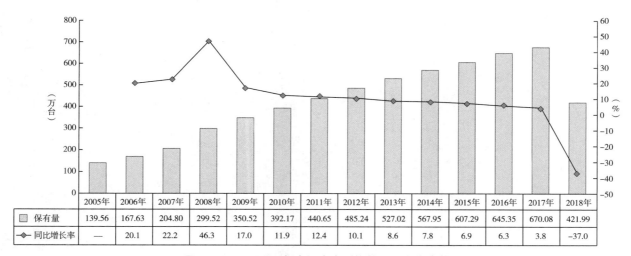

图 25　2005—2018 年内蒙古自治区大中拖保有量走势

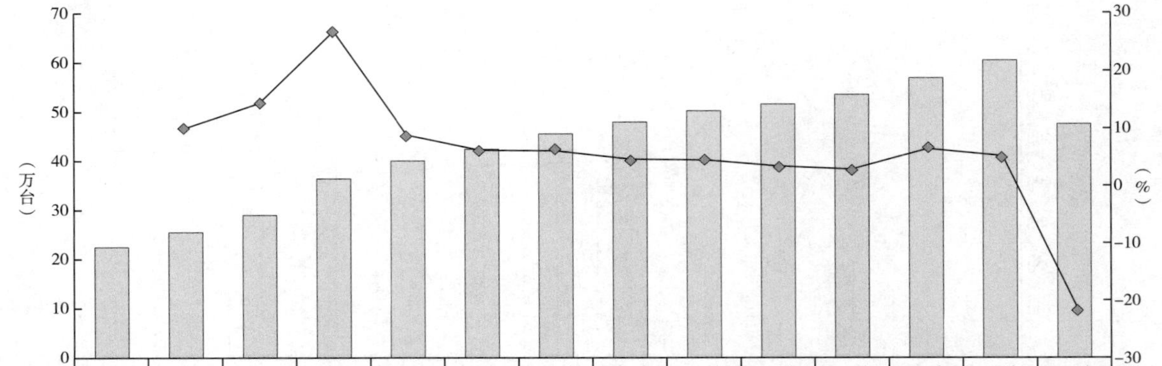

	2005年	2006年	2007年	2008年	2009年	2010年	2011年	2012年	2013年	2014年	2015年	2016年	2017年	2018年
保有量	22.78	25.16	28.80	36.55	39.93	42.57	45.43	47.69	50.07	51.84	53.52	57.18	60.40	47.94
同比增长率	—	10.4	14.5	26.9	9.2	6.6	6.7	5.0	5.0	3.5	3.2	6.8	5.6	-20.6

图 26　2005—2018 年山东省大中拖保有量走势

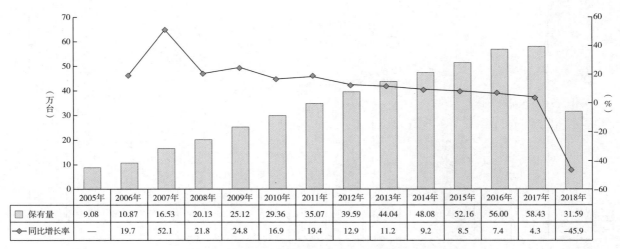

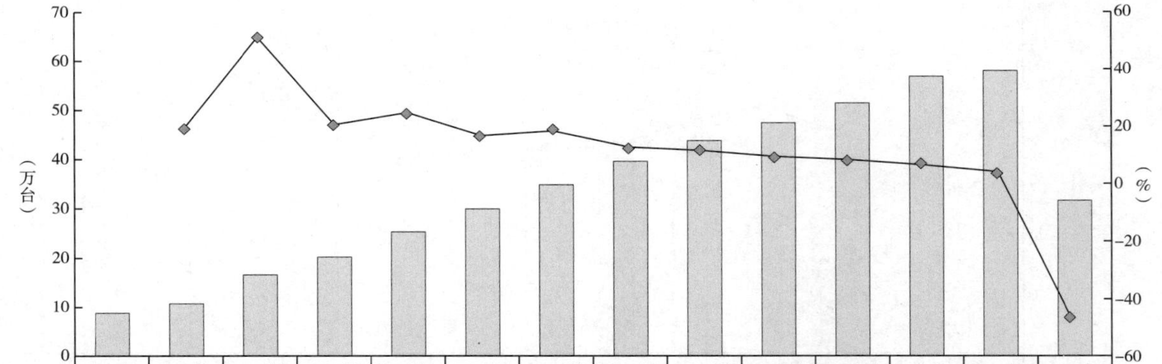

	2005年	2006年	2007年	2008年	2009年	2010年	2011年	2012年	2013年	2014年	2015年	2016年	2017年	2018年
保有量	9.08	10.87	16.53	20.13	25.12	29.36	35.07	39.59	44.04	48.08	52.16	56.00	58.43	31.59
同比增长率	—	19.7	52.1	21.8	24.8	16.9	19.4	12.9	11.2	9.2	8.5	7.4	4.3	-45.9

图 27　2005—2018 年吉林省大中拖保有量走势

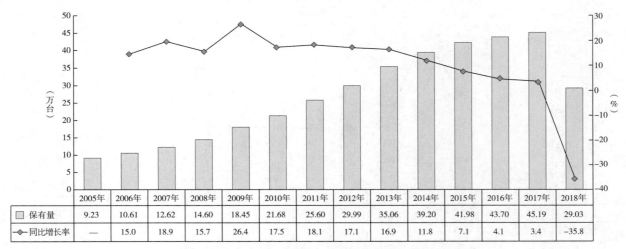

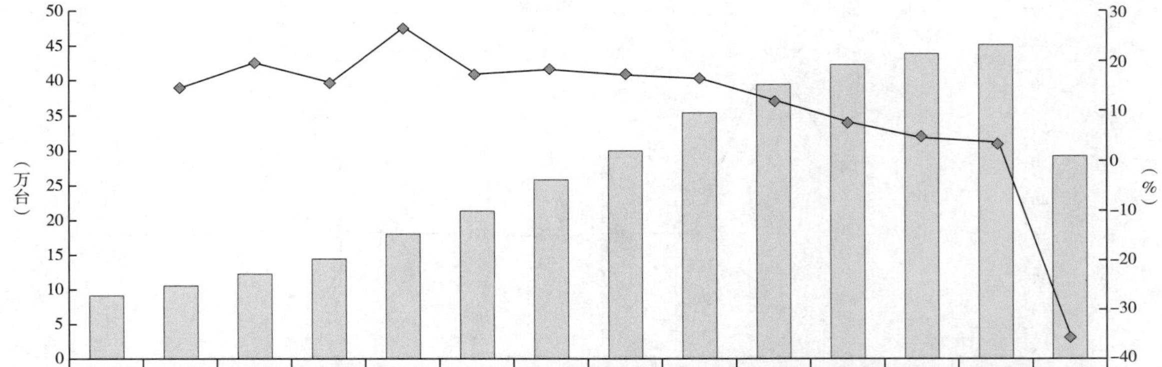

	2005年	2006年	2007年	2008年	2009年	2010年	2011年	2012年	2013年	2014年	2015年	2016年	2017年	2018年
保有量	9.23	10.61	12.62	14.60	18.45	21.68	25.60	29.99	35.06	39.20	41.98	43.70	45.19	29.03
同比增长率	—	15.0	18.9	15.7	26.4	17.5	18.1	17.1	16.9	11.8	7.1	4.1	3.4	-35.8

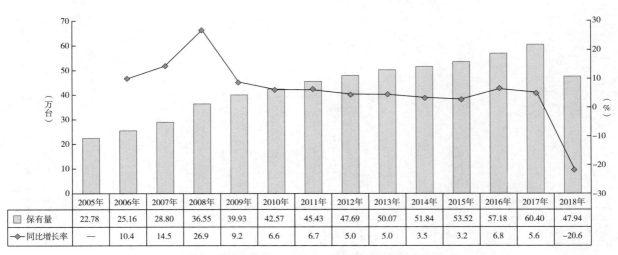

图 28　2005—2018 年新疆维吾尔自治区大中拖保有量走势

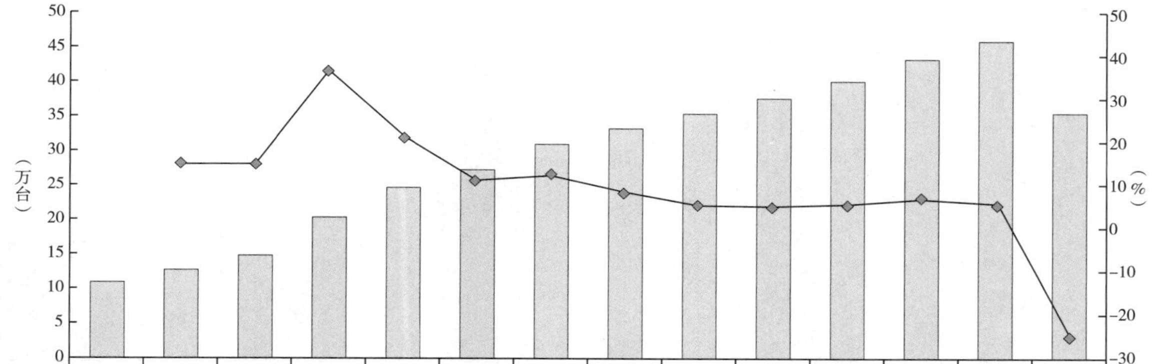

	2005年	2006年	2007年	2008年	2009年	2010年	2011年	2012年	2013年	2014年	2015年	2016年	2017年	2018年
保有量	11.08	12.77	14.72	20.26	24.69	27.44	31.07	33.85	35.78	37.81	40.23	43.27	45.85	35.35
同比增长率	—	15.3	15.3	37.6	21.9	11.1	13.2	8.9	5.7	5.7	6.4	7.6	6.0	-22.9

图 29　2005—2018 年河南省大中拖保有量走势

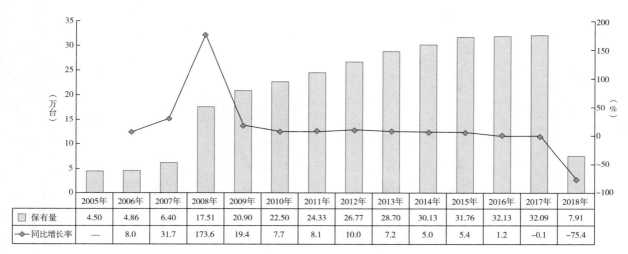

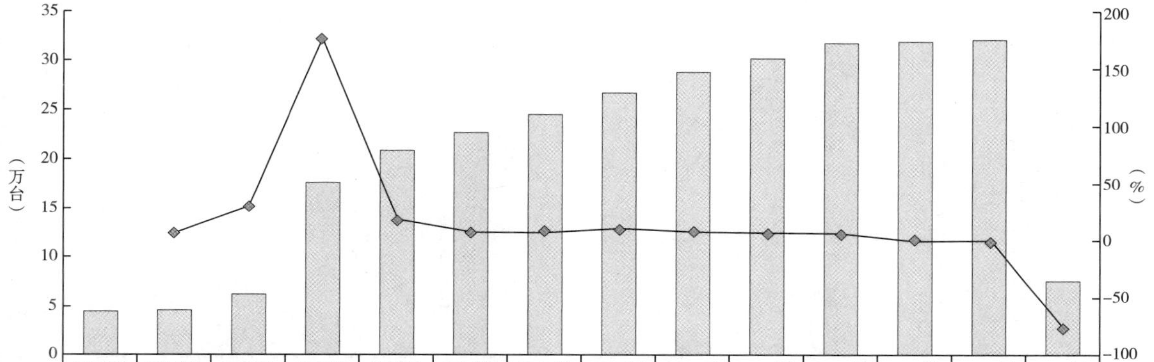

	2005年	2006年	2007年	2008年	2009年	2010年	2011年	2012年	2013年	2014年	2015年	2016年	2017年	2018年
保有量	4.50	4.86	6.40	17.51	20.90	22.50	24.33	26.77	28.70	30.13	31.76	32.13	32.09	7.91
同比增长率	—	8.0	31.7	173.6	19.4	7.7	8.1	10.0	7.2	5.0	5.4	1.2	-0.1	-75.4

图 30　2005—2018 年云南省大中拖保有量走势

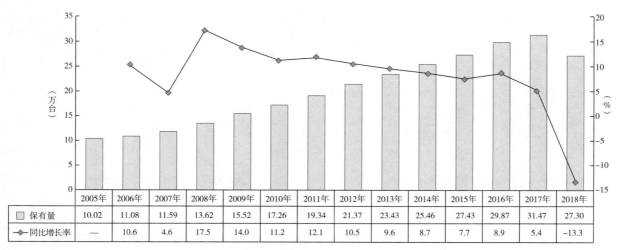

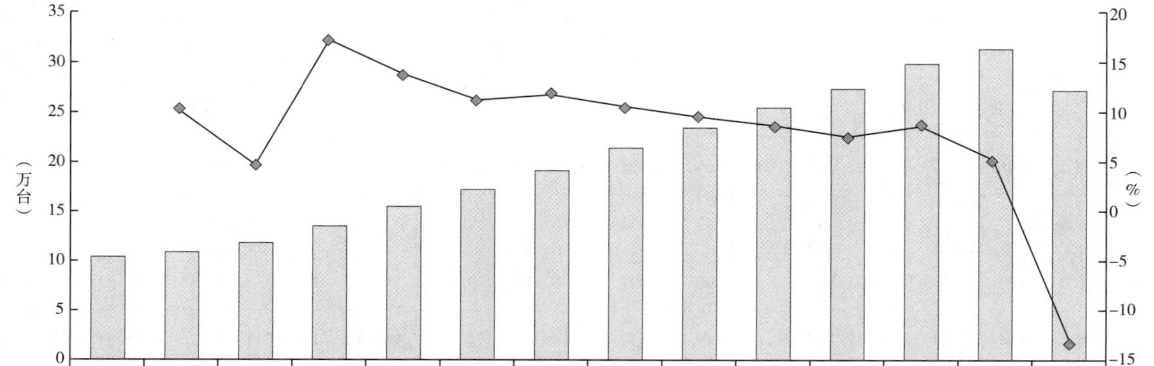

	2005年	2006年	2007年	2008年	2009年	2010年	2011年	2012年	2013年	2014年	2015年	2016年	2017年	2018年
保有量	10.02	11.08	11.59	13.62	15.52	17.26	19.34	21.37	23.43	25.46	27.43	29.87	31.47	27.30
同比增长率	—	10.6	4.6	17.5	14.0	11.2	12.1	10.5	9.6	8.7	7.7	8.9	5.4	-13.3

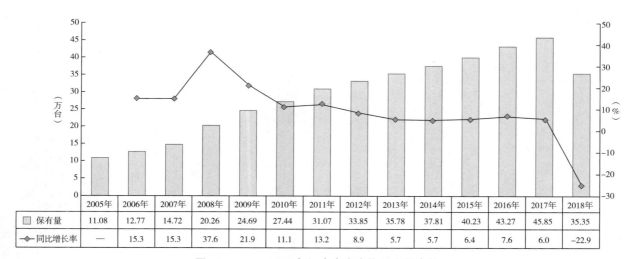

图 31　2005—2018 年河北省大中拖保有量走势

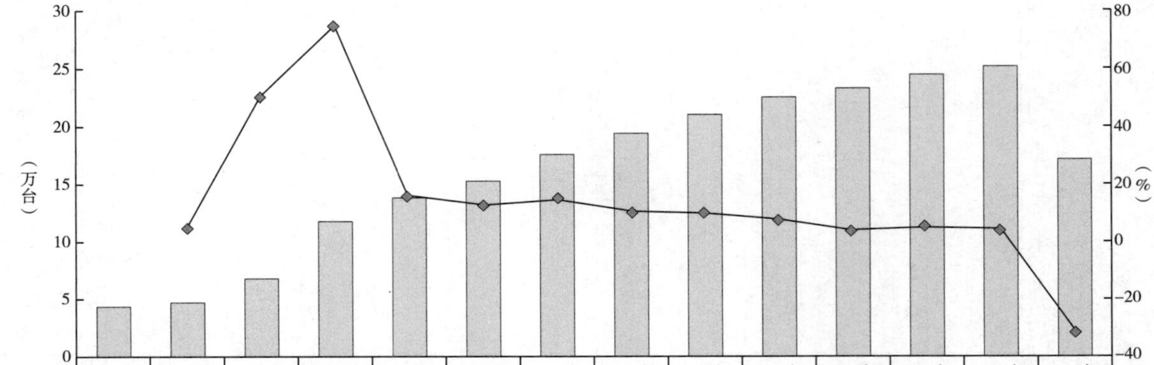

	2005年	2006年	2007年	2008年	2009年	2010年	2011年	2012年	2013年	2014年	2015年	2016年	2017年	2018年
保有量	4.30	4.50	6.76	11.76	13.57	15.16	17.42	19.06	20.80	22.34	23.15	24.26	25.07	17.00
同比增长率	—	4.7	50.2	74.0	15.4	11.7	14.9	9.4	9.1	7.4	3.6	4.8	3.3	-32.2

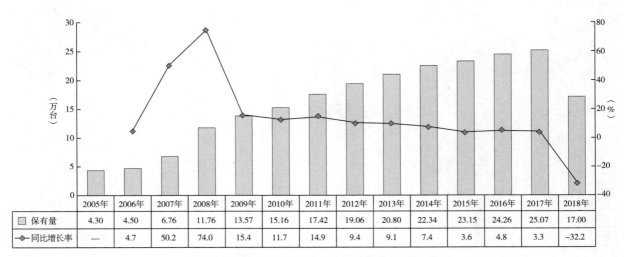

图 32　2005—2018 年辽宁省大中拖保有量走势

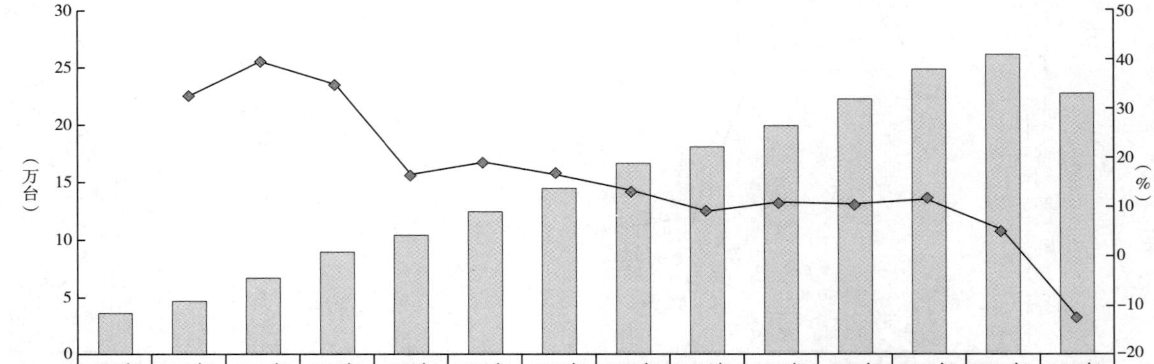

	2005年	2006年	2007年	2008年	2009年	2010年	2011年	2012年	2013年	2014年	2015年	2016年	2017年	2018年
保有量	3.60	4.77	6.67	9.02	10.50	12.47	14.53	16.45	17.99	19.93	22.01	24.65	25.96	22.76
同比增长率	—	32.5	39.8	35.2	16.4	18.8	16.5	13.2	9.4	10.8	10.4	12.0	5.3	-12.3

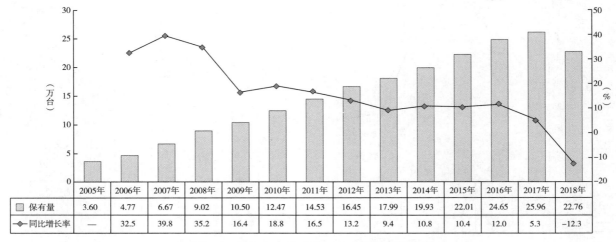

图 33　2005—2018 年安徽省大中拖保有量走势

表 7　　2005—2018 年小型拖拉机保有量一览表　　单位：万台

序号	地区	2005 年	2006 年	2007 年	2008 年	2009 年	2010 年	2011 年	2012 年	2013 年	2014 年	2015 年	2016 年	2017 年	2018 年
	全国	1539. 81	1560. 71	1629. 52	1722. 41	1750. 90	1785. 79	1811. 27	1797. 23	1752. 28	1729. 77	1703. 04	1671. 61	1634. 24	1818. 26
1	河南	298. 45	309. 58	323. 97	363. 67	365. 53	358. 61	355. 76	353. 94	351. 32	346. 26	339. 62	329. 50	317. 54	318. 45
2	安徽	207. 98	216. 45	223. 56	230. 53	233. 24	236. 12	238. 06	232. 78	224. 97	218. 90	214. 67	209. 45	207. 16	207. 87
3	山东	182. 73	183. 97	193. 10	200. 30	196. 83	201. 67	201. 79	202. 97	199. 70	196. 72	190. 93	189. 23	187. 57	201. 29
4	河北	144. 49	145. 04	148. 18	150. 05	149. 14	150. 50	149. 10	146. 27	142. 42	138. 62	136. 26	131. 81	128. 99	122. 30
5	湖北	48. 39	55. 69	74. 12	85. 23	90. 83	99. 10	106. 48	111. 56	114. 12	112. 98	113. 81	114. 67	115. 12	116. 49
6	江苏	90. 11	91. 37	89. 95	120. 44	123. 32	122. 84	123. 41	98. 71	92. 54	88. 16	81. 86	76. 05	71. 20	67. 44

续 表

序号	地区	2005 年	2006 年	2007 年	2008 年	2009 年	2010 年	2011 年	2012 年	2013 年	2014 年	2015 年	2016 年	2017 年	2018 年
7	吉林	53. 80	56. 70	55. 84	56. 68	59. 00	61. 20	63. 77	66. 07	67. 08	66. 08	64. 64	62. 95	61. 81	90. 15
8	甘肃	37. 56	38. 45	41. 16	42. 32	43. 72	46. 07	49. 07	54. 85	57. 56	59. 83	61. 32	62. 90	63. 03	73. 50
9	黑龙江	74. 41	75. 48	75. 72	71. 30	71. 10	69. 27	68. 83	66. 45	64. 53	62. 40	60. 30	57. 00	54. 43	105. 71
10	广西	34. 44	28. 02	28. 84	29. 70	32. 56	35. 77	39. 72	42. 58	45. 68	46. 98	48. 60	50. 65	51. 18	51. 78
11	内蒙古	54. 46	56. 34	53. 80	51. 08	50. 07	50. 13	47. 91	43. 93	42. 82	40. 78	38. 21	36. 67	35. 60	85. 74
12	云南	27. 48	27. 88	28. 68	29. 57	32. 12	33. 92	35. 52	37. 12	37. 70	36. 83	37. 18	37. 44	37. 46	30. 54
13	山西	25. 13	25. 00	25. 95	26. 76	28. 47	29. 95	31. 61	33. 38	34. 74	35. 53	35. 79	35. 41	24. 15	28. 07
14	辽宁	23. 56	24. 43	24. 01	23. 69	24. 46	26. 33	28. 26	30. 84	32. 25	33. 25	34. 01	32. 76	31. 95	40. 77
15	江西	14. 70	18. 88	21. 28	28. 63	32. 84	39. 03	46. 38	53. 32	28. 98	30. 76	33. 2	35. 21	36. 18	34. 07
16	广东	35. 20	34. 87	35. 17	35. 51	35. 70	37. 12	34. 59	32. 73	32. 92	33. 33	32. 96	32. 80	31. 98	32. 05
17	青海	21. 68	22. 54	23. 85	24. 57	25. 62	26. 88	27. 59	27. 71	24. 39	25. 89	25. 86	25. 79	25. 20	25. 77
18	新疆	31. 42	32. 22	32. 74	33. 64	33. 35	32. 38	31. 35	30. 07	28. 63	26. 72	25. 12	23. 71	23. 07	39. 97
19	湖南	16. 87	17. 76	18. 82	17. 48	18. 47	19. 86	21. 50	21. 96	22. 75	23. 56	24. 36	25. 49	29. 02	28. 43
20	陕西	18. 20	17. 63	17. 63	17. 61	17. 56	18. 25	17. 97	18. 48	19. 87	20. 44	21. 81	21. 73	21. 36	21. 99
21	宁夏	16. 95	16. 99	17. 03	17. 29	17. 89	17. 99	18. 40	18. 21	17. 98	16. 78	16. 12	15. 57	15. 48	17. 28
22	西藏	7. 90	0. 00	8. 74	9. 05	9. 45	13. 03	13. 37	13. 65	13. 83	14. 13	14. 40	13. 40	13. 68	20. 64
23	浙江	32. 33	24. 92	25. 31	16. 62	17. 01	16. 91	16. 81	16. 27	13. 93	12. 97	11. 86	11. 72	10. 86	10. 25
24	四川	12. 49	12. 83	13. 35	11. 43	11. 84	12. 03	12. 47	12. 55	11. 91	11. 36	10. 45	10. 06	9. 69	15. 34
25	贵州	4. 83	4. 76	5. 12	4. 82	5. 34	5. 66	6. 64	7. 31	8. 58	9. 52	9. 92	10. 30	11. 29	12. 41
26	福建	9. 88	8. 28	8. 62	9. 62	10. 86	10. 77	11. 18	10. 82	10. 45	9. 96	9. 82	9. 77	9. 16	8. 75
27	海南	4. 30	4. 51	5. 04	4. 96	4. 92	4. 97	4. 96	5. 02	5. 27	6. 3	5. 78	5. 64	6. 45	6. 71
28	新疆建设兵团	3. 43	3. 60	3. 63	3. 95	3. 79	3. 73	3. 55	3. 42	3. 06	2. 94	2. 62	2. 41	2. 19	3. 23
29	重庆	0. 39	0. 43	0. 68	0. 69	0. 68	0. 68	0. 77	0. 77	0. 78	0. 80	0. 84	0. 89	0. 89	0. 48
30	上海	0. 82	0. 79	0. 69	0. 65	0. 61	0. 58	0. 52	0. 45	0. 36	0. 33	0. 30	0. 28	0. 23	0. 26
31	天津	3. 54	3. 51	3. 41	3. 23	3. 18	3. 12	2. 78	2. 31	0. 92	0. 46	0. 28	0. 22	0. 18	0. 31
32	北京	1. 90	1. 80	1. 53	1. 35	1. 40	1. 32	1. 17	0. 73	0. 24	0. 20	0. 14	0. 13	0. 14	0. 22

表 8　2005—2018 年小型拖拉机保有量前十名走势分析

单位：万台

序号	地区	类别	2005 年	2006 年	2007 年	2008 年	2009 年	2010 年	2011 年	2012 年	2013 年	2014 年	2015 年	2016 年	2017 年	2018 年
	全国	保有量	1539.81	1560.71	1629.52	1722.41	1750.90	1785.79	1811.27	1797.23	1752.28	1729.77	1703.04	1671.61	1634.24	1818.26
		同比增长率（%）	—	1.4	4.4	5.7	1.7	2.0	1.4	−0.8	−2.5	−1.3	−1.5	−1.8	−2.2	11.3
1	河南	保有量	298.45	309.58	323.97	363.67	365.53	358.61	355.76	353.94	351.32	346.26	339.62	329.50	317.54	318.45
		同比增长率（%）	—	3.7	4.6	12.3	0.5	−1.9	−0.8	−0.5	−0.7	−1.4	−1.9	−3.0	−3.6	0.3
2	安徽	保有量	207.98	216.45	223.56	230.53	233.24	236.12	238.06	232.78	224.97	218.90	214.67	209.45	207.16	207.87
		同比增长率（%）	—	4.1	3.3	3.1	1.2	1.2	0.8	−2.2	−3.4	−2.7	−1.9	−2.4	−1.1	0.3
3	山东	保有量	182.73	183.97	193.10	200.30	196.83	201.67	201.79	202.97	199.70	196.72	190.93	189.23	187.57	201.29
		同比增长率（%）	—	0.7	5.0	3.7	−1.7	2.5	0.1	0.6	−1.6	−1.5	−2.9	−0.9	−0.9	7.3
4	河北	保有量	144.49	145.04	148.18	150.05	149.14	150.50	149.10	146.27	142.42	138.62	136.26	131.81	128.99	122.30
		同比增长率（%）	—	0.4	2.2	1.3	−0.6	0.9	−0.9	−1.9	−2.6	−2.7	−1.7	−3.3	−2.1	−5.2
5	湖北	保有量	48.39	55.69	74.12	85.23	90.83	99.10	106.48	111.56	114.12	112.98	113.81	114.67	115.12	116.49
		同比增长率（%）	—	15.1	33.1	15.0	6.6	9.1	7.4	4.8	2.3	−1.0	0.7	0.8	0.4	1.2
6	江苏	保有量	90.11	91.37	89.95	120.44	123.32	122.84	123.41	98.71	92.54	88.16	81.86	76.05	71.20	67.44
		同比增长率（%）	—	1.4	−1.6	33.9	2.4	−0.4	0.5	−20.0	−6.3	−4.7	−7.1	−7.1	−6.4	−5.3
7	吉林	保有量	53.80	56.70	55.84	56.68	59.00	61.20	63.77	66.07	67.08	66.08	64.64	62.95	61.81	90.15
		同比增长率（%）	—	5.4	−1.5	1.5	4.1	3.7	4.2	3.6	1.5	−1.5	−2.2	−2.6	−1.8	45.9
8	甘肃	保有量	37.56	38.45	41.16	42.32	43.72	46.07	49.07	54.85	57.56	59.83	61.32	62.90	63.03	73.50
		同比增长率（%）	—	2.4	7.0	2.8	3.3	5.4	6.5	11.8	4.9	3.9	2.5	2.6	0.2	16.6
9	黑龙江	保有量	74.41	75.48	75.72	71.30	71.10	69.27	68.83	66.45	64.53	62.40	60.30	57.00	54.43	105.71
		同比增长率（%）	—	1.4	0.3	−5.8	−0.3	−2.6	−0.6	−3.5	−2.9	−3.3	−3.4	−5.5	−4.5	94.2
10	广西	保有量	34.44	28.02	28.84	29.70	32.56	35.77	39.72	42.58	45.68	46.98	48.60	50.65	51.18	51.78
		同比增长率（%）	—	−18.6	2.9	3.0	9.6	9.9	11.0	7.2	7.3	2.8	3.4	4.2	1.0	1.2

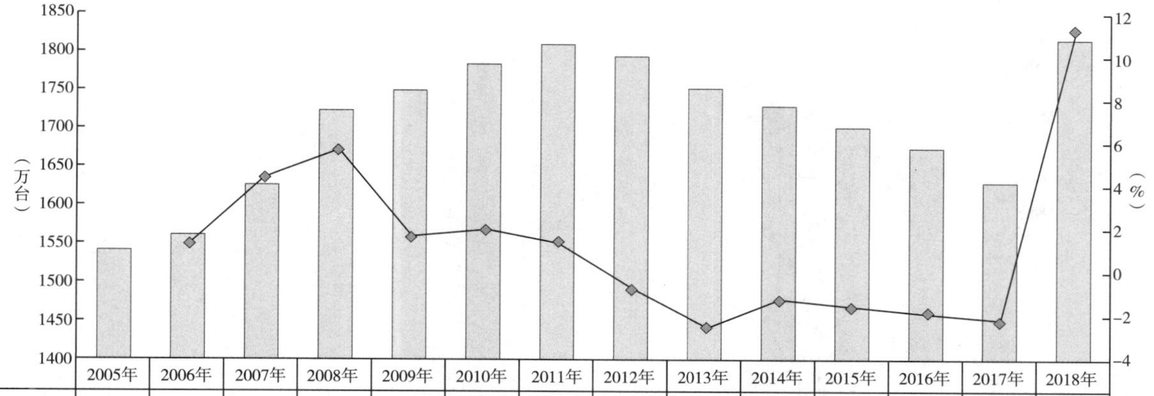

	2005年	2006年	2007年	2008年	2009年	2010年	2011年	2012年	2013年	2014年	2015年	2016年	2017年	2018年
保有量	1539.81	1560.71	1629.52	1722.41	1750.90	1785.79	1811.27	1797.23	1752.28	1729.77	1703.04	1671.61	1634.24	1818.26
同比增长率	—	1.4	4.4	5.7	1.7	2.0	1.4	−0.8	−2.5	−1.3	−1.5	−1.8	−2.2	11.3

图 34　2005—2018 年全国小拖保有量走势

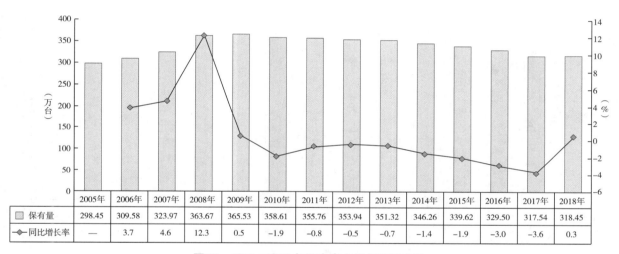

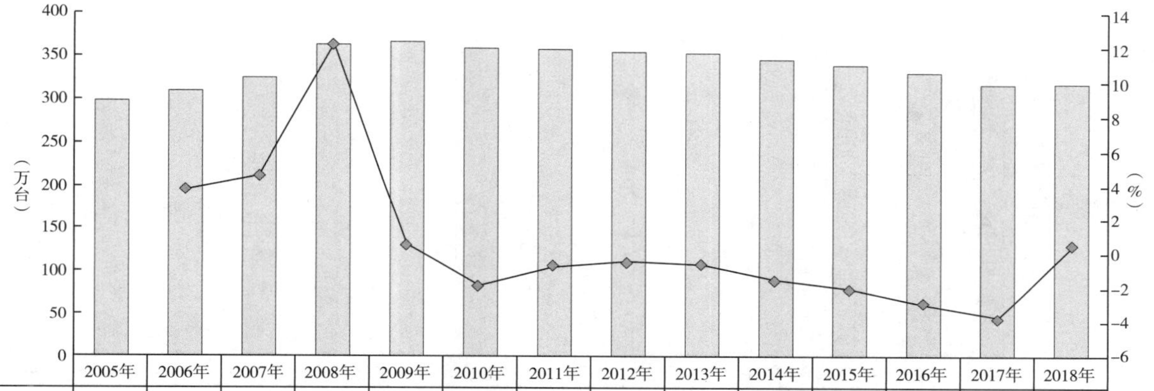

	2005年	2006年	2007年	2008年	2009年	2010年	2011年	2012年	2013年	2014年	2015年	2016年	2017年	2018年
保有量	298.45	309.58	323.97	363.67	365.53	358.61	355.76	353.94	351.32	346.26	339.62	329.50	317.54	318.45
同比增长率	—	3.7	4.6	12.3	0.5	−1.9	−0.8	−0.5	−0.7	−1.4	−1.9	−3.0	−3.6	0.3

图 35　2005—2018 年河南省小拖保有量走势

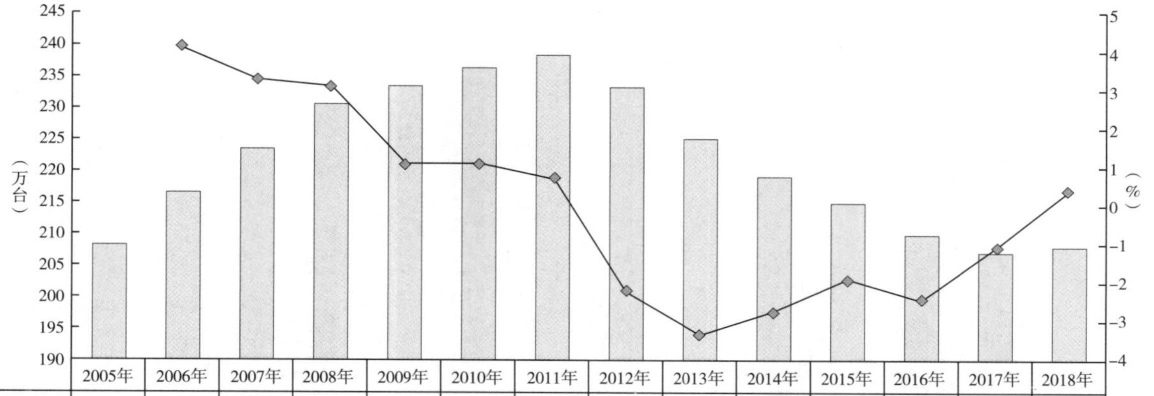

	2005年	2006年	2007年	2008年	2009年	2010年	2011年	2012年	2013年	2014年	2015年	2016年	2017年	2018年
保有量	207.98	216.45	223.56	230.53	233.24	236.12	238.06	232.78	224.97	218.90	214.67	209.45	207.16	207.87
同比增长率	—	4.1	3.3	3.1	1.2	1.2	0.8	−2.2	−3.4	−2.7	−1.9	−2.4	−1.1	0.3

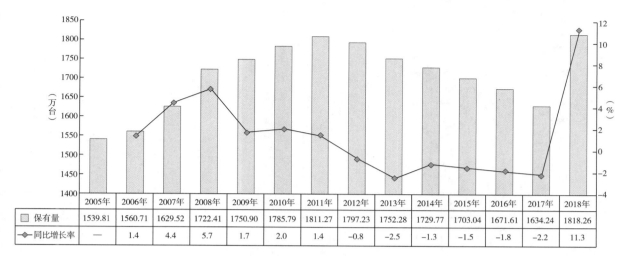

图 36　2005—2018 年安徽省小拖保有量走势

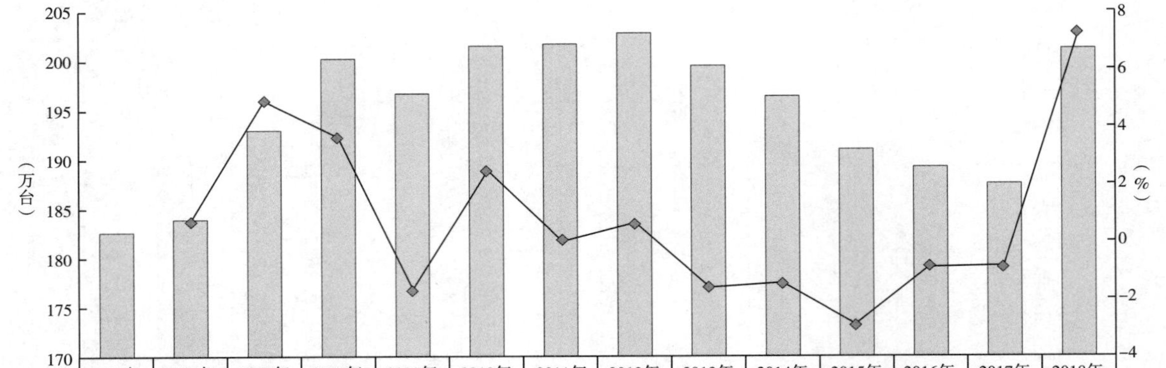

	2005年	2006年	2007年	2008年	2009年	2010年	2011年	2012年	2013年	2014年	2015年	2016年	2017年	2018年
保有量	182.73	183.97	193.10	200.30	196.83	201.67	201.79	202.97	199.70	196.72	190.93	189.23	187.57	201.29
同比增长率	—	0.7	5.0	3.7	−1.7	2.5	0.1	0.6	−1.6	−1.5	−2.9	−0.9	−0.9	7.3

图 37　2005—2018 年山东省小拖保有量走势

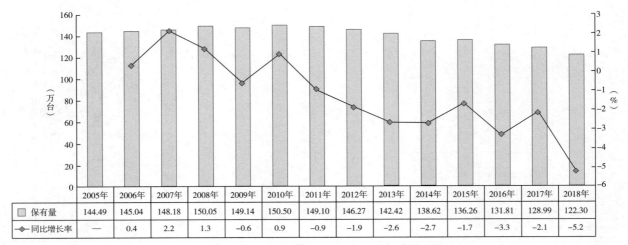

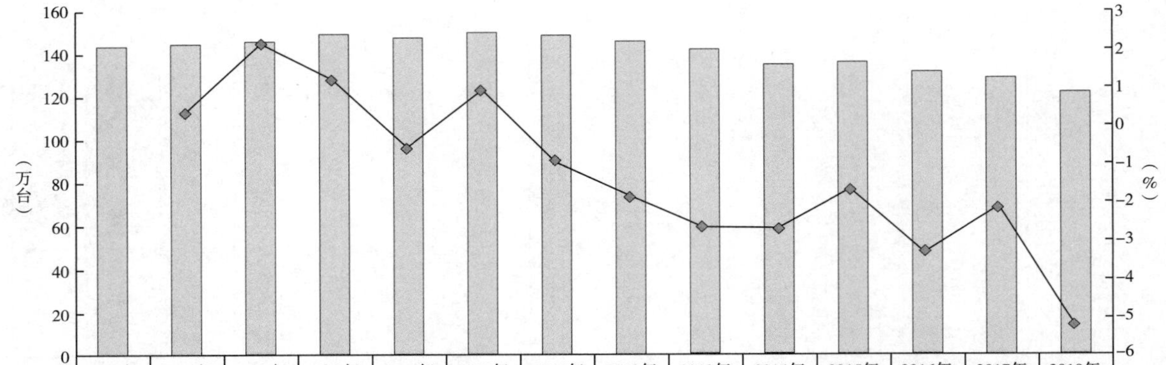

	2005年	2006年	2007年	2008年	2009年	2010年	2011年	2012年	2013年	2014年	2015年	2016年	2017年	2018年
保有量	144.49	145.04	148.18	150.05	149.14	150.50	149.10	146.27	142.42	138.62	136.26	131.81	128.99	122.30
同比增长率	—	0.4	2.2	1.3	−0.6	0.9	−0.9	−1.9	−2.6	−2.7	−1.7	−3.3	−2.1	−5.2

图 38　2005—2018 年河北省小拖保有量走势

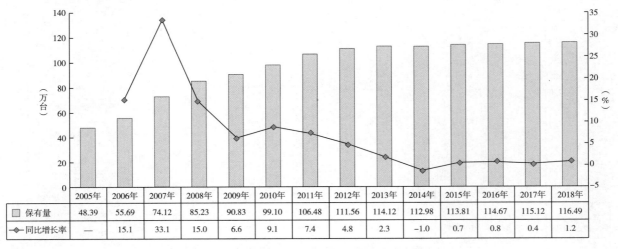

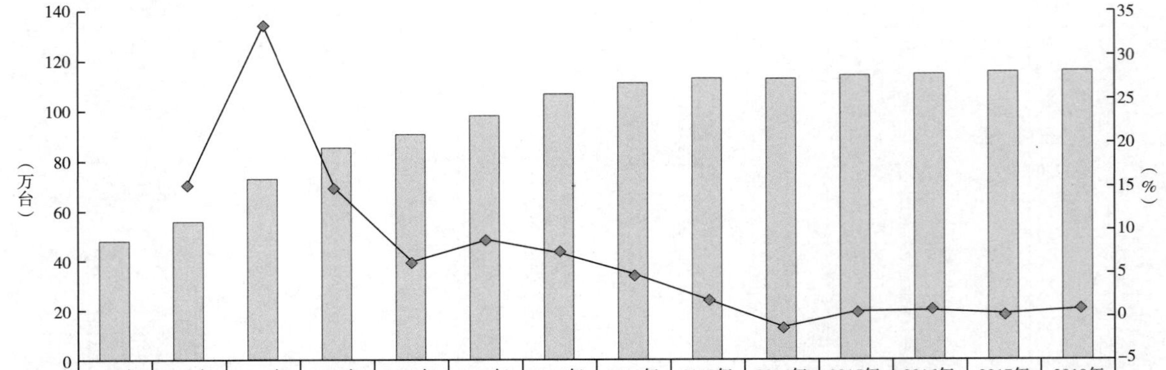

	2005年	2006年	2007年	2008年	2009年	2010年	2011年	2012年	2013年	2014年	2015年	2016年	2017年	2018年
保有量	48.39	55.69	74.12	85.23	90.83	99.10	106.48	111.56	114.12	112.98	113.81	114.67	115.12	116.49
同比增长率	—	15.1	33.1	15.0	6.6	9.1	7.4	4.8	2.3	−1.0	0.7	0.8	0.4	1.2

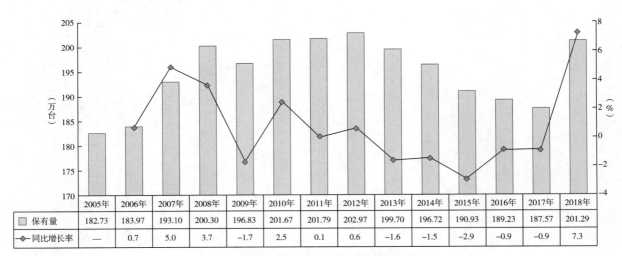

图 39　2005—2018 年湖北省小拖保有量走势

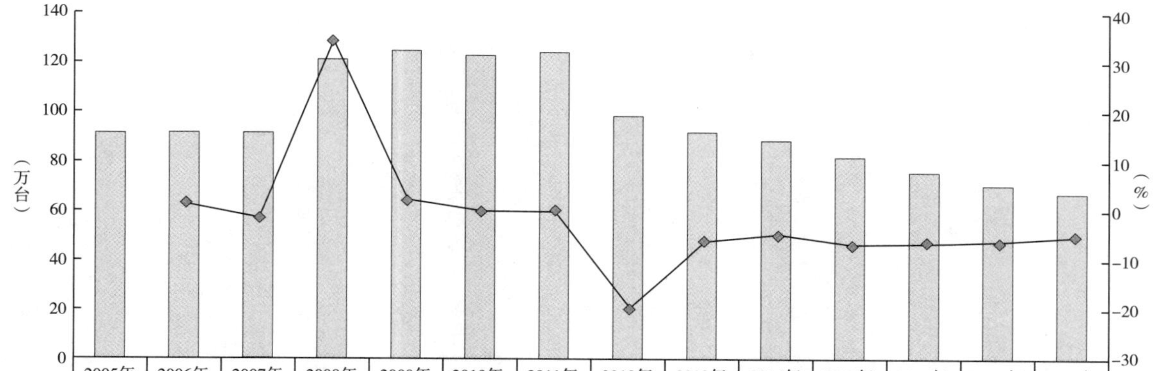

	2005年	2006年	2007年	2008年	2009年	2010年	2011年	2012年	2013年	2014年	2015年	2016年	2017年	2018年
保有量	90.11	91.37	89.95	120.44	123.32	122.84	123.41	98.71	92.54	88.16	81.86	76.05	71.20	67.44
同比增长率	—	1.4	-1.6	33.9	2.4	-0.4	0.5	-20.0	-6.3	-4.7	-7.1	-7.1	-6.4	-5.3

图 40　2005—2018 年江苏省小拖保有量走势

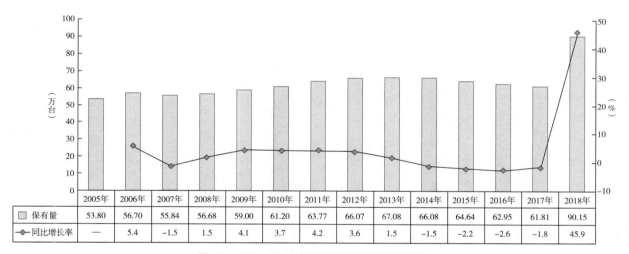

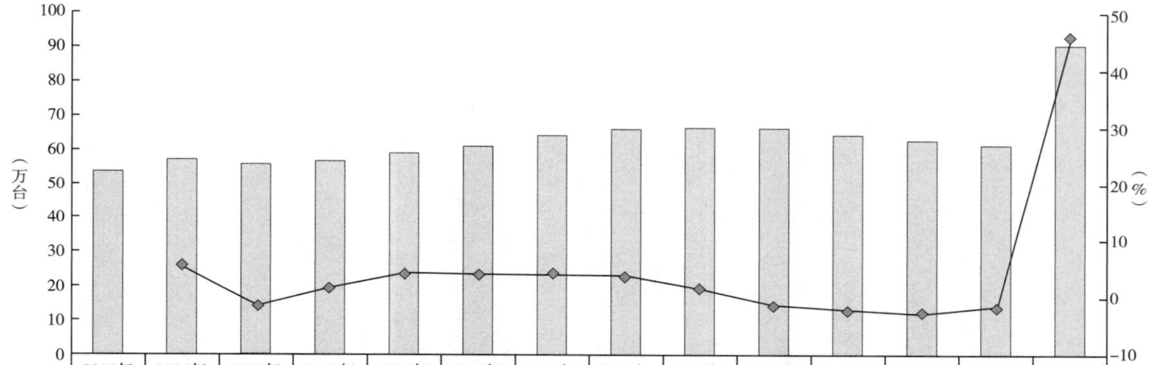

	2005年	2006年	2007年	2008年	2009年	2010年	2011年	2012年	2013年	2014年	2015年	2016年	2017年	2018年
保有量	53.80	56.70	55.84	56.68	59.00	61.20	63.77	66.07	67.08	66.08	64.64	62.95	61.81	90.15
同比增长率	—	5.4	-1.5	1.5	4.1	3.7	4.2	3.6	1.5	-1.5	-2.2	-2.6	-1.8	45.9

图 41　2005—2018 年吉林省小拖保有量走势

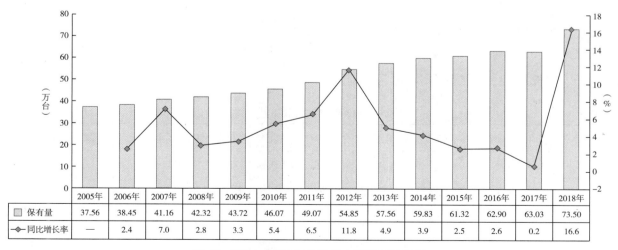

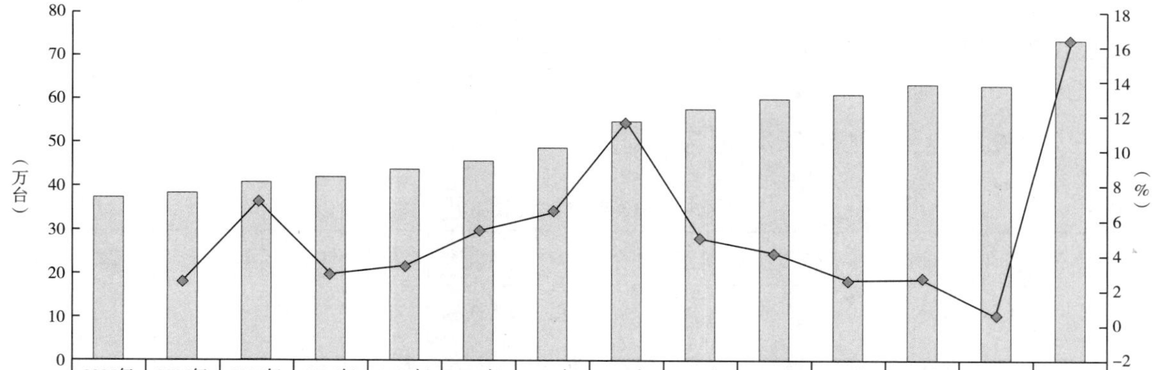

	2005年	2006年	2007年	2008年	2009年	2010年	2011年	2012年	2013年	2014年	2015年	2016年	2017年	2018年
保有量	37.56	38.45	41.16	42.32	43.72	46.07	49.07	54.85	57.56	59.83	61.32	62.90	63.03	73.50
同比增长率	—	2.4	7.0	2.8	3.3	5.4	6.5	11.8	4.9	3.9	2.5	2.6	0.2	16.6

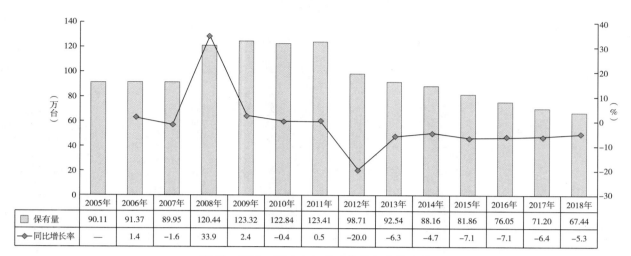

图 42　2005—2018 年甘肃省小拖保有量走势

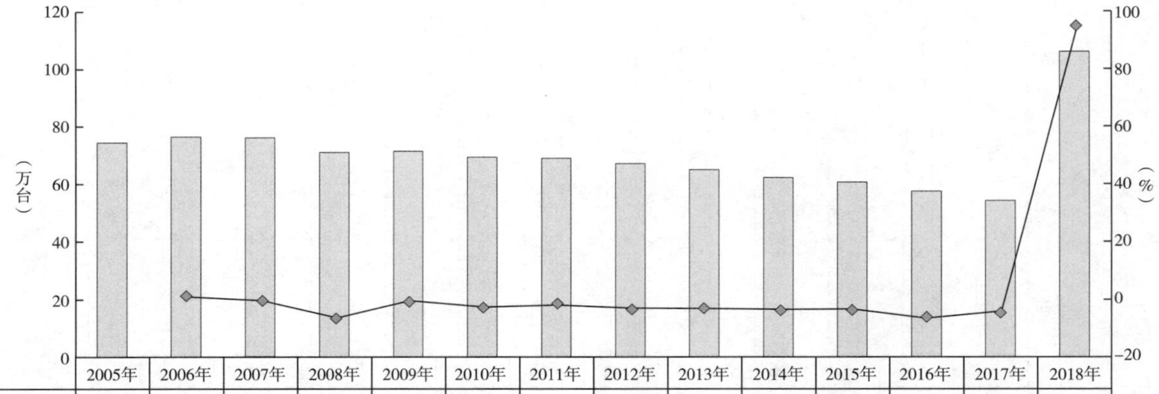

	2005年	2006年	2007年	2008年	2009年	2010年	2011年	2012年	2013年	2014年	2015年	2016年	2017年	2018年
保有量	74.41	75.48	75.72	71.30	71.10	69.27	68.83	66.45	64.53	62.40	60.30	57.00	54.43	105.71
同比增长率	—	1.4	0.3	−5.8	−0.3	−2.6	−0.6	−3.5	−2.9	−3.3	−3.4	−5.5	−4.5	94.2

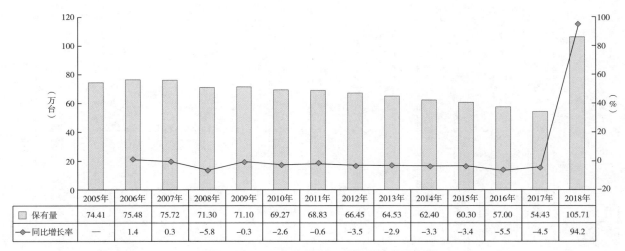

图 43　2005—2018 年黑龙江省小拖保有量走势

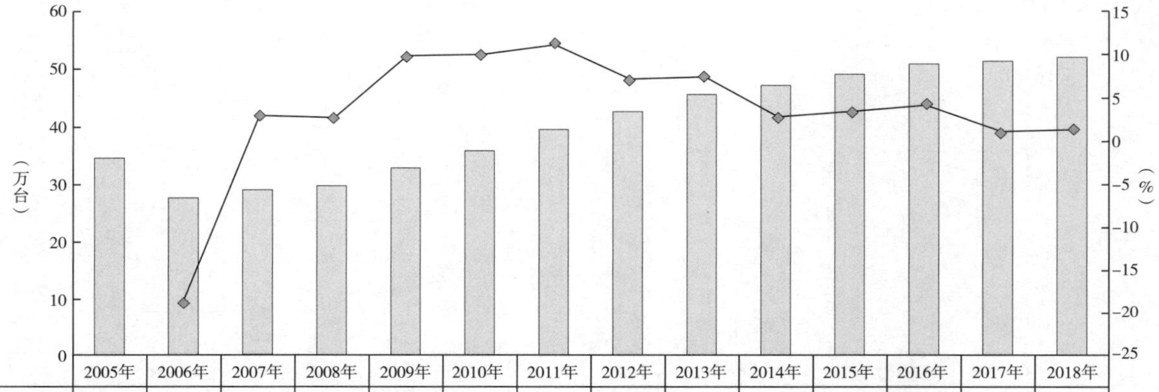

	2005年	2006年	2007年	2008年	2009年	2010年	2011年	2012年	2013年	2014年	2015年	2016年	2017年	2018年
保有量	34.44	28.02	28.84	29.70	32.56	35.77	39.72	42.58	45.68	46.98	48.60	50.65	51.18	51.78
同比增长率	—	−18.6	2.9	3.0	9.6	9.9	11.0	7.2	7.3	2.8	3.4	4.2	1.0	1.2

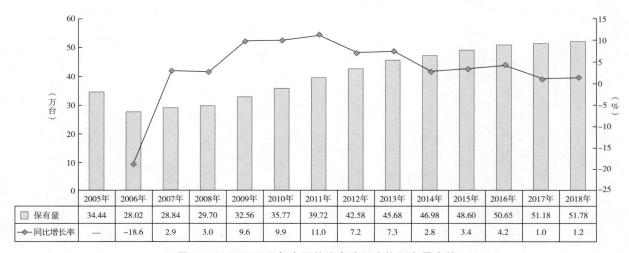

图 44　2005—2018 年广西壮族自治区小拖保有量走势

三、部分耕整、种植、收获机械保有量

（一）耕整及种植机械保有量

表 9　　2005—2018 年旋耕机保有量一览表　　单位：万台

序号	地区	2005 年	2006 年	2007 年	2008 年	2009 年	2010 年	2011 年	2012 年	2013 年	2014 年	2015 年	2016 年	2017 年	2018 年
	全国	283. 01	306. 56	331. 86	375. 54	409. 50	463. 34	502. 30	530. 72	532. 45	584. 63	608. 68	632. 91	642. 18	642. 03
1	江苏	73. 00	74. 10	74. 67	85. 33	87. 27	88. 39	90. 90	88. 19	89. 40	90. 46	91. 76	92. 46	92. 80	90. 11
2	安徽	41. 62	43. 63	43. 87	50. 58	54. 06	56. 48	59. 10	61. 79	46. 41	67. 72	68. 67	70. 93	71. 30	72. 00
3	湖北	14. 85	18. 06	24. 21	33. 08	39. 40	51. 78	53. 10	54. 26	59. 45	61. 54	66. 17	69. 58	71. 50	69. 02

续 表

序号	地区	2005 年	2006 年	2007 年	2008 年	2009 年	2010 年	2011 年	2012 年	2013 年	2014 年	2015 年	2016 年	2017 年	2018 年
4	山东	21.14	23.29	24.40	27.17	29.24	31.53	32.70	31.77	32.31	32.81	33.16	33.11	33.98	34.72
5	河北	16.71	20.23	19.61	20.10	21.36	22.58	24.90	25.38	26.62	27.94	29.12	29.87	29.18	29.71
6	江西	8.97	9.79	12.05	18.20	19.72	27.30	30.60	35.96	26.34	27.30	28.70	29.71	30.60	31.01
7	吉林	2.79	3.86	4.20	6.70	8.40	14.60	18.40	20.30	25.34	26.18	26.44	28.49	28.74	27.25
8	河南	8.20	10.85	12.91	13.74	15.46	18.38	20.20	21.92	23.41	24.70	26.33	27.91	29.63	32.14
9	甘肃	2.84	3.73	4.86	5.47	6.68	7.85	9.00	10.00	10.50	20.82	22.85	24.86	25.99	27.16
10	黑龙江	4.40	5.77	10.68	11.37	12.50	14.80	17.00	18.56	19.85	21.36	22.02	23.71	24.88	26.00
11	云南	7.89	8.70	9.34	9.72	10.88	12.67	14.50	17.19	20.40	21.24	21.99	21.29	21.30	21.17
12	广东	13.91	13.89	14.20	10.41	11.93	13.47	15.60	16.44	18.60	19.10	18.88	19.02	19.20	19.01
13	陕西	5.83	5.60	6.25	7.11	8.46	9.68	11.50	13.10	14.77	16.99	18.72	20.62	21.17	21.60
14	四川	7.34	8.82	9.38	9.72	9.85	13.08	14.40	16.85	14.58	15.01	18.71	20.58	20.93	20.71
15	广西	11.08	11.12	11.12	10.21	11.79	12.66	14.30	16.17	16.63	17.86	17.54	19.60	19.62	19.56
16	山西	4.53	4.59	5.05	6.00	6.70	7.48	10.20	12.17	14.14	15.66	17.02	17.88	16.53	17.06
17	湖南	5.94	7.95	8.46	9.23	10.24	10.56	11.40	11.97	13.43	14.69	16.35	17.43	17.72	18.53
18	福建	5.11	6.04	6.66	7.19	8.36	8.74	9.40	10.05	10.61	10.77	10.85	10.64	10.68	10.89
19	浙江	13.12	11.15	11.25	11.83	12.27	12.69	12.50	12.22	11.37	11.07	10.44	10.40	9.89	9.78
20	辽宁	3.05	3.36	3.82	4.59	5.31	5.43	6.90	8.35	9.20	9.70	10.24	10.53	10.74	10.34
21	内蒙古	1.11	1.29	1.81	3.42	3.78	4.68	5.40	6.19	6.95	7.74	8.66	9.62	10.56	10.64
22	青海	4.21	4.74	6.06	6.20	5.61	6.58	6.80	7.05	6.13	7.78	6.93	6.88	7.08	7.28
23	新疆	0.97	1.14	1.33	1.60	2.19	2.69	3.10	3.62	4.17	4.58	5.16	5.46	5.66	5.84
24	贵州	0.73	0.87	1.40	1.94	2.45	2.65	3.00	3.36	3.68	3.40	3.43	3.24	3.29	1.17
25	宁夏	0.20	0.26	0.39	0.58	0.78	1.30	1.60	1.88	2.05	2.31	2.59	2.79	2.90	3.01
26	天津	1.79	1.83	1.91	1.96	2.06	2.11	2.20	2.24	2.28	1.94	1.88	1.90	1.93	1.88
27	海南	0.69	0.72	0.82	0.79	0.90	1.14	1.40	1.53	1.65	1.65	1.61	1.57	1.47	1.62
28	上海	0.43	0.63	0.60	0.44	0.61	0.68	0.70	0.72	0.75	0.75	0.77	0.82	0.81	0.72
29	新疆建设兵团	0.00	0.00	0.01	0.06	0.09	0.22	0.30	0.32	0.33	0.45	0.49	0.51	0.55	0.55
30	重庆	0.00	0.00	0.00	0.27	0.44	0.44	0.40	0.45	0.48	0.46	0.48	0.53	0.57	0.58
31	北京	0.57	0.55	0.54	0.53	0.55	0.55	0.50	0.50	0.38	0.36	0.36	0.36	0.31	0.29
32	西藏	0.00	0.00	0.00	0.00	0.15	0.17	0.20	0.22	0.24	0.29	0.36	0.61	0.67	0.68

表 10　　2005—2018 年旋耕机保有量前十名走势分析

单位：万台

序号	地区	类别	2005 年	2006 年	2007 年	2008 年	2009 年	2010 年	2011 年	2012 年	2013 年	2014 年	2015 年	2016 年	2017 年	2018 年
	全国	保有量	283.01	306.56	331.86	375.54	409.50	463.34	502.30	530.72	532.45	584.63	608.68	632.91	642.18	642.03
		同比增长率（%）	—	8.32	8.25	13.16	9.04	13.15	8.41	5.66	0.33	9.80	4.11	3.98	1.46	-0.02
1	江苏	保有量	73.00	74.10	74.67	85.33	87.27	88.39	90.90	88.19	89.40	90.46	91.76	92.46	92.80	90.11
		同比增长率（%）	—	1.51	0.77	14.28	2.27	1.28	2.84	-2.98	1.37	1.19	1.44	0.76	0.37	-2.90
2	安徽	保有量	41.62	43.63	43.87	50.58	54.06	56.48	59.1	61.79	46.41	67.72	68.67	70.93	71.30	72.00
		同比增长率（%）	—	4.83	0.55	15.30	6.88	4.48	4.64	4.55	-24.89	45.92	1.40	3.29	0.52	0.98
3	湖北	保有量	14.85	18.06	24.21	33.08	39.40	51.78	53.1	54.26	59.45	61.54	66.17	69.58	71.50	69.02
		同比增长率（%）	—	21.62	34.05	36.64	19.11	31.42	2.55	2.18	9.57	3.52	7.52	5.15	2.76	-3.47
4	山东	保有量	21.14	23.29	24.40	27.17	29.24	31.53	32.7	31.77	32.31	32.81	33.16	33.11	33.98	34.72
		同比增长率（%）	—	10.17	4.77	11.35	7.62	7.83	3.71	-2.84	1.70	1.55	1.07	-0.15	2.63	2.18
5	河北	保有量	16.71	20.23	19.61	20.10	21.36	22.58	24.9	25.38	26.62	27.94	29.12	29.87	29.18	29.71
		同比增长率（%）	—	21.07	-3.06	2.50	6.27	5.71	10.27	1.93	4.89	4.96	4.22	2.58	-2.31	1.82
6	江西	保有量	8.97	9.79	12.05	18.20	19.72	27.30	30.6	35.96	26.34	27.30	28.70	29.71	30.60	31.01
		同比增长率（%）	—	9.14	23.08	51.04	8.35	38.44	12.09	17.52	-26.75	3.64	5.13	3.52	3.00	1.34
7	吉林	保有量	2.79	3.86	4.20	6.70	8.40	14.60	18.4	20.30	25.34	26.18	26.44	28.49	28.74	27.25
		同比增长率（%）	—	38.35	8.81	59.52	25.37	73.81	26.03	10.33	24.83	3.31	0.99	7.75	0.88	-5.18
8	河南	保有量	8.20	10.85	12.91	13.74	15.46	18.38	20.2	21.92	23.41	24.70	26.33	27.91	29.63	32.14
		同比增长率（%）	—	32.32	18.99	6.43	12.52	18.89	9.90	8.51	6.80	5.51	6.60	6.00	6.16	8.47
9	甘肃	保有量	2.84	3.73	4.86	5.47	6.68	7.85	9.0	10.00	10.50	20.82	22.85	24.86	25.99	27.16
		同比增长率（%）	—	31.34	30.29	12.55	22.12	17.51	14.65	11.11	5.00	98.29	9.75	8.80	4.55	4.55
10	黑龙江	保有量	4.40	5.77	10.68	11.37	12.50	14.80	17.0	18.56	19.85	21.36	22.02	23.71	24.88	26.00
		同比增长率（%）	—	31.14	85.10	6.46	9.94	18.40	14.86	9.18	6.95	7.61	3.09	7.67	4.93	4.50

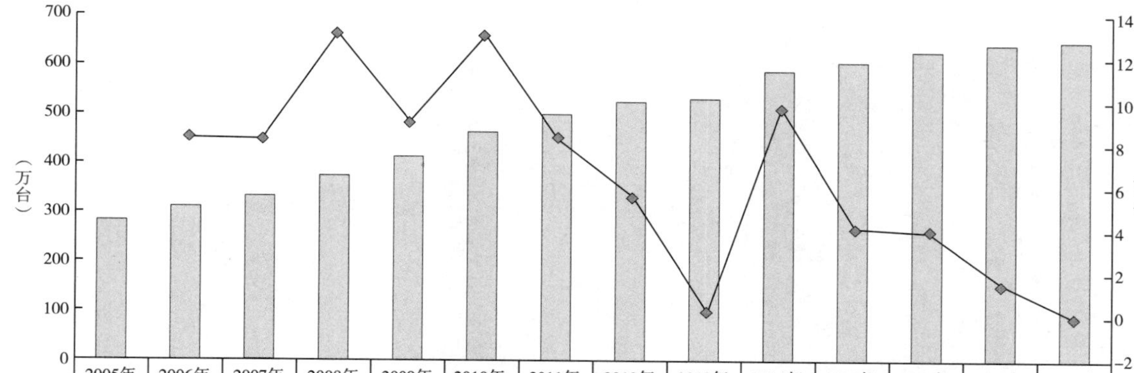

	2005年	2006年	2007年	2008年	2009年	2010年	2011年	2012年	2013年	2014年	2015年	2016年	2017年	2018年
保有量	283.01	306.56	331.86	375.54	409.50	463.34	502.30	530.72	532.45	584.63	608.68	632.91	642.18	642.03
同比增长率	—	8.32	8.25	13.16	9.04	13.15	8.41	5.66	0.33	9.80	4.11	3.98	1.46	-0.02

图 45　2005—2018 年全国旋耕机保有量走势

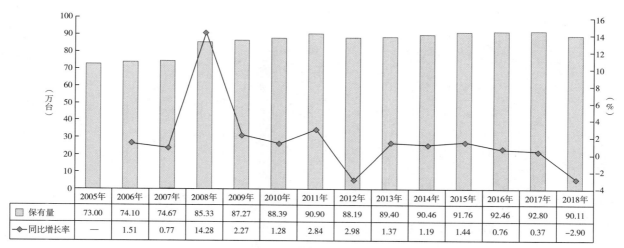

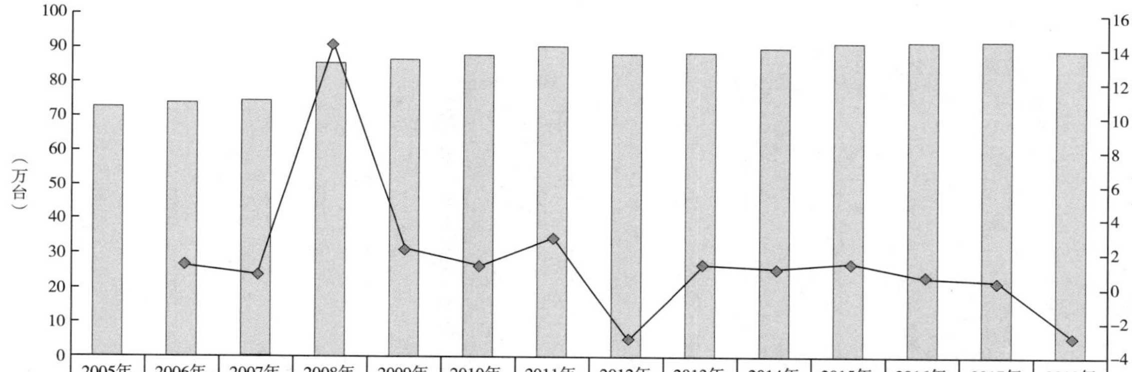

	2005年	2006年	2007年	2008年	2009年	2010年	2011年	2012年	2013年	2014年	2015年	2016年	2017年	2018年
保有量	73.00	74.10	74.67	85.33	87.27	88.39	90.90	88.19	89.40	90.46	91.76	92.46	92.80	90.11
同比增长率	—	1.51	0.77	14.28	2.27	1.28	2.84	2.98	1.37	1.19	1.44	0.76	0.37	-2.90

图 46　2005—2018 年江苏省旋耕机保有量走势

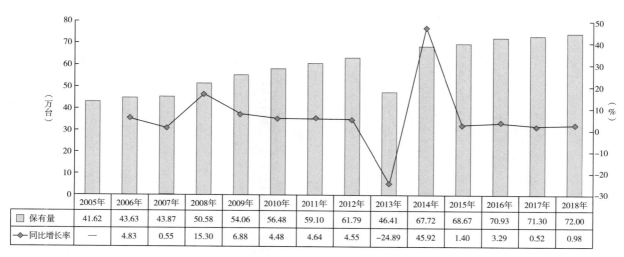

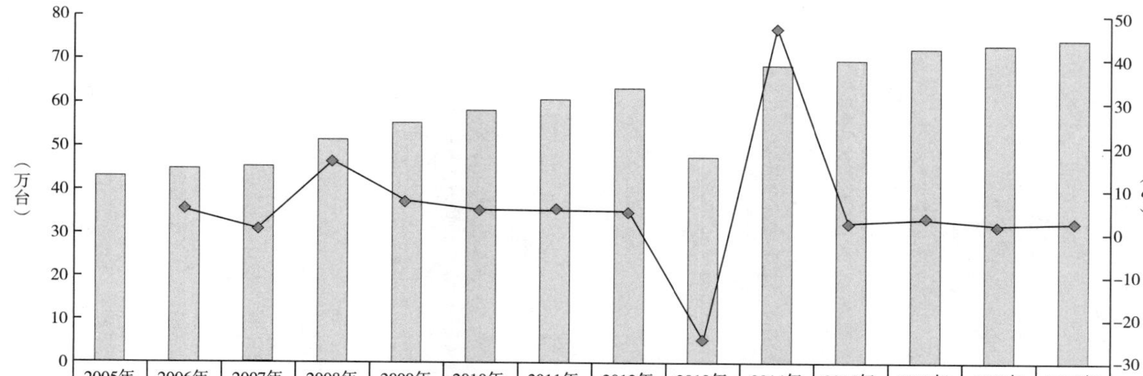

	2005年	2006年	2007年	2008年	2009年	2010年	2011年	2012年	2013年	2014年	2015年	2016年	2017年	2018年
保有量	41.62	43.63	43.87	50.58	54.06	56.48	59.10	61.79	46.41	67.72	68.67	70.93	71.30	72.00
同比增长率	—	4.83	0.55	15.30	6.88	4.48	4.64	4.55	-24.89	45.92	1.40	3.29	0.52	0.98

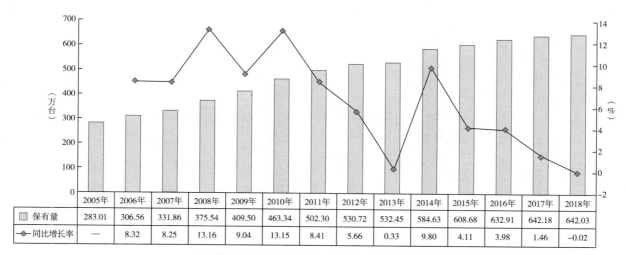

图 47　2005—2018 年安徽省旋耕机保有量走势

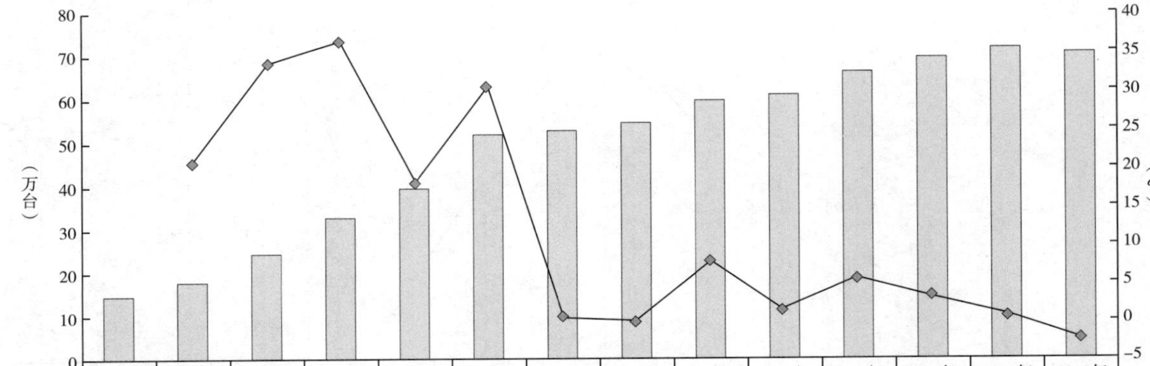

	2005年	2006年	2007年	2008年	2009年	2010年	2011年	2012年	2013年	2014年	2015年	2016年	2017年	2018年
保有量	14.85	18.06	24.21	33.08	39.40	51.78	53.10	54.26	59.45	61.54	66.17	69.58	71.50	69.02
同比增长率	—	21.62	34.05	36.64	19.11	31.42	2.55	2.18	9.57	3.52	7.52	5.15	2.76	−3.47

图 48　2005—2018 年湖北省旋耕机保有量走势

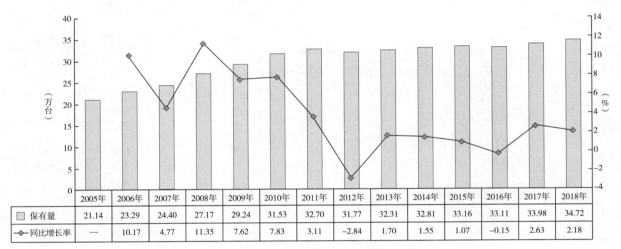

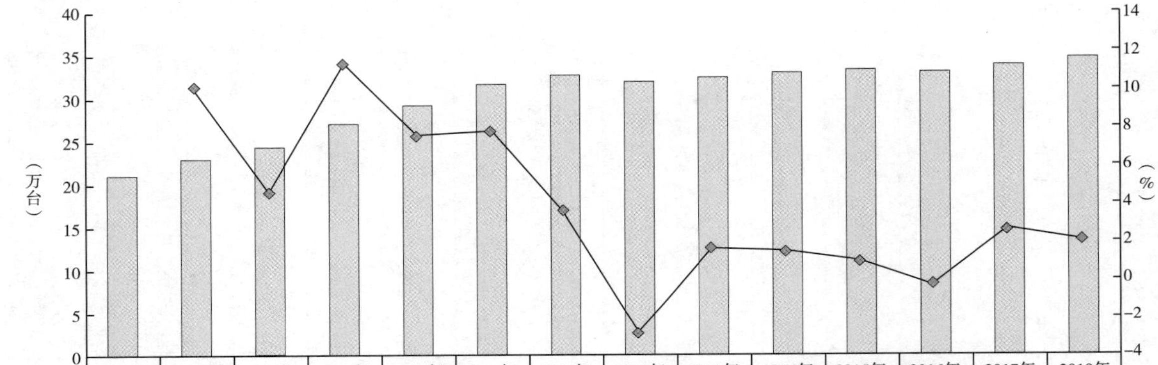

	2005年	2006年	2007年	2008年	2009年	2010年	2011年	2012年	2013年	2014年	2015年	2016年	2017年	2018年
保有量	21.14	23.29	24.40	27.17	29.24	31.53	32.70	31.77	32.31	32.81	33.16	33.11	33.98	34.72
同比增长率	—	10.17	4.77	11.35	7.62	7.83	3.11	−2.84	1.70	1.55	1.07	−0.15	2.63	2.18

图 49　2005—2018 年山东省旋耕机保有量走势

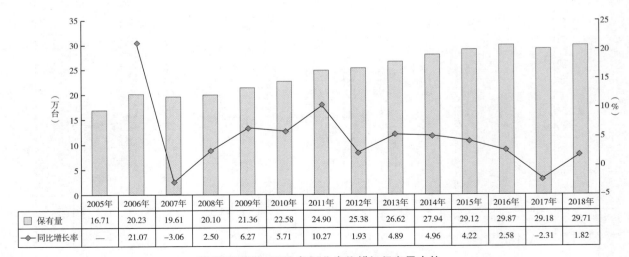

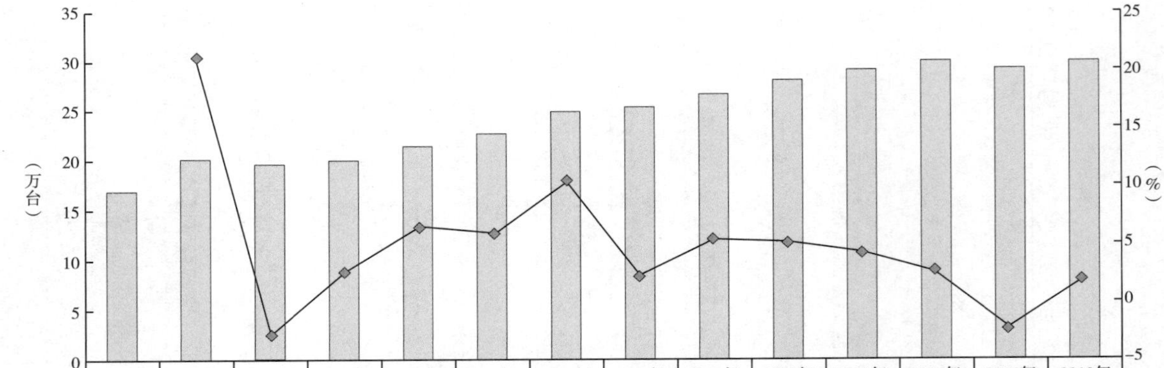

	2005年	2006年	2007年	2008年	2009年	2010年	2011年	2012年	2013年	2014年	2015年	2016年	2017年	2018年
保有量	16.71	20.23	19.61	20.10	21.36	22.58	24.90	25.38	26.62	27.94	29.12	29.87	29.18	29.71
同比增长率	—	21.07	−3.06	2.50	6.27	5.71	10.27	1.93	4.89	4.96	4.22	2.58	−2.31	1.82

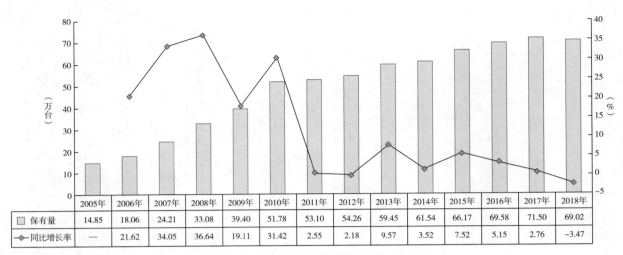

图 50　2005—2018 年河北省旋耕机保有量走势

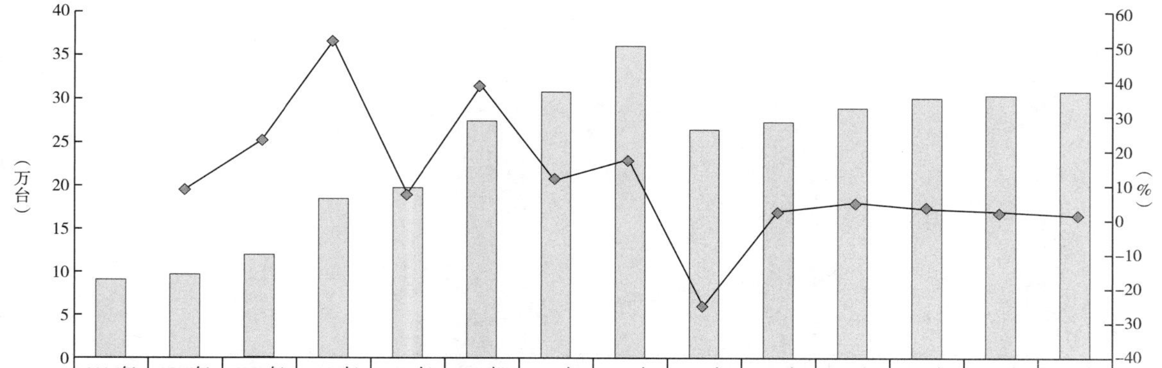

	2005年	2006年	2007年	2008年	2009年	2010年	2011年	2012年	2013年	2014年	2015年	2016年	2017年	2018年
保有量	8.97	9.79	12.05	18.20	19.72	27.30	30.60	35.96	26.34	27.30	28.70	29.71	30.60	31.01
同比增长率	—	9.14	23.08	51.04	8.35	38.44	12.09	17.52	−26.75	3.64	5.13	3.52	3.00	1.34

图 51　2005—2018 年江西省旋耕机保有量走势

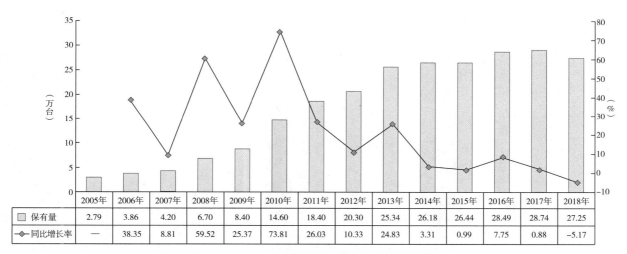

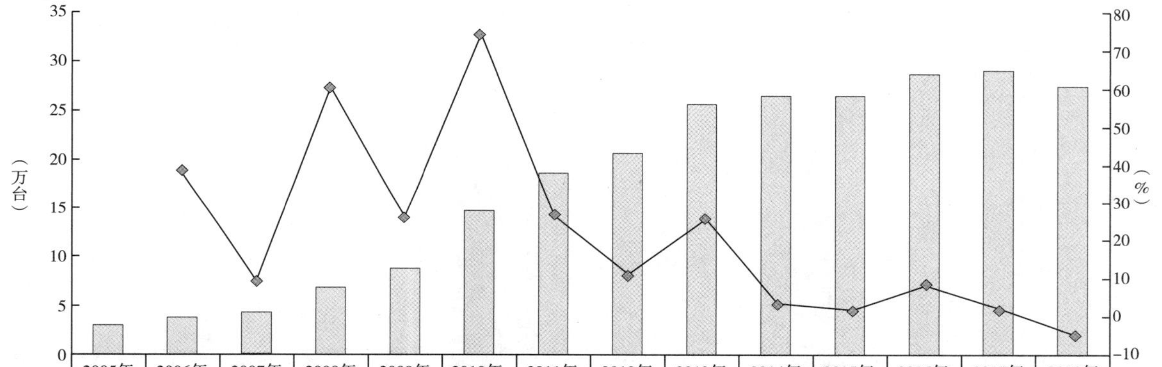

	2005年	2006年	2007年	2008年	2009年	2010年	2011年	2012年	2013年	2014年	2015年	2016年	2017年	2018年
保有量	2.79	3.86	4.20	6.70	8.40	14.60	18.40	20.30	25.34	26.18	26.44	28.49	28.74	27.25
同比增长率	—	38.35	8.81	59.52	25.37	73.81	26.03	10.33	24.83	3.31	0.99	7.75	0.88	−5.17

图 52　2005—2018 年吉林省旋耕机保有量走势

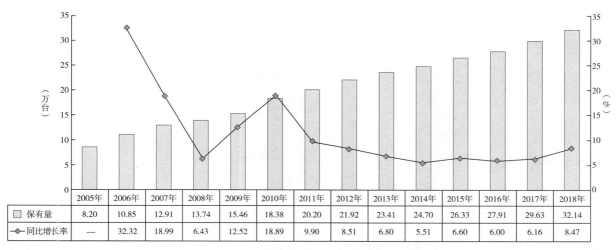

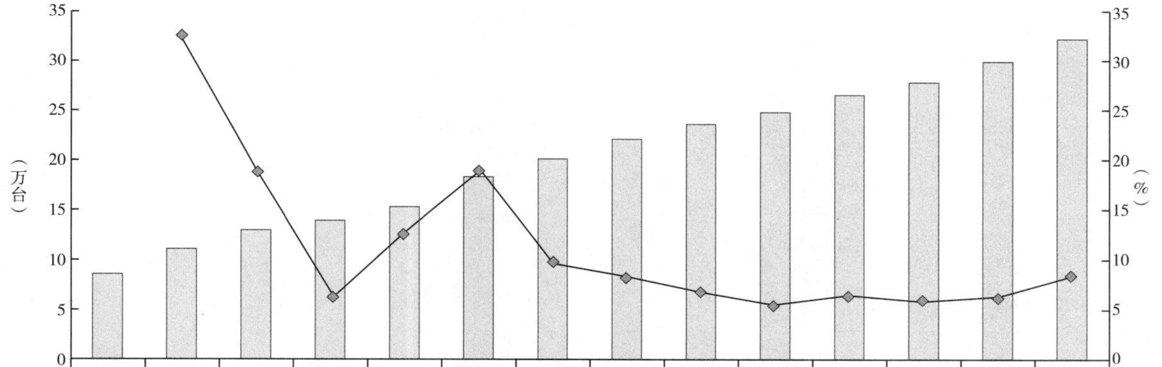

	2005年	2006年	2007年	2008年	2009年	2010年	2011年	2012年	2013年	2014年	2015年	2016年	2017年	2018年
保有量	8.20	10.85	12.91	13.74	15.46	18.38	20.20	21.92	23.41	24.70	26.33	27.91	29.63	32.14
同比增长率	—	32.32	18.99	6.43	12.52	18.89	9.90	8.51	6.80	5.51	6.60	6.00	6.16	8.47

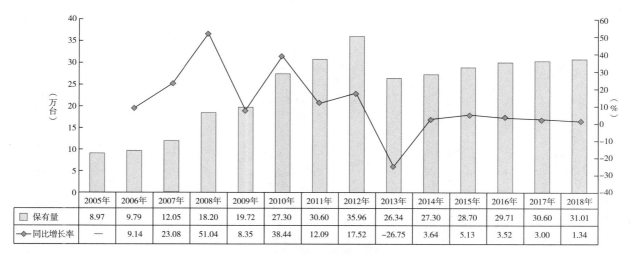

图 53　2005—2018 年河南省旋耕机保有量走势

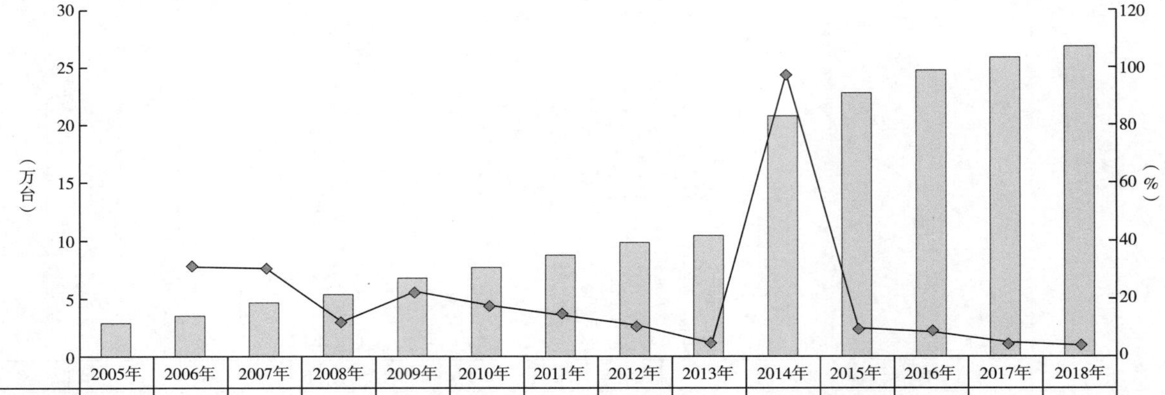

	2005年	2006年	2007年	2008年	2009年	2010年	2011年	2012年	2013年	2014年	2015年	2016年	2017年	2018年
保有量	2.84	3.73	4.86	5.47	6.68	7.85	9.00	10.00	10.50	20.82	22.85	24.86	25.99	27.16
同比增长率	—	31.34	30.29	12.55	22.12	17.51	14.65	11.11	5.00	98.29	9.75	8.80	4.55	4.50

图 54　2005—2018 年甘肃省旋耕机保有量走势

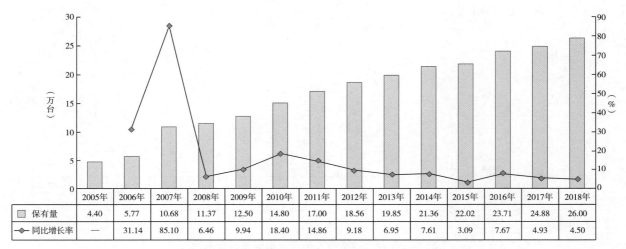

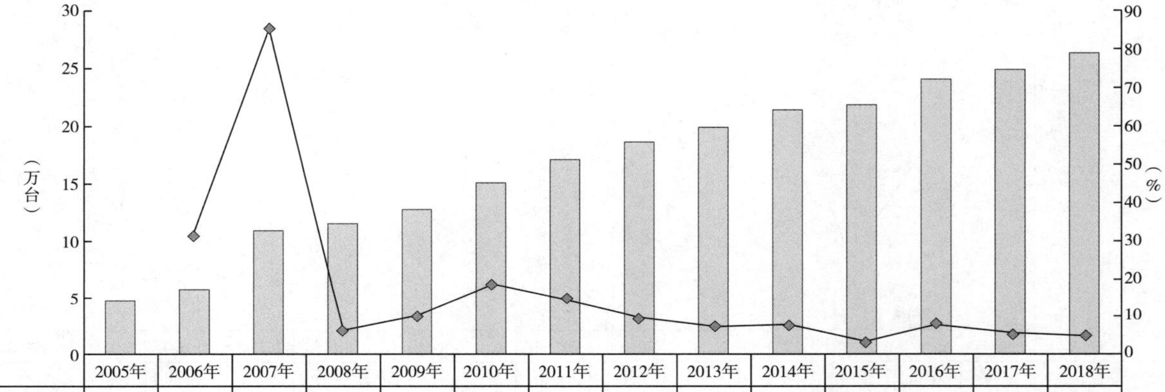

	2005年	2006年	2007年	2008年	2009年	2010年	2011年	2012年	2013年	2014年	2015年	2016年	2017年	2018年
保有量	4.40	5.77	10.68	11.37	12.50	14.80	17.00	18.56	19.85	21.36	22.02	23.71	24.88	26.00
同比增长率	—	31.14	85.10	6.46	9.94	18.40	14.86	9.18	6.95	7.61	3.09	7.67	4.93	4.50

图 55　2005—2018 年黑龙江省旋耕机保有量走势

表 11　　2005—2018 年播种机保有量一览表　　单位：万台

序号	地区	2005 年	2006 年	2007 年	2008 年	2009 年	2010 年	2011 年	2012 年	2013 年	2014 年	2015 年	2016 年	2017 年	2018 年
	全国	364. 65	393. 59	424. 20	482. 11	514. 80	538. 14	553. 80	580. 20	600. 50	623. 36	636. 73	650. 19	646. 67	532. 13
1	河南	81. 80	90. 47	97. 31	111. 09	119. 24	121. 61	126. 50	129. 32	132. 18	134. 27	136. 07	138. 77	138. 62	104. 99
2	山东	43. 32	44. 39	48. 20	53. 73	61. 04	63. 81	66. 30	66. 82	69. 84	71. 40	72. 52	73. 66	74. 86	51. 88
3	黑龙江	34. 23	40. 13	43. 10	49. 00	51. 80	55. 73	55. 60	58. 62	61. 59	63. 84	65. 74	65. 81	66. 11	65. 34
4	内蒙古	23. 40	27. 38	32. 50	45. 51	48. 03	51. 12	54. 10	55. 57	58. 61	57. 26	59. 76	63. 75	63. 13	58. 94
5	吉林	31. 44	34. 35	36. 33	43. 25	43. 28	44. 80	42. 40	49. 74	50. 69	53. 26	54. 27	55. 23	54. 93	53. 86
6	河北	41. 06	42. 89	45. 59	47. 98	49. 81	51. 39	52. 40	51. 16	51. 94	53. 04	53. 28	53. 14	48. 37	42. 02

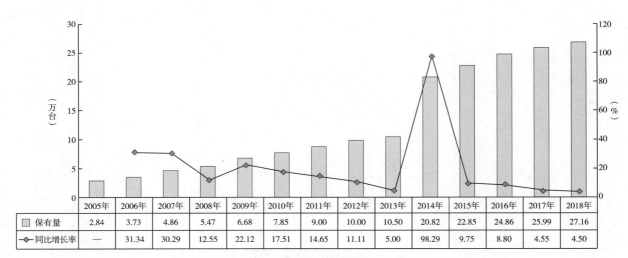

续 表

序号	地区	2005 年	2006 年	2007 年	2008 年	2009 年	2010 年	2011 年	2012 年	2013 年	2014 年	2015 年	2016 年	2017 年	2018 年
7	安徽	33. 41	34. 68	35. 58	36. 36	38. 10	40. 00	41. 00	41. 64	44. 12	45. 88	46. 22	47. 43	48. 63	43. 53
8	江苏	16. 87	17. 94	20. 29	22. 80	22. 73	23. 26	24. 60	28. 85	29. 53	29. 85	30. 30	30. 66	30. 68	27. 23
9	甘肃	7. 68	8. 76	9. 32	9. 94	11. 20	12. 00	12. 50	13. 80	14. 00	22. 88	23. 15	23. 62	23. 91	17. 31
10	辽宁	9. 16	10. 30	11. 62	13. 22	15. 12	16. 70	17. 70	20. 13	20. 53	20. 87	21. 20	21. 78	21. 97	17. 80
11	新疆	7. 14	7. 31	7. 61	9. 51	9. 92	11. 53	12. 30	13. 29	14. 03	15. 09	15. 39	16. 08	16. 46	11. 32
12	山西	7. 45	7. 93	8. 38	8. 99	9. 82	10. 35	11. 30	12. 53	13. 37	14. 32	15. 11	15. 12	11. 88	8. 85
13	陕西	9. 99	10. 42	10. 18	10. 47	11. 01	11. 20	11. 30	11. 95	12. 48	12. 75	12. 89	12. 95	12. 89	10. 17
14	宁夏	3. 70	3. 65	3. 73	6. 40	7. 65	7. 81	8. 50	8. 65	8. 77	8. 78	8. 83	8. 82	8. 82	2. 10
15	青海	4. 75	3. 48	4. 06	4. 43	5. 39	5. 41	4. 70	4. 76	5. 62	5. 97	6. 61	5. 83	6. 73	2. 87
16	湖北	1. 42	1. 72	2. 20	2. 10	2. 75	3. 36	4. 10	4. 56	4. 55	4. 98	5. 72	6. 22	6. 50	7. 07
17	西藏	1. 95	2. 00	2. 05	1. 17	1. 71	1. 85	2. 10	2. 21	2. 28	2. 57	3. 06	4. 56	4. 78	0. 26
18	四川	1. 55	1. 59	1. 64	1. 71	1. 66	1. 59	2. 00	1. 95	1. 93	1. 92	2. 00	2. 05	2. 46	1. 92
19	新疆建设兵团	1. 30	1. 30	1. 37	1. 35	1. 41	1. 43	1. 40	1. 54	1. 52	1. 62	1. 75	1. 75	1. 81	1. 34
20	天津	1. 56	1. 56	1. 69	1. 73	1. 75	1. 82	1. 90	1. 86	1. 87	1. 62	1. 57	1. 56	1. 53	1. 50
21	北京	0. 97	0. 99	0. 99	0. 92	0. 94	0. 93	0. 90	0. 81	0. 52	0. 47	0. 45	0. 44	0. 41	0. 37
22	云南	0. 21	0. 11	0. 11	0. 08	0. 09	0. 09	0. 10	0. 11	0. 15	0. 22	0. 32	0. 36	0. 54	0. 15
23	湖南	0. 04	0. 04	0. 05	0. 05	0. 04	0. 05	0. 10	0. 11	0. 12	0. 15	0. 18	0. 26	0. 33	0. 63
24	江西	0. 03	0. 04	0. 12	0. 14	0. 16	0. 16	0. 00	0. 04	0. 07	0. 08	0. 08	0. 09	0. 09	0. 14
25	重庆	0. 11	0. 11	0. 11	0. 04	0. 07	0. 04	0. 10	0. 05	0. 05	0. 05	0. 06	0. 06	0. 06	0. 05
26	浙江	0. 05	0. 01	0. 03	0. 02	0. 02	0. 02	0. 00	0. 04	0. 04	0. 05	0. 05	0. 06	0. 06	0. 22
27	海南	0. 00	0. 00	0. 01	0. 00	0. 00	0. 00	0. 00	0. 00	0. 00	0. 05	0. 05	0. 00	0. 00	0. 02
28	贵州	0. 04	0. 02	0. 02	0. 03	0. 02	0. 03	0. 00	0. 03	0. 03	0. 03	0. 04	0. 04	0. 04	0. 02
29	上海	0. 01	0. 01	0. 01	0. 10	0. 03	0. 04	0. 10	0. 06	0. 06	0. 06	0. 03	0. 04	0. 04	0. 15
30	福建	0. 00	0. 00	0. 00	0. 00	0. 00	0. 00	0. 00	0. 00	0. 01	0. 02	0. 02	0. 04	0. 02	0. 01
31	广东	0. 00	0. 00	0. 00	0. 00	0. 00	0. 00	0. 00	0. 00	0. 00	0. 01	0. 01	0. 01	0. 01	0. 01
32	广西	0. 00	0. 00	0. 00	0. 00	0. 00	0. 00	0. 00	0. 00	0. 00	0. 00	0. 00	0. 00	0. 00	0. 05

表 12　　**2005—2018 年播种机保有量前十名走势分析**　　单位：万台

序号	地区	类别	2005 年	2006 年	2007 年	2008 年	2009 年	2010 年	2011 年	2012 年	2013 年	2014 年	2015 年	2016 年	2017 年	2018 年
	全国	保有量	364.65	393.59	424.20	482.11	514.80	538.14	553.80	580.20	600.50	623.36	636.73	650.19	646.67	532.13
		同比增长率（%）	—	7.94	7.78	13.65	6.78	4.53	2.91	4.77	3.50	3.81	2.14	2.11	-0.54	-17.71
1	河南	保有量	81.80	90.47	97.31	111.09	119.24	121.61	126.50	129.32	132.18	134.27	136.07	138.77	138.62	104.99
		同比增长率（%）	—	10.60	7.56	14.16	7.34	1.99	4.02	2.23	2.21	1.58	1.34	1.98	-0.11	-24.26
2	山东	保有量	43.32	44.39	48.20	53.73	61.04	63.81	66.30	66.82	69.84	71.40	72.52	73.66	74.86	51.88
		同比增长率（%）	—	2.47	8.58	11.47	13.61	4.54	3.90	0.78	4.52	2.23	1.57	1.57	1.63	-30.70
3	黑龙江	保有量	34.23	40.13	43.10	49.00	51.80	55.73	55.60	58.62	61.59	63.84	65.74	65.81	66.11	65.34
		同比增长率（%）	—	17.24	7.40	13.69	5.71	7.59	-0.23	5.43	5.07	3.65	2.98	0.11	0.46	-1.16
4	内蒙古	保有量	23.40	27.38	32.50	45.51	48.03	51.12	54.10	55.57	58.61	57.26	59.76	63.75	63.13	58.94
		同比增长率（%）	—	17.01	18.70	40.03	5.54	6.43	5.83	2.72	5.47	-2.30	4.37	6.68	-0.97	-6.64
5	吉林	保有量	31.44	34.35	36.33	43.25	43.28	44.80	42.40	49.74	50.69	53.26	54.27	55.23	54.93	53.86
		同比增长率（%）	—	9.26	5.76	19.05	0.07	3.51	-5.36	17.31	1.91	5.07	1.90	1.77	-0.54	-1.95
6	河北	保有量	41.06	42.89	45.59	47.98	49.81	51.39	52.40	51.16	51.94	53.04	53.28	53.14	48.37	42.02
		同比增长率（%）	—	4.46	6.30	5.24	3.81	3.17	1.97	-2.37	1.52	2.12	0.45	-0.26	-8.98	-13.13
7	安徽	保有量	33.41	34.68	35.58	36.36	38.10	40.00	41.00	41.64	44.12	45.88	46.22	47.43	48.63	43.53
		同比增长率（%）	—	3.80	2.60	2.19	4.79	4.99	2.50	1.56	5.96	3.99	0.74	2.62	2.53	-10.49
8	江苏	保有量	16.87	17.94	20.29	22.80	22.73	23.26	24.60	28.85	29.53	29.85	30.30	30.66	30.68	27.23
		同比增长率（%）	—	6.34	13.10	12.37	-0.31	2.33	5.76	17.28	2.36	1.08	1.51	1.19	0.07	-11.25
9	甘肃	保有量	7.68	8.76	9.32	9.94	11.20	12.00	12.50	13.80	14.00	22.88	23.15	23.62	23.91	17.31
		同比增长率（%）	—	14.06	6.39	6.65	12.68	7.14	4.17	10.40	1.45	63.43	1.18	2.03	1.23	-27.60
10	辽宁	保有量	9.16	10.30	11.62	13.22	15.12	16.70	17.70	20.13	20.53	20.87	21.20	21.78	21.97	17.80
		同比增长率（%）	—	12.45	12.82	13.77	14.37	10.45	5.99	13.73	1.99	1.66	1.58	2.74	0.87	-18.98

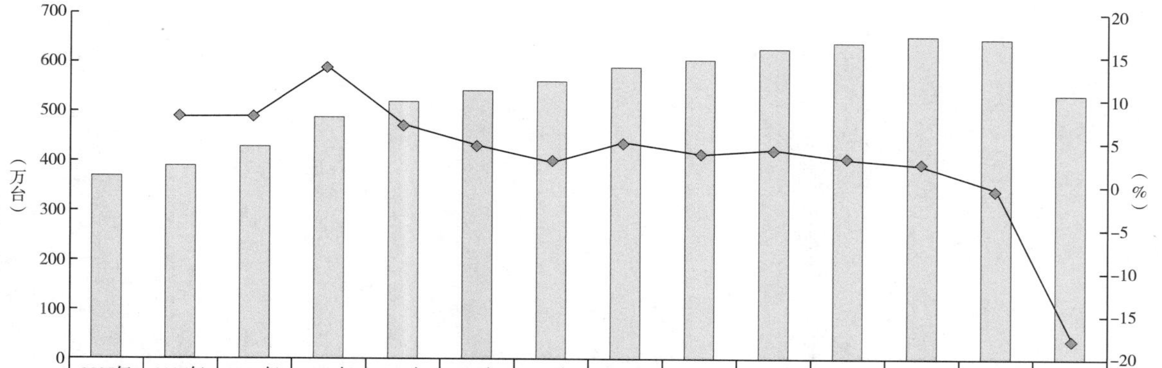

	2005年	2006年	2007年	2008年	2009年	2010年	2011年	2012年	2013年	2014年	2015年	2016年	2017年	2018年
保有量	364.65	393.59	424.20	482.11	514.80	538.14	553.80	580.20	600.50	623.36	636.73	650.19	646.67	532.13
同比增长率	—	7.94	7.78	13.65	6.78	4.53	2.91	4.77	3.50	3.81	2.14	2.11	−0.54	−17.71

图 56　2005—2018 年全国播种机保有量走势

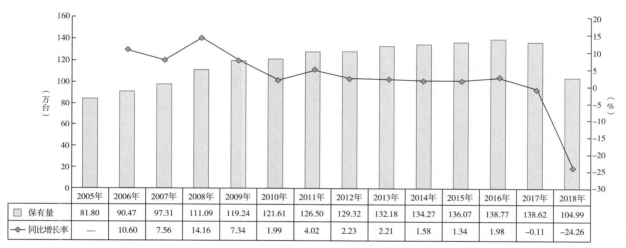

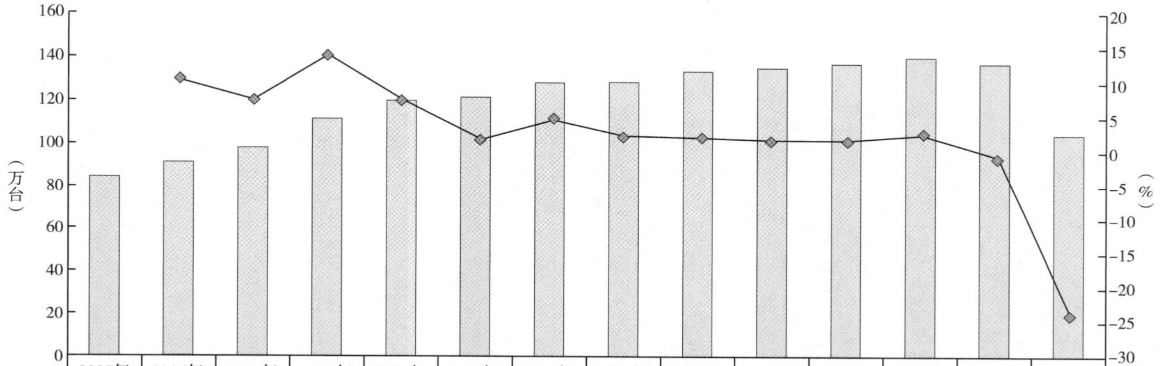

	2005年	2006年	2007年	2008年	2009年	2010年	2011年	2012年	2013年	2014年	2015年	2016年	2017年	2018年
保有量	81.80	90.47	97.31	111.09	119.24	121.61	126.50	129.32	132.18	134.27	136.07	138.77	138.62	104.99
同比增长率	—	10.60	7.56	14.16	7.34	1.99	4.02	2.23	2.21	1.58	1.34	1.98	−0.11	−24.26

图 57　2005—2018 年河南省播种机保有量走势

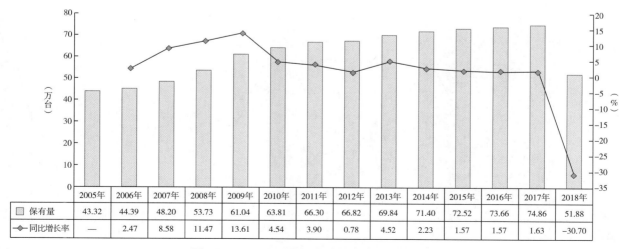

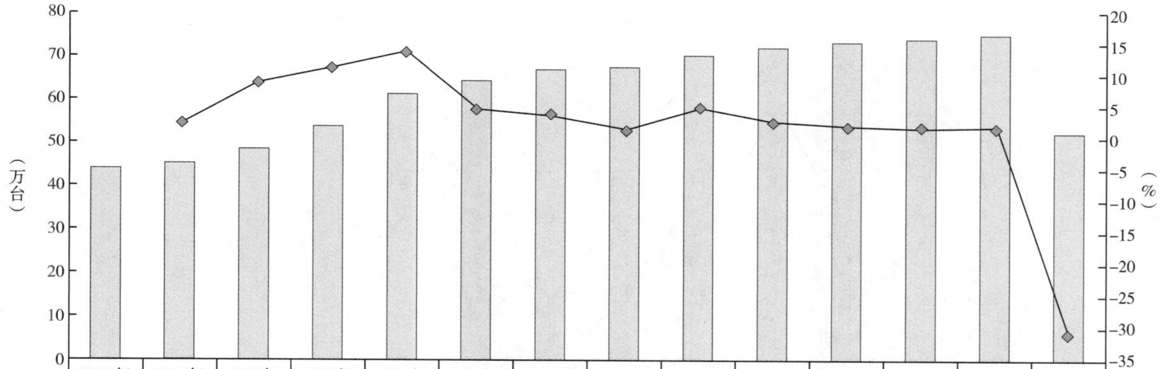

	2005年	2006年	2007年	2008年	2009年	2010年	2011年	2012年	2013年	2014年	2015年	2016年	2017年	2018年
保有量	43.32	44.39	48.20	53.73	61.04	63.81	66.30	66.82	69.84	71.40	72.52	73.66	74.86	51.88
同比增长率	—	2.47	8.58	11.47	13.61	4.54	3.90	0.78	4.52	2.23	1.57	1.57	1.63	−30.70

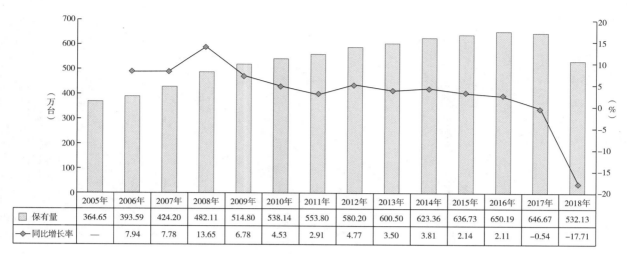

图 58　2005—2018 年山东省播种机保有量走势

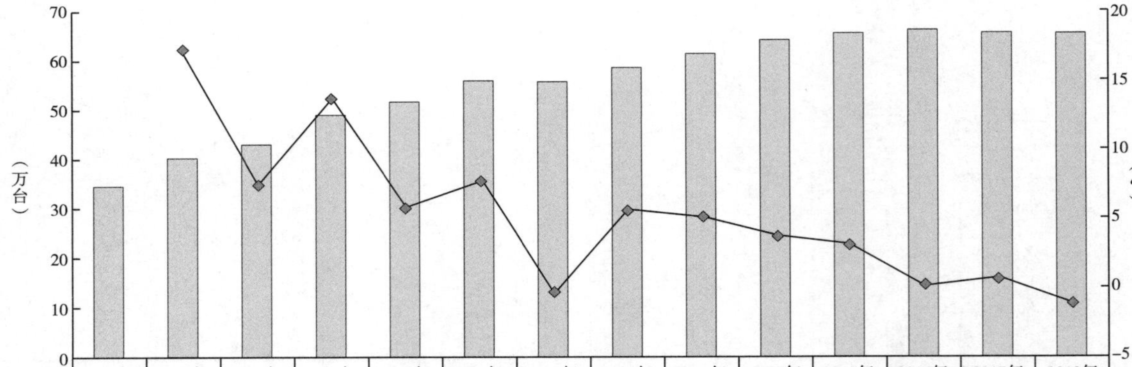

	2005年	2006年	2007年	2008年	2009年	2010年	2011年	2012年	2013年	2014年	2015年	2016年	2017年	2018年
保有量	34.23	40.13	43.10	49.00	51.80	55.73	55.60	58.62	61.59	63.84	65.74	65.81	66.11	65.34
同比增长率	—	17.24	7.40	13.69	5.71	7.59	−0.23	5.43	5.07	3.65	2.98	0.11	0.46	−1.16

图 59　2005—2018 年黑龙江省播种机保有量走势

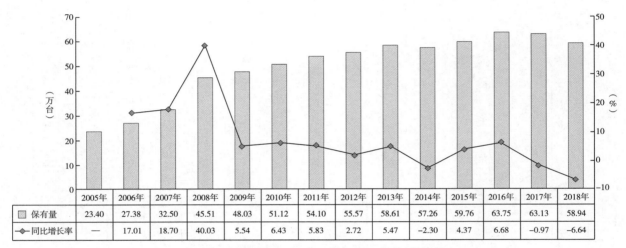

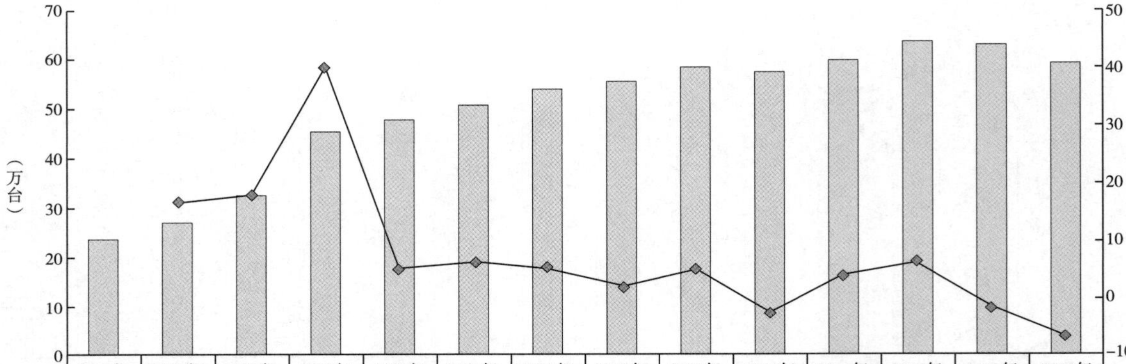

	2005年	2006年	2007年	2008年	2009年	2010年	2011年	2012年	2013年	2014年	2015年	2016年	2017年	2018年
保有量	23.40	27.38	32.50	45.51	48.03	51.12	54.10	55.57	58.61	57.26	59.76	63.75	63.13	58.94
同比增长率	—	17.01	18.70	40.03	5.54	6.43	5.83	2.72	5.47	−2.30	4.37	6.68	−0.97	−6.64

图 60　2005—2018 年内蒙古自治区播种机保有量走势

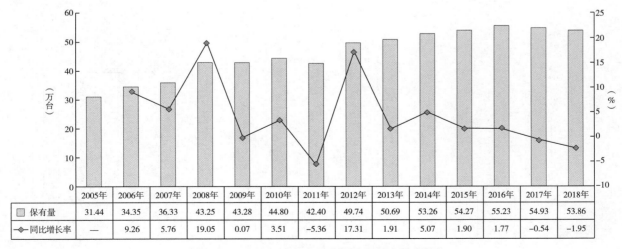

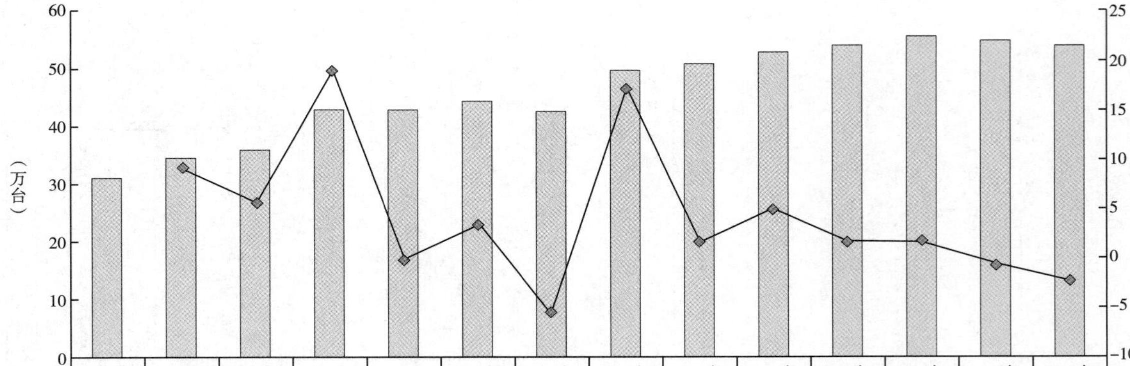

	2005年	2006年	2007年	2008年	2009年	2010年	2011年	2012年	2013年	2014年	2015年	2016年	2017年	2018年
保有量	31.44	34.35	36.33	43.25	43.28	44.80	42.40	49.74	50.69	53.26	54.27	55.23	54.93	53.86
同比增长率	—	9.26	5.76	19.05	0.07	3.51	−5.36	17.31	1.91	5.07	1.90	1.77	−0.54	−1.95

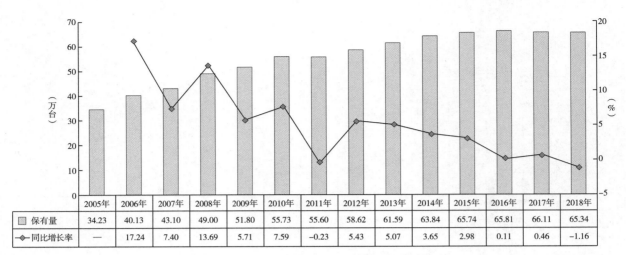

图 61　2005—2018 年吉林省播种机保有量走势

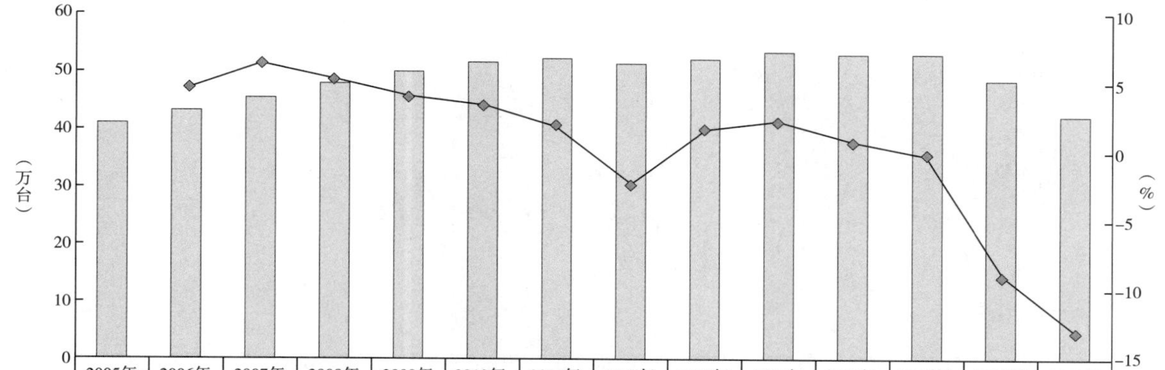

	2005年	2006年	2007年	2008年	2009年	2010年	2011年	2012年	2013年	2014年	2015年	2016年	2017年	2018年
保有量	41.06	42.89	45.59	47.98	49.81	51.39	52.40	51.16	51.94	53.04	53.28	53.14	48.37	42.02
同比增长率	—	4.46	6.30	5.24	3.81	3.17	1.97	−2.37	1.52	2.12	0.45	−0.26	−8.98	−13.13

图 62　2005—2018 年河北省播种机保有量走势

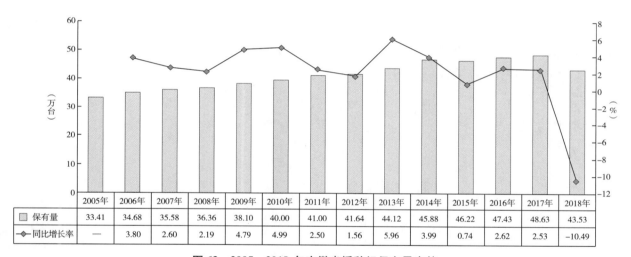

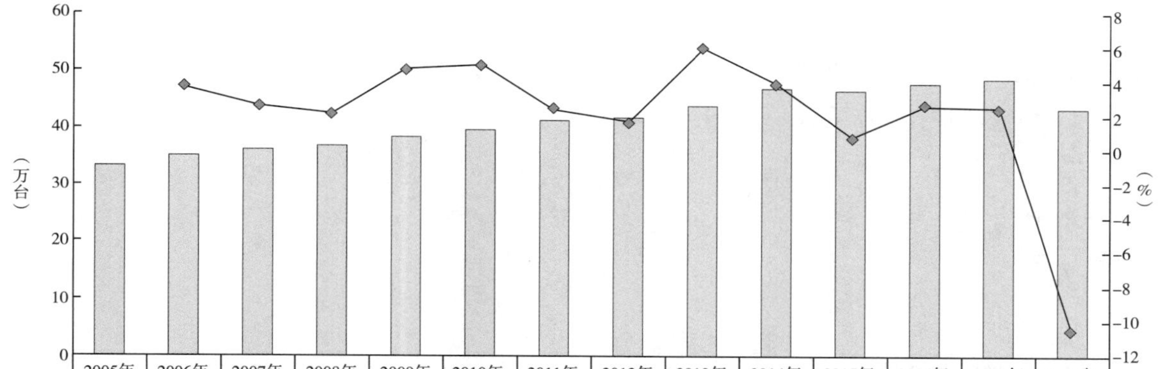

	2005年	2006年	2007年	2008年	2009年	2010年	2011年	2012年	2013年	2014年	2015年	2016年	2017年	2018年
保有量	33.41	34.68	35.58	36.36	38.10	40.00	41.00	41.64	44.12	45.88	46.22	47.43	48.63	43.53
同比增长率	—	3.80	2.60	2.19	4.79	4.99	2.50	1.56	5.96	3.99	0.74	2.62	2.53	−10.49

图 63　2005—2018 年安徽省播种机保有量走势

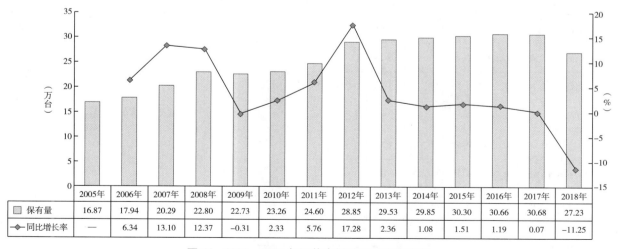

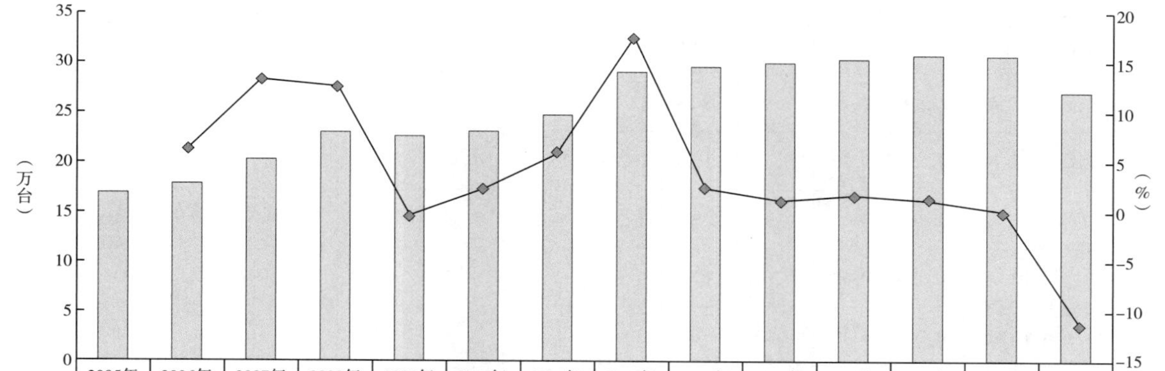

	2005年	2006年	2007年	2008年	2009年	2010年	2011年	2012年	2013年	2014年	2015年	2016年	2017年	2018年
保有量	16.87	17.94	20.29	22.80	22.73	23.26	24.60	28.85	29.53	29.85	30.30	30.66	30.68	27.23
同比增长率	—	6.34	13.10	12.37	−0.31	2.33	5.76	17.28	2.36	1.08	1.51	1.19	0.07	−11.25

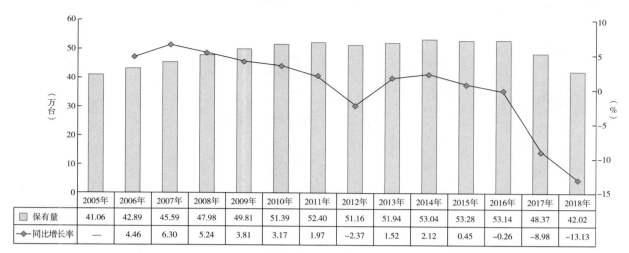

图 64　2005—2018 年江苏省播种机保有量走势

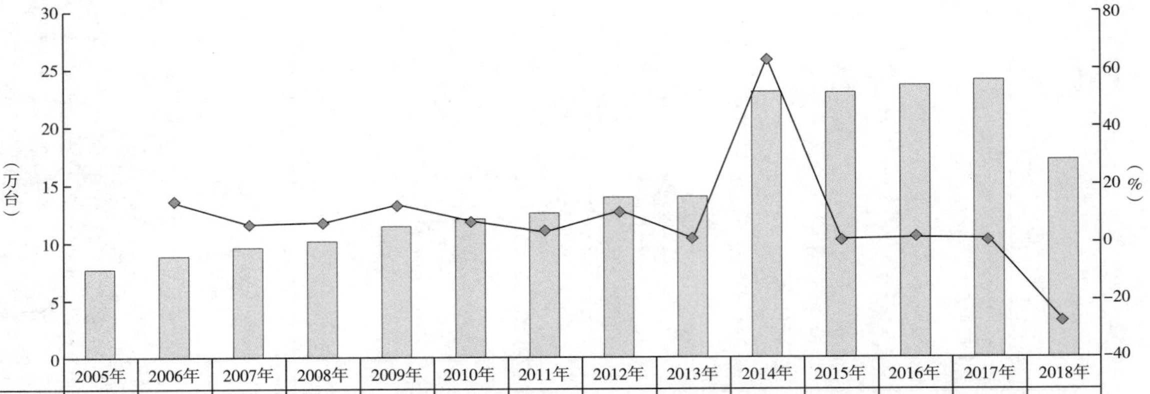

	2005年	2006年	2007年	2008年	2009年	2010年	2011年	2012年	2013年	2014年	2015年	2016年	2017年	2018年
保有量	7.68	8.76	9.32	9.94	11.20	12.00	12.5	13.80	14.00	22.88	23.15	23.62	23.91	17.31
同比增长率	—	14.06	6.39	6.65	12.68	7.14	4.17	10.40	1.45	63.43	1.18	2.03	1.23	-27.60

图 65　2005—2018 年甘肃省播种机保有量走势

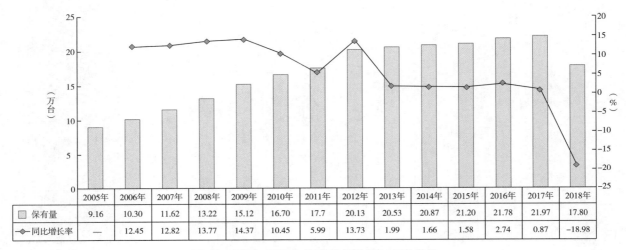

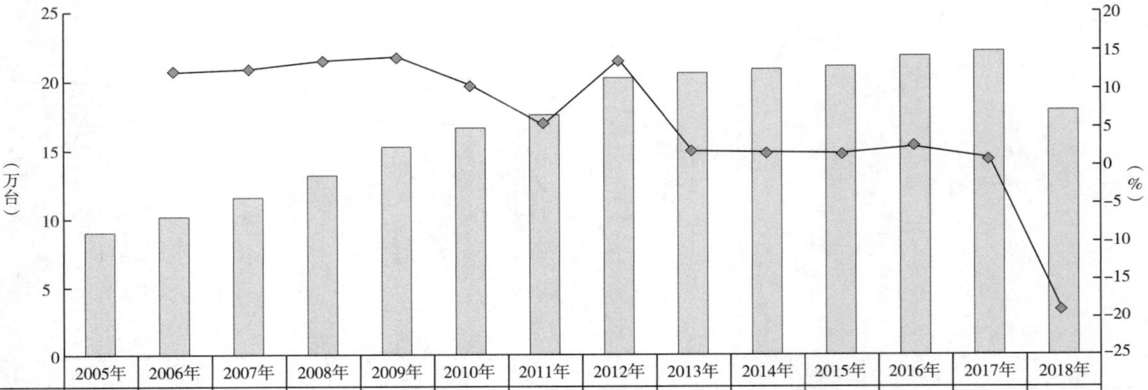

	2005年	2006年	2007年	2008年	2009年	2010年	2011年	2012年	2013年	2014年	2015年	2016年	2017年	2018年
保有量	9.16	10.30	11.62	13.22	15.12	16.70	17.7	20.13	20.53	20.87	21.20	21.78	21.97	17.80
同比增长率	—	12.45	12.82	13.77	14.37	10.45	5.99	13.73	1.99	1.66	1.58	2.74	0.87	-18.98

图 66　2005—2018 年辽宁省播种机保有量走势

表 13　　2005—2018 年机动插秧机保有量一览表　　单位：万台

序号	地区	2005 年	2006 年	2007 年	2008 年	2009 年	2010 年	2011 年	2012 年	2013 年	2014 年	2015 年	2016 年	2017 年	2018 年
	全国	7.96	11.19	15.63	19.96	26.09	33.30	42.70	51.30	60.45	67.00	72.57	77.10	82.23	85.65
1	黑龙江	5.79	7.35	9.70	11.17	13.10	15.26	18.63	20.97	23.15	24.86	26.25	27.71	29.42	30.41
2	江苏	1.42	2.36	3.38	4.34	5.32	6.53	8.09	9.89	12.15	13.92	14.67	14.84	14.65	14.14
3	湖北	0.04	0.32	0.50	0.78	1.30	1.65	2.45	3.33	4.51	5.50	6.02	6.41	7.15	7.64
4	吉林	0.26	0.24	0.49	0.80	1.06	1.30	1.97	2.88	3.81	4.37	5.19	6.39	7.95	9.05
5	辽宁	0.14	0.25	0.43	0.73	1.21	1.61	2.16	2.63	3.28	3.40	3.55	3.57	3.62	3.80
6	湖南	0.02	0.01	0.04	0.14	0.21	0.32	0.60	1.12	2.18	2.68	3.17	3.40	3.55	3.56

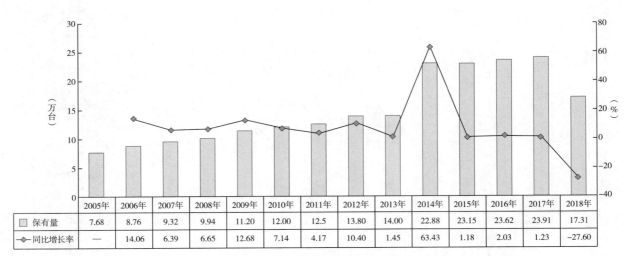

续 表

序号	地区	2005 年	2006 年	2007 年	2008 年	2009 年	2010 年	2011 年	2012 年	2013 年	2014 年	2015 年	2016 年	2017 年	2018 年
7	安徽	0. 06	0. 10	0. 19	0. 38	0. 84	1. 13	1. 41	1. 74	2. 10	2. 36	2. 75	2. 95	3. 17	3. 62
8	广西	0. 00	0. 00	0. 06	0. 18	0. 60	1. 24	1. 39	1. 39	1. 45	1. 55	1. 75	1. 84	1. 92	1. 96
9	江西	0. 02	0. 03	0. 08	0. 16	0. 32	0. 78	1. 17	1. 55	1. 33	1. 43	1. 46	1. 53	1. 61	1. 71
10	重庆	0. 01	0. 20	0. 12	0. 23	0. 49	0. 91	1. 09	1. 15	1. 16	1. 20	1. 24	1. 26	1. 28	1. 30
11	浙江	0. 01	0. 02	0. 06	0. 15	0. 32	0. 58	0. 76	0. 89	0. 96	1. 05	1. 13	1. 23	1. 29	1. 37
12	广东	0. 01	0. 01	0. 02	0. 06	0. 13	0. 31	0. 58	0. 83	0. 94	1. 00	1. 06	1. 18	1. 23	1. 28
13	福建	0. 01	0. 01	0. 02	0. 04	0. 11	0. 24	0. 47	0. 59	0. 66	0. 67	0. 96	1. 11	1. 17	1. 20
14	四川	0. 00	0. 04	0. 03	0. 11	0. 20	0. 27	0. 38	0. 53	0. 68	0. 75	0. 81	0. 89	0. 93	0. 93
15	内蒙古	0. 09	0. 10	0. 15	0. 21	0. 27	0. 31	0. 37	0. 45	0. 51	0. 56	0. 64	0. 76	0. 98	1. 18
16	河南	0. 01	0. 01	0. 02	0. 04	0. 09	0. 13	0. 21	0. 24	0. 26	0. 29	0. 40	0. 50	0. 68	0. 86
17	云南	0. 00	0. 00	0. 00	0. 01	0. 01	0. 01	0. 04	0. 06	0. 14	0. 19	0. 21	0. 23	0. 24	0. 25
18	贵州	0. 01	0. 02	0. 16	0. 17	0. 17	0. 17	0. 18	0. 19	0. 19	0. 19	0. 19	0. 19	0. 19	0. 19
19	上海	0. 00	0. 01	0. 02	0. 05	0. 08	0. 11	0. 13	0. 14	0. 16	0. 17	0. 19	0. 20	0. 15	0. 17
20	新疆	0. 01	0. 01	0. 02	0. 03	0. 04	0. 07	0. 12	0. 14	0. 16	0. 17	0. 19	0. 20	0. 23	0. 22
21	宁夏	0. 02	0. 06	0. 07	0. 10	0. 11	0. 14	0. 16	0. 17	0. 18	0. 17	0. 17	0. 16	0. 16	0. 14
22	河北	0. 00	0. 00	0. 00	0. 01	0. 02	0. 03	0. 08	0. 11	0. 13	0. 14	0. 16	0. 18	0. 22	0. 23
23	山东	0. 01	0. 01	0. 01	0. 02	0. 03	0. 06	0. 08	0. 11	0. 13	0. 14	0. 15	0. 16	0. 19	0. 22
24	海南	0. 00	0. 00	0. 00	0. 01	0. 02	0. 07	0. 08	0. 09	0. 10	0. 10	0. 10	0. 04	0. 04	0. 04
25	天津	0. 00	0. 00	0. 00	0. 01	0. 01	0. 03	0. 05	0. 06	0. 07	0. 07	0. 07	0. 07	0. 07	0. 08
26	新疆建设兵团	0. 00	0. 01	0. 03	0. 03	0. 04	0. 04	0. 04	0. 04	0. 05	0. 06	0. 07	0. 07	0. 07	0. 07
27	陕西	0. 02	0. 01	0. 03	0. 00	0. 01	0. 01	0. 01	0. 01	0. 01	0. 01	0. 02	0. 03	0. 03	0. 03
28	西藏	0. 00	0. 00	0. 00	0. 00	0. 00	0. 00	0. 00	0. 00	0. 00	0. 00	0. 00	0. 00	0. 00	0. 00
29	山西	0. 00	0. 00	0. 00	0. 00	0. 00	0. 00	0. 00	0. 00	0. 00	0. 00	0. 00	0. 00	0. 00	0. 00
30	青海	0. 00	0. 00	0. 00	0. 00	0. 00	0. 00	0. 00	0. 00	0. 00	0. 00	0. 00	0. 00	0. 00	0. 00
31	甘肃	0. 00	0. 00	0. 00	0. 00	0. 00	0. 00	0. 00	0. 00	0. 00	0. 00	0. 00	0. 00	0. 00	0. 00
32	北京	0. 00	0. 00	0. 00	0. 00	0. 00	0. 00	0. 00	0. 00	0. 00	0. 00	0. 00	0. 00	0. 00	0. 00

表 14　2005—2018 年机动插秧机保有量前十名走势分析　单位：万台

序号	地区	类别	2005 年	2006 年	2007 年	2008 年	2009 年	2010 年	2011 年	2012 年	2013 年	2014 年	2015 年	2016 年	2017 年	2018 年
	全国	保有量	7.96	11.19	15.63	19.96	26.09	33.30	42.70	51.30	60.45	67.00	72.57	77.10	82.23	85.65
		同比增长率（%）	—	40.58	39.68	27.70	30.71	27.64	28.23	20.14	17.84	10.84	8.31	6.24	6.65	4.16
1	黑龙江	保有量	5.79	7.35	9.70	11.17	13.10	15.26	18.63	20.97	23.15	24.86	26.25	27.71	29.42	30.41
		同比增长率（%）	—	26.94	31.97	15.15	17.28	16.49	22.08	12.56	10.40	7.39	5.59	5.56	6.17	3.37
2	江苏	保有量	1.42	2.36	3.38	4.34	5.32	6.53	8.09	9.89	12.15	13.92	14.67	14.84	14.65	14.14
		同比增长率（%）	—	66.20	43.22	28.40	22.58	22.74	23.89	22.25	22.85	14.57	5.39	1.16	-1.28	-3.48
3	湖北	保有量	0.04	0.32	0.50	0.78	1.30	1.65	2.45	3.33	4.51	5.50	6.02	6.41	7.15	7.64
		同比增长率（%）	—	700.00	56.25	56.00	66.67	26.92	48.48	35.92	35.44	21.95	9.45	6.48	11.54	6.85
4	吉林	保有量	0.26	0.24	0.49	0.80	1.06	1.30	1.97	2.88	3.81	4.37	5.19	6.39	7.95	9.05
		同比增长率（%）	—	-7.69	104.17	63.27	32.50	22.64	51.54	46.19	32.29	14.70	18.76	23.12	24.41	13.84
5	辽宁	保有量	0.14	0.25	0.43	0.73	1.21	1.61	2.16	2.63	3.28	3.40	3.55	3.57	3.62	3.80
		同比增长率（%）	—	78.57	72.00	69.77	65.75	33.06	34.16	21.76	24.71	3.66	4.41	0.56	1.40	4.97
6	湖南	保有量	0.02	0.01	0.04	0.14	0.21	0.32	0.60	1.12	2.18	2.68	3.17	3.40	3.55	3.56
		同比增长率（%）	—	-50.00	300.00	250.00	50.00	52.38	87.50	86.67	94.64	22.94	18.28	7.26	4.41	0.28
7	安徽	保有量	0.06	0.10	0.19	0.38	0.84	1.13	1.41	1.74	2.10	2.36	2.75	2.95	3.17	3.62
		同比增长率（%）	—	66.67	90.00	100.00	121.05	34.52	24.78	23.40	20.69	12.38	16.53	7.27	7.46	14.20
8	广西	保有量	0.00	0.00	0.06	0.18	0.60	1.24	1.39	1.39	1.45	1.55	1.75	1.84	1.92	1.96
		同比增长率（%）	—	—	—	200.00	233.33	106.67	12.10	0	4.32	6.90	12.90	5.14	4.35	2.08
9	江西	保有量	0.02	0.03	0.08	0.16	0.32	0.78	1.17	1.55	1.33	1.43	1.46	1.53	1.61	1.71
		同比增长率（%）	—	50.00	166.67	100.00	100.00	143.75	50.00	32.48	-14.19	7.52	2.10	4.79	5.23	6.21
10	重庆	保有量	0.01	0.20	0.12	0.23	0.49	0.91	1.09	1.15	1.16	1.20	1.24	1.26	1.28	1.30
		同比增长率（%）	—	1900.00	-40.00	91.67	113.04	85.71	19.78	5.50	0.87	3.45	3.33	1.61	1.59	1.56

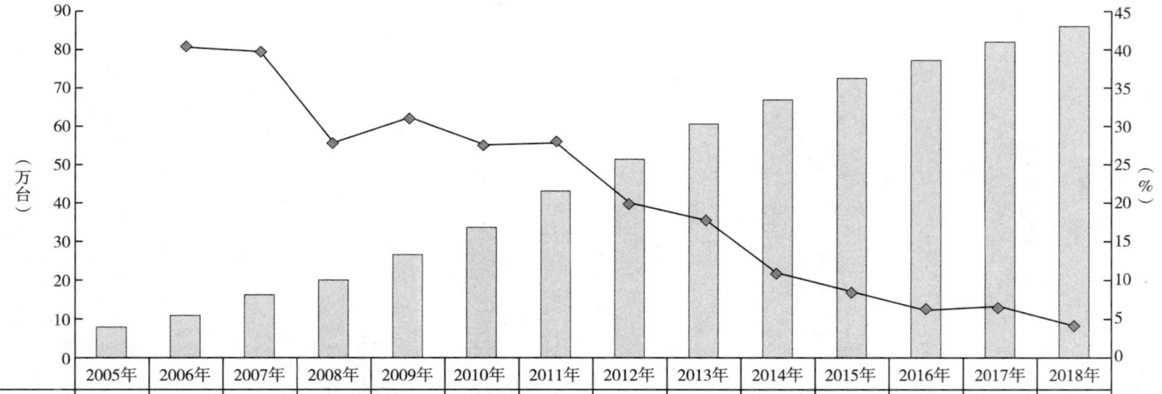

	2005年	2006年	2007年	2008年	2009年	2010年	2011年	2012年	2013年	2014年	2015年	2016年	2017年	2018年
保有量	7.96	11.19	15.63	19.96	26.09	33.30	42.70	51.30	60.45	67.00	72.57	77.10	82.23	85.65
同比增长率	—	40.58	39.68	27.70	30.71	27.64	28.23	20.14	17.84	10.84	8.31	6.24	6.65	4.16

图 67　2005—2018 年全国插秧机保有量走势

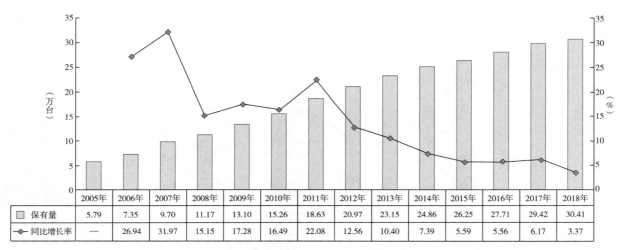

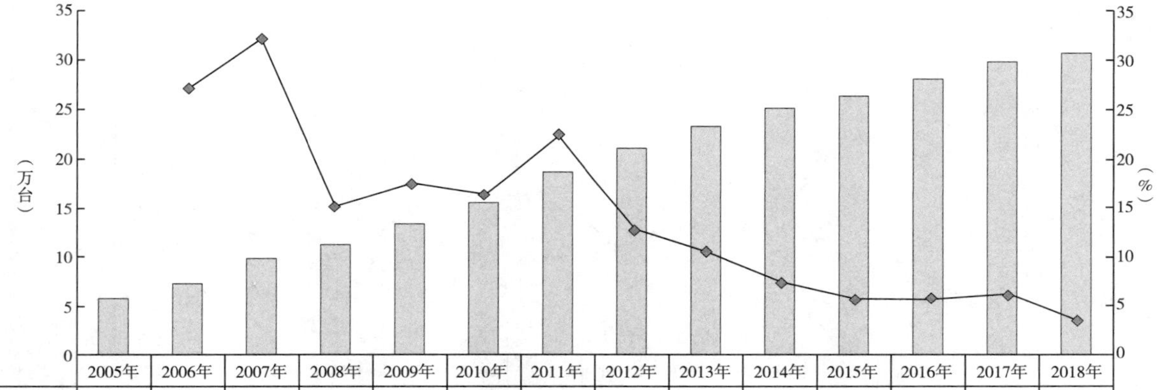

	2005年	2006年	2007年	2008年	2009年	2010年	2011年	2012年	2013年	2014年	2015年	2016年	2017年	2018年
保有量	5.79	7.35	9.70	11.17	13.10	15.26	18.63	20.97	23.15	24.86	26.25	27.71	29.42	30.41
同比增长率	—	26.94	31.97	15.15	17.28	16.49	22.08	12.56	10.40	7.39	5.59	5.56	6.17	3.37

图 68　2005—2018 年黑龙江省插秧机保有量走势

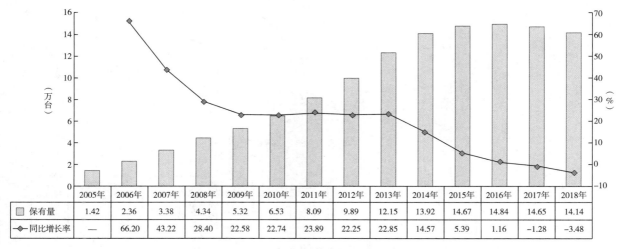

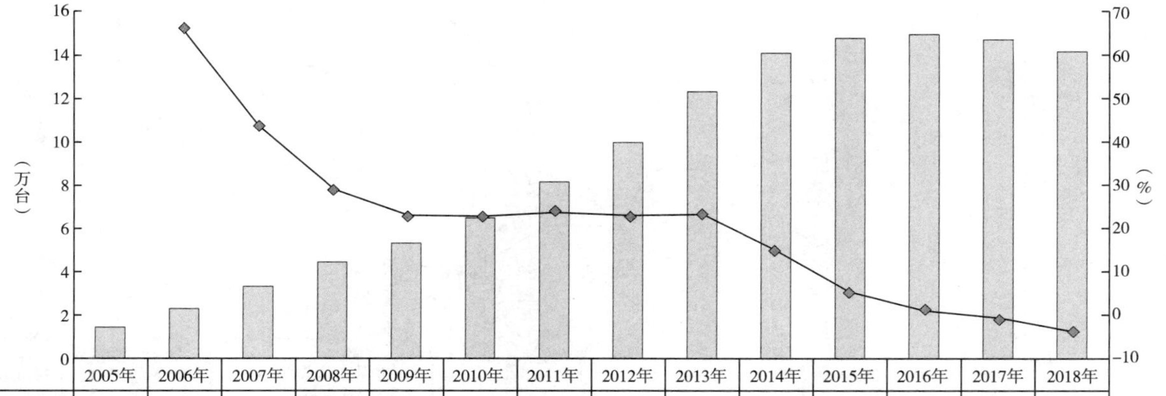

	2005年	2006年	2007年	2008年	2009年	2010年	2011年	2012年	2013年	2014年	2015年	2016年	2017年	2018年
保有量	1.42	2.36	3.38	4.34	5.32	6.53	8.09	9.89	12.15	13.92	14.67	14.84	14.65	14.14
同比增长率	—	66.20	43.22	28.40	22.58	22.74	23.89	22.25	22.85	14.57	5.39	1.16	−1.28	−3.48

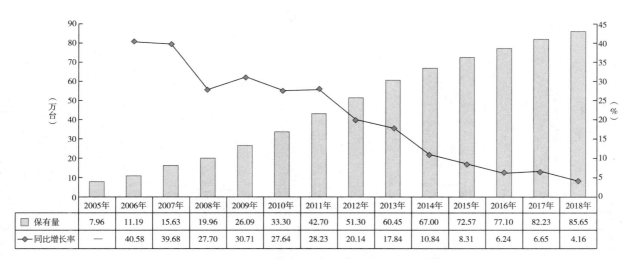

图 69　2005—2018 年江苏省插秧机保有量走势

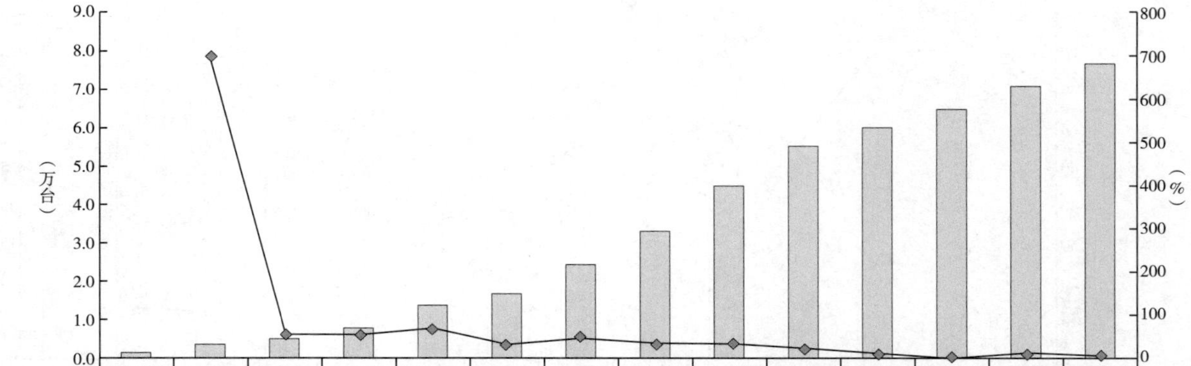

	2005年	2006年	2007年	2008年	2009年	2010年	2011年	2012年	2013年	2014年	2015年	2016年	2017年	2018年
保有量	0.04	0.32	0.50	0.78	1.30	1.65	2.45	3.33	4.51	5.50	6.02	6.41	7.15	7.64
同比增长率	—	700.00	56.25	56.00	66.67	26.92	48.48	35.92	35.44	21.95	9.45	6.48	11.54	6.85

图 70　2005—2018 年湖北省插秧机保有量走势

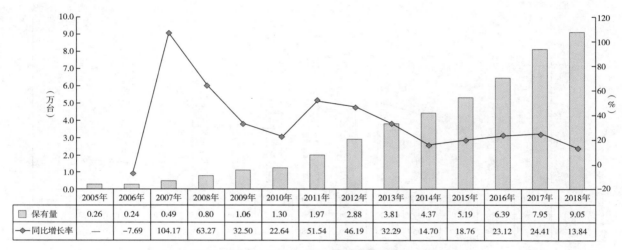

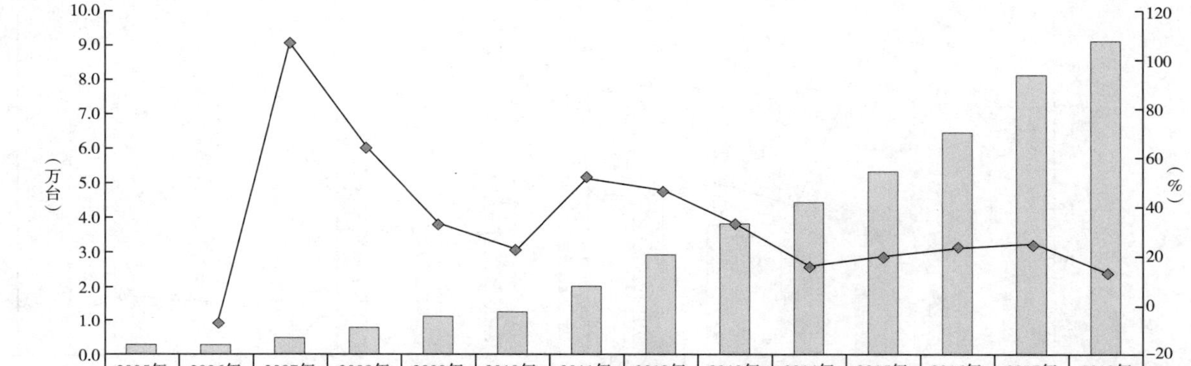

	2005年	2006年	2007年	2008年	2009年	2010年	2011年	2012年	2013年	2014年	2015年	2016年	2017年	2018年
保有量	0.26	0.24	0.49	0.80	1.06	1.30	1.97	2.88	3.81	4.37	5.19	6.39	7.95	9.05
同比增长率	—	−7.69	104.17	63.27	32.50	22.64	51.54	46.19	32.29	14.70	18.76	23.12	24.41	13.84

图 71　2005—2018 年吉林省插秧机保有量走势

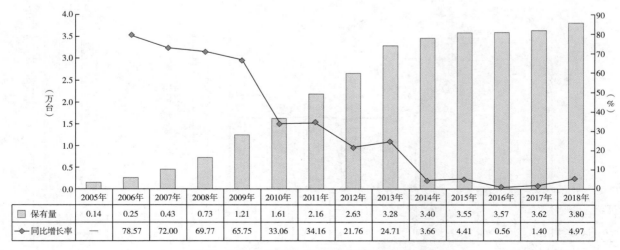

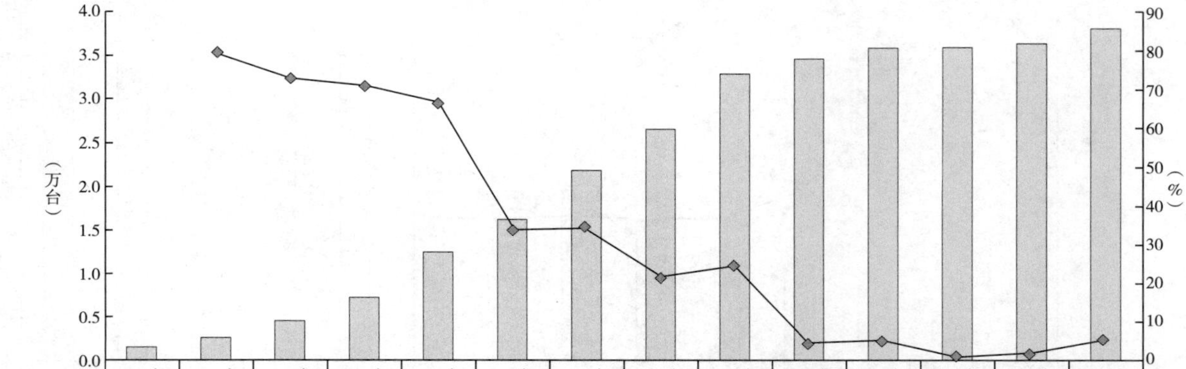

	2005年	2006年	2007年	2008年	2009年	2010年	2011年	2012年	2013年	2014年	2015年	2016年	2017年	2018年
保有量	0.14	0.25	0.43	0.73	1.21	1.61	2.16	2.63	3.28	3.40	3.55	3.57	3.62	3.80
同比增长率	—	78.57	72.00	69.77	65.75	33.06	34.16	21.76	24.71	3.66	4.41	0.56	1.40	4.97

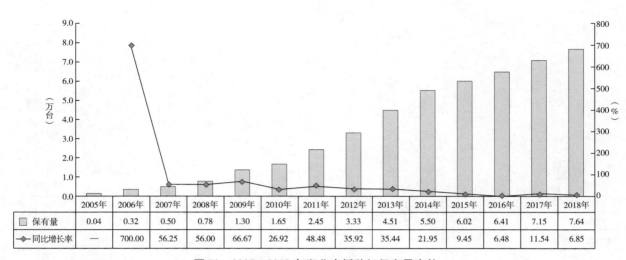

图 72　2005—2018 年辽宁省插秧机保有量走势

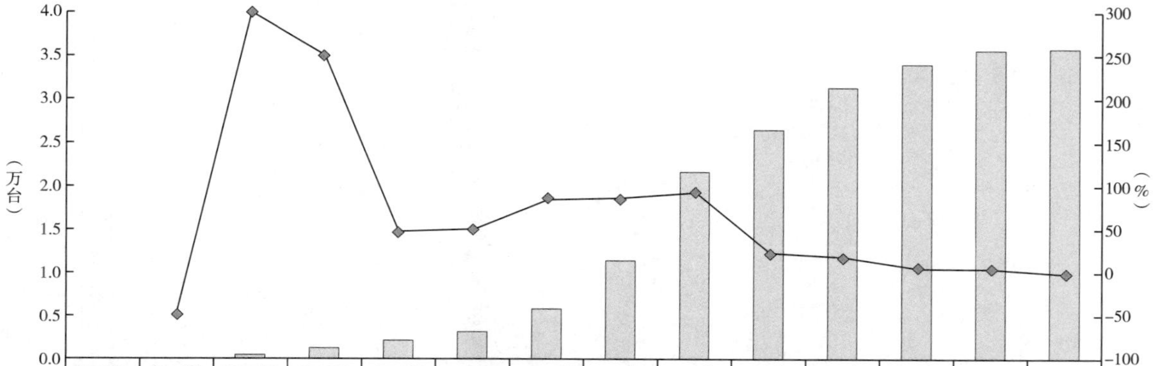

	2005年	2006年	2007年	2008年	2009年	2010年	2011年	2012年	2013年	2014年	2015年	2016年	2017年	2018年
保有量	0.02	0.01	0.04	0.14	0.21	0.32	0.60	1.12	2.18	2.68	3.17	3.40	3.55	3.56
同比增长率	—	−50.00	300.00	250.00	50.00	52.38	87.50	86.67	94.64	22.94	18.28	7.26	4.41	0.28

图 73　2005—2018 年湖南省插秧机保有量走势

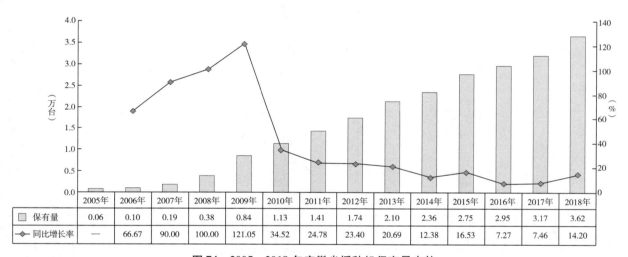

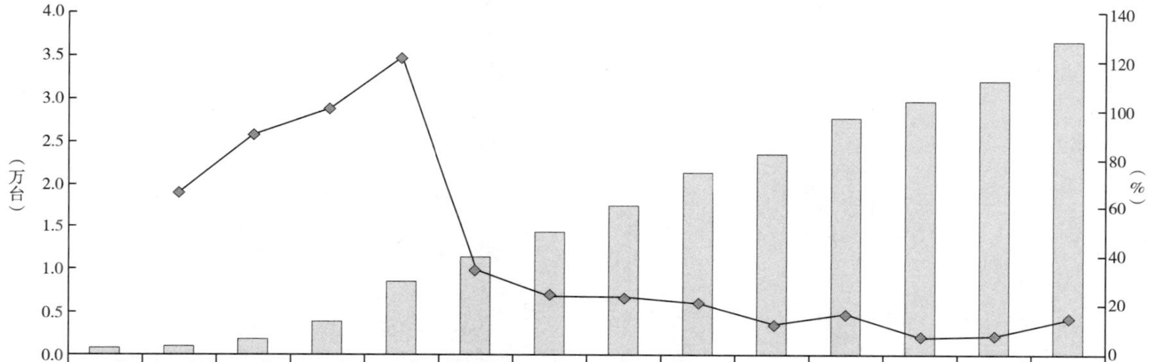

	2005年	2006年	2007年	2008年	2009年	2010年	2011年	2012年	2013年	2014年	2015年	2016年	2017年	2018年
保有量	0.06	0.10	0.19	0.38	0.84	1.13	1.41	1.74	2.10	2.36	2.75	2.95	3.17	3.62
同比增长率	—	66.67	90.00	100.00	121.05	34.52	24.78	23.40	20.69	12.38	16.53	7.27	7.46	14.20

图 74　2005—2018 年安徽省插秧机保有量走势

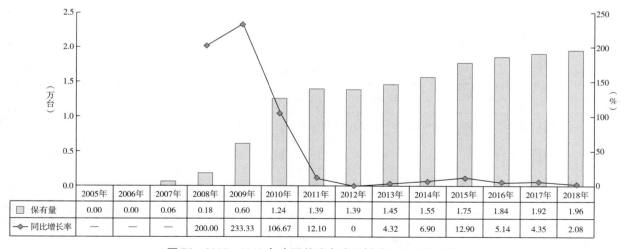

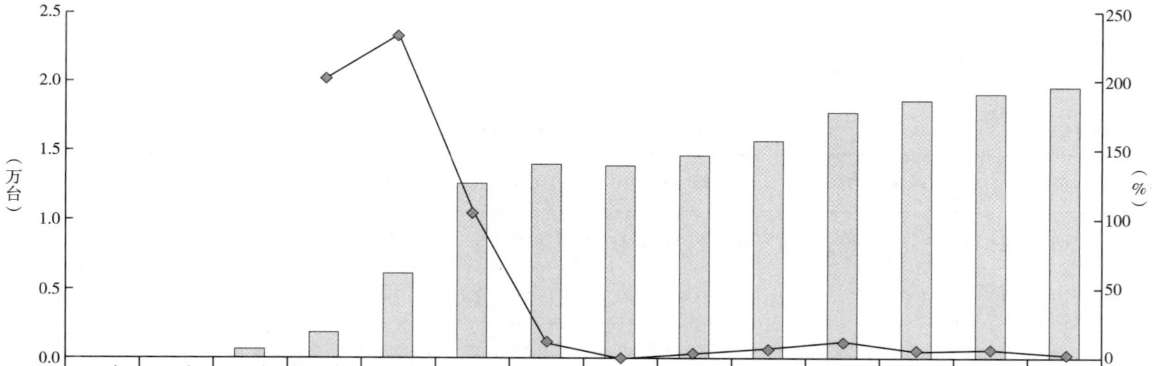

	2005年	2006年	2007年	2008年	2009年	2010年	2011年	2012年	2013年	2014年	2015年	2016年	2017年	2018年
保有量	0.00	0.00	0.06	0.18	0.60	1.24	1.39	1.39	1.45	1.55	1.75	1.84	1.92	1.96
同比增长率	—	—	—	200.00	233.33	106.67	12.10	0	4.32	6.90	12.90	5.14	4.35	2.08

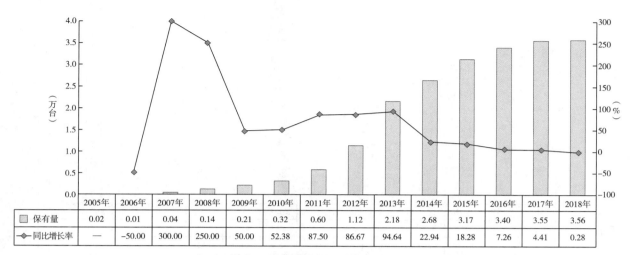

图 75　2005—2018 年广西壮族自治区插秧机保有量走势

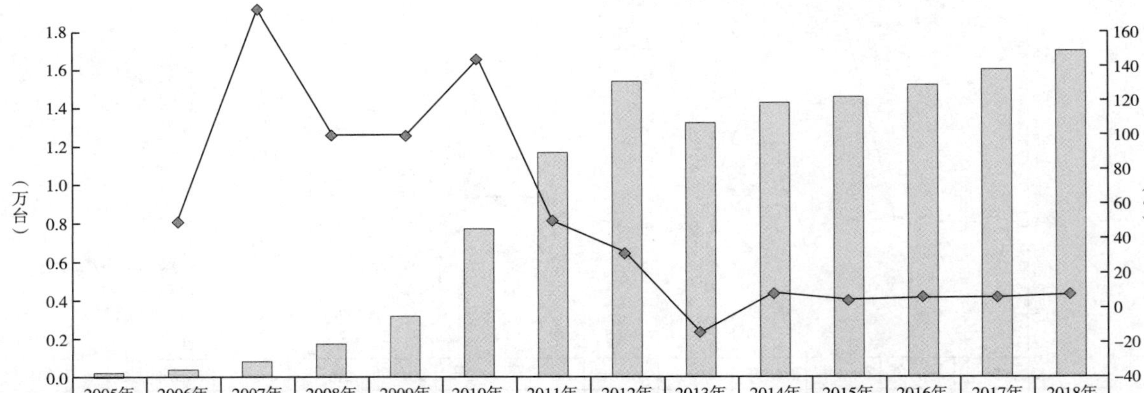

	2005年	2006年	2007年	2008年	2009年	2010年	2011年	2012年	2013年	2014年	2015年	2016年	2017年	2018年
保有量	0.02	0.03	0.08	0.16	0.32	0.78	1.17	1.55	1.33	1.43	1.46	1.53	1.61	1.71
同比增长率	—	50.00	166.67	100.00	100.00	143.75	50.00	32.48	-14.19	7.52	2.10	4.79	5.23	6.21

图 76　2005—2018 年江西省插秧机保有量走势

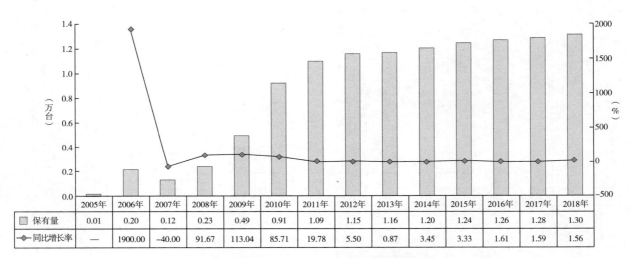

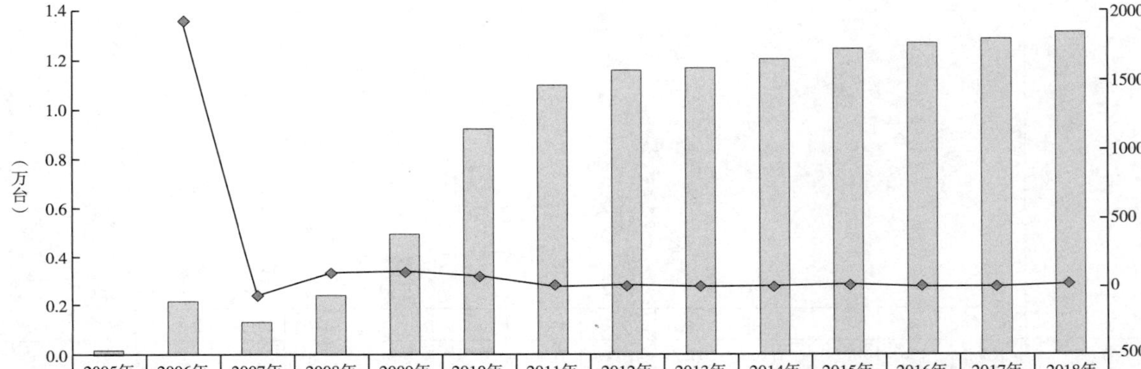

	2005年	2006年	2007年	2008年	2009年	2010年	2011年	2012年	2013年	2014年	2015年	2016年	2017年	2018年
保有量	0.01	0.20	0.12	0.23	0.49	0.91	1.09	1.15	1.16	1.20	1.24	1.26	1.28	1.30
同比增长率	—	1900.00	-40.00	91.67	113.04	85.71	19.78	5.50	0.87	3.45	3.33	1.61	1.59	1.56

图 77　2005—2018 年重庆市插秧机保有量走势

（二）农用排灌机械保有量

表 15　　2005—2018 年农用水泵保有量一览表　　单位：万台

序号	地区	2005 年	2006 年	2007 年	2008 年	2009 年	2010 年	2011 年	2012 年	2013 年	2014 年	2015 年	2016 年	2017 年	2018 年
	全国	1727. 27	1840. 52	1910. 50	1979. 24	2040. 62	2108. 78	2173. 80	2211. 54	2206. 80	2224. 51	2249. 18	2241. 29	2232. 72	2289. 17
1	山东	270. 33	274. 67	277. 30	291. 02	293. 82	296. 19	295. 20	296. 71	297. 27	296. 10	296. 44	291. 58	294. 85	294. 58
2	湖南	158. 86	164. 99	177. 89	170. 37	183. 89	209. 98	220. 90	222. 14	228. 97	226. 63	233. 43	232. 79	227. 67	235. 10
3	河南	203. 10	205. 73	207. 97	207. 34	215. 03	216. 29	223. 80	222. 87	223. 63	223. 44	223. 34	219. 68	215. 30	219. 45
4	安徽	154. 68	159. 35	162. 85	167. 35	170. 09	174. 10	174. 20	173. 46	179. 72	180. 58	179. 06	180. 74	180. 69	178. 85

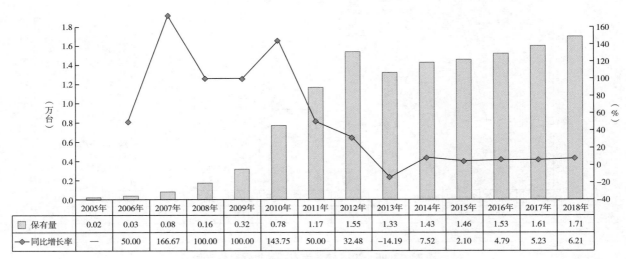

续 表

序号	地区	2005 年	2006 年	2007 年	2008 年	2009 年	2010 年	2011 年	2012 年	2013 年	2014 年	2015 年	2016 年	2017 年	2018 年
5	河北	163. 63	164. 01	171. 36	178. 69	171. 28	172. 09	172. 20	172. 15	172. 02	170. 61	169. 73	164. 83	164. 70	155. 23
6	辽宁	123. 91	124. 22	118. 60	121. 81	128. 99	127. 67	129. 70	127. 33	125. 30	121. 92	121. 52	117. 47	118. 41	116. 33
7	湖北	55. 92	71. 42	82. 70	87. 73	87. 70	85. 49	89. 50	103. 30	105. 63	110. 6	110. 13	110. 97	111. 38	108. 96
8	重庆	52. 34	56. 30	62. 05	76. 34	83. 31	90. 43	95. 40	96. 15	98. 88	100. 23	101. 34	101. 46	94. 98	94. 22
9	四川	50. 43	53. 23	55. 43	56. 38	62. 82	62. 93	64. 10	75. 76	78. 04	87. 41	91. 29	91. 68	92. 01	132. 22
10	广西	55. 60	59. 11	64. 82	68. 70	73. 98	83. 40	84. 00	84. 52	87. 36	88. 45	89. 97	92. 65	93. 96	96. 18
11	浙江	47. 20	100. 23	96. 76	96. 62	94. 75	96. 02	93. 70	91. 87	90. 17	86. 94	84. 94	82. 43	81. 27	76. 91
12	广东	48. 96	51. 69	51. 97	59. 43	63. 63	68. 51	75. 00	75. 39	77. 41	79. 09	80. 16	81. 65	82. 07	77. 06
13	江苏	61. 93	62. 00	59. 09	59. 80	60. 42	60. 00	63. 50	66. 29	66. 53	65. 99	65. 92	67. 61	67. 45	67. 51
14	吉林	42. 00	42. 55	44. 20	47. 40	47. 40	47. 80	47. 80	46. 77	47. 13	49. 47	59. 59	59. 72	60. 31	60. 47
15	贵州	14. 61	15. 46	19. 48	26. 19	28. 13	28. 92	40. 60	43. 18	44. 75	52. 19	56. 22	57. 92	60. 70	61. 53
16	黑龙江	32. 87	33. 73	34. 67	35. 63	40. 70	43. 26	45. 00	46. 46	47. 95	48. 24	49. 36	48. 09	48. 03	48. 34
17	江西	50. 39	58. 29	68. 21	68. 98	70. 34	73. 10	79. 70	81. 61	44. 83	43. 96	44. 67	45. 28	46. 00	47. 54
18	内蒙古	32. 99	36. 78	37. 20	35. 47	36. 60	35. 96	37. 60	38. 67	38. 7	38. 68	39. 09	39. 30	42. 61	43. 41
19	陕西	29. 30	28. 15	29. 95	29. 45	29. 99	30. 15	31. 40	32. 19	32. 9	32. 62	33. 26	33. 90	33. 64	34. 05
20	云南	11. 77	12. 78	14. 73	17. 09	18. 12	21. 66	25. 60	27. 58	29. 35	30. 21	32. 05	32. 38	34. 14	57. 09
21	福建	12. 32	12. 30	13. 27	13. 72	14. 15	15. 06	15. 80	16. 64	19. 12	19. 08	19. 74	19. 67	19. 59	20. 86
22	山西	13. 39	12. 73	13. 02	12. 80	13. 10	13. 95	14. 70	15. 09	15. 28	15. 29	15. 34	15. 18	9. 58	10. 25
23	海南	8. 62	9. 38	13. 93	17. 46	18. 20	19. 19	17. 90	18. 47	18. 58	19. 13	14. 61	16. 29	16. 02	17. 33
24	甘肃	8. 14	8. 22	9. 02	9. 21	10. 43	11. 45	10. 70	11. 14	11. 67	11. 91	12. 76	13. 11	12. 42	12. 72
25	天津	10. 09	10. 07	9. 82	9. 68	8. 55	9. 24	9. 00	8. 84	8. 77	8. 73	8. 52	8. 58	8. 53	8. 31
26	新疆	3. 33	3. 46	3. 41	3. 51	4. 04	4. 38	5. 00	5. 30	5. 31	5. 5	5. 61	5. 66	5. 75	5. 69
27	宁夏	2. 87	2. 35	3. 52	3. 48	3. 47	3. 62	3. 70	4. 03	4. 12	4. 13	3. 85	3. 59	3. 61	3. 62
28	北京	4. 16	4. 09	4. 09	4. 03	4. 31	4. 23	3. 90	3. 45	3. 4	3. 42	3. 32	3. 10	2. 91	2. 88
29	新疆建设兵团	1. 38	1. 23	1. 32	1. 64	1. 51	1. 92	1. 90	1. 99	1. 97	1. 89	1. 82	1. 85	1. 76	1. 70
30	上海	1. 83	1. 67	1. 65	1. 60	1. 57	1. 35	1. 30	1. 32	1. 36	1. 37	1. 36	1. 36	1. 64	0. 00
31	西藏	0. 00	0. 00	0. 00	0. 09	0. 10	0. 10	0. 40	0. 50	0. 5	0. 51	0. 54	0. 56	0. 57	0. 58
32	青海	0. 33	0. 33	0. 22	0. 23	0. 20	0. 34	0. 60	0. 37	0. 18	0. 19	0. 20	0. 21	0. 17	0. 20

表 16　**2005—2018 年农用水泵保有量前十名走势分析**　单位：万台

序号	地区	类别	2005 年	2006 年	2007 年	2008 年	2009 年	2010 年	2011 年	2012 年	2013 年	2014 年	2015 年	2016 年	2017 年	2018 年
	全国	保有量	1727.27	1840.52	1910.50	1979.24	2040.62	2108.78	2173.80	2211.54	2206.80	2224.51	2249.18	2241.29	2232.72	2289.17
		同比增长率（%）	—	6.56	3.80	3.60	3.10	3.34	3.08	1.74	-0.21	0.80	1.11	-0.35	-0.38	2.53
1	山东	保有量	270.33	274.67	277.30	291.02	293.82	296.19	295.20	296.71	297.27	296.10	296.44	291.58	294.85	294.58
		同比增长率（%）	—	1.61	0.96	4.95	0.96	0.81	-0.33	0.51	0.19	-0.39	0.11	-1.64	1.12	-0.09
2	湖南	保有量	158.86	164.99	177.89	170.37	183.89	209.98	220.90	222.14	228.97	226.63	233.43	232.79	227.67	235.10
		同比增长率（%）	—	3.86	7.82	-4.23	7.94	14.19	5.20	0.56	3.07	-1.02	3.00	-0.27	-2.20	3.26
3	河南	保有量	203.10	205.73	207.97	207.34	215.03	216.29	223.80	222.87	223.63	223.44	223.34	219.68	215.30	219.45
		同比增长率（%）	—	1.29	1.09	-0.30	3.71	0.59	3.47	-0.42	0.34	-0.08	-0.04	-1.64	-1.99	1.93
4	安徽	保有量	154.68	159.35	162.85	167.35	170.09	174.10	174.20	173.46	179.72	180.58	179.06	180.74	180.69	178.85
		同比增长率（%）	—	3.02	2.20	2.76	1.64	2.36	0.06	-0.42	3.61	0.48	-0.84	0.94	-0.03	-1.02
5	河北	保有量	163.63	164.01	171.36	178.69	171.28	172.09	172.20	172.15	172.02	170.61	169.73	164.83	164.70	155.23
		同比增长率（%）	—	0.23	4.48	4.28	-4.15	0.47	0.06	-0.03	-0.08	-0.82	-0.52	-2.89	-0.08	-5.75
6	辽宁	保有量	123.91	124.22	118.60	121.81	128.99	127.67	129.70	127.33	125.30	121.92	121.52	117.47	118.41	116.33
		同比增长率（%）	—	0.25	-4.52	2.71	5.89	-1.02	1.59	-1.83	-1.59	-2.70	-0.33	-3.33	0.80	-1.76
7	湖北	保有量	55.92	71.42	82.70	87.73	87.70	85.49	89.50	103.30	105.63	110.60	110.13	110.97	111.38	108.96
		同比增长率（%）	—	27.72	15.79	6.08	-0.03	-2.52	4.69	15.42	2.26	4.71	-0.42	0.76	0.37	-2.17
8	重庆	保有量	52.34	56.30	62.05	76.34	83.31	90.43	95.40	96.15	98.88	100.23	101.34	101.46	94.98	94.22
		同比增长率（%）	—	7.57	10.21	23.03	9.13	8.55	5.50	0.79	2.84	1.37	1.11	0.12	-6.39	-0.80
9	四川	保有量	50.43	53.23	55.43	56.38	62.82	62.93	64.10	75.76	78.04	87.41	91.29	91.68	92.01	132.22
		同比增长率（%）	—	5.55	4.13	1.71	11.42	0.18	1.86	18.19	3.01	12.01	4.44	0.43	0.36	43.70
10	广西	保有量	55.60	59.11	64.82	68.70	73.98	83.40	84.00	84.52	87.36	88.45	89.97	92.65	93.96	96.18
		同比增长率（%）	—	6.31	9.66	5.99	7.69	12.73	0.72	0.62	3.36	1.25	1.72	2.98	1.41	2.36

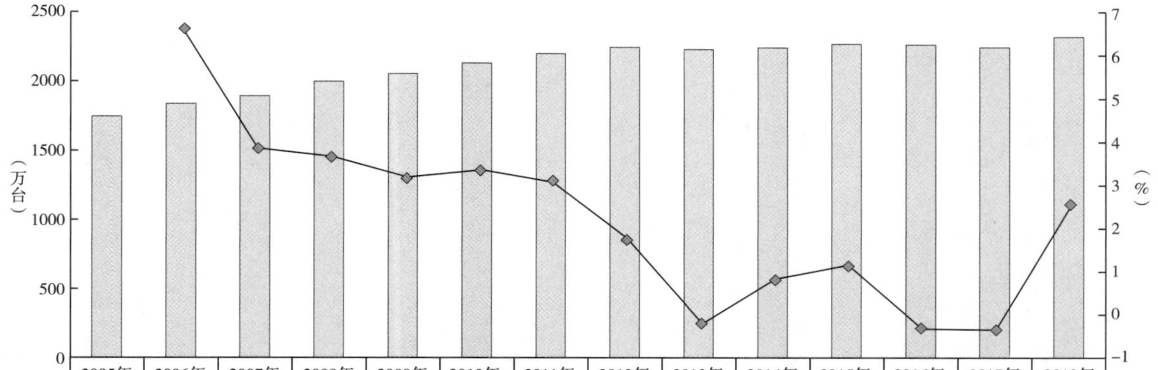

	2005年	2006年	2007年	2008年	2009年	2010年	2011年	2012年	2013年	2014年	2015年	2016年	2017年	2018年
保有量	1727.27	1840.52	1910.50	1979.24	2040.62	2108.78	2173.80	2211.54	2206.80	2224.51	2249.18	2241.29	2232.72	2289.17
同比增长率	—	6.56	3.80	3.60	3.10	3.34	3.08	1.74	−0.21	0.80	1.11	−0.35	−0.38	2.53

图 78　2005—2018 年全国农用水泵保有量走势

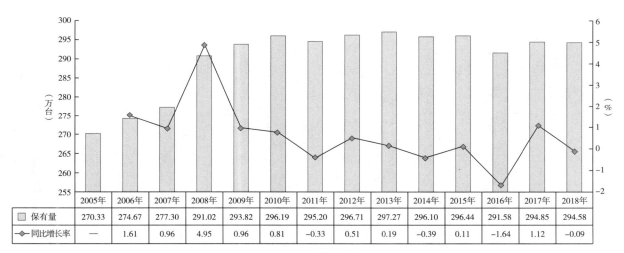

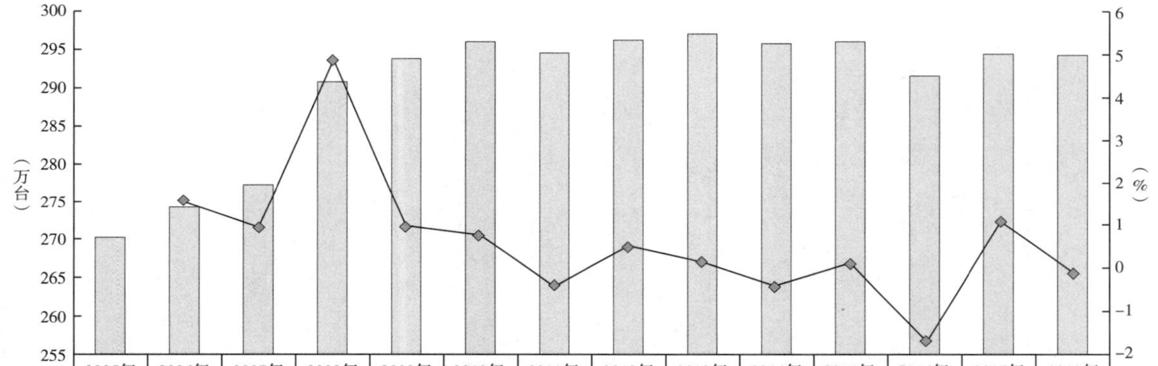

	2005年	2006年	2007年	2008年	2009年	2010年	2011年	2012年	2013年	2014年	2015年	2016年	2017年	2018年
保有量	270.33	274.67	277.30	291.02	293.82	296.19	295.20	296.71	297.27	296.10	296.44	291.58	294.85	294.58
同比增长率	—	1.61	0.96	4.95	0.96	0.81	−0.33	0.51	0.19	−0.39	0.11	−1.64	1.12	−0.09

图 79　2005—2018 年山东省农用水泵保有量走势

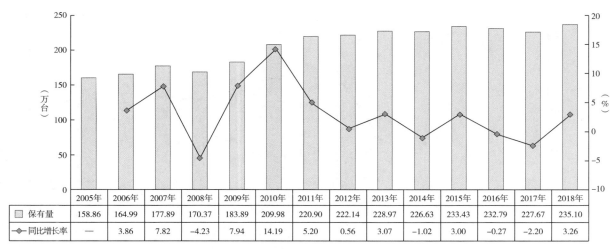

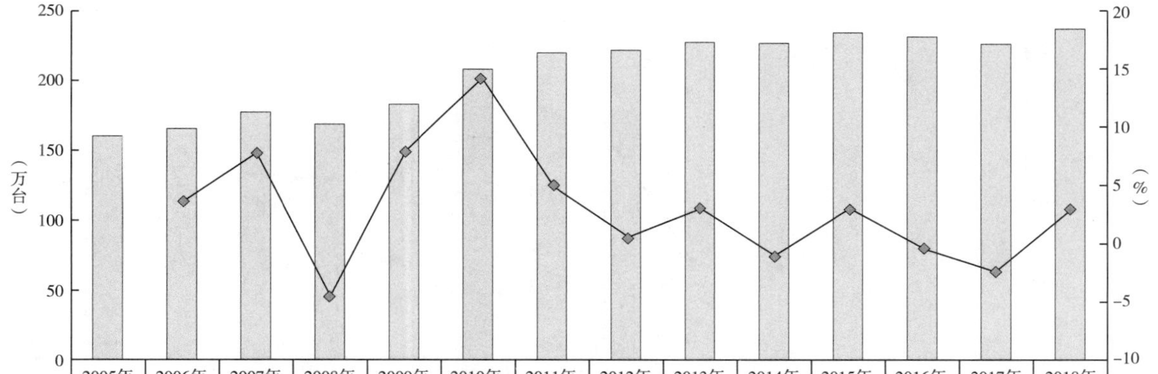

	2005年	2006年	2007年	2008年	2009年	2010年	2011年	2012年	2013年	2014年	2015年	2016年	2017年	2018年
保有量	158.86	164.99	177.89	170.37	183.89	209.98	220.90	222.14	228.97	226.63	233.43	232.79	227.67	235.10
同比增长率	—	3.86	7.82	−4.23	7.94	14.19	5.20	0.56	3.07	−1.02	3.00	−0.27	−2.20	3.26

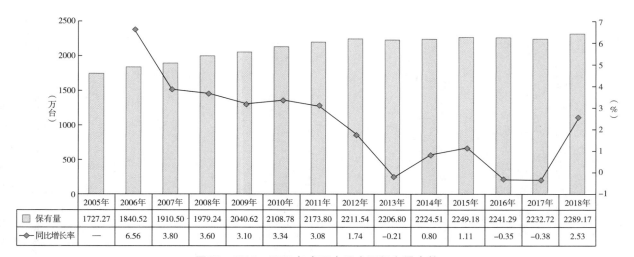

图 80　2005—2018 年湖南省农用水泵保有量走势

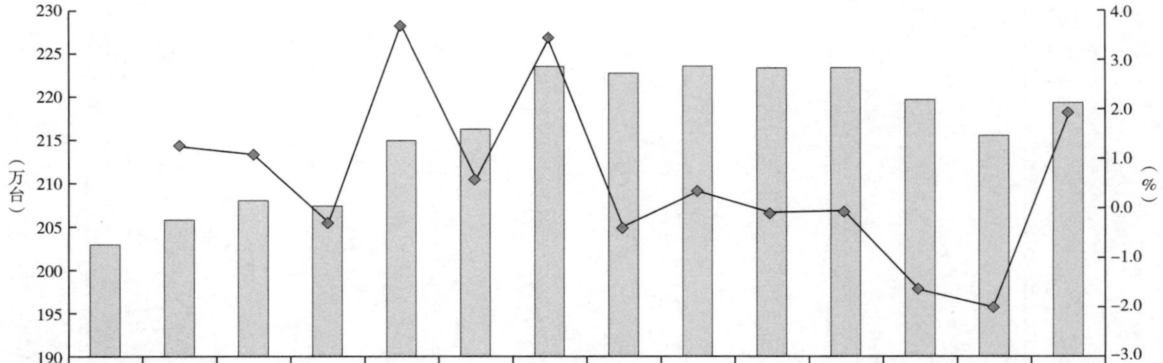

	2005年	2006年	2007年	2008年	2009年	2010年	2011年	2012年	2013年	2014年	2015年	2016年	2017年	2018年
保有量	203.10	205.73	207.97	207.34	215.03	216.29	223.80	222.87	223.63	223.44	223.34	219.68	215.30	219.45
同比增长率	—	1.29	1.09	−0.30	3.71	0.59	3.47	−0.42	0.34	−0.08	−0.04	−1.64	−1.99	1.93

图 81　2005—2018 年河南省农用水泵保有量走势

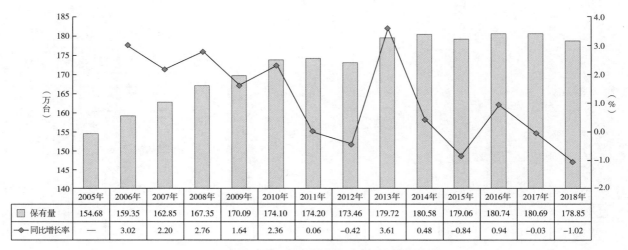

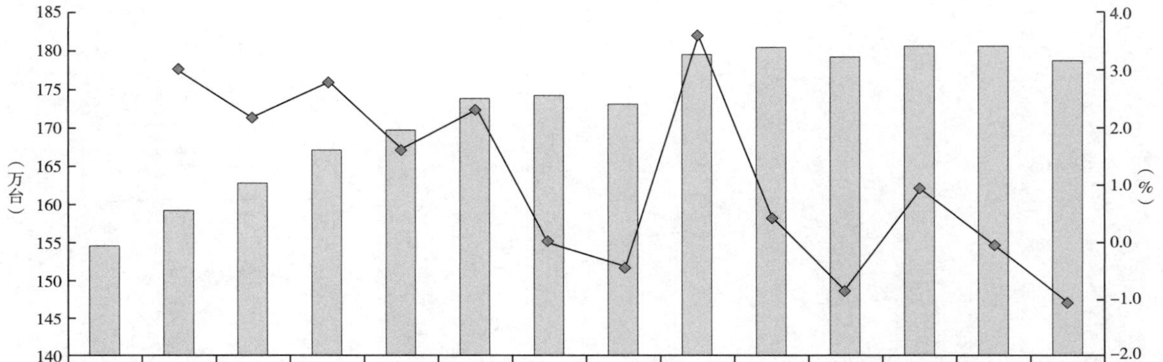

	2005年	2006年	2007年	2008年	2009年	2010年	2011年	2012年	2013年	2014年	2015年	2016年	2017年	2018年
保有量	154.68	159.35	162.85	167.35	170.09	174.10	174.20	173.46	179.72	180.58	179.06	180.74	180.69	178.85
同比增长率	—	3.02	2.20	2.76	1.64	2.36	0.06	−0.42	3.61	0.48	−0.84	0.94	−0.03	−1.02

图 82　2005—2018 年安徽省农用水泵保有量走势

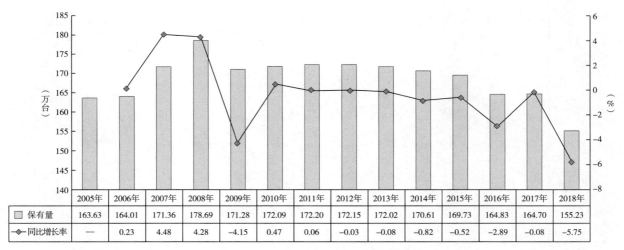

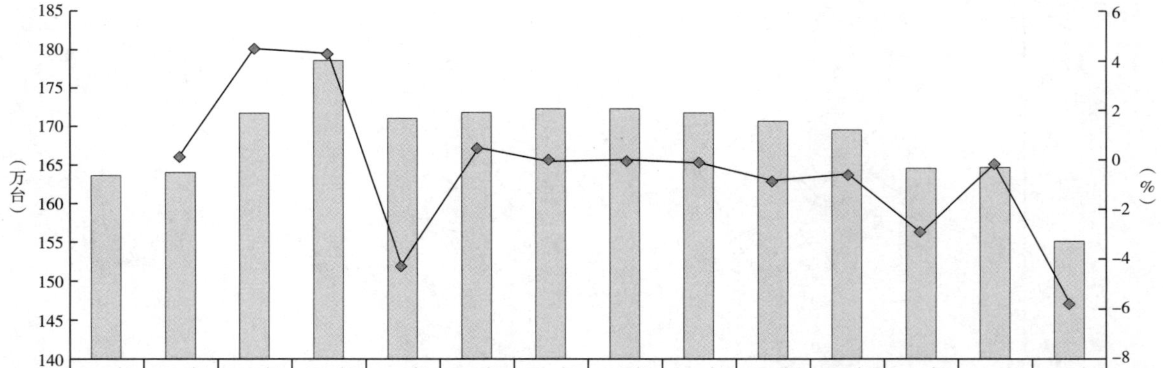

	2005年	2006年	2007年	2008年	2009年	2010年	2011年	2012年	2013年	2014年	2015年	2016年	2017年	2018年
保有量	163.63	164.01	171.36	178.69	171.28	172.09	172.20	172.15	172.02	170.61	169.73	164.83	164.70	155.23
同比增长率	—	0.23	4.48	4.28	−4.15	0.47	0.06	−0.03	−0.08	−0.82	−0.52	−2.89	−0.08	−5.75

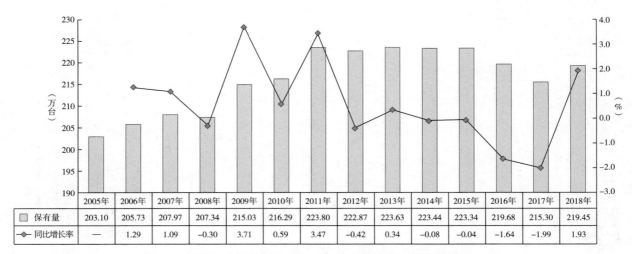

图 83　2005—2018 年河北省农用水泵保有量走势

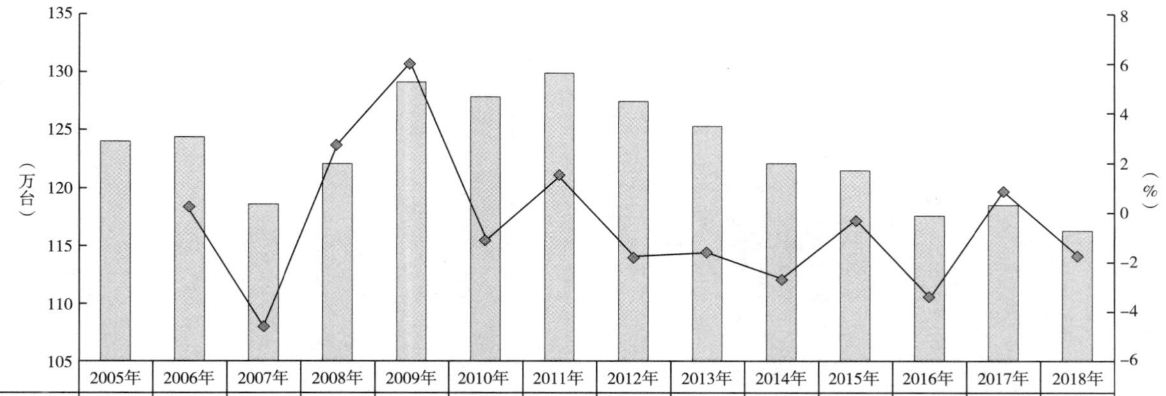

	2005年	2006年	2007年	2008年	2009年	2010年	2011年	2012年	2013年	2014年	2015年	2016年	2017年	2018年
保有量	123.91	124.22	118.60	121.81	128.99	127.67	129.70	127.33	125.30	121.92	121.52	117.47	118.41	116.33
同比增长率	—	0.25	−4.52	2.71	5.89	−1.02	1.59	−1.83	−1.59	−2.70	−0.33	−3.33	0.80	−1.76

图 84　2005—2018 年辽宁省农用水泵保有量走势

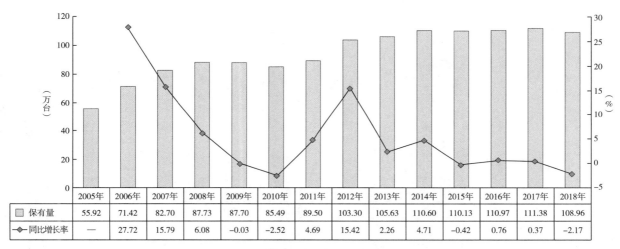

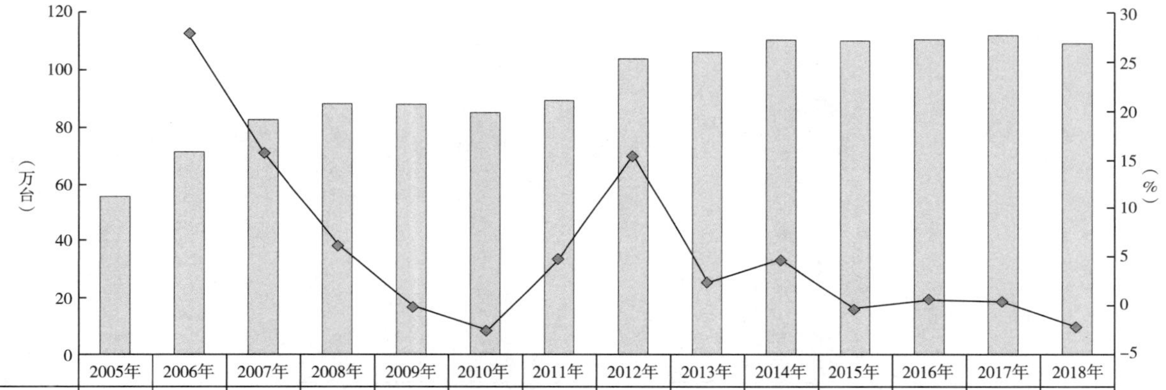

	2005年	2006年	2007年	2008年	2009年	2010年	2011年	2012年	2013年	2014年	2015年	2016年	2017年	2018年
保有量	55.92	71.42	82.70	87.73	87.70	85.49	89.50	103.30	105.63	110.60	110.13	110.97	111.38	108.96
同比增长率	—	27.72	15.79	6.08	−0.03	−2.52	4.69	15.42	2.26	4.71	−0.42	0.76	0.37	−2.17

图 85　2005—2018 年湖北省农用水泵保有量走势

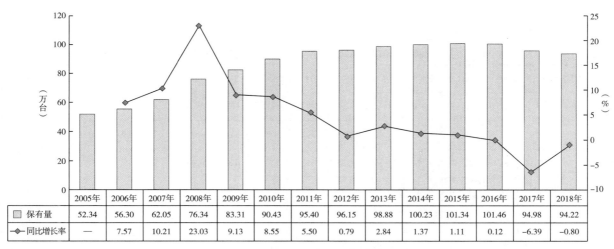

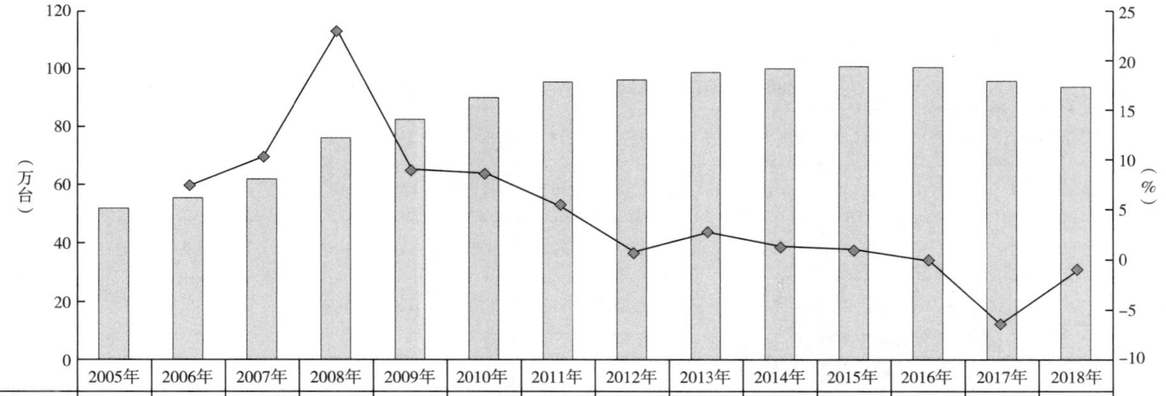

	2005年	2006年	2007年	2008年	2009年	2010年	2011年	2012年	2013年	2014年	2015年	2016年	2017年	2018年
保有量	52.34	56.30	62.05	76.34	83.31	90.43	95.40	96.15	98.88	100.23	101.34	101.46	94.98	94.22
同比增长率	—	7.57	10.21	23.03	9.13	8.55	5.50	0.79	2.84	1.37	1.11	0.12	−6.39	−0.80

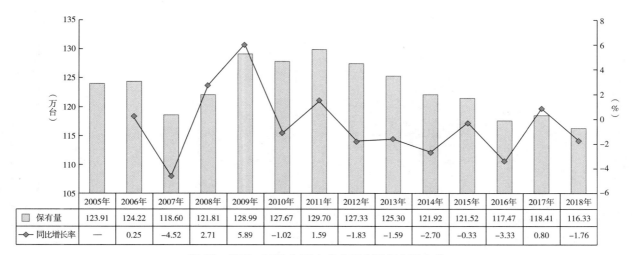

图 86　2005—2018 年重庆市农用水泵保有量走势

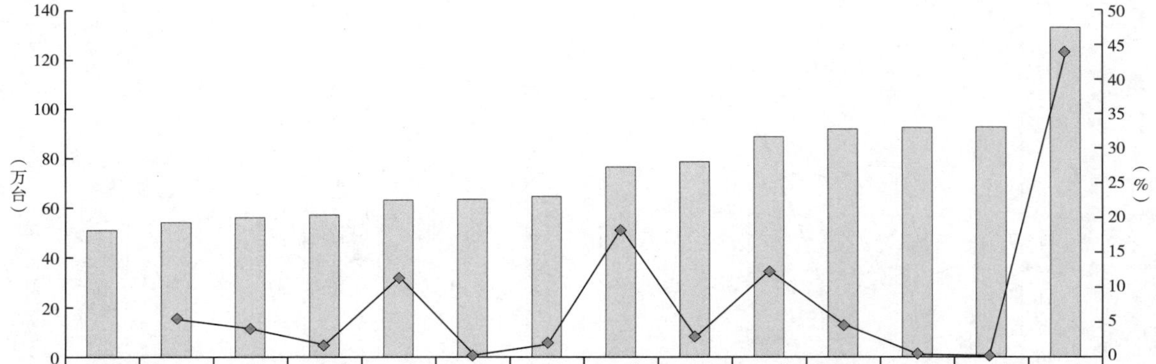

	2005年	2006年	2007年	2008年	2009年	2010年	2011年	2012年	2013年	2014年	2015年	2016年	2017年	2018年
保有量	50.43	53.23	55.43	56.38	62.82	62.93	64.10	75.76	78.04	87.41	91.29	91.68	92.01	132.22
同比增长率	—	5.55	4.13	1.71	11.42	0.18	1.88	18.19	3.01	12.01	4.44	0.43	0.36	43.70

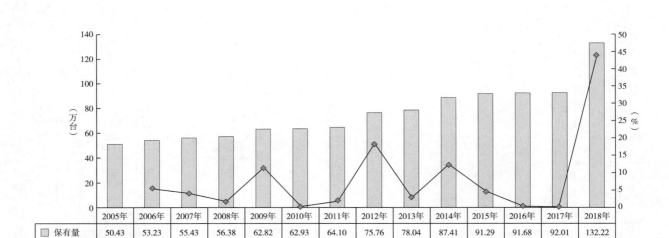

图 87　2005—2018 年四川省农用水泵保有量走势

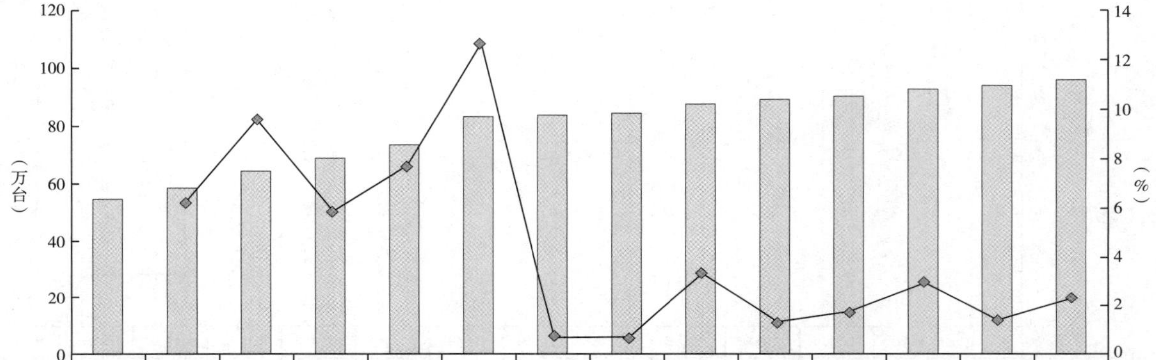

	2005年	2006年	2007年	2008年	2009年	2010年	2011年	2012年	2013年	2014年	2015年	2016年	2017年	2018年
保有量	55.60	59.11	64.82	68.70	73.98	83.40	84.00	84.52	87.36	88.45	89.97	92.65	93.96	96.18
同比增长率	—	6.31	9.66	5.99	7.69	12.73	0.72	0.62	3.36	1.25	1.72	2.98	1.41	2.36

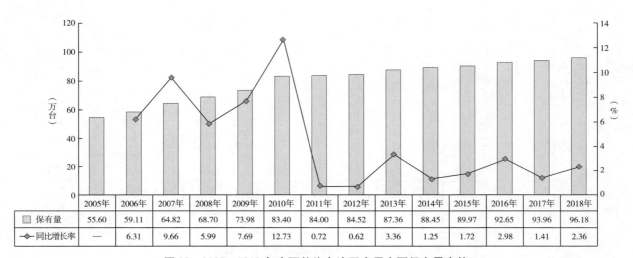

图 88　2005—2018 年广西壮族自治区农用水泵保有量走势

（三）植保机械保有量

表 17　　2005—2018 年机动喷雾（粉）机保有量一览表　　单位：万台

序号	地区	2005 年	2006 年	2007 年	2008 年	2009 年	2010 年	2011 年	2012 年	2013 年	2014 年	2015 年	2016 年	2017 年	2018 年
	全国	239. 10	271. 04	296. 33	356. 42	395. 91	461. 44	518. 08	543. 72	559. 19	614. 04	618. 85	629. 69	618. 32	615. 26
1	湖北	15. 92	25. 44	30. 57	35. 41	38. 40	43. 56	48. 73	55. 07	60. 41	72. 26	73. 02	74. 20	71. 09	66. 92
2	江苏	37. 41	39. 46	41. 39	50. 27	53. 50	57. 32	61. 92	67. 11	68. 60	68. 85	67. 04	65. 97	63. 59	60. 57
3	山东	28. 91	29. 74	30. 40	39. 17	40. 35	43. 15	47. 43	48. 85	50. 09	49. 99	50. 91	51. 13	51. 57	47. 77
4	河北	33. 52	34. 82	36. 75	40. 54	45. 09	48. 03	49. 10	50. 15	51. 05	50. 79	50. 50	51. 02	51. 36	50. 49
5	安徽	20. 53	22. 01	24. 52	26. 58	29. 18	32. 78	36. 86	42. 80	44. 90	46. 32	47. 07	47. 37	47. 51	46. 62

续 表

序号	地区	2005年	2006年	2007年	2008年	2009年	2010年	2011年	2012年	2013年	2014年	2015年	2016年	2017年	2018年
6	福建	9.72	9.80	10.48	11.22	19.02	24.69	28.42	11.20	11.45	43.71	43.57	43.96	33.72	39.86
7	湖南	8.26	9.10	9.01	16.32	20.40	29.02	32.29	37.66	37.61	38.90	39.78	40.26	39.16	40.06
8	四川	8.69	9.67	11.07	12.71	14.57	19.29	26.00	28.38	30.80	33.11	35.13	36.61	37.80	37.78
9	河南	18.97	20.56	21.20	22.52	24.22	26.19	26.36	27.66	28.58	29.42	29.53	29.66	29.91	33.48
10	广东	6.12	8.17	9.59	15.65	14.54	17.21	21.84	23.92	23.91	24.89	25.50	26.75	26.27	23.92
11	浙江	7.68	11.66	12.58	13.27	15.56	18.95	21.18	21.84	21.30	21.46	20.7	20.53	21.19	21.34
12	陕西	7.32	8.02	8.61	9.29	8.67	13.43	17.26	18.03	18.84	19.13	18.99	21.55	21.76	19.68
13	江西	7.30	8.65	9.76	11.53	13.05	15.88	18.56	20.12	13.69	14.65	14.83	14.95	14.92	14.93
14	广西	3.78	4.34	4.91	6.63	7.39	8.66	10.63	11.46	12.06	12.63	13.51	14.06	14.79	14.51
15	云南	0.57	0.70	1.18	1.85	4.60	5.99	8.06	10.67	12.19	12.69	13.34	13.74	14.76	16.72
16	黑龙江	2.51	4.42	5.85	7.93	8.50	9.50	10.00	10.25	10.64	10.75	10.49	10.69	10.35	10.17
17	辽宁	4.82	4.94	5.59	7.04	7.60	9.66	9.46	9.55	9.67	9.7	9.83	9.57	10.19	10.55
18	海南	0.70	0.77	0.90	1.37	1.75	2.93	6.48	7.81	9.26	9.27	8.56	9.32	8.72	8.73
19	新疆	4.31	4.32	4.57	4.99	5.24	6.42	6.93	7.16	8.56	8.53	8.24	8.38	8.46	8.57
20	内蒙古	0.76	1.25	1.34	5.43	4.82	5.23	5.38	7.95	7.65	7.6	7.69	8.28	7.50	9.13
21	重庆	1.21	1.21	1.34	1.47	3.37	5.71	5.82	5.87	6.97	7.04	7.41	7.73	7.96	8.06
22	贵州	1.39	1.43	2.15	2.42	2.66	2.90	3.40	3.59	3.91	4.69	4.89	5.02	5.29	5.71
23	甘肃	1.22	1.34	1.46	1.65	2.43	3.49	4.01	3.50	3.77	4.34	4.81	5.13	5.53	5.75
24	山西	3.15	3.09	3.18	3.21	3.44	3.72	3.91	3.99	4.12	4.20	4.21	4.22	4.46	4.41
25	上海	1.20	1.39	1.84	1.83	1.83	2.11	2.25	2.29	2.23	2.22	2.26	2.25	2.13	2.07
26	北京	1.11	1.83	1.96	2.08	2.28	2.04	2.02	2.95	2.22	2.09	1.99	1.94	2.05	1.14
27	吉林	0.71	1.50	2.67	1.95	1.06	1.08	1.16	1.23	1.22	1.27	1.34	1.44	1.89	2.06
28	新疆建设兵团	0.41	0.43	0.55	0.79	0.92	0.93	0.98	0.99	0.95	0.98	1.00	1.01	1.02	0.98
29	天津	0.45	0.50	0.52	0.83	0.85	0.86	0.95	0.96	0.97	0.96	0.96	0.95	0.93	0.73
30	西藏	0.00	0.00	0.00	0.00	0.07	0.10	0.11	0.59	0.61	0.68	0.83	1.00	1.20	1.32
31	青海	0.25	0.26	0.25	0.26	0.26	0.27	0.24	0.29	0.53	0.48	0.51	0.60	0.78	0.73
32	宁夏	0.20	0.22	0.14	0.22	0.30	0.34	0.35	0.42	0.43	0.44	0.41	0.41	0.46	0.49

表18　2005—2018年机动喷雾（粉）机保有量前十名走势分析　单位：万台

序号	地区	类别	2005年	2006年	2007年	2008年	2009年	2010年	2011年	2012年	2013年	2014年	2015年	2016年	2017年	2018年
	全国	保有量	239. 10	271. 04	296. 33	356. 42	395. 91	461. 44	518. 08	543. 72	559. 19	614. 04	618. 85	629. 69	618. 32	615. 26
		同比增长率（%）	—	13. 36	9. 33	20. 28	11. 08	16. 55	12. 27	4. 95	2. 85	9. 81	0. 78	1. 75	-1. 81	-0. 49
1	湖北	保有量	15. 92	25. 44	30. 57	35. 41	38. 40	43. 56	48. 73	55. 07	60. 41	72. 26	73. 02	74. 20	71. 09	66. 92
		同比增长率（%）	—	59. 80	20. 17	15. 83	8. 44	13. 44	11. 87	13. 01	9. 70	19. 62	1. 05	1. 62	-4. 19	-5. 87
2	江苏	保有量	37. 41	39. 46	41. 39	50. 27	53. 50	57. 32	61. 92	67. 11	68. 60	68. 85	67. 04	65. 97	63. 59	60. 57
		同比增长率（%）	—	5. 48	4. 89	21. 45	6. 43	7. 14	8. 03	8. 38	2. 22	0. 36	-2. 63	-1. 60	-3. 61	-4. 75
3	山东	保有量	28. 91	29. 74	30. 40	39. 17	40. 35	43. 15	47. 43	48. 85	50. 09	49. 99	50. 91	51. 13	51. 57	47. 77
		同比增长率（%）	—	2. 87	2. 22	28. 85	3. 01	6. 94	9. 92	2. 99	2. 54	-0. 20	1. 84	0. 43	0. 86	-7. 37
4	河北	保有量	33. 52	34. 82	36. 75	40. 54	45. 09	48. 03	49. 10	50. 15	51. 05	50. 79	50. 50	51. 02	51. 36	50. 49
		同比增长率（%）	—	3. 88	5. 54	10. 31	11. 22	6. 52	2. 23	2. 14	1. 79	-0. 51	-0. 57	1. 03	0. 67	-1. 69
5	安徽	保有量	20. 53	22. 01	24. 52	26. 58	29. 18	32. 78	36. 86	42. 80	44. 90	46. 32	47. 07	47. 37	47. 51	46. 62
		同比增长率（%）	—	7. 21	11. 40	8. 40	9. 78	12. 34	12. 45	16. 12	4. 91	3. 16	1. 62	0. 64	0. 30	-1. 87
6	福建	保有量	9. 72	9. 80	10. 48	11. 22	19. 02	24. 69	28. 42	11. 20	11. 45	43. 71	43. 57	43. 96	33. 72	39. 86
		同比增长率（%）	—	0. 82	6. 94	7. 06	69. 52	29. 81	15. 11	-60. 59	2. 23	281. 75	-0. 32	0. 90	-23. 29	18. 21
7	湖南	保有量	8. 26	9. 10	9. 01	16. 32	20. 40	29. 02	32. 29	37. 66	37. 61	38. 90	39. 78	40. 26	39. 16	40. 06
		同比增长率（%）	—	10. 17	-0. 99	81. 13	25. 00	42. 25	11. 27	16. 63	-0. 13	3. 43	2. 26	1. 21	-2. 73	2. 30
8	四川	保有量	8. 69	9. 67	11. 07	12. 71	14. 57	19. 29	26. 00	28. 38	30. 80	33. 11	35. 13	36. 61	37. 80	37. 78
		同比增长率（%）	—	11. 28	14. 48	14. 81	14. 63	32. 40	34. 78	9. 15	8. 53	7. 50	6. 10	4. 21	3. 25	-0. 05
9	河南	保有量	18. 97	20. 56	21. 20	22. 52	24. 22	26. 19	26. 36	27. 66	28. 58	29. 42	29. 53	29. 66	29. 91	33. 48
		同比增长率（%）	—	8. 38	3. 11	6. 23	7. 55	8. 13	0. 65	4. 93	3. 33	2. 94	0. 37	0. 44	0. 84	11. 94
10	广东	保有量	6. 12	8. 17	9. 59	15. 65	14. 54	17. 21	21. 84	23. 92	23. 91	24. 89	25. 50	26. 75	26. 27	23. 92
		同比增长率（%）	—	33. 50	17. 38	63. 19	-7. 09	18. 36	26. 90	9. 52	-0. 04	4. 10	2. 45	4. 90	-1. 79	-8. 95

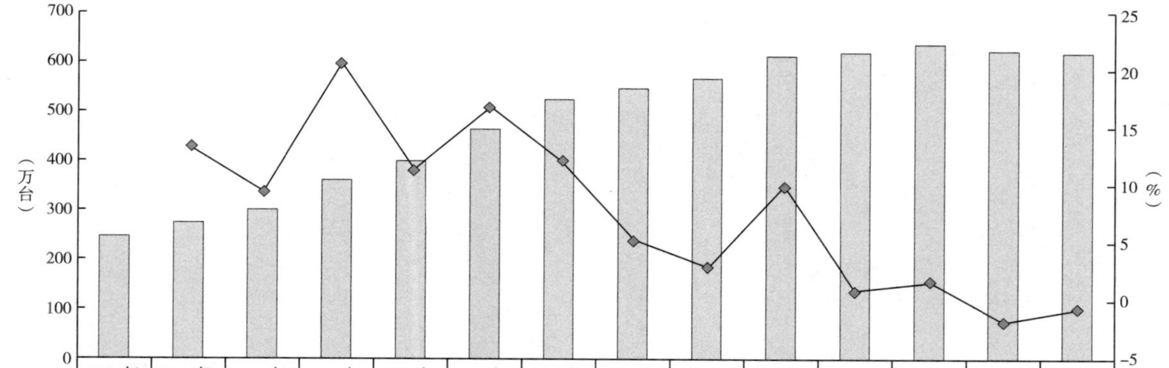

	2005年	2006年	2007年	2008年	2009年	2010年	2011年	2012年	2013年	2014年	2015年	2016年	2017年	2018年
保有量	239.10	271.04	296.33	356.42	395.91	461.44	518.08	543.72	559.19	614.04	618.85	629.69	618.32	615.26
同比增长率	—	13.36	9.33	20.28	11.08	16.55	12.27	4.95	2.85	9.81	0.78	1.75	–1.81	–0.49

图 89　2005—2018 年全国机动喷雾（粉）机保有量走势

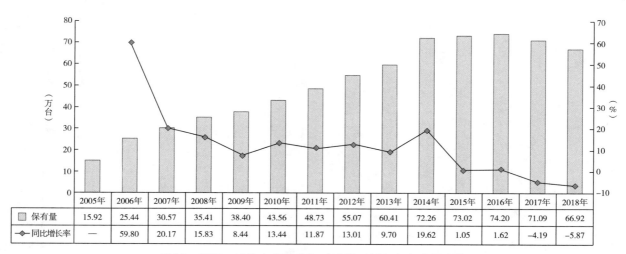

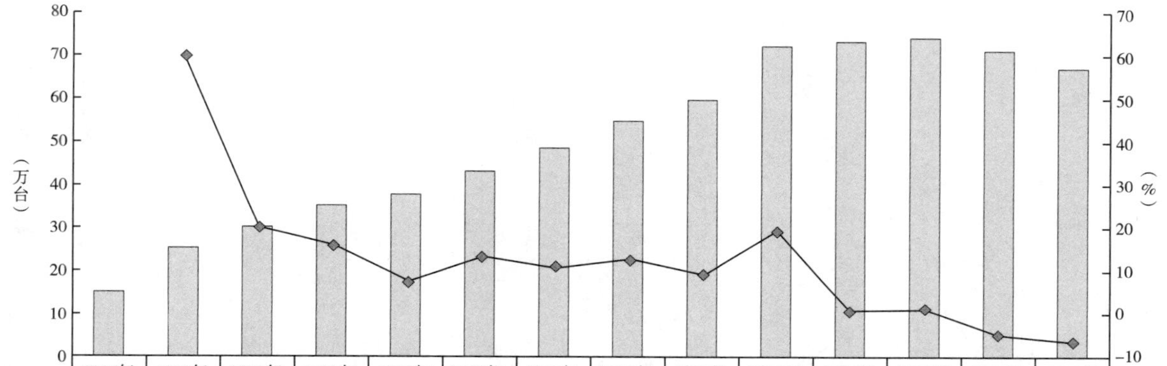

	2005年	2006年	2007年	2008年	2009年	2010年	2011年	2012年	2013年	2014年	2015年	2016年	2017年	2018年
保有量	15.92	25.44	30.57	35.41	38.40	43.56	48.73	55.07	60.41	72.26	73.02	74.20	71.09	66.92
同比增长率	—	59.80	20.17	15.83	8.44	13.44	11.87	13.01	9.70	19.62	1.05	1.62	–4.19	–5.87

图 90　2005—2018 年湖北省机动喷雾（粉）机保有量走势

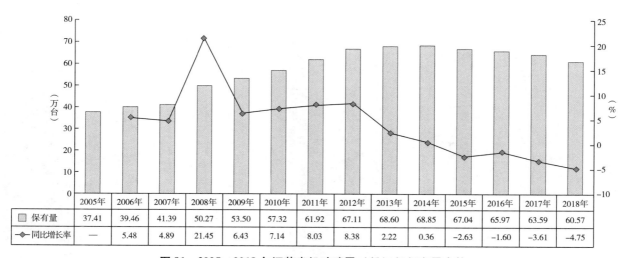

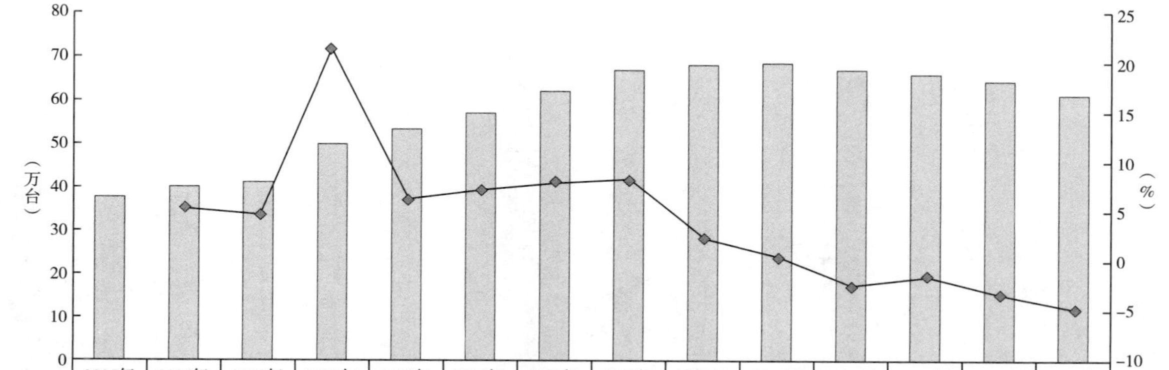

	2005年	2006年	2007年	2008年	2009年	2010年	2011年	2012年	2013年	2014年	2015年	2016年	2017年	2018年
保有量	37.41	39.46	41.39	50.27	53.50	57.32	61.92	67.11	68.60	68.85	67.04	65.97	63.59	60.57
同比增长率	—	5.48	4.89	21.45	6.43	7.14	8.03	8.38	2.22	0.36	–2.63	–1.60	–3.61	–4.75

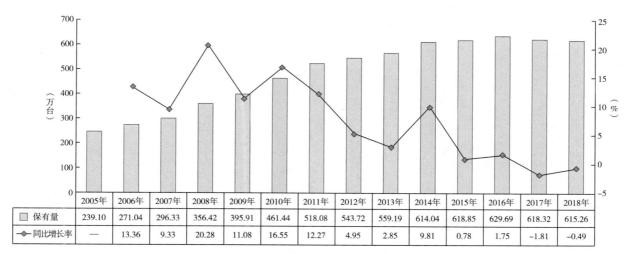

图 91　2005—2018 年江苏省机动喷雾（粉）机保有量走势

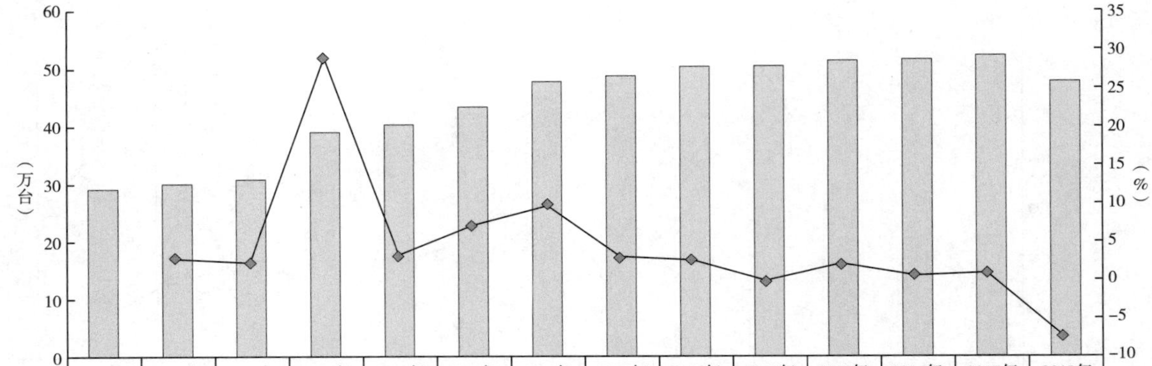

	2005年	2006年	2007年	2008年	2009年	2010年	2011年	2012年	2013年	2014年	2015年	2016年	2017年	2018年
保有量	28.91	29.74	30.40	39.17	40.35	43.15	47.43	48.85	50.09	49.99	50.91	51.13	51.57	47.77
同比增长率	—	2.87	2.22	28.85	3.01	6.94	9.92	2.99	2.54	−0.20	1.84	0.43	0.86	−7.37

图 92　2005—2018 年山东省机动喷雾（粉）机保有量走势

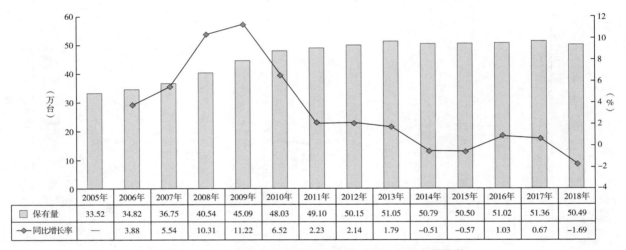

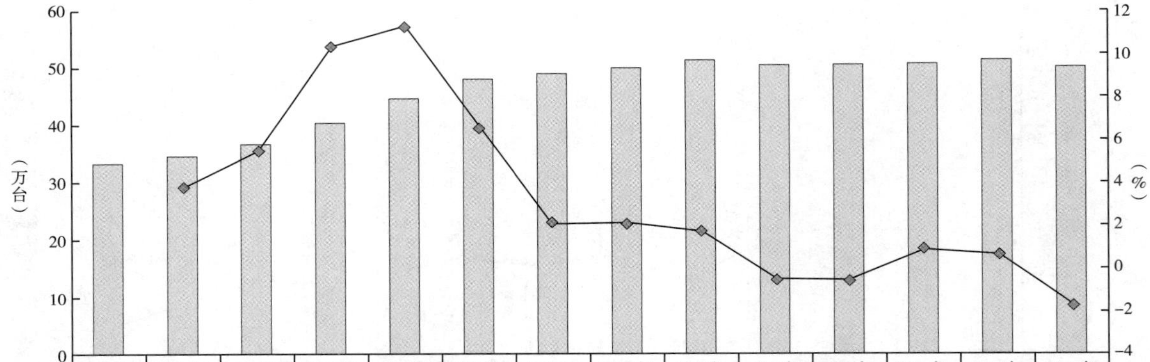

	2005年	2006年	2007年	2008年	2009年	2010年	2011年	2012年	2013年	2014年	2015年	2016年	2017年	2018年
保有量	33.52	34.82	36.75	40.54	45.09	48.03	49.10	50.15	51.05	50.79	50.50	51.02	51.36	50.49
同比增长率	—	3.88	5.54	10.31	11.22	6.52	2.23	2.14	1.79	−0.51	−0.57	1.03	0.67	−1.69

图 93　2005—2018 年河北省机动喷雾（粉）机保有量走势

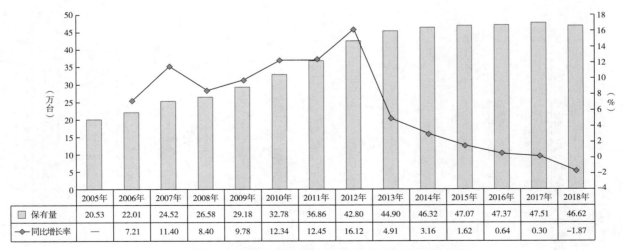

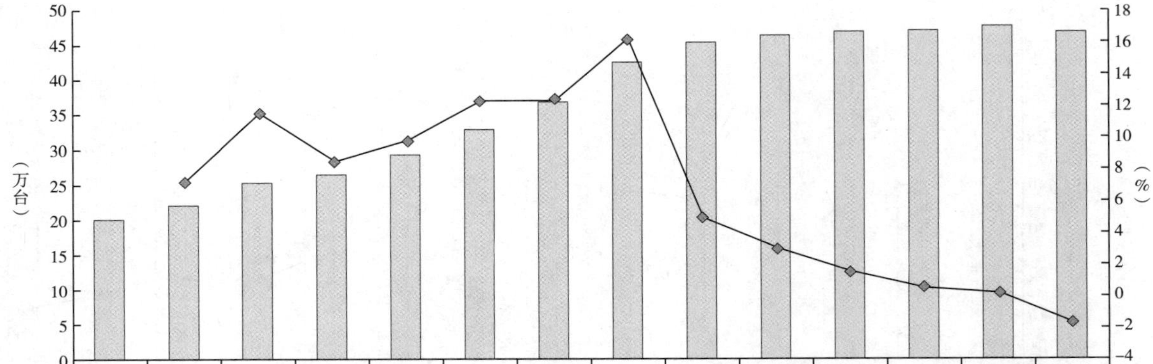

	2005年	2006年	2007年	2008年	2009年	2010年	2011年	2012年	2013年	2014年	2015年	2016年	2017年	2018年
保有量	20.53	22.01	24.52	26.58	29.18	32.78	36.86	42.80	44.90	46.32	47.07	47.37	47.51	46.62
同比增长率	—	7.21	11.40	8.40	9.78	12.34	12.45	16.12	4.91	3.16	1.62	0.64	0.30	−1.87

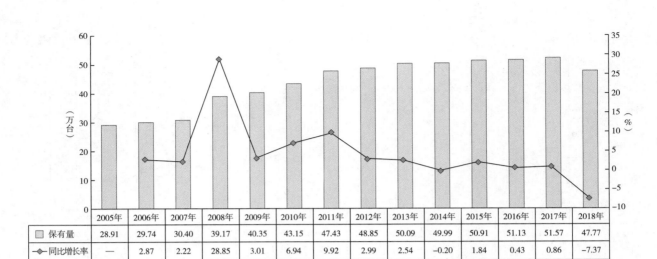

图 94　2005—2018 年安徽省机动喷雾（粉）机保有量走势

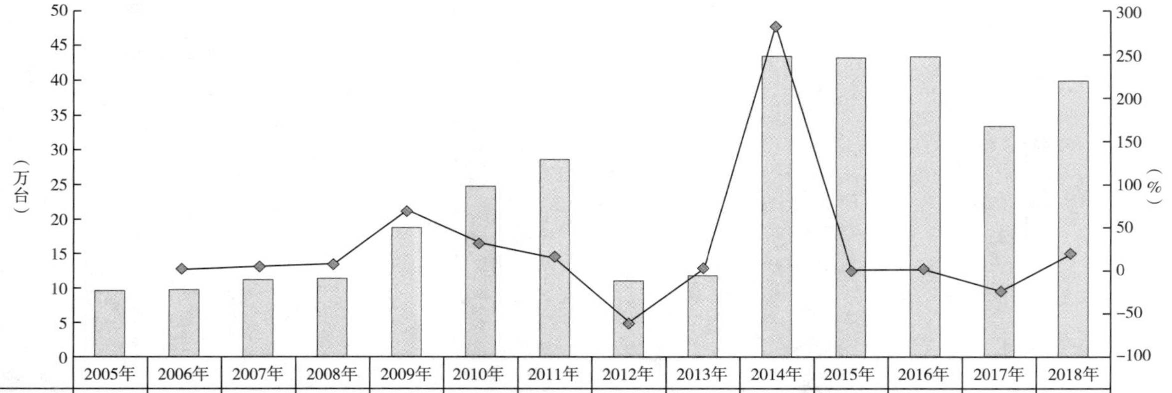

	2005年	2006年	2007年	2008年	2009年	2010年	2011年	2012年	2013年	2014年	2015年	2016年	2017年	2018年
保有量	9.72	9.80	10.48	11.22	19.02	24.69	28.42	11.20	11.45	43.71	43.57	43.96	33.72	39.86
同比增长率	—	0.82	6.94	7.06	69.52	29.81	15.11	−60.59	2.23	281.75	−0.32	0.90	−23.29	18.21

图 95　2005—2018 年福建省机动喷雾（粉）机保有量走势

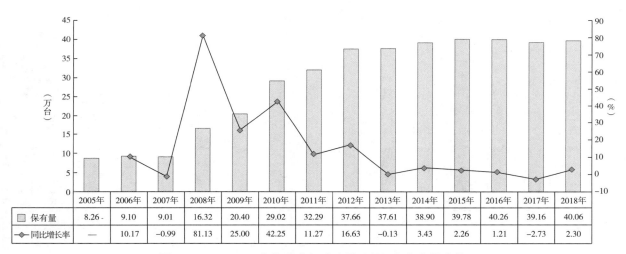

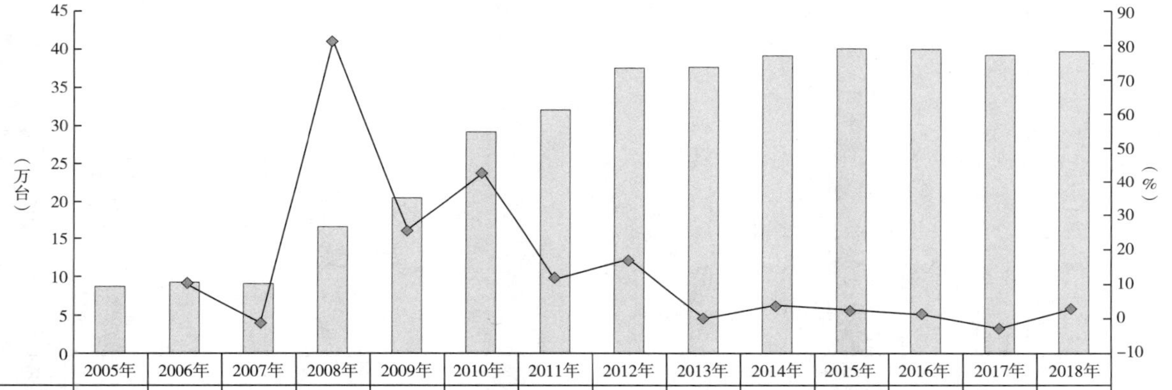

	2005年	2006年	2007年	2008年	2009年	2010年	2011年	2012年	2013年	2014年	2015年	2016年	2017年	2018年
保有量	8.26	9.10	9.01	16.32	20.40	29.02	32.29	37.66	37.61	38.90	39.78	40.26	39.16	40.06
同比增长率	—	10.17	−0.99	81.13	25.00	42.25	11.27	16.63	−0.13	3.43	2.26	1.21	−2.73	2.30

图 96　2005—2018 年湖南省机动喷雾（粉）机保有量走势

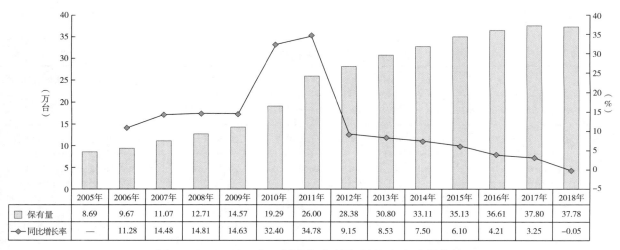

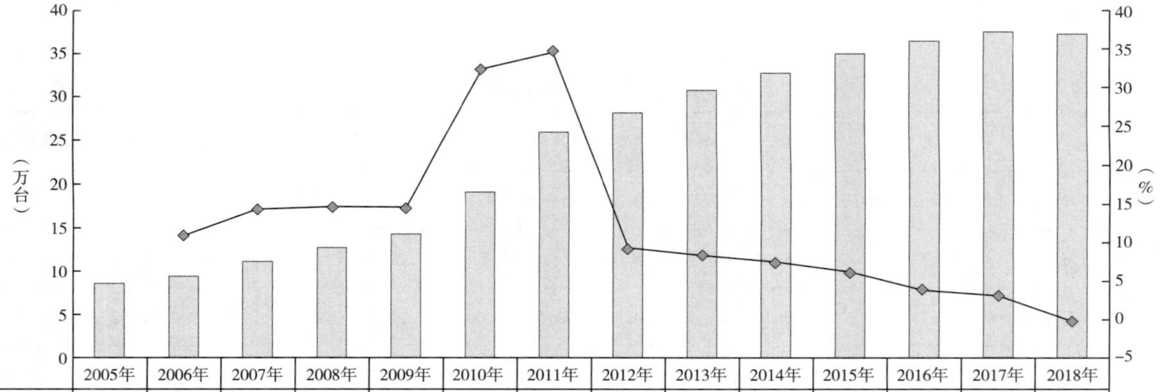

	2005年	2006年	2007年	2008年	2009年	2010年	2011年	2012年	2013年	2014年	2015年	2016年	2017年	2018年
保有量	8.69	9.67	11.07	12.71	14.57	19.29	26.00	28.38	30.80	33.11	35.13	36.61	37.80	37.78
同比增长率	—	11.28	14.48	14.81	14.63	32.40	34.78	9.15	8.53	7.50	6.10	4.21	3.25	−0.05

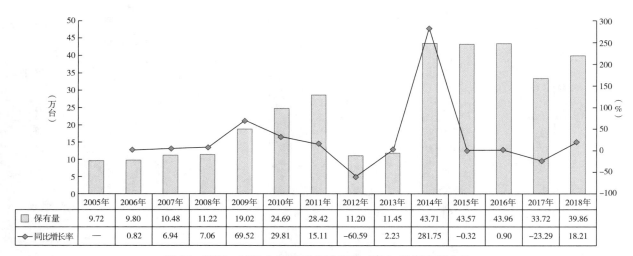

图 97　2005—2018 年四川省机动喷雾（粉）机保有量走势

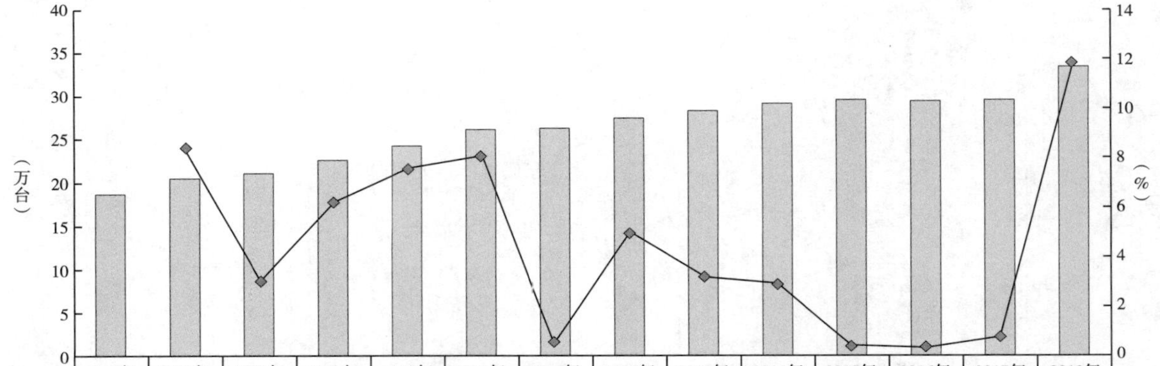

	2005年	2006年	2007年	2008年	2009年	2010年	2011年	2012年	2013年	2014年	2015年	2016年	2017年	2018年
保有量	18.97	20.56	21.20	22.52	24.22	26.19	26.36	27.66	28.58	29.42	29.53	29.66	29.91	33.48
同比增长率	—	8.38	3.11	6.23	7.55	8.13	0.65	4.93	3.33	2.94	0.37	0.44	0.84	11.94

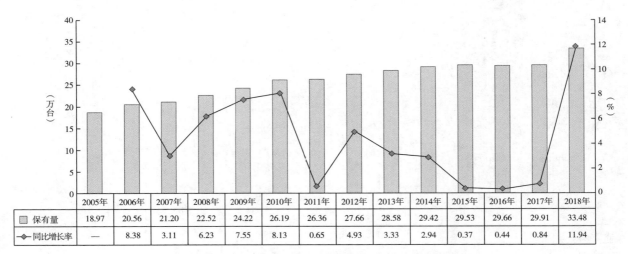

图 98　2005—2018 年河南省机动喷雾（粉）机保有量走势

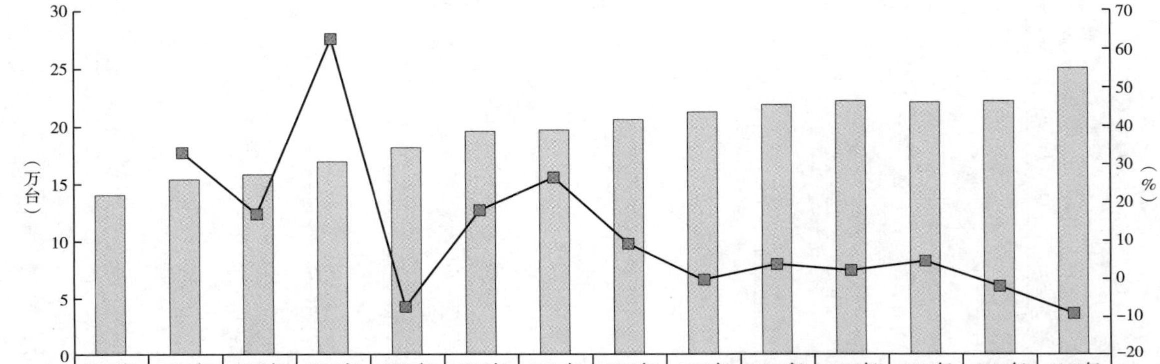

	2005年	2006年	2007年	2008年	2009年	2010年	2011年	2012年	2013年	2014年	2015年	2016年	2017年	2018年
保有量	6.12	8.17	9.59	15.65	14.54	17.21	21.84	23.92	23.91	24.89	25.50	26.75	26.27	23.92
同比增长率	—	33.50	17.38	63.19	−7.09	18.36	26.90	9.52	−0.04	4.10	2.45	4.90	−1.79	−8.95

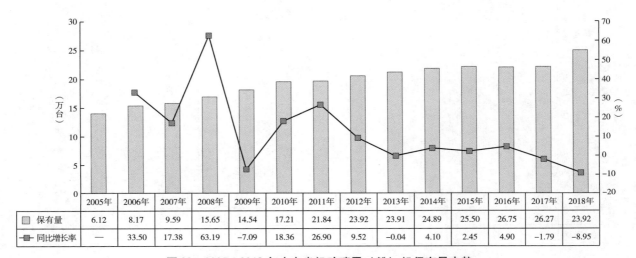

图 99　2005—2018 年广东省机动喷雾（粉）机保有量走势

（四）收获机械保有量

表 19　　**2005—2018 年联合收割机保有量一览表**　　单位：万台

序号	地区	2005 年	2006 年	2007 年	2008 年	2009 年	2010 年	2011 年	2012 年	2013 年	2014 年	2015 年	2016 年	2017 年	2018 年
	全国	47. 70	56. 78	63. 22	74. 35	85. 84	99. 21	111. 37	127. 88	142. 10	158. 46	173. 90	190. 20	198. 54	278. 90
1	山东	8. 16	9. 72	11. 00	13. 14	15. 83	18. 07	20. 10	21. 49	23. 40	25. 60	26. 93	29. 11	30. 54	40. 67
2	河南	7. 18	8. 48	9. 32	10. 25	12. 43	14. 38	15. 78	17. 71	20. 02	22. 13	24. 15	26. 55	27. 84	37. 49
3	安徽	4. 87	6. 09	6. 77	7. 77	9. 13	10. 21	11. 80	12. 85	14. 50	15. 93	17. 42	19. 58	20. 59	22. 93
4	江苏	6. 96	7. 71	7. 85	8. 53	9. 10	9. 85	10. 35	11. 81	13. 66	14. 95	15. 91	16. 96	17. 50	18. 82
5	河北	5. 60	6. 04	6. 44	6. 86	7. 30	7. 93	8. 59	10. 14	11. 52	12. 77	13. 77	14. 74	15. 60	17. 55

续 表

序号	地区	2005 年	2006 年	2007 年	2008 年	2009 年	2010 年	2011 年	2012 年	2013 年	2014 年	2015 年	2016 年	2017 年	2018 年
6	黑龙江	1.78	2.22	2.82	3.07	3.55	4.38	5.64	7.62	9.17	10.88	11.87	12.98	14.05	17.42
7	湖南	2.14	2.71	3.62	4.40	5.95	6.89	7.65	8.47	9.31	10.18	11.37	12.52	12.84	14.39
8	湖北	1.61	2.24	2.98	3.50	4.19	5.08	5.54	6.69	7.38	8.14	8.87	9.57	9.94	16.78
9	江西	1.22	1.67	2.16	2.58	3.83	4.57	5.02	6.19	4.83	5.66	6.56	7.37	7.90	8.74
10	吉林	0.08	0.16	0.30	0.55	0.90	1.54	2.19	3.07	3.55	4.67	6.32	7.30	8.25	10.01
11	陕西	1.58	1.76	1.82	1.89	2.14	2.60	2.94	3.22	3.52	3.74	4.11	4.27	4.33	5.02
12	山西	0.71	0.73	0.75	0.82	1.04	1.28	1.75	2.21	2.70	3.12	3.44	3.67	2.77	4.02
13	广西	0.11	0.22	0.47	0.83	1.31	1.70	1.96	2.22	2.42	2.67	3.04	3.29	3.43	3.99
14	内蒙古	0.47	0.50	0.55	0.56	0.63	0.80	1.10	1.59	1.93	2.47	3.01	3.28	3.51	18.17
15	四川	0.58	0.68	0.76	0.85	1.00	1.20	1.41	1.85	2.25	2.61	2.94	3.47	3.60	4.87
16	广东	0.82	0.98	1.12	1.40	1.61	1.82	1.90	2.08	2.28	2.39	2.56	2.68	2.77	3.11
17	辽宁	0.11	0.12	0.15	0.24	0.39	0.54	0.79	1.09	1.45	1.86	2.45	2.66	2.86	6.42
18	浙江	1.42	1.38	1.48	1.52	1.72	1.80	1.84	1.88	1.84	1.81	1.78	1.81	1.81	3.03
19	重庆	0.02	0.03	0.05	0.09	0.22	0.31	0.37	0.45	0.58	0.71	0.83	1.00	1.08	1.12
20	宁夏	0.23	0.27	0.31	0.34	0.50	0.63	0.59	0.69	0.78	0.76	0.82	0.87	0.90	2.29
21	福建	0.13	0.18	0.23	0.27	0.39	0.44	0.53	0.63	0.72	0.73	0.82	0.91	0.95	5.40
22	甘肃	0.18	0.23	0.23	0.22	0.29	0.36	0.41	0.49	0.58	0.70	0.81	0.96	1.02	4.29
23	新疆	0.24	0.25	0.28	0.33	0.41	0.48	0.54	0.57	0.64	0.74	0.80	0.94	1.00	3.31
24	云南	0.12	0.16	0.22	0.25	0.30	0.35	0.43	0.51	0.58	0.66	0.72	0.81	0.83	1.55
25	天津	0.27	0.30	0.43	0.33	0.35	0.40	0.47	0.56	0.59	0.58	0.58	0.58	0.57	0.60
26	西藏	0.30	1.15	0.30	2.91	0.37	0.51	0.52	0.53	0.54	0.55	0.55	0.41	0.45	0.91
27	海南	0.08	0.12	0.17	0.22	0.27	0.34	0.37	0.42	0.45	0.45	0.42	0.82	0.53	0.53
28	上海	0.23	0.20	0.19	0.19	0.20	0.22	0.24	0.26	0.28	0.28	0.27	0.27	0.22	0.22
29	青海	0.07	0.08	0.08	0.10	0.11	0.12	0.12	0.13	0.14	0.20	0.23	0.25	0.27	0.81
30	贵州	0.01	0.03	0.04	0.05	0.06	0.06	0.07	0.11	0.16	0.18	0.23	0.25	0.28	3.78
31	新疆建设兵团	0.15	0.12	0.12	0.11	0.13	0.14	0.14	0.13	0.14	0.16	0.17	0.17	0.18	0.53
32	北京	0.28	0.26	0.21	0.18	0.18	0.21	0.22	0.22	0.19	0.18	0.15	0.15	0.13	0.12

表 20　2005—2018 年联合收割机保有量前十名走势分析

单位：万台

序号	地区	类别	2005 年	2006 年	2007 年	2008 年	2009 年	2010 年	2011 年	2012 年	2013 年	2014 年	2015 年	2016 年	2017 年	2018 年
	全国	保有量	47.70	56.78	63.22	74.35	85.84	99.21	111.37	127.88	142.10	158.46	173.90	190.20	198.54	278.90
		同比增长率（%）	—	19.0	11.3	17.6	15.5	15.6	12.3	14.8	11.1	11.5	9.7	9.4	4.4	40.5
1	山东	保有量	8.16	9.72	11.00	13.14	15.83	18.07	20.10	21.49	23.40	25.60	26.93	29.11	30.54	40.67
		同比增长率（%）	—	19.1	13.2	19.5	20.5	14.2	11.2	6.9	8.9	9.4	5.2	8.1	4.9	33.2
2	河南	保有量	7.18	8.48	9.32	10.25	12.43	14.38	15.78	17.71	20.02	22.13	24.15	26.55	27.84	37.49
		同比增长率（%）	—	18.1	9.9	10.0	21.3	15.7	9.7	12.2	13.0	10.5	9.1	9.9	4.9	34.7
3	安徽	保有量	4.87	6.09	6.77	7.77	9.13	10.21	11.80	12.85	14.50	15.93	17.42	19.58	20.59	22.93
		同比增长率（%）	—	25.1	11.2	14.8	17.5	11.8	15.6	8.9	12.8	9.9	9.4	12.4	5.2	11.4
4	江苏	保有量	6.96	7.71	7.85	8.53	9.10	9.85	10.35	11.81	13.66	14.95	15.91	16.96	17.50	18.82
		同比增长率（%）	—	10.8	1.8	8.7	6.7	8.2	5.1	14.1	15.7	9.4	6.4	6.6	3.2	7.5
5	河北	保有量	5.60	6.04	6.44	6.86	7.30	7.93	8.59	10.14	11.52	12.77	13.77	14.74	15.60	17.55
		同比增长率（%）	—	7.9	6.6	6.5	6.4	8.6	8.3	18.0	13.6	10.9	7.8	7.0	5.8	12.5
6	黑龙江	保有量	1.78	2.22	2.82	3.07	3.55	4.38	5.64	7.62	9.17	10.88	11.87	12.98	14.05	17.42
		同比增长率（%）	—	24.7	27.0	8.9	15.6	23.4	28.8	35.1	20.3	18.6	9.1	9.4	8.2	24.0
7	湖南	保有量	2.14	2.71	3.62	4.40	5.95	6.89	7.65	8.47	9.31	10.18	11.37	12.52	12.84	14.39
		同比增长率（%）	—	26.6	33.6	21.5	35.2	15.8	11.0	10.7	9.9	9.3	11.7	10.1	2.6	12.1
8	湖北	保有量	1.61	2.24	2.98	3.50	4.19	5.08	5.54	6.69	7.38	8.14	8.87	9.57	9.94	16.78
		同比增长率（%）	—	39.1	33.0	17.4	19.7	21.2	9.1	20.8	10.3	10.3	9.0	7.9	3.9	68.8
9	江西	保有量	1.22	1.67	2.16	2.58	3.83	4.57	5.02	6.19	4.83	5.66	6.56	7.37	7.90	8.74
		同比增长率（%）	—	36.9	29.3	19.4	48.4	19.3	9.8	23.3	-22.0	17.2	15.9	12.3	7.2	10.6
10	吉林	保有量	0.08	0.16	0.30	0.55	0.90	1.54	2.19	3.07	3.55	4.67	6.32	7.30	8.25	10.01
		同比增长率（%）	—	100.0	87.5	83.3	63.6	71.1	42.2	40.2	15.6	31.5	35.3	15.5	13.0	21.3

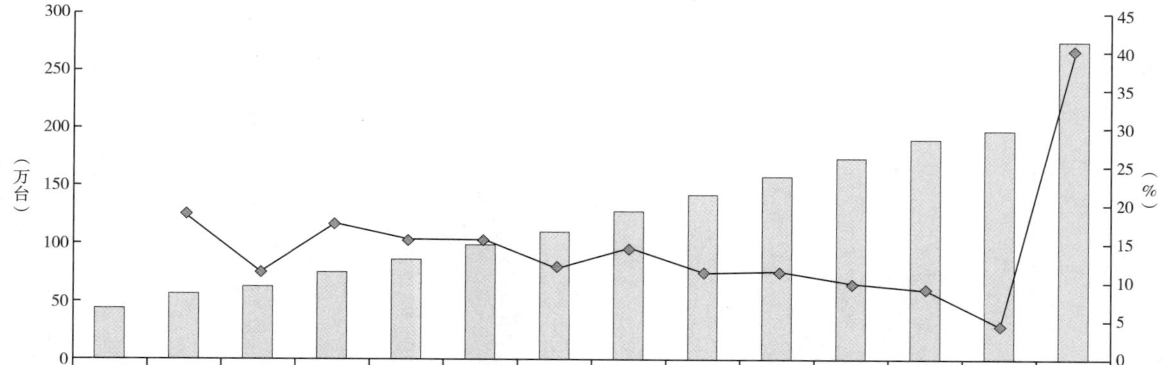

	2005年	2006年	2007年	2008年	2009年	2010年	2011年	2012年	2013年	2014年	2015年	2016年	2017年	2018年
保有量	47.70	56.78	63.22	74.35	85.84	99.21	111.37	127.88	142.10	158.46	173.90	190.20	198.54	278.90
同比增长率	—	19.0	11.3	17.6	15.5	15.6	12.3	14.8	11.1	11.5	9.7	9.4	4.4	40.5

图 100　2005—2018 年全国联合收割机保有量走势

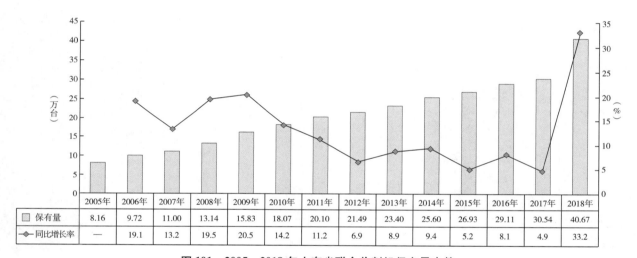

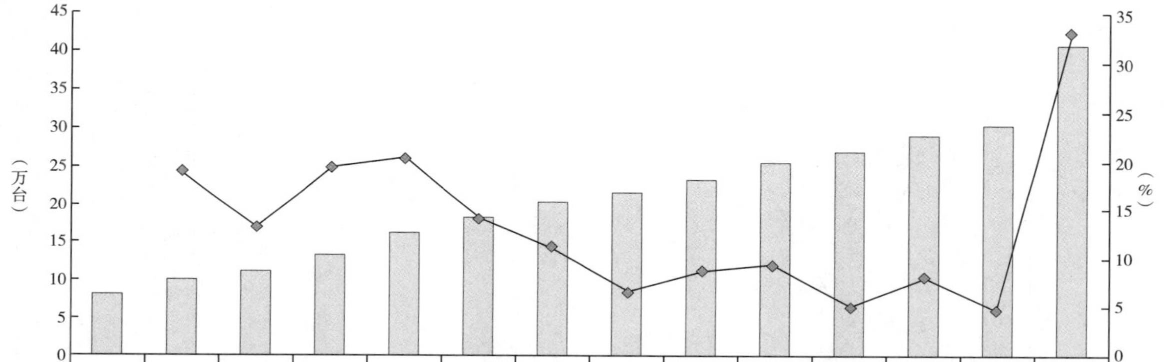

	2005年	2006年	2007年	2008年	2009年	2010年	2011年	2012年	2013年	2014年	2015年	2016年	2017年	2018年
保有量	8.16	9.72	11.00	13.14	15.83	18.07	20.10	21.49	23.40	25.60	26.93	29.11	30.54	40.67
同比增长率	—	19.1	13.2	19.5	20.5	14.2	11.2	6.9	8.9	9.4	5.2	8.1	4.9	33.2

图 101　2005—2018 年山东省联合收割机保有量走势

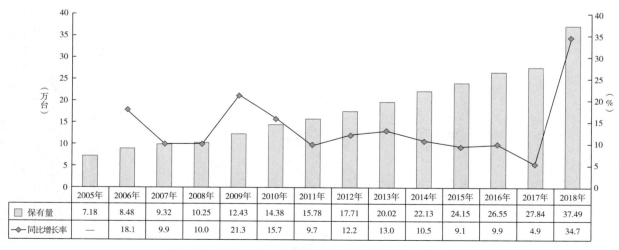

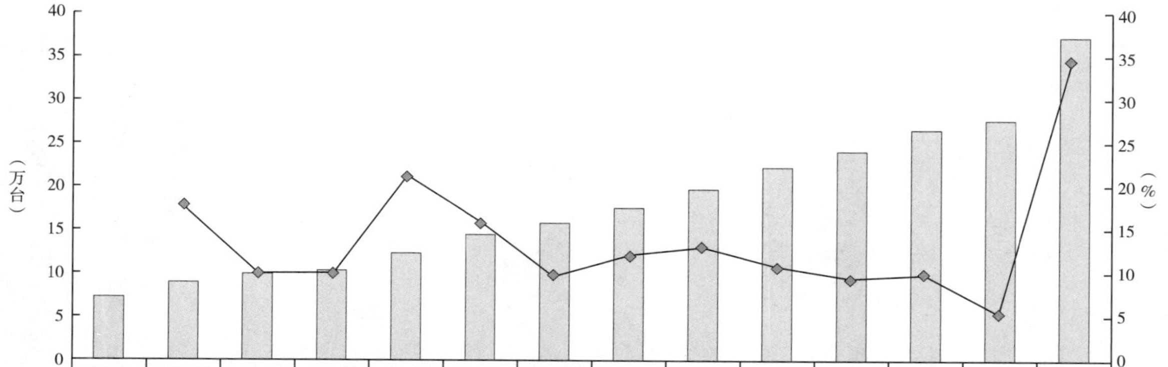

	2005年	2006年	2007年	2008年	2009年	2010年	2011年	2012年	2013年	2014年	2015年	2016年	2017年	2018年
保有量	7.18	8.48	9.32	10.25	12.43	14.38	15.78	17.71	20.02	22.13	24.15	26.55	27.84	37.49
同比增长率	—	18.1	9.9	10.0	21.3	15.7	9.7	12.2	13.0	10.5	9.1	9.9	4.9	34.7

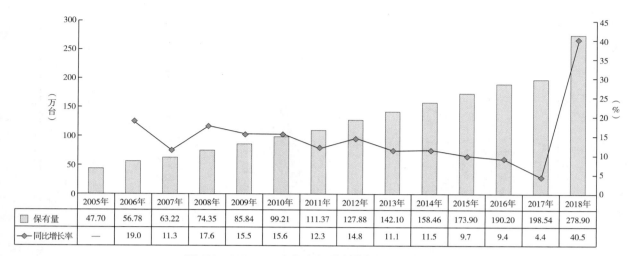

图 102　2005—2018 年河南省联合收割机保有量趋势

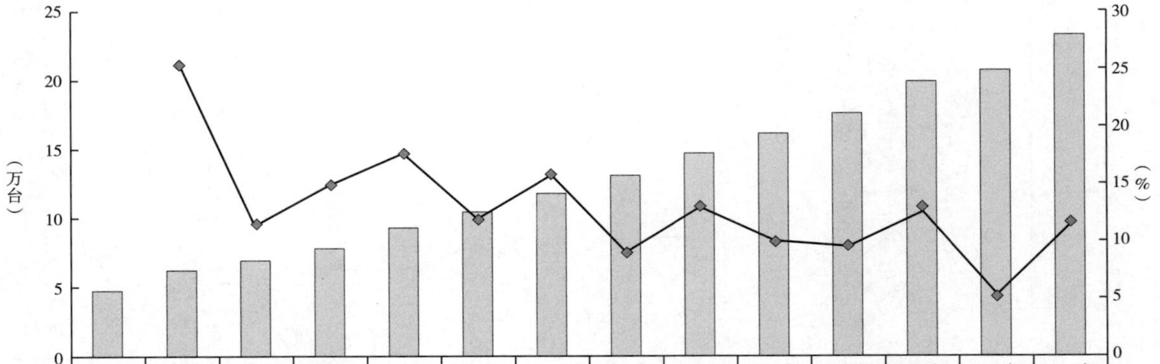

	2005年	2006年	2007年	2008年	2009年	2010年	2011年	2012年	2013年	2014年	2015年	2016年	2017年	2018年
保有量	4.87	6.09	6.77	7.77	9.13	10.21	11.80	12.85	14.50	15.93	17.42	19.58	20.59	22.93
同比增长率	—	25.1	11.2	14.8	17.5	11.8	15.6	8.9	12.8	9.9	9.4	12.4	5.2	11.4

图 103　2005—2018 年安徽省联合收割机保有量走势

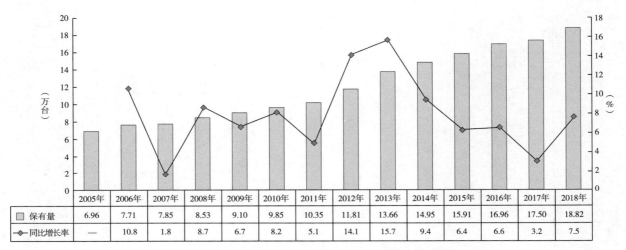

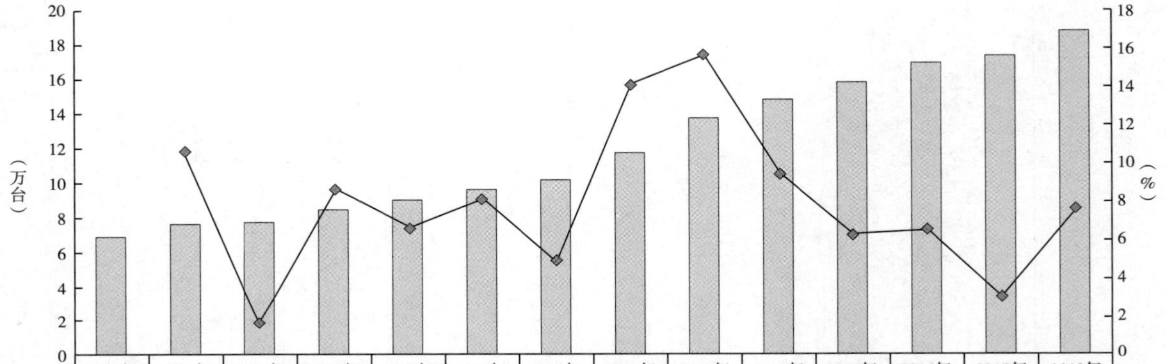

	2005年	2006年	2007年	2008年	2009年	2010年	2011年	2012年	2013年	2014年	2015年	2016年	2017年	2018年
保有量	6.96	7.71	7.85	8.53	9.10	9.85	10.35	11.81	13.66	14.95	15.91	16.96	17.50	18.82
同比增长率	—	10.8	1.8	8.7	6.7	8.2	5.1	14.1	15.7	9.4	6.4	6.6	3.2	7.5

图 104　2005—2018 年江苏省联合收割机保有量走势

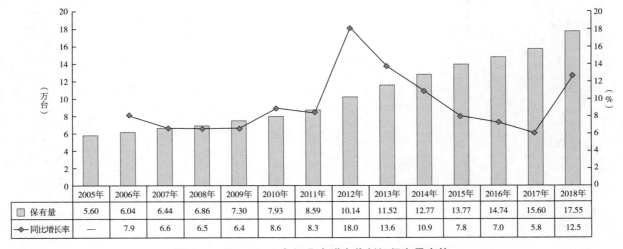

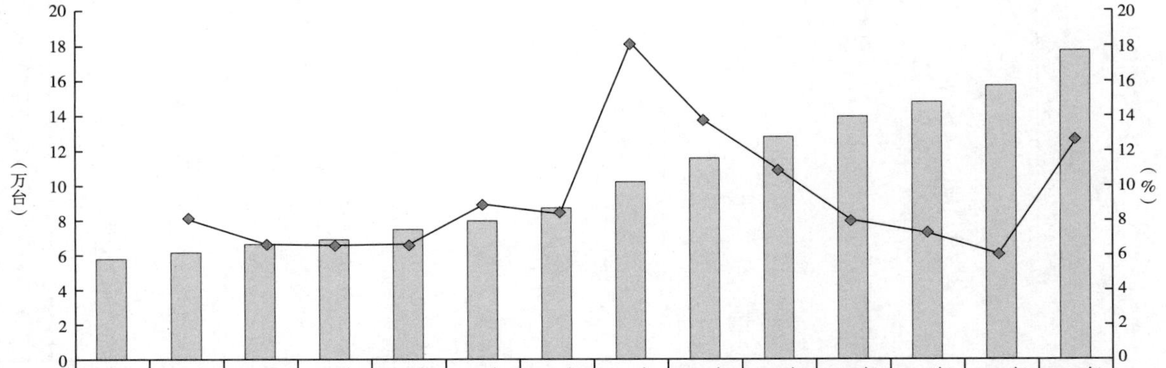

	2005年	2006年	2007年	2008年	2009年	2010年	2011年	2012年	2013年	2014年	2015年	2016年	2017年	2018年
保有量	5.60	6.04	6.44	6.86	7.30	7.93	8.59	10.14	11.52	12.77	13.77	14.74	15.60	17.55
同比增长率	—	7.9	6.6	6.5	6.4	8.6	8.3	18.0	13.6	10.9	7.8	7.0	5.8	12.5

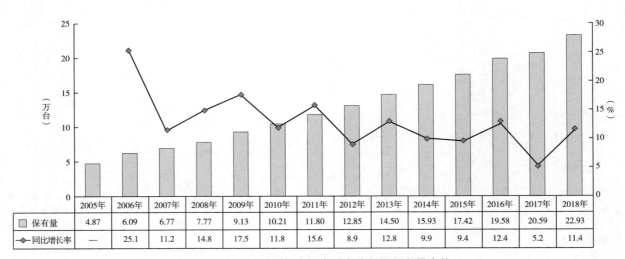

图 105　2005—2018 年河北省联合收割机保有量走势

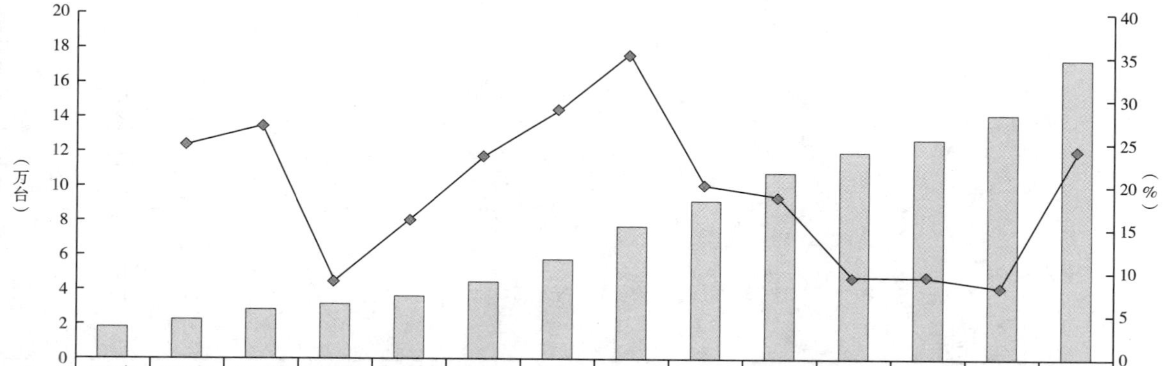

	2005年	2006年	2007年	2008年	2009年	2010年	2011年	2012年	2013年	2014年	2015年	2016年	2017年	2018年
保有量	1.78	2.22	2.82	3.07	3.55	4.38	5.64	7.62	9.17	10.88	11.87	12.98	14.05	17.42
同比增长率	—	24.7	27.0	8.9	15.6	23.4	28.8	35.1	20.3	18.6	9.1	9.4	8.2	24.0

图 106　2005—2018 年黑龙江省联合收割机保有量走势

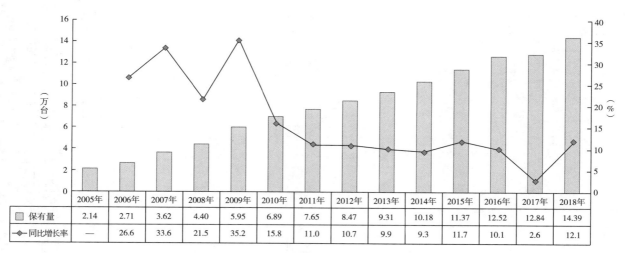

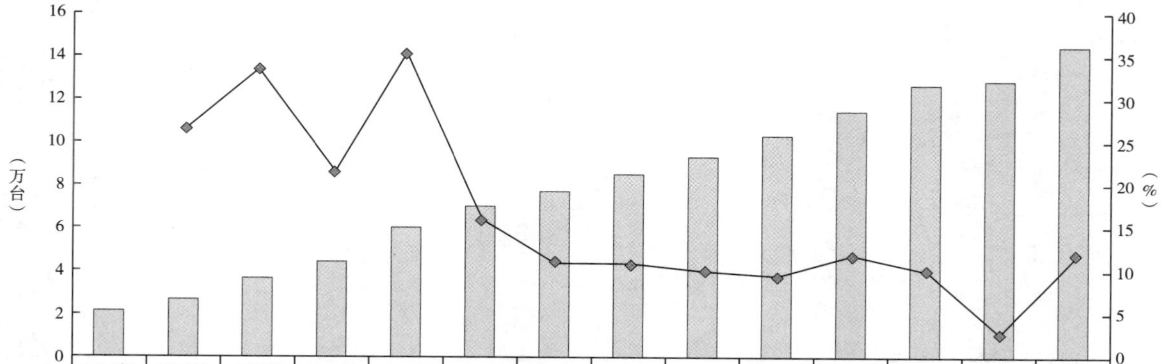

	2005年	2006年	2007年	2008年	2009年	2010年	2011年	2012年	2013年	2014年	2015年	2016年	2017年	2018年
保有量	2.14	2.71	3.62	4.40	5.95	6.89	7.65	8.47	9.31	10.18	11.37	12.52	12.84	14.39
同比增长率	—	26.6	33.6	21.5	35.2	15.8	11.0	10.7	9.9	9.3	11.7	10.1	2.6	12.1

图 107　2005—2018 年湖南省联合收割机保有量走势

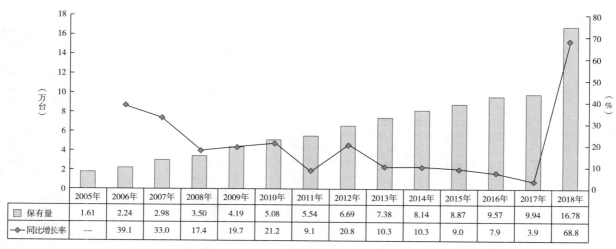

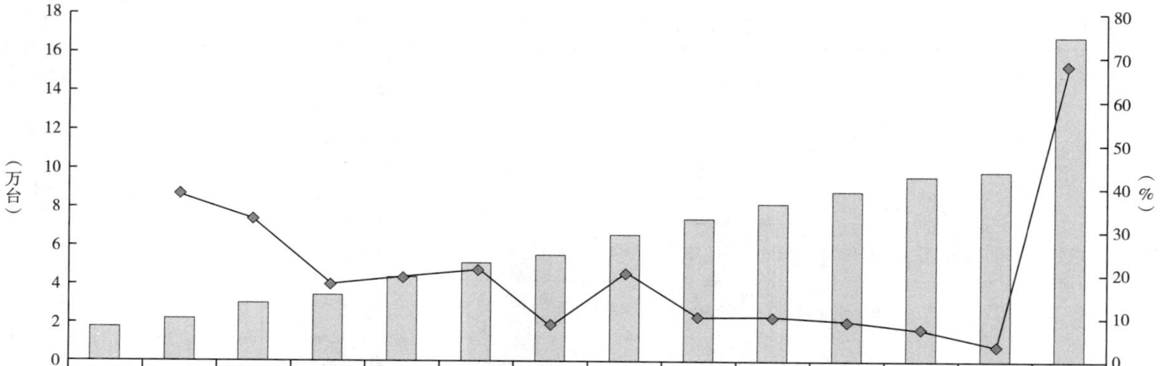

	2005年	2006年	2007年	2008年	2009年	2010年	2011年	2012年	2013年	2014年	2015年	2016年	2017年	2018年
保有量	1.61	2.24	2.98	3.50	4.19	5.08	5.54	6.69	7.38	8.14	8.87	9.57	9.94	16.78
同比增长率	—	39.1	33.0	17.4	19.7	21.2	9.1	20.8	10.3	10.3	9.0	7.9	3.9	68.8

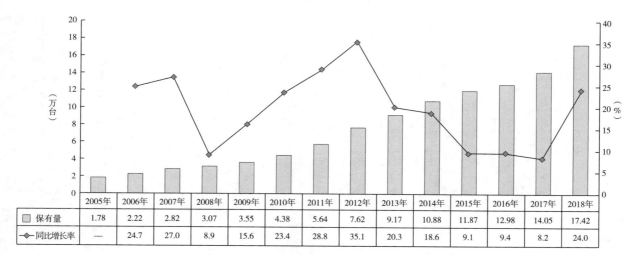

图 108　2005—2018 年湖北省联合收割机保有量走势

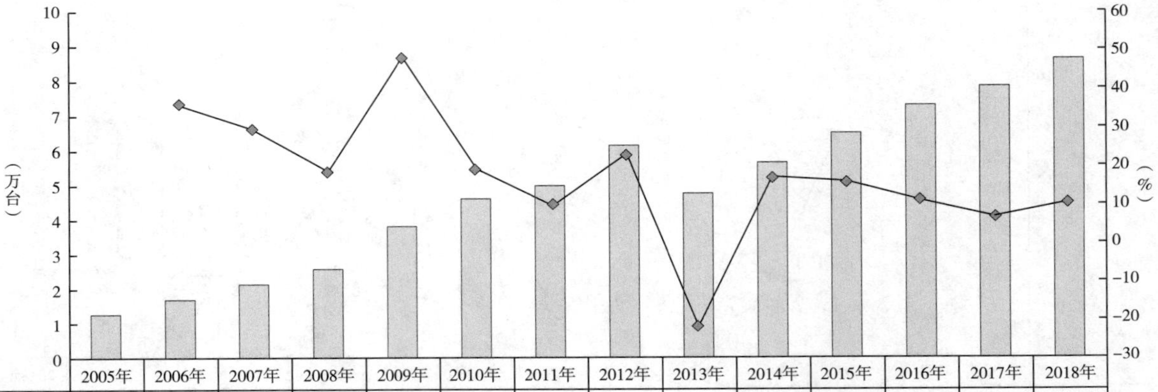

	2005年	2006年	2007年	2008年	2009年	2010年	2011年	2012年	2013年	2014年	2015年	2016年	2017年	2018年
保有量	1.22	1.67	2.16	2.58	3.83	4.57	5.02	6.19	4.83	5.66	6.56	7.37	7.90	8.74
同比增长率	—	36.9	29.3	19.4	48.4	19.3	9.8	23.3	−22.0	17.2	15.9	12.3	7.2	10.6

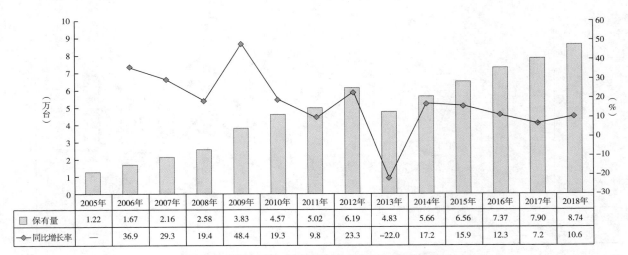

图 109　2005—2018 年江西省联合收割机保有量走势

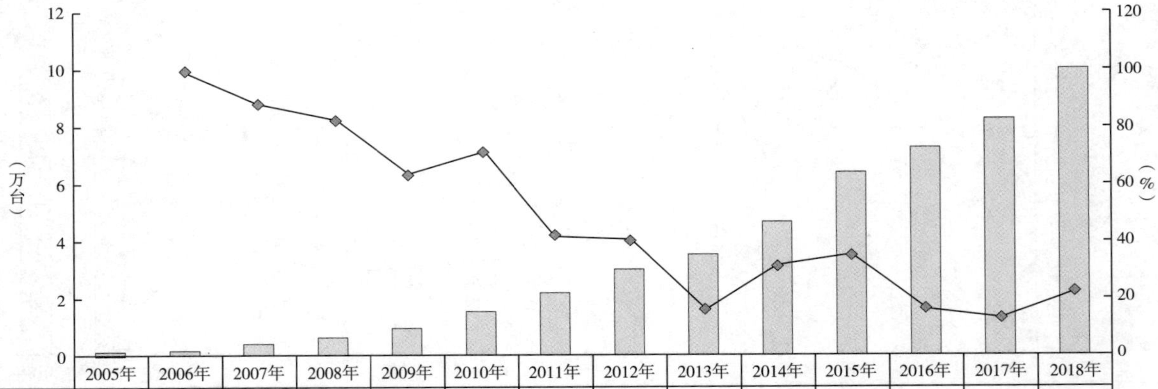

	2005年	2006年	2007年	2008年	2009年	2010年	2011年	2012年	2013年	2014年	2015年	2016年	2017年	2018年
保有量	0.08	0.16	0.30	0.55	0.90	1.54	2.19	3.07	3.55	4.67	6.32	7.30	8.25	10.01
同比增长率	—	100.0	87.5	83.3	63.6	71.1	42.2	40.2	15.6	31.5	35.3	15.5	13.0	21.3

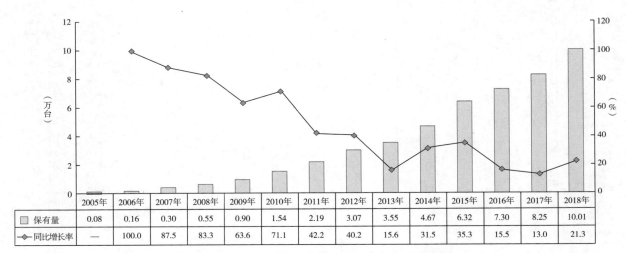

图 110　2005—2018 年吉林省联合收割机保有量走势

表 21　　**2005—2018 年谷物联合收割机保有量一览表**　　单位：万台

序号	地区	2005 年	2006 年	2007 年	2008 年	2009 年	2010 年	2011 年	2012 年	2013 年	2014 年	2015 年	2016 年	2017 年	2018 年
	全国	44. 10	50. 46	57. 43	66. 73	77. 66	86. 24	94. 37	104. 55	113. 43	122. 38	131. 84	142. 83	148. 49	205. 92
1	河南	5. 82	6. 41	8. 05	9. 79	11. 12	12. 26	13. 03	14. 05	15. 49	16. 55	17. 66	19. 09	19. 94	28. 77
2	山东	7. 57	8. 70	9. 40	10. 49	11. 75	12. 44	13. 46	14. 04	15. 14	15. 91	16. 59	17. 49	18. 09	31. 52
3	安徽	4. 62	6. 00	6. 66	7. 67	8. 91	9. 87	11. 37	12. 09	13. 30	14. 43	15. 60	17. 39	18. 27	21. 50
4	江苏	6. 85	7. 44	7. 83	8. 48	8. 97	9. 25	9. 66	10. 98	12. 69	13. 87	14. 74	15. 72	16. 21	17. 69
5	湖南	2. 14	2. 70	3. 62	4. 40	5. 95	6. 89	7. 65	8. 47	9. 31	10. 18	11. 37	12. 51	12. 83	12. 96
6	湖北	1. 55	1. 68	2. 16	3. 49	4. 17	5. 05	5. 46	6. 56	7. 23	7. 98	8. 68	9. 36	9. 70	10. 20

续 表

序号	地区	2005 年	2006 年	2007 年	2008 年	2009 年	2010 年	2011 年	2012 年	2013 年	2014 年	2015 年	2016 年	2017 年	2018 年
7	河北	5. 47	5. 84	5. 99	6. 32	6. 53	6. 85	7. 15	7. 50	7. 88	8. 21	8. 48	8. 76	9. 01	16. 05
8	黑龙江	1. 73	2. 14	2. 57	2. 82	3. 20	3. 66	4. 46	5. 63	6. 82	7. 59	8. 33	9. 14	9. 98	15. 14
9	江西	1. 00	1. 36	2. 08	2. 58	3. 83	4. 57	5. 02	6. 19	4. 83	5. 66	6. 56	7. 37	7. 90	8. 15
10	广西	0. 11	0. 22	0. 43	0. 83	1. 31	1. 70	1. 96	2. 22	2. 42	2. 67	3. 03	3. 29	3. 43	3. 56
11	四川	0. 58	0. 68	0. 76	0. 85	1. 00	1. 20	1. 41	1. 85	2. 25	2. 60	2. 93	3. 46	3. 58	3. 73
12	陕西	1. 54	1. 74	1. 78	1. 80	1. 81	1. 92	2. 22	2. 38	2. 48	2. 53	2. 78	2. 80	2. 85	4. 16
13	广东	0. 82	0. 98	1. 12	1. 40	1. 61	1. 82	1. 90	2. 08	2. 28	2. 39	2. 56	2. 67	2. 77	2. 80
14	吉林	0. 07	0. 15	0. 27	0. 41	0. 69	1. 01	1. 23	1. 48	1. 61	1. 74	1. 99	2. 28	2. 76	9. 14
15	浙江	1. 42	1. 38	1. 48	1. 52	1. 72	1. 80	1. 84	1. 88	1. 84	1. 81	1. 78	1. 81	1. 81	1. 79
16	山西	0. 70	0. 69	0. 71	0. 73	0. 85	0. 89	1. 10	1. 15	1. 26	1. 30	1. 34	1. 38	0. 93	3. 06
17	重庆	0. 02	0. 03	0. 05	0. 09	0. 22	0. 31	0. 37	0. 45	0. 58	0. 71	0. 83	1. 00	1. 08	1. 09
18	福建	0. 13	0. 18	0. 23	0. 27	0. 39	0. 44	0. 53	0. 63	0. 72	0. 73	0. 82	0. 91	0. 95	1. 01
19	云南	0. 11	0. 14	0. 16	0. 25	0. 30	0. 35	0. 43	0. 50	0. 57	0. 65	0. 71	0. 78	0. 80	0. 85
20	辽宁	0. 04	0. 04	0. 05	0. 15	0. 23	0. 29	0. 38	0. 47	0. 58	0. 61	0. 66	0. 71	0. 77	3. 08
21	内蒙古	0. 43	0. 48	0. 50	0. 48	0. 50	0. 58	0. 62	0. 61	0. 62	0. 63	0. 65	0. 68	0. 77	3. 86
22	新疆	0. 23	0. 21	0. 21	0. 26	0. 32	0. 37	0. 41	0. 42	0. 44	0. 52	0. 56	0. 66	0. 70	1. 15
23	西藏	0. 00	0. 00	0. 00	0. 00	0. 35	0. 49	0. 50	0. 51	0. 51	0. 52	0. 53	0. 40	0. 43	0. 46
24	宁夏	0. 20	0. 25	0. 29	0. 33	0. 48	0. 59	0. 49	0. 54	0. 58	0. 50	0. 51	0. 52	0. 55	0. 94
25	甘肃	0. 11	0. 11	0. 13	0. 22	0. 29	0. 34	0. 37	0. 40	0. 43	0. 46	0. 50	0. 55	0. 58	1. 07
26	海南	0. 08	0. 12	0. 17	0. 22	0. 27	0. 34	0. 37	0. 42	0. 45	0. 45	0. 42	0. 82	0. 53	0. 53
27	天津	0. 16	0. 24	0. 22	0. 29	0. 28	0. 30	0. 31	0. 34	0. 35	0. 32	0. 32	0. 31	0. 32	0. 54
28	上海	0. 23	0. 20	0. 19	0. 19	0. 20	0. 22	0. 24	0. 26	0. 28	0. 28	0. 27	0. 27	0. 22	0. 22
29	青海	0. 00	0. 00	0. 00	0. 10	0. 11	0. 12	0. 12	0. 13	0. 13	0. 20	0. 22	0. 25	0. 27	0. 31
30	贵州	0. 01	0. 02	0. 03	0. 05	0. 06	0. 06	0. 07	0. 10	0. 16	0. 18	0. 22	0. 25	0. 28	0. 31
31	新疆建设兵团	0. 11	0. 11	0. 10	0. 09	0. 11	0. 12	0. 12	0. 11	0. 11	0. 12	0. 13	0. 13	0. 12	0. 17
32	北京	0. 24	0. 23	0. 19	0. 16	0. 14	0. 14	0. 13	0. 11	0. 09	0. 08	0. 07	0. 07	0. 06	0. 11

表 22　2005—2018 年谷物联合收割机保有量前十名走势分析

单位：万台

序号	地区	类别	2005 年	2006 年	2007 年	2008 年	2009 年	2010 年	2011 年	2012 年	2013 年	2014 年	2015 年	2016 年	2017 年	2018 年
	全国	保有量	44.10	50.46	57.43	66.73	77.66	86.24	94.37	104.55	113.43	122.38	131.84	142.83	148.49	205.92
		同比增长率（%）	—	14.4	13.8	16.2	16.4	11.0	9.4	10.8	8.5	7.9	7.7	8.3	4.0	38.7
1	河南	保有量	5.82	6.41	8.05	9.79	11.12	12.26	13.03	14.05	15.49	16.55	17.66	19.09	19.94	28.77
		同比增长率（%）	—	10.1	25.6	21.6	13.6	10.3	6.3	7.8	10.2	6.8	6.7	8.1	4.5	44.3
2	山东	保有量	7.57	8.70	9.40	10.49	11.75	12.44	13.46	14.04	15.14	15.91	16.59	17.49	18.09	31.52
		同比增长率（%）	—	14.9	8.0	11.6	12.0	5.9	8.2	4.3	7.8	5.1	4.3	5.4	3.4	74.2
3	安徽	保有量	4.62	6.00	6.66	7.67	8.91	9.87	11.37	12.09	13.30	14.43	15.60	17.39	18.27	21.50
		同比增长率（%）	—	29.9	11.0	15.2	16.2	10.8	15.2	6.3	10.0	8.5	8.1	11.5	5.1	17.7
4	江苏	保有量	6.85	7.44	7.83	8.48	8.97	9.25	9.66	10.98	12.69	13.87	14.74	15.72	16.21	17.69
		同比增长率（%）	—	8.6	5.2	8.3	5.8	3.1	4.4	13.7	15.6	9.3	6.3	6.6	3.1	9.1
5	湖南	保有量	2.14	2.70	3.62	4.40	5.95	6.89	7.65	8.47	9.31	10.18	11.37	12.51	12.83	12.96
		同比增长率（%）	—	26.2	34.1	21.5	35.2	15.8	11.0	10.7	9.9	9.3	11.7	10.0	2.6	1.0
6	湖北	保有量	1.55	1.68	2.16	3.49	4.17	5.05	5.46	6.56	7.23	7.98	8.68	9.36	9.70	10.20
		同比增长率（%）	—	8.4	28.6	61.6	19.5	21.1	8.1	20.1	10.2	10.4	8.8	7.8	3.6	5.2
7	河北	保有量	5.47	5.84	5.99	6.32	6.53	6.85	7.15	7.50	7.88	8.21	8.48	8.76	9.01	16.05
		同比增长率（%）	—	6.8	2.6	5.5	3.3	4.9	4.4	4.9	5.1	4.2	3.3	3.3	2.9	78.1
8	黑龙江	保有量	1.73	2.14	2.57	2.82	3.20	3.66	4.46	5.63	6.82	7.59	8.33	9.14	9.98	15.14
		同比增长率（%）	—	23.7	20.1	9.7	13.5	14.4	21.9	26.2	21.1	11.3	9.7	9.7	9.2	51.7
9	江西	保有量	1.00	1.36	2.08	2.58	3.83	4.57	5.02	6.19	4.83	5.66	6.56	7.37	7.90	8.15
		同比增长率（%）	—	36.0	52.9	24.0	48.4	19.3	9.8	23.3	-22.0	17.2	15.9	12.3	7.2	3.2
10	广西	保有量	0.11	0.22	0.43	0.83	1.31	1.70	1.96	2.22	2.42	2.67	3.03	3.29	3.43	3.56
		同比增长率（%）	—	100.0	95.5	93.0	57.8	29.8	15.3	13.3	9.0	10.3	13.5	8.6	4.3	3.8

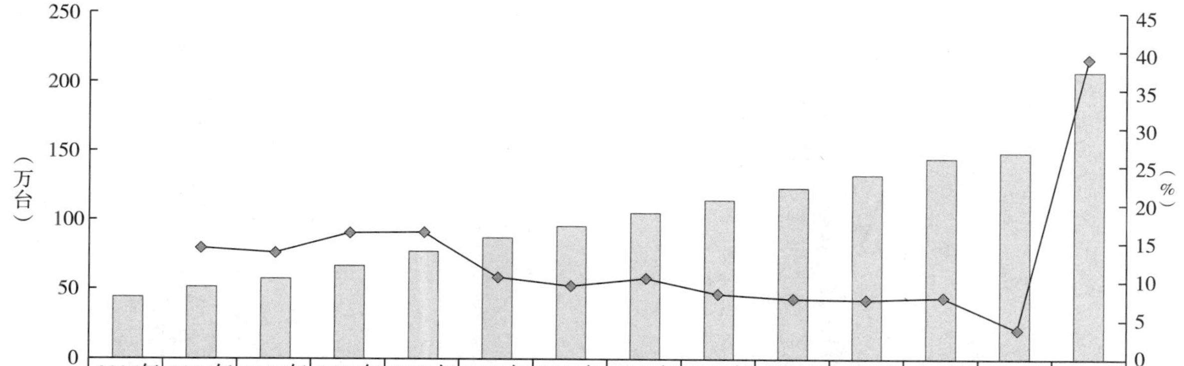

	2005年	2006年	2007年	2008年	2009年	2010年	2011年	2012年	2013年	2014年	2015年	2016年	2017年	2018年
保有量	44.10	50.46	57.43	66.73	77.66	86.24	94.37	104.55	113.43	122.38	131.84	142.83	148.49	205.92
同比增长率	—	14.4	13.8	16.2	16.4	11.0	9.4	10.8	8.5	7.9	7.7	8.3	4.0	38.7

图 111　2005—2018 年全国谷物联合收割机保有量走势

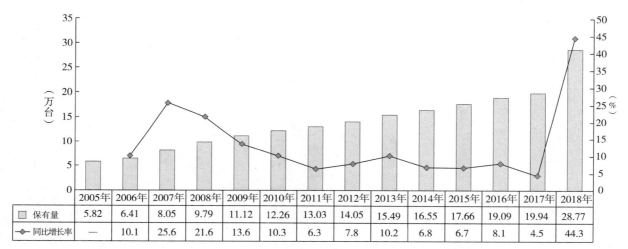

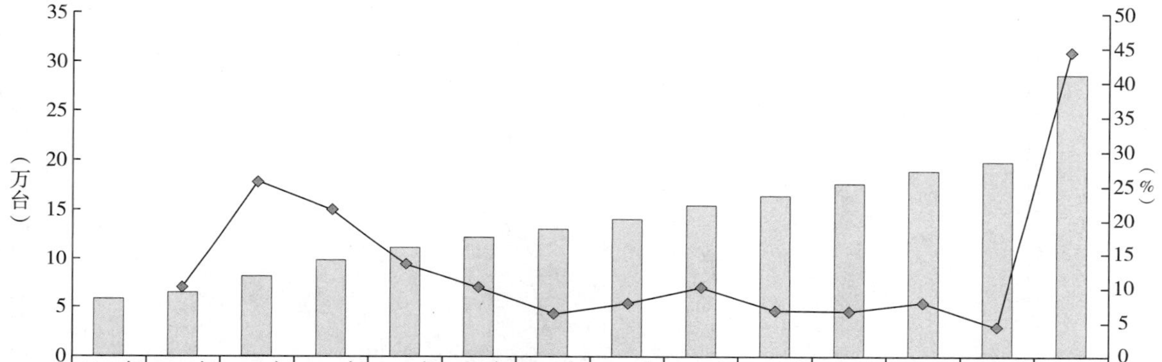

	2005年	2006年	2007年	2008年	2009年	2010年	2011年	2012年	2013年	2014年	2015年	2016年	2017年	2018年
保有量	5.82	6.41	8.05	9.79	11.12	12.26	13.03	14.05	15.49	16.55	17.66	19.09	19.94	28.77
同比增长率	—	10.1	25.6	21.6	13.6	10.3	6.3	7.8	10.2	6.8	6.7	8.1	4.5	44.3

图 112　2005—2018 年河南省谷物联合收割机保有量走势

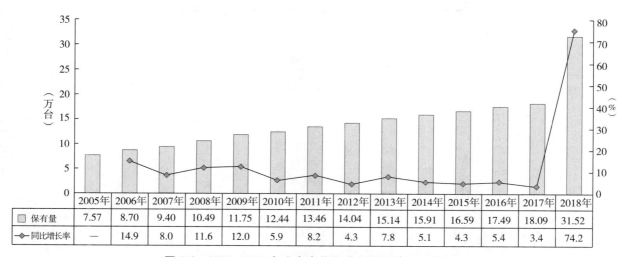

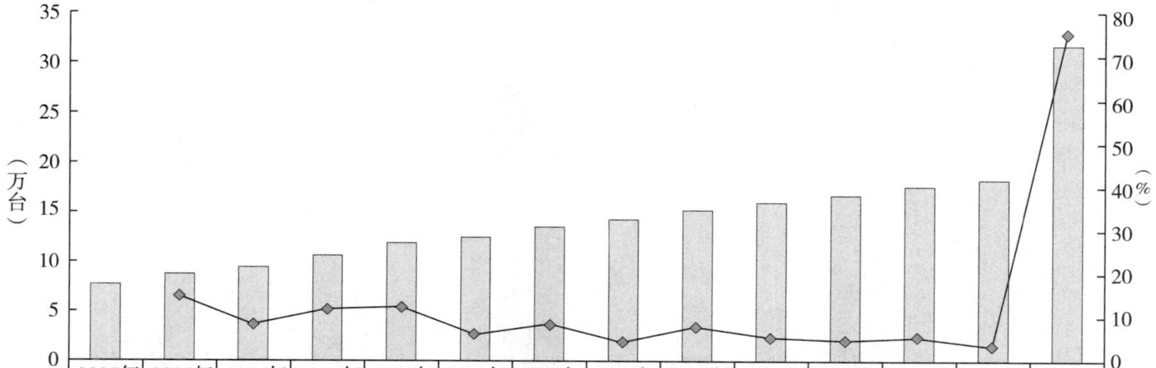

	2005年	2006年	2007年	2008年	2009年	2010年	2011年	2012年	2013年	2014年	2015年	2016年	2017年	2018年
保有量	7.57	8.70	9.40	10.49	11.75	12.44	13.46	14.04	15.14	15.91	16.59	17.49	18.09	31.52
同比增长率	—	14.9	8.0	11.6	12.0	5.9	8.2	4.3	7.8	5.1	4.3	5.4	3.4	74.2

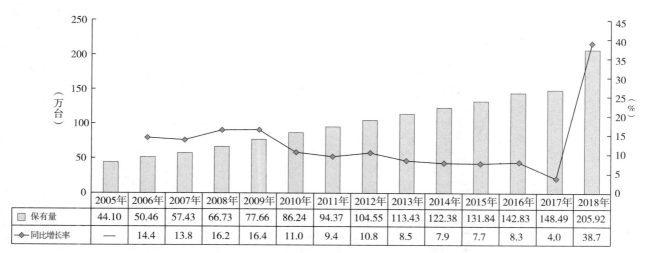

图 113　2005—2018 年山东省谷物联合收割机保有量走势

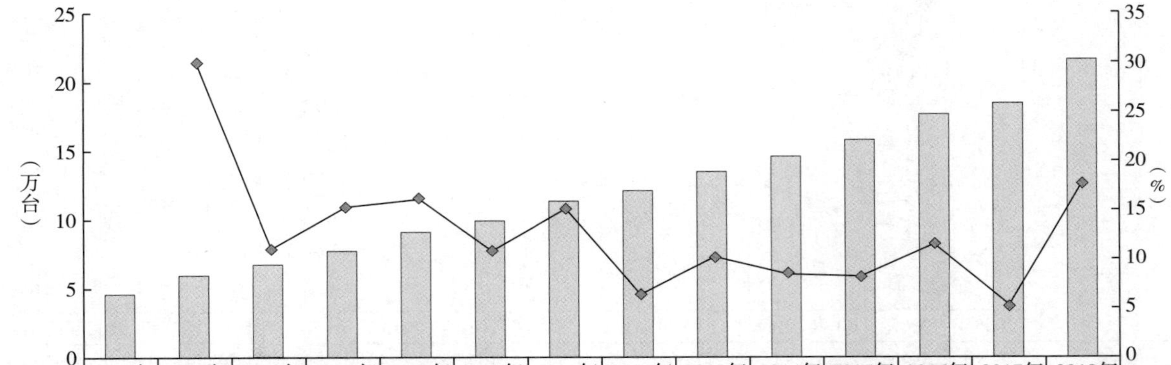

	2005年	2006年	2007年	2008年	2009年	2010年	2011年	2012年	2013年	2014年	2015年	2016年	2017年	2018年
保有量	4.62	6.00	6.66	7.67	8.91	9.87	11.37	12.09	13.30	14.43	15.60	17.39	18.27	21.50
同比增长率	—	29.9	11.0	15.2	16.2	10.8	15.2	6.3	10.0	8.5	8.1	11.5	5.1	17.7

图 114　2005—2018 年安徽省谷物联合收割机保有量走势

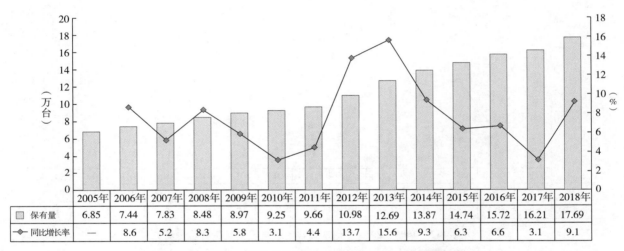

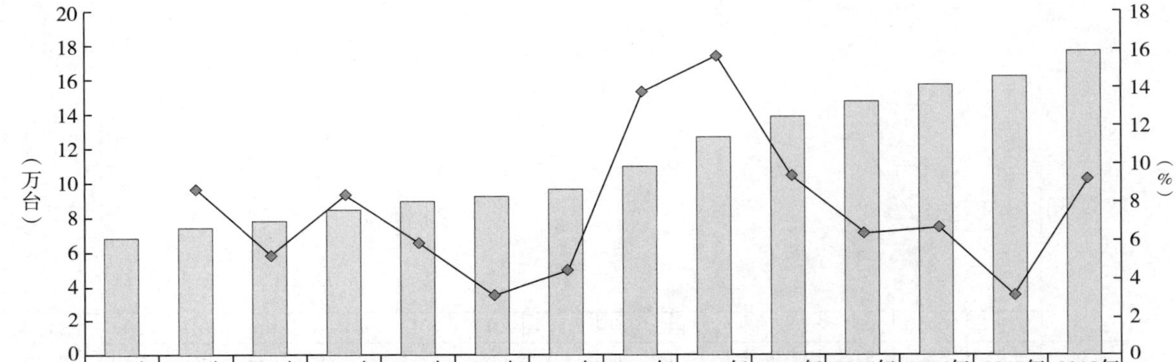

	2005年	2006年	2007年	2008年	2009年	2010年	2011年	2012年	2013年	2014年	2015年	2016年	2017年	2018年
保有量	6.85	7.44	7.83	8.48	8.97	9.25	9.66	10.98	12.69	13.87	14.74	15.72	16.21	17.69
同比增长率	—	8.6	5.2	8.3	5.8	3.1	4.4	13.7	15.6	9.3	6.3	6.6	3.1	9.1

图 115　2005—2018 年江苏省谷物联合收割机保有量走势

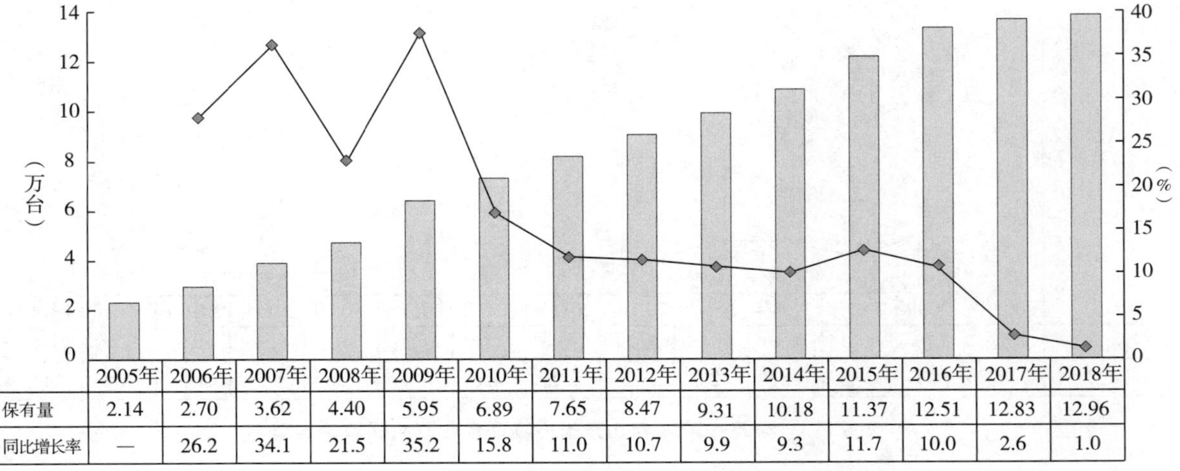

	2005年	2006年	2007年	2008年	2009年	2010年	2011年	2012年	2013年	2014年	2015年	2016年	2017年	2018年
保有量	2.14	2.70	3.62	4.40	5.95	6.89	7.65	8.47	9.31	10.18	11.37	12.51	12.83	12.96
同比增长率	—	26.2	34.1	21.5	35.2	15.8	11.0	10.7	9.9	9.3	11.7	10.0	2.6	1.0

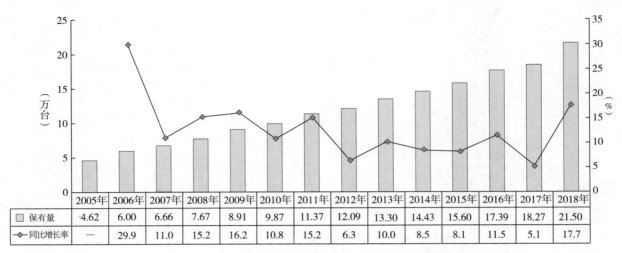

图 116　2005—2018 年湖南省谷物联合收割机保有量走势

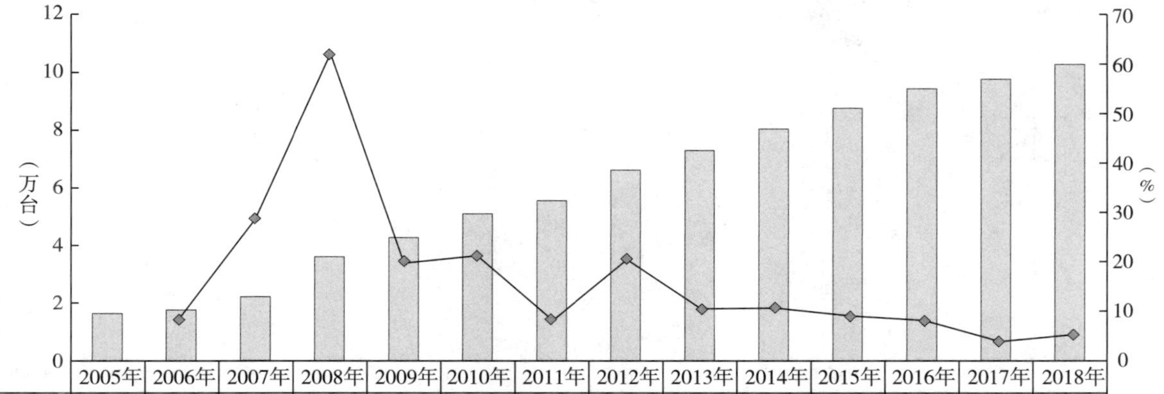

	2005年	2006年	2007年	2008年	2009年	2010年	2011年	2012年	2013年	2014年	2015年	2016年	2017年	2018年
保有量	1.55	1.68	2.16	3.49	4.17	5.05	5.46	6.56	7.23	7.98	8.68	9.36	9.70	10.20
同比增长率	—	8.4	28.6	61.6	19.5	21.1	8.1	20.1	10.2	10.4	8.8	7.8	3.6	5.2

图 117　2005—2018 年湖北省谷物联合收割机保有量走势

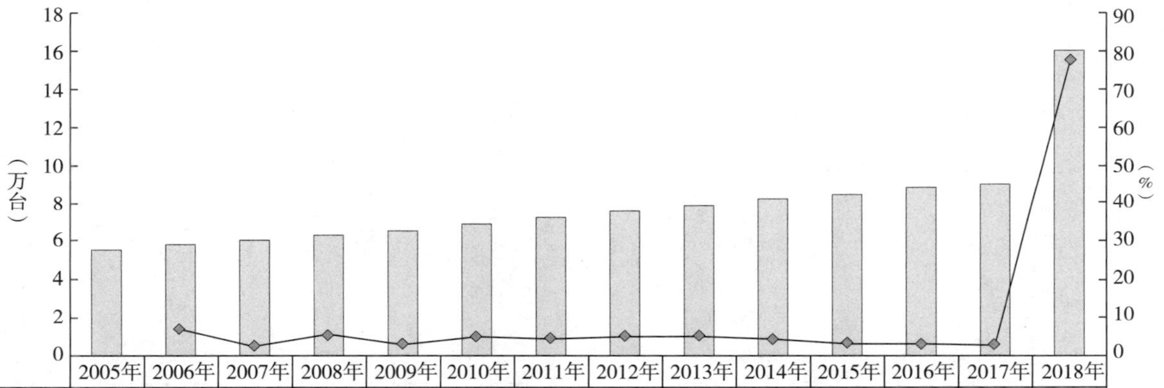

	2005年	2006年	2007年	2008年	2009年	2010年	2011年	2012年	2013年	2014年	2015年	2016年	2017年	2018年
保有量	5.47	5.84	5.99	6.32	6.53	6.85	7.15	7.50	7.88	8.21	8.48	8.76	9.01	16.05
同比增长率	—	6.8	2.6	5.5	3.3	4.9	4.4	4.9	5.1	4.2	3.3	3.3	2.9	78.1

图 118　2005—2018 年河北省谷物联合收割机保有量走势

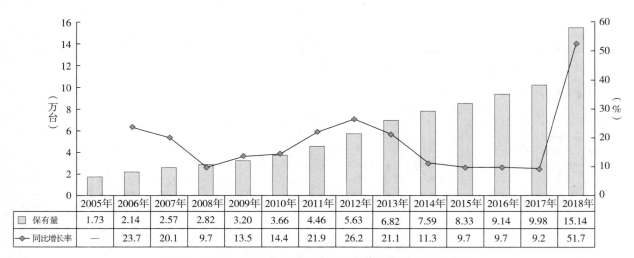

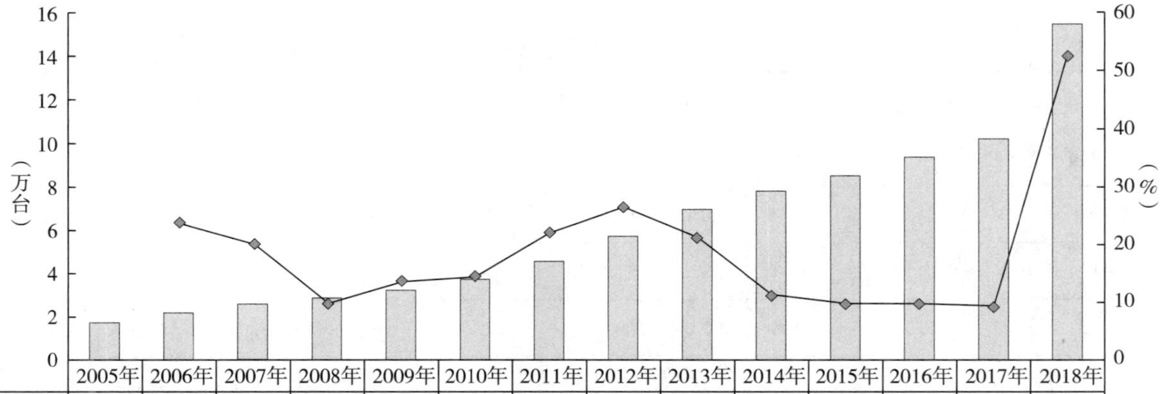

	2005年	2006年	2007年	2008年	2009年	2010年	2011年	2012年	2013年	2014年	2015年	2016年	2017年	2018年
保有量	1.73	2.14	2.57	2.82	3.20	3.66	4.46	5.63	6.82	7.59	8.33	9.14	9.98	15.14
同比增长率	—	23.7	20.1	9.7	13.5	14.4	21.9	26.2	21.1	11.3	9.7	9.7	9.2	51.7

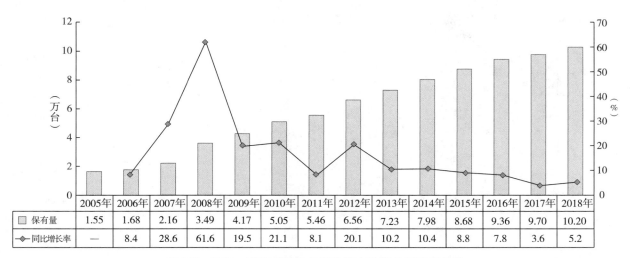

图 119　2005—2018 年黑龙江省谷物联合收割机保有量走势

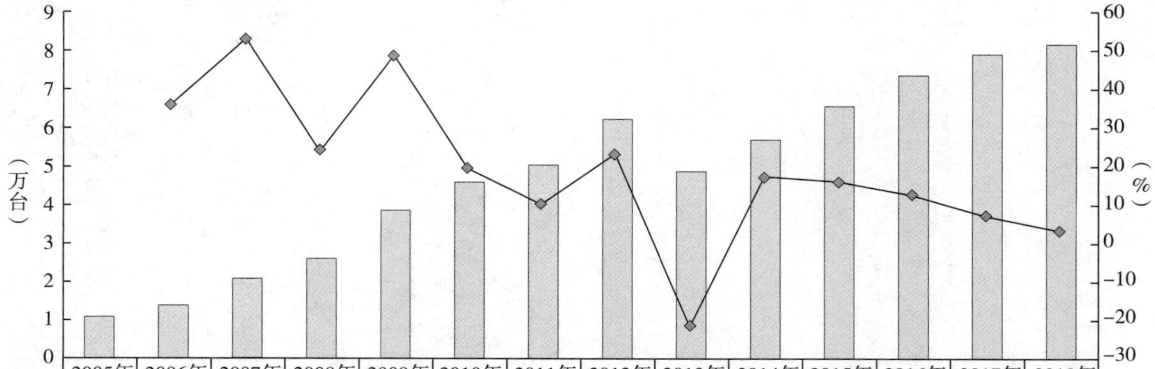

	2005年	2006年	2007年	2008年	2009年	2010年	2011年	2012年	2013年	2014年	2015年	2016年	2017年	2018年
保有量	1.00	1.36	2.08	2.58	3.83	4.57	5.02	6.19	4.83	5.66	6.56	7.37	7.90	8.15
同比增长率	—	36.0	52.9	24.0	48.4	19.3	9.8	23.3	−22.0	17.2	15.9	12.3	7.2	3.2

图 120　2005—2018 年江西省谷物联合收割机保有量走势

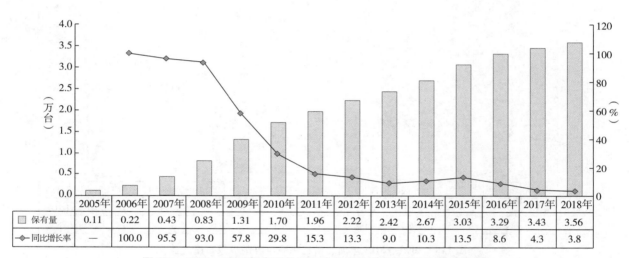

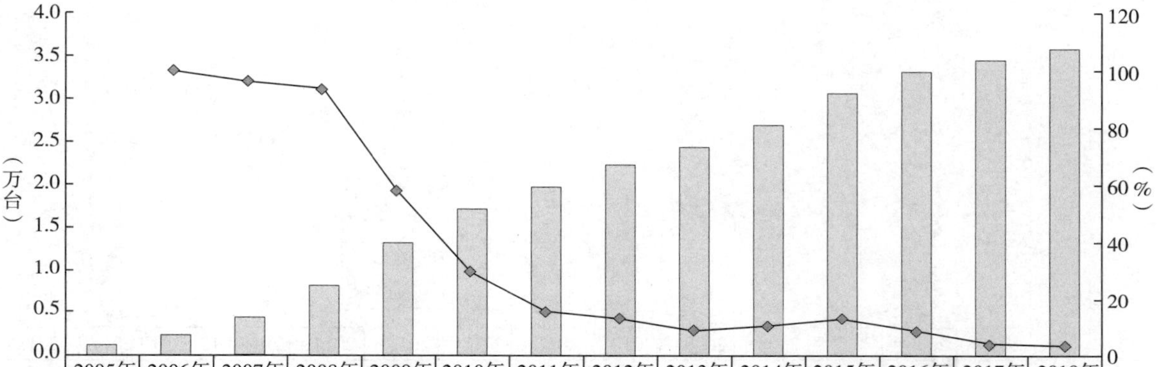

	2005年	2006年	2007年	2008年	2009年	2010年	2011年	2012年	2013年	2014年	2015年	2016年	2017年	2018年
保有量	0.11	0.22	0.43	0.83	1.31	1.70	1.96	2.22	2.42	2.67	3.03	3.29	3.43	3.56
同比增长率	—	100.0	95.5	93.0	57.8	29.8	15.3	13.3	9.0	10.3	13.5	8.6	4.3	3.8

图 121　2005—2018 年广西壮族自治区谷物联合收割机保有量走势

表 23　　2005—2018 年玉米联合收割机保有量一览表　　单位：万台

序号	地区	2005 年	2006 年	2007 年	2008 年	2009 年	2010 年	2011 年	2012 年	2013 年	2014 年	2015 年	2016 年	2017 年	2018 年
	全国	0. 90	1. 50	2. 66	4. 71	8. 17	12. 97	17. 00	23. 30	28. 68	36. 04	42. 07	47. 39	50. 03	53. 01
1	山东	0. 59	1. 02	1. 60	2. 65	4. 08	5. 63	6. 64	7. 45	8. 26	9. 69	10. 35	11. 62	12. 45	13. 01
2	河南	0. 04	0. 09	0. 20	0. 46	1. 32	2. 11	2. 75	3. 66	4. 54	5. 57	6. 49	7. 46	7. 90	8. 24
3	河北	0. 08	0. 13	0. 34	0. 54	0. 77	1. 08	1. 44	2. 64	3. 64	4. 56	5. 29	5. 98	6. 59	7. 05
4	吉林	0. 00	0. 01	0. 03	0. 14	0. 21	0. 53	0. 96	1. 59	1. 94	2. 92	4. 34	5. 03	5. 49	6. 17
5	黑龙江	0. 05	0. 08	0. 15	0. 25	0. 35	0. 72	1. 18	1. 98	2. 35	3. 30	3. 54	3. 84	4. 07	4. 19
6	内蒙古	0. 02	0. 03	0. 05	0. 08	0. 13	0. 22	0. 48	0. 98	1. 32	1. 84	2. 36	2. 60	2. 74	3. 00

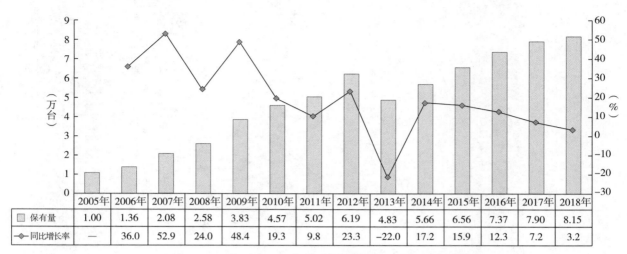

续 表

序号	地区	2005 年	2006 年	2007 年	2008 年	2009 年	2010 年	2011 年	2012 年	2013 年	2014 年	2015 年	2016 年	2017 年	2018 年
7	山西	0.01	0.02	0.04	0.09	0.19	0.39	0.65	1.05	1.44	1.82	2.10	2.29	1.84	2.09
8	安徽	0.01	0.01	0.04	0.10	0.22	0.34	0.44	0.77	1.20	1.50	1.81	2.20	2.32	2.44
9	辽宁	0.02	0.02	0.03	0.09	0.16	0.25	0.41	0.62	0.87	1.25	1.79	1.95	2.09	2.22
10	陕西	0.01	0.02	0.04	0.09	0.33	0.68	0.72	0.84	1.04	1.21	1.33	1.48	1.48	1.43
11	江苏	0.01	0.01	0.02	0.05	0.13	0.60	0.69	0.83	0.97	1.08	1.17	1.25	1.28	1.28
12	宁夏	0.01	0.01	0.01	0.01	0.02	0.05	0.10	0.15	0.20	0.26	0.31	0.34	0.35	0.36
13	甘肃	0.00	0.00	0.00	0.00	0.00	0.02	0.04	0.09	0.15	0.24	0.31	0.41	0.44	0.48
14	天津	0.00	0.00	0.02	0.04	0.07	0.10	0.16	0.22	0.24	0.26	0.27	0.26	0.26	0.26
15	新疆	0.00	0.02	0.04	0.07	0.09	0.11	0.13	0.16	0.20	0.22	0.24	0.29	0.30	0.33
16	湖北	0.00	0.00	0.00	0.01	0.02	0.03	0.08	0.13	0.15	0.16	0.20	0.21	0.24	0.24
17	北京	0.04	0.03	0.03	0.02	0.04	0.07	0.09	0.10	0.11	0.10	0.09	0.08	0.07	0.06
18	新疆建设兵团	0.01	0.01	0.02	0.02	0.02	0.02	0.02	0.02	0.03	0.04	0.04	0.05	0.05	0.05
19	西藏	0.00	0.00	0.00	0.00	0.02	0.02	0.02	0.02	0.02	0.00	0.02	0.01	0.01	0.01
20	云南	0.00	0.00	0.00	0.00	0.00	0.00	0.00	0.00	0.01	0.01	0.01	0.02	0.03	0.03
21	四川	0.00	0.00	0.00	0.00	0.00	0.00	0.00	0.00	0.00	0.01	0.01	0.01	0.02	0.04
22	湖南	0.00	0.00	0.00	0.00	0.00	0.00	0.00	0.00	0.00	0.00	0.0038	0.01	0.01	0.02
23	贵州	0.00	0.00	0.00	0.00	0.00	0.00	0.00	0.00	0.00	0.00	0.00	0.00	0.00	0.01
24	重庆	0.00	0.00	0.00	0.00	0.00	0.00	0.00	0.00	0.00	0.00	0.00	0.00	0.00	0.00
25	浙江	0.00	0.00	0.00	0.00	0.00	0.00	0.00	0.00	0.00	0.00	0.00	0.00	0.00	0.00
26	上海	0.00	0.00	0.00	0.00	0.00	0.00	0.00	0.00	0.00	0.00	0.00	0.00	0.00	0.00
27	青海	0.00	0.00	0.00	0.00	0.00	0.00	0.00	0.00	0.00	0.00	0.00	0.00	0.00	0.00
28	江西	0.00	0.00	0.00	0.00	0.00	0.00	0.00	0.00	0.00	0.00	0.00	0.00	0.00	0.00
29	海南	0.00	0.00	0.00	0.00	0.00	0.00	0.00	0.00	0.00	0.00	0.00	0.00	0.00	0.00
30	广西	0.00	0.00	0.00	0.00	0.00	0.00	0.00	0.00	0.00	0.00	0.00	0.00	0.00	0.00
31	广东	0.00	0.00	0.00	0.00	0.00	0.00	0.00	0.00	0.00	0.00	0.00	0.00	0.00	0.00
32	福建	0.00	0.00	0.00	0.00	0.00	0.00	0.00	0.00	0.00	0.00	0.00	0.00	0.00	0.00

表 24　2005—2018 年玉米联合收割机保有量前十名走势分析　单位：万台

序号	地区	类别	2005 年	2006 年	2007 年	2008 年	2009 年	2010 年	2011 年	2012 年	2013 年	2014 年	2015 年	2016 年	2017 年	2018 年
	全国	保有量	0.90	1.50	2.66	4.71	8.17	12.97	17.00	23.30	28.68	36.04	42.07	47.39	50.03	53.01
		同比增长率（%）	—	66.7	77.3	77.1	73.5	58.8	31.1	37.1	23.1	25.7	16.7	12.6	5.6	6.0
1	山东	保有量	0.59	1.02	1.60	2.65	4.08	5.63	6.64	7.45	8.26	9.69	10.35	11.62	12.45	13.01
		同比增长率（%）	—	72.9	56.9	65.6	54.0	38.0	17.9	12.2	10.9	17.3	6.8	12.3	7.1	4.5
2	河南	保有量	0.04	0.09	0.20	0.46	1.32	2.11	2.75	3.66	4.54	5.57	6.49	7.46	7.90	8.24
		同比增长率（%）	—	125.0	122.2	130.0	187.0	59.8	30.3	33.1	24.0	22.7	16.5	14.9	5.9	4.3
3	河北	保有量	0.08	0.13	0.34	0.54	0.77	1.08	1.44	2.64	3.64	4.56	5.29	5.98	6.59	7.05
		同比增长率（%）	—	62.5	161.5	58.8	42.6	40.3	33.3	83.3	37.9	25.3	16.0	13.0	10.2	7.0
4	吉林	保有量	0.00	0.01	0.03	0.14	0.21	0.53	0.96	1.59	1.94	2.92	4.34	5.03	5.49	6.17
		同比增长率（%）	—	—	200.0	366.7	50.0	152.4	81.1	65.6	22.0	50.5	48.6	15.9	9.1	12.4
5	黑龙江	保有量	0.05	0.08	0.15	0.25	0.35	0.72	1.18	1.98	2.35	3.30	3.54	3.84	4.07	4.19
		同比增长率（%）	—	60.0	87.5	66.7	40.0	105.7	63.9	67.8	18.7	40.4	7.3	8.5	6.0	2.9
6	内蒙古	保有量	0.02	0.03	0.05	0.08	0.13	0.22	0.48	0.98	1.32	1.84	2.36	2.60	2.74	3.00
		同比增长率（%）	—	50.0	66.7	60.0	62.5	69.2	118.2	104.2	34.7	39.4	28.3	10.2	5.4	9.5
7	山西	保有量	0.01	0.02	0.04	0.09	0.19	0.39	0.65	1.05	1.44	1.82	2.10	2.29	1.84	2.09
		同比增长率（%）	—	100.0	100.0	125.0	111.1	105.3	66.7	61.5	37.1	26.4	15.4	9.0	-19.7	13.6
8	安徽	保有量	0.01	0.01	0.04	0.10	0.22	0.34	0.44	0.77	1.20	1.50	1.81	2.20	2.32	2.44
		同比增长率（%）	—	0.0	300.0	150.0	120.0	54.5	29.4	75.0	55.8	25.0	20.7	21.5	5.5	5.2
9	辽宁	保有量	0.02	0.02	0.03	0.09	0.16	0.25	0.41	0.62	0.87	1.25	1.79	1.95	2.09	2.22
		同比增长率（%）	—	0.0	50.0	200.0	77.8	56.3	64.0	51.2	40.3	43.7	43.2	8.9	7.2	6.2
10	陕西	保有量	0.01	0.02	0.04	0.09	0.33	0.68	0.72	0.84	1.04	1.21	1.33	1.48	1.48	1.43
		同比增长率（%）	—	100.0	100.0	125.0	266.7	106.1	5.9	16.7	23.8	16.3	9.9	11.3	0.0	-3.4

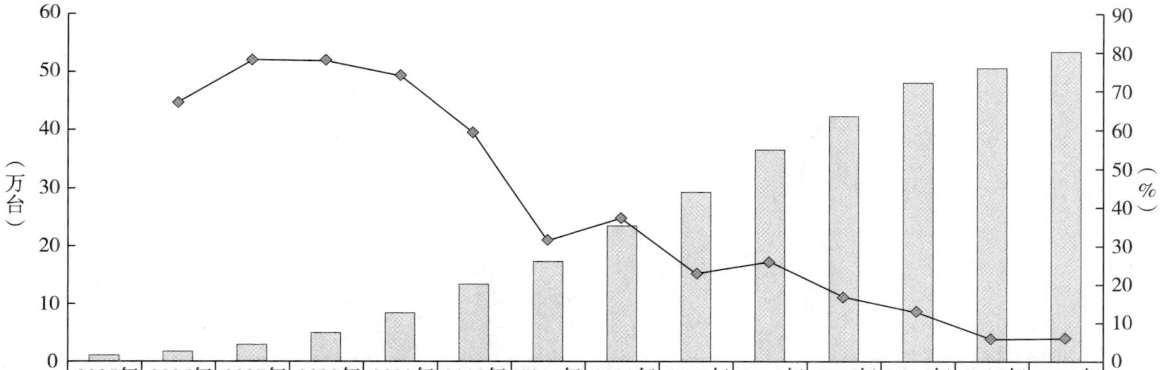

	2005年	2006年	2007年	2008年	2009年	2010年	2011年	2012年	2013年	2014年	2015年	2016年	2017年	2018年
保有量	0.90	1.50	2.66	4.71	8.17	12.97	17.00	23.30	28.68	36.04	42.07	47.39	50.03	53.01
同比增长率	—	66.7	77.3	77.1	73.5	58.8	31.1	37.1	23.1	25.7	16.7	12.6	5.6	6.0

图 122　2005—2018 年全国玉米联合收割机保有量走势

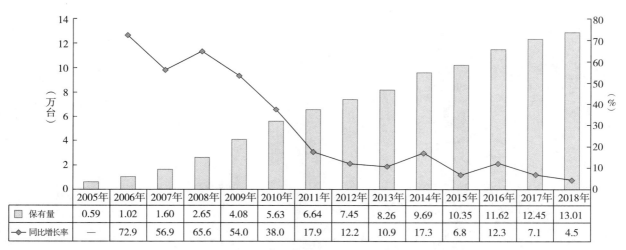

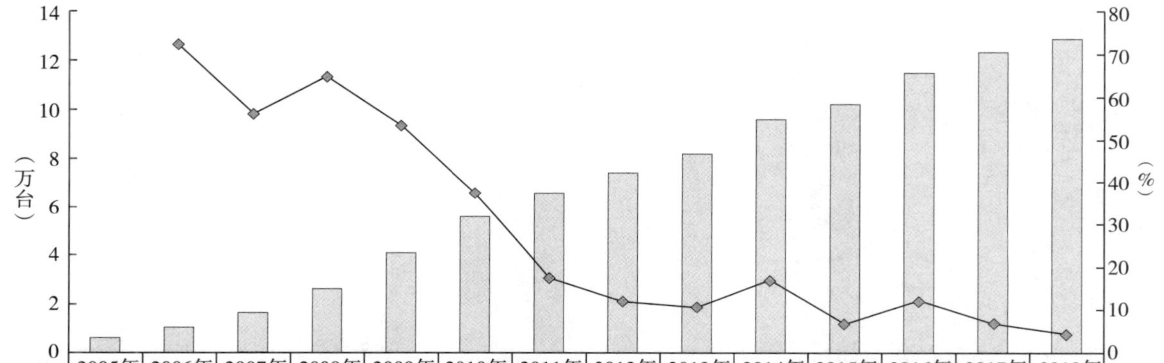

	2005年	2006年	2007年	2008年	2009年	2010年	2011年	2012年	2013年	2014年	2015年	2016年	2017年	2018年
保有量	0.59	1.02	1.60	2.65	4.08	5.63	6.64	7.45	8.26	9.69	10.35	11.62	12.45	13.01
同比增长率	—	72.9	56.9	65.6	54.0	38.0	17.9	12.2	10.9	17.3	6.8	12.3	7.1	4.5

图 123　2005—2018 年山东省玉米联合收割机保有量走势

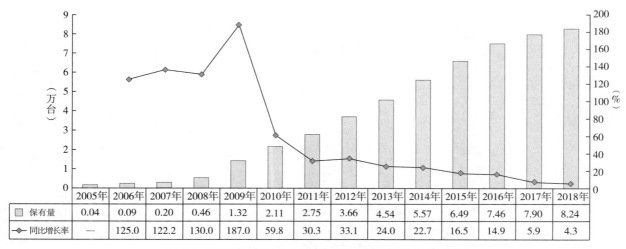

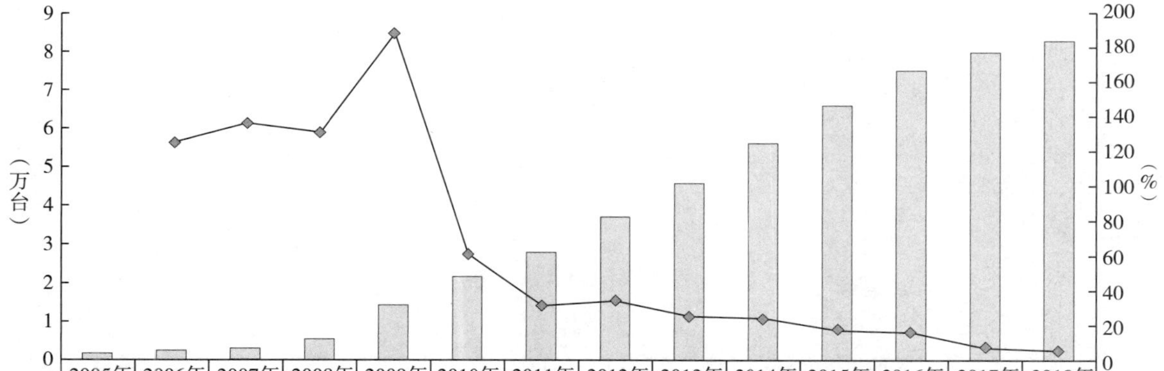

	2005年	2006年	2007年	2008年	2009年	2010年	2011年	2012年	2013年	2014年	2015年	2016年	2017年	2018年
保有量	0.04	0.09	0.20	0.46	1.32	2.11	2.75	3.66	4.54	5.57	6.49	7.46	7.90	8.24
同比增长率	—	125.0	122.2	130.0	187.0	59.8	30.3	33.1	24.0	22.7	16.5	14.9	5.9	4.3

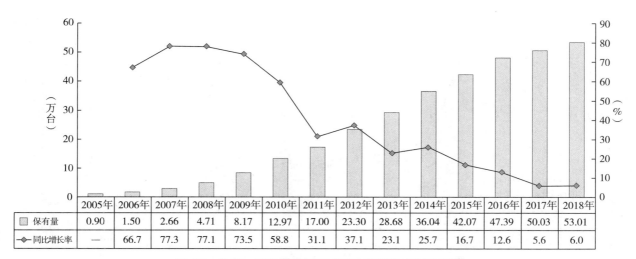

图 124　2005—2018 年河南省玉米联合收割机保有量走势

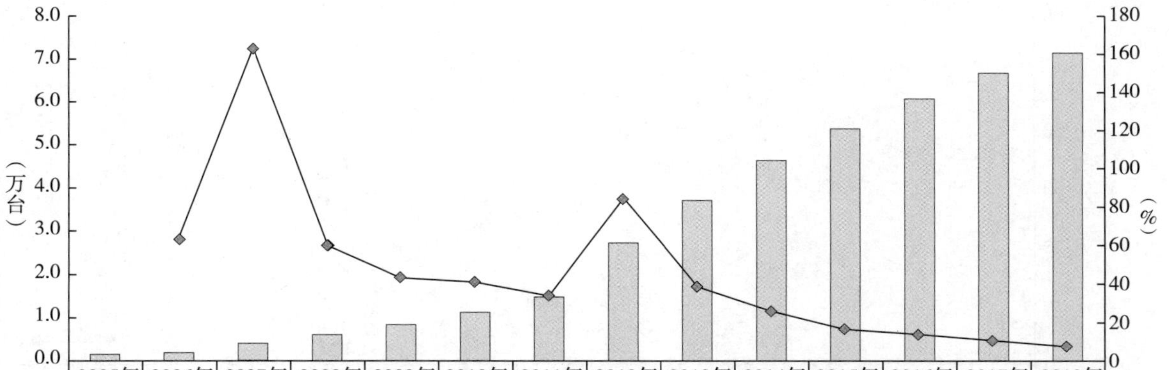

	2005年	2006年	2007年	2008年	2009年	2010年	2011年	2012年	2013年	2014年	2015年	2016年	2017年	2018年
保有量	0.08	0.13	0.34	0.54	0.77	1.08	1.44	2.64	3.64	4.56	5.29	5.98	6.59	7.05
同比增长率	—	62.5	161.5	58.8	42.6	40.3	33.3	83.3	37.9	25.3	16.0	13.0	10.2	7.0

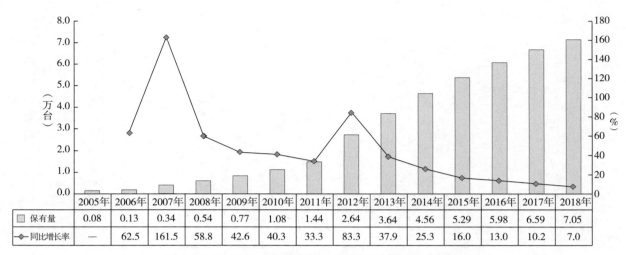

图 125　2005—2018 年河北省玉米联合收割机保有量走势

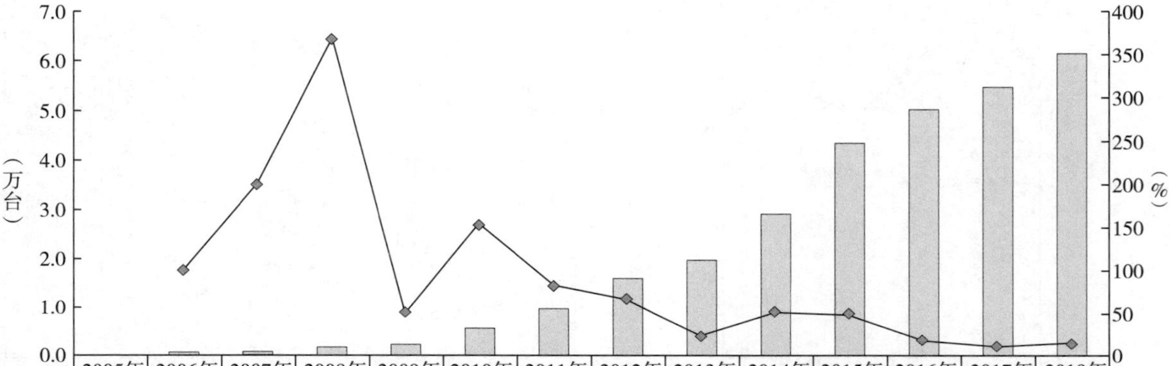

	2005年	2006年	2007年	2008年	2009年	2010年	2011年	2012年	2013年	2014年	2015年	2016年	2017年	2018年
保有量	0.00	0.01	0.03	0.14	0.21	0.53	0.96	1.59	1.94	2.92	4.34	5.03	5.49	6.17
同比增长率	—	—	200.0	366.7	50.0	152.4	81.1	65.6	22.0	50.5	48.6	15.9	9.1	12.4

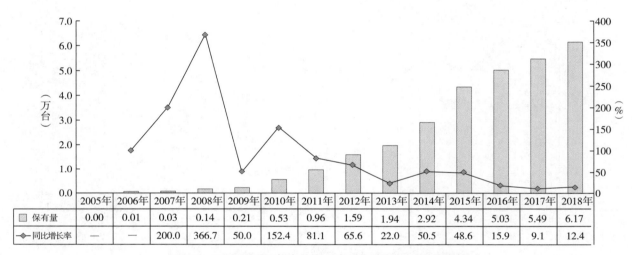

图 126　2005—2018 年吉林省玉米联合收割机保有量走势

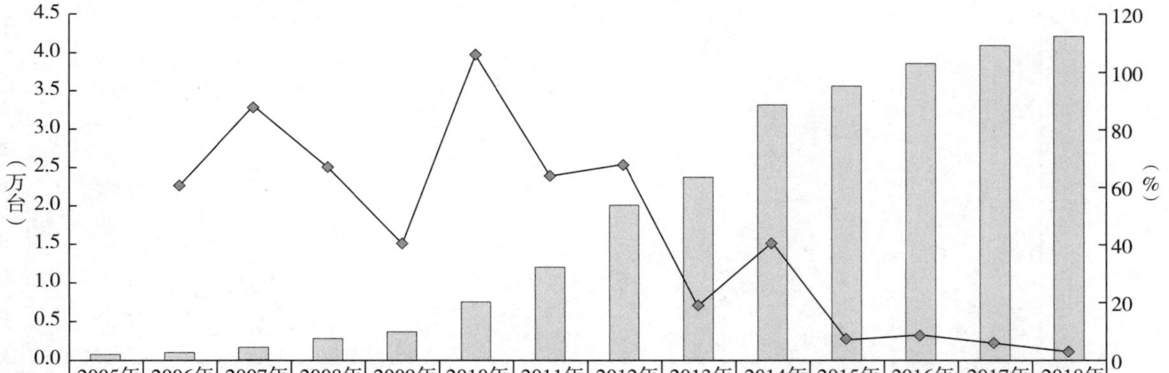

	2005年	2006年	2007年	2008年	2009年	2010年	2011年	2012年	2013年	2014年	2015年	2016年	2017年	2018年
保有量	0.05	0.08	0.15	0.25	0.35	0.72	1.18	1.98	2.35	3.30	3.54	3.84	4.07	4.19
同比增长率	—	60.0	87.5	66.7	40.0	105.7	63.9	67.8	18.7	40.4	7.3	8.5	6.0	2.9

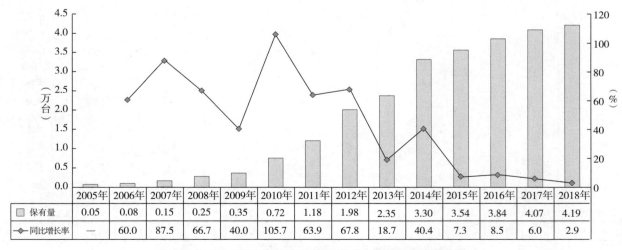

图 127　2005—2018 年黑龙江省玉米联合收割机保有量走势

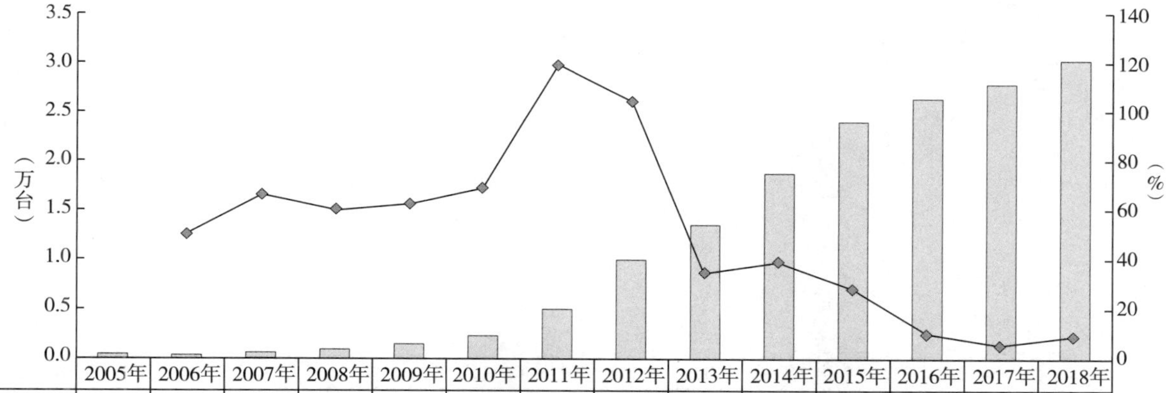

	2005年	2006年	2007年	2008年	2009年	2010年	2011年	2012年	2013年	2014年	2015年	2016年	2017年	2018年
保有量	0.02	0.03	0.05	0.08	0.13	0.22	0.48	0.98	1.32	1.84	2.36	2.60	2.74	3.00
同比增长率	—	50.0	66.7	60.0	62.5	69.2	118.2	104.2	34.7	39.4	28.3	10.2	5.4	9.5

图 128　2005—2018 年内蒙古自治区玉米联合收割机保有量走势

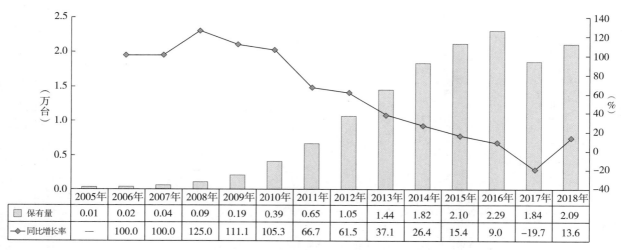

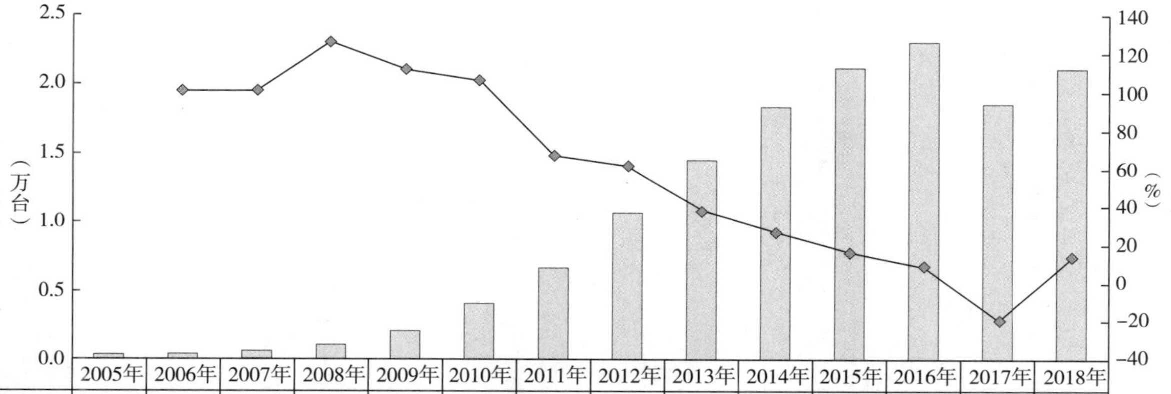

	2005年	2006年	2007年	2008年	2009年	2010年	2011年	2012年	2013年	2014年	2015年	2016年	2017年	2018年
保有量	0.01	0.02	0.04	0.09	0.19	0.39	0.65	1.05	1.44	1.82	2.10	2.29	1.84	2.09
同比增长率	—	100.0	100.0	125.0	111.1	105.3	66.7	61.5	37.1	26.4	15.4	9.0	−19.7	13.6

图 129　2005—2018 年山西省玉米联合收割机保有量走势

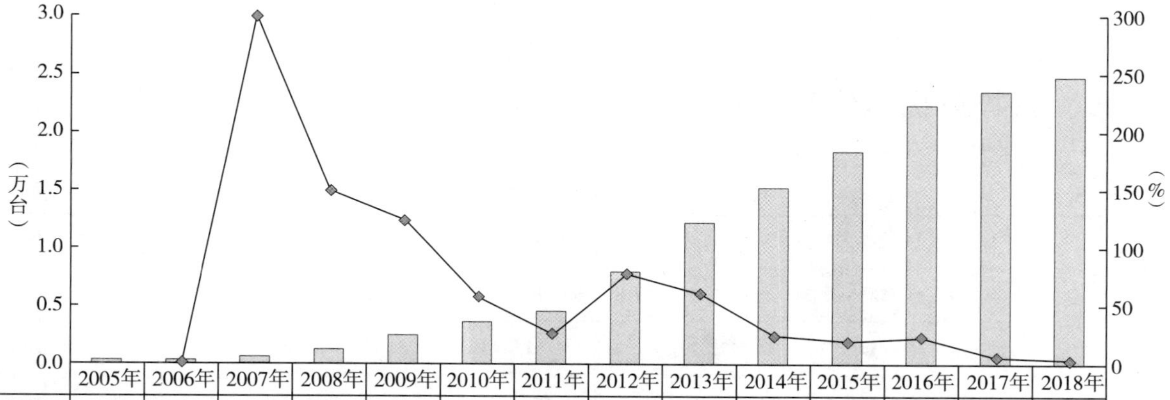

	2005年	2006年	2007年	2008年	2009年	2010年	2011年	2012年	2013年	2014年	2015年	2016年	2017年	2018年
保有量	0.01	0.01	0.04	0.10	0.22	0.34	0.44	0.77	1.20	1.50	1.81	2.20	2.32	2.44
同比增长率	—	0.0	300.0	150.0	120.0	54.5	29.4	75.0	55.8	25.0	20.7	21.5	5.5	5.2

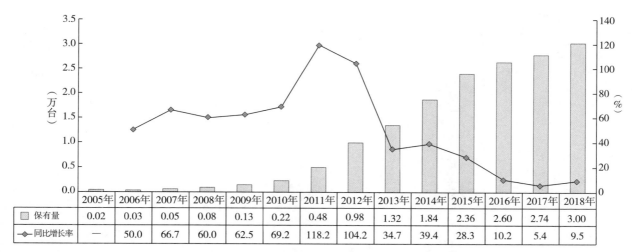

图 130　2005—2018 年安徽省玉米联合收割机保有量走势

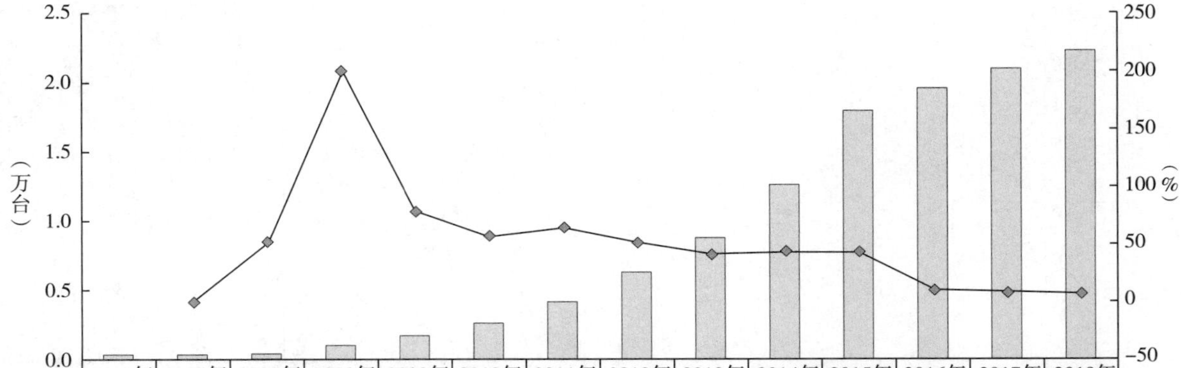

	2005年	2006年	2007年	2008年	2009年	2010年	2011年	2012年	2013年	2014年	2015年	2016年	2017年	2018年
保有量	0.02	0.02	0.03	0.09	0.16	0.25	0.41	0.62	0.87	1.25	1.79	1.95	2.09	2.22
同比增长率	—	0.0	50.0	200.0	77.8	56.3	64.0	51.2	40.3	43.7	43.2	8.9	7.2	6.2

图 131　2005—2018 年辽宁省玉米联合收割机保有量走势

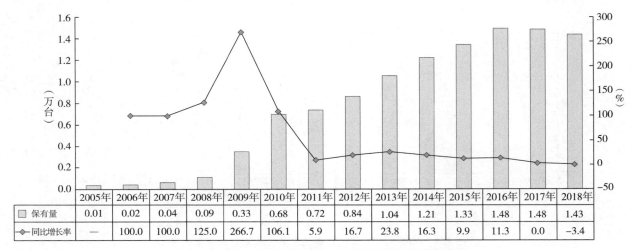

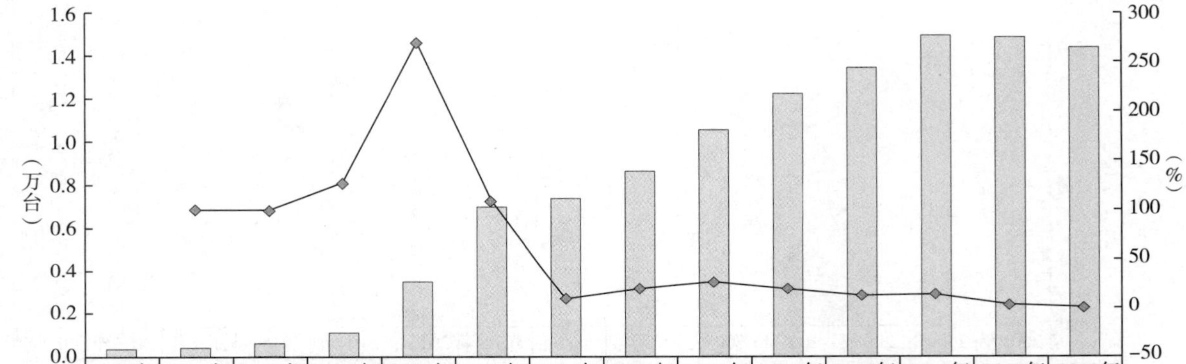

	2005年	2006年	2007年	2008年	2009年	2010年	2011年	2012年	2013年	2014年	2015年	2016年	2017年	2018年
保有量	0.01	0.02	0.04	0.09	0.33	0.68	0.72	0.84	1.04	1.21	1.33	1.48	1.48	1.43
同比增长率	—	100.0	100.0	125.0	266.7	106.1	5.9	16.7	23.8	16.3	9.9	11.3	0.0	-3.4

图 132　2005—2018 年陕西省玉米联合收割机保有量走势

四、畜牧业机械保有量

表 25　　2005—2018 年畜牧业机械保有量一览表　　单位：万台

序号	地区	2005 年	2006 年	2007 年	2008 年	2009 年	2010 年	2011 年	2012 年	2013 年	2014 年	2015 年	2016 年	2017 年	2018 年
	全国	427.45	489.63	528.00	545.30	577.05	607.81	637.70	661.70	686.47	710.82	727.28	743.19	763.49	780.95
1	云南	87.62	105.46	114.45	111.65	122.79	128.03	134.85	133.60	137.08	137.44	139.46	141.00	146.64	147.00
2	四川	38.12	54.51	60.46	53.78	56.27	57.22	60.03	62.58	61.27	69.64	71.46	73.31	78.36	78.38
3	重庆	28.39	37.11	38.33	40.12	41.28	45.39	49.48	50.14	60.28	61.44	62.20	62.57	62.65	62.84

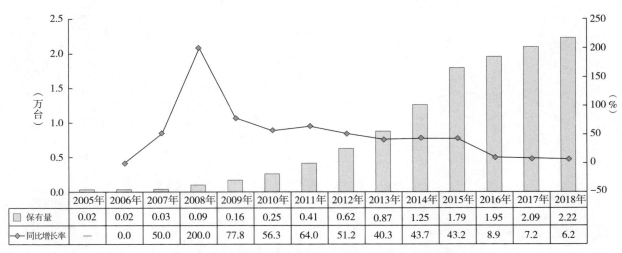

续 表

序号	地区	2005年	2006年	2007年	2008年	2009年	2010年	2011年	2012年	2013年	2014年	2015年	2016年	2017年	2018年
4	湖北	23.88	26.39	27.06	30.07	34.17	35.98	37.62	37.27	41.58	44.54	47.81	48.46	48.51	49.22
5	贵州	31.30	31.71	37.72	40.05	40.47	40.52	37.93	36.79	37.99	41.57	44.31	49.79	52.76	60.05
6	广西	29.75	30.70	33.57	34.60	32.01	33.00	34.74	35.20	35.89	35.42	35.45	36.09	36.50	36.75
7	陕西	11.43	12.12	14.59	22.61	25.32	29.79	31.86	33.87	33.88	34.70	35.27	36.73	37.59	38.76
8	甘肃	6.92	10.45	11.00	12.00	13.50	13.93	18.70	27.41	29.09	29.09	31.33	32.91	34.14	35.54
9	内蒙古	26.75	28.42	31.80	20.60	20.74	22.36	23.04	22.75	24.43	24.85	26.18	27.11	27.54	28.47
10	湖南	18.09	18.97	19.40	19.17	22.67	23.68	24.67	25.70	26.08	26.71	25.65	24.92	25.85	25.37
11	河南	16.67	16.00	17.72	19.35	20.34	21.88	22.22	22.60	22.98	23.5	23.53	23.65	23.84	23.53
12	山东	19.19	19.23	19.11	16.77	16.26	17.43	18.34	19.11	22.12	22.41	22.58	22.78	23.06	24.19
13	辽宁	14.18	14.18	14.92	17.28	18.02	19.04	18.67	19.65	20.37	20.2	20.17	20.00	19.43	19.77
14	江苏	9.95	10.00	10.72	9.09	9.71	9.39	10.94	13.83	14.21	16.25	16.82	17.25	16.35	16.42
15	吉林	5.90	5.95	6.70	6.81	8.07	8.70	11.57	13.12	15.99	16.65	16.7	16.51	16.44	16.63
16	宁夏	4.62	5.54	7.63	9.40	11.55	13.23	14.00	15.03	15.48	16.09	16.6	16.93	18.15	20.76
17	河北	10.31	11.76	12.20	11.00	11.49	11.72	12.09	13.37	14.01	15.36	15.38	15.18	15.30	15.90
18	广东	8.89	9.24	9.33	9.25	9.02	9.76	10.52	11.01	13.40	15.09	15.15	16.31	16.50	16.53
19	黑龙江	5.31	6.17	6.36	24.38	24.60	24.70	21.13	21.23	12.65	11.5	11.66	11.33	10.90	10.76
20	新疆	7.32	7.79	7.96	6.91	6.81	7.43	7.90	8.23	8.78	8.98	9.18	9.31	9.45	9.89
21	山西	4.44	4.56	4.92	5.67	5.80	6.77	7.68	8.33	8.79	9.06	9.14	9.19	12.47	11.94
22	安徽	7.30	7.47	6.41	6.65	6.82	6.91	7.24	7.49	7.60	7.71	7.92	8.07	8.19	8.71
23	福建	3.27	3.18	3.41	3.09	3.35	3.30	3.43	4.19	5.61	5.30	6.00	6.01	5.47	5.29
24	浙江	0.00	2.76	2.71	5.55	5.43	5.32	5.71	5.32	5.45	5.38	5.12	4.88	4.75	5.00
25	江西	4.33	4.94	5.64	5.87	5.88	6.78	7.47	7.87	4.56	4.66	4.79	4.81	4.87	5.02
26	青海	0.75	0.80	0.80	0.79	1.72	1.73	1.78	1.71	1.51	1.64	1.72	1.84	1.93	2.01
27	北京	1.02	1.06	1.10	1.15	1.07	1.08	1.01	1.04	1.70	1.68	1.65	1.49	1.25	1.02
28	西藏	0.00	0.80	0.00	0.00	0.18	0.91	1.11	1.16	1.38	1.38	1.38	2.16	2.17	2.21
29	海南	0.46	0.92	0.53	0.48	0.52	0.55	0.62	0.75	0.90	1.11	1.16	1.07	0.94	0.94
30	天津	0.50	0.51	0.53	0.55	0.58	0.59	0.64	0.69	0.72	0.73	0.73	0.73	0.73	0.73
31	新疆建设兵团	0.60	0.73	0.75	0.41	0.43	0.51	0.51	0.48	0.50	0.58	0.60	0.61	0.60	0.63
32	上海	0.19	0.19	0.17	0.18	0.18	0.18	0.20	0.18	0.19	0.16	0.18	0.19	0.16	0.68

表 26　2005—2018 年畜牧业机械保有量前十名走势分析

单位：万台

序号	地区	类别	2005 年	2006 年	2007 年	2008 年	2009 年	2010 年	2011 年	2012 年	2013 年	2014 年	2015 年	2016 年	2017 年	2018 年
	全国	保有量	427.45	489.63	528.00	545.30	577.05	607.81	637.70	661.70	686.47	710.82	727.28	743.19	763.49	780.95
		同比增长率（%）	—	14.55	7.84	3.28	5.82	5.33	4.92	3.76	3.74	3.55	2.32	2.19	2.73	2.29
1	云南	保有量	87.62	105.46	114.45	111.65	122.79	128.03	134.85	133.60	137.08	137.44	139.46	141.00	146.64	147.00
		同比增长率（%）	—	20.36	8.52	-2.45	9.98	4.27	5.33	-0.93	2.60	0.26	1.47	1.10	4.00	0.25
2	四川	保有量	38.12	54.51	60.46	53.78	56.27	57.22	60.03	62.58	61.27	69.64	71.46	73.31	78.36	78.38
		同比增长率（%）	—	43.00	10.92	-11.05	4.63	1.69	4.91	4.25	-2.09	13.66	2.61	2.59	6.89	0.03
3	重庆	保有量	28.39	37.11	38.33	40.12	41.28	45.39	49.48	50.14	60.28	61.44	62.20	62.57	62.65	62.84
		同比增长率（%）	—	30.72	3.29	4.67	2.89	9.96	9.01	1.33	20.22	1.92	1.24	0.59	0.13	0.30
4	湖北	保有量	23.88	26.39	27.06	30.07	34.17	35.98	37.62	37.27	41.58	44.54	47.81	48.46	48.51	49.22
		同比增长率（%）	—	10.51	2.54	11.12	13.63	5.30	4.56	-0.93	11.56	7.12	7.34	1.36	0.10	1.46
5	贵州	保有量	31.30	31.71	37.72	40.05	40.47	40.52	37.93	36.79	37.99	41.57	44.31	49.79	52.76	60.05
		同比增长率（%）	—	1.31	18.95	6.18	1.05	0.12	-6.39	-3.01	3.26	9.42	6.59	12.37	5.97	13.82
6	广西	保有量	29.75	30.70	33.57	34.60	32.01	33.00	34.74	35.20	35.89	35.42	35.45	36.09	36.50	36.75
		同比增长率（%）	—	3.19	9.35	3.07	-7.49	3.09	5.27	1.32	1.96	-1.31	0.08	1.81	1.14	0.68
7	陕西	保有量	11.43	12.12	14.59	22.61	25.32	29.79	31.86	33.87	33.88	34.70	35.27	36.73	37.59	38.76
		同比增长率（%）	—	6.04	20.38	54.97	11.99	17.65	6.95	6.31	0.03	2.42	1.64	4.14	2.34	3.11
8	甘肃	保有量	6.92	10.45	11.00	12.00	13.50	13.93	18.70	27.41	29.09	29.09	31.33	32.91	34.14	35.54
		同比增长率（%）	—	51.01	5.26	9.09	12.50	3.19	34.24	46.58	6.13	0.00	7.70	5.04	3.74	4.10
9	内蒙古	保有量	26.75	28.42	31.80	20.60	20.74	22.36	23.04	22.75	24.43	24.85	26.18	27.11	27.54	28.47
		同比增长率（%）	—	6.24	11.89	-35.22	0.68	7.81	3.04	-1.26	7.38	1.72	5.35	3.55	1.59	3.38
10	湖南	保有量	18.09	18.97	19.40	19.17	22.67	23.68	24.67	25.70	26.08	26.71	25.65	24.92	25.85	25.37
		同比增长率（%）	—	4.86	2.27	-1.19	18.26	4.46	4.18	4.18	1.48	2.42	-3.97	-2.85	3.73	-1.86

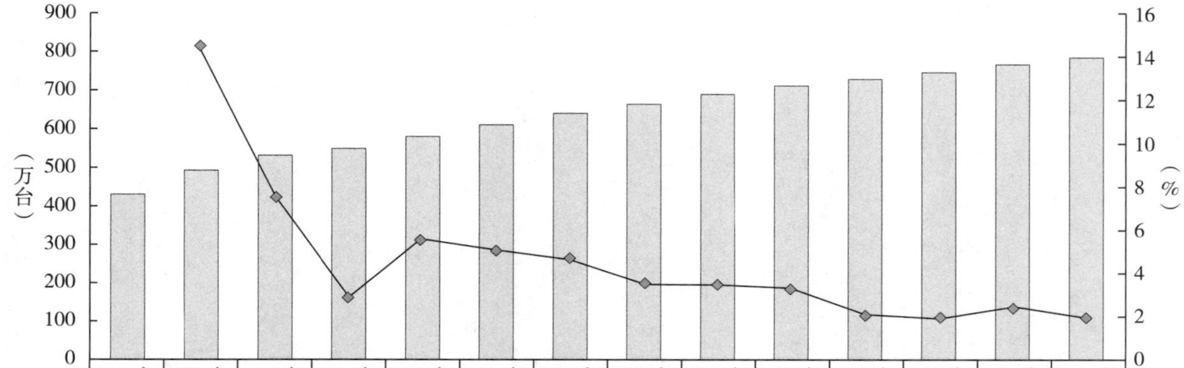

	2005年	2006年	2007年	2008年	2009年	2010年	2011年	2012年	2013年	2014年	2015年	2016年	2017年	2018年
保有量	427.45	489.63	528.00	545.30	577.05	607.81	637.70	661.70	686.47	710.82	727.28	743.19	763.49	780.95
同比增长率	—	14.55	7.84	3.28	5.82	5.33	4.92	3.76	3.74	3.55	2.32	2.19	2.73	2.29

图 133　2005—2018 年全国畜牧业机械保有量走势

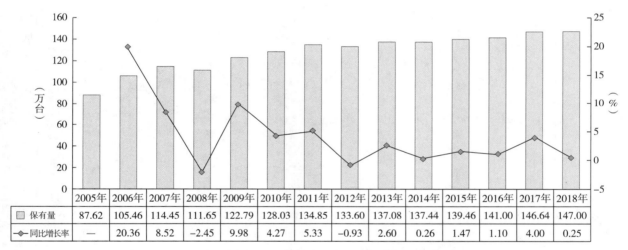

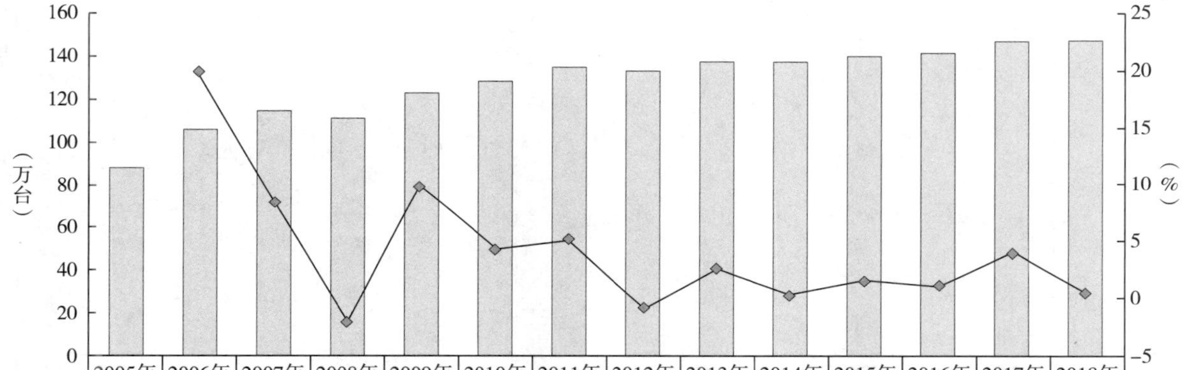

	2005年	2006年	2007年	2008年	2009年	2010年	2011年	2012年	2013年	2014年	2015年	2016年	2017年	2018年
保有量	87.62	105.46	114.45	111.65	122.79	128.03	134.85	133.60	137.08	137.44	139.46	141.00	146.64	147.00
同比增长率	—	20.36	8.52	−2.45	9.98	4.27	5.33	−0.93	2.60	0.26	1.47	1.10	4.00	0.25

图 134　2005—2018 年云南省畜牧业机械保有量走势

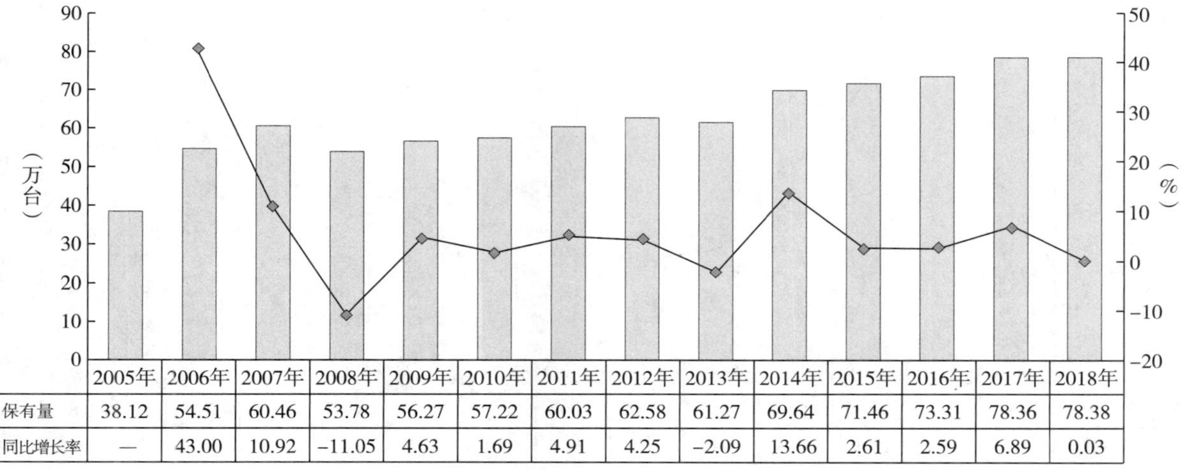

	2005年	2006年	2007年	2008年	2009年	2010年	2011年	2012年	2013年	2014年	2015年	2016年	2017年	2018年
保有量	38.12	54.51	60.46	53.78	56.27	57.22	60.03	62.58	61.27	69.64	71.46	73.31	78.36	78.38
同比增长率	—	43.00	10.92	−11.05	4.63	1.69	4.91	4.25	−2.09	13.66	2.61	2.59	6.89	0.03

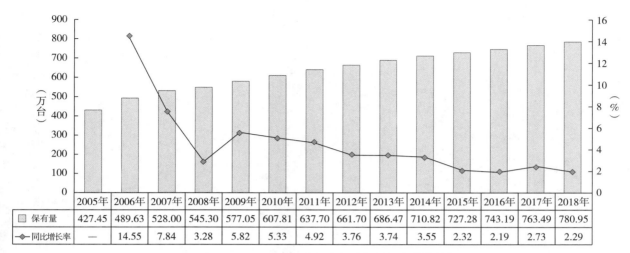

图 135　2005—2018 年四川省畜牧业机械保有量走势

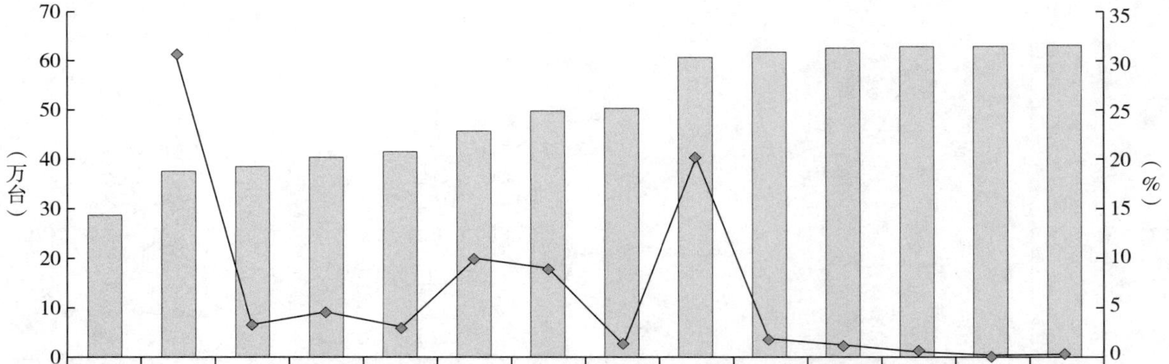

	2005年	2006年	2007年	2008年	2009年	2010年	2011年	2012年	2013年	2014年	2015年	2016年	2017年	2018年
保有量	28.39	37.11	38.33	40.12	41.28	45.39	49.48	50.14	60.28	61.44	62.20	62.57	62.65	62.84
同比增长率	—	30.72	3.29	4.67	2.89	9.96	9.01	1.33	20.22	1.92	1.24	0.59	0.13	0.30

图 136　2005—2018 年重庆市畜牧业机械保有量走势

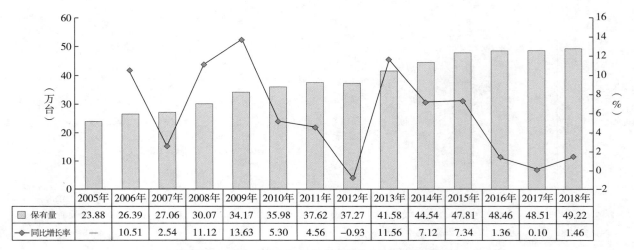

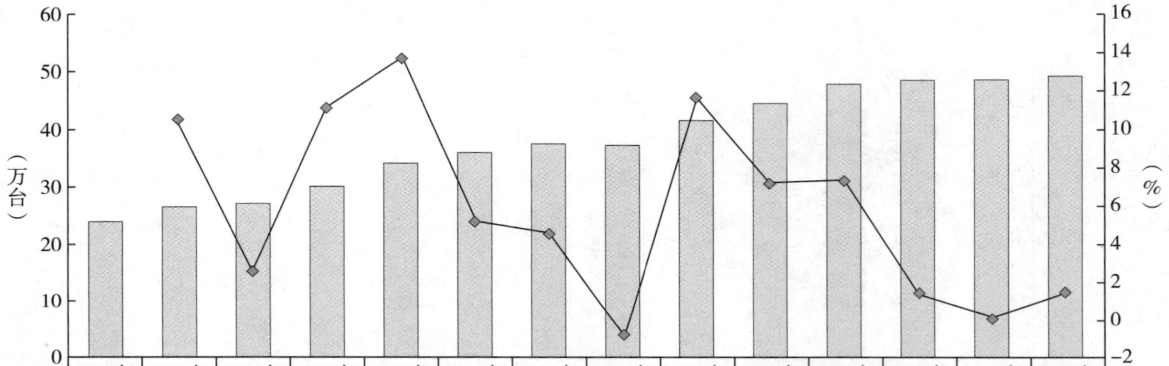

	2005年	2006年	2007年	2008年	2009年	2010年	2011年	2012年	2013年	2014年	2015年	2016年	2017年	2018年
保有量	23.88	26.39	27.06	30.07	34.17	35.98	37.62	37.27	41.58	44.54	47.81	48.46	48.51	49.22
同比增长率	—	10.51	2.54	11.12	13.63	5.30	4.56	−0.93	11.56	7.12	7.34	1.36	0.10	1.46

图 137　2005—2018 年湖北省畜牧业机械保有量走势

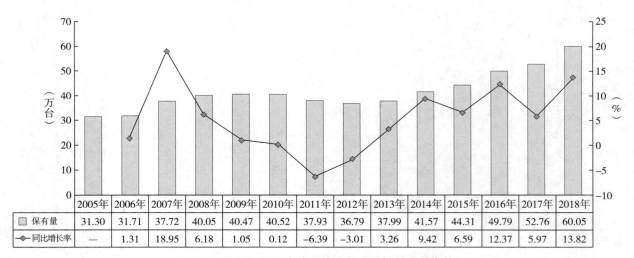

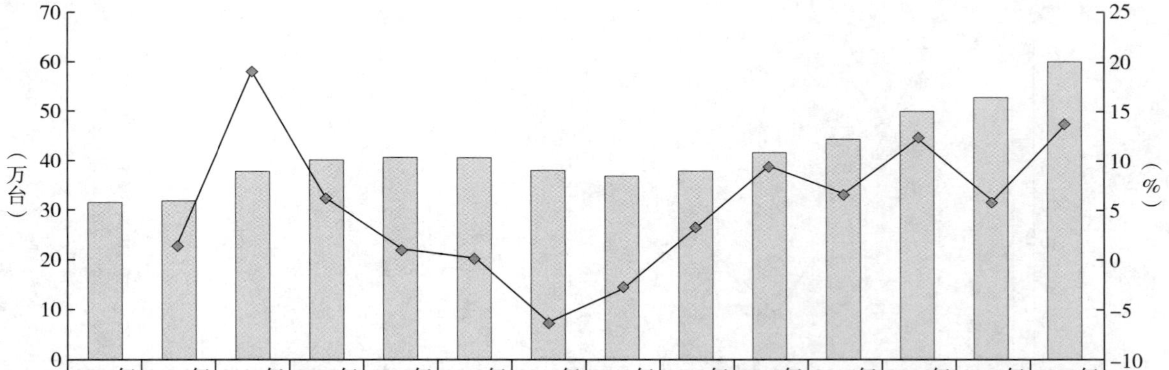

	2005年	2006年	2007年	2008年	2009年	2010年	2011年	2012年	2013年	2014年	2015年	2016年	2017年	2018年
保有量	31.30	31.71	37.72	40.05	40.47	40.52	37.93	36.79	37.99	41.57	44.31	49.79	52.76	60.05
同比增长率	—	1.31	18.95	6.18	1.05	0.12	−6.39	−3.01	3.26	9.42	6.59	12.37	5.97	13.82

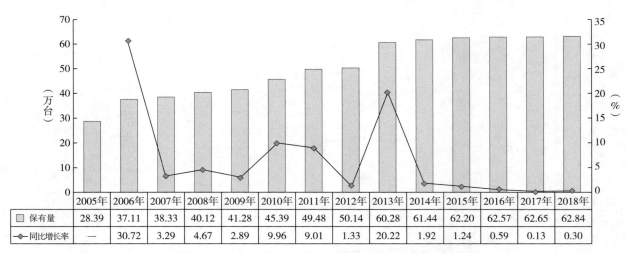

图 138　2005—2018 年贵州省畜牧业机械保有量走势

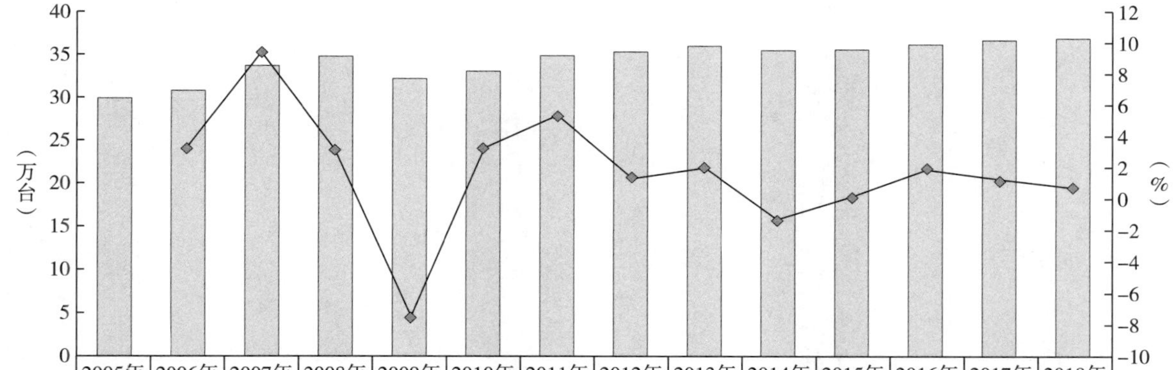

	2005年	2006年	2007年	2008年	2009年	2010年	2011年	2012年	2013年	2014年	2015年	2016年	2017年	2018年
保有量	29.75	30.70	33.57	34.60	32.01	33.00	34.74	35.20	35.89	35.42	35.45	36.09	36.50	36.75
同比增长率	—	3.19	9.35	3.07	−7.49	3.09	5.27	1.32	1.96	−1.31	0.08	1.81	1.14	0.68

图 139　2005—2018 年广西壮族自治区畜牧业机械保有量走势

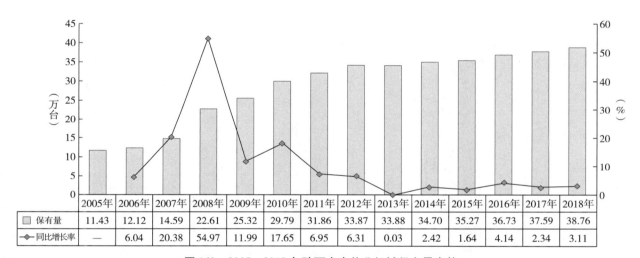

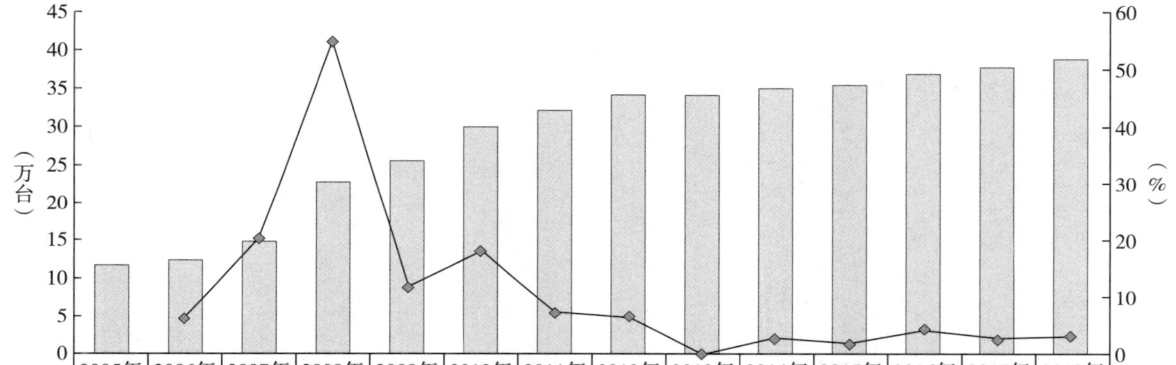

	2005年	2006年	2007年	2008年	2009年	2010年	2011年	2012年	2013年	2014年	2015年	2016年	2017年	2018年
保有量	11.43	12.12	14.59	22.61	25.32	29.79	31.86	33.87	33.88	34.70	35.27	36.73	37.59	38.76
同比增长率	—	6.04	20.38	54.97	11.99	17.65	6.95	6.31	0.03	2.42	1.64	4.14	2.34	3.11

图 140　2005—2018 年陕西省畜牧业机械保有量走势

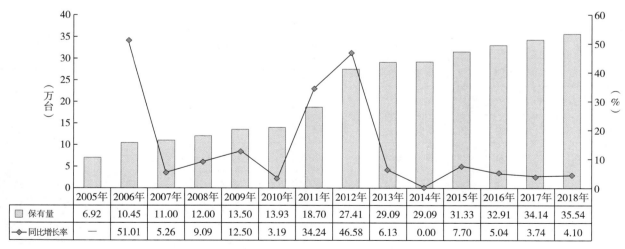

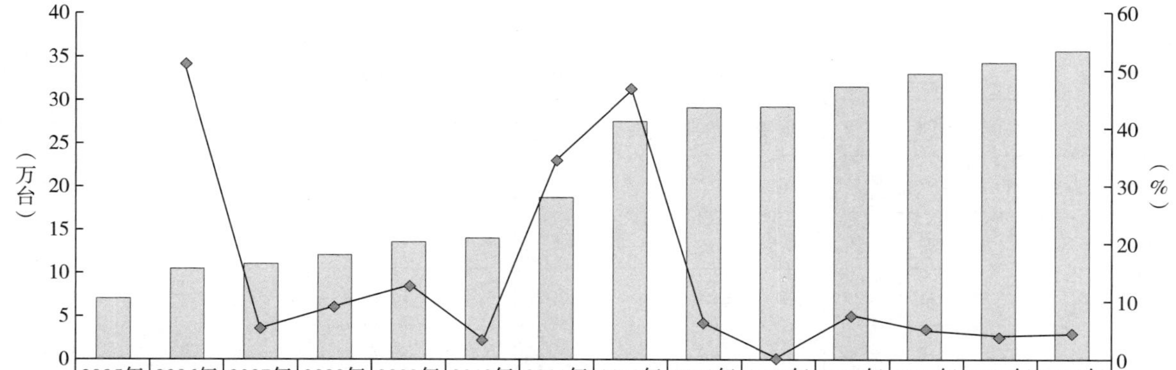

	2005年	2006年	2007年	2008年	2009年	2010年	2011年	2012年	2013年	2014年	2015年	2016年	2017年	2018年
保有量	6.92	10.45	11.00	12.00	13.50	13.93	18.70	27.41	29.09	29.09	31.33	32.91	34.14	35.54
同比增长率	—	51.01	5.26	9.09	12.50	3.19	34.24	46.58	6.13	0.00	7.70	5.04	3.74	4.10

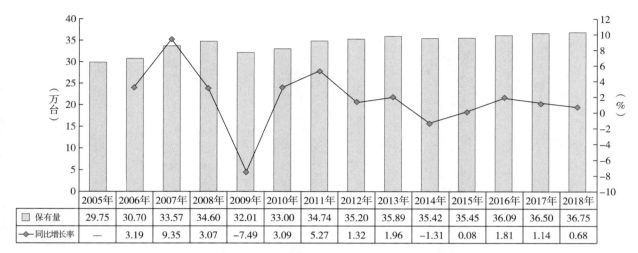

图 141　2005—2018 年甘肃省畜牧业机械保有量走势

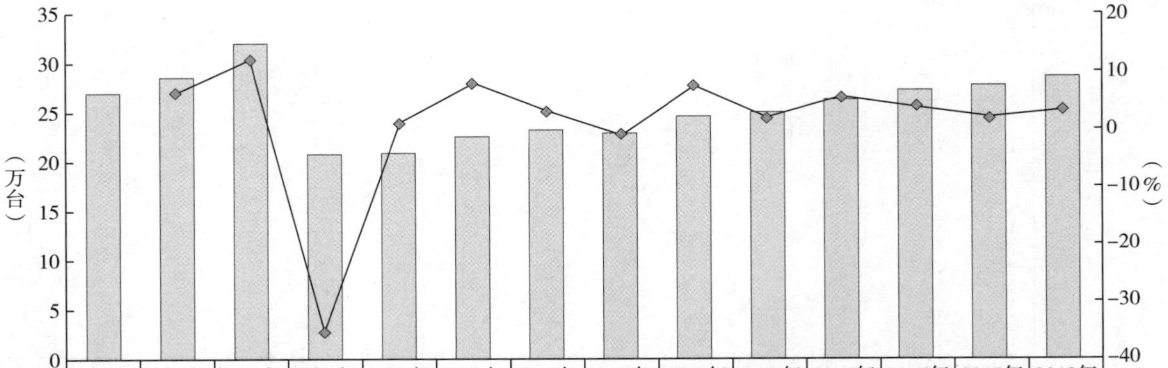

	2005年	2006年	2007年	2008年	2009年	2010年	2011年	2012年	2013年	2014年	2015年	2016年	2017年	2018年
保有量	26.75	28.42	31.80	20.60	20.74	22.36	23.04	22.75	24.43	24.85	26.18	27.11	27.54	28.47
同比增长率	—	6.24	11.89	−35.22	0.68	7.81	3.04	−1.26	7.38	1.72	5.35	3.55	1.59	3.38

图 142　2005—2018 年内蒙古自治区畜牧业机械保有量走势

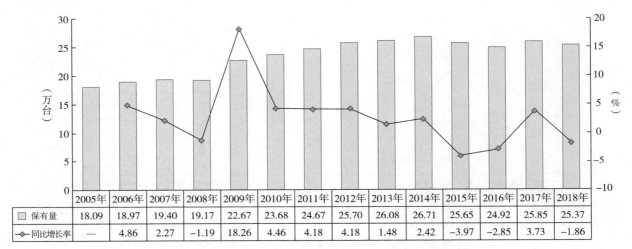

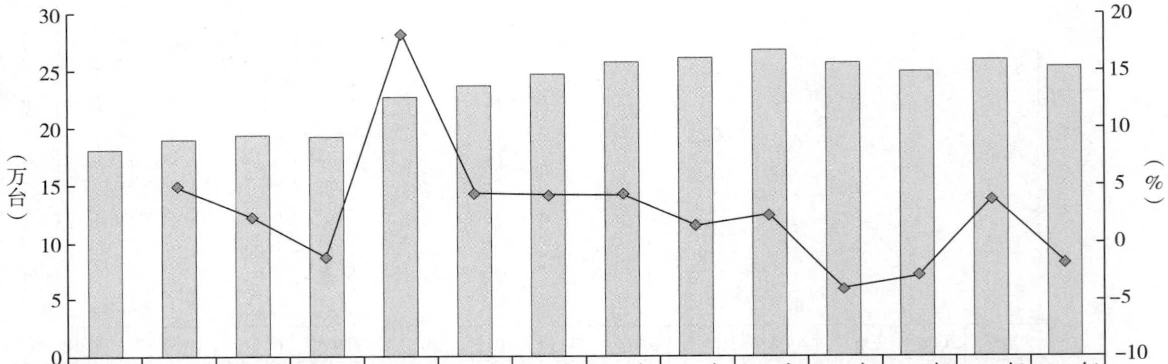

	2005年	2006年	2007年	2008年	2009年	2010年	2011年	2012年	2013年	2014年	2015年	2016年	2017年	2018年
保有量	18.09	18.97	19.40	19.17	22.67	23.68	24.67	25.70	26.08	26.71	25.65	24.92	25.85	25.37
同比增长率	—	4.86	2.27	−1.19	18.26	4.46	4.18	4.18	1.48	2.42	−3.97	−2.85	3.73	−1.86

图 143　2005—2018 年湖南省畜牧业机械保有量走势

表 27　　2005—2018 年牧草收割机保有量一览表　　单位：万台

序号	地区	2005 年	2006 年	2007 年	2008 年	2009 年	2010 年	2011 年	2012 年	2013 年	2014 年	2015 年	2016 年	2017 年	2018 年
	全国	6.40	6.85	7.55	8.04	10.33	11.72	12.88	15.03	16.01	17.14	17.85	17.83	18.60	20.21
1	内蒙古	3.78	4.10	4.66	5.08	6.63	7.29	7.61	8.84	9.45	10.16	10.51	10.92	11.21	11.19
2	甘肃	0.28	0.25	0.29	0.25	0.56	0.57	1.06	1.42	1.51	1.74	2.02	2.13	2.20	2.21
3	新疆	1.06	1.14	1.23	1.26	1.55	1.63	1.71	1.76	1.84	1.87	1.77	1.70	1.67	1.72
4	宁夏	0.02	0.06	0.05	0.19	0.05	0.31	0.40	0.68	0.77	0.81	0.84	0.88	0.89	0.97
5	西藏	0.00	0.00	0.00	0.00	0.41	0.42	0.42	0.42	0.42	0.42	0.42	0.40	0.41	0.42

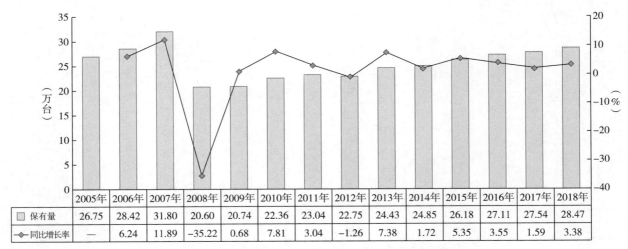

续 表

序号	地区	2005 年	2006 年	2007 年	2008 年	2009 年	2010 年	2011 年	2012 年	2013 年	2014 年	2015 年	2016 年	2017 年	2018 年
6	陕西	0. 03	0. 04	0. 04	0. 04	0. 04	0. 04	0. 21	0. 23	0. 36	0. 36	0. 37	0. 37	0. 37	0. 41
7	山西	0. 09	0. 10	0. 11	0. 12	0. 13	0. 23	0. 27	0. 28	0. 29	0. 32	0. 32	0. 32	0. 14	0. 14
8	贵州	0. 38	0. 30	0. 30	0. 26	0. 25	0. 26	0. 29	0. 26	0. 28	0. 32	0. 32	0. 30	0. 31	1. 51
9	黑龙江	0. 37	0. 33	0. 29	0. 23	0. 23	0. 43	0. 23	0. 29	0. 26	0. 26	0. 23	0. 23	0. 22	0. 22
10	吉林	0. 02	0. 02	0. 02	0. 02	0. 02	0. 03	0. 11	0. 12	0. 12	0. 14	0. 16	0. 18	0. 17	0. 21
11	河北	0. 06	0. 10	0. 13	0. 11	0. 12	0. 12	0. 13	0. 13	0. 13	0. 14	0. 15	0. 15	0. 15	0. 15
12	青海	0. 00	0. 00	0. 03	0. 07	0. 09	0. 11	0. 12	0. 13	0. 10	0. 11	0. 12	0. 00	0. 12	0. 17
13	四川	0. 01	0. 01	0. 01	0. 01	0. 01	0. 01	0. 01	0. 01	0. 05	0. 05	0. 10	0. 10	0. 18	0. 27
14	浙江	0. 00	0. 00	0. 00	0. 01	0. 02	0. 04	0. 04	0. 06	0. 04	0. 04	0. 10	0. 00	0. 09	0. 12
15	湖北	0. 00	0. 00	0. 00	0. 00	0. 00	0. 00	0. 00	0. 07	0. 07	0. 08	0. 09	0. 00	0. 12	0. 13
16	辽宁	0. 03	0. 03	0. 07	0. 10	0. 09	0. 09	0. 10	0. 10	0. 10	0. 07	0. 07	0. 00	0. 06	0. 07
17	新疆建设兵团	0. 21	0. 31	0. 25	0. 27	0. 08	0. 07	0. 07	0. 07	0. 07	0. 07	0. 07	0. 07	0. 07	0. 07
18	江苏	0. 00	0. 00	0. 00	0. 00	0. 00	0. 00	0. 00	0. 02	0. 04	0. 06	0. 07	0. 07	0. 07	0. 06
19	山东	0. 03	0. 03	0. 03	0. 02	0. 02	0. 03	0. 02	0. 02	0. 03	0. 03	0. 03	0. 00	0. 03	0. 03
20	河南	0. 00	0. 00	0. 00	0. 01	0. 01	0. 01	0. 01	0. 03	0. 03	0. 03	0. 03	0. 00	0. 03	0. 03
21	江西	0. 00	0. 00	0. 00	0. 01	0. 01	0. 00	0. 04	0. 04	0. 02	0. 02	0. 02	0. 00	0. 02	0. 02
22	湖南	0. 01	0. 01	0. 01	0. 00	0. 00	0. 00	0. 00	0. 00	0. 00	0. 01	0. 02	0. 00	0. 04	0. 03
23	福建	0. 00	0. 00	0. 01	0. 00	0. 01	0. 01	0. 01	0. 01	0. 01	0. 01	0. 01	0. 00	0. 00	0. 00
24	广东	0. 00	0. 00	0. 00	0. 00	0. 00	0. 01	0. 01	0. 01	0. 01	0. 01	0. 01	0. 01	0. 01	0. 01
25	北京	0. 01	0. 01	0. 01	0. 02	0. 02	0. 02	0. 02	0. 01	0. 01	0. 01	0. 00	0. 00	0. 01	0. 00
26	云南	0. 00	0. 00	0. 00	0. 00	0. 00	0. 00	0. 00	0. 00	0. 00	0. 00	0. 00	0. 00	0. 01	0. 01
27	重庆	0. 01	0. 01	0. 01	0. 00	0. 00	0. 00	0. 00	0. 00	0. 00	0. 00	0. 00	0. 00	0. 00	0. 00
28	安徽	0. 00	0. 00	0. 00	0. 00	0. 01	0. 00	0. 00	0. 01	0. 00	0. 00	0. 00	0. 00	0. 00	0. 00
29	天津	0. 00	0. 00	0. 00	0. 00	0. 00	0. 00	0. 00	0. 00	0. 00	0. 00	0. 00	0. 00	0. 00	0. 00
30	上海	0. 00	0. 00	0. 00	0. 00	0. 00	0. 00	0. 00	0. 00	0. 00	0. 00	0. 00	0. 00	0. 00	0. 00
31	海南	0. 00	0. 00	0. 00	0. 00	0. 00	0. 00	0. 00	0. 00	0. 00	0. 00	0. 00	0. 00	0. 00	0. 00
32	广西	0. 00	0. 00	0. 00	0. 00	0. 00	0. 00	0. 00	0. 00	0. 00	0. 00	0. 00	0. 00	0. 00	0. 04

表 28　2005—2018 年牧草收割机保有量前十名走势分析

单位：万台

序号	地区	类别	2005 年	2006 年	2007 年	2008 年	2009 年	2010 年	2011 年	2012 年	2013 年	2014 年	2015 年	2016 年	2017 年	2018 年
	全国	保有量	6.40	6.85	7.55	8.04	10.33	11.72	12.88	15.03	16.01	17.14	17.85	17.83	18.60	20.21
		同比增长率（%）	—	7.03	10.22	6.49	28.48	13.46	9.90	16.69	6.52	7.06	4.14	-0.11	4.32	8.66
1	内蒙古	保有量	3.78	4.10	4.66	5.08	6.63	7.29	7.61	8.84	9.45	10.16	10.51	10.92	11.21	11.19
		同比增长率（%）	—	8.47	13.66	9.01	30.51	9.95	4.39	16.16	6.90	7.51	3.44	3.90	2.66	-0.18
2	甘肃	保有量	0.28	0.25	0.29	0.25	0.56	0.57	1.06	1.42	1.51	1.74	2.02	2.13	2.20	2.21
		同比增长率（%）	—	-10.71	16.00	-13.79	124.00	1.79	85.96	33.96	6.34	15.23	16.09	5.45	3.29	0.45
3	新疆	保有量	1.06	1.14	1.23	1.26	1.55	1.63	1.71	1.76	1.84	1.87	1.77	1.70	1.67	1.72
		同比增长率（%）	—	7.55	7.89	2.44	23.02	5.16	4.91	2.92	4.55	1.63	-5.35	-3.95	-1.76	2.99
4	宁夏	保有量	0.02	0.06	0.05	0.19	0.05	0.31	0.40	0.68	0.77	0.81	0.84	0.88	0.89	0.97
		同比增长率（%）	—	200.00	-16.67	280.00	-73.68	520.00	29.03	70.00	13.24	5.19	3.70	4.76	1.14	8.99
5	西藏	保有量	0.00	0.00	0.00	0.00	0.41	0.42	0.42	0.42	0.42	0.42	0.42	0.40	0.41	0.42
		同比增长率（%）	—	—	—	—	—	2.44	0.00	0.00	0.00	0.00	0.00	-4.76	2.50	2.44
6	陕西	保有量	0.03	0.04	0.04	0.04	0.04	0.04	0.21	0.23	0.36	0.36	0.37	0.37	0.37	0.41
		同比增长率（%）	—	33.33	0.00	0.00	0.00	0.00	425.00	9.52	56.52	0.00	2.78	0.00	0.00	10.81
7	山西	保有量	0.09	0.10	0.11	0.12	0.13	0.23	0.27	0.28	0.29	0.32	0.32	0.32	0.14	0.14
		同比增长率（%）	—	11.11	10.00	9.09	8.33	76.92	17.39	3.70	3.57	10.34	0.00	0.00	-56.25	0.00
8	贵州	保有量	0.38	0.30	0.30	0.26	0.25	0.26	0.29	0.26	0.28	0.32	0.32	0.30	0.31	1.51
		同比增长率（%）	—	-21.05	0.00	-13.33	-3.85	4.00	11.54	-10.34	7.69	14.29	0.00	-6.25	3.33	387.10
9	黑龙江	保有量	0.37	0.33	0.29	0.23	0.23	0.43	0.23	0.29	0.26	0.26	0.23	0.23	0.22	0.22
		同比增长率（%）	—	-10.81	-12.12	-20.69	0.00	86.96	-46.51	26.09	-10.34	0.00	-11.54	0.00	-4.35	0.00
10	吉林	保有量	0.02	0.02	0.02	0.02	0.02	0.03	0.11	0.12	0.12	0.14	0.16	0.18	0.17	0.21
		同比增长率（%）	—	0.00	0.00	0.00	0.00	50.00	266.67	9.09	0.00	16.67	14.29	12.50	-5.56	23.53

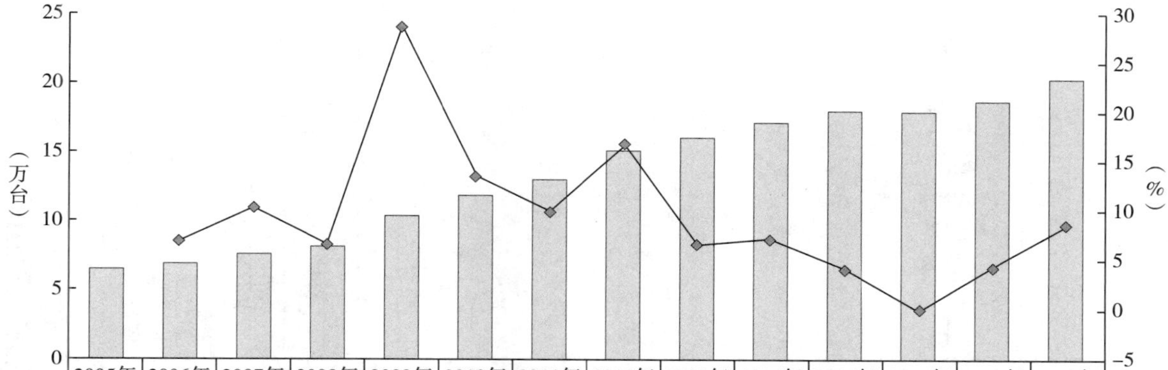

	2005年	2006年	2007年	2008年	2009年	2010年	2011年	2012年	2013年	2014年	2015年	2016年	2017年	2018年
保有量	6.40	6.85	7.55	8.04	10.33	11.72	12.88	15.03	16.01	17.14	17.85	17.83	18.60	20.21
同比增长率	—	7.03	10.22	6.49	28.48	13.46	9.90	16.69	6.52	7.06	4.14	−0.11	4.32	8.66

图 144　2005—2018 年全国牧草收割机保有量走势

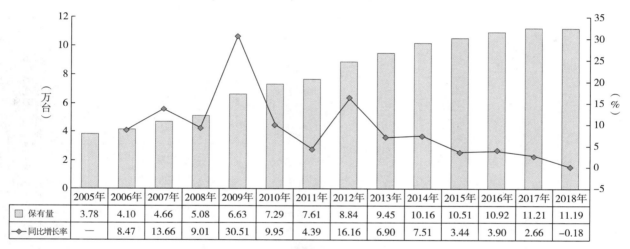

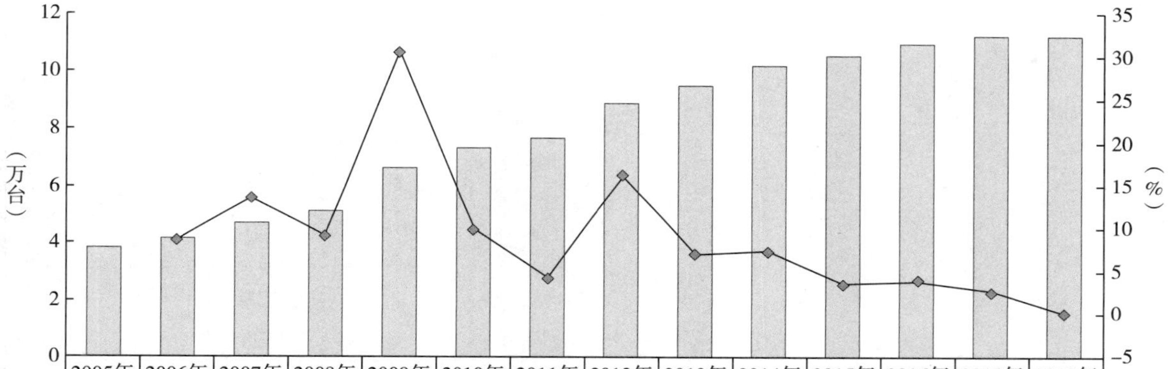

	2005年	2006年	2007年	2008年	2009年	2010年	2011年	2012年	2013年	2014年	2015年	2016年	2017年	2018年
保有量	3.78	4.10	4.66	5.08	6.63	7.29	7.61	8.84	9.45	10.16	10.51	10.92	11.21	11.19
同比增长率	—	8.47	13.66	9.01	30.51	9.95	4.39	16.16	6.90	7.51	3.44	3.90	2.66	−0.18

图 145　2005—2018 年内蒙古自治区牧草收割机保有量走势

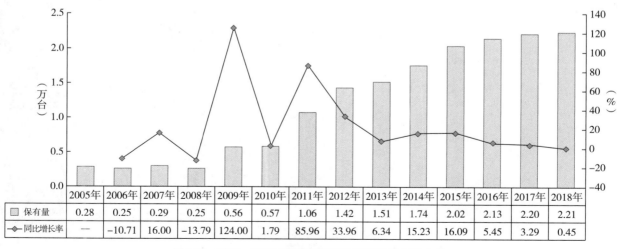

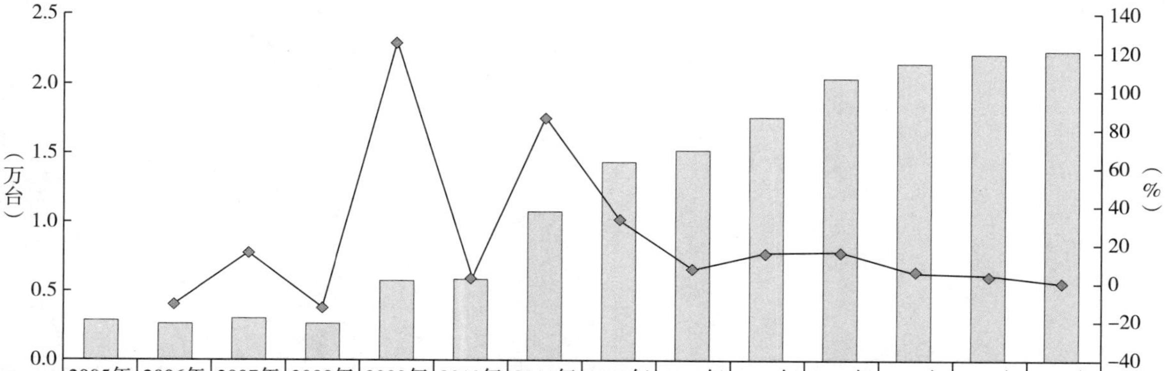

	2005年	2006年	2007年	2008年	2009年	2010年	2011年	2012年	2013年	2014年	2015年	2016年	2017年	2018年
保有量	0.28	0.25	0.29	0.25	0.56	0.57	1.06	1.42	1.51	1.74	2.02	2.13	2.20	2.21
同比增长率	—	−10.71	16.00	−13.79	124.00	1.79	85.96	33.96	6.34	15.23	16.09	5.45	3.29	0.45

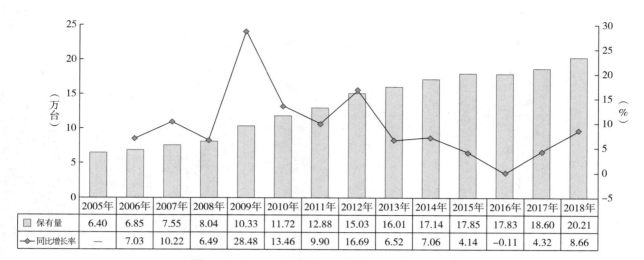

图 146　2005—2018 年甘肃省牧草收割机保有量走势

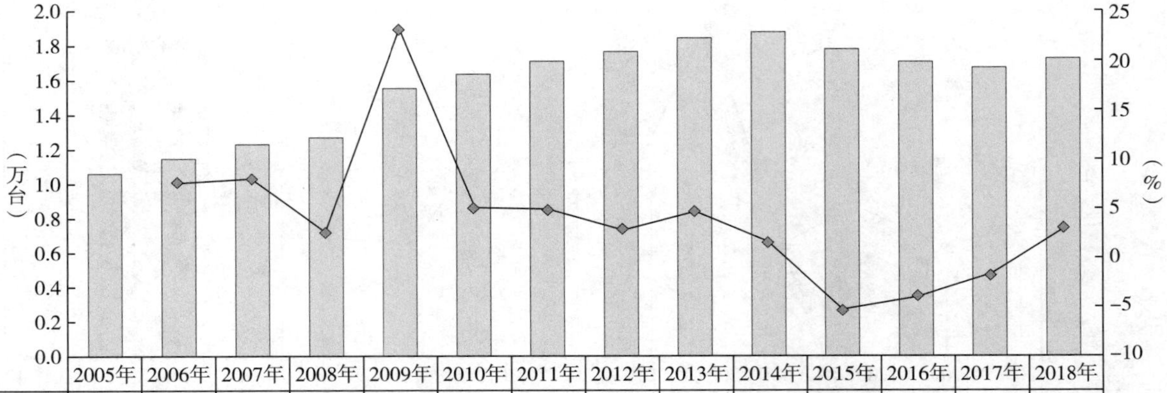

	2005年	2006年	2007年	2008年	2009年	2010年	2011年	2012年	2013年	2014年	2015年	2016年	2017年	2018年
保有量	1.06	1.14	1.23	1.26	1.55	1.63	1.71	1.76	1.84	1.87	1.77	1.70	1.67	1.72
同比增长率	—	7.55	7.89	2.44	23.02	5.16	4.91	2.92	4.55	1.63	−5.35	−3.95	−1.76	2.99

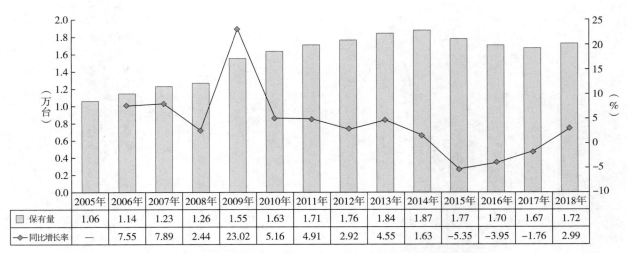

图 147　2005—2018 年新疆维吾尔自治区牧草收割机保有量走势

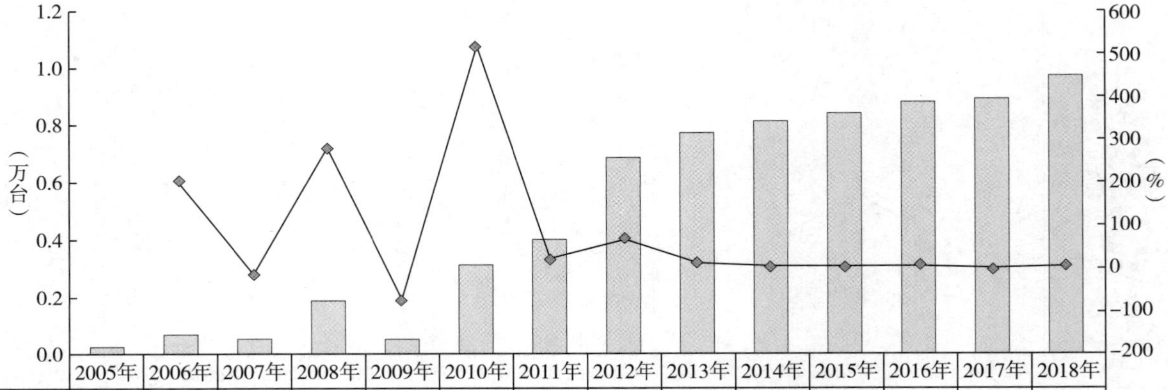

	2005年	2006年	2007年	2008年	2009年	2010年	2011年	2012年	2013年	2014年	2015年	2016年	2017年	2018年
保有量	0.02	0.06	0.05	0.19	0.05	0.31	0.40	0.68	0.77	0.81	0.84	0.88	0.89	0.97
同比增长率	—	200.00	−16.67	280.00	−73.68	520.00	29.03	70.00	13.24	5.19	3.70	4.76	1.14	8.99

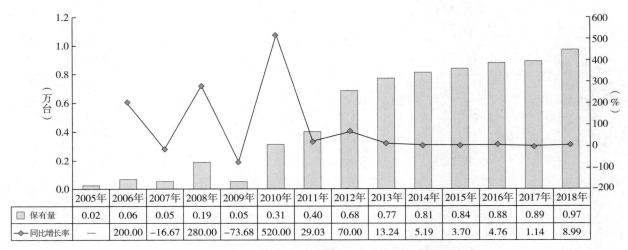

图 148　2005—2018 年宁夏回族自治区牧草收割机保有量走势

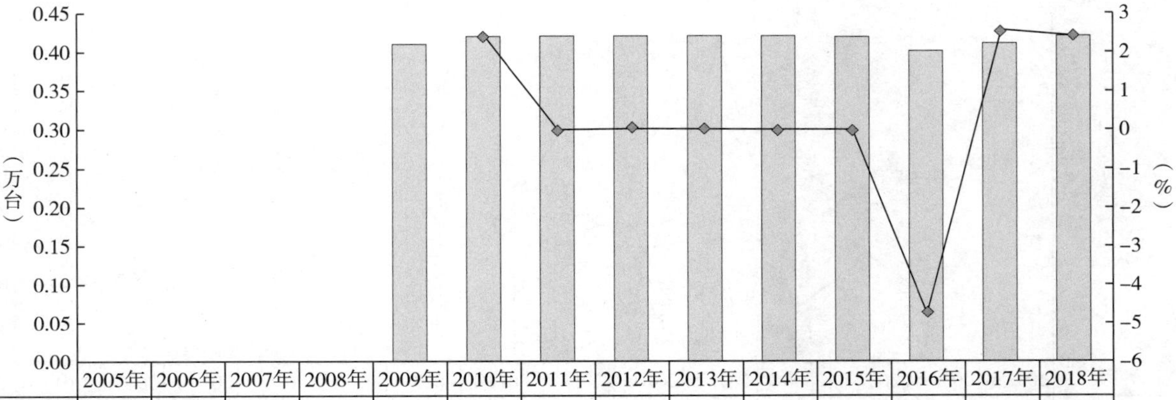

	2005年	2006年	2007年	2008年	2009年	2010年	2011年	2012年	2013年	2014年	2015年	2016年	2017年	2018年
保有量	0.00	0.00	0.00	0.00	0.41	0.42	0.42	0.42	0.42	0.42	0.42	0.40	0.41	0.42
同比增长率	—	—	—	—	—	2.44	0.00	0.00	0.00	0.00	0.00	−4.76	2.50	2.44

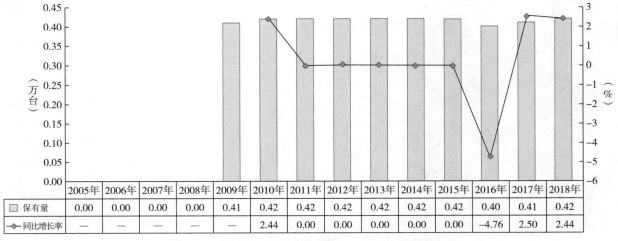

图 149　2005—2018 年西藏自治区牧草收割机保有量走势

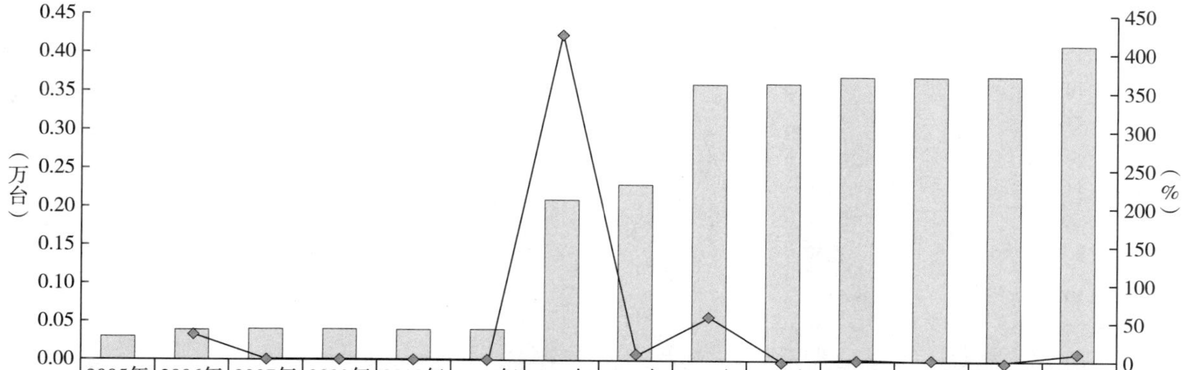

	2005年	2006年	2007年	2008年	2009年	2010年	2011年	2012年	2013年	2014年	2015年	2016年	2017年	2018年
保有量	0.03	0.04	0.04	0.04	0.04	0.04	0.21	0.23	0.36	0.36	0.37	0.37	0.37	0.41
同比增长率	—	33.33	0.00	0.00	0.00	0.00	425.00	9.52	56.52	0.00	2.78	0.00	0.00	10.81

图 150　2005—2018 年陕西省牧草收割机保有量走势

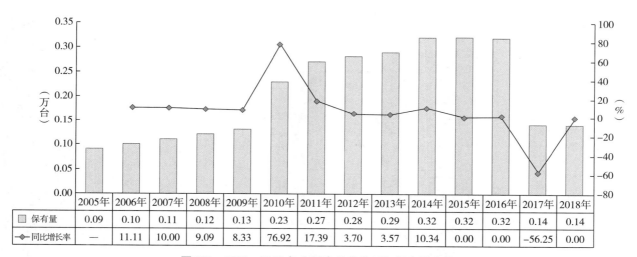

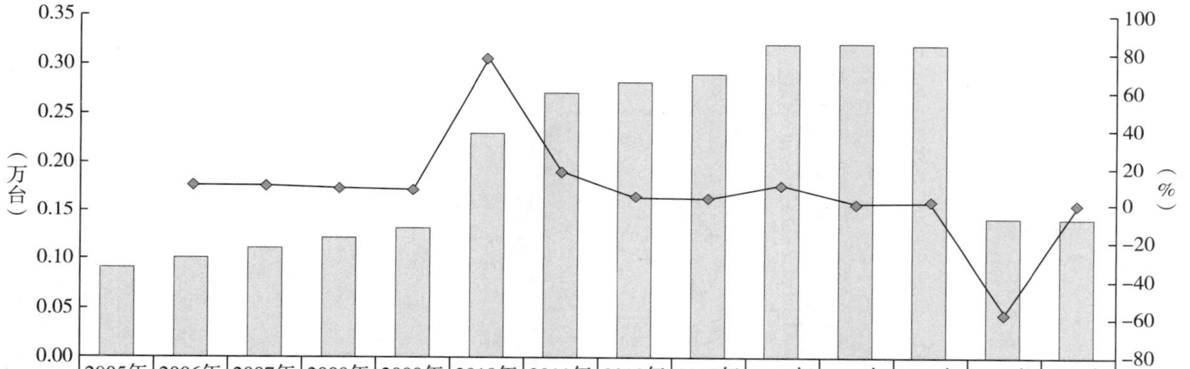

	2005年	2006年	2007年	2008年	2009年	2010年	2011年	2012年	2013年	2014年	2015年	2016年	2017年	2018年
保有量	0.09	0.10	0.11	0.12	0.13	0.23	0.27	0.28	0.29	0.32	0.32	0.32	0.14	0.14
同比增长率	—	11.11	10.00	9.09	8.33	76.92	17.39	3.70	3.57	10.34	0.00	0.00	−56.25	0.00

图 151　2005—2018 年山西省牧草收割机保有量走势

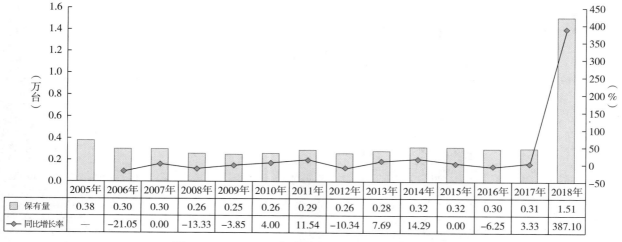

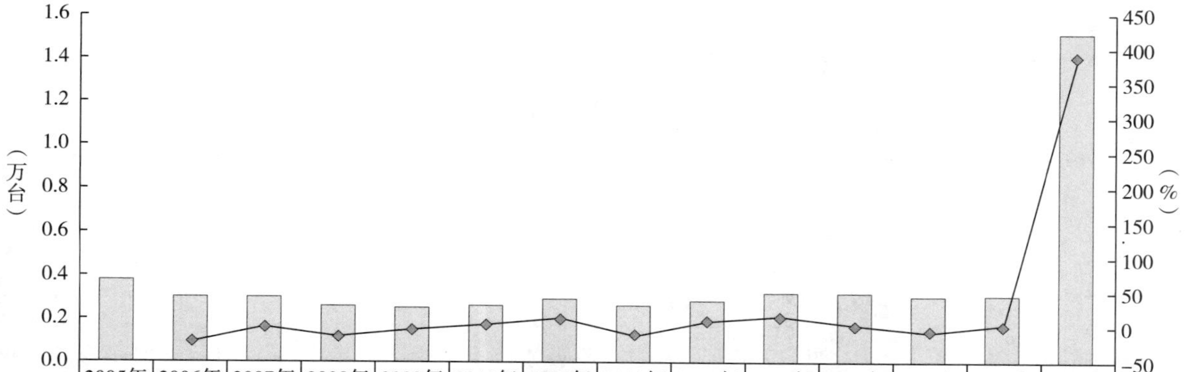

	2005年	2006年	2007年	2008年	2009年	2010年	2011年	2012年	2013年	2014年	2015年	2016年	2017年	2018年
保有量	0.38	0.30	0.30	0.26	0.25	0.26	0.29	0.26	0.28	0.32	0.32	0.30	0.31	1.51
同比增长率	—	−21.05	0.00	−13.33	−3.85	4.00	11.54	−10.34	7.69	14.29	0.00	−6.25	3.33	387.10

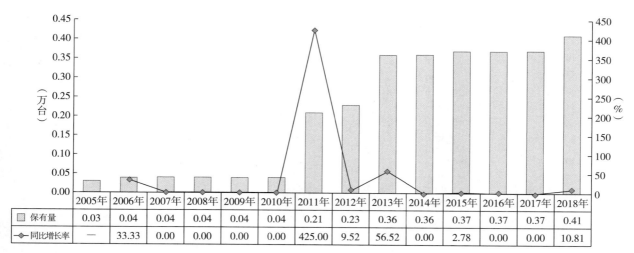

图 152　2005—2018 年贵州省牧草收割机保有量走势

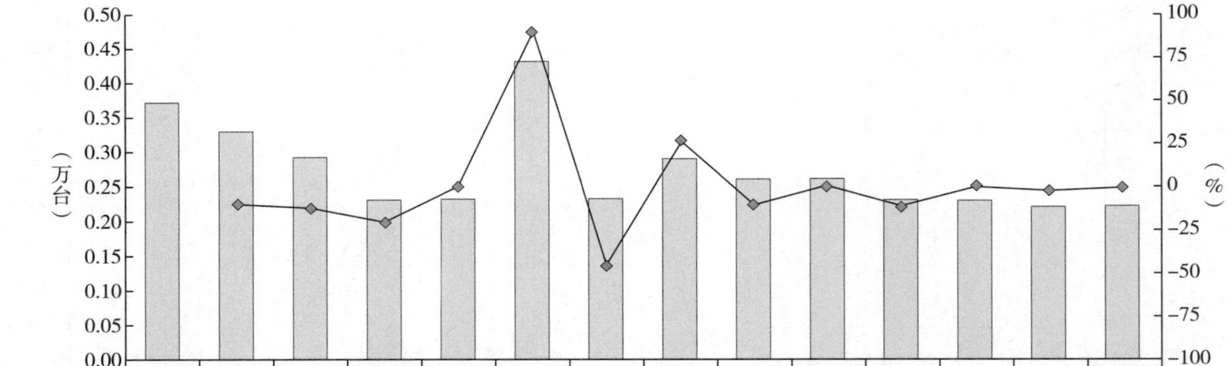

	2005年	2006年	2007年	2008年	2009年	2010年	2011年	2012年	2013年	2014年	2015年	2016年	2017年	2018年
保有量	0.37	0.33	0.29	0.23	0.23	0.43	0.23	0.29	0.26	0.26	0.23	0.23	0.22	0.22
同比增长率	—	−10.81	−12.12	−20.69	0.00	86.96	−46.51	26.09	−10.34	0.00	−11.54	0.00	−4.35	0.00

图 153　2005—2018 年黑龙江省牧草收割机保有量走势

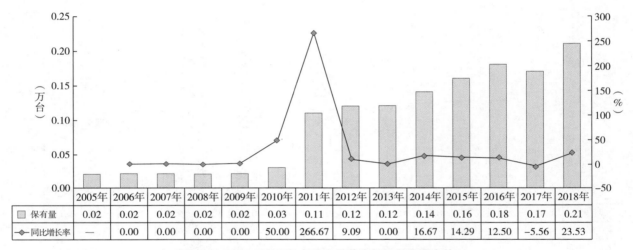

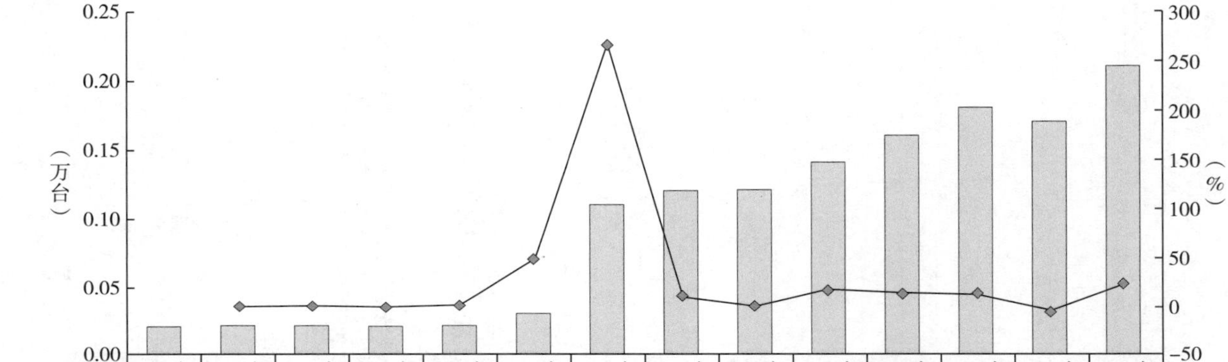

	2005年	2006年	2007年	2008年	2009年	2010年	2011年	2012年	2013年	2014年	2015年	2016年	2017年	2018年
保有量	0.02	0.02	0.02	0.02	0.02	0.03	0.11	0.12	0.12	0.14	0.16	0.18	0.17	0.21
同比增长率	—	0.00	0.00	0.00	0.00	50.00	266.67	9.09	0.00	16.67	14.29	12.50	−5.56	23.53

图 154　2005—2018 年吉林省牧草收割机保有量走势

五、渔业机械保有量

表 29　　2005—2018 年渔业机械保有量一览表　　单位：万台

序号	地区	2005 年	2006 年	2007 年	2008 年	2009 年	2010 年	2011 年	2012 年	2013 年	2014 年	2015 年	2016 年	2017 年	2018 年
	全国	95. 16	115. 07	121. 81	193. 47	216. 56	247. 56	301. 56	348. 78	375. 39	402. 99	416. 34	433. 28	442. 50	447. 32
1	广东	29. 34	39. 94	42. 76	54. 31	61. 27	73. 10	87. 38	92. 26	95. 24	99. 93	103. 54	110. 30	116. 02	119. 95
2	江苏	10. 51	11. 00	13. 02	19. 57	22. 62	27. 54	53. 01	73. 47	85. 90	93. 27	96. 28	98. 84	100. 88	100. 48
3	湖北	7. 64	10. 01	11. 39	22. 35	26. 28	28. 74	30. 64	35. 79	38. 89	43. 42	44. 63	45. 08	45. 84	47. 60
4	浙江	4. 83	5. 05	5. 03	14. 52	15. 64	18. 46	20. 69	23. 54	24. 86	27. 25	27. 56	28. 08	28. 46	30. 84

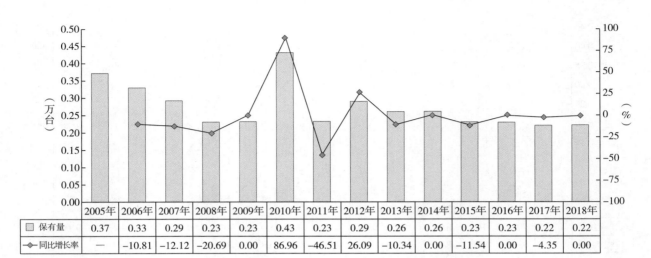

续 表

序号	地区	2005 年	2006 年	2007 年	2008 年	2009 年	2010 年	2011 年	2012 年	2013 年	2014 年	2015 年	2016 年	2017 年	2018 年
5	四川	2.05	2.47	3.15	7.99	9.00	10.81	12.92	14.84	15.60	19.72	21.58	22.15	22.10	25.61
6	福建	8.23	11.13	11.57	13.74	12.10	13.94	14.73	16.16	19.05	20.13	20.26	20.57	20.04	17.89
7	湖南	4.45	4.60	4.89	8.95	9.64	10.53	11.32	12.76	13.96	14.27	14.91	16.40	16.88	16.40
8	山东	4.56	4.42	5.70	10.30	10.58	11.23	11.99	12.58	13.31	13.68	13.81	14.70	14.85	8.36
9	广西	1.38	1.94	2.08	4.49	5.82	5.49	6.17	7.19	7.51	8.34	9.11	9.93	10.94	11.66
10	海南	1.99	2.20	2.09	5.02	6.08	6.06	6.45	6.95	7.39	7.91	7.85	8.31	7.86	7.87
11	辽宁	6.22	6.22	3.30	3.96	4.57	4.94	6.18	7.27	7.70	7.73	7.44	7.03	6.37	7.22
12	安徽	1.49	1.51	1.59	4.09	4.86	5.05	5.33	6.25	7.88	7.29	7.41	7.49	7.65	8.06
13	重庆	2.03	2.68	3.05	4.84	5.03	5.40	5.54	5.63	6.16	6.49	7.40	8.84	9.13	9.28
14	河北	1.31	1.55	1.65	3.30	3.79	3.90	4.35	5.56	5.86	6.20	6.64	6.71	6.16	6.45
15	天津	1.23	1.39	1.42	3.20	3.54	4.84	5.29	5.88	6.39	6.39	6.27	6.05	5.87	6.07
16	江西	2.01	2.93	3.27	5.05	6.56	7.42	8.25	9.16	5.33	5.53	5.71	6.53	6.69	6.95
17	河南	1.17	1.05	1.07	1.82	2.22	2.54	2.99	3.87	4.00	4.14	4.06	4.08	4.12	4.13
18	上海	2.45	2.48	2.19	2.17	2.11	2.25	2.44	2.57	2.75	3.09	3.37	3.37	3.39	2.93
19	云南	0.28	0.34	0.34	0.76	0.98	1.17	1.26	1.82	1.91	2.19	2.28	2.30	2.45	2.82
20	陕西	0.14	0.18	0.16	0.40	0.56	0.71	0.81	1.22	1.32	1.36	1.42	1.54	1.59	1.58
21	北京	0.92	0.90	1.00	1.08	1.14	1.43	1.35	1.36	1.29	1.30	1.27	1.25	1.23	1.21
22	吉林	0.09	0.10	0.08	0.37	0.45	0.50	0.57	0.65	0.69	0.79	0.80	0.82	0.98	1.00
23	新疆	0.11	0.12	0.12	0.13	0.20	0.27	0.50	0.44	0.67	0.67	0.68	0.69	0.69	0.69
24	宁夏	0.11	0.12	0.13	0.38	0.77	0.51	0.58	0.64	0.66	0.66	0.67	0.72	0.75	0.76
25	黑龙江	0.37	0.45	0.46	0.30	0.31	0.32	0.38	0.40	0.34	0.42	0.46	0.46	0.50	0.50
26	内蒙古	0.01	0.01	0.02	0.09	0.10	0.14	0.15	0.17	0.19	0.24	0.29	0.30	0.32	0.32
27	山西	0.04	0.04	0.04	0.04	0.07	0.09	0.10	0.13	0.24	0.25	0.26	0.28	0.27	0.27
28	贵州	0.17	0.20	0.20	0.20	0.21	0.07	0.07	0.10	0.16	0.17	0.16	0.21	0.20	0.10
29	甘肃	0.02	0.02	0.02	0.02	0.03	0.08	0.08	0.09	0.10	0.12	0.15	0.16	0.18	0.20
30	新疆建设兵团	0.01	0.01	0.02	0.03	0.03	0.03	0.04	0.03	0.04	0.04	0.05	0.05	0.05	0.08
31	青海	0.00	0.00	0.00	0.00	0.00	0.00	0.00	0.00	0.00	0.00	0.02	0.04	0.04	0.04
32	西藏	0.00	0.00	0.00	0.00	0.00	0.00	0.00	0.00	0.00	0.00	0.00	0.00	0.00	0.00

表 30　**2005—2018 年渔业机械保有量前十名走势分析**　单位：万台

序号	地区	类别	2005 年	2006 年	2007 年	2008 年	2009 年	2010 年	2011 年	2012 年	2013 年	2014 年	2015 年	2016 年	2017 年	2018 年
	全国	保有量	95.16	115.07	121.81	193.47	216.56	247.56	301.56	348.78	375.39	402.99	416.34	433.28	442.50	447.32
		同比增长率（%）	—	20.92	5.86	58.83	11.93	14.31	21.81	15.66	7.63	7.35	3.31	4.07	2.13	1.09
1	广东	保有量	29.34	39.94	42.76	54.31	61.27	73.10	87.38	92.26	95.24	99.93	103.54	110.30	116.02	119.95
		同比增长率（%）	—	36.13	7.06	27.01	12.82	19.31	19.53	5.58	3.23	4.92	3.61	6.53	5.19	3.39
2	江苏	保有量	10.51	11.00	13.02	19.57	22.62	27.54	53.01	73.47	85.90	93.27	96.28	98.84	100.88	100.48
		同比增长率（%）	—	4.66	18.36	50.31	15.59	21.75	92.48	38.60	16.92	8.58	3.23	2.66	2.06	-0.40
3	湖北	保有量	7.64	10.01	11.39	22.35	26.28	28.74	30.64	35.79	38.89	43.42	44.63	45.08	45.84	47.60
		同比增长率（%）	—	31.02	13.79	96.22	17.58	9.36	6.61	16.81	8.66	11.65	2.79	1.01	1.69	3.84
4	浙江	保有量	4.83	5.05	5.03	14.52	15.64	18.46	20.69	23.54	24.86	27.25	27.56	28.08	28.46	30.84
		同比增长率（%）	—	4.55	-0.40	188.67	7.71	18.03	12.08	13.77	5.61	9.61	1.14	1.89	1.35	8.36
5	四川	保有量	2.05	2.47	3.15	7.99	9.00	10.81	12.92	14.84	15.60	19.72	21.58	22.15	22.10	25.61
		同比增长率（%）	—	20.49	27.53	153.65	12.64	20.11	19.52	14.86	5.12	26.41	9.43	2.64	-0.23	15.88
6	福建	保有量	8.23	11.13	11.57	13.74	12.10	13.94	14.73	16.16	19.05	20.13	20.26	20.57	20.04	17.89
		同比增长率（%）	—	35.24	3.95	18.76	-11.94	15.21	5.67	9.71	17.88	5.67	0.65	1.53	-2.58	-10.73
7	湖南	保有量	4.45	4.60	4.89	8.95	9.64	10.53	11.32	12.76	13.96	14.27	14.91	16.40	16.88	16.40
		同比增长率（%）	—	3.37	6.30	83.03	7.71	9.23	7.50	12.72	9.40	2.22	4.48	9.99	2.93	-2.84
8	山东	保有量	4.56	4.42	5.70	10.30	10.58	11.23	11.99	12.58	13.31	13.68	13.81	14.70	14.85	8.36
		同比增长率（%）	—	-3.07	28.96	80.70	2.72	6.14	6.77	4.92	5.80	2.78	0.95	6.44	1.02	-43.70
9	广西	保有量	1.38	1.94	2.08	4.49	5.82	5.49	6.17	7.19	7.51	8.34	9.11	9.93	10.94	11.66
		同比增长率（%）	—	40.58	7.22	115.87	29.62	-5.67	12.39	16.53	4.45	11.05	9.23	9.00	10.17	6.58
10	海南	保有量	1.99	2.20	2.09	5.02	6.08	6.06	6.45	6.95	7.39	7.91	7.85	8.31	7.86	7.87
		同比增长率（%）	—	10.55	-5.00	140.19	21.12	-0.33	6.44	7.75	6.33	7.04	-0.76	5.86	-5.42	0.13

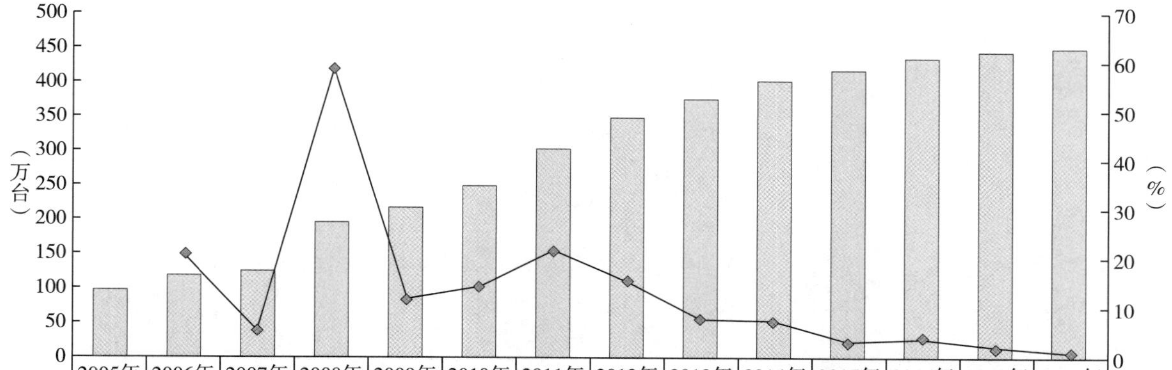

	2005年	2006年	2007年	2008年	2009年	2010年	2011年	2012年	2013年	2014年	2015年	2016年	2017年	2018年
保有量	95.16	115.07	121.81	193.47	216.56	247.56	301.56	348.78	375.39	402.99	416.34	433.28	442.50	447.32
同比增长率	—	20.92	5.86	58.83	11.93	14.31	21.81	15.66	7.63	7.35	3.31	4.07	2.13	1.09

图 155 2005—2018 年全国渔业机械保有量走势

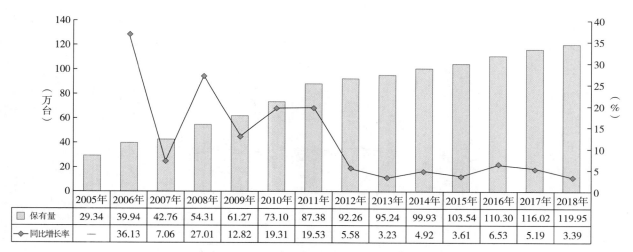

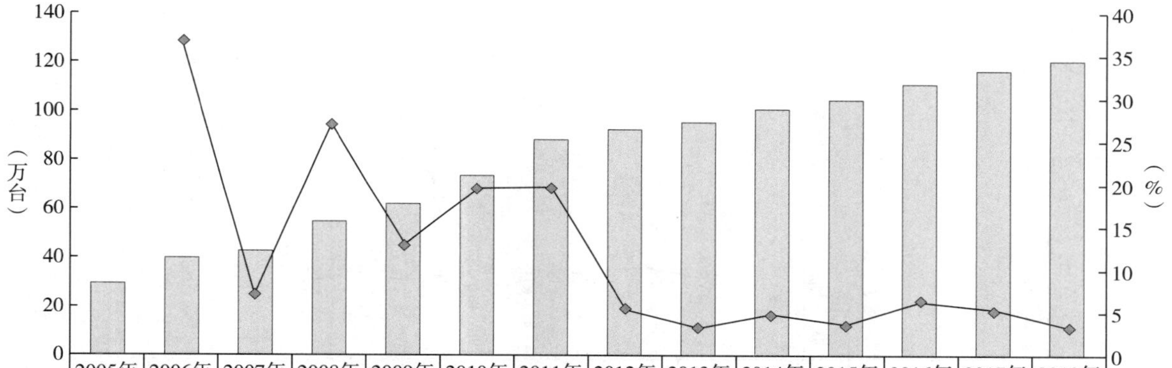

	2005年	2006年	2007年	2008年	2009年	2010年	2011年	2012年	2013年	2014年	2015年	2016年	2017年	2018年
保有量	29.34	39.94	42.76	54.31	61.27	73.10	87.38	92.26	95.24	99.93	103.54	110.30	116.02	119.95
同比增长率	—	36.13	7.06	27.01	12.82	19.31	19.53	5.58	3.23	4.92	3.61	6.53	5.19	3.39

图 156 2005—2018 年广东省渔业机械保有量走势

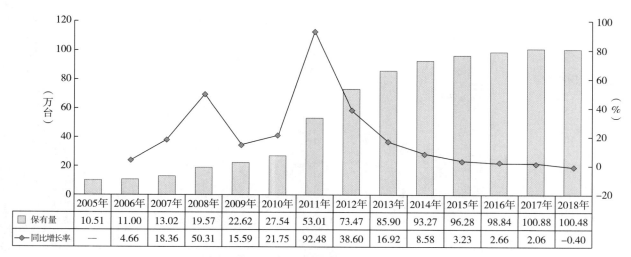

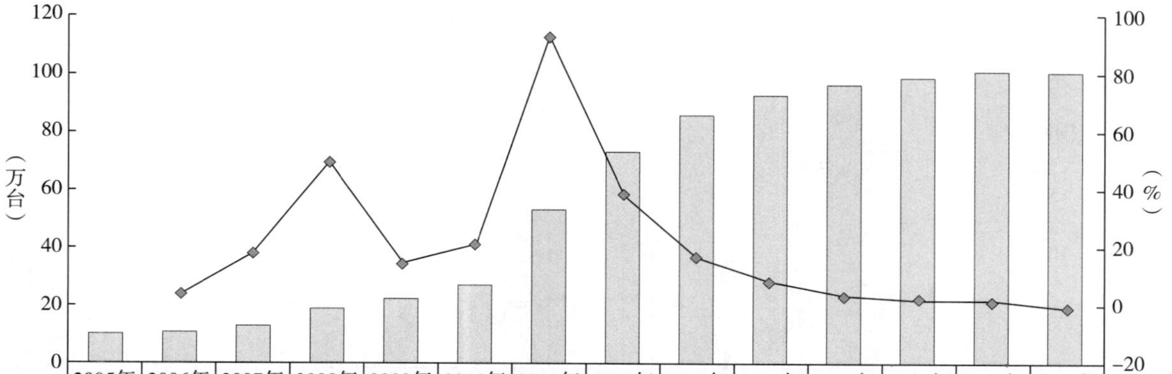

	2005年	2006年	2007年	2008年	2009年	2010年	2011年	2012年	2013年	2014年	2015年	2016年	2017年	2018年
保有量	10.51	11.00	13.02	19.57	22.62	27.54	53.01	73.47	85.90	93.27	96.28	98.84	100.88	100.48
同比增长率	—	4.66	18.36	50.31	15.59	21.75	92.48	38.60	16.92	8.58	3.23	2.66	2.06	−0.40

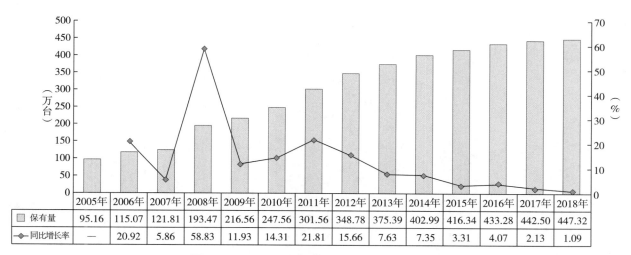

图 157 2005—2018 年江苏省渔业机械保有量走势

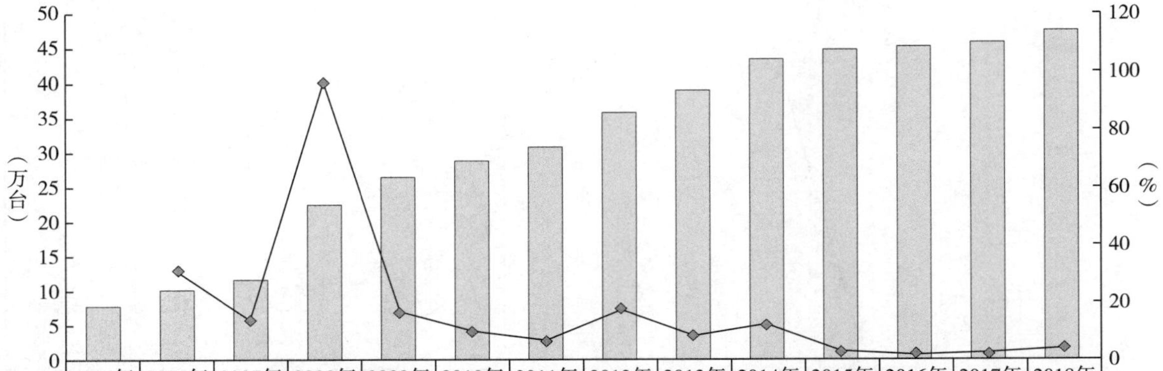

	2005年	2006年	2007年	2008年	2009年	2010年	2011年	2012年	2013年	2014年	2015年	2016年	2017年	2018年
保有量	7.64	10.01	11.39	22.35	26.28	28.74	30.64	35.79	38.89	43.42	44.63	45.08	45.84	47.60
同比增长率	—	31.02	13.79	96.22	17.58	9.36	6.61	16.81	8.66	11.65	2.79	1.01	1.69	3.84

图 158　2005—2018 年湖北省渔业机械保有量走势

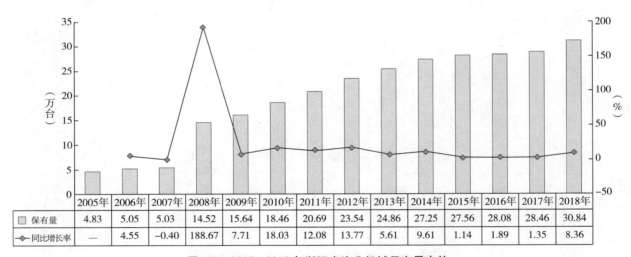

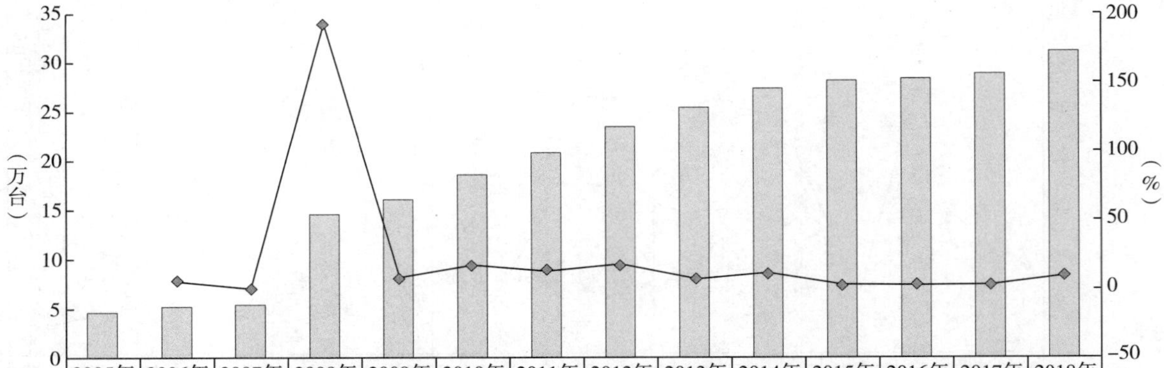

	2005年	2006年	2007年	2008年	2009年	2010年	2011年	2012年	2013年	2014年	2015年	2016年	2017年	2018年
保有量	4.83	5.05	5.03	14.52	15.64	18.46	20.69	23.54	24.86	27.25	27.56	28.08	28.46	30.84
同比增长率	—	4.55	−0.40	188.67	7.71	18.03	12.08	13.77	5.61	9.61	1.14	1.89	1.35	8.36

图 159　2005—2018 年浙江省渔业机械保有量走势

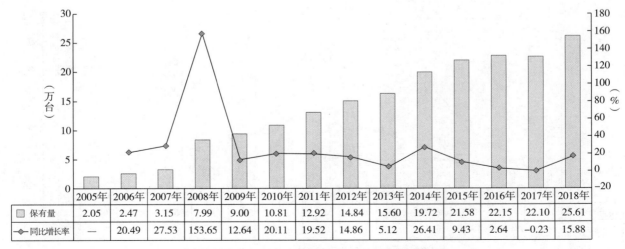

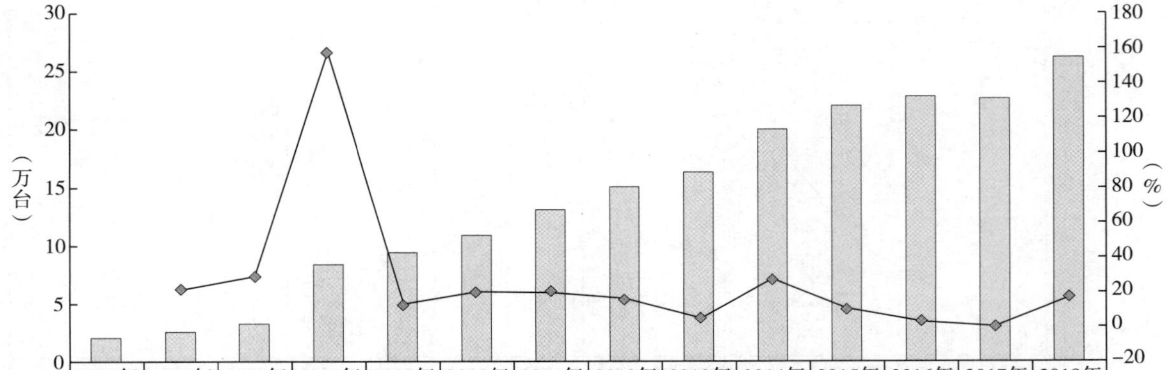

	2005年	2006年	2007年	2008年	2009年	2010年	2011年	2012年	2013年	2014年	2015年	2016年	2017年	2018年
保有量	2.05	2.47	3.15	7.99	9.00	10.81	12.92	14.84	15.60	19.72	21.58	22.15	22.10	25.61
同比增长率	—	20.49	27.53	153.65	12.64	20.11	19.52	14.86	5.12	26.41	9.43	2.64	−0.23	15.88

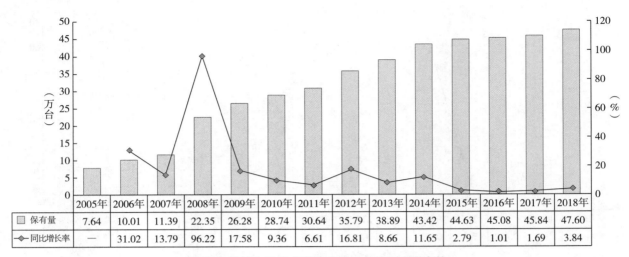

图 160　2005—2018 年四川省渔业机械保有量走势

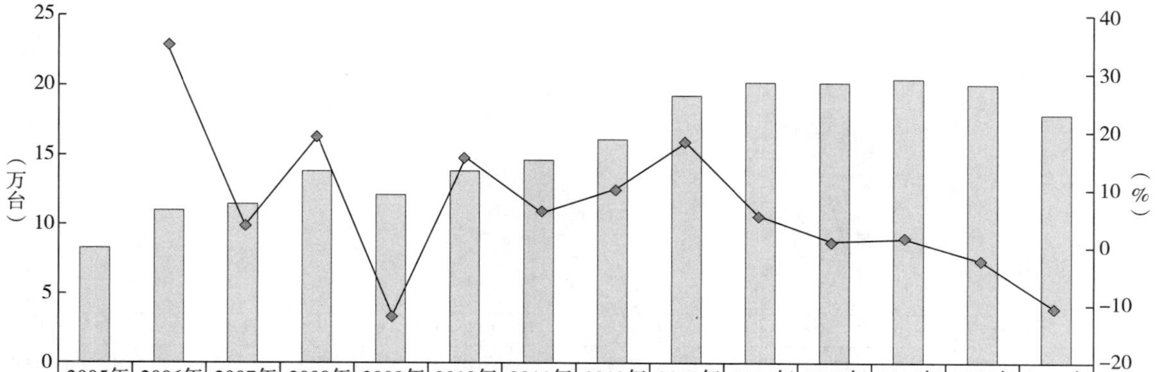

	2005年	2006年	2007年	2008年	2009年	2010年	2011年	2012年	2013年	2014年	2015年	2016年	2017年	2018年
保有量	8.23	11.13	11.57	13.74	12.10	13.94	14.73	16.16	19.05	20.13	20.26	20.57	20.04	17.89
同比增长率	—	35.24	3.95	18.76	−11.94	15.21	5.67	9.71	17.88	5.67	0.65	1.53	−2.58	−10.73

图 161　2005—2018 年福建省渔业机械保有量走势

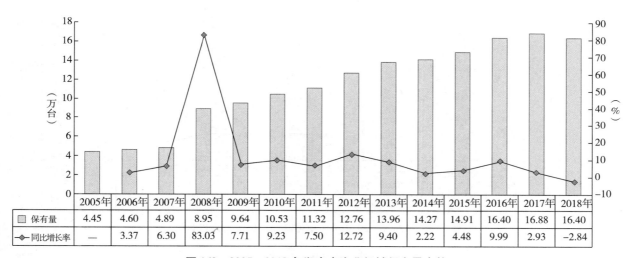

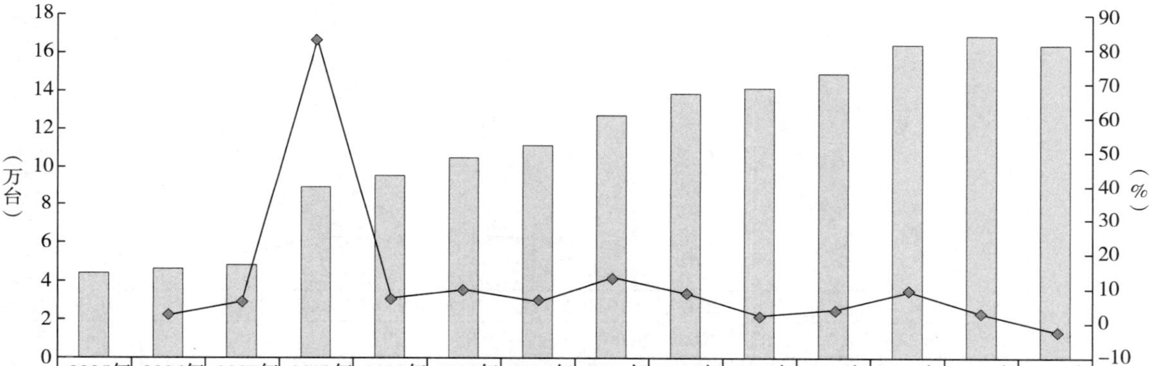

	2005年	2006年	2007年	2008年	2009年	2010年	2011年	2012年	2013年	2014年	2015年	2016年	2017年	2018年
保有量	4.45	4.60	4.89	8.95	9.64	10.53	11.32	12.76	13.96	14.27	14.91	16.40	16.88	16.40
同比增长率	—	3.37	6.30	83.03	7.71	9.23	7.50	12.72	9.40	2.22	4.48	9.99	2.93	−2.84

图 162　2005—2018 年湖南省渔业机械保有量走势

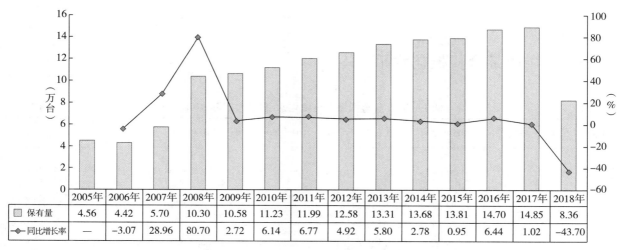

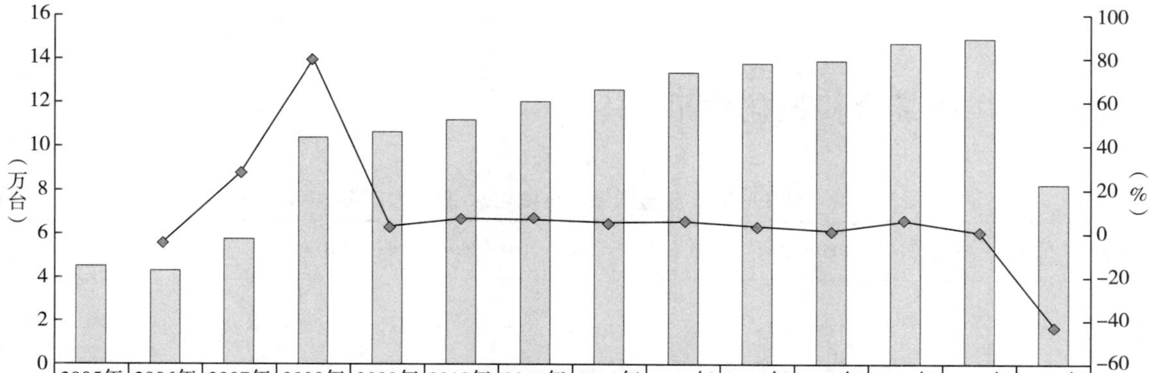

	2005年	2006年	2007年	2008年	2009年	2010年	2011年	2012年	2013年	2014年	2015年	2016年	2017年	2018年
保有量	4.56	4.42	5.70	10.30	10.58	11.23	11.99	12.58	13.31	13.68	13.81	14.70	14.85	8.36
同比增长率	—	−3.07	28.96	80.70	2.72	6.14	6.77	4.92	5.80	2.78	0.95	6.44	1.02	−43.70

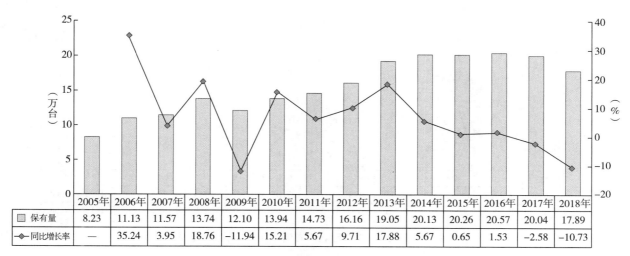

图 163　2005—2018 年山东省渔业机械保有量走势

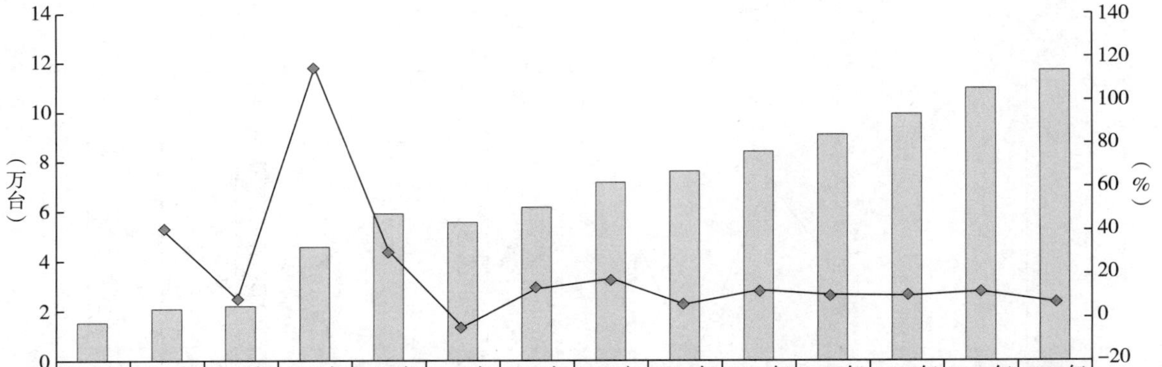

	2005年	2006年	2007年	2008年	2009年	2010年	2011年	2012年	2013年	2014年	2015年	2016年	2017年	2018年
保有量	1.38	1.94	2.08	4.49	5.82	5.49	6.17	7.19	7.51	8.34	9.11	9.93	10.94	11.66
同比增长率	—	40.58	7.22	115.87	29.62	−5.67	12.39	16.53	4.45	11.05	9.23	9.00	10.17	6.58

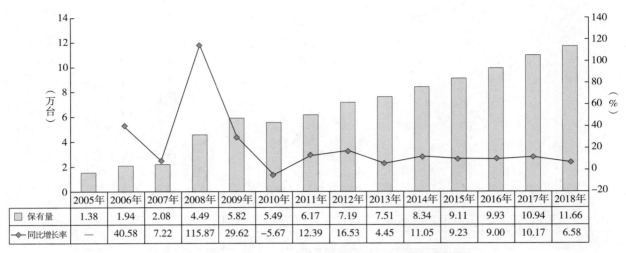

图 164　2005—2018 年广西壮族自治区渔业机械保有量走势

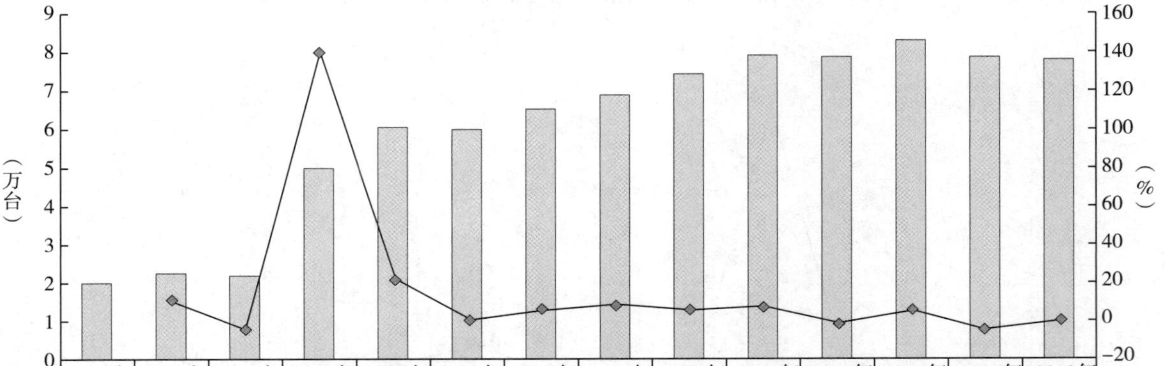

	2005年	2006年	2007年	2008年	2009年	2010年	2011年	2012年	2013年	2014年	2015年	2016年	2017年	2018年
保有量	1.99	2.20	2.09	5.02	6.08	6.06	6.45	6.95	7.39	7.91	7.85	8.31	7.86	7.87
同比增长率	—	10.55	−5.00	140.19	21.12	−0.33	6.44	7.75	6.33	7.04	−0.76	5.86	−5.42	0.13

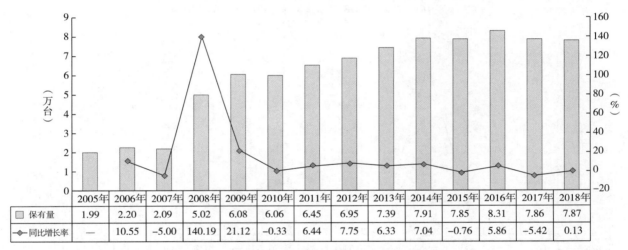

图 165　2005—2018 年海南省渔业机械保有量走势

2001—2018 年农业机械化水平发展趋势

一、耕种收综合机械化水平

表 1　　2001—2018 年全国综合机械化水平发展趋势一览表　　单位：%

年份	2001	2002	2003	2004	2005	2006	2007	2008	2009	2010	2011	2012	2013	2014	2015	2016	2017	2018
耕种收综合机械化水平	32. 30	32. 33	32. 46	34. 32	35. 93	39. 29	42. 47	45. 85	49. 13	52. 28	54. 82	57. 17	59. 48	61. 66	63. 82	64. 67	67. 23	69. 10
机耕水平	47. 71	47. 13	46. 84	48. 90	50. 15	55. 39	58. 89	62. 92	65. 99	69. 61	72. 29	74. 11	76. 00	79. 62	80. 43	81. 40	82. 99	84. 03
机播水平	26. 06	26. 64	26. 71	28. 84	30. 26	32. 00	34. 43	37. 74	41. 03	43. 04	44. 93	47. 37	48. 78	48. 78	52. 08	52. 00	54. 97	56. 93
机收水平	17. 99	18. 30	19. 02	20. 36	22. 63	25. 11	28. 62	31. 17	34. 74	38. 41	41. 41	44. 40	48. 15	50. 58	53. 40	55. 04	58. 47	61. 39

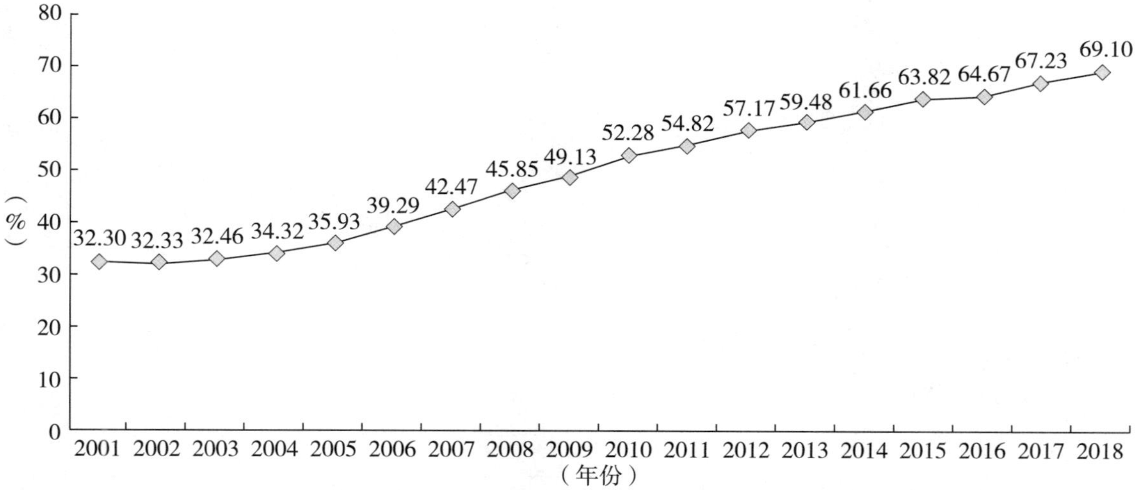

图 1　2001—2018 年全国耕种收综合机械化水平走势

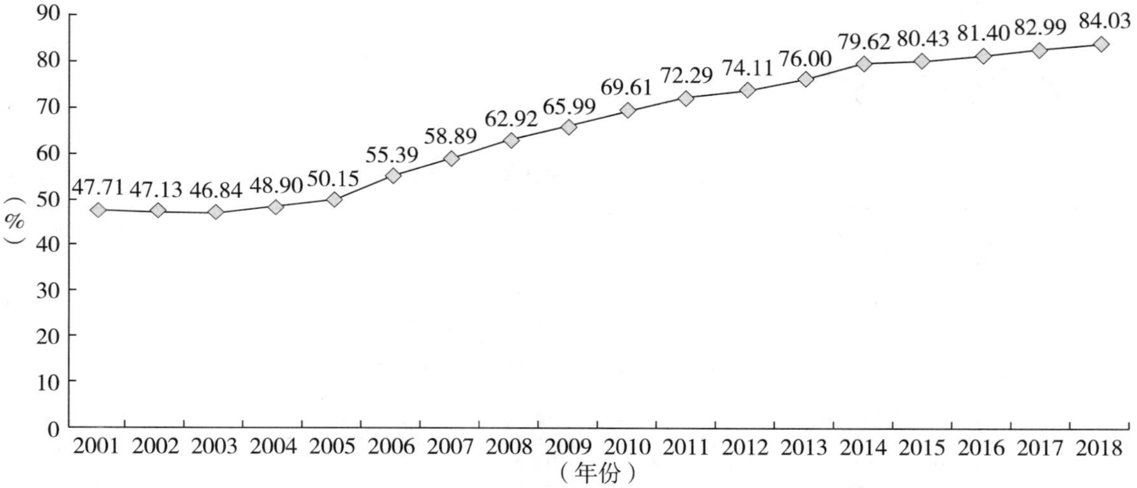

图 2　2001—2018 年全国机耕水平走势

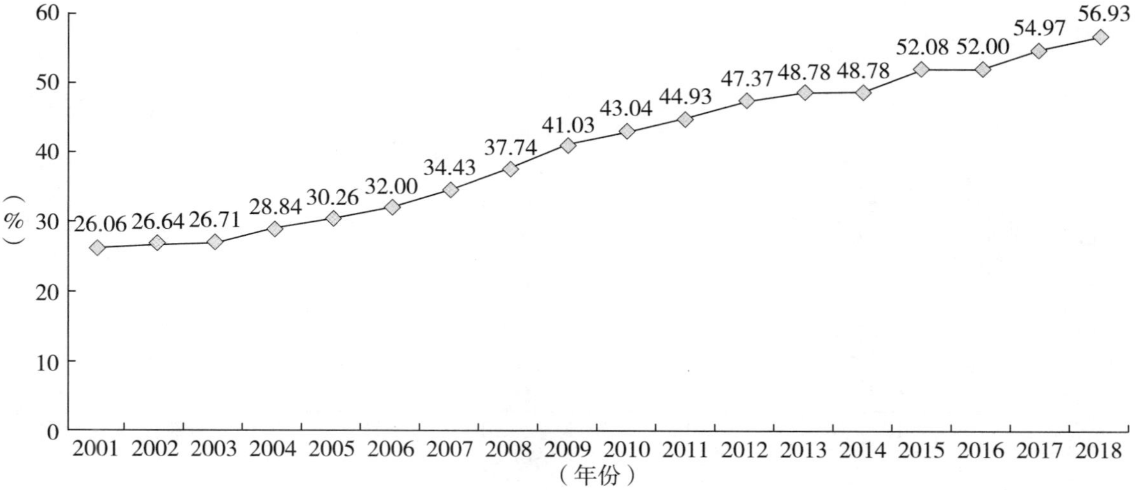

图 3　2001—2018 年全国机播水平走势

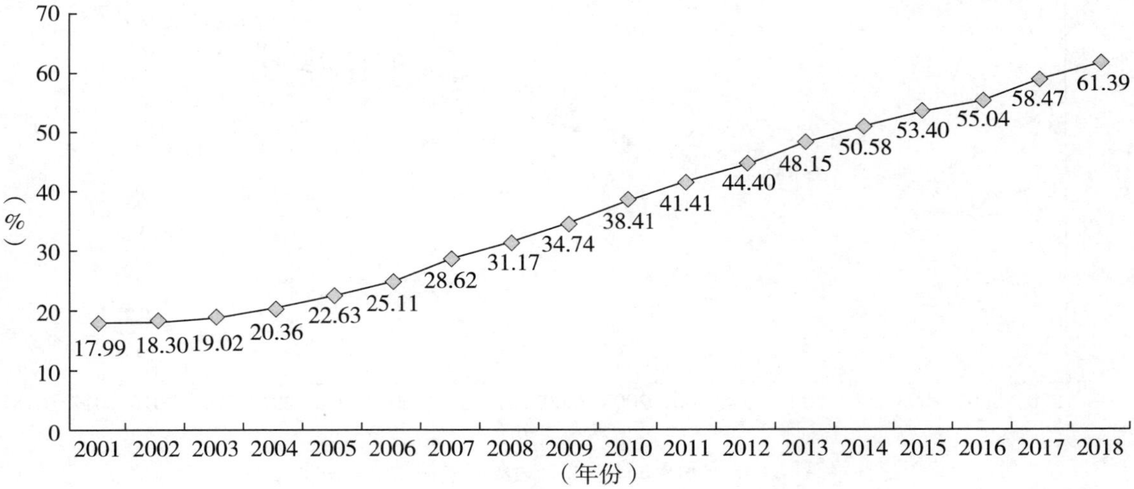

图 4　2001—2018 年全国机收水平走势

二、小麦机械化水平

表 2　　2009—2018 年全国小麦耕种收机械化水平　　单位：%

年份	2009	2010	2011	2012	2013	2014	2015	2016	2017	2018
耕种收综合机械化水平	89. 37	91. 26	92. 62	93. 21	93. 71	94. 17	93. 66	94. 84	95. 10	95. 89
机耕水平	95. 58	97. 28	98. 79	98. 90	98. 90	100. 00	97. 06	100. 00	98. 95	99. 67
机播水平	84. 37	85. 32	85. 95	86. 52	86. 69	86. 81	87. 54	87. 89	89. 98	90. 88
机收水平	86. 07	88. 46	91. 05	92. 32	93. 82	93. 12	95. 23	93. 74	95. 07	95. 87

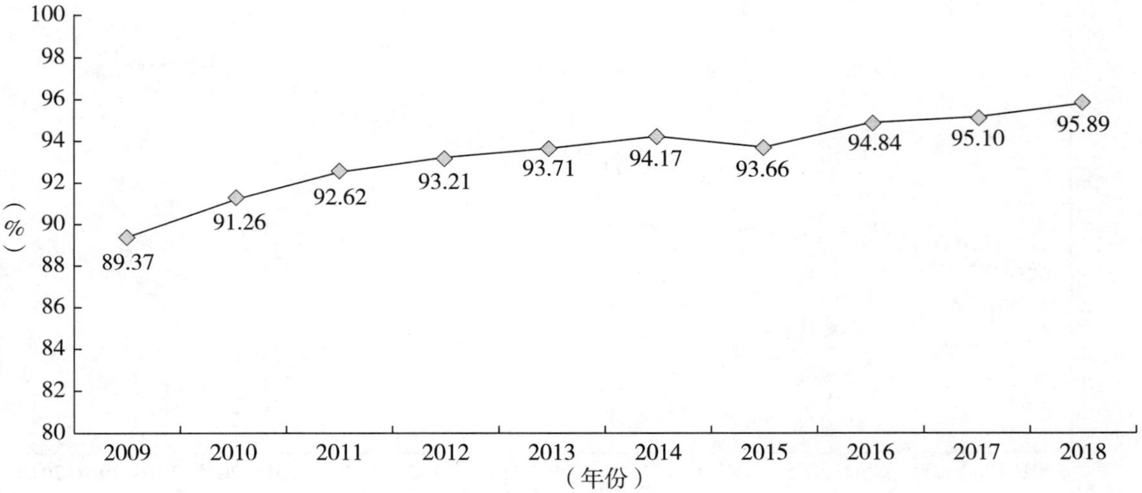

图 5　2009—2018 年全国小麦耕种收综合机械化水平走势

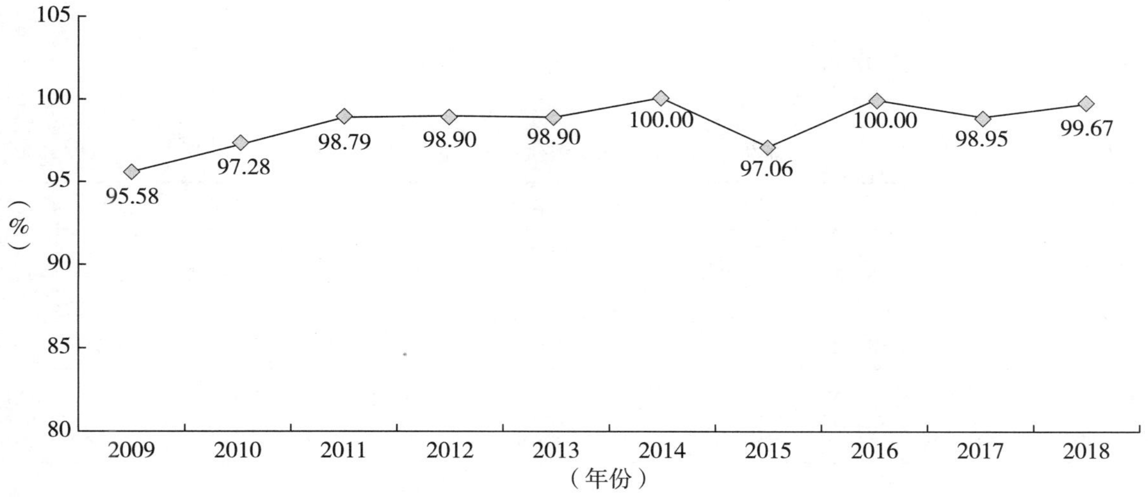

图 6　2009—2018 年全国小麦机耕水平走势

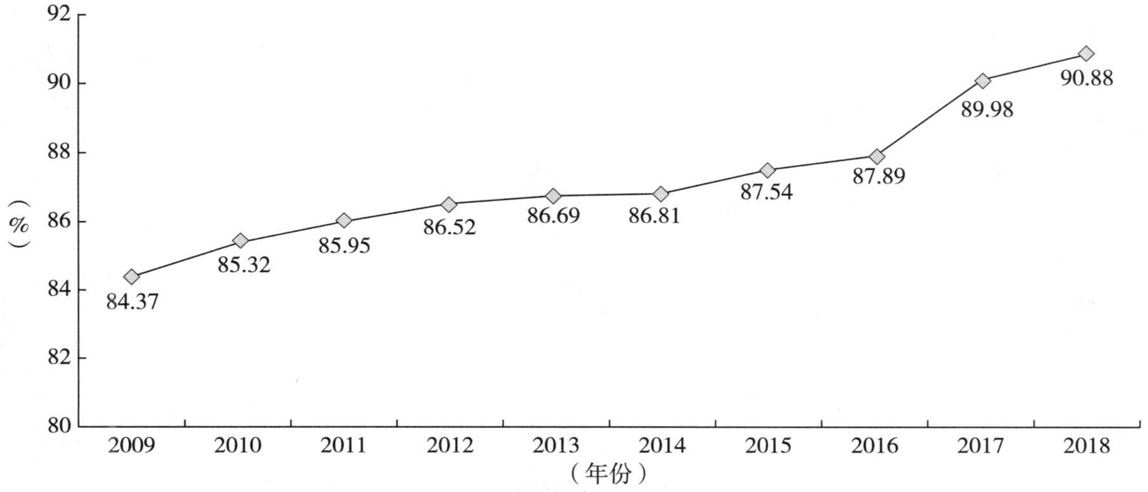

图 7　2009—2018 年全国小麦机播水平走势

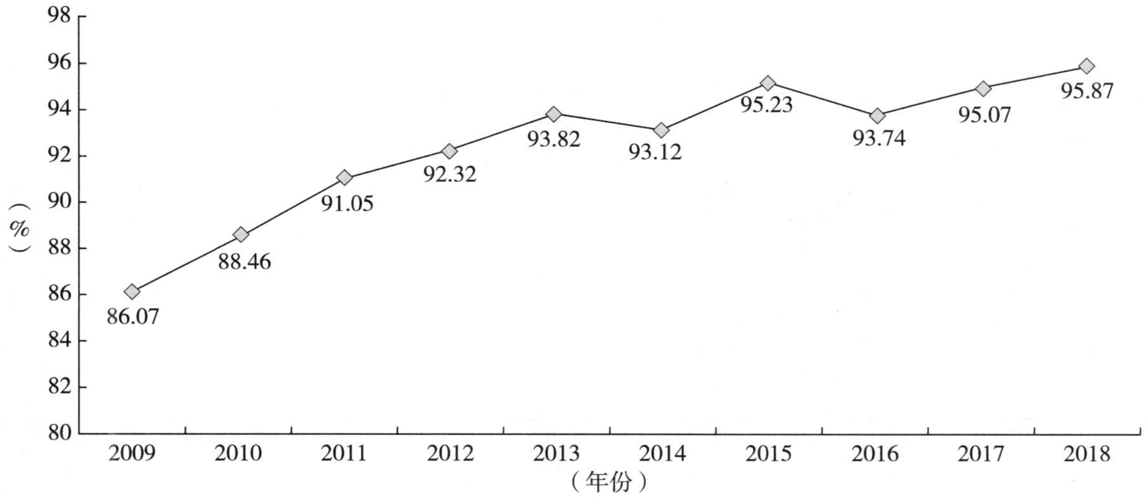

图 8　2009—2018 年全国小麦机收水平走势

三、水稻机械化水平

表 3　　2009—2018 年全国水稻耕种收机械化水平　　单位:%

年份	2009	2010	2011	2012	2013	2014	2015	2016	2017	2018
耕种收综合机械化水平	55. 33	60. 51	65. 07	68. 82	73. 14	76. 00	78. 12	79. 20	80. 18	81. 91
机耕水平	83. 27	87. 27	91. 00	93. 29	95. 09	98. 04	98. 94	99. 31	97. 75	98. 00
机播水平	16. 71	20. 86	26. 24	31. 67	36. 10	39. 56	42. 26	44. 45	48. 16	50. 86
机收水平	56. 69	64. 49	69. 32	73. 35	80. 91	83. 05	86. 21	87. 11	88. 76	91. 52

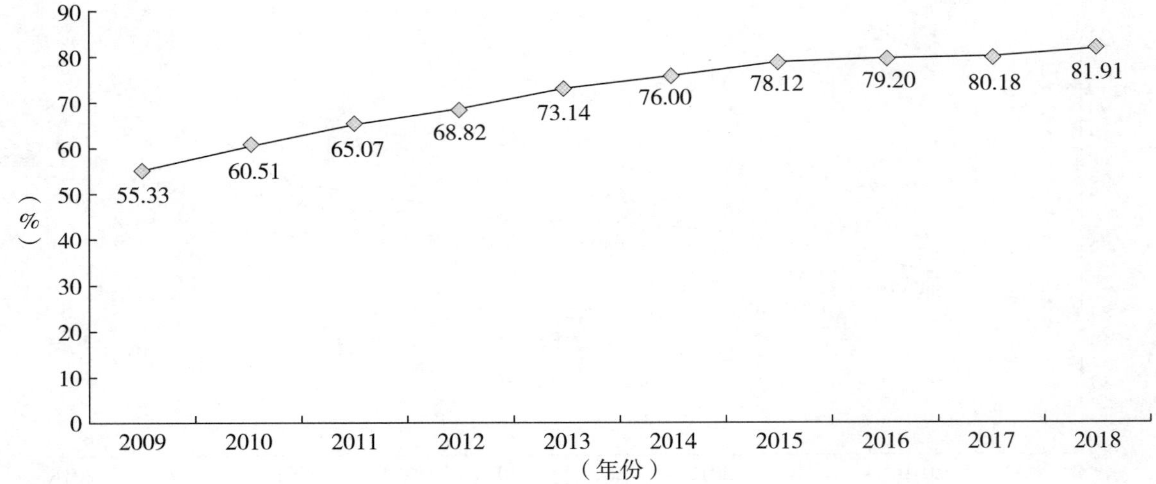

图 9　2009—2018 年全国水稻耕种收综合机械化水平走势

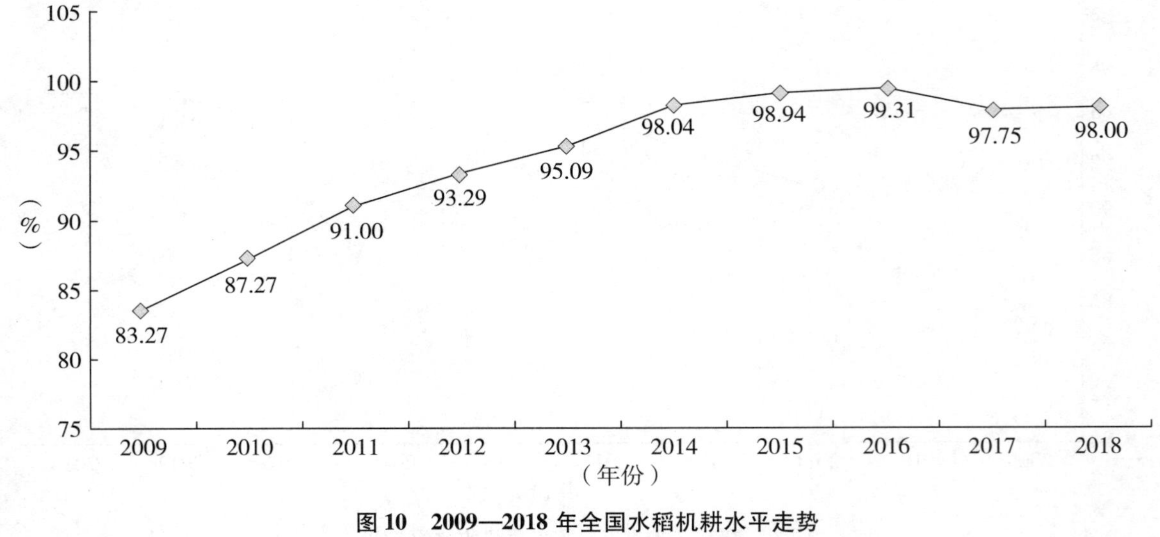

图 10　2009—2018 年全国水稻机耕水平走势

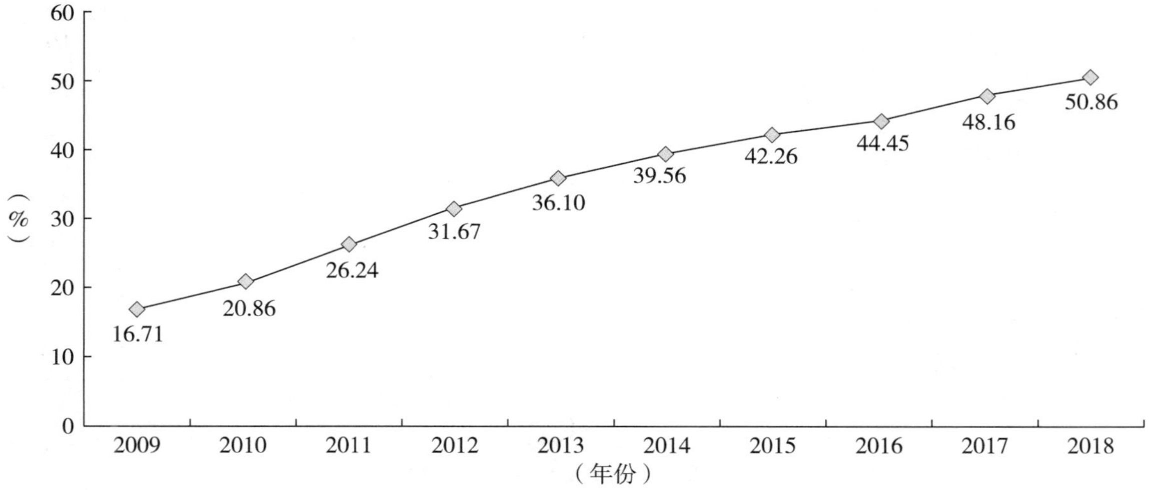

图 11　2009—2018 年全国水稻机播水平走势

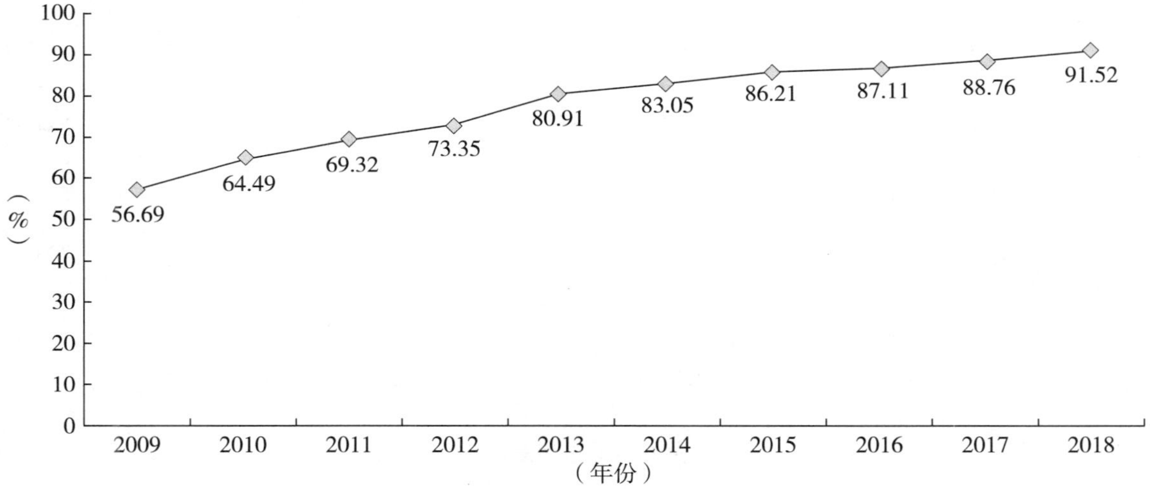

图 12　2009—2018 年全国水稻机收水平走势

四、玉米机械化水平

表 4　　2009—2018 年全国玉米耕种收机械化水平　　单位:%

年份	2009	2010	2011	2012	2013	2014	2015	2016	2017	2018
耕种收综合机械化水平	60. 42	65. 94	71. 56	74. 95	79. 76	83. 28	81. 21	85. 29	85. 55	87. 05
机耕水平	83. 55	88. 11	93. 77	93. 79	97. 67	100. 00	89. 92	90. 00	96. 82	94. 19
机播水平	72. 48	76. 52	79. 90	82. 30	84. 08	85. 72	86. 62	83. 85	85. 17	88. 73
机收水平	16. 91	25. 80	33. 59	42. 47	51. 57	57. 96	64. 18	66. 68	70. 89	75. 85

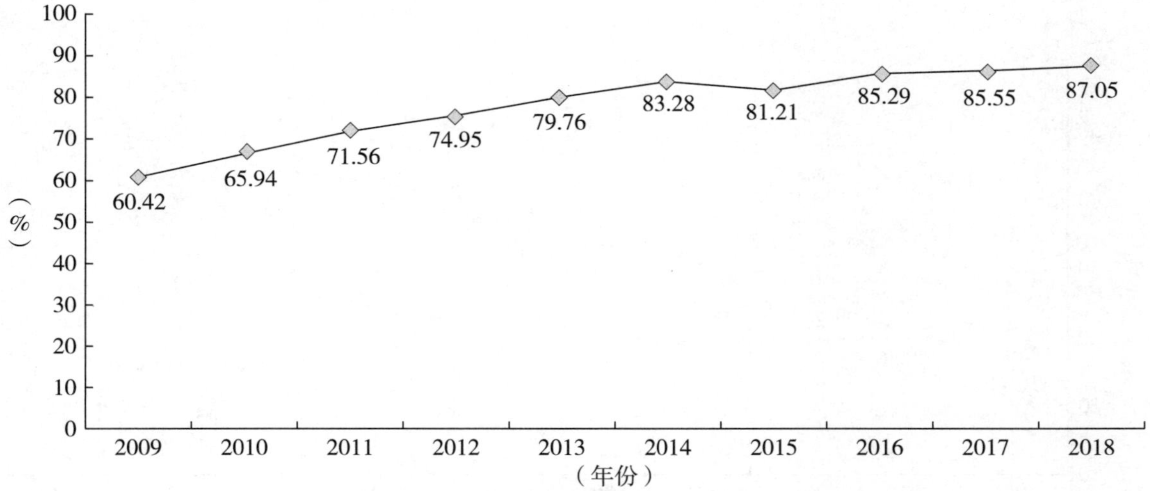

图 13　2009—2018 年全国玉米耕种收综合机械化水平走势

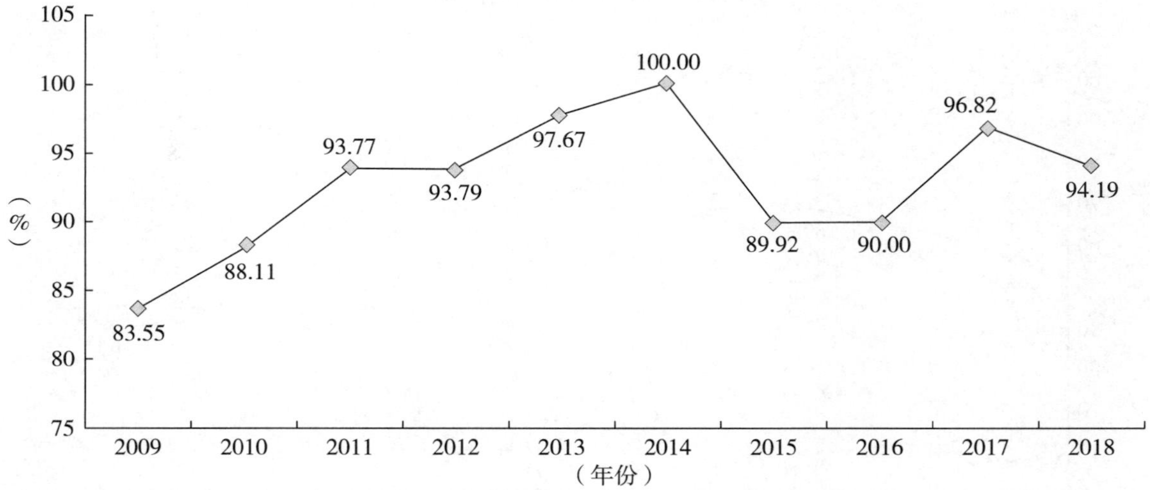

图 14　2009—2018 年全国玉米机耕水平走势

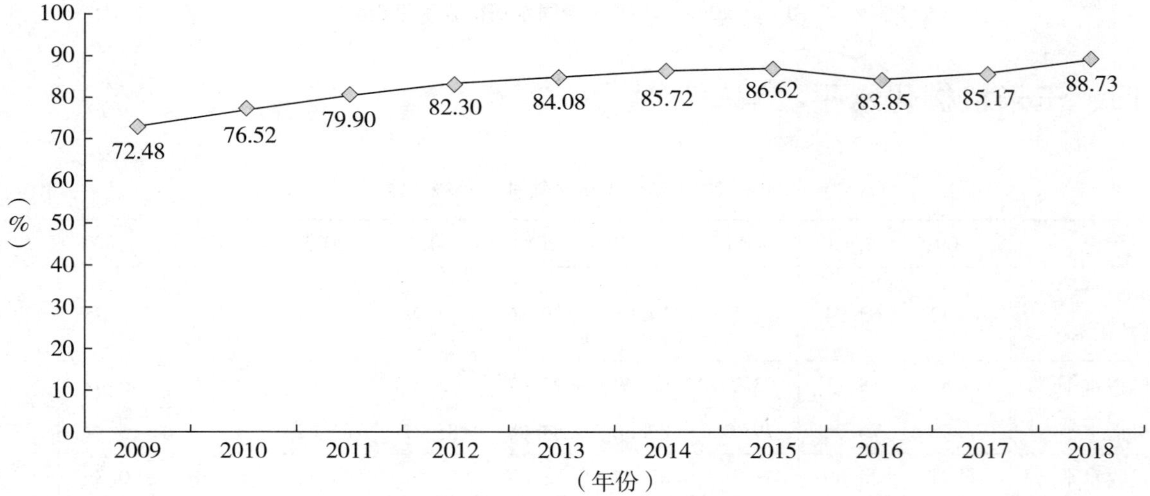

图 15　2009—2018 年全国玉米机播水平走势

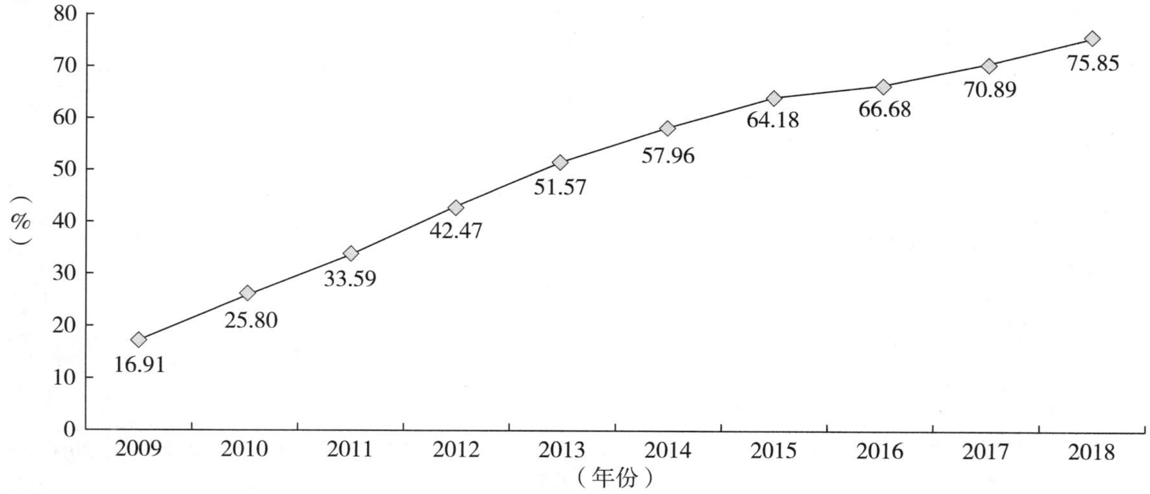

图 16 2009—2018 年全国玉米机收水平走势

五、大豆机械化水平

表 5 **2009—2018 年全国大豆耕种收机械化水平** 单位：%

年份	2009	2010	2011	2012	2013	2014	2015	2016	2017	2018
耕种收综合机械化水平	68. 68	73. 18	69. 81	60. 77	62. 93	62. 78	65. 85	70. 21	84. 72	84. 10
机耕水平	72. 95	77. 96	76. 44	62. 93	68. 21	64. 16	72. 15	71. 64	86. 47	86. 75
机播水平	73. 99	75. 54	71. 21	63. 96	62. 88	64. 84	64. 56	71. 75	85. 80	85. 12
机收水平	57. 68	64. 45	59. 58	54. 68	55. 94	58. 86	58. 73	66. 76	81. 31	79. 56

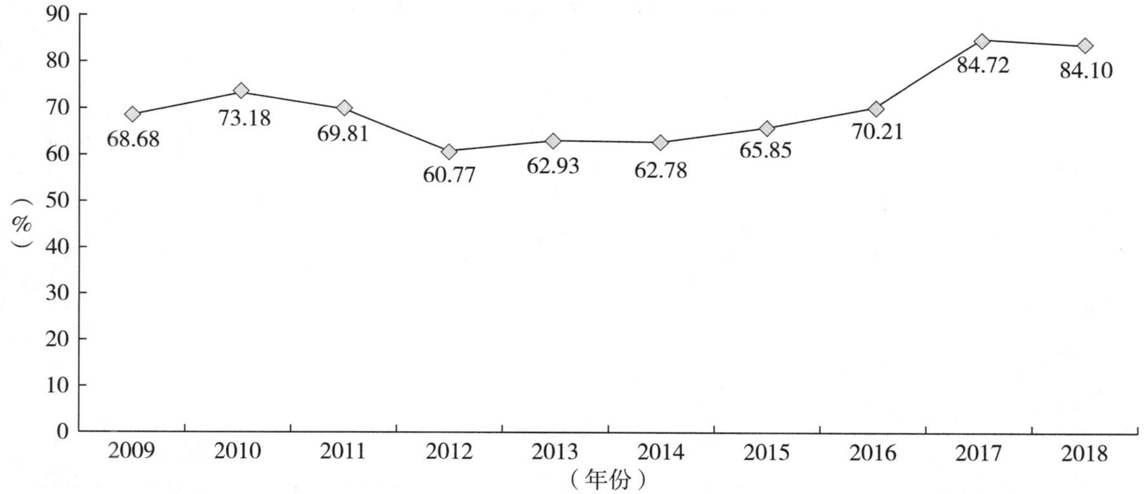

图 17 2009—2018 年全国大豆耕种收综合机械化水平走势

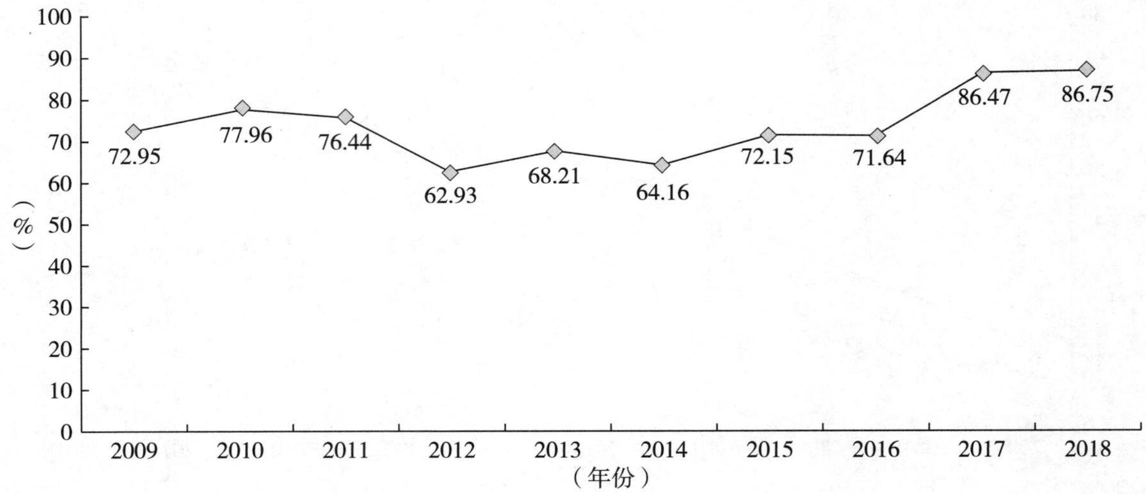

图 18　2009—2018 年全国大豆机耕水平走势

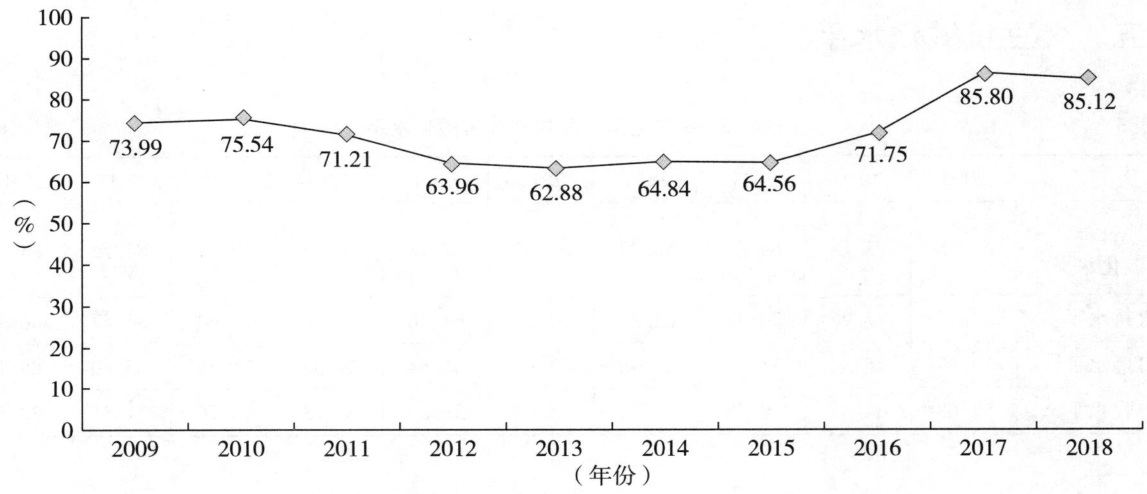

图 19　2009—2018 年全国大豆机播水平走势

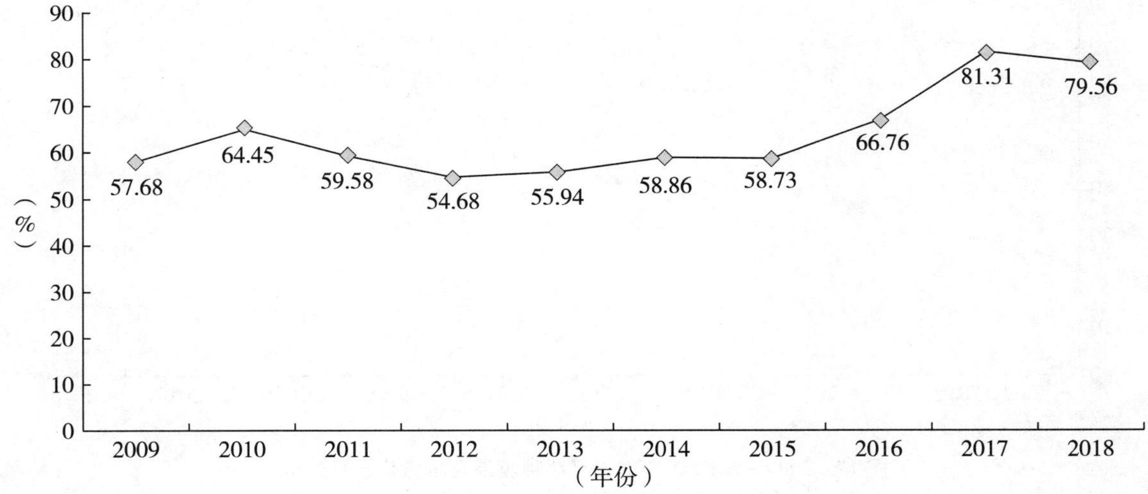

图 20　2009—2018 年全国大豆机收水平走势

六、油菜机械化水平

表 6　　2009—2018 年全国油菜耕种收机械化水平　　单位:%

年份	2009	2010	2011	2012	2013	2014	2015	2016	2017	2018
耕种收综合机械化水平	23. 83	26. 08	29. 05	33. 24	39. 18	40. 78	46. 85	47. 64	51. 55	53. 94
机耕水平	45. 16	48. 63	53. 44	59. 71	70. 58	68. 47	78. 56	74. 15	80. 77	82. 30
机播水平	10. 39	11. 39	12. 28	14. 51	16. 20	19. 61	22. 01	25. 20	27. 22	29. 82
机收水平	8. 84	10. 69	13. 32	16. 69	20. 29	25. 04	29. 39	34. 74	36. 92	40. 25

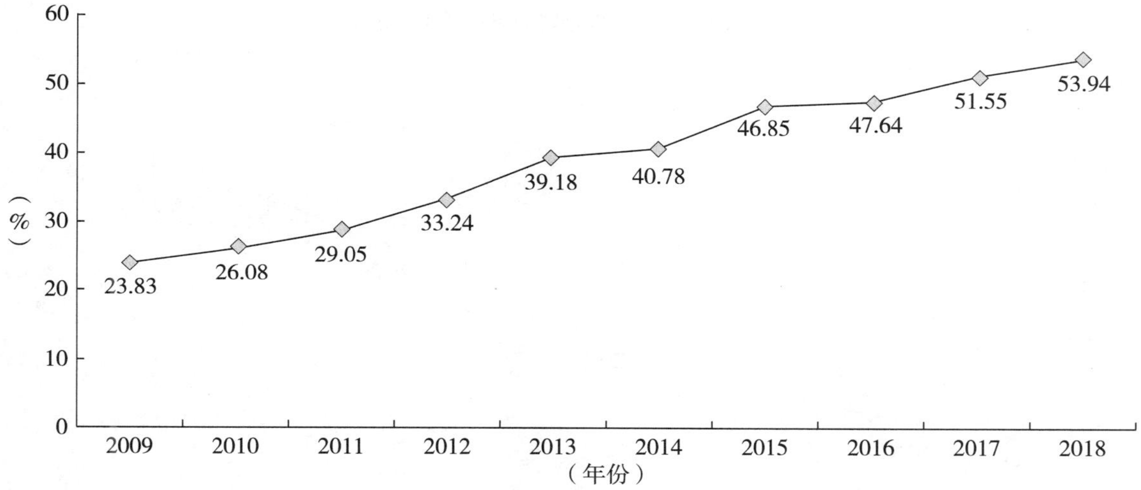

图 21　2009—2018 年全国油菜耕种收综合机械化水平走势

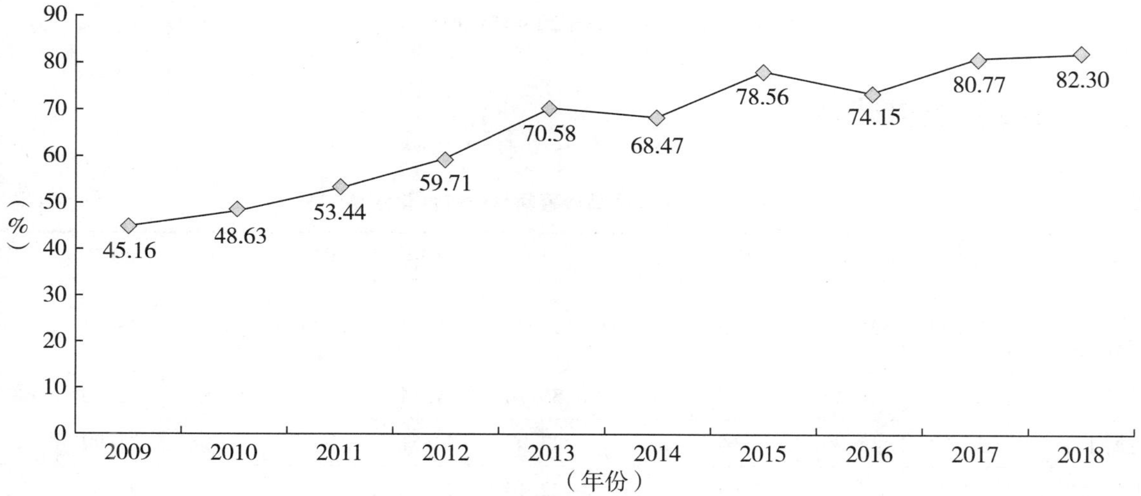

图 22　2009—2018 年全国油菜机耕水平走势

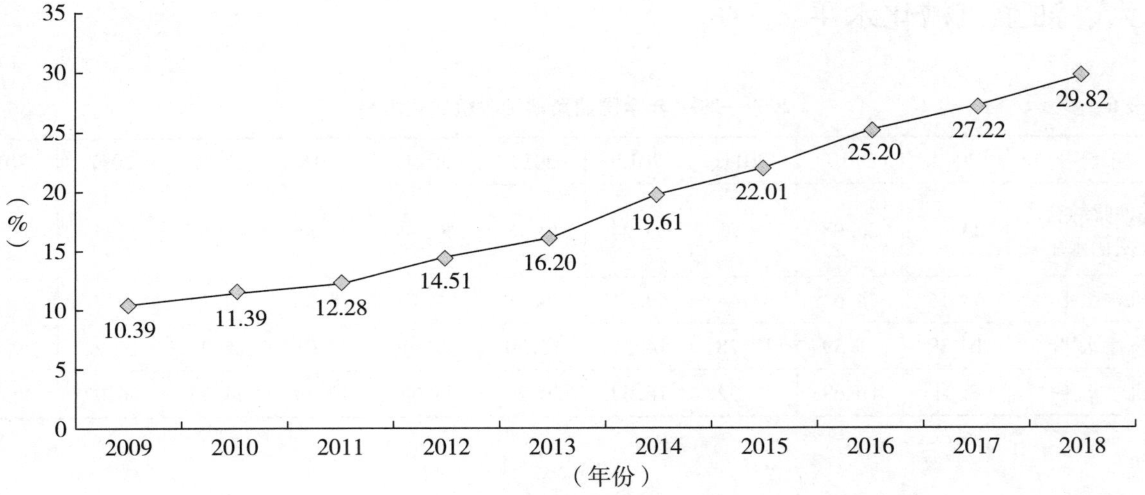

图 23　2009—2018 年全国油菜机播水平走势

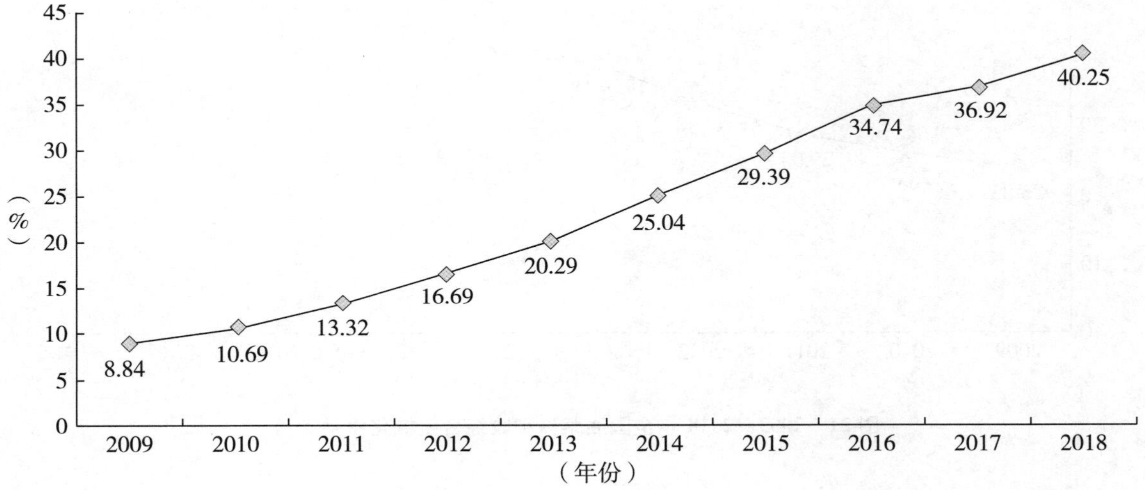

图 24　2009—2018 年全国油菜机收水平走势

七、马铃薯机械化水平

表 7　**2009—2018 年全国马铃薯耕种收机械化水平**　单位:%

年份	2009	2010	2011	2012	2013	2014	2015	2016	2017	2018
耕种收综合机械化水平	23. 23	26. 59	32. 25	32. 34	37. 34	35. 39	39. 96	39. 14	38. 43	42. 61
机耕水平	39. 17	44. 42	52. 64	50. 22	58. 76	54. 14	62. 66	59. 84	62. 50	68. 99
机播水平	12. 94	15. 25	19. 65	21. 42	23. 97	23. 51	25. 16	25. 98	22. 90	25. 07
机收水平	12. 27	14. 17	17. 67	19. 41	22. 14	22. 26	24. 50	24. 70	21. 88	24. 99

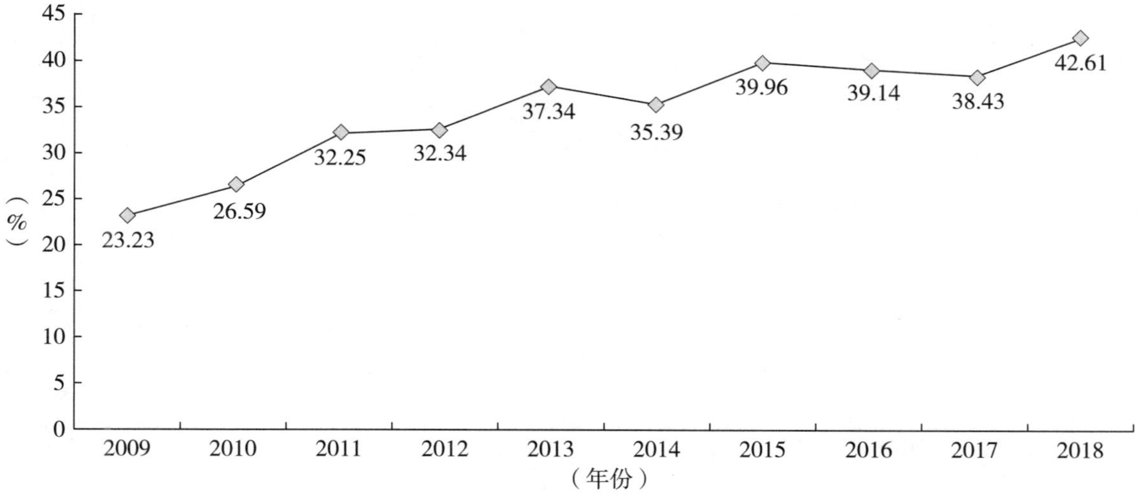

图 25 2009—2018 年全国马铃薯耕种收综合机械化水平走势

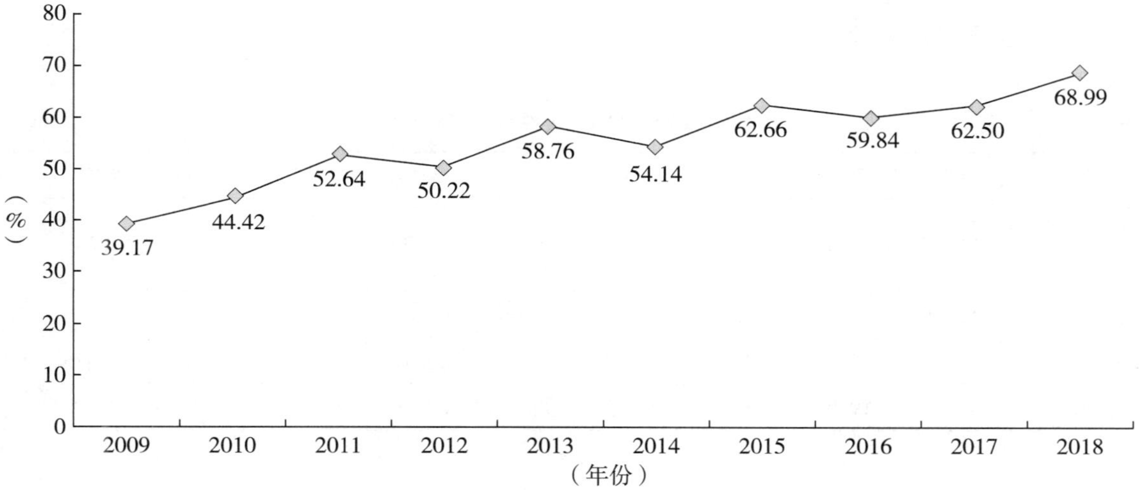

图 26 2009—2018 年全国马铃薯机耕水平走势

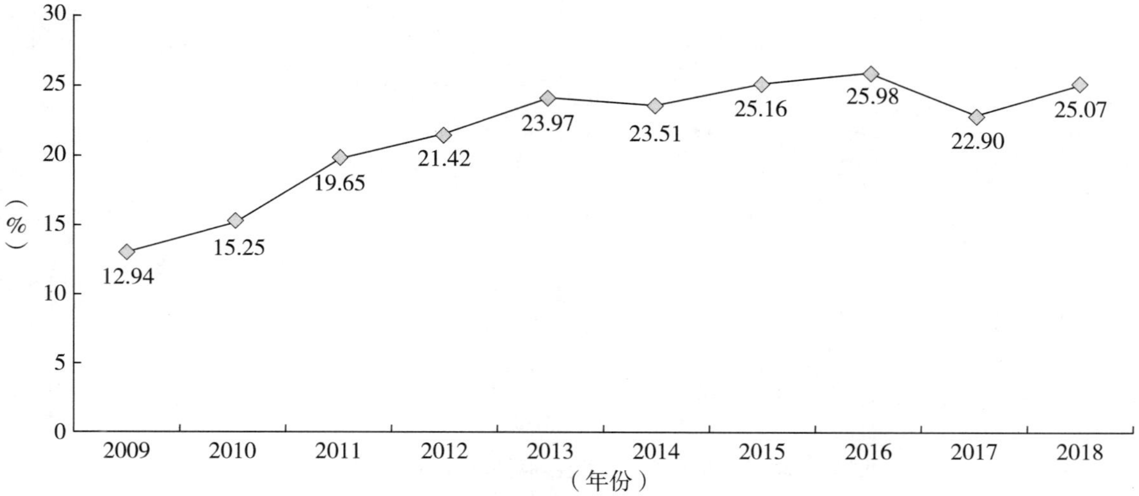

图 27 2009—2018 年全国马铃薯机播水平走势

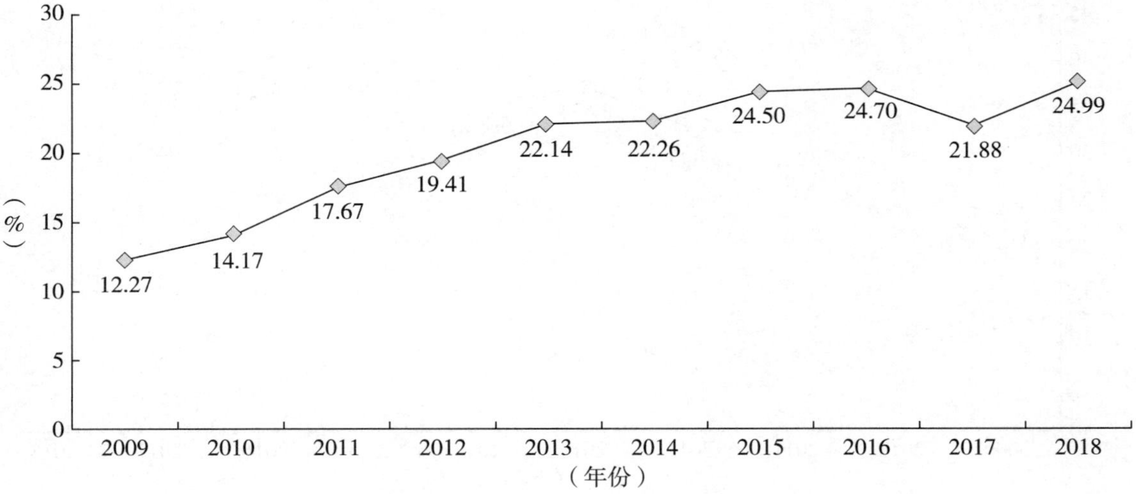

图 28　2009—2018 年全国马铃薯机收水平走势

八、花生机械化水平

表 8　　2009—2018 年全国花生耕种收机械化水平　　单位：%

年份	2009	2010	2011	2012	2013	2014	2015	2016	2017	2018
耕种收综合机械化水平	36. 34	38. 45	42. 96	43. 78	50. 49	47. 09	51. 22	50. 38	58. 28	59. 38
机耕水平	53. 90	56. 56	63. 96	61. 26	73. 39	65. 45	74. 02	68. 21	78. 43	76. 65
机播水平	31. 25	32. 86	34. 57	38. 50	40. 06	40. 47	41. 87	43. 10	49. 67	50. 98
机收水平	18. 02	19. 89	23. 35	25. 75	30. 37	29. 23	30. 16	33. 91	40. 04	44. 76

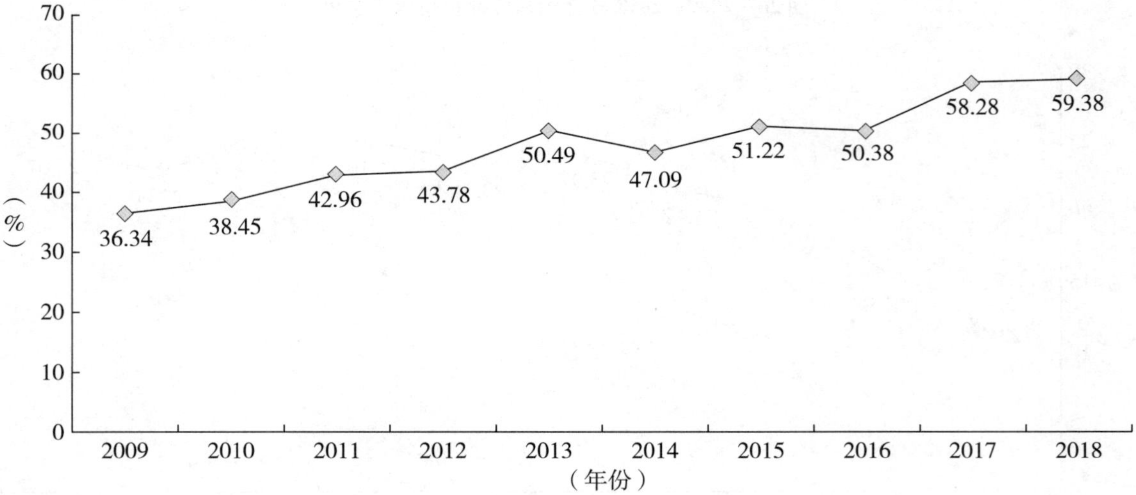

图 29　2009—2018 年全国花生耕种收综合机械化水平走势

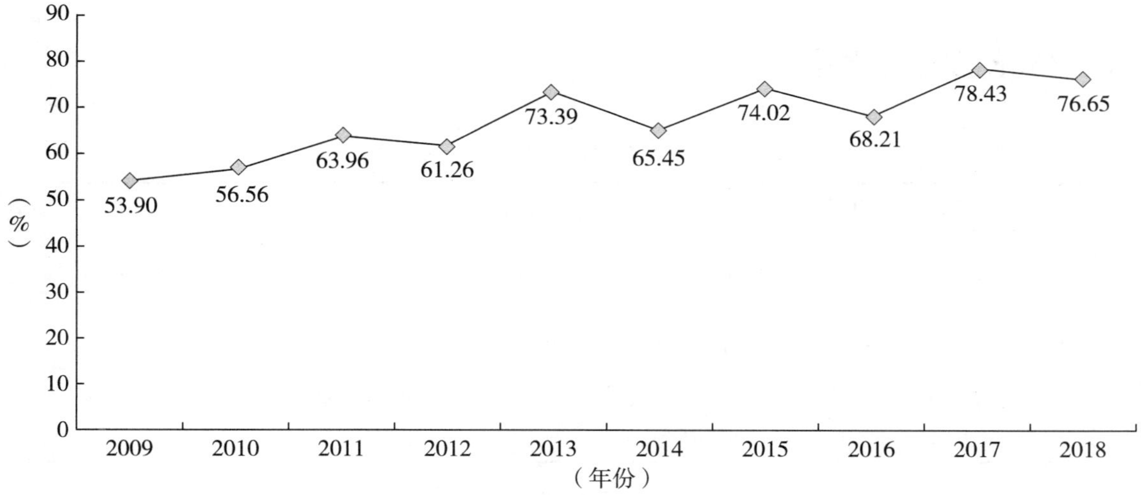

图 30　2009—2018 年全国花生机耕水平走势

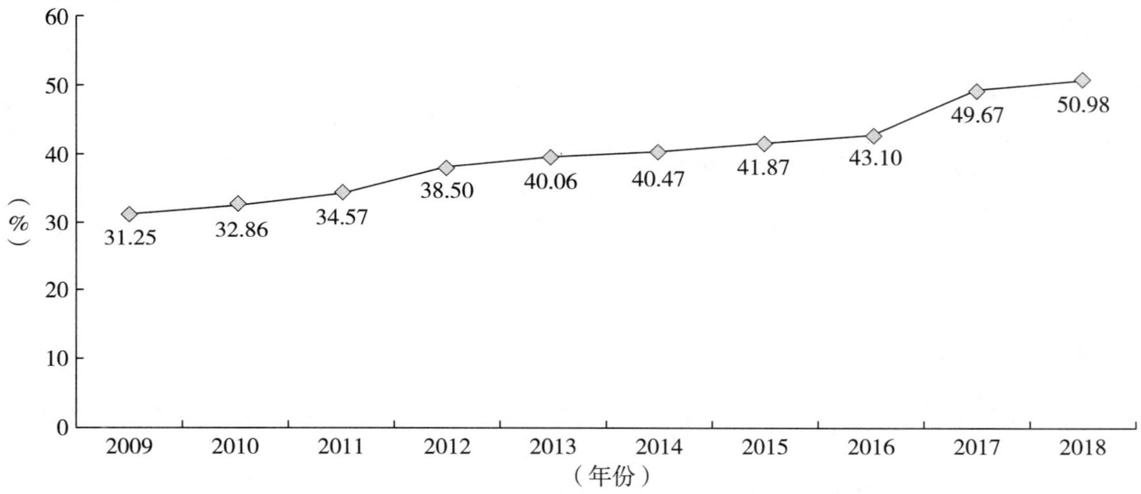

图 31　2009—2018 年全国花生机播水平走势

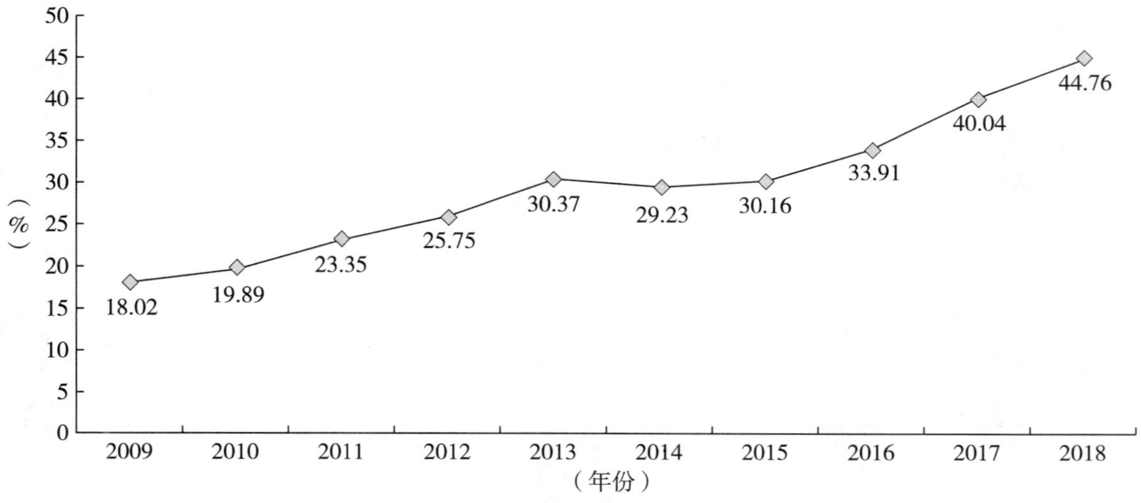

图 32　2009—2018 年全国花生机收水平走势

九、棉花机械化水平

表 9　　2009—2018 年全国棉花耕种收机械化水平　　单位：%

年份	2009	2010	2011	2012	2013	2014	2015	2016	2017	2018
耕种收综合机械化水平	47. 83	51. 03	53. 88	56. 42	61. 06	72. 11	66. 81	75. 13	70. 74	76. 88
机耕水平	76. 84	83. 11	87. 39	87. 86	94. 88	100. 00	91. 90	93. 55	95. 73	97. 42
机播水平	54. 18	55. 31	57. 39	62. 75	65. 57	84. 08	81. 35	84. 61	77. 23	85. 25
机收水平	2. 81	3. 97	5. 68	8. 17	11. 46	15. 21	18. 81	22. 83	30. 91	41. 15

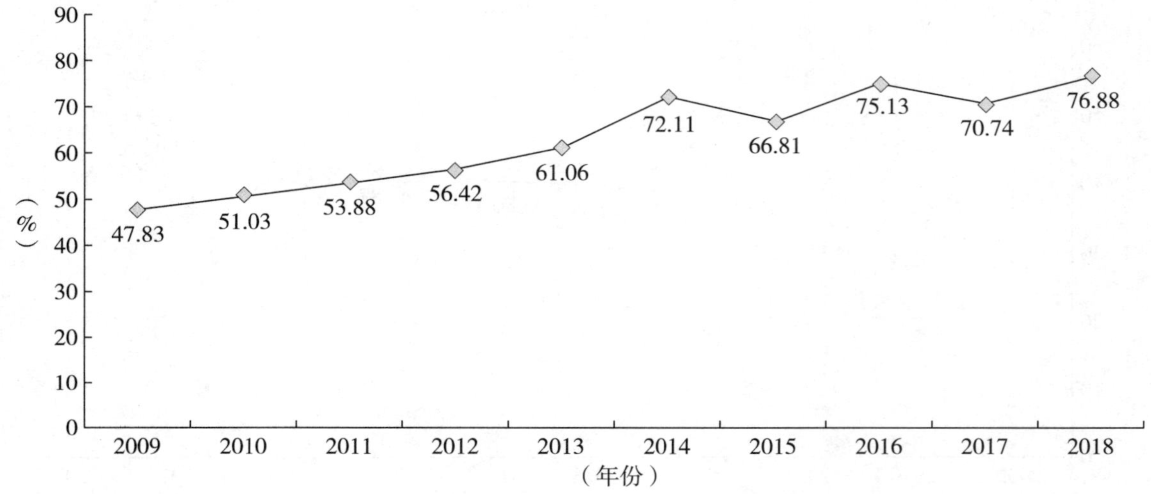

图 33　2009—2018 年全国棉花耕种收综合机械化水平走势

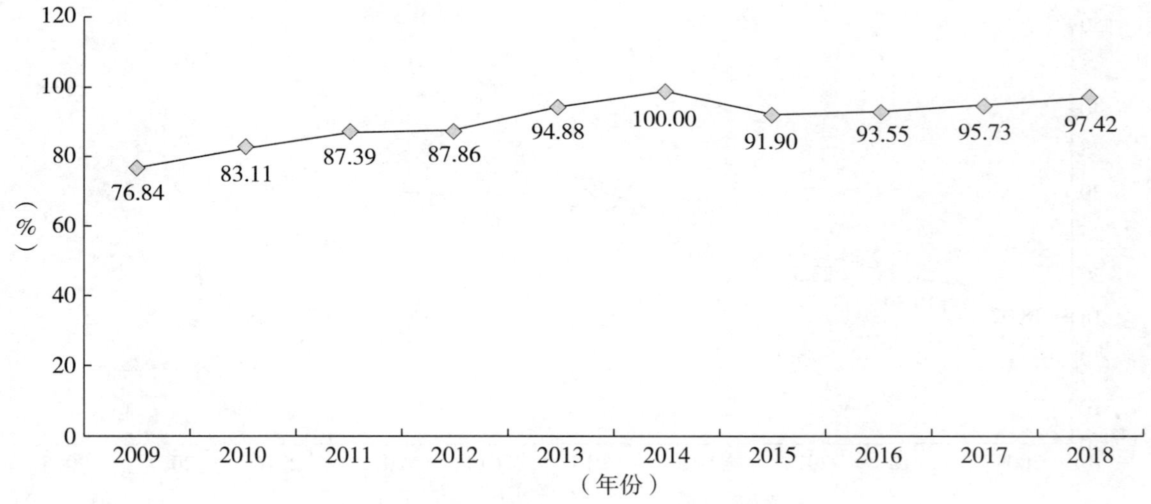

图 34　2009—2018 年全国棉花机耕水平走势

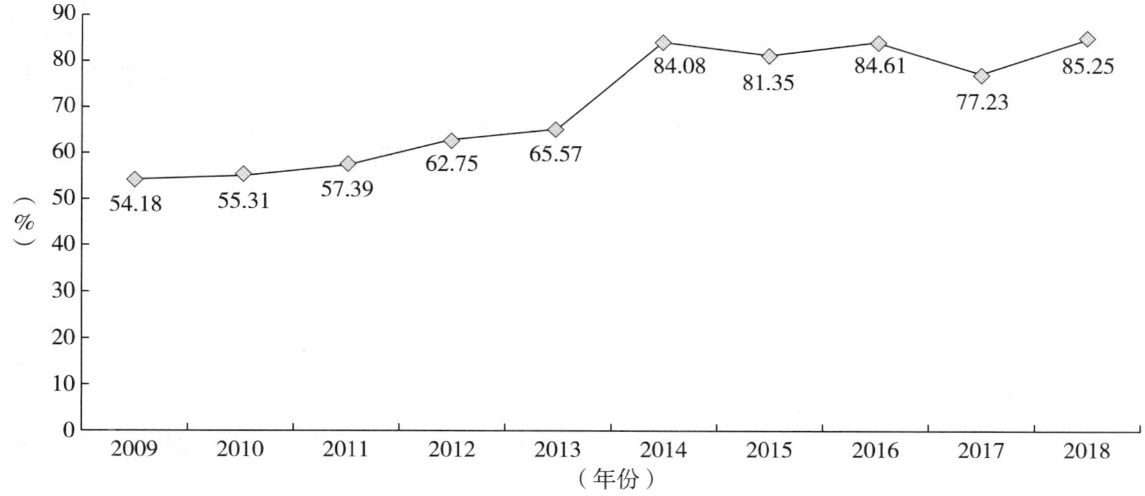

图 35　2009—2018 年全国棉花机播水平走势

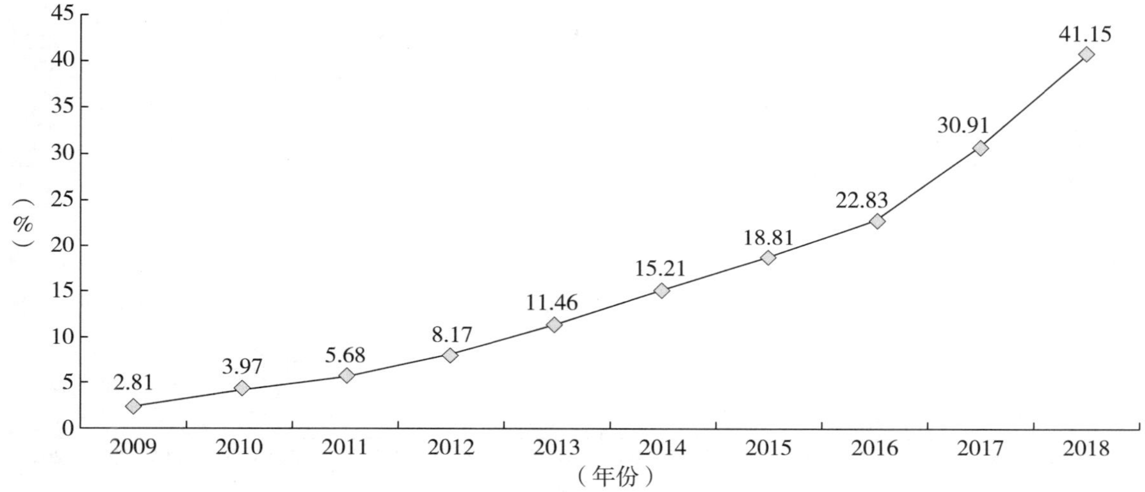

图 36　2009—2018 年全国棉花机收水平走势

2001—2018 年全国机械化水平前十名发展趋势

表 1　　2001—2018 年综合机械化水平发展趋势一览表　　单位:%

地区＼年份	2001	2002	2003	2004	2005	2006	2007	2008	2009	2010	2011	2012	2013	2014	2015	2016	2017	2018
黑龙江	61. 1	60. 6	62. 1	70. 6	75. 4	80. 4	79. 9	83. 5	83. 5	85. 4	87. 8	89. 0	92. 7	94. 5	93. 8	95. 1	94. 9	96. 1
河南	48. 8	50. 1	49. 4	50. 7	51. 7	53. 7	56. 3	54. 1	65. 7	69. 9	72. 2	73. 5	65. 0	66. 2	67. 2	69. 1	68. 2	72. 2
山东	50. 5	51. 2	50. 1	52. 4	54. 1	58. 3	58. 8	72. 2	75. 2	76. 9	77. 5	78. 3	66. 4	65. 5	65. 6	66. 5	65. 5	74. 1
河北	52. 0	53. 2	52. 0	52. 3	54. 3	57. 2	59. 6	61. 2	63. 6	65. 6	67. 1	69. 3	63. 3	64. 9	65. 6	66. 6	70. 4	70. 3
内蒙古	41. 6	41. 5	44. 3	47. 8	50. 4	56. 5	58. 6	64. 7	65. 6	68. 3	70. 5	73. 1	78. 2	80. 4	83. 1	76. 1	77. 4	78. 7
江苏	51. 2	51. 3	50. 7	51. 3	54. 4	60. 1	63. 9	61. 0	63. 0	63. 4	65. 3	67. 1	68. 0	68. 5	69. 0	69. 5	69. 6	71. 6
辽宁	43. 4	43. 3	42. 6	43. 7	46. 2	48. 9	50. 7	60. 7	56. 8	58. 8	67. 5	69. 4	71. 7	73. 5	76. 1	79. 8	79. 3	86. 3
山西	40. 7	35. 9	35. 5	35. 0	35. 3	37. 9	40. 8	44. 7	47. 1	50. 8	55. 2	58. 4	61. 1	63. 5	64. 7	65. 0	68. 1	68. 3
新疆	62. 8	64. 0	63. 5	63. 8	68. 5	70. 6	64. 2	75. 6	78. 2	79. 2	80. 5	81. 1	64. 2	75. 3	73. 1	72. 4	71. 5	70. 4
湖北	19. 9	20. 2	21. 7	24. 4	23. 3	26. 1	29. 3	33. 0	34. 4	38. 2	42. 7	45. 8	47. 5	52. 0	54. 9	55. 9	56. 4	59. 2

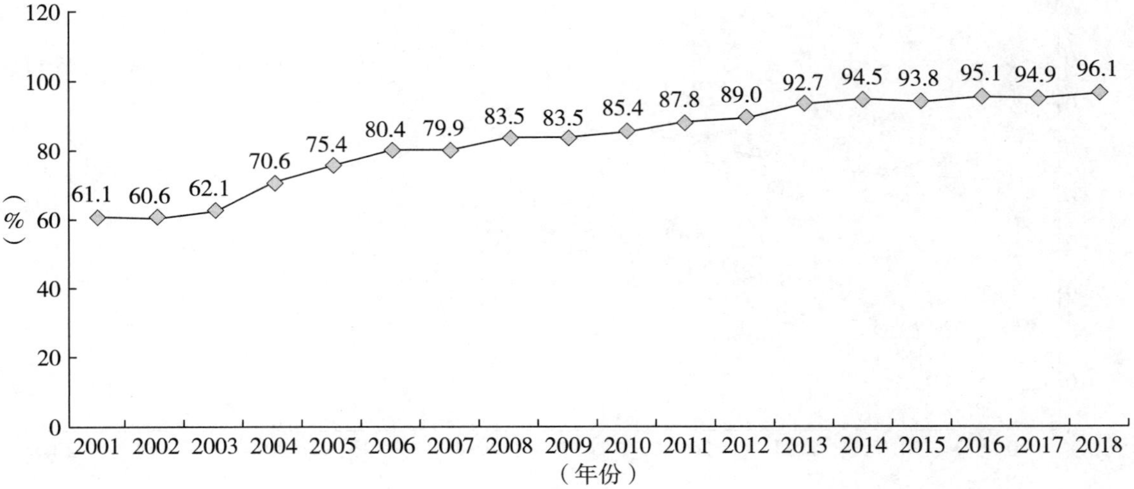

图 1　2001—2018 年黑龙江省综合机械化水平走势

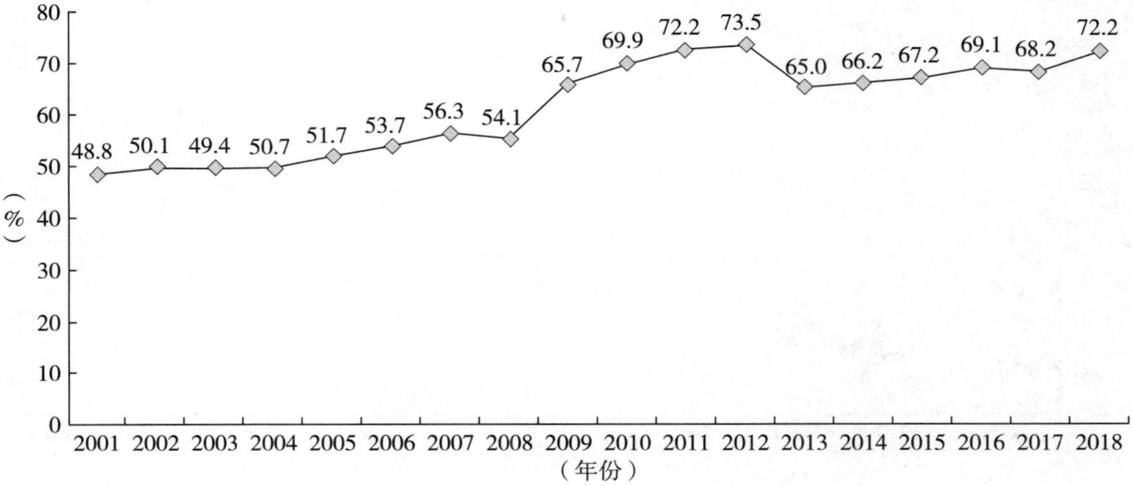

图 2　2001—2018 年河南省综合机械化水平走势

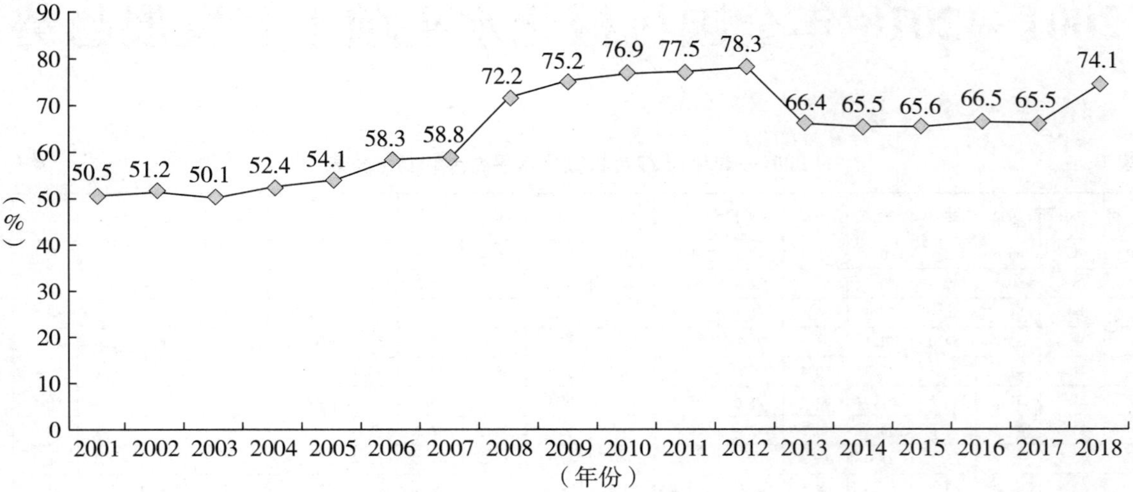

图 3　2001—2018 年山东省综合机械化水平走势

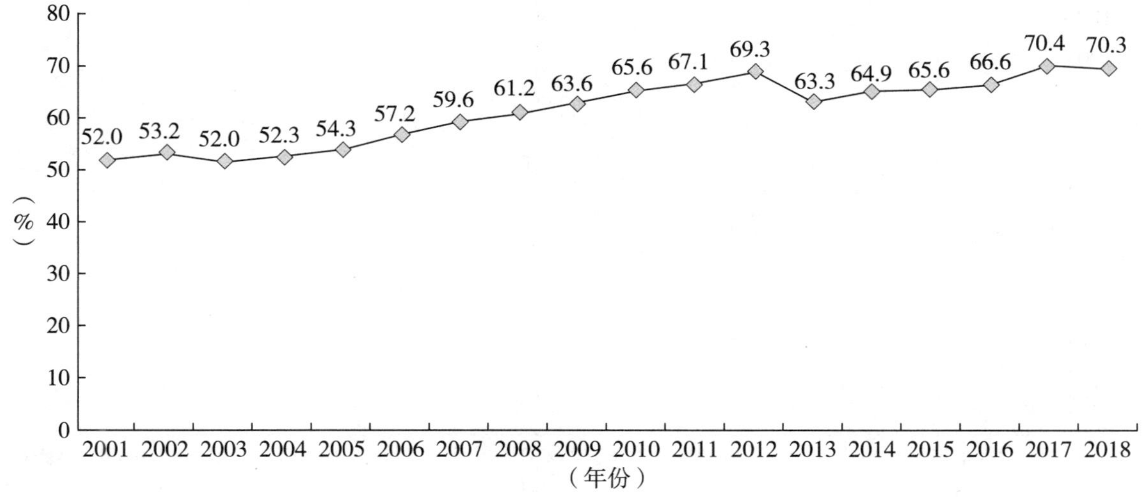

图 4　2001—2018 年河北省综合机械化水平走势

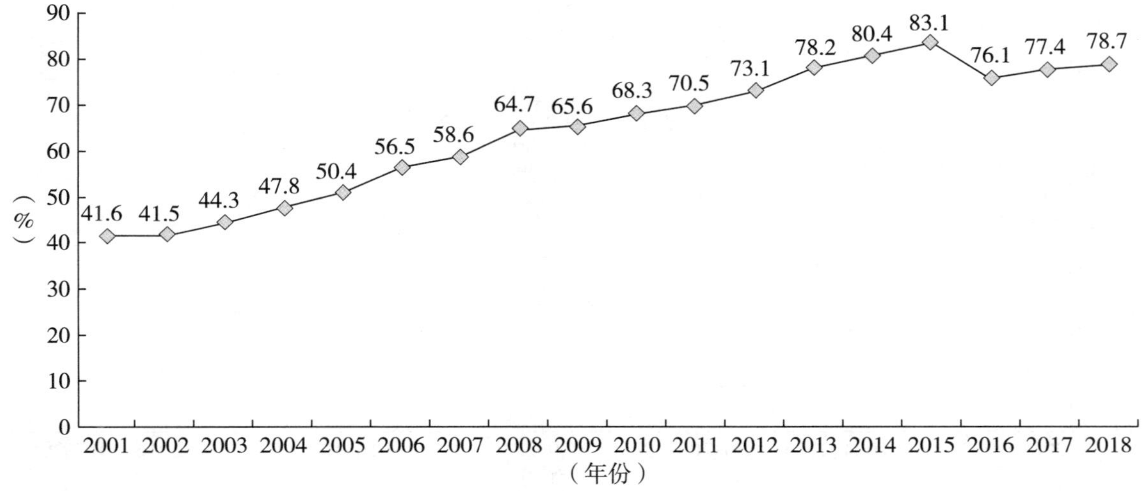

图 5　2001—2018 年内蒙古综合机械化水平走势

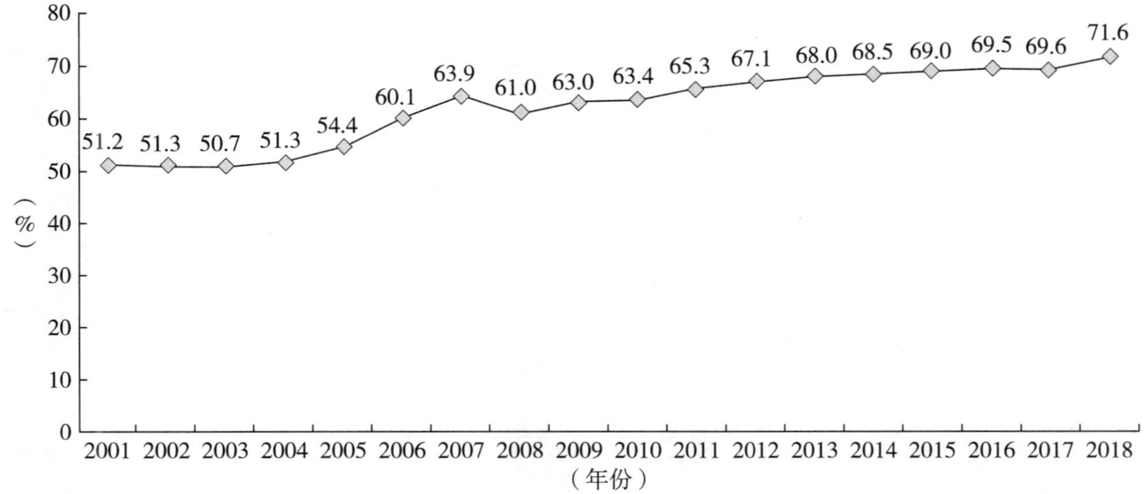

图 6　2001—2018 年江苏省综合机械化水平走势

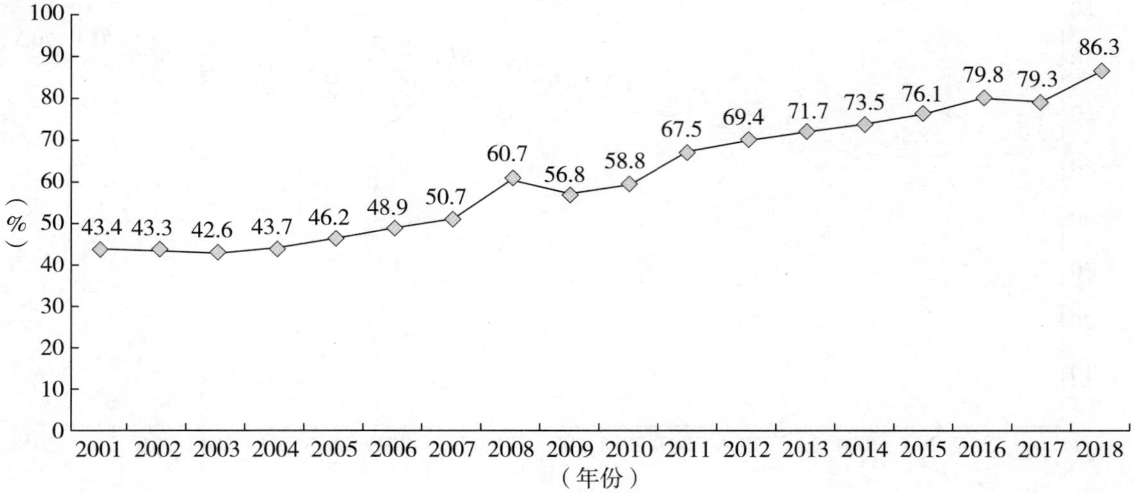

图 7　2001—2018 年辽宁省综合机械化水平走势

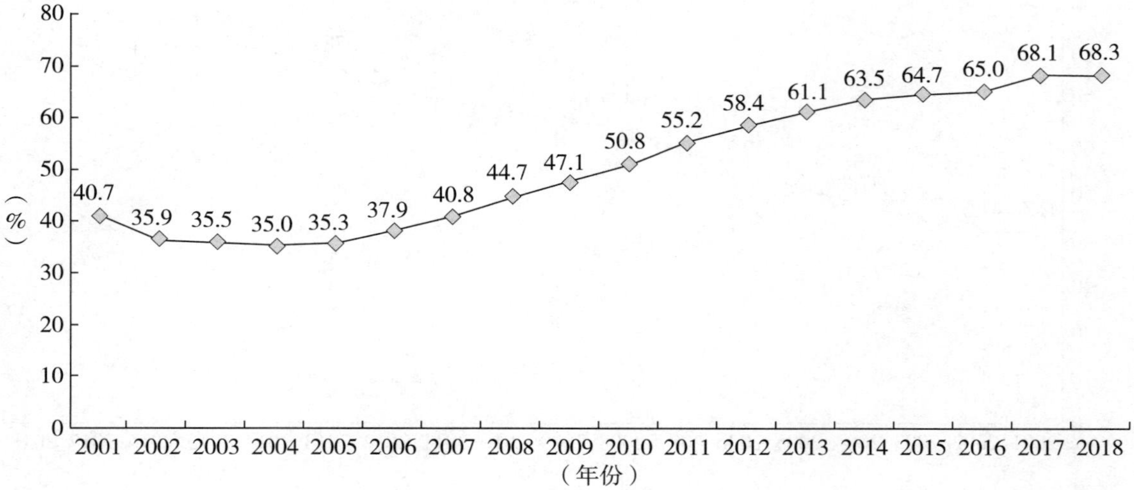

图 8　2001—2018 年山西省综合机械化水平走势

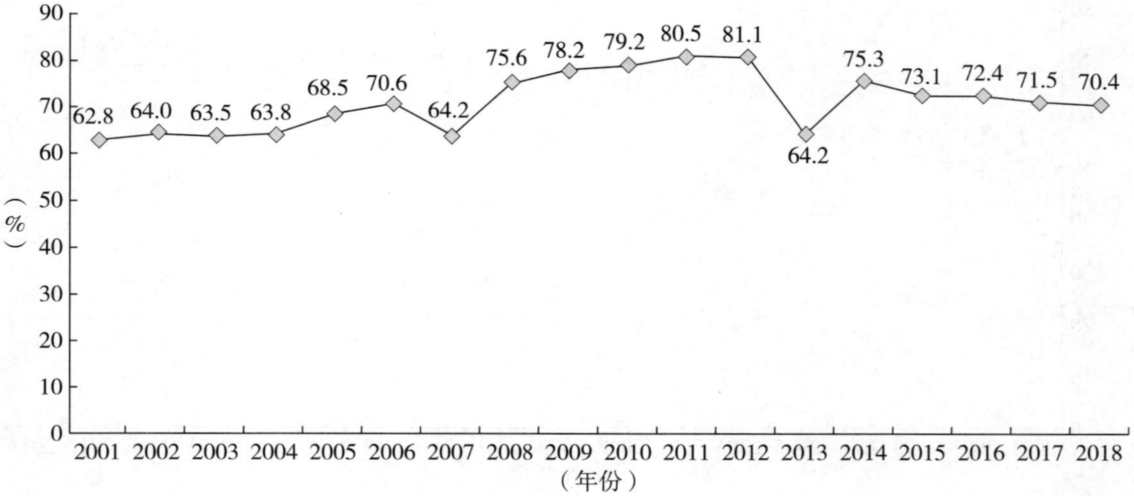

图 9　2001—2018 年新疆综合机械化水平走势

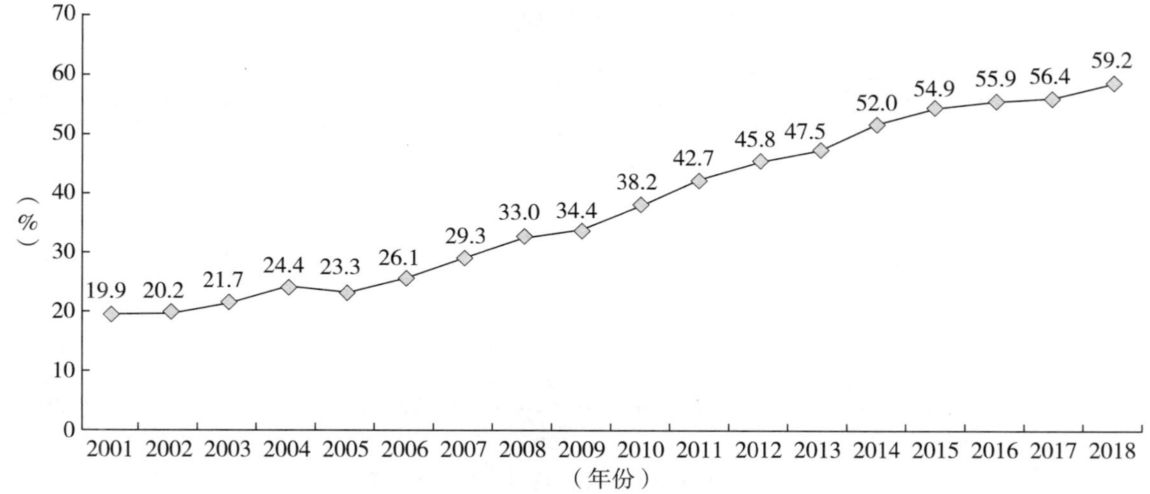

图 10　2001—2018 年湖北省综合机械化水平走势

表 2　2001—2018 年机耕水平发展趋势一览表

单位:%

地区＼年份	2001	2002	2003	2004	2005	2006	2007	2008	2009	2010	2011	2012	2013	2014	2015	2016	2017	2018
黑龙江	73.4	73.1	73.6	81.2	85.4	92.1	97.5	100.0	96.8	97.6	99.0	98.8	100.0	99.1	97.1	98.0	96.5	96.9
河南	68.4	70.0	68.2	70.6	71.6	74.2	76.4	62.4	84.8	83.4	86.2	87.0	62.0	63.2	63.1	64.0	62.5	65.0
山东	71.5	71.9	70.1	71.8	71.4	74.6	76.8	90.6	88.3	89.1	90.6	90.7	57.3	55.6	54.9	56.0	55.2	58.0
河北	71.0	70.9	68.5	68.5	69.2	74.9	77.5	76.1	78.8	80.6	80.8	81.4	61.7	62.4	62.6	62.8	65.4	60.8
内蒙古	50.5	51.7	52.8	54.7	56.9	68.6	72.7	84.9	83.8	87.3	88.0	89.9	86.7	85.4	85.8	77.0	77.2	78.0
江苏	81.2	79.8	76.9	75.9	77.5	81.1	81.4	78.2	81.0	79.0	80.8	81.7	77.4	77.6	78.3	77.4	77.1	82.5
辽宁	66.4	66.0	65.2	66.5	71.3	73.6	73.7	93.4	83.1	84.0	92.4	93.3	92.4	91.7	92.1	93.7	92.0	93.4
山西	50.6	48.1	45.7	45.4	44.5	49.6	50.7	60.4	62.4	67.0	68.3	69.8	69.0	70.9	72.6	73.0	76.4	75.1
新疆	78.2	78.0	78.4	78.1	81.4	85.0	81.0	95.0	97.6	98.0	98.9	98.2	75.7	89.1	85.6	84.9	83.5	84.4
湖北	40.4	39.4	41.3	44.5	40.7	44.8	47.9	53.2	54.5	59.8	66.5	68.6	67.3	72.1	75.5	75.7	74.5	76.3

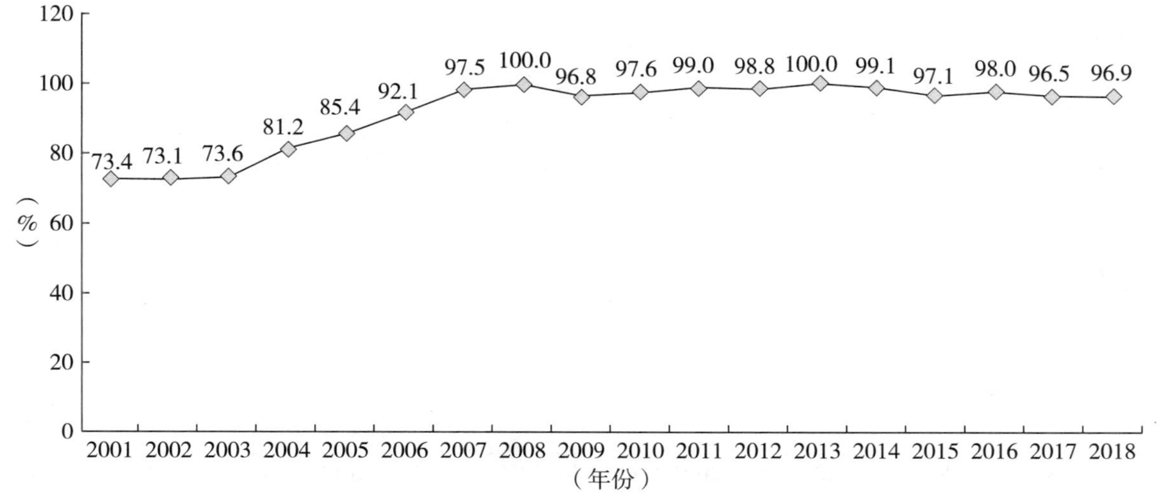

图 11　2001—2018 年黑龙江省机耕水平走势

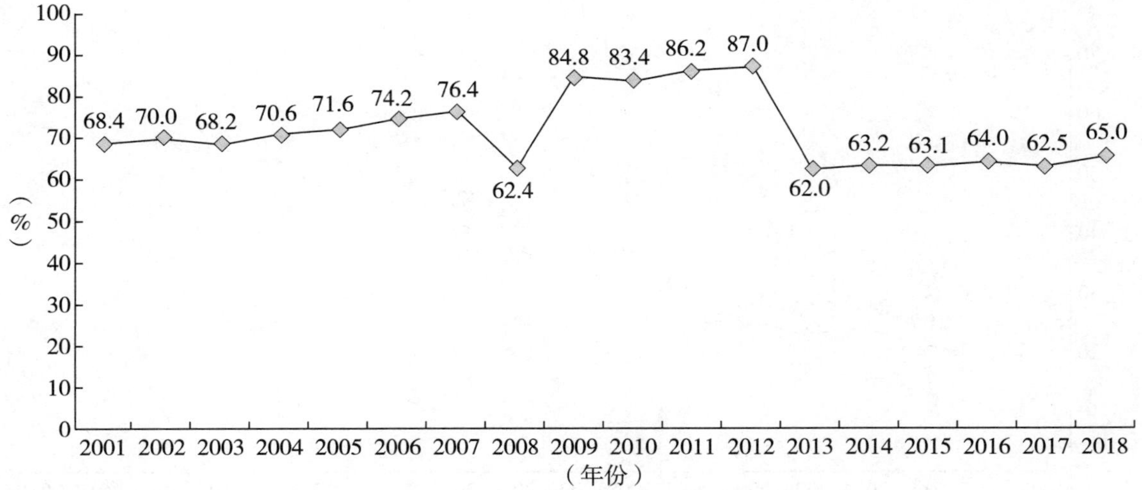

图 12　2001—2018 年河南省机耕水平走势

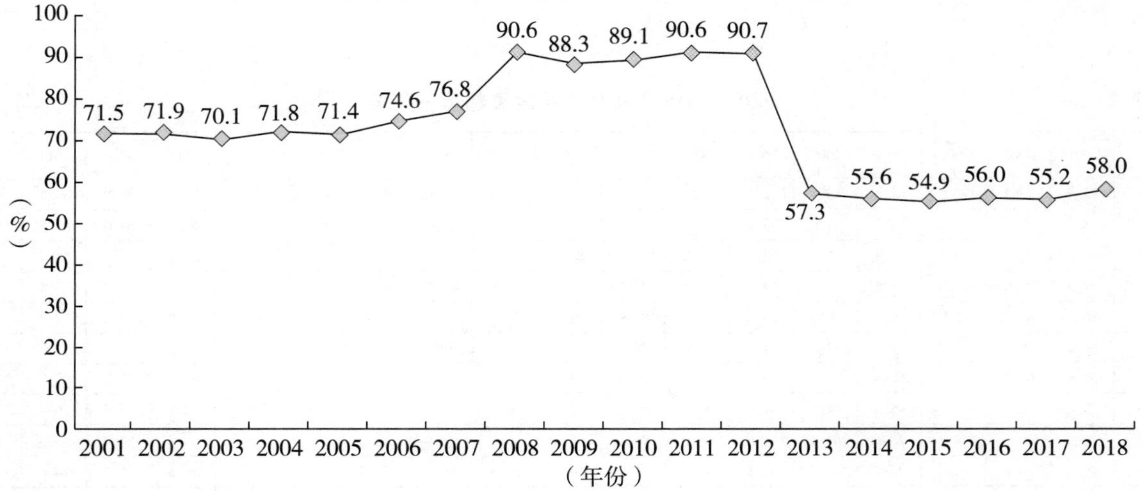

图 13　2001—2018 年山东省机耕水平走势

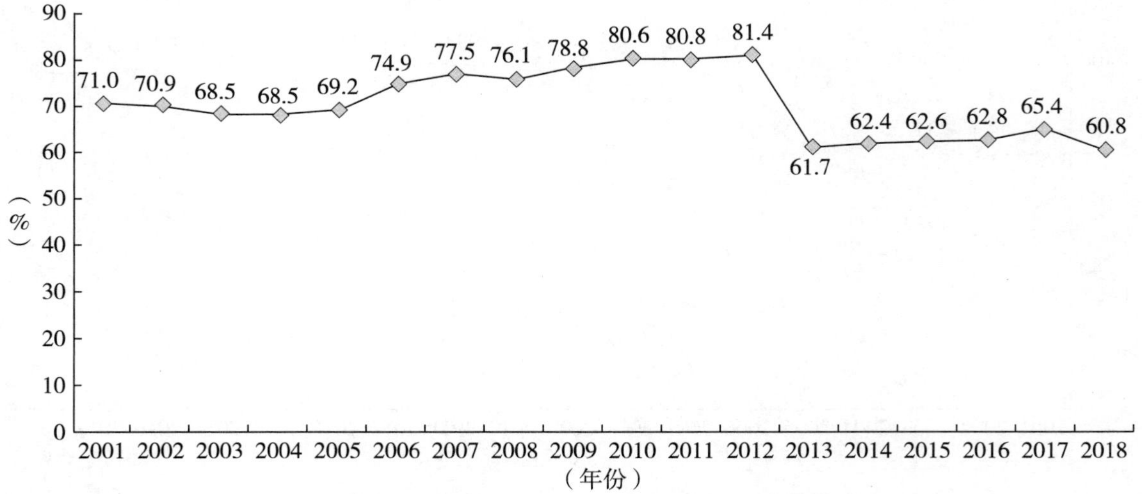

图 14　2001—2018 年河北省机耕水平走势

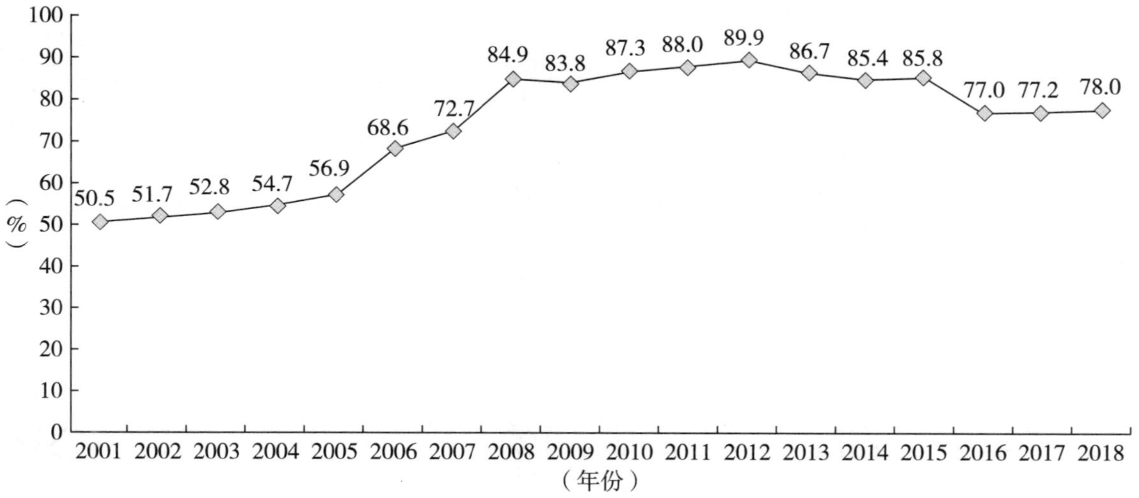

图 15　2001—2018 年内蒙古自治区机耕水平走势

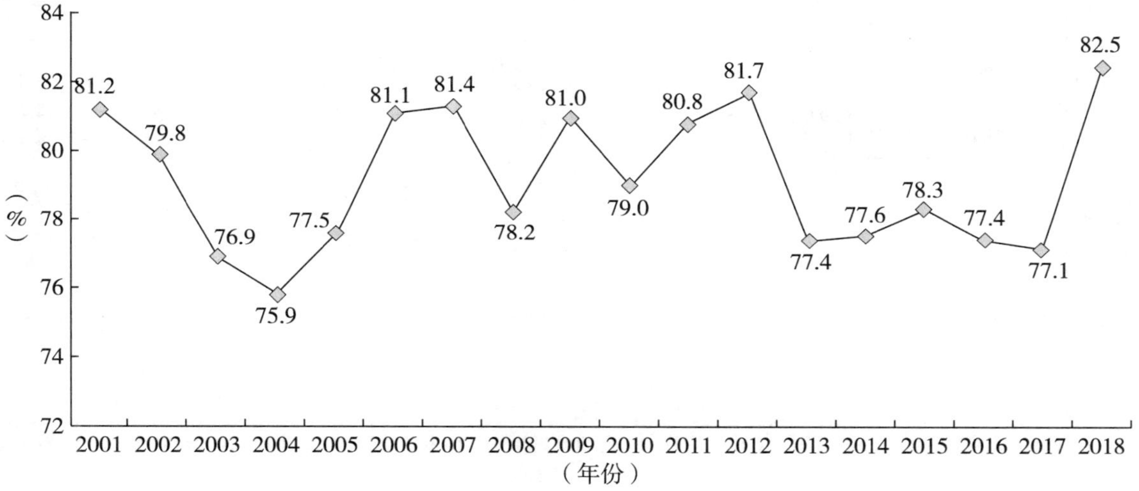

图 16　2001—2018 年江苏省机耕水平走势

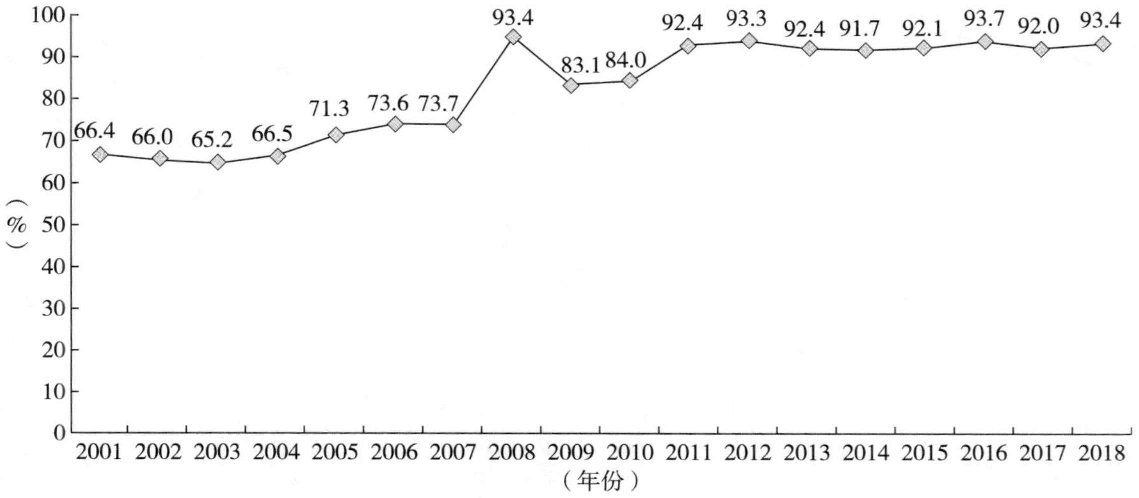

图 17　2001—2018 年辽宁省机耕水平走势

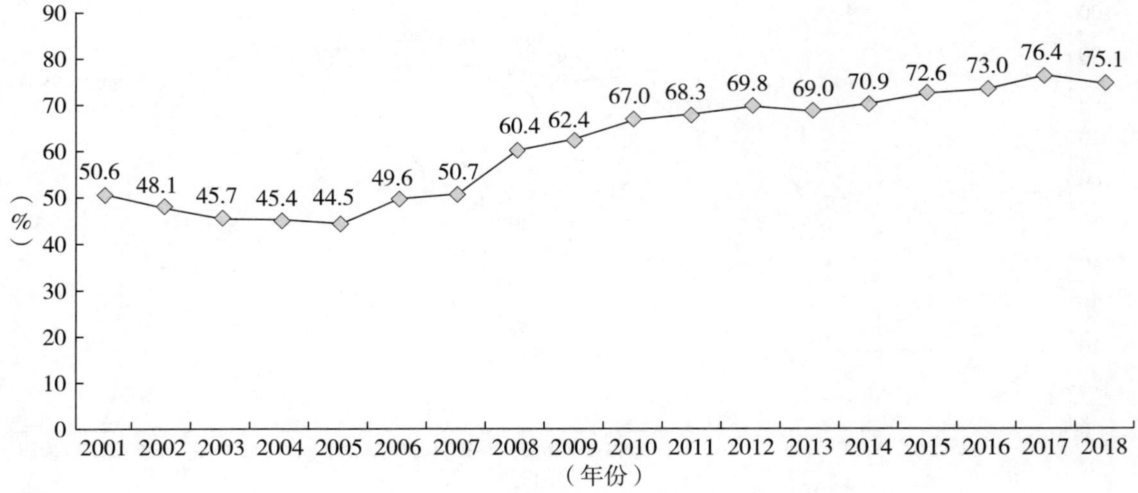

图 18　2001—2018 年山西省机耕水平走势

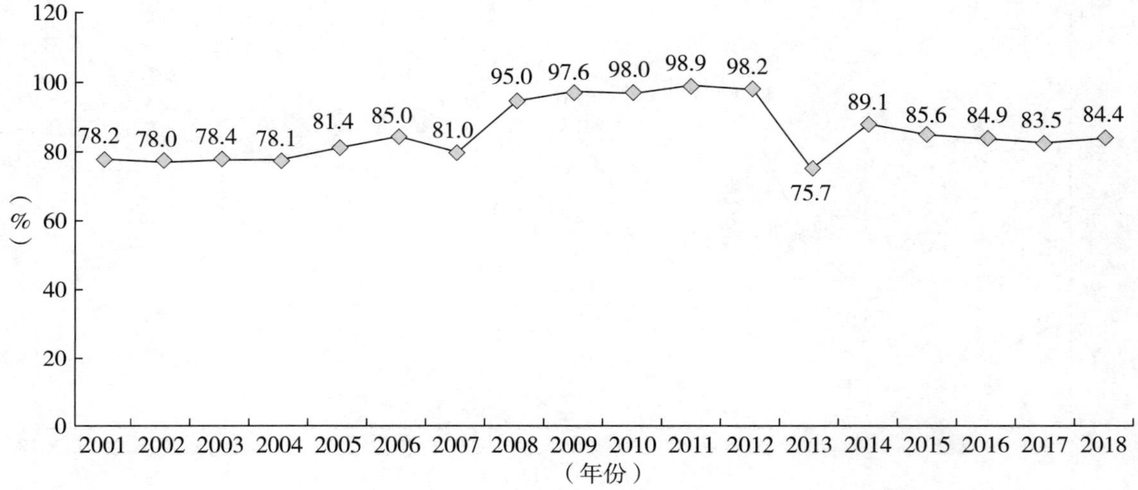

图 19　2001—2018 年新疆维吾尔自治区机耕水平走势

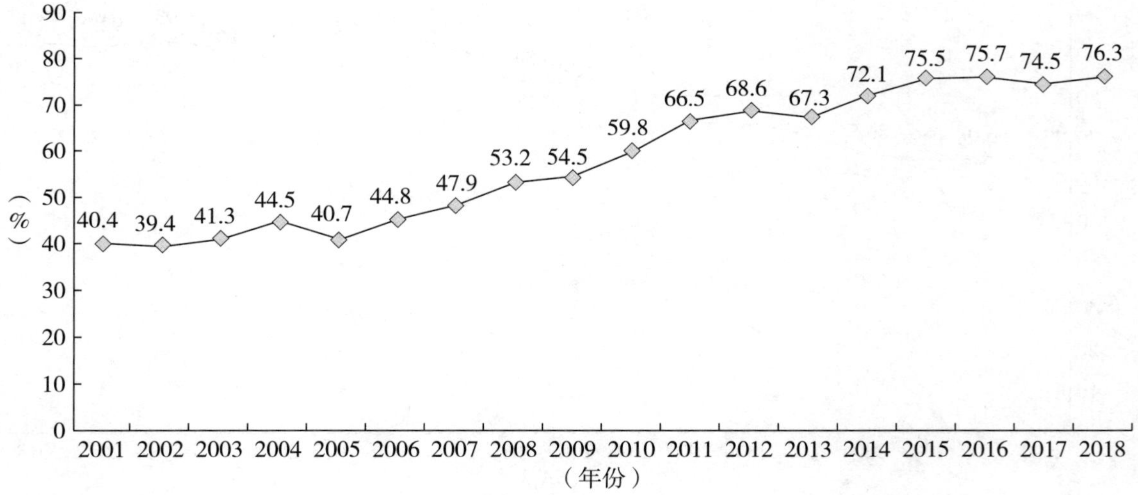

图 20　2001—2018 年湖北省机耕水平走势

表 3　　2001—2018 年机播水平发展趋势一览表　　单位：%

地区＼年份	2001	2002	2003	2004	2005	2006	2007	2008	2009	2010	2011	2012	2013	2014	2015	2016	2017	2018
黑龙江	67.5	69.3	69.3	81.2	87.5	92.8	83.9	89.2	90.9	91.6	94.1	94.0	98.4	97.5	95.9	96.7	95.9	97.1
河南	38.2	39.8	38.3	40.9	42.1	43.8	46.6	54.5	59.9	63.7	66.3	67.4	69.6	71.0	72.1	73.9	72.9	78.2
山东	39.2	39.4	40.2	45.4	50.2	53.2	53.4	67.2	75.5	75.5	75.5	76.8	79.2	78.3	79.5	75.7	73.9	87.1
河北	49.4	52.8	54.0	56.5	60.0	60.5	63.3	69.2	71.0	72.0	73.6	74.9	75.1	76.0	75.8	76.5	81.4	82.3
内蒙古	55.6	55.0	59.5	63.8	66.6	69.6	68.8	71.6	72.0	75.5	78.0	80.5	90.7	93.2	95.4	86.3	87.4	88.7
江苏	23.0	23.8	23.2	25.1	27.8	32.0	37.0	38.9	41.0	42.9	46.0	50.8	56.9	57.2	59.1	60.7	61.4	61.0
辽宁	49.0	48.8	46.7	47.8	48.7	52.9	55.8	59.4	59.1	62.5	70.7	72.0	76.3	79.1	81.0	85.4	83.6	93.8
山西	42.4	37.7	39.6	39.4	40.0	42.5	47.9	47.4	51.6	56.0	59.4	62.7	66.5	69.3	70.2	70.0	73.1	74.1
新疆	80.9	82.5	79.3	80.4	87.2	87.3	78.0	88.2	90.4	89.5	92.8	91.9	74.4	89.3	84.6	81.8	80.3	75.6
湖北	3.1	3.5	4.1	4.1	3.2	4.6	5.5	6.4	8.5	10.8	13.6	17.5	22.5	25.8	29.0	31.8	33.8	38.2

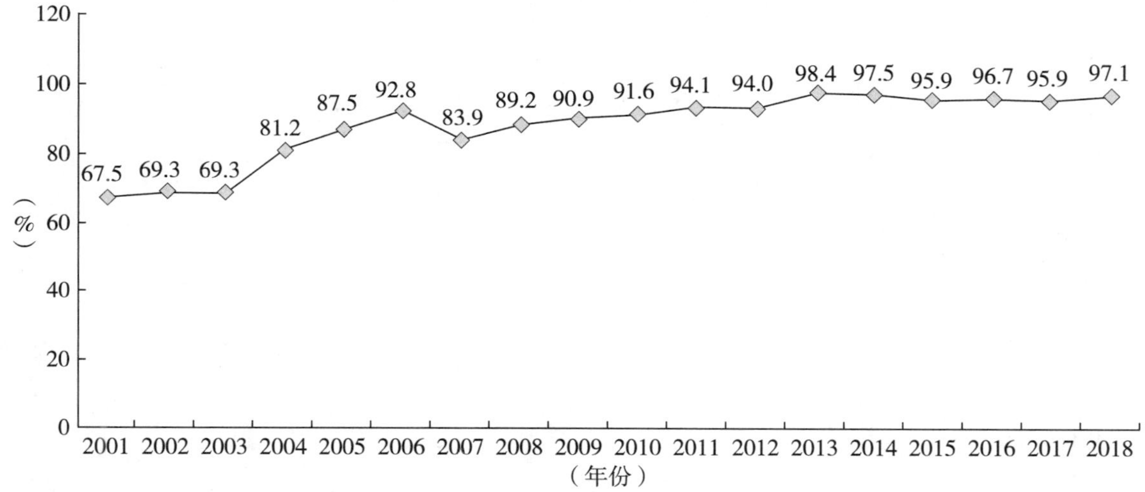

图 21　2001—2018 年黑龙江省机播水平走势

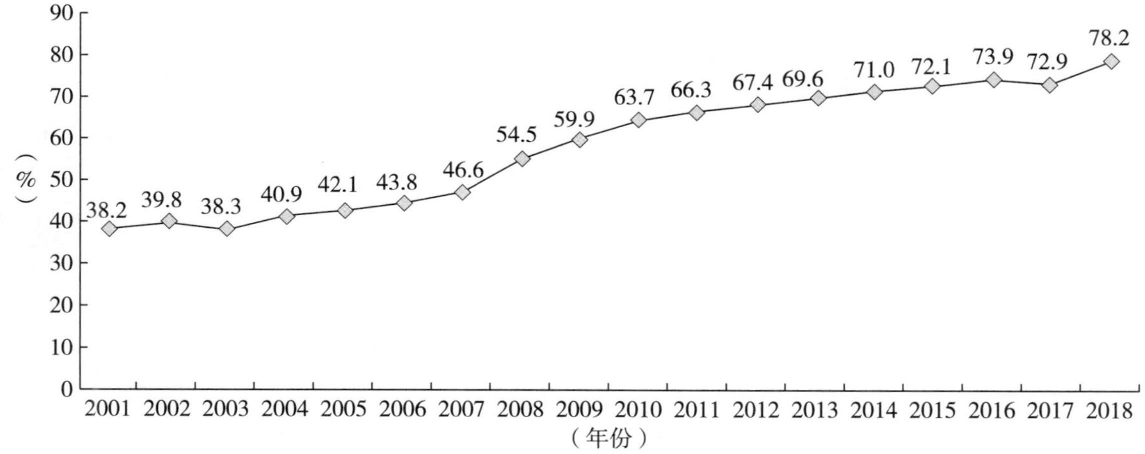

图 22　2001—2018 年河南省机播水平走势

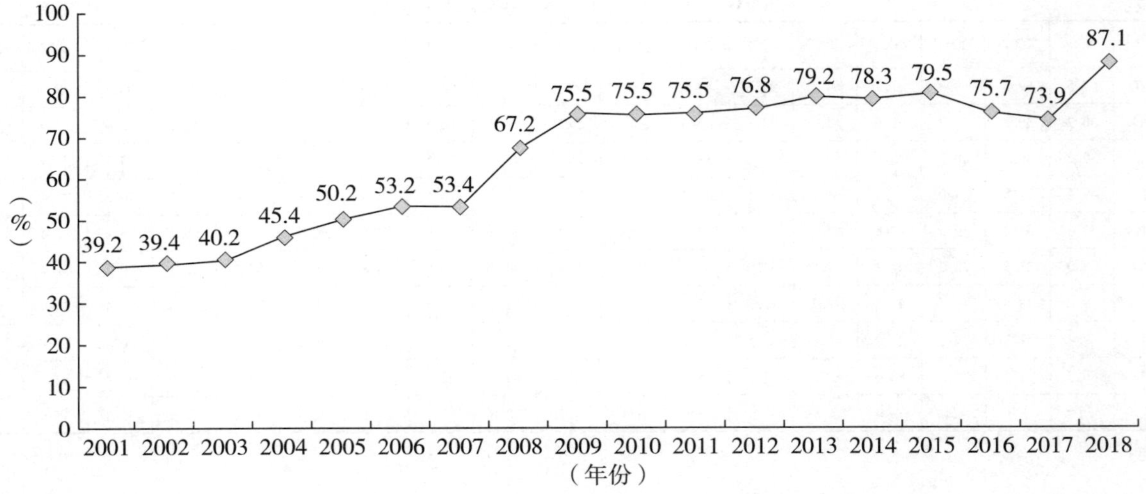

图 23　2001—2018 年山东省机播水平走势

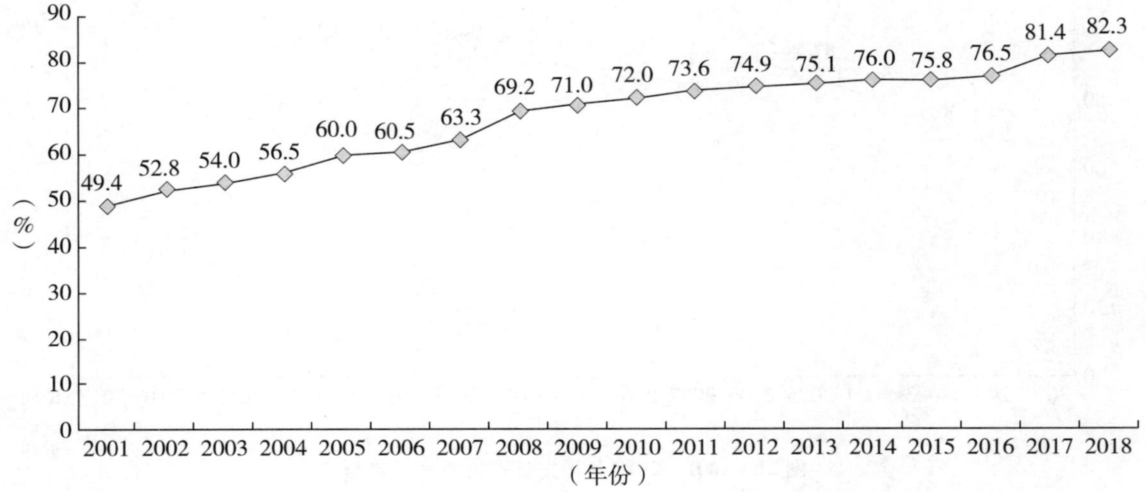

图 24　2001—2018 年河北省机播水平走势

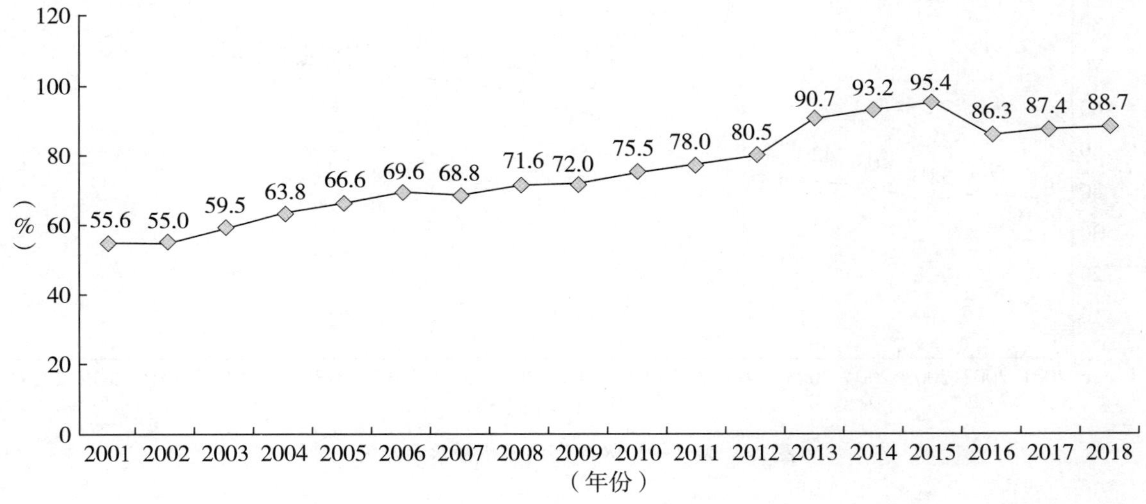

图 25　2001—2018 年内蒙古自治区机播水平走势

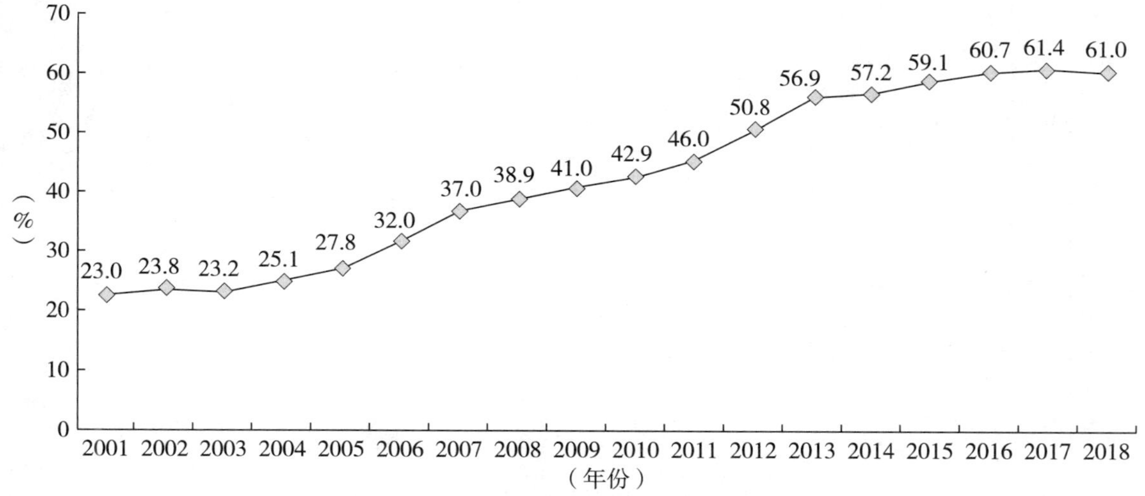

图 26　2001—2018 年江苏省机播水平走势

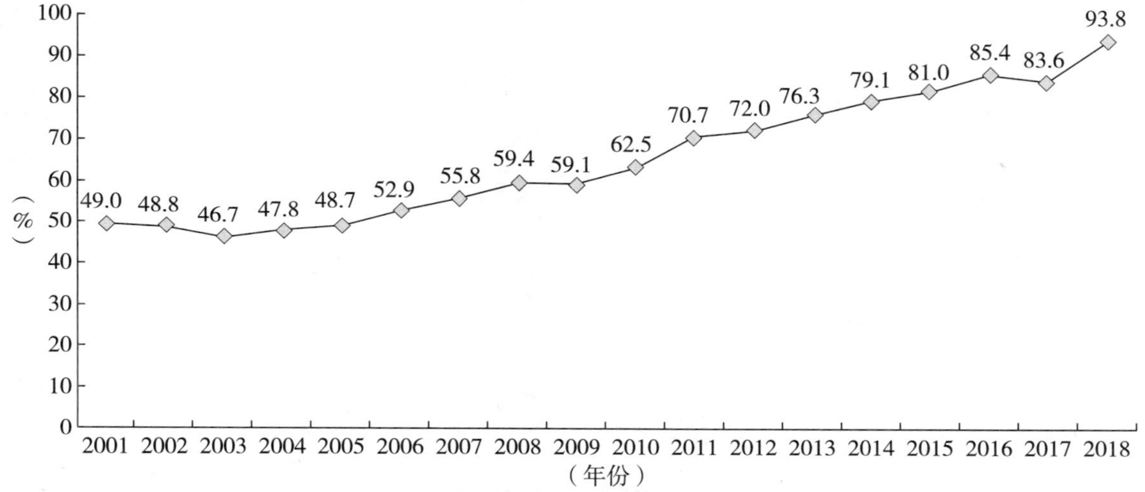

图 27　2001—2018 年辽宁省机播水平走势

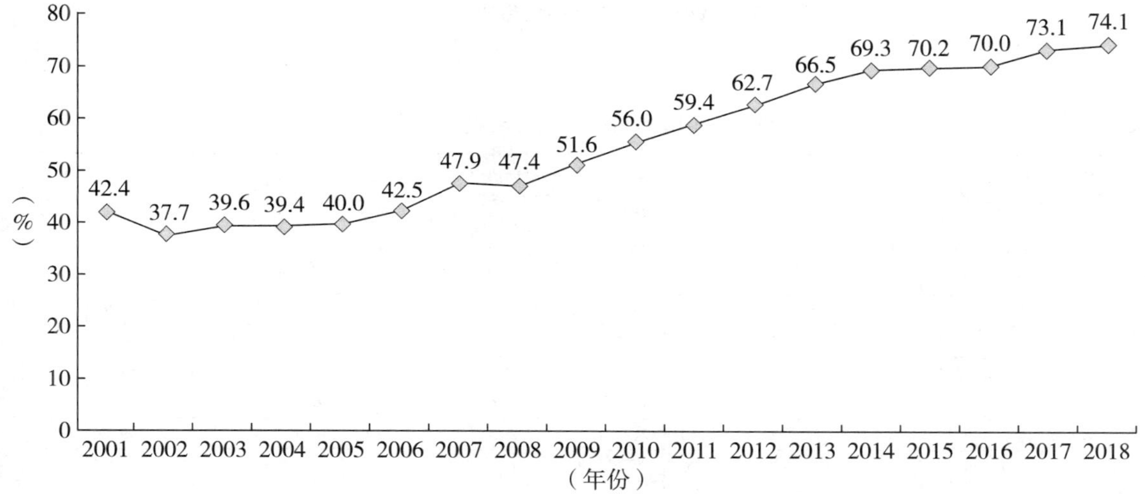

图 28　2001—2018 年山西省机播水平走势

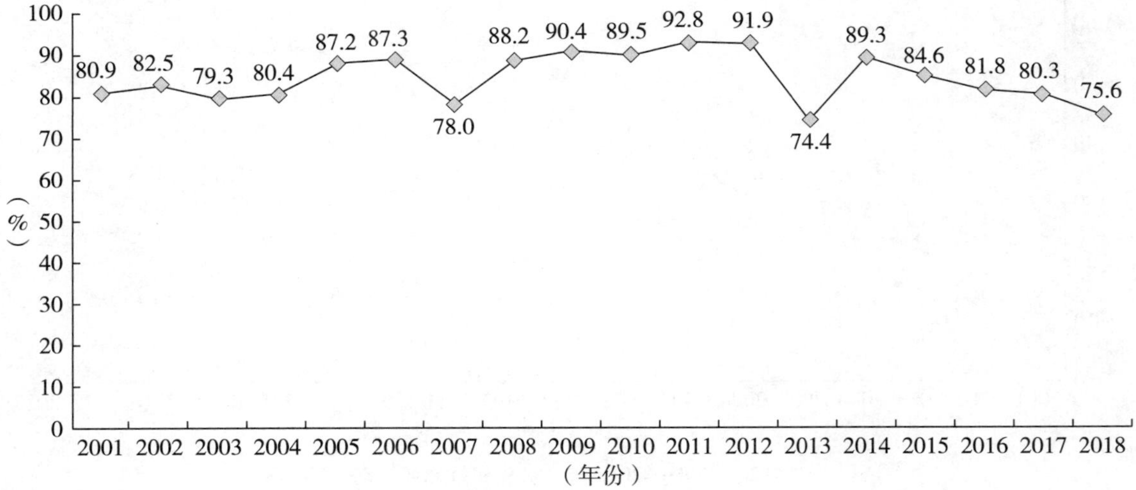

图 29　2001—2018 年新疆维吾尔自治区机播水平走势

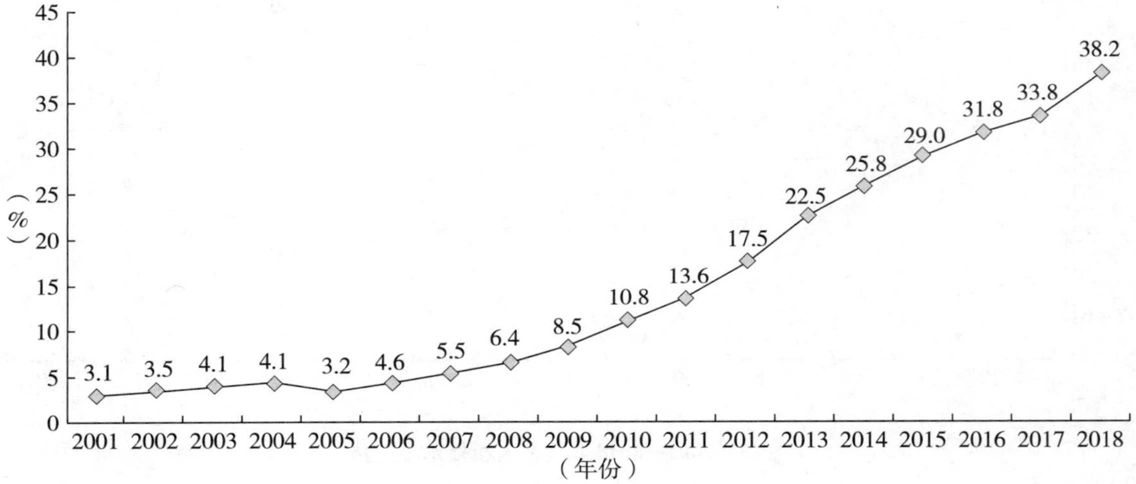

图 30　2001—2018 年湖北省机播水平走势

表 4　　**2001—2018 年机收水平发展趋势一览表**　　单位:%

年份 地区	2001	2002	2003	2004	2005	2006	2007	2008	2009	2010	2011	2012	2013	2014	2015	2016	2017	2018
黑龙江	38. 3	35. 2	39. 5	45. 7	49. 9	52. 6	52. 2	55. 6	58. 4	63. 0	66. 6	70. 9	77. 4	85. 3	87. 3	89. 6	91. 9	94. 1
河南	33. 5	34. 0	35. 6	33. 8	34. 8	36. 4	39. 1	42. 5	46. 1	57. 9	59. 5	61. 5	64. 6	65. 6	67. 9	71. 0	71. 1	75. 7
山东	33. 9	35. 3	33. 5	33. 7	35. 1	41. 7	40. 2	52. 6	57. 4	61. 8	62. 2	63. 3	65. 9	65. 7	66. 1	71. 1	70. 9	82. 4
河北	29. 1	29. 9	28. 0	26. 5	28. 8	30. 3	32. 2	33. 4	36. 1	39. 3	42. 4	47. 6	53. 7	57. 2	59. 4	61. 9	66. 0	70. 9
内蒙古	15. 9	14. 5	17. 9	22. 7	25. 5	27. 5	29. 6	30. 7	35. 0	35. 9	39. 7	43. 3	54. 4	61. 0	67. 2	64. 6	67. 5	69. 7
江苏	39. 3	40. 6	43. 3	44. 9	50. 3	60. 1	67. 5	60. 2	61. 0	63. 2	64. 0	64. 0	66. 6	67. 9	66. 4	67. 7	67. 6	67. 8
辽宁	7. 3	7. 6	8. 3	9. 2	10. 0	12. 1	14. 8	18. 5	19. 3	21. 6	31. 0	35. 0	39. 5	43. 6	49. 8	55. 6	58. 1	69. 3
山西	25. 6	17. 6	17. 8	16. 5	18. 5	17. 7	20. 6	21. 1	22. 3	24. 0	33. 7	38. 9	45. 0	47. 9	48. 4	49. 1	51. 8	53. 3
新疆	24. 3	27. 0	27. 7	28. 2	32. 6	34. 7	28. 0	37. 2	40. 1	43. 9	43. 7	47. 3	38. 6	42. 8	44. 7	46. 4	46. 6	46. 5
湖北	9. 4	11. 2	13. 3	18. 1	20. 1	22. 7	28. 2	32. 4	33. 5	36. 8	40. 1	43. 7	46. 2	51. 5	53. 2	53. 5	54. 8	57. 5

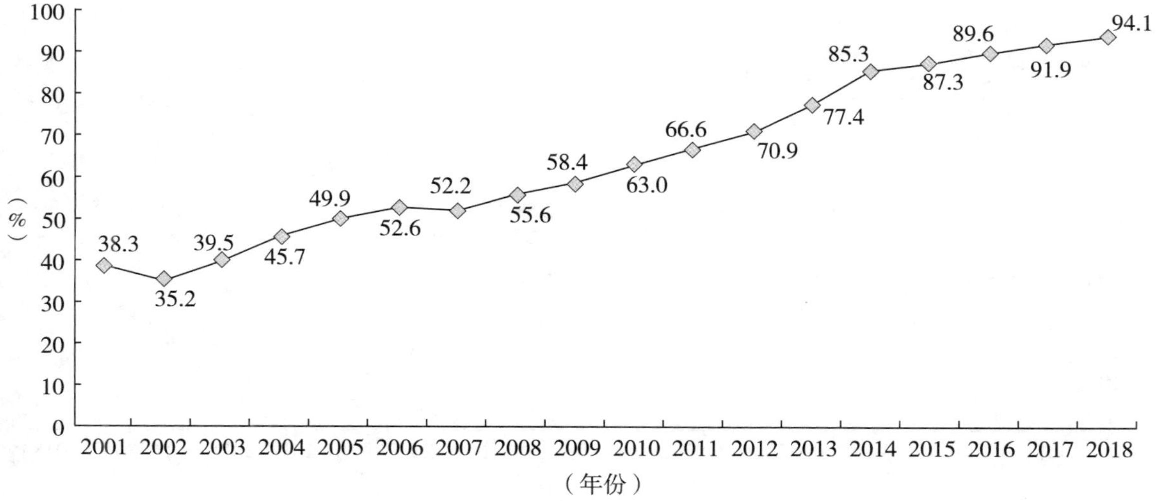

图 31　2001—2018 年黑龙江省机收水平走势

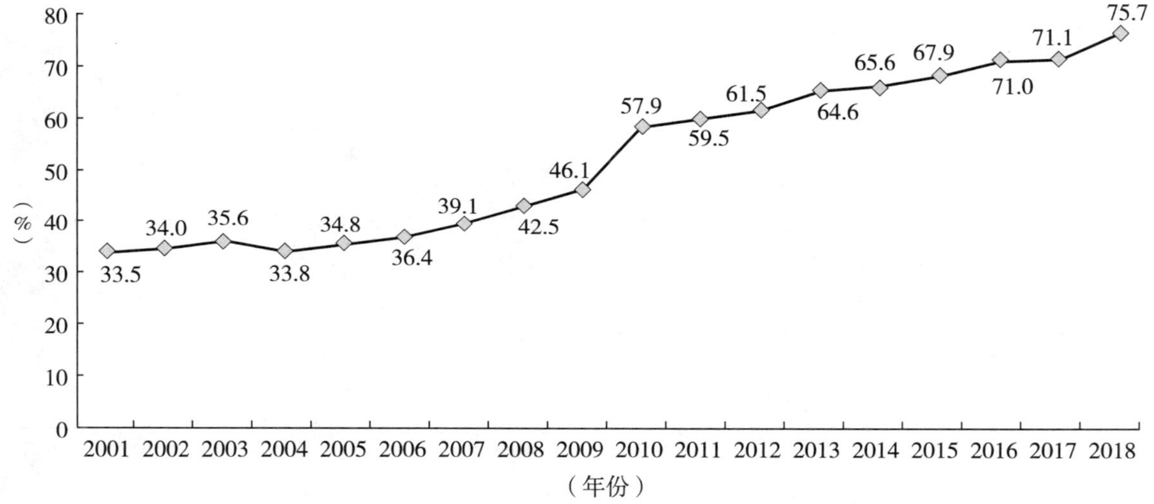

图 32　2001—2018 年河南省机收水平走势

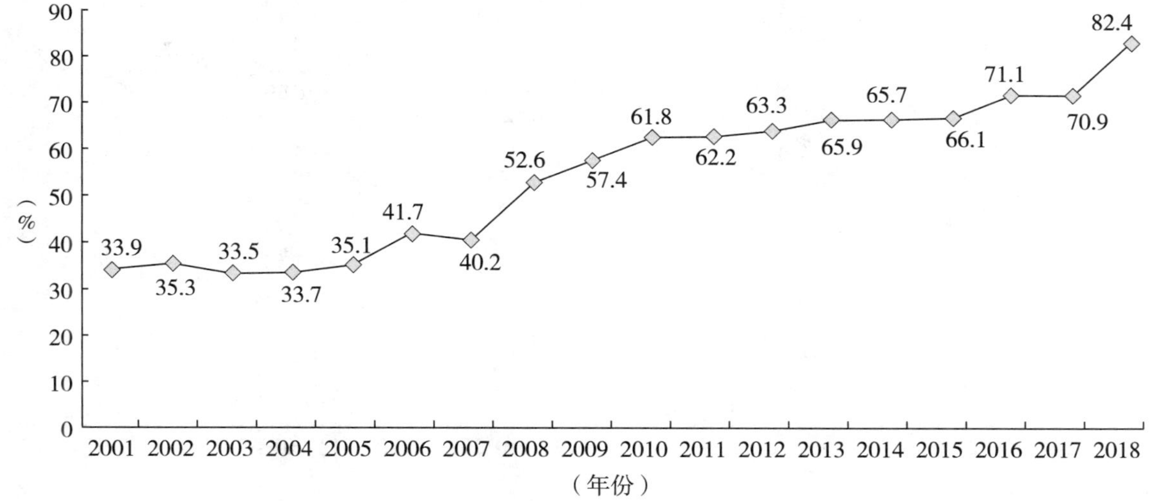

图 33　2001—2018 年山东省机收水平走势

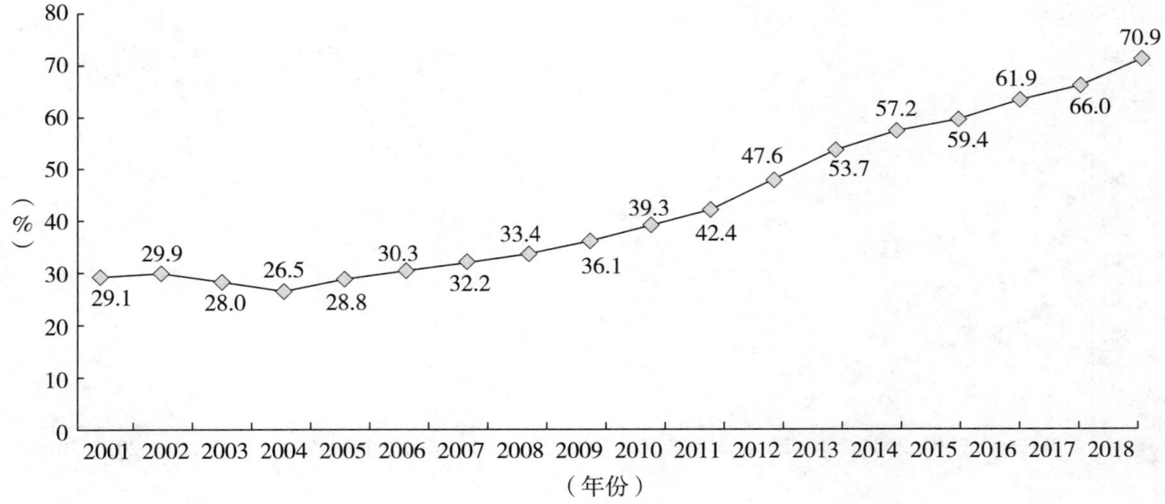

图 34　2001—2018 年河北省机收水平走势

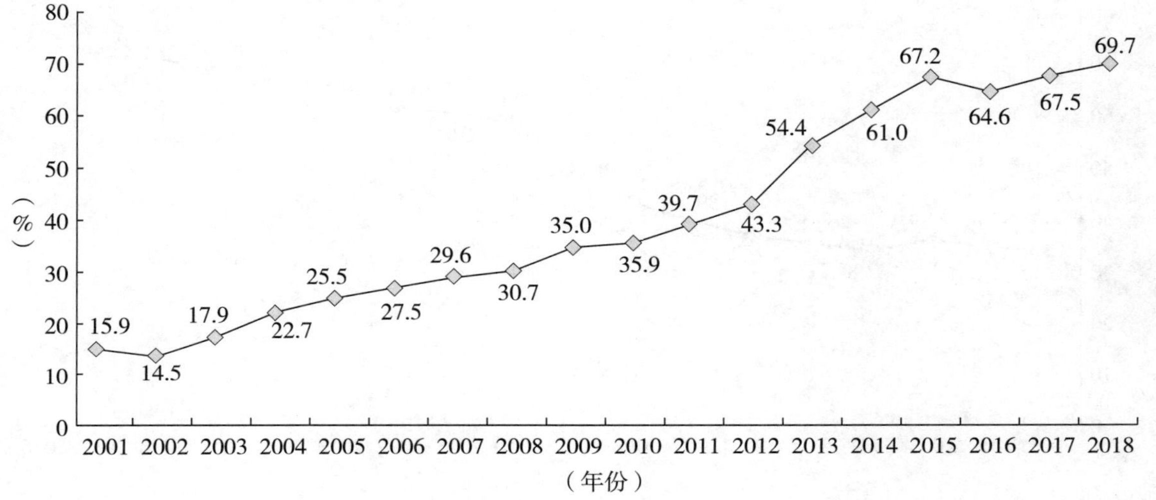

图 35　2001—2018 年内蒙古自治区机收水平走势

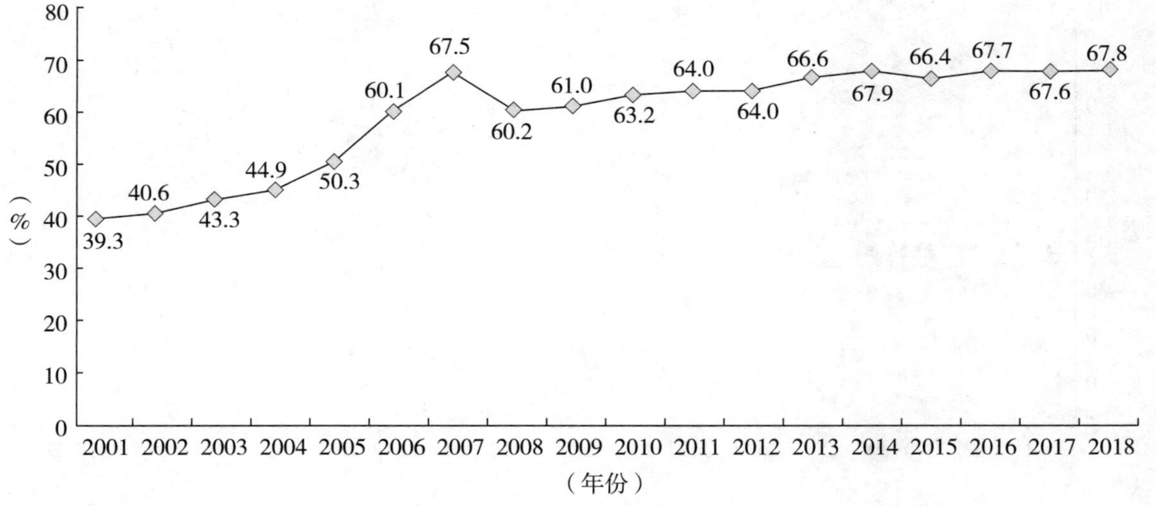

图 36　2001—2018 年江苏省机收水平走势

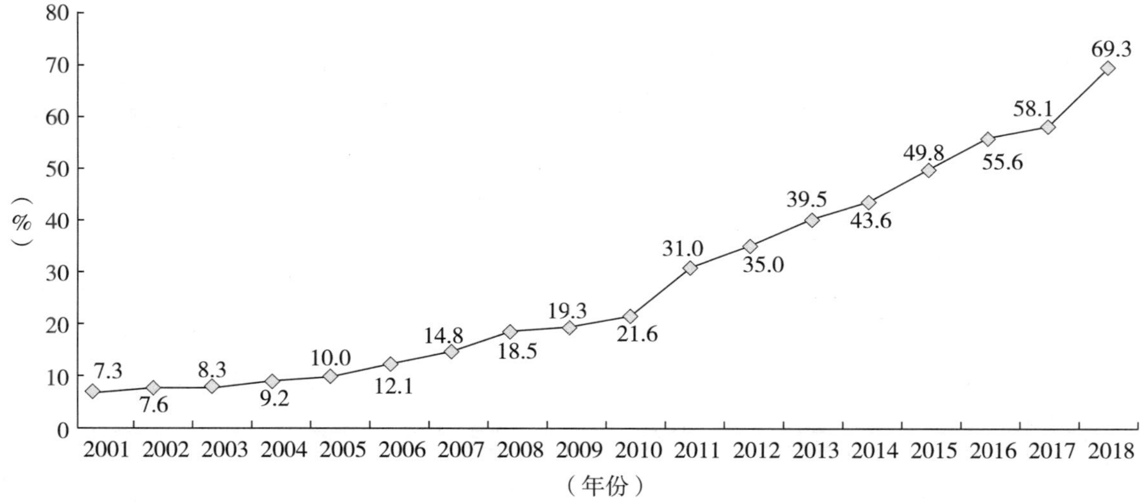

图 37　2001—2018 年辽宁省机收水平走势

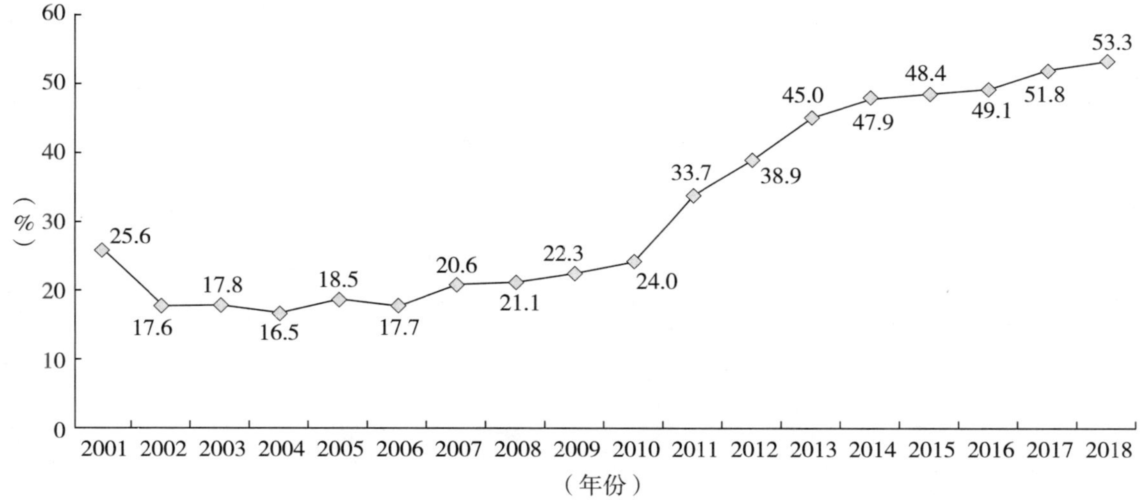

图 38　2001—2018 年山西省机收水平走势

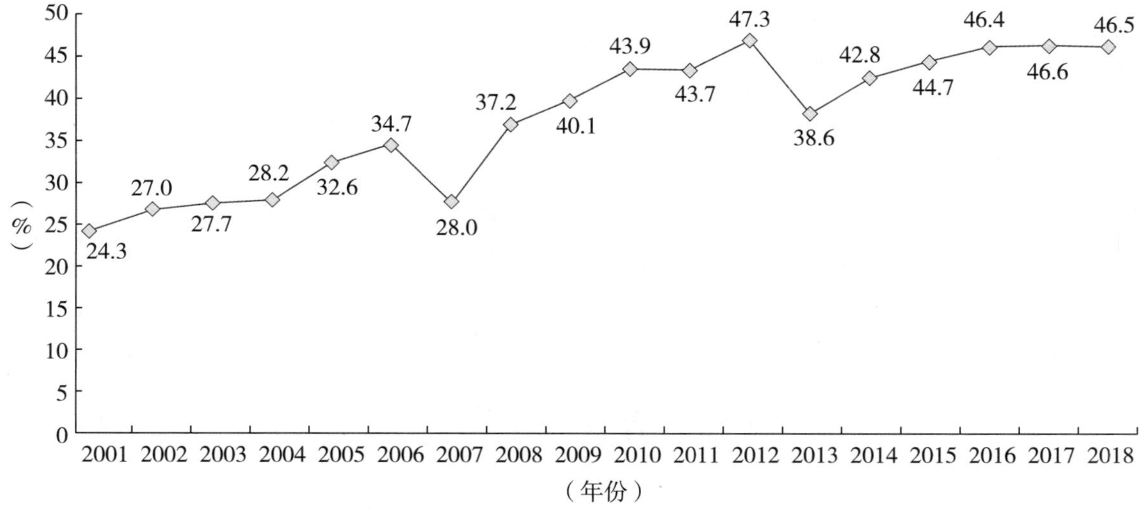

图 39　2001—2018 年新疆维吾尔自治区机收水平走势

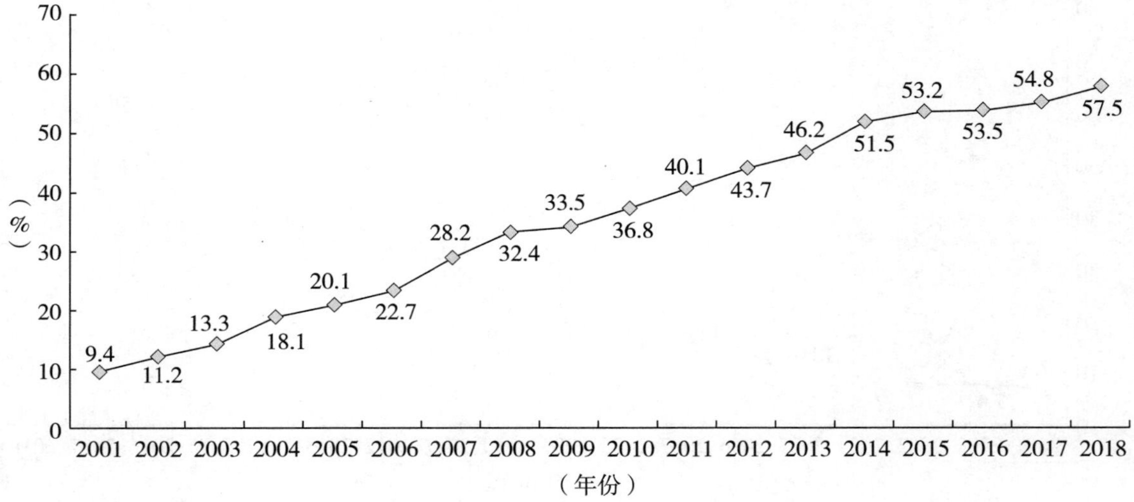

图 40　2001—2018 年湖北省机收水平走势

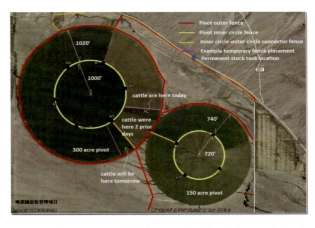